# Saab 9000
## Gör-det-själv handbok

A K Legg LAE MIMI och Spencer Drayton

**Modeller som behandlas**
Saab 9000, modeller med fyrcylindrig motor, inklusive vissa specialmodeller
1985 cc och 2290 cc

*(3072-264-4AE3/1686-3AE2)*

*V6-motorer behandlas ej*

© Haynes Group Limited 2001

En bok i **Haynes serie Gör-det-själv handböcker**

ISBN **978 1 78521 822 4**

**British Library Cataloguing in Publication Data**
En katalogpost för denna bok finns att få från British Library

Haynes Group Limited
Haynes North America, Inc

www.haynes.com

# Innehåll

## DIN SAAB 9000

### Reparationer vid vägkanten

## UNDERHÅLL

### Rutinunderhåll och service

# Innehåll

## REPARATION OCH RENOVERING

### Motor och tillhörande system

### Transmission

### Bromsar och fjädring

### Kaross och utrustning

### Kopplingsscheman

## REFERENS

### Register

# Presentation av Saab 9000

Saab 9000 introducerades i oktober 1985 som en 5-dörrars kombikupé, med turbostyrd bränsleinsprutad 1985 cc motor med 16 ventiler. Sugmotorversionen kom under första halvåret 1986, och versionen med automatväxellåda senare samma år. En 4-dörrars sedanmodell introducerades under första halvåret 1991.

Alla motorer har dubbel överliggande kamaxel och 16 ventiler. Versionen med 2290 cc introducerades mot slutet av 1989 på 9000i och CDi. Dessa modellers motorer är utrustade med Saabs direkttändningssystem, DI-kassett, med separata tändspolar till varje tändstift samt en elektronisk styrenhet (ECU). Detta system ersatte tändfördelningssystemet av Hall-typ. I början var ett bränsle-insprutningssystem av typ Bosch LH-Jetronic installerat. Saabs eget Trionic-system som finns i motorn på 2290 cc sedan 1993 är ett komplett styrsystem som omfattar bränsleinsprutning, tändning och turbo. Detta system har sedan även installerats på modeller utan turbo. Samtliga motorer är försedda med hydrauliska tryckare, och senare årsmodeller är utrustade med balansaxlar.

Motorn är tvärställd och monterad på vänster sida. Bilen finns med 5-växlad manuell växellåda, eller 4-växlad automatväxellåda.

Samtliga modeller har individuell fram- och bakfjädring. Bakfjädringen omfattar främre och bakre bärarmar, stötdämpare och ett lågt monterat Panhardstag.

Saabs 9000-serie omfattar ett stort utbud av standard- och extrautrustning för att fylla de flesta behov, exempelvis centrallås och elektriska fönsterhissar. Vissa modeller är utrustade med låsningsfria bromsar (ABS), antispinnsystem och luftkonditionering.

Förutsatt att den underhålls regelbundet enligt tillverkarens rekommendationer, kommer Saab 9000 att vara en pålitlig och ekonomisk bil.

**Saab 9000 Turbo 16**

**Saab 9000 CDi**

# Tack till:

Vi riktar ett tack till Champion som bidragit med de illustrationer som visar tändstiftens kondition. Vi tackar också Draper Tools Limited som tillhandahållit vissa verktyg samt alla i Sparkford som bidragit till produktionen av denna handbok.

Vår ambition har varit att i denna handbok ge så korrekt information som möjligt. Alla biltillverkare inför dock ändringar och modifieringar under produktionens gång som vi inte får information om. Författare och utgivare kan inte åtaga sig något ansvar för förlust, sak- eller personskada som har orsakats av felaktig eller utebliven information.

# Dimensioner och vikter

**Notera:** *Angivna mått är ungefärliga och kan variera från modell till modell. Se tillverkarens anvisningar för exakta siffror.*

## Dimensioner

Total längd:
| | |
|---|---|
| 9000 5-dörrars | 4620 mm |
| 9000 CD | 4794 mm |
| 9000 CS | 4761 mm |

Total bredd:
| | |
|---|---|
| 9000 5-dörrars | 1806 mm |
| 9000 CD | 1806 mm |
| 9000 CS | 1788 mm |

Total höjd (utan last):
| | |
|---|---|
| 9000 5-dörrars | 1430 mm |
| 9000 CD | 1420 mm |
| 9000 CS | 1420 mm |

| | |
|---|---|
| Hjulbas | 2672 mm |

Spårvidd, fram:
| | |
|---|---|
| 5½" hjul | 1510 mm |
| 6" hjul | 1522 mm |
| 6½" hjul | 1534 mm |
| 7" hjul | 1538 mm |

Spårvidd, bak:
| | |
|---|---|
| 5½" hjul | 1480 mm |
| 6" hjul | 1492 mm |
| 6½" hjul | 1504 mm |
| 7" hjul | 1508 mm |

## Vikter

Körklar:
| | |
|---|---|
| 9000 5-dörrars | 1390 till 1550 kg |
| 9000 CD | 1395 till 1550 kg |
| 9000 CS | 1410 till 1570 kg |

Max bruttovikt:
| | |
|---|---|
| 9000 5-dörrars | 1780 till 1960 kg |
| 9000 CD | 1780 till 1960 kg |
| 9000 CS | 1830 till 1960 kg |

| | |
|---|---|
| Max taklast | 100 kg |

Max bogserad vikt:
Släpvagn med broms:
| | |
|---|---|
| Alla utom 9000 CS | 1600 kg |
| 9000 CS | 1800 kg |
| Släpvagn utan broms | 750 kg |

Att arbeta på din bil kan vara farligt. Den här sidan visar bara några potentiella risker och faror och har som mål att göra dig uppmärksam på och medveten om vikten av säkerhet i ditt arbete.

# Allmänna faror

## Skållning

• Ta aldrig av locket till kylare eller expansionskärl när motorn är varm.
• Motorolja, automatväxelolja och styrservovätska kan också vara farligt varma om motorn just har varit igång.

## Brännskador

• Var försiktig så att du inte bränner dig på avgassystem och motor. Bromsskivor och trummor kan också vara extremt varma precis efter användning.

## Lyftning av fordon

• Vid arbete nära eller under ett lyft fordon, använd alltid extra stöd i form av pallbockar, eller använd ramper.
**Arbeta aldrig under en bil som endast stöds av domkraft.**
• Var försiktig vid lossande och åtdragning av skruvar/muttrar med högt åtdragningsmoment om bilen är stödd på domkraft. Inledande lossning och slutgiltig åtdragning skall alltid utföras med fordonet på marken.

## Eld

• Bränsle är ytterst eldfarligt; bränsleångor är explosiva.
• Spill inte bränsle på en het motor.
• Rök inte och använd aldrig öppen låga i närheten när du utför arbete på bilen. Undvik också att orsaka gnistor (elektriskt eller via verktyg).
• Bränsleångor är tyngre än luft, så arbeta inte på bränslesystemet med bilen över in inspektionsgrop.
• Eld kan också orsakas av elektrisk överbelastning eller kortslutning. Var försiktig vid reparation eller ändring av bilens ledningar.
• Ha alltid en brandsläckare till hands, av den typ som är lämplig för bränder i bränsle- och elsystem.

## Elektrisk stöt

• Tändningens högspänning kan vara farlig, speciellt för personer med hjärtproblem eller pacemaker. Arbeta inte nära tändsystemet med motorn igång eller tändningen på.

• Nätspänning är också farlig. Se till att all nätansluten utrustning är ordentligt jordad.

## Giftiga gaser och ångor

• Avgasångor är giftiga; de innehåller koloxid vilket kan vara ytterst farligt vid inandning. Låt aldrig motorn vara igång i ett trångt utrymme (t ex garage) med dörren stängd.
• Bränsleångor är också giftiga, liksom ångor från vissa typer av rengöringsmedel och färgförtunning.

## Giftiga och irriterande ämnen

• Undvik hudkontakt med batterisyra, bränsle, smörjmedel och vätskor, speciellt frostskyddsvätska och bromsvätska. Sug aldrig upp dem med munnen. Om någon av dessa ämnen sväljs eller kommer in i ögonen, kontakta läkare.
• Långvarig kontakt med använd motorolja kan orsaka hudcancer. Bär alltid handskar eller använd en skyddande kräm. Byt oljeindränkta kläder och förvara inte oljiga trasor i fickorna.
• Luftkonditioneringens kylmedel omvandlas till giftig gas om den exponeras för öppen låga (inklusive cigaretter). Det kan också orsaka brännskador vid hudkontakt.

## Asbest

• Asbestdamm kan orsaka cancer om det inandas eller sväljs. Asbest kan finnas i packningar och i kopplings- och bromsbelägg. Vid hantering av sådana detaljer är det säkrast att alltid behandla dem som om de innehöll asbest.

# Speciella faror

## Fluorvätesyra

• Denna extremt frätande syra uppstår när vissa typer av gummi, som kan finnas i O-ringar, oljetätningar, bränsleslangar etc, utsätts för temperaturer över 400°C. Gummit förvandlas till en förkolnad eller kletig massa som innehåller den farliga syran. *När fluorvätesyra en gång uppstått, är den farlig i flera år. Om den kommer i kontakt med huden kan det innebära att man måste amputera den utsatta kroppsdelen.*
• Vid arbete med ett fordon, eller delar från ett fordon, som varit utsatt för brand, bär alltid skyddshandskar och kassera dem på ett säkert sätt efteråt.

## Batteriet

• Batteriet innehåller svavelsyra, vilken angriper kläder, ögon och hud. Var försiktig vid påfyllning av batteriet och när du bär det.
• Den vätgas som batteriet avger är ytterst explosiv. Orsaka aldrig gnistor och använd aldrig öppen låga i närheten av batteriet. Var försiktig när batteriet kopplas till/från batteriladdare eller startkablar.

## Airbag

• Airbags kan orsaka skada om de utlöses av misstag. Var försiktig vid demontering av ratt och/eller instrumentbräda. Speciell förvaring kan vara aktuell.

## Diesel insprutning

• Diesel insprutningspumpar matar bränsle vid mycket högt tryck. Var försiktig vid arbete med bränsleinsprutare och bränslerör.

⚠️ *Varning: Exponera aldrig händer eller annan del av kroppen för insprutarstråle; bränslet kan tränga igenom huden med ödesdigra följder*

# Kom ihåg...

## Vad man bör göra

• Använd skyddsglasögon vid arbete med borrmaskiner, slipmaskiner etc, samt vid arbete under bilen.
• Använd handskar eller en skyddskräm när så behövs.
• Se till att någon regelbundet kontrollerar att allt står väl till när du arbetar ensam på ett fordon.
• Se till att inte löst sittande kläder eller långt hår kommer i vägen för rörliga delar.
• Ta alltid av ringar, klocka etc innan du börjar arbeta på ett fordon - speciellt med elsystemet.
• Försäkra dig om att lyftanordningar och domkraft klarar av den tyngd de utsätts för.

## Vad man inte bör göra

• Försök inte lyfta delar som är tyngre än du orkar - skaffa hjälp.
• Jäkta inte för att slutföra ett arbete, ta inga genvägar.
• Använd inte verktyg som passar dåligt, då de kan slinta och orsaka skada.
• Lämna inte verktyg eller delar utspridda, det är lätt att snubbla över dem. Torka alltid upp olja eller andra smörjmedel från golvet.
• Låt inte barn eller djur vistas i eller runt ett fordon utan tillsyn.

# Lyftning

Den domkraft som följer med bilen bör endast användas för hjulbyte vid vägkanten, se "Hjulbyte" nedan. När bilen lyfts upp för reparations- eller underhållsarbete skall en hydraulisk garagedomkraft användas. När bilen är upplyft bör den dessutom alltid pallas upp på pallbockar, placerade under de speciella lyftpunkterna fram och bak (se bild).

Lyft bilens framdel genom att placera

domkraften under den förstärkta monteringsramen för motorrummet. Lyft inte bilen under oljetråget, eller under delar som tillhör styrning eller fjädring.

Lyft bakvagnen genom att placera domkraften under den förstärkta delen nära bogseröglan. Försök inte lyfta bilen under bakaxeln.

Domkraften som medföljer bilen placeras

vid lyftpunkterna framtill och baktill på tröskelbalkarna på varje sida om bilen. Se till att domkraften har hakat i bilen innan bilen lyfts (se bild).

Arbeta aldrig under, bredvid eller nära ett fordon om det inte är uppallat på åtminstone två punkter.

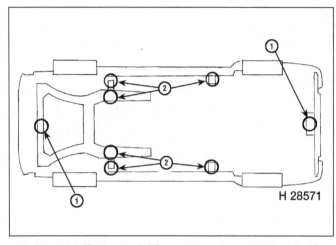

Lyftpunkter för domkraft (1) samt placering av pallbockar (2)

Bilens domkraft används för att lyfta upp bakvagnen

# Bogsering

Öglor för bogsering är svetsade till främre och bakre delen av bilen (se bilder). Ta bort plastöverdraget för att komma åt den främre bogseröglan. Vrid alltid tändningsnyckeln till "OFF"-läge under bogsering, så att rattlåset är lossat och blinkers och bromsljus fungerar. Innan bilen bogseras skall handbromsen lossas. På modeller med manuell växellåda läggs växeln i neutralläge, på modeller med

automatväxellåda väljs "N"-läge. Observera att ett starkare tryck på bromspedalen kommer att behövas eftersom vakuumservon bara fungerar när motorn är igång. Likaledes behöver modeller med styrservo ett kraftigare tag i ratten när motorn inte är igång.

Där det är möjligt bör bilar med automatväxellåda bogseras med framhjulen lyfta över marken, speciellt om man misstänker fel i

transmissionen. Om bilen måste bogseras med framhjulen på marken får den aldrig bogseras fortare än 50 km/tim, eller längre än 50 km. Observera även att oljenivån i automatlådan måste fyllas på till MAX markeringen på oljesticken, (se kapitel 1), varpå ytterligare 2 liter skall fyllas på, för att undvika skada i automatväxellådan. Denna extra olja måste tappas av när bilen är körbar igen.

Främre bogserögla

Bakre bogserögla

## Hjulbyte

Reservhjulet är placerat under en panel i bagageutrymmet. Domkraft med handtag förvaras tillsammans med reservhjulet; verktygssatsen förvaras till höger i bagageutrymmet. Reservhjulet tas fram på följande sätt:

a) Lyft upp golvpanelen och haka fast resårbandet på tappen på golvpanelens högra sida.

b) Skruva bort plastfästet och lyft ut reservhjulet från brunnen. På vissa modeller används hylsnyckel för att lossa fästet till reservhjulet.

c) Domkraft och handtag är placerade under reservhjulet.

Vid hjulbyte, ta fram reservhjul, domkraft och fälgkors, gör sedan enligt följande.

Parkera om möjligt på fast, jämn mark. Dra åt handbromsen och placera stoppklossar vid det hjul som är diagonalt motsatt det hjul som skall bytas. Lägg i backväxel (eller P-läge för automatlåda). Lossa navkapseln från hjulet med en skruvmejsel. Lossa hjulbultarna med en hylsnyckel, men ta inte bort dem **(se bilder)**. Placera domkraften under den lyftpunkt som är närmast hjulet som skall bytas. Lägg en bräda mellan marken och domkraften innan bilen lyfts så att domkraften inte sjunker ner i underlaget. Hissa upp domkraften med handtaget. När hjulet går fritt från marken, ta loss hjulbultarna och lyft av hjulet. För vissa modeller finns en plastsäck i verktygsväskan för förvaring av det borttagna hjulet. Montera reservhjulet och säkra det med hjulbultarna. Sänk ner bilen och dra åt hjulmuttrarna växelvis diagonalt. Sätt tillbaka navkapseln. Om möjligt, kontrollera lufttrycket och justera vid behov. Ta bort stoppklossarna och sätt tillbaka domkraft, verktyg och det punkterade hjulet i golvbrunnen. Ta bort resårbandet och lägg tillbaka golvpanelen.

Senare modellers reservhjul är av T-typ och det är endast avsett för tillfällig användning. Kör inte fortare än 80 km/tim eller längre än ca 300 mil med detta reservhjul monterat.

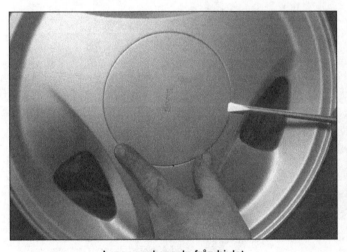

Lossa navkapseln från hjulet

Lossa hjulbultarna

## Stöldskyddssystem för radio/kassettbandspelare

På senare modeller har den radio/kassettbandspelare som monteras som standard av Saab försetts med en stöldskyddskod. Om strömkällan till enheten bryts, aktiveras stöldskyddssystemet. Även om strömkällan omedelbart kopplas in igen, fungerar inte radion/kassettbandspelaren förrän korrekt säkerhetskod har knappats in. Därför, om du inte känner till säkerhetskoden, **koppla inte** bort batteriets negativa anslutning, och demontera inte heller radion/kassettbandspelaren från bilen.

För att knappa in korrekt säkerhetskod, följ instruktionerna som medföljer radion/kassettbandspelaren.

Om en felaktig kod knappas in går enheten i lås och kommer inte att fungera. Om detta händer, eller om du har glömt/tappat bort koden, kontakta närmaste Saabverkstad.

# Starthjälp

När en bil startas med hjälp av ett laddningsbatteri, observera följande:

✔ Innan det fulladdade batteriet ansluts, slå av tändningen.

✔ Se till att all elektrisk utrustning (lysen, värme, vindrutetorkare etc.) är avslagen.

✔ Observera eventuella speciella föreskrifter som är tryckta på batteriet.

✔ Kontrollera att laddningsbatteriet har samma spänning som det urladdade batteriet i bilen.

✔ Om batteriet startas med startkablar från batteriet i en annan bil, får bilarna INTE VIDRÖRA varandra.

✔ Växellådan ska vara i neutralläge (PARK för automatväxellåda).

 **HAYNES TiPS** *Start med startkablar löser ditt problem för stunden, men det är viktigt att ta reda på vad som orsakar batteriets urladdning.*
*Det finns tre möjligheter:*

*1 Batteriet har laddats ur efter ett flertal startförsök, eller för att lysen har lämnats på.*

*2 Laddningssystemet fungerar inte tillfredsställande (generatorns drivrem slak eller av, generatorns länkage eller generatorn själv defekt).*

*3 Batteriet är defekt (utslitet eller låg elektrolytnivå).*

**1** Anslut den ena änden av den röda startkabeln till den positiva (+) polen på det urladdade batteriet.

**2** Anslut den andra änden av den röda startkabeln till den positiva (+) polen på det fulladdade batteriet.

**3** Anslut den ena änden av den svarta startkabeln till den negativa (-) polen på det fulladdade batteriet.

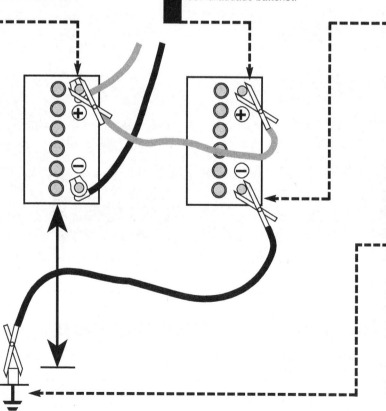

**4** Anslut den andra änden av den svarta kabeln till en bult eller ett fäste på motorblocket, på ett visst avstånd från batteriet, på den bil som ska startas.

**5** Se till att startkablarna inte kommer i kontakt med fläkten, drivremmarna eller andra rörliga delar av motorn.

**6** Starta motorn med laddningsbatteriet och låt den gå på tomgång. Slå på lysen, bakrutevärme och värmefläktsmotor och koppla sedan loss startkablarna i omvänd ordning mot anslutning. Slå sedan av lysen etc.

Pölar på garagegolvet (eller där bilen står parkerad) eller våta fläckar i motorrummet tyder på läckor som man måste försöka lokalisera. Det är ibland inte så lätt att se var läckan är, särskilt inte om motorrummet är mycket smutsigt. Olja eller andra vätskor kan spridas av fartvinden under bilen och göra det svårt att avgöra var läckan egentligen finns.

**Varning: De flesta oljor och andra vätskor i en bil är giftiga. Vid spill bör man tvätta huden och byta indränkta kläder så snart som möjligt.**

# Att hitta läckor

**HAYNES TiPS** *Lukten kan vara en hjälp när det gäller att avgöra varifrån ett läckage kommer. Vissa vätskor har en färg som är lätt att känna igen. Det kan vara en god idé att tvätta bilen ordentligt och ställa den över ett rent papper över natten för att lättare se var läckan finns. Tänk på att motorn ibland bara läcker när den är igång.*

## Olja från sumpen

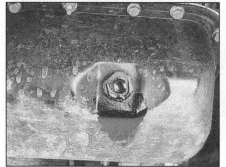

Motorolja kan läcka från avtappningspluggen . . .

## Olja från oljefiltret

. . . eller från oljefiltrets packning

## Växellådsolja

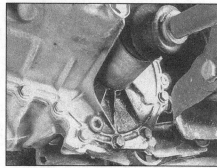

Växellådsolja kan läcka från tätningarna vid drivaxlarnas inre ändar

## Kylvätska

Läckande kylvätska lämnar ofta kristallina avlagringar liknande dessa

## Bromsvätska

Läckage vid ett hjul är nästan alltid bromsvätska

## Olja från styrservo

Hydraulolja kan läcka från styrväxeln eller dess anslutningar

# Inköp av reservdelar

Reservdelar kan erhållas från många källor, t ex Saabverkstäder, andra verkstäder, tillbehörsbutiker och specialfirmor. För att vara säker på att alltid få rätt delar, är det ibland nödvändigt att ange bilens identifikationsnummer. Om det är möjligt är det också fördelaktigt att ta med den gamla delen vid inköp av en ny. Vissa komponenter, som startmotorer och generatorer, kan ibland erhållas som utbyte; alla delar som lämnas in måste naturligtvis vara rena.

Vårt råd när det gäller inköp av reservdelar är följande:

## Auktoriserade Saabverkstäder

Detta är den bästa källan för reservdelar och kan vara det enda ställe där vissa delar är tillgängliga (t ex växellådsdetaljer, emblem och klädseldetaljer). Det är också det enda ställe där du skall köpa reservdelar om fordonet har giltig garanti, då icke originaldetaljer kan påverka garantins giltighet.

## Övriga verkstäder och tillbehörsbutiker

Dessa är i allmänhet bra leverantörer av material som behövs för rutinmässigt underhåll (tändstift, glödlampor, olje- och luftfilter, drivremmar, oljor och fetter etc). De säljer också andra tillbehör och verktyg, har ofta längre öppethållande, lägre priser och kan ofta hittas på närmare håll.

## Motorspecialister

Bra specialfirmor lagerhåller viktiga detaljer med hög omsättning (t ex kopplingsdetaljer, lagerskålar, kolvar, ventiler, avgassystem och bromsdetaljer). Ofta erbjuds också såväl nya som utbytesdetaljer, vilket kan spara en hel del pengar.

## Specialister på däck och avgassystem

Dessa kan vara fristående eller medlemmar av en större kedja. De erbjuder ofta konkurrenskraftiga priser jämfört med märkesåterförsäljare och lokala verkstäder. Det kan dock löna sig att ta ett flertal prisuppgifter och fråga vilka extra kostnader som tillkommer - exempelvis kan nya ventiler och balansering tillkomma vid byte av däck.

## Andra inköpsställen

Se upp med delar från loppmarknader och liknande. Delarna kanske inte alltid är av usel kvalitet, men chansen att få rättelse om de är otillfredsställande är mycket liten. Vad det gäller säkerhetsdetaljer som bromsklossar finns inte bara risken för ekonimisk förlust - risken för personskador och dödsfall måste tas i beaktande.

# Identifikationsnummer

Inom bilproduktionen pågår ständigt mindre förändringar och modifieringar, utöver avgörande modelländringar. Reservdelslistor utarbetas enligt siffersystem, varför bilens identifikationsnummer är avgörande för korrekt identifikation av passande komponenter.

När du beställer reservdelar, lämna alltid så utförlig information som möjligt. Ange modell, modellår, kaross- och motornummer.

*ID-numret* är placerat på höger sida på torpedväggen i motorrummet **(se bild)**. Det är också stämplat i karossen, till vänster om höger bakljus. På modeller före 1989 finns det på tvärbalken baktill i bagageutrymmet; på modeller fr o m 1989 på tvärbalken i reserv-hjulsbrunnen. På modeller fr o m 1994 är det etsat i vindrutan och bakrutan.

*Motornumret* hittar man till vänster på baksidan av motorblocket på 2 liters modeller fram till 1993, eller till vänster på framsidan av motorblocket på 2 liters modeller fr o m 1994 och alla 2,3 liters modeller.

*Transmissionsnumret* hittar man ovanpå växellådshuset.

*Klädsel- och färgkod* är stämplad på en plåt till höger på torpedväggen i motorrummet på 1985 års modeller, på panelen baktill i bagageutrymmet på modeller fram till 1990, och på vänster bakdörrspelare på modeller fr o m 1991.

**ID-numret är placerat på höger sida på torpedväggen**

# Kapitel 1
# Rutinmässigt underhåll

## Innehåll

## Svårighetsgrader

| **Enkelt,** passar novisen med lite erfarenhet  | **Ganska enkelt,** passar nybörjaren med viss erfarenhet  | **Ganska svårt,** passar kompetent hemmamekaniker  | **Svårt,** passar hemmamekaniker med erfarenhet | **Mycket svårt,** för professionell mekaniker  |
|---|---|---|---|---|

## Underhållsschema

**1** Underhållsintervallerna i denna handbok är framtagna med förutsättningen att bilägaren/bilföraren själv utför arbetet. Följande underhållsschema är det som rekommenderas av fabrikanten och är ett minimum av vad som erfordras. Om man försöker hålla bilen i ständigt toppskick vill man kanske utföra vissa rutiner oftare. Vi rekommenderar att bilen underhålls med täta intervaller för att höja prestanda och andrahandsvärde.

**2** Om bilen körs på dammiga vägar, används till bärgning, körs mycket i kösituationer eller korta körsträckor, skall intervallerna kortas av.
**3** Medan bilen är ny skall underhållsservice utföras av auktoriserad verkstad så att garantin ej förverkas.

### Var 400 km eller varje vecka
☐ Kontrollera motorns oljenivå (avsnitt 3)
☐ Kontrollera kylvätskenivå (avsnitt 3)
☐ Kontrollera bromsvätskenivå (avsnitt 4)
☐ Kontrollera spolvätskenivån (avsnitt 5)
☐ Kontrollera däckens mönsterdjup (avsnitt 6)
☐ Kontrollera och justera däcktryck (avsnitt 6)
☐ Kontrollera elektrolytnivån i batteriet, fyll på vid behov (avsnitt 8)
☐ Kontrollera att utrustning som signalhorn, belysning, vindrutetorkare och -spolare fungerar (avsnitt 7 och 9)

### Var 10 000 km eller efter 6 månader - vilket som först inträffar
☐ Byt motorolja och filter (avsnitt 8)

## Var 20 000 km eller 12 månader - vilket som först inträffar

- [ ] Kontrollera vevhusventilationen (avsnitt 20)
- [ ] Granska alla slangar (avsnitt 21)
- [ ] Kontrollera och, vid behov, fyll på kylvätska och frostskydd (avsnitt 11)
- [ ] Kontrollera och, vid behov, justera drivremmarnas spänning (avsnitt 22)
- [ ] Kontrollera luftkonditioneringens kylmedel (avsnitt 23)
- [ ] Byt ventilationens luftfilter (avsnitt 32) (*efter första bytet, varje 40 000 km*)
- [ ] Kontrollera och vid behov fyll på styrservovätska (avsnitt 13)
- [ ] Kontrollera avgassystemet (avsnitt 24)
- [ ] Byt tändstift (modeller för blyad bensin) (avsnitt 25)
- [ ] Kontrollera och, vid behov, fyll på olja i manuell växellåda (avsnitt 26)
- [ ] Kontrollera och, vid behov, fyll på olja i automatväxellåda (avsnitt 27)
- [ ] Kontrollera drivaxelns gummidamask (avsnitt 28)
- [ ] Granska bromsbelägg och bromsskivor vid fram- och bakhjul (avsnitt 29)
- [ ] Kontrollera bromsslangar och rör (avsnitt 30)
- [ ] Kontrollera fjädring och stötdämpare (avsnitt 31)
- [ ] Granska airbagsystemet noggrant (avsnitt 15)
- [ ] Smörj alla gångjärn och lås (avsnitt 16)
- [ ] Kontrollera bältenas skick och funktion (avsnitt 14)
- [ ] Rengör batterianslutningarna (avsnitt 17)
- [ ] Kontrollera att strålkastare och dimljus är korrekt inställda (avsnitt 18)
- [ ] Körtest (avsnitt 19)

## Var 40 000 km eller 2 år - vilket som först inträffar

*Utöver redan angivna åtgärder skall även följande utföras:*

- [ ] Byt luftrenarens filter (avsnitt 33)
- [ ] Byt tändstift (endast modeller för blyfri bensin) (avsnitt 25)
- [ ] Byt olja och filter i automatväxellåda (avsnitt 34)
- [ ] Kontrollera och justera vid behov framhjulsinställningen (avsnitt 12)

## Var 90 000 km eller 3 år - vilket som först inträffar

- [ ] Byt kylvätska/frostskydd (avsnitt 35)

## Var 170 000 km

- [ ] Byt bränslefilter (avsnitt 36)

## Vartannat år (oavsett körsträcka)

- [ ] Byt bromsvätska (avsnitt 37)

# Smörjmedel och vätskor

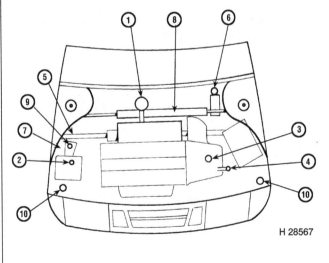

H 28567

| Komponent eller system | Smörjmedel typ/specifikation |
|---|---|
| 1 Motor | Multigrade motorolja, viskositet SAE 10W/30, 10W/40, 5W/30 eller 5W/40, API SG och CCMC G4/G5 specifikationer. Olja av grad 5W skall vara syntetisk eller semisyntetisk |
| 2 Kylsystem | Etylenglykolbaserat frostskyddsmedel |
| 3 Manuell växellåda | 10W/30 eller 10W/40 (**syntetolja får ej användas**) |
| 4 Automatväxellåda | Dexron typ 11 ATF |
| 5 Drivknutar | Ytteraxel: Molycote VN 2461C Inneraxel: Mobil smörjmedel GS 57C |
| 6 Broms- och kopplingssystem | Hydraulvätska till DOT 4 |
| 7 Nav-/hjullager | Universellt litiumbaserat smörjmedel |
| 8 Kuggstångsstyrning | Universellt litiumbaserat smörjmedel |
| 9 Styrservo | Saab eller GM styrservovätska |
| 10 Spolvätskebehållare | - |

# Volymer

## Motorolja

Inklusive oljefilter:

B202 motor . . . . . . . . . . . . . . . . . . . . . . . . . . . . . . . . . . .4,2 liter
B234 motor (t o m 1993 ) . . . . . . . . . . . . . . . . . . . . . . . .4,3 liter
B204 och B234 motor (fr o m 1994 ) . . . . . . . . . . . . . . . .5,5 liter
Skillnad mellan MAX- och MIN-markeringar på oljestickan . . . .1,0 liter

## Kylsystem

Alla motorer . . . . . . . . . . . . . . . . . . . . . . . . . . . . . . .9,0 liter (cirka)

## Manuell växellåda

T o m 1993 . . . . . . . . . . . . . . . . . . . . . . . . . . . . . . . . . . .2,5 liter
Fr o m 1994 . . . . . . . . . . . . . . . . . . . . . . . . . . . . . . . . . . .1,8 liter

## Automatväxellåda

Inklusive momentomvandlare och oljekylare:

2,0 liters modeller . . . . . . . . . . . . . . . . . . . . . . . . . . . .8,2 liter (cirka)
2,3 liters modeller . . . . . . . . . . . . . . . . . . . . . . . . . . . .8,7 liter (cirka)
Servicebyte . . . . . . . . . . . . . . . . . . . . . . . . . . . . . . . .3,0 till 3,5 liter

## Bränsletank

1985 till 1989 års modeller . . . . . . . . . . . . . . . . . . . . . . . . . . . . . .68 liter
1990 och from 1992 års modeller . . . . . . . . . . . . . . . . . . . . .66 liter
1991 års modeller . . . . . . . . . . . . . . . . . . . . . . . . . . . . . . . . . .62 liter

## Styrservo

Alla modeller . . . . . . . . . . . . . . . . . . . . . . . . . . . . . . . . . .0,75 liter

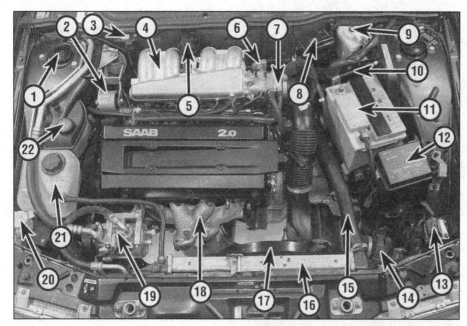

### Motorrum (1994 Saab 9000 CSE)

1 Främre fjäderbenets övre infästning
2 Motorns övre infästning
3 Givare för grenrörets absoluta tryck (MAP)
4 Insugningsgrenrör
5 Oljepåfyllningslock och mätsticka (kombinerad)
6 Gasspjällarm
7 Gasspjällhus
8 ABS säkrings- och relädosa
9 Bromsvätskebehållare
10 ABS elektronisk styrenhet (ECU)
11 Batteri
12 Extra säkrings- och relädosa
13 Vänster krocksensor
14 Luftrenarkåpa och -hus
15 Övre kylarslang
16 Kylare
17 Elkylfläkt
18 Avgasgrenrör
19 Luftkonditioneringskompressor
20 Spolvätskebehållare
21 Expansionskärl
22 Behållare för styrservovätska

### Framvagn, sedd underifrån (1994 Saab 9000 CSE)

1 Oljefilter
2 Främre avgasrör
3 Manuell växellåda
4 Luftintag
5 Främre bromsok
6 Undre bärarm
7 Styrstag
8 Katalysator
9 Mellanliggande drivaxel
10 Motorinfästning
11 Bränslematar- och returledningar
12 Bromsrör
13 Avtappningsplugg för motorolja

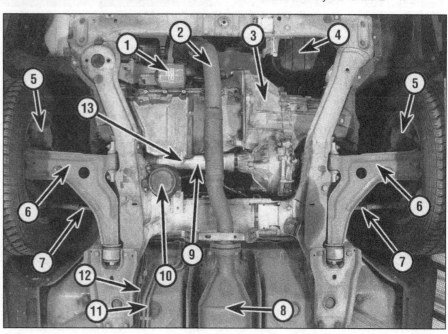

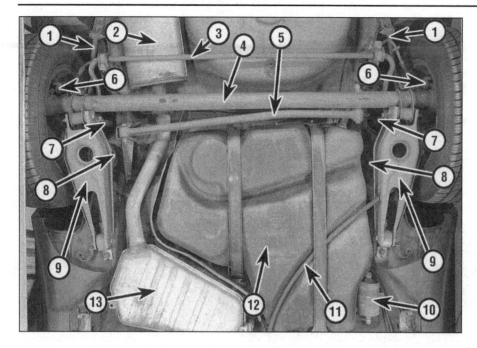

**Bakvagn, sedd underifrån
(1994 Saab 9000 CSE)**

1   Momentstag
2   Bakre ljuddämpare
3   Krängningshämmarstag
4   Bakaxelrör
5   Panhardstag
6   Bakre bromsok
7   Bakre stötdämpare
8   Spiralfjäder
9   Undre bärarm
10  Bränslefilter
11  Handbromsvajer
12  Bränsletank
13  Mellanliggande ljuddämpare

# Underhållsprocedurer

## 1  Allmän information

1 Detta kapitel är utformat för att hjälpa amatörmekanikern att underhålla hans/hennes bil så att den förblir säker och ekonomisk, får lång livslängd och hög prestanda.
2 Detta kapitel inleds med ett underhålls-schema som följs av avsnitt som vart och ett detaljerat behandlar varje arbetsuppgift i underhållsschemat. Noggranna kontroller, justeringar, reservdelsbyte, och annan nyttig information är inkluderade. Illustrationerna visar motorrummet och bilens undersida så att man skall kunna lokalisera de olika kompo-nenterna.
3 Regelbundet underhåll av bilen enligt fast-ställda kilometer-/tidsintervall med hjälp av följande avsnitt utgör ett planerat service- och underhållsprogram som bör resultera i lång och tillförlitlig livslängd för bilen. Vi presenterar ett heltäckande schema, vilket innebär att underhåller man bara vissa delar, men inte alla, kommer man ej att erhålla avsedda resultat.
4 När du underhåller din bil kommer du att upptäcka att många arbetsuppgifter kan, och bör, utföras samtidigt beroende på arbets-uppgifternas art, eller att de omfattar när-liggande, om än för övrigt orelaterade, komponenter. Till exempel, om bilen av någon anledning skall hissas upp, kan avgas-systemet inspekteras på samma gång som fjädring och styrdetaljer.

5 Det första steget i underhållsprogrammet innebär förberedelser. Läs igenom samtliga avsnitt som behandlar arbetet som skall utföras, gör därefter upp en lista och samla ihop alla reservdelar och verktyg som kommer att behövas. Om problem uppstår bör en specialist eller Saabverkstad kontaktas för rådgivning.

## 2  Intensivt underhåll

1 Om bilen, från det att den är ny, noggrant underhålls regelbundet enligt rekommenderat underhållsschema, och kontroller av vätske-nivåer och av slitagebenägna delar utförs ofta, kommer motorn att bevaras i ett relativt gott skick, och behovet av extra arbete hålls till ett minimum.
2 Det är möjligt att det kommer tillfällen när bilen går mindre bra på grund av brist på regelbundet underhåll. Sannolikheten är större när bilen som inköps är begagnad och inte underhållen ofta och regelbundet. I sådana fall kan extra arbete behöva utföras utöver de angivna serviceintervallen.
3 Om man misstänker motorslitage kan ett kompressionsprov (se aktuellt avsnitt i kapitel 2) ge värdefull information om den totala prestandan hos motorns huvuddelar. Ett sådant prov kan användas som besluts-underlag för att bestämma hur stort arbete som skall utföras. Om, till exempel, ett kompressionsprov indikerar allvarligt slitage i

motorn, kommer det regelbundna underhåll som beskrivs i detta kapitel inte att förbättra motorns prestanda i någon nämnvärd grad, utan kan innebära slöseri med tid och pengar, om inte större reparationer (kapitel 2B) har utförts först.
4 Följande åtgärder är de som oftast behövs för att förbättra prestandan hos en motor som går dåligt:

### Primära åtgärder

a)  Rengör, kontrollera och testa batteriet (avsnitt 8)
b)  Kontrollera alla motorrelaterade vätskor (avsnitt 3)
c)  Kontrollera drivremmens skick och spänning (avsnitt 22)
d)  Byt tändstift (avsnitt 25)
e)  Granska fördelarlock, rotor och tändkablar (kapitel 5B)
f)  Kontrollera skicket hos luftrenarens filter och byt det vid behov (avsnitt 33)
g)  Byt bränslefilter (avsnitt 36)
h)  Kontrollera alla slangar, leta efter läckage (avsnitt 21)
i) Kontrollera tomgången och blandningsinställningar (kapitel 4A)
5 Om ovanstående åtgärder inte har någon inverkan skall följande åtgärder utföras:

### Sekundära åtgärder

a)  Kontrollera laddningssystemet (kapitel 5A).
b)  Kontrollera tändsystemet (kapitel 5B).
c)  Kontrollera bränslesystemet (kapitel 4).
d)  Byt fördelarlocket och rotorarmen - i förekommande fall (kapitel 5B).
e)  Byt tändkablar (kapitel 5B).

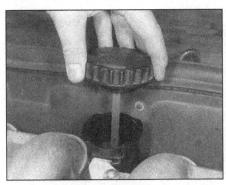

3.3a Ta bort oljepåfyllningslocket

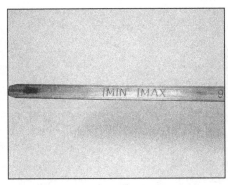

3.3b Markeringar på oljemätstickan

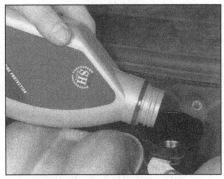

3.3c Påfyllning av motorolja

# Veckokontroller

## 3 Motorrelaterade vätskor - nivåkontroll

### Motorolja

**1** Motoroljans nivå kontrolleras med en oljesticka som är placerad i oljesticks-/oljepåfyllningsröret på motorblockets baksida och in i oljetråget längst ned i motorn. Tryck ner och vrid locket moturs för att lossa det. Oljestickan är fastsatt i locket.

**2** Oljenivån skall kontrolleras när bilen står på plant underlag och motorn är varm, 2 till 5 minuter efter det att motorn har stängts av.

**3** Lossa oljepåfyllningslocket och dra ut oljestickan från röret, torka av oljan på stickan med trasa eller pappershandduk. Sätt ned den rena oljesticken i röret så långt det går och dra upp den igen. Notera oljenivån på oljestickan. Fyll på med olja efter behov till nivån har nått den övre 'MAX'-markeringen på oljestickan **(se bilder)**. Observera att 1 liter olja behövs för att höja nivån från den nedre markeringen 'MIN' till det övre märket.

**4** Oljenivån skall alltid befinna sig mellan dessa två markeringar på oljestickan. Om nivån sjunker under det nedre märket kan oljebristen leda till allvarliga skador på motorn. Om motorn fylls med för mycket olja kan resultatet bli oljeläckage eller tätningsfel.

**5** Olja fylls på genom påfyllningsröret på motorns bakre del, bakom insugningsgrenröret. Ta bort påfyllningslock och oljesticka helt innan oljan fylls på. Använd alltid korrekt grad och typ av olja enligt anvisning i *'Smörjmedel, vätskor och volymer'*.

### Kylvätska

**6** Samtliga bilar som behandlas i denna handbok har trycksystem för kylning. Expansionskärlet är inkluderat i kylsystemet och placerat

 **Varning: FÖRSÖK INTE demontera expansionskärlets trycklock medan motorn är varm, det föreligger risk för brännskador.**

på höger sida i motorrummet. Allt eftersom motorns temperatur ökar så utvidgas kylvätskan, och nivån i expansionskärlet stiger. När motorn kyls ned sjunker nivån i expansionskärlet. Kylvätskan cirkuleras genom expansionskärlet hela tiden när motorn är igång, och på detta sätt försvinner kontinuerligt all ansamling av luft i motorns alla delar.

**7** Kylvätskenivån i expansionskärlet bör kontrolleras regelbundet. Nivån i kärlet varierar med motorns temperatur. När motorn är kall bör nivån vara på eller något under 'MAX'-markeringen på sidan av tanken. När motorn är varm kan nivån stiga till något över 'MAX'-markeringen.

**8** Vänta till motorn är kall om kylmedel skall

fyllas på. Skruva trycklocket på expansionskärlet ett eller två varv. Vänta tills trycket sjunker i systemet, skruva sedan av locket helt och ta bort det.

**9** Fyll på en blandning av vatten och frostskyddsmedel (se avsnitt 35) genom påfyllningshalsen på expansionskärlet **(se bilder)** tills kylmedlet når 'MAX'-markeringen på sidan av kärlet. Sätt tillbaka locket och dra åt det medurs så hårt det går.

**10** I denna typ av förseglat kylsystem bör påfyllning av kylvätska behövas ytterst sällan. Om påfyllning behövs ofta kan det finnas en läcka i systemet. Kontrollera kylare, samtliga slangar och anliggningsytor beträffande tecken på fläckar eller vätska, åtgärda efter behov. Om inga läckor upptäcks bör trycklocket och hela systemet trycktestas av en verkstad. Då syns de små läckor som inte varit synliga tidigare.

## 4 Broms- och kopplingsvätska - nivåkontroll

**1** Kärlet för hydraulvätska till bromsarna och kopplingens hydrauliska manöversystem är sammanbyggt med och monterat på vänstra sidan i motorrummet, bakom batteriet. 'MAX'- och 'MIN'-markeringarna finns på sidan av behållaren **(se bilder)**, och vätskenivån bör

3.9a Påfyllning av kylvätska i expansionskärlet

3.9b "MIN"- och "MAX"-markeringar på sidan av expansionskärlet

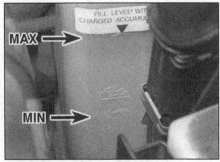

4.1a "MIN"- och "MAX"-markeringar på sidan av hydraulvätskebehållaren (broms/koppling), tidiga modeller

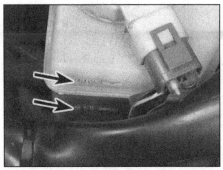

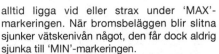

**4.1b "MIN"- och "MAX"-markeringar på sidan av hydraulvätskebehållaren (broms/koppling), senare modeller**

**4.2a Skruva loss locket . . .**

**4.2b . . . och fyll på behållaren med specificerad vätska**

alltid ligga vid eller strax under 'MAX'-markeringen. När bromsbeläggen blir slitna sjunker vätskenivån något, den får dock aldrig sjunka till 'MIN'-markeringen.

**2** Om det är nödvändigt att fylla på vätska, torka först rent området runt påfyllningslocket med en ren trasa innan locket tas bort. Vid behov, lossa ledningen till strömställaren till varningslampan för låg vätskenivå. Vid påfyllning av vätska, häll försiktigt i kärlet och undvik att stänka vätskan på omgivande lackerade ytor **(se bilder)**. Se till att bara använda angiven hydraulvätska eftersom en blandning av olika typer kan skada systemet. Se 'Smörjmedel, vätskor och volymer' i början av detta kapitel.

> ⚠ **Varning: Bromshydraulvätska kan vara skadlig för ögonen och för lackerade ytor, var därför mycket försiktig vid hantering och påfyllning av vätskan. Använd inte vätska som har stått utan lock under en tid, eftersom den absorberar fukt från luften. För mycket fukt kan orsaka farlig förlust av bromseffekt.**

**3** När påfyllning skall ske är det en bra idé att undersöka om behållaren är nedsmutsat. Om man upptäcker avlagringar, smuts eller förorening i vätskan skall systemet tappas av och fyllas på nytt.

**4** När behållaren är fylld till korrekt nivå, se till att locket skruvas på ordentligt för att undvika läckage och att smuts tränger in. Där så

behövs, anslut ledningen till strömställaren till varningslampan för låg vätskenivå.

**5** När bromsbeläggen blir slitna sjunker vätskenivån något under normal drift. Om kärlet behöver fyllas på upprepade gånger för att hålla den rekommenderade nivån är det tecken på en hydraulisk läcka någonstans i systemet, vilket bör kontrolleras omedelbart.

## 5 Spolarvätska - nivåkontroll

**1** Behållaren för spolarvätska till vindruta/bakruta är placerad i främre vänstra hörnet (tidigare modeller) eller främre högra hörnet (senare modeller) av motorrummet, bakom strålkastarenheten.
**2** När behållaren fylls på bör en tvättvätska tillsättas, enligt rekommendation på flaskan **(se bild)**.

## 6 Däck - kontroll

**1** På senare modeller har däcken slitage varnare som börjar synas när mönsterdjupet är ca 1,6 mm. Mönsterslitage kan kontrolleras med en enkel och billig anordning som kallas mönsterdjupmätare **(se bild)**.

**2** Hjul och däck bör inte ge några större problem under förutsättning att man kontrollerar dem för slitage eller skador. I detta sammanhang skall följande noteras.
**3** Kontrollera däcktrycket regelbundet och håll det på rekommenderad nivå **(se bild)**. Kontroll bör utföras när däcken är kalla, inte omedelbart efter användning. Om trycket kontrolleras med varma däck erhålls en felaktigt hög avläsning på grund av expansion. **Under inga omständigheter** bör lufttrycket reduceras när däcket är varmt. Vänta tills däcket har svalnat och gör om kontrollen. På senare modeller är reservhjulet av en speciell lättviktskonstruktion med högre däcktryck än normalt (se Specifikationer). Denna typ av reservhjul får endast användas i akuta situationer och hastigheten får inte överstiga 70 km/tim.
**4** Observera om onormalt däckslitage uppstår **(se bild)**. Oregelbundenheter i mönstret som sprickor, blankslitna fläckar eller större slitage på en sida, är indikationer på felaktig framhjulsinställning och/eller balansering. Om något av dessa tillstånd observeras bör de åtgärdas snarast möjligt.
**5** För lågt lufttryck orsakar överhettning på grund av för stora rörelser i korden. Däcket rullar inte heller rätt mot vägbanan. Detta medför förlust av väggrepp och stort slitage, för att inte tala om faran att få plötsligt däckhaveri på grund av överhettning.
**6** För högt lufttryck orsakar snabbt slitage av mittre delen av däcket, dessutom minskat

**5.2 Påfyllning av vindrutespolarvätska**

**6.1 Kontroll av mönsterdjup med mönsterdjupmätare**

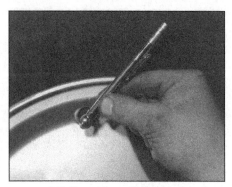

**6.3 Kontroll av däcktrycket**

# Däckslitage

### Slitage på sidorna

**Lågt däcktryck
(slitage på båda sidorna)**
*Kontrollera och justera trycket*

**Felaktig cambervinkel
(slitage på en sida)**
*Reparera eller byt ut fjädrings-
detaljer*

**Hård kurvtagning**
*Sänk hastigheten!*

### Slitage i mitten

**För högt däcktryck**
*Kontrollera och justera däck-
trycket*

*Om du ibland måste ändra däck-
trycket till högre tryck specifi-
cerade för max lastvikt eller
ihållande hög hastighet, glöm
inte att minska trycket efteråt.*

### Toe-förslitning

**Felaktig toe-inställning**
*Justera framhjulsinställningen*

**Notera:** *Den fransiga ytan i däck-
mönstret, ett typiskt tecken på
toe-förslitning, kontrolleras bäst
genom att man känner med
handen över ytan.*

### Ojämnt slitage

**Felaktig camber- eller
castervinkel**
*Reparera eller byt ut fjädrings-
detaljer*

**Defekt fjädring**
*Reparera eller byt ut fjädrings-
detaljer*

**Obalanserade hjul**
*Balansera hjulen*

**Skev bromsskiva/trumma**
*Maskinbehandla eller byt ut
skiva/trumma*

---

väggrepp, stötigare gång och risk för stöt-skador i korden.

**7** Kontrollera däcken regelbundet beträffande skärskador och bulor speciellt i däcksidorna. Ta bort spikar och stenar som fastnat i mönstret innan de tränger igenom och orsakar punktering. Visar det sig att däcket är punkterat då en spik tas bort, sätt tillbaka den så att det syns var hålet är. Kör inte på däcket under dessa omständigheter. Byt hjulet omedelbart och reparera det hos en gummi-verkstad. Om du är osäker på vad inträffade skador kan orsaka, fråga en gummiverkstad om råd.

**8** Ta regelbundet av hjulen och rengör dem från smuts på in- och utsidorna. Kontrollera hjulen beträffande rostskador, korrosion eller andra skador. Lättmetallfälgar skadas lätt mot trottoarkanter och stålfälgar kan på samma sätt få bucklor. Byte av hjul är mycket ofta det enda botemedlet.

**9** Hjulen bör hållas väl balanserade för att undvika slitage, inte bara på däcken utan också på styrningens detaljer. Obalans i hjul visar sig vanligen som vibrationer i karossen, även om det i många fall särskilt känns i ratten. Omvänt bör det noteras att felaktiga fjädringsdetaljer kan orsaka slitage på däcken. Orunda eller skeva däck, skadade fälgar eller slitna hjullager hör till denna kategori. Balansering hjälper inte heller mot dessa felaktigheter.

**10** Balansering av hjul kan utföras antingen med däcket monterat eller löst. Om hjulet balanseras på bilen, se då till att någon märkning görs så att hjulet kan sättas tillbaka i samma läge igen efter demontering.

**11** Däckslitage påverkas i synnerhet av körsätt. Hårda inbromsningar, hård kurv-tagning, snabb acceleration o s v orsakar däckslitage. Skiftning av däck kan jämna ut slitaget. Tänk dock på att detta kan leda till större kontantutlägg då alla fyra däcken måste bytas samtidigt.

**12** Framdäcken kan slitas ojämnt på grund av felaktig hjulinställning. Hjulinställningen skall alltid underhållas enligt tillverkarens speci-fikationer.

**13** Lagenliga krav och bestämmelser gäller i många fall vid montering och användning av däck. Kontakta polisen eller AB Svensk Bilprovning i frågor som rör bestämmelser beträffande däcktyper och skick, mönsterdjup etc.

## 7 Elsystem - kontroll

**1** Kontrollera funktionen hos all elektrisk utrustning, dvs lampor, blinkers, signalhorn, vindrute-, strålkastar- och bakrutetorkare/-spolare. Se beskrivning i respektive avsnitt i kapitel 12 om något av systemen befinns vara ur funktion.

**2** Justering av bromsljus beskrivs i kapitel 9.
**3** Gör en noggrann kontroll av alla åtkomliga anslutningsdon, kontrollera att kablage-klämmor är säkert fastgjorda, samt om de visar tecken på slitage eller skador. Åtgärda eventuella fel.

## 8 Batteriets elektrolytvätska - kontroll

⚠️ *Varning: Läs föreskrifterna i 'Säkerheten främst!' i början av denna handbok innan arbete med bilens batteri påbörjas.*

**1** Batteriet är placerat på vänstra sidan i motorrummet. Om batteriet är av standardtyp eller av lågunderhållstyp kan elektrolytnivån kontrolleras och vid behov fyllas på. Om det är ett underhållsfritt batteri kan elektrolytnivån inte kontrolleras.
**2** Skruva loss locken till battericellerna.
**3** Elektrolytnivån skall vara cirka 15 mm över plattorna.
**4** Fyll på vätskan vid behov, använd endast destillerat eller tekniskt rent vatten.
**5** Skruva tillbaka cellocken.
**6** Ytterligare information om batteriet, laddning och starthjälp med startkablar återfinns i kapitel 5 och i de första avsnitten i boken.

## 9 Torkarblad - kontroll

**1** Rengör torkarbladen och vindrutan med en lösning av koncentrerad spolarvätska eller T-Blå/Röd. Rengör även strålkastarglas och torkarblad.

**2** Kontrollera om torkarbladen är spruckna, visar tecken på slitage, eller om rutan inte blir ren, i så fall skall de bytas ut. Vindrutetorkarna skall regelbundet bytas en gång om året för att ge bästa möjliga effekt. Vid samma tidpunkt, kontrollera vindrutetorkarbladen (där sådana finns) och byt ut dem vid behov.

**3** Vid demontering av vindrute- eller bakrutetorkare, dra ut armen från rutan tills den låser. Vrid bladet 90°, tryck in den lilla tappen och dra ut bladet från den böjda änden på armen **(se bild)**. Vid montering, se till att bladet blir ordentligt fastlåst i armen.

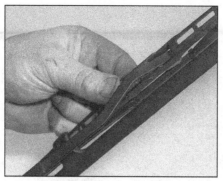

**9.3 Demontering av torkarblad från vindrutetorkararmen**

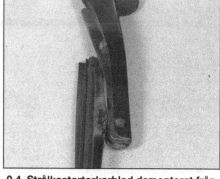

**9.4 Strålkastartorkarblad demonterat från armen**

**4** Vid demontering av strålkastartorkare, dra ut armen från glaset och vrid den nedåt tills den lossnar från armen **(se bild)**. Vid montering, kontrollera att bladet är ordentligt fastlåst i armen.

**5** Kontrollera att vindrutespolarna fungerar ordentligt och att munstyckena är riktade mot överdelen av torkarnas rörelse. Vid behov, rikta om munstyckena med en nål.

# Var 10 000 km eller 6 månader

## 10 Motorolja och filter - byte

**Observera:** *Ägare till bilar utan turbo med höga kilometertal, eller de som kör mycket i tät trafik, föredrar kanske att utföra byten av motorolja och filter med 10 000 km intervall, som specificeras för turbo, istället för med normala 20 000 km intervall.*

*Frekventa byten av motorolja och filter hör till de viktigaste förebyggande åtgärderna som en hemmamekaniker kan utföra. När motoroljan blir gammal tunnas den ut och förorenas, vilket leder till förtida skador på motorn.*

**1** Innan arbetet kan påbörjas, ta fram de verktyg och material som kommer att behövas. Se till att det finns rena trasor och tidningar till hands för att torka upp spillda vätskor. Motoroljan skall helst vara varm eftersom den då är lättare att tappa av och mer avlagringar följer med oljan ut. Var försiktig så att du inte rör vid avgasröret eller andra heta delar i motorn vid arbete under bilen.

**2** Bär helst handskar som skydd mot hudskador eller hudirritationer som kan orsakas av värme eller ämnen i motoroljorna. Det går lättare att arbeta under bilen om den hissas upp, körs upp på en ramp eller lyfts med domkraft och pallas upp på bockar (se 'Lyftning'). Oavsett metod, se till att bilen står plant, eller, om den är placerad i vinkel, att avtappningspluggen befinner sig lägst.

**3** Vrid avtappningspluggen cirka ett halvt varv **(se bild)**. Placera avtappningskärlet under

avtappningspluggen, lossa pluggen helt. Om möjligt, försök att hålla pluggen intryckt i tråget medan de sista varven skruvas för hand. När pluggen släpper från gängorna, flytta dig snabbt undan så att oljan kan strömma ned i kärlet, och inte ner i din ärm! Ta vara på tätningsbrickan från avtappningspluggen.

**4** Ge oljan tid att rinna ner, observera att det kan bli nödvändigt att flytta kärlet när oljeflödet blir mindre.

**5** När all olja har runnit ut, torka av avtappningspluggen med en ren trasa. Kontrollera tätningsbrickans skick och byt den vid behov. Rengör ytan runt pluggens öppning, skruva tillbaka pluggen. Dra åt pluggen till angivet åtdragningsmoment.

**6** Ställ kärlet under filtret. På B202-motorn (utan balansaxlar) är filtret placerat vid den bakre högra sidan av motorblocket **(se bild)**. På B204- och B234-motorer (med balansaxlar)

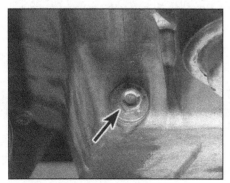

**10.3 Oljeavtappningsplugg på tråget**

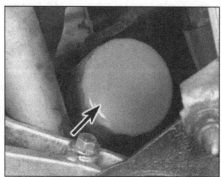

**10.6 Oljefiltret sitter bak på motorblocket på B202-motorn**

**10.7 Demontering av oljefilter på en B204-motor**

är filtret placerat vid främre högra sidan av motorblocket.

**7** Använd ett oljefilterverktyg, vid behov, för att lossa filtret. Därefter kan det skruvas bort för hand **(se bild)**. Observera att på B204- och B234-motorerna är oljefiltret placerat mycket nära oljetråget och det kan vara omöjligt att använda verktyg av kedjetyp för att ta bort filtret. På dessa motorer är det bättre att använda verktyg av. Töm ut oljan från filtret i kärlet och kasta bort filtret.

**8** Använd en ren trasa för att torka bort olja, smuts och slam från filtrets anliggningsyta på motorblocket. Granska det gamla filtret för att se om tätningsringen av gummi har fastnat på motorn. Avlägsna den i så fall.

**9** Smörj tätningsringen på det nya filtret med motorolja, sätt det på plats och skruva åt det

för hand. **Använd inte** verktyg. Torka ren filtret och avtappningspluggen .

**10** Avlägsna den gamla oljan och verktygen under bilen och sänk ner bilen.

**11** Skruva loss oljepåfyllningslocket och dra upp oljestickan från påfyllningsröret. Fyll på motorolja, - använd korrekt grad och typ av olja (se *'Smörjmedel och vätskor'*). Använd oljekanna eller tratt för att undvika att spilla. Fyll först på halva den angivna mängden, vänta några minuter tills oljan har sjunkit ner i tråget. Fortsätt att hälla på olja, lite åt gången, tills nivån når den nedre markeringen på oljestickan. Ytterligare 1 liter olja höjer nivån till den övre markeringen på oljestickan. Sätt tillbaka oljestickan och skruva fast olje-påfyllningslocket.

**12** Starta motorn och låt den gå några

minuter; kontrollera att tätningarna runt oljefiltret eller avtappningspluggen inte läcker. Observera att det kan dröja några sekunder tills oljevarningslampan släcks efter det att motorn har startats. Detta för att oljan cirkulerar i oljekanalerna och det nya oljefiltret innan trycket har stabiliserats.

**13** Stäng av motorn och vänta några minuter för att låta oljan rinna ner i oljetråget på nytt. När den nya oljan har cirkulerat och filtret är fyllt med olja, kontrollera nivån på oljestickan ytterligare en gång och fyll på mer olja vid behov.

**14** Den gamla oljan måste tas om hand på av myndigheterna godkänt sätt, se *'Allmänna reparationsanvisningar'* i slutet av boken.

# Var 20 000 km eller 12 månader

## 11 Frostskyddsvätska - kontroll

**1** Frostskyddsvätskan skall alltid hålla den rekommenderade koncentrationen. Detta är nödvändigt inte bara för att behålla frys-skyddet utan också för att hindra korrosion, vilket annars uppstår allt eftersom rostskyddet försämras.

**2** Kontrollen skall utföras med kall motor, och för detta ändamål behövs en glykolprovare som kan köpas i en biltillbehörsbutik.

**3** Skruva långsamt av locket från expansions-kärlet och sug in kylvätska i provaren. Kontrollera att koncentrationen överens-stämmer med tillverkarens anvisningar. Den vanligaste provartypen består av tre kulor av olika täthet - hög koncentration gör att alla tre kulorna flyter, medan låg koncentration får kanske bara en kula att flyta.

**4** Om koncentrationen är felaktig kan justering utföras genom att man tappar av lite kylvätska från expansionskärlet och ersätter den med outspätt frostskyddsmedel. Om koncentra-tionen är helt fel skall systemet tappas ur helt

och hållet och frostskyddslösningen göras om enligt beskrivning i avsnitt 35.

**5** Dra åt locket till expansionskärlet när arbetet är utfört.

## 12 Framhjulsinställning - kontroll

**1** Eftersom det krävs specialutrustning för att kontrollera och justera framvagnsinställning bör det utföras av Saabverkstad eller annan specialist. Observera att de flesta däck-verkstäder nu för tiden har avancerad utrust-ning. Se kapitel 10 för ytterligare information.

**2** Före kontroll av framvagnsinställning bör däcktrycket kontrolleras och, vid behov, justeras (se avsnitt 4).

## 13 Styrservovätska - kontroll

**1** Styrservobehållaren är placerad i motor-rummets högra del, bakom expansionskärlet.

**2** Vid kontrollen skall framhjulen vara riktade rakt fram och motorn avstängd. Bilen bör vara placerad på jämnt underlag.

**3** På vissa modeller finns markeringar för kontrollnivåerna HOT och COLD. När motorn är varm skall nivån vara vid HOT-markeringen, och tvärtom. På andra modeller används MIN-markeringar för att indikera den kalla nivån **(se bild)**.

**4** Innan påfyllningslocket tas bort skall lock och omgivande yta torkas ren med en ren trasa så att smuts eller liknande inte kan tränga in i behållaren. Skruva loss och ta bort påfyllningslocket **(se bild)**.

**5** Fyll på rekommenderad servovätska vid behov **(se bild)**. Se till att smuts inte kommer in i systemet, fyll inte på för mycket. Om påfyllning behöver göras ofta skall kontroll göras beträffande ev. läckage.

## 14 Säkerhetsbälten - kontroll

**1** Kontrollera noggrant varje bilbälte i tur och ordning beträffande fransbildning, skåror och

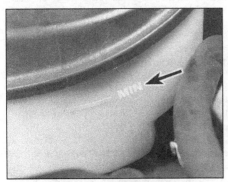
**13.3 MIN/kall markering på sidan av behållaren för styrservovätska**

**13.4 Skruva loss påfyllningslocket för styrservovätska**

**13.5 Påfyllning av styrservovätska**

revor i väven. Dra ut bältet helt och kontrollera hela väven.

2 Sätt fast och lossa bältet, se till att låsmekanismen håller fast ordentligt och släpper när den skall. Kontrollera också att rullmekanismen fungerar korrekt när bältet släpps.

3 Kontrollera att infästningarna till säkerhetsbältena sitter säkert. De är åtkomliga inifrån bilen utan att klädsel eller andra detaljer behöver demonteras.

## 15 Airbagsystem - kontroll

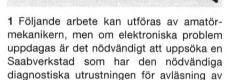

1 Följande arbete kan utföras av amatörmekanikern, men om elektroniska problem uppdagas är det nödvändigt att uppsöka en Saabverkstad som har den nödvändiga diagnostiska utrustningen för avläsning av felkoder i systemet.

2 Vrid om tändningsnyckeln till tändningsläge (varningslampor på) och kontrollera att varningslampan för SRS (Supplementary Restraint System) är tänd i sex sekunder. Därefter skall lampan släckas, vilket indikerar att systemet har kontrollerats och befunnits funktionellt.

3 Om varningslampan inte släcks, eller om den inte tänds, skall systemet kontrolleras av en Saabverkstad.

4 Gör en noggrann kontroll av rattnavet och airbagmodulen på passagerarsidan beträffande yttre skador. Konsultera en Saabverkstad om dessa visar tecken på möjliga skador.

5 I säkerhetssyfte, se till att inga lösa föremål finns i bilen som kan träffa airbagmodulerna om en olycka skulle inträffa.

## 16 Gångjärn och lås - smörjning

1 Gå runt bilen och smörj gångjärnen på dörrarna och bakluckan med lämplig smörjolja.

2 Stryk vaselin på motorhuvens låsmekanism, gångjärn och säkerhetsspärrar.

3 Kontrollera säkerhet och funktion hos samtliga gångjärn, spärrar och lås, och justera vid behov. Kontrollera funktionen hos centrallåssystemet (där sådant förekommer).

4 Kontrollera skick och funktion hos bakluckans gasfjädrar, byt ut dem om de läcker eller inte förmår hålla bakluckan öppen när den är upplyft.

5 Kontrollera slutligen funktionen hos samtliga dörrlås, bakluckslåset och tanklocket. Kontrollera att spärrarna till barnlåset på bakdörrarna fungerar ordentligt.

## 17 Batteriets anslutningar - kontroll

**Varning: Läs igenom säkerhetsföreskrifterna i avsnittet 'Säkerheten främst!' i början av boken innan arbete med bilens batteri påbörjas.**

1 Batteriet är placerat på vänstra sidan i motorrummet. Batteriet skall regelbundet granskas utanpå för upptäckt av sprickor eller andra skador.

2 Kontrollera att batterikablarna är ordentligt anslutna, och granska varje kabel i sin fulla längd för att se om den har sprickor eller fransiga anslutningsdon. Kontrollera den positiva anslutningen mellan batteriet och startmotorn.

3 Om korrosion (vita, porösa avlagringar) är synlig, ta bort kablarna från batteriet, rengör dem med en liten borste och anslut dem sedan igen. Korrosion kan minimeras om ett lager vaselin eller polfett stryks på polskor och kablar efter det att de har anslutits.

4 Se till att batteriets fästplåt är säkert fastgjord. På senare modeller, kontrollera att fästskruven är ordentligt åtskruvad.

5 Korrosion på fästplåten och på batteriets poler kan avlägsnas med en lösning av vatten och bikarbonat. Skölj väl efteråt med rent vatten.

6 Alla ytor på bilen som är korrosionsskadade bör täckas med zinkbaserad färg och omlackeras.

7 Kontrollera regelbundet (ungefär var tredje månad) batteriets skick enligt beskrivning i kapitel 5A.

8 Ytterligare information om batteriet, laddning och starthjälp med startkablar finns i kapitel 5 och i början av boken.

## 18 Strålkastare och dimljus - inställning

1 Undersök alla strålkastare och dimljus beträffande skador, exempelvis stenskott.

2 Kontrollera strålkastarinställningen med hänvisning till kapitel 12, avsnitt 8. Observera att lufttrycket i däcken skall vara korrekt för att få rätt inställning. Om bilen är utrustad med strömställare för strålkastarjustering, se till att den är nollställd innan strålkastarinställningen ändras.

3 Om så behövs, justera inställningen av dimljuset med justeringsskruvarna antingen vid övre framkanten eller under enheten. En ungefärlig justering kan göras om man riktar strålen vertikalt, parallellt med marken, och horisontellt, parallellt med en tänkt linje genom bilens mitt.

## 19 Körtest

### Instrument och elutrustning

1 Kontrollera funktionen hos alla instrument och den elektriska utrustningen.

2 Kontrollera att alla instrument ger rätt avläsning, och slå på all elektrisk utrustning i tur och ordning för att kontrollera att de fungerar ordentligt. Kontrollera funktionen hos värmesystemet, luftkonditioneringen och den automatiska klimatkontrollen.

### Styrning och fjädring

3 Kontrollera beträffande onormalt beteende i styrning, fjädring, hantering eller "vägkänsla".

4 Kör bilen och var uppmärksam på ovanliga vibrationer eller ljud.

5 Kontrollera att styrningen känns positiv, inte "sladdrig" eller hård, och var uppmärksam på ljud från fjädringen vid kurvtagning eller körning över gupp. Kontrollera att servostyrningen fungerar korrekt. Kontrollera att farthållaren (där sådan är monterad) fungerar ordentligt.

### Drivaggregatet

6 Kontrollera prestandan hos motorn, kopplingen (manuell växellåda), transmissionen och drivaxlarna. På modeller med turbo, kontrollera att nålen på turbotrycksmätaren flyttar sig in i den röda zonen vid kortvarig acceleration.

7 Lyssna efter ovanliga ljud från motorn, kopplingen (manuell växellåda) och växellådan.

8 Kontrollera att motorn går jämnt på tomgång och att den inte tvekar vid acceleration.

9 På modeller med manuell växellåda, kontrollera att kopplingens rörelse är jämn och progressiv, att drivhjulen kopplas in med en jämn rörelse och att pedalspelet är korrekt. Lyssna också efter ev ljud från kopplingen när pedalen är nedtryckt. Kontrollera att alla växlar kan läggas i utan ryckighet eller oljud, och att växelspaken inte är onormalt slapp eller svår att flytta.

10 På modeller med automatisk växellåda, kontrollera att alla växelbyten sker jämnt utan ryckighet och utan att bilens hastighet ökar mellan växelbyten. Kontrollera att alla växellägen kan väljas när bilen står stilla. Uppsök Saabverkstad om problem uppstår.

11 Lyssna efter metalliska, klickande ljud från bilens framdel när den körs långsamt runt i en cirkel med ratten i fullt rattutslag. Utför denna kontroll i båda riktningarna. Om klickande ljud kan höras tyder det på slitage i en drivknut. I sådana fall, se kapitel 8.

### Kontroll av bromssystemets funktion och prestanda

12 Kontrollera att bilen inte drar åt ena hållet vid inbromsning, och att hjulen inte låser sig för tidigt vid hård inbromsning.

**13** Kontrollera att ratten inte vibrerar vid inbromsning.
**14** Kontrollera att handbromsen fungerar ordentligt utan för stort spel i spaken, och att den kan hålla bilen stilla i backe.
**15** Kontrollera bromsservoenheten (i förekommande fall) på följande sätt. Med motorn avstängd, tryck ned fotbromsen 4-5 gånger för att utjämna vakuum i servon. Tryck ner pedalen och håll den nedtryckt då motorn startas. Pedalen skall röra sig något nedåt om servoenheten fungerar. Låt motorn gå i åtminstone två minuter, stäng därefter av den. När bromspedalen trampas ned skall ett väsande ljud nu höras från servon. Efter fyra eller fem nedtrampningar på pedalen skall ljudet upphöra.

## 20 Vevhusventilation - kontroll

**1** Kontrollera alla vevhusventilations- och vakuumslangar beträffande skador och läckage (se kapitel 4). Vid behov, ta bort slangarna och spola igenom dem om de är blockerade.

## 21 Slangar och läckage - kontroll

**1** Gör en noggrann granskning av motorns anliggningsytor, tätningar och packningar beträffande tecken på vatten- eller oljeläckage. Uppmärksamma speciellt ytorna kring ventilkåpan, topplocket, samt ovanpå oljefiltret och oljetråget. Visst läckage, s k svettning, kan förväntas på dessa punkter efter en tid, men det är viktigt att större läckor upptäcks i tid. Om läckage hittas skall den felaktiga tätningen eller oljepackningen bytas, se respektive kapitel.
**2** Kontrollera även att rör och slangar som hör till motorn är i gott skick. Se till att alla vajerhållare och fästklips är på plats och i gott skick. Trasiga eller saknade klips kan resultera i skadade slangar, rör eller ledningar och därmed ännu allvarligare problem i framtiden.
**3** Granska slangarna till kyl- och värmesystem i deras fulla längd. Byt den slang som är sprucken, svullen eller utsliten. Sprickor syns bättre om slangen trycks ihop. Var uppmärksam på slangklämmorna som fäster slangarna vid kylsystemkomponenterna. Slangklämmor kan klämma till och göra hål på slangar, vilket resulterar i läckage.
**4** Granska samtliga detaljer i kylsystemet (slangar, anliggningsytor etc.) beträffande läckage. Läcka i kylsystemet visar sig ofta som vit- eller rostfärgade avlagringar på ytan nära läckaget. Om några systemkomponenter visar tecken på läckage skall komponenten eller tätningen bytas, se kapitel 3.

**5** Kontrollera att trycklocket på kylaren är fullt åtdraget och att det inte visar tecken på läckage.
**6** Hissa upp bilen och inspektera bränsletanken och påfyllningshalsen beträffande hål, sprickor eller annan skada. Anslutningen mellan påfyllningshalsen och tanken är extra ömtålig. Ibland kan läckage uppstå i gummihalsen eller i en anslutningsslang på grund av lösa fästklammor eller trasigt gummi.
**7** Gör en noggrann granskning av alla gummislangar och metallbränslerör som leder från bränsletanken. Kontrollera beträffande lösa anslutningar, trasiga slangar, veckade rör eller liknande. Var speciellt uppmärksam på ventilationsrör eller -slangar, som ofta lägger sig runt påfyllningshalsen och blir blockerade eller veckade. Granska dessa slangar och rör, hela vägen till bilens front. Byt skadade delar.
**8** Kontrollera att bränsleslangar och -rör är säkert anslutna, granska även bränsle- och vakuumslangar beträffande veck, flagning eller förslitningar.

## 22 Drivremmar - kontroll och byte

**1** På B202-motorn (utan balansaxel) driver huvuddrivremmen (flerspårig) vattenpumpen, generatorn och styrservopumpen via vevaxelns remskiva. På modeller med luftkonditionering finns ytterligare en vevaxelremskiva som driver luftkonditioneringens kompressor med en drivrem av V-typ **(se bild)**. Huvuddrivremmen kan antingen spännas för hand (tidigare modeller) eller automatiskt (senare modeller) - drivremmen till luftkonditioneringen justeras manuellt med hjälp av en justerbar brytskiva.
**2** På B204- och B234-motorer (balansaxel) används en enkel (flerspårig) drivrem till vattenpump, generator och styrservopump via vevaxelns remskiva. En enkel drivrem finns även på modeller med luftkonditionering, dock är den längre för att inbegripa remskivan till luftkonditionerlngskompressorn. Drivremmen spänns automatiskt med två brytskivor och en spännfjäder.

### Kontroll av drivrem (-mar)

**3** För att komma åt drivremmen, dra åt handbromsen och lyft upp bilens framdel med en domkraft och stöd den på pallbockar. Ta bort höger framhjul, plastlisten och främre delen av innerskärmen under hjulhuset.
**4** Rotera vevaxeln genom att placera lämplig hylsnyckel och förlängare i vevaxelskruven, så att hela drivremmen (-remmarna) kan granskas. Kontrollera drivrem (-mar) beträffande sprickor, fransbildning eller annan skada.

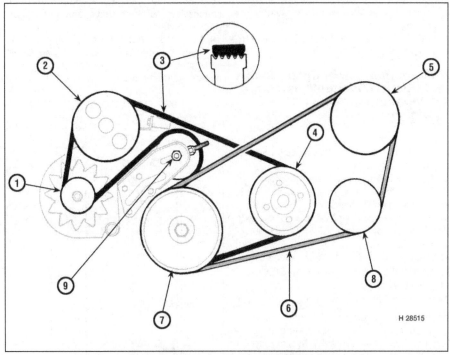

**2.1 Drivremmar och remskivor på B202-motorn**

1  Generatorns remskiva (flerspårig rem)
2  Styrservopumpens remskiva (flerspårig rem)
3  Flerspårig rem
4  Vattenpumpens remskiva (flerspårig rem)
5  Luftkonditioneringskompressorns remskiva (rem av V-typ)
6  Luftkonditioneringskompressorns remskiva (rem av V-typ)
7  Vevaxelns remskiva
8  Brytskiva (rem av V-typ)
9  Brytskiva (flerspårig rem)

Kontrollera även för att upptäcka blankslitna punkter samt om remlagren har separerat. Byt drivremmen om den är sliten eller skadad.

**5** På B202-motorn, om drivremmen till luftkonditioneringskompressorn är i gott skick, kontrollera drivremmens spänning enligt beskrivning nedan.

### Drivrem (luftkonditioneringskompressor, B202-motor) - demontering, montering och spänning

#### Demontering

**6** Utför åtgärder enligt beskrivning i kapitel 3, om detta inte redan är gjort.

**7** Vrid låsmuttern på brythjulet 90°, använd ytterligare en skiftnyckel på den inre muttern för att föra remskivan till sitt inre läge på spännarmen. Dra åt låsmuttern.

**8** Ta av drivremmen från spännanordningen, vevaxeln och kompressorremskivorna.

#### Montering och spänning

**9** Placera drivremmen på alla tre remskivorna. Sätt sedan tillbaka brythjulet med en skiftnyckel på den inre muttern tills drivremmen kan tryckas in cirka 15 mm med ett fast tryck av tummen, mellan vevaxel- och kompressorremskivorna. Dra åt låsmuttern. Observera att tekniker på Saabverkstäderna använder ett speciellt spänningsverktyg för remspänning - om det råder tvivel beträffande drivremmens spänning bör Saabverkstad kontaktas för rådgivning.

**10** Montera innerskärmen och plastlisten, sänk ner bilen.

### Drivrem (flerspårig) (tidiga B202-motorer med manuell justering) - demontering, montering och spänning

#### Demontering

**11** Utför åtgärder enligt beskrivning i kapitel 3, om detta inte redan är gjort.

**12** På modeller med luftkonditionering, demontera drivremmen till luftkonditioneringskompressorn enligt ovanstående beskrivning.

**13** Vrid mittenskruven på brytskivan ett kvarts till ett halvt varv, lossa därefter justeringsmuttern tills drivremmen kan lyftas från spännanordningen, vevaxeln, generatorn, remskivorna till styrservopumpen och vattenpumpen **(se bild)**.

#### Montering och spänning

**14** Placera drivremmen på samtliga remskivor. och Dra åt justeringsmuttern tills drivremmen kan tryckas in cirka 15 mm med ett fast tryck av tummen ungefär en fjärdedel nedåt, nära remskivan till styrservopumpen. Dra åt mittenskruven till brytskivan. Observera att tekniker i Saabverkstäderna använder ett speciellt spänningsverktyg för remspänning - om det råder tvivel beträffande drivremmens spänning bör Saabverkstad kontaktas för rådgivning.

**22.13 Drivremmens justeringsmutter (vid pilen) på B202-motorn**

**15** Montera innerskärmen och plastlisten, sänk ner bilen.

### Drivrem (flerspårig, motorer utan balansaxel med automatisk spänning) - demontering och montering

#### Demontering

**16** Utför åtgärder enligt beskrivning i kapitel 3, om detta inte redan är gjort.

**17** På tidiga B202-modeller med luftkonditionering, demontera drivremmen till luftkonditioneringskompressorn enligt ovanstående beskrivning.

**18** Placera en hylsnyckel på muttern till spännskivan och tryck ned spännskivan för att avlasta drivremmen.

**19** Lyft av drivremmen från vattenpumpens remskiva (och där så är aktuellt remskivan till luftkonditioneringskompressorn). Lossa spännanordningens remskiva.

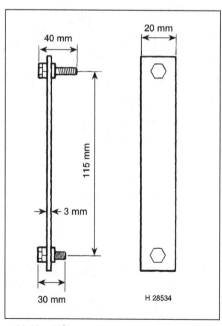

**22.25a Mått till hemmagjort verktyg för ihoptryckning av drivremmens spännfjäder**

**20** Lyft av drivremmen från återstående remskivor.

#### Montering

**21** Placera drivremmen på remskivorna, utom vattenpumpen (och, där sådan förekommer, remskivan till luftkonditioneringskompressorn). Kontrollera att samtliga spår är korrekt inpassade.

**22** Med en hylsnyckel placerad på muttern till spännanordningens remskiva, tryck ned remskivan tills drivremmen kan placeras på remskivorna till vattenpump/kompressor. Lossa remskivan till spännanordningen. Drivremmens spänning kommer att justeras automatiskt när motorn är igång.

**23** Montera innerskärmen och plastlisten, sänk ner bilen.

### Drivrem (flerspårig, motorer med balansaxel och automatisk spänning) - demontering och montering

#### Demontering

**24** Utför åtgärder enligt beskrivning i kapitel 3, om detta inte redan är gjort.

**25** Fjädern till spännanordningen skall nu tryckas in och hållas under tryck med hjälp av ett hemmagjort verktyg. Kapa en metallstång efter måtten på illustrationen, borra sen två hål och passa in skruvarna som på bilden. Dra först ned den övre drivremmen för att trycka ihop fjädern, placera därefter spärrverktyget över utskärningarna på spännanordningsfästet. Avlasta drivremmen och kontrollera att spännanordningen stannar i sitt hoptryckta läge **(se bild)**. Observera att spännanordningsfjädern är mycket kraftig och det krävs åtskillig kraft för att trycka ihop den.

**26** Lyft av drivremmen från vattenpumpen, styrservopumpen, vevaxeln och, i förekommande fall, remskivorna till luftkonditioneringskompressorn.

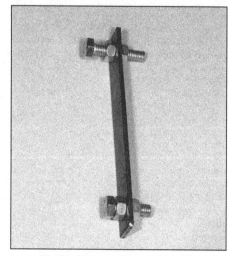

**22.25b Hemmagjort verktyg för ihoptryckning av drivremmens spännfjäder**

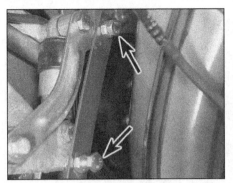

**22.25c Verktyget på plats**

**22.27 Demontera spännanordningens remskiva och därefter drivremmen**

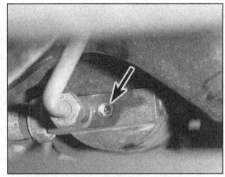

**23.1 Luftkonditioneringssystemets glasbehållare**

27 Skruva loss och ta bort skruven som fäster remskivan till spärranordningen vid fästet, lyft därefter ut drivremmen från motorrummet. **Observera:** *Skruven till spännanordningsremskivan är vänstergängad, varför den måste skruvas ut medurs.*

## Montering

28 Placera drivremmen i spännanordningsfästet, montera remskivan och dra åt fästskruven.
29 Placera drivremmen över samtliga remskivor och kontrollera att flerspårssidan griper i spåren på remskivorna.
30 Dra ned drivremmen för att trycka ihop spännfjädern, demontera spärrverktyget och släpp drivremmen. Drivremsspänningen kommer att justeras automatiskt när motorn är igång.
31 Montera innerskärmen och plastlisten, sänk ner bilen.

## 23 Kylmedel till luftkonditionering - kontroll

⚠️ *Varning: Kylmedelssystemet får inte öppnas. Se säkerhetsföreskrifter i kapitel 3.*

1 En glasbehållare är monterad på luftkonditioneringssystemet så att vätskemängden i systemet skall kunna inspekteras. Den är placerad ovanpå förångaren vid torpedväggens högra sida i motorrummet.
2 Kör motorn och slå på luftkonditioneringen.
3 Efter några minuter, granska glasbehållaren och kontrollera vätskeflödet. En klar vätska skall synas - om så ej är fallet kan problemet diagnosticeras på följande sätt:

a) *Klart vätskeflöde - systemet fungerar ordentligt.*
b) *Inget vätskeflöde - låt en Saabverkstad eller luftkonditioneringsspecialist kontrollera luftkonditioneringssystemet.*
c) *En jämn ström av genomskinliga luftbubblor i vätskan - låg kylmedelsnivå - låt en Saabverkstad eller luftkonditioneringsspecialist ladda systemet.*

## 24 Avgassystem - kontroll

⚠️ *Varning: Om motorn har varit igång skall avgasröret inte vidröras, speciellt den främre delen, eftersom den kan vara mycket varm.*

1 Placera bilen över en inspektionsgrop eller på en ramp. Alternativt kan bilens framdel och bakdel hissas upp och stödas på pallbockar (se 'Lyftning, bogsering och hjulbyte').
2 Granska avgassystemets hela längd beträffande skadade, avbrutna eller saknade upphängningar, att rörklammorna är säkert monterade, och systemets kondition beträffande rost och korrosion.
3 Leta efter läckage - de uppträder ofta som en svart sotig fläck. Med motorn igång, låt en medhjälpare placera en trasa över avgasröret, medan du lyssnar efter ett rytmiskt "fluffigt" ljud som tyder på avgasläckage.
4 Det kan vara möjligt att laga en läcka själv med någon av tillgängliga produkter. Större skada kräver dock byte av en eller flera delar av avgassystemet, se kapitel 4A.
5 Sänk ner bilen efter avslutat arbete.

## 25 Tändstift - byte

1 God funktion hos tändstiften är av yttersta vikt för att motorn skall arbeta på rätt sätt. Tändstiften måste vara av rätt typ för motorn, rätt typ anges i början av detta kapitel. Om rekommenderade tändstift används och motorn är i god kondition, bör tändstiften inte kräva någon tillsyn mellan bytesintervallen. Rengöring av tändstiften behövs sällan och bör inte företas utan tillgång till specialutrustning eftersom det är lätt att skada elektroder och isolator.

### Modeller utan DI-kassett

2 Lossa skruvarna och lyft av inspektionskåpan från ventilkåpans mitt.

3 Om inga markeringar är synliga på tändkablarna skall dessa märkas '1' till '4' för att överensstämma med respektive cylinder (cylinder nr 1 är vid transmissionen på motorn).
4 Dra i anslutningarna, inte i kablarna. När alla tändkablar är lossade, lyft upp gummiskyddet från fördelarsidan på topplocket och för kablarna åt sidan.

### Modeller med DI-kassett

5 Lossa ledningskontakten från svänghjulssidan på DI-kassetten.
6 Skruva loss de fyra skruvarna som fäster DI-kassetten ovanpå cylinderhuvudet med en sexkantnyckel.
7 I förekommande fall, skruva ur skruven och lossa fästklämman till ledningarna på DI-kassetten.
8 I förekommande fall, skruva ur skruven och lossa jordanslutningen.
9 Lyft försiktigt ut DI-kassetten på samma gång som den lossas från övre delen på tändstiften.

### Alla modeller

10 Det är klokt att rengöra tändstiftsbrunnarna med ren borste, dammsugare eller tryckluft innan tändstiften tas bort, så att smuts inte kan falla ned i cylindrarna.
11 Ta bort tändstiften med exempelvis hylsa, förlängare och spärrskaft **(se bilder)**. Håll hylsnyckeln jäms med tändstiftet - om det stöts åt sidan kan den keramiska isoleringen brytas sönder. Granska varje tändstift på följande sätt.
12 Kontroll av tändstiften ger en god bild av motorns kondition och förbränningsförhållanden. Om tändstiftets isolatorfot är ren och vit och utan avlagringar tyder det på för mager bränsleblandning eller överhettning (ett varmt tändstift överför värme långsamt från elektroden, ett kallt tändstift överför värmen snabbt).
13 Om isolatorfoten är täckt med en hård, svart beläggning kan det tyda på att bränsleblandningen är för fet. Om tändstiftet är svart och oljigt är sannolikt motorn ganska sliten samt blandningen för fet.

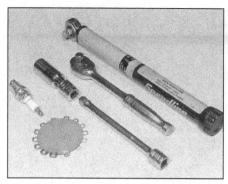

25.11a Verktyg för demontering av tändstift och justering av elektrodavstånd

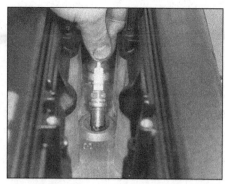

25.11b Demontering av tändstift

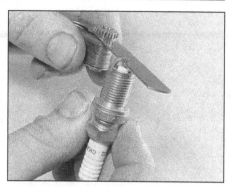

25.16a Mätning av elektrodavstånd med bladmått

14 Om isolatorfoten är täckt med en ljusbrun eller gråbrun beläggning, är bränsleblandningen korrekt och motorn sannolikt i god kondition.

15 Elektrodavståndet är viktigt. Om det är för stort eller för litet försämras gnistans storlek och dess verkan. Elektrodavståndet bör justeras enligt angivet värde i Specifikationer i början av detta kapitel.

16 Kontrollera elektrodavståndet med ett bladmått eller trådtolk. Justera vid behov genom att försiktigt böja sidoelektroden (se bilder). Försök inte böja mittelektroden - isolatorn kan skadas och tändstiftet kan då inte användas. Om bladmått används är elektrodavståndet korrekt när utrymmet är trångt men bladet kan fortfarande föras in.

17 Specialverktyg för justering av elektrodavstånd finns att köpa i biltillbehörsaffärer, eller från tändstiftstillverkaren.

18 Innan tändstiften monteras, försäkra dig om att tändstift och gänga är rena och att gängan inte går snett.

### Modeller med DI-kassett

19 Montera DI-kassetten i omvänd ordning. Dra åt de fyra skruvarna till angivet åtdragningsmoment.

### Modeller utan DI-kassett

20 Anslut tändkablarna i rätt ordning och montera gummiskyddet.

21 Montera inspektionskåpan och dra åt fästskruvarna.

HAYNES TiPS

*Det kan vara svårt att montera tändstift i brunnarna utan att de går snett. För att undvika detta, placera en kort gummislang, med 0,5 cm inre diameter, över tändstiftsänden. Den mjuka slangen fungerar som en universalled och riktar in tändstiftet mot brunnen. Skulle gängan börja gå snett glider slangen över tändstiftet och avvärjer gängskada på topplocket. Ta bort gummislangen och dra åt tändstiftet till angivet moment med tändstiftshylsa och momentnyckel. Fortsätt att montera återstående tändstift på samma sätt.*

25.16b Mätning av elektrodavstånd med en trådtolk ...

25.16c ... och justering med speciellt justeringsverktyg

## 26 Växellådsolja, manuell växellåda - kontroll

**Observera:** *En lämplig sexkantsnyckel behövs för att lossa påfyllnings- och nivåpluggarna. En sådan kan köpas från biltillbehörsaffärer eller Saabverkstad.*

1 På tidiga modeller finns en oljesticka framtill på växellådan och man behöver inte lyfta upp bilen. Skjut fjäderklämman åt sidan och dra ut stickan. Torka av stickan och sätt i den igen. Dra ut den och kontroller att nivån ligger mellan markeringarna (se bilder).

2 På senare modeller, hissa upp bilens fram- och bakdel och stöd den på pallbockar (se 'Lyftning, bogsering och hjulbyte'). Kontrollera att bilen står plant. Ta bort vänster framhjul så

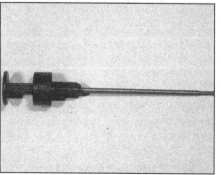

26.1a Dra ut oljemätstickan framtill på växellådan

26.1b Övre och undre markeringar på växellådans oljesticka

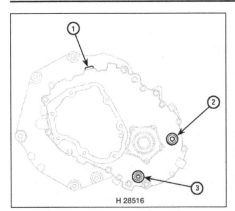

**26.2a Påfyllnings-, nivå- och avtappningspluggar på manuell växellåda (senare modeller)**

*1 Påfyllningsplugg    2 Nivåplugg*
*3 Avtappningsplugg*

att nivåpluggen blir synlig på sidan av växel-lådan. Rengör ytan runt nivåpluggen, som är placerad på sidan av växellådan bakom vänster drivaxel **(se bild)**. Oljenivån skall nå upp till nivåhålets nedre kant. Olja kan ha ansamlats bakom nivåpluggen och kan rinna ut när den tas bort; detta är inte nödvändigtvis en indikation på att nivån är korrekt. Vänta tills den första mängden olja har slutat att rinna ut för att kunna bestämma den verkliga nivån.
3 Vid påfyllning av olja, rengör ytan runt påfyllningspluggen, som är placerad ovanpå växellådan. Lossa pluggen och torka ren den.
4 Fyll på olja tills nivån når till övre märket på stickan på tidigare modeller; på senare modeller tills dess olja börjar att rinna ut i en jämn ström från nivåhålet **(se bild)**. Använd endast olja av god kvalitet och angiven typ. En tratt kan vara bra att ha när man fyller på olja genom påfyllningsöppningen till växellådan.
5 När nivån är korrekt, montera och dra åt nivå- och påfyllningspluggarna till angivet åtdragningsmoment. Torka bort ev spilld olja.
6 Montera vänster framhjul och sänk ned bilen.

## 27 Växellådsolja, automat-växellåda - kontroll

1 Värm upp växellådsoljan genom att köra bilen minst 10 minuter. Parkera på jämn mark. Använd oljestickan som är placerad på växellådans framsida, för att kontrollera oljenivån.
2 Med motorn på tomgång och handbromsen åtdragen, välj 'D'-läge i cirka 15 sekunder, därefter 'R'-läge och vänta ytterligare 15 sekunder. Upprepa detta i 'P'-läge, och låt motorn fortsätta på tomgång.
3 Dra ut oljemätstickan. Torka den ren med en trasa eller pappershandduk. Sätt tillbaka den helt, dra ut den igen och avläs nivån. Det finns

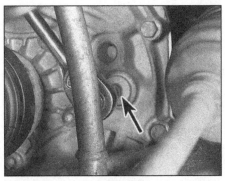

**26.2b Skruva ut den manuella växellådans nivåplugg**

två nivåmarkeringar, de nedre för en vätske-temperatur på 40°C och de övre för en temperatur på 80°C **(se bild)**. Om motorn har normal driftstemperatur skall de övre nivå-markeringarna väljas.
4 Om påfyllning erfordras sker detta via oljestickans rör tills nivån når de övre markeringarna på oljestickan. **Observera:** *Fyll aldrig på för mycket olja i växellådan så att vätskan stiger över den högsta markeringen. Använd tratt med finmaskig väv för att undvika att spilla olja och för att hindra att smuts eller andra föroreningar kommer in i växellådan.*
5 Efter påfyllning, ta en kort åktur med bilen så att den nya oljan kan fördelas i systemet, kontrollera oljan på nytt och fyll på vid behov.
6 Se till att nivån alltid håller sig mellan de båda markeringarna på oljestickan. Om nivån sjunker under den nedre markeringen kan oljebristen orsaka allvarliga skador i växel-lådan.

## 28 Drivaxelns gummidamask - kontroll

1 Hissa upp bilen och stöd den på pallbockar. Vrid ratten till fullt ändläge och snurra långsamt på hjulet. Undersök den yttre gummidamasken på drivknuten, tryck på damaskerna för att öppna ut vecken. Kontrollera beträffande sprickbildning eller gummiförsämring, vilket kan få smörjmedlet

**26.4 Påfyllning av olja i den manuella växellådan (senare modell)**

att släppas igenom, med resultatet att vatten eller smuts tränger in i leden. Kontrollera även fästklämmornas kondition. Granska de inre drivknutarna på samma sätt. Om skador eller försämring upptäcks skall damaskerna bytas enligt beskrivning i kapitel 8.
2 På samma gång, kontrollera även själva drivknutarna genom att hålla i drivaxeln och försöka att rotera hjulet. Upprepa denna kontroll genom att hålla den inre drivknuten och försöka rotera drivaxeln. Märkbar rörelse tyder på slitage i lederna, slitage i drivaxelns splines, eller möjligen en lös fästmutter till drivaxeln.

## 29 Främre och bakre broms-klossar och bromsskiva - kontroll

1 Dra åt handbromsen hårt. Hissa upp främre och bakre delen av bilen, stöd den på pallbockar (se *'Lyftning'*). Demontera fram- och bakhjulen.
2 Som en snabb kontroll kan bromsbeläggens tjocklek mätas genom hålet i bromsoket. Om en kloss har belägg som underskrider gränsvärdet, måste alla fyra klossarna bytas.
3 För en ingående kontroll skall broms-klossarna demonteras och rengöras. Broms-okets funktion skall också kontrolleras, samt bromsskivans kondition på båda sidor. Se ytterligare beskrivning i kapitel 9.
4 Vid avslutat arbete, montera hjulen och sänk ner bilen till marken.

## 30 Bromsrör och slangar - kontroll

1 Hissa upp bilens främre och bakre delar och stöd den på pallbockar. Demontera alla hjulen.
2 Gör en noggrann granskning av samtliga bromsrör och bromsslangar beträffande tillförlitlighet, och rostskador på bromsrör. Böj slangarna så att eventuella sprickor blir lättare att se.

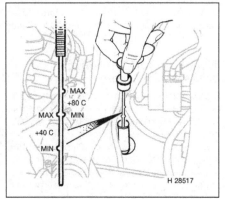

**27.3 Oljenivåsticka på automatväxellåda**

**31.3 Ruska hjulet fram och tillbaka för att kontrollera styrningens/fjädringens detaljer**

3 Kontrollera hela bromssystemet beträffande tecken på läckage.
4 Vid behov, utför reparationer i bromssystemet enligt beskrivning i kapitel 9.

## 31 Styrning, fjädring och stötdämpare - kontroll

1 Dra åt handbromsen, hissa sedan upp bilen och stöd den på pallbockar.
2 Gör en noggrann inspektion av alla dammskydd till kulleder och alla kuggstångsdamasker beträffande sprickor eller åldring. Allt slitage på dessa detaljer orsakar förlust av smörjmedel vilket, i kombination med förekomst av vatten och smuts, ger upphov till snabb åldring av kulleder eller styrväxel.
3 Fatta tag i varje hjul i tur och ordning upptill och nedtill och försök att ruska det fram och tillbaka **(se bild)**. Spelet skall vara knappt märkbart, men om rörelsen är tydlig skall upphovet till felet undersökas. Fortsätt att ruska hjulet medan en medhjälpare trampar ned fotbromsen. Om rörelsen nu försvinner eller minskas märkbart ligger felet sannolikt i hjullagren. Om glappet fortfarande är tydligt med fotbromsen nedtryckt föreligger slitage i fjädringslederna eller upphängningen.
4 Fatta tag i hjulen på varje sida och försök att ruska hjulet som tidigare. Rörelser som blir kännbara nu kan vara orsakade av slitage i hjullager eller i styrled. Om den inre eller yttre styrleden är sliten syns rörelsen tydligt.
5 Kontrollera eventuellt slitage i bussningarna till fjädringsupphängningen genom att bända med en stor skruvmejsel eller platt stång mellan den aktuella detaljen och dess infästning. Eftersom upphängningarna är av gummi kan viss rörelse förväntas, onormalt slitage är dock tydligt. Kontrollera de gummibussningar som är synliga beträffande sprickor eller slitage.
6 Kontrollera beträffande läckage runt de främre fjäderbenen och de bakre stötdämparna. Om vätska är synlig finns inre defekter i fjäderbenen/stötdämparna, vilka då bör bytas ut. **Observera:** *Fjäderben/stötdämpare bör alltid bytas parvis på samma axel.*

7 Sänk ner bilen till marken.
8 Funktionen hos fjäderben och stötdämpare kan kontrolleras genom att bilens hörn trycks ned och gungas upp och ned i tur och ordning. Om fjäderben/stötdämpare är i god kondition höjer sig bilen igen till sitt normala läge. Om den fortsätter att gunga upp och ned kan man misstänka fel i fjäderben eller stötdämpare. Kontrollera även övre och nedre upphängningarna till fjäderben/stötdämpare beträffande tecken på slitage.
9 När bilen står på hjulen, låt en medarbetare vrida ratten fram och tillbaka cirka en åttondels varv åt varje håll. Ytterst litet, om ens något, spel får finnas mellan ratt och hjul. Om spelet är för stort skall leder och upphängningar undersökas enligt tidigare beskrivning. Dessutom skall rattstångens leder samt själva kuggstången granskas beträffande slitage.

## 32 Ventilationens luftfilter - byte

**Observera:** *Om bilen har körts i dammiga eller extremt smutsiga förhållanden skall luftfiltret bytas oftare.*
1 Lossa skruven och ta bort kåpan ovanpå luftrenaren.
2 Dra ut luftfiltret och sätt i ett nytt.
3 Montera kåpan och dra åt skruven.

# Var 40 000 km eller 2 år

## 33 Luftrenarens filter - byte

1 Luftrenaren är placerad framtill i vänstra hörnet i motorrummet med luftintaget bakom kylargrillen. På tidiga modeller med bränsleinsprutning av LH-Jetronictyp, är luftrenaren rektangulär, medan den på senare modeller med motorstyrsystemet Trionic är cylindrisk.

### Modeller med LH-Jetronic bränsleinsprutning

2 Demontera behållaren för spolarvätska från det främre vänstra hörnet av motorrummet (se kapitel 12). Behållaren kan även föras åt sidan med vätskan kvar.
3 Lossa klämman och ta bort luftkanalen från luftrenaren. På vissa modeller kan det bli nödvändigt att demontera hela luftflödesmätaren. På turbomodeller skall även gummianslutningen demonteras från turbon.
4 Ta bort ledklämmorna och demontera kåpan ovanpå luftrenarhuset.

5 Lyft bort luftfilterinsatsen och notera hur den var monterad.
6 Torka de inre ytorna rena på kåpan och filterhuset, placera den nya insatsen i huset och se till att tätningsläpparna är placerade nertill och att de griper i kanten på huset.
7 Montera kåpan och fäst den med ledklämmorna.
8 Anslut luftkanal/luftflödesmätare.
9 Montera spolarvätskebehållaren i främre vänstra hörnet av motorrummet.

### Modeller med Trionic motorstyrsystem

10 Lossa luftkanalen från luftrenaren. Behövs extra utrymme, demontera hela luftkanalen enligt beskrivning i kapitel 4A **(se bilder)**.
11 Demontera ledklämmorna och kåpan från luftrenarhuset **(se bilder)**.
12 Dra ut filtret från huset **(se bild)**.
13 Torka de inre ytorna på kåpan och huset rena, sätt i det nya filtret **(se bild)**.
14 Montera kåpan och sätt fast ledklämmorna **(se bild)**. Markeringen "UP" och pilen måste vara vänd uppåt
15 Anslut/montera luftkanalen.

## 34 Automatväxellåda - byte av olja och filter

1 Kör en kort tur i bilen för att värma upp växellådan till normal driftstemperatur. Placera bilen över en grop, eller lyft upp bilen och stöd på pallbockar (se *'Lyftning, bogsering och*

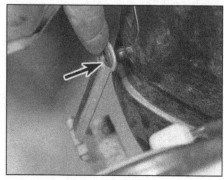

**33.10a Lossa luftkanalens stödfjäder ...**

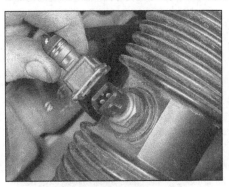

33.10b ... sedan kablaget från lufttempgivaren ...

33.10c ... och till sist klipset och luftkanalen (Trionic)

33.11a Ta loss ledklämmorna ...

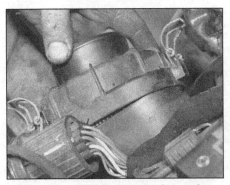

33.11b ... och demontera kåpan från luftrenarhuset (Trionic)

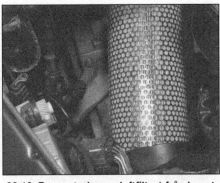

33.12 Demontering av luftfiltret från huset (Trionic)

33.14 Markeringen "UP" och pilen på luftrenarkåpan

*hjulbyte')*. Oavsett vilken metod som används skall bilen vara plant placerad för den påföljande oljenivåkontrollen.

2 Placera ett lämpligt kärl under växellådan och lossa avtappningspluggen, låt oljan rinna ner. Observera att en specialnyckel behövs för att skruva loss pluggen.

 *Varning: Automatväxelolja kan bli extremt varm under användning; vidtag största försiktighet vid avtappning för att undvika brännskador. Använd tjocka vattentäta handskar.*

3 När all olja har runnit ut, torka avtappnings-

pluggen ren och montera den i växellådshuset. Dra åt pluggen till angivet åtdragningsmoment.

4 Lossa de tre skruvarna och ta bort filterkåpan från växellådans botten **(se bild)**.

5 Demontera filtret. Ta bort O-ringarna och skaffa nya.

6 Torka rent i filterutrymmet och kåpan, montera därefter det nya filtret med nya O-ringar. Dra ordentligt åt skruvarna till kåpan.

7 Fyll automatväxellådan med växellådsolja av specificerad grad och mängd. Se avsnitt 27 och fyll på till korrekt nivå.

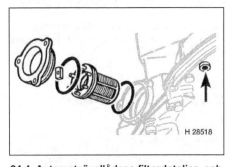

34.4 Automatväxellådans filterdetaljer, och avtappningsplugg (vid pilen)

# Var 90 000 km eller 3 år

 *Varning: Vänta tills motorn har svalnat innan detta arbete kan påbörjas. Se till att frostskyddsvätska inte kommer i kontakt med huden, eller med bilens lackerade ytor. Skölj bort spilld vätska omedelbart med rikligt med rent vatten. Låt aldrig frostskyddsvätska ligga kvar i öppna behållare - förtäring av frostskydd kan orsaka dödsfall.*

## 35 Kylvätska - byte

### Avtappning av kylsystemet

1 När motorn är kall kan expansionskärlets lock till lossas och tas bort. Vrid locket några varv moturs och vänta tills trycket har lättat.

Skruva av locket och ta bort det.

2 Lyft upp framdelen på bilen och stöd den på pallbockar (se *'Lyftning, bogsering och hjulbyte'*).

3 Demontera mittenplåten under kylaren. Skruva loss fästskruvarna och lossa plåten från klämmorna.

4 Placera ett lämpligt kärl under kylarens nedre högra sida.

5 Lossa avtappningspluggen **(se bild)** i

kylarens nedre behållare och låt kylvätskan rinna ner i kärlet.

**6** När kylvätskan har runnit ut, placera kärlet under avtappningspluggen på motorblocket. På motorer med balansaxel finns två avtappningspluggar på motorblocket, en är placerad på främre vänstra sidan och den andra på bakre vänstra sidan. När pluggen (pluggarna) är demonterade kan kylvätskan rinna ner i kärlet.

**7** Montera och dra åt avtappningspluggarna på kylaren och motorblocket.

**8** Om kylvätskan har tappats av av annan orsak än byte kan den återanvändas, förutsatt att den är ren och högst tre år gammal.

### Spolning av kylsystemet

**9** Om byte av kylvätska har försummats eller om frostskyddsnivån har varit låg, kan rost och andra föroreningar vara på väg att täppa till kylkanalerna. Kylsystemet bör under dessa omständigheter spolas enligt följande beskrivning.

**10** För att undvika förorening skall kylsystemet spolas oberoende av motorn.

### Spolning av kylare

**11** Vid spolning av kylaren, lossa först slangarna på kylarens över- och undersida.

**12** För in en trädgårdsslang i kylarens övre del. Sätt på vattnet och spola igenom systemet tills rent, klart vatten kommer från undre kylaröppningen.

**13** Om, efter rimlig tid, vattnet fortfarande inte är klart, bör systemet spolas med rengöringsmedel.

**14** Följ tillverkarens instruktioner noggrant. Om föroreningen är mycket svår, demontera kylaren, för in slangen i kylarens undre öppning och spola systemet baklänges.

### Spolning av motor

**15** Vid spolning av motorn, demontera först termostaten enligt beskrivning i kapitel 3, montera därefter termostatkåpan provisoriskt.

**16** Med övre och undre slangarna borttagna från kylaren, för in en trädgårdsslang i kylarens övre slang. Sätt på vattnet och spola igenom motorn med rent vatten, fortsätt att spola tills rent vatten kommer från kylarens undre slangöppning.

**17** När spolningen är avslutad, montera termostaten och anslut slangarna enligt beskrivning i kapitel 3.

**18** Kontrollera att avtappningspluggarna till kylaren och motorblocket är på plats och hårt åtdragna.

**19** Ta bort kärlet under bilen, montera mittenplåten under kylaren och sänk ner bilen till marken.

### Påfyllning av kylsystemet

**20** Innan kylsystemet fylls på, kontrollera att alla slangar och klämmor är i god kondition och sitter säkert. Observera att frostskydd måste användas året runt, för att undvika korrosion av motorns komponenter (se nedanstående avsnitt).

**21** Häll rätt mängd frostskydd (se 'Smörjmedel, vätskor och volymer') i ett kärl, häll på vatten tills det innehåller cirka 6,5 liter totalt.

**22** Fyll sakta på systemet med kylvätska genom påfyllningshalsen i expansionskärlet, vänta tills luftfickorna försvinner genom överskottsröret. Fyll på till 'MAX'-markeringen på sidan på expansionskärlet.

**23** Sätt tillbaka locket och dra åt det.

**24** Starta motorn och kör den på snabb tomgång tills kylfläkten startar och stannar igen. På så sätt avlägsnas återstående luft från systemet. Stanna motorn.

**25** Låt motorn svalna, kontrollera därefter kylvätskans nivå med hänvisning till avsnitt 3 i detta kapitel. Fyll på med ytterligare kylvätska vid behov. Saab rekommenderar att nivån kontrolleras på nytt efter några dagar för eventuell ytterligare påfyllning.

### Frostskyddsblandning

**26** Frostskyddet skall alltid bytas vid specificerade intervall. Detta är nödvändigt för att såväl bevara frostskyddets egenskaper som för att undvika korrosion, vilket annars uppstår eftersom de korrosionshämmande egenskaperna försämras med tiden.

**27** Använd alltid ett etylenglykolbaserat frostskydd som är lämpligt för användning i kylsystem som består av olika metaller. Rekommenderad mängd frostskyddsvätska och skyddsnivån återfinns i specifikationerna.

**28** Innan frostskyddet hälls i skall kylsystemet tappas av helt och helst spolas igenom. Samtliga slangar skall kontrolleras beträffande kondition och tillförlitlighet.

**29** När frostskyddet har fyllts på, sätt fast en etikett på påfyllningshalsen till expansionskärlet som anger typ och koncentration av det använda frostskyddet, samt påfyllningsdatum. Vid kommande påfyllningar skall samma typ och koncentration av frostskyddet användas.

**30** Använd inte frostskydd i spolarsystemen för vindruta/bakruta eftersom det kan skada bilens lackering. Rengöringsmedel för rutor bör tillsättas spolarsystemet - se tillverkarens rekommendationer på flaskan.

# Var 170 000 km

**36 Bränslefilter** - byte

 **Varning: Läs först igenom avsnittet 'Säkerheten främst' innan arbetet påbörjas och följ säkerhetsföreskrifterna noggrant. Bensin är ett mycket farligt och explosivt ämne, och försiktighetsanvisningarna kan inte nog betonas vid arbete med denna vara.**

**1** På vissa tidiga modeller med LH-Jetronic bränsleinsprutningssystem är bensinfiltret placerat mellan batteriet och värmeplåten i motorrummet. På modeller med Trionic motorstyrsystem sitter det bredvid bränsletanken under bilens bakdel **(se bild)**.

**2** Avlasta trycket i bränslesystemet, se kapitel 4, del A, avsnitt 9.

### Tidiga modeller med LH-Jetronic bränsleinsprutningssystem

**3** Rengör området kring filtrets anslutningar.

**4** Placera ett kärl, eller trasor, under filtret för att samla upp bensin som rinner ut.

**5** Skruva loss banjoskruven på filtrets underdel, håll fast kopplingen med en skiftnyckel. Ta vara på tätningsbrickorna.

**6** Skruva loss banjoskruven överst på filtret på samma sätt.

**7** Notera riktningen av pilen på filterkroppen, lossa fästklämman och ta ut filtret från motorrummet.

**8** Placera ett nytt filter i fästklämman och dra åt den. Kontrollera att flödespilen på filterkroppen pekar mot utloppet som leder till bränsleinsprutningsskenan.

**9** Kontrollera tätningsbrickornas kondition och byt dem om det är nödvändigt.

**10** Montera banjokopplingarna och slangarna överst och underst på filtret med respektive tätningsbricka, dra sedan åt skruvarna hårt

medan kopplingarna hålls fast med en skiftnyckel.

**11** Torka bort spilld bensin.

### Senare modeller med LH-Jetronic eller Trionic system

**12** Placera klossar framför framhjulen och lyft upp bakdelen på bilen med domkraft, stöd bilen med pallbockar (se 'Lyftning, bogsering och hjulbyte').

**13** Ta loss plastskyddet (där sådant är monterat), rengör området kring anslutningarna **(se bild)**.

**14** Placera ett kärl, eller trasor, under filtret för att samla upp bensin som rinner ut.

**15** Skruva loss banjokopplingsskruvarna i ändarna på filtret, håll fast kopplingen med en skiftnyckel. Ta vara på tätningsbrickorna **(se bild)**.

**16** Notera riktningen av pilen på filterkroppen, lossa fästklämman och ta ut filtret underifrån bilen.

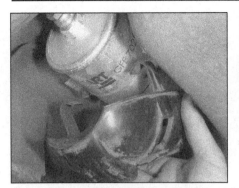

**36.13 Demontera plastskyddet från bränslefiltret**

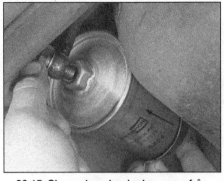

**36.15 Skruva loss banjoskruvarna från ändarna på filtret**

**36.17 Notera pilens riktning på filtret**

17 Placera ett nytt filter i fästklämman och dra åt den. Kontrollera att flödespilen på filterkroppen pekar mot utloppet som leder till motorrummet **(se bild)**.
18 Kontrollera tätningsbrickornas kondition och byt dem om det är nödvändigt.

19 Montera banjokopplingar och slangar vid filteränderna med respektive tätningsbrickor, dra åt skruvarna hårt och håll fast kopplingarna med en skiftnyckel.
20 Torka bort spilld bensin, sätt tillbaka plastskyddet och sänk ner bilen på marken.

### Alla modeller

21 Starta motorn och kontrollera att inget läckage förekommer.
22 Det gamla filtret skall kastas på lämpligt ställe, kom ihåg att det är ytterst lättantändligt.

# Vartannat år

## 37 Bromsvätska - byte

**Notera:** *Se kapitel 9 för modeller med ABS.*

⚠️ *Varning: Bromsvätska kan skada ögon och lackerade ytor, så var ytterst försiktig vid hantering. Använd inte bromsvätska som stått öppnad under en tid eftersom den absorberar fukt från luften. Fukt i bromsvätskan kan leda till försvagad bromsfunktion.*

1 Arbetet utförs ungefär på samma sätt som luftning av hydraulsystemet i kapitel 9.

Bromsvätskebehållaren måste dock tömmas genom att vätskan sugs ut (ej med munnen), och den gamla vätskan måste också få rinna ut när en del av kretsen luftas. För att undvika förorening från vätska i kopplingens hydraulsystem (som har samma behållare), ska det senare systemet luftas enligt kapitel 6 efter det att bromssystemet luftats.
2 Följ anvisningarna i kapitel 9, öppna den första luftningsskruven i följdordningen och pumpa lätt på bromspedalen tills vätsketanken är så gott som tömd. Fyll på ren bromsvätska till 'MAX'-nivån, fortsätt att pumpa tills endast ny bromsvätska finns i tanken och ny bromsvätska kan ses komma fram vid luftningsskruven. Dra åt skruven och fyll på nivån till 'MAX'-markeringen.

3 Gammal hydraulvätska är alltid mycket mörkare i färgen än ny, vilket gör det lätt att skilja på dem.
4 Fortsätt på samma sätt med de resterande luftningsskruvarna tills ny bromsvätska syns vid samtliga. Var noga med att alltid hålla nivån i tanken till huvudcylindern över 'MIN'-gränsen, annars kan luft tränga in i systemet och arbetet måste göras om.
5 När arbetet är avslutat, kontrollera att alla luftningsskruvarna är ordentligt åtdragna och att dammskydden är monterade. Tvätta bort alla spår av spilld vätska och kontrollera nivån i tanken igen.
6 Kontrollera bromsarnas funktion innan bilen körs igen.

# Specifikationer

## Motor

| | |
|---|---|
| Skillnad mellan MIN- och MAX-markeringar på oljesticka . . . . . . . . . . | 1,0 liter |
| Oljefilter . . . . . . . . . . . . . . . . . . . . . . . . . . . . . . . . . . . . . . . . . . . . | Champion C 104 |

## Kylsystem

Frostskyddsblandning:

| | |
|---|---|
| 28% frostskyddsvätska . . . . . . . . . . . . . . . . . . . . . . . . . . . . . . . . | För skydd ned till -15°C |
| 50% frostskyddsvätska . . . . . . . . . . . . . . . . . . . . . . . . . . . . . . . . | För skydd ned till -30°C |

**Observera:** *Se vidare blandningsföreskrifter på flaskorna.*

## Tändsystem

Tändstift:

| | |
|---|---|
| 1985 cc (utan turbo, tändning med Hall-givare) . . . . . . . . . . . . . . . . | Champion RC9YCC |
| 1985 cc (utan turbo, med DI-kassett) . . . . . . . . . . . . . . . . . . . . . . . | Champion RC9YCC4 |
| 1985 cc (turbo, tändning med Hall-givare) . . . . . . . . . . . . . . . . . . . | Champion RC7YCC |
| 1985 cc (turbo, med DI-kassett) . . . . . . . . . . . . . . . . . . . . . . . . . . | Champion RC7YCC4 |
| 2290 cc (samtliga modeller med DI-kassett) . . . . . . . . . . . . . . . . . | Champion RC7YCC4 |

Elektrodavstånd*:

| | |
|---|---|
| RC9YCC, RC7YCC . . . . . . . . . . . . . . . . . . . . . . . . . . . . . . . . . . . . . | 0,8 mm |
| RC9YCC4, RC7YCC4 . . . . . . . . . . . . . . . . . . . . . . . . . . . . . . . . . . | 1,0 mm |

Tändkablar:

| | |
|---|---|
| Modeller utan turbo . . . . . . . . . . . . . . . . . . . . . . . . . . . . . . . . . | Champion LS-04 |
| Modeller med turbo . . . . . . . . . . . . . . . . . . . . . . . . . . . . . . . . . | Champion LS-12 |
| Förkopplingsmotstånd . . . . . . . . . . . . . . . . . . . . . . . . . . . . . . . . . | Cirka 600 ohm per 100 mm längd |

*Angivna elektrodavstånd rekommenderas av tillverkaren för ovan specificerade Championtändstift . Vid användning av andra typer av tändstift, se respektive tillverkares rekommendationer.

## Bromsar

| | |
|---|---|
| Beläggtjocklek på bromsklossar (minimum) . . . . . . . . . . . . . . . . . . . . . | 4,0 mm |

## Däck

| | |
|---|---|
| Däckdimension . . . . . . . . . . . . . . . . . . . . . . . . . . . . . . . . . . . . . | 195/65 R15T, 195/65 VR15, 205/60 ZR15, 205/50 ZR16 eller 205/55 ZR16 |

| Lufttryck (kallt däck) - bars: . . . . . . . . . . . . . . . . . . . . . . . . . . . . . | Fram | Bak |
|---|---|---|
| 1 till 3 personer: | | |
| 195/65 R15T . . . . . . . . . . . . . . . . . . . . . . . . . . . . . . . . . . . . | 2,1 | 2,1 |
| 195/65 VR15 . . . . . . . . . . . . . . . . . . . . . . . . . . . . . . . . . . . . | 2,1 | 2,1 |
| 205/60 ZR15 . . . . . . . . . . . . . . . . . . . . . . . . . . . . . . . . . . . . | 2,2 | 2,2 |
| 205/50 ZR16 . . . . . . . . . . . . . . . . . . . . . . . . . . . . . . . . . . . . | 2,4 | 2,4 |
| 205/55 ZR16 . . . . . . . . . . . . . . . . . . . . . . . . . . . . . . . . . . . . | 2,4 | 2,4 |
| Maximal belastning (t o m 160 km/h) - där det skiljer sig från ovan: | | |
| 205/50 ZR16 . . . . . . . . . . . . . . . . . . . . . . . . . . . . . . . . . . . . | 2,6 | 2,6 |
| Maximal belastning (över 160 km/h): | | |
| 195/65 R15T . . . . . . . . . . . . . . . . . . . . . . . . . . . . . . . . . . . . | 2,3 | 2,3 |
| 195/65 VR15 . . . . . . . . . . . . . . . . . . . . . . . . . . . . . . . . . . . . | 2,6 | 2,6 |
| 205/60 ZR15 . . . . . . . . . . . . . . . . . . . . . . . . . . . . . . . . . . . . | 2,7 | 2,7 |
| 205/50 ZR16 . . . . . . . . . . . . . . . . . . . . . . . . . . . . . . . . . . . . | 3,0 | 3,0 |
| 205/55 ZR16 . . . . . . . . . . . . . . . . . . . . . . . . . . . . . . . . . . . . | 2,8 | 2,8 |
| Reservhjul (max 80 km/h): | | |
| 115/70 R16 . . . . . . . . . . . . . . . . . . . . . . . . . . . . . . . . . . . . | 4,2 | 4,2 |
| 175/70 R15T . . . . . . . . . . . . . . . . . . . . . . . . . . . . . . . . . . . . | 2,5 | 2,5 |

**Observera:** Ovanstående tryckangivelser gäller modeller fr o m 1992. Se tillverkarens handbok beträffande andra modeller

**Observera:** Angivna tryck gäller endast originaldäck. Om andra däck monteras, kontrollera tillverkarens rekommendationer.

## Åtdragningsmoment

| | Nm |
|---|---|
| Tändstift . . . . . . . . . . . . . . . . . . . . . . . . . . . . . . . . . . . . . . . . . | 28 |
| Tändkassett (modeller med DI-kassett) . . . . . . . . . . . . . . . . . . . . . | 12 |
| Avtappningsplugg för motorolja . . . . . . . . . . . . . . . . . . . . . . . . . . . | 25 |
| Manuell växellåda; påfyllnings-, nivå- och avtappningspluggar . . . . . . . | 50 |
| Automatisk växellåda, avtappningsplugg . . . . . . . . . . . . . . . . . . . . . | 45 |
| Hjulbultar . . . . . . . . . . . . . . . . . . . . . . . . . . . . . . . . . . . . . . . . | 115 |

# Kapitel 2  Del A:
# Reparationer med motorn i bilen

## Innehåll

## Svårighetsgrader

| Enkelt, passar novisen med lite erfarenhet  | Ganska enkelt, passar nybörjaren med viss erfarenhet  | Ganska svårt, passar kompetent hemmamekaniker  | Svårt, passar hemmamekaniker med erfarenhet  | Mycket svårt, för professionell mekaniker  |
|---|---|---|---|---|

## Specifikationer

### Motor (allmänt)

Typ
| | |
|---|---|
| 1985 cc motor (utan balansaxlar) | B202 |
| 1985 cc motor (med balansaxlar) | B204 |
| 2290 cc motor (med balansaxlar) | B234 |
| Cylinderdiameter | 90,0 mm |

Slaglängd:
| | |
|---|---|
| 1985 cc motor | 78,00 mm |
| 2290 cc motor | 90,00 mm |
| Vevaxelns rotationsriktning | Medurs (sett från fordonets högra sida) |
| Cylinder nr 1, placering | Vid motorns kamkedjesida |

Kompressionsförhållande:

Årsmodeller t o m 1993:
| | |
|---|---|
| B202i och B202 katalysator | 10 : 1 |
| B202 Turbo och B202 Turbo katalysator | 9 : 1 |
| B234i | 10 : 1 |
| B234L och B234R | 8,5 : 1 |
| B202S | 9,0 : 1 |

Årsmodeller fr o m 1994:
| | |
|---|---|
| B204i | 10 : 1 |
| B204S | 8,8 : 1 |
| B204L | 9,2 : 1 |
| B234i | 10,5 : 1 |
| B234E, B234LM, B234LA, B234R | 9,25 : 1 |

## Motor (allmänt) (forts)

Max effekt/moment:

Årsmodeller t o m 1993:

| | |
|---|---|
| B202i, B202i katalysator | 93 till 101 kW/170 till 173 Nm |
| B202 Turbo, B202 Turbo katalysator | 119 till 131 kW/225 till 270 Nm |
| B202S, B234i | 112 kW/212 till 215 Nm |
| B234L (1991 till 1993) | 149 kW/330 Nm (manuell) eller 300 Nm (auto) |
| B234R | 168 kW/350 Nm |

Årsmodeller from 1994:

| | |
|---|---|
| B204i | 97 kW/177 Nm |
| B204S | 112 kW/210 Nm |
| B204L | 138 kW/283 Nm |
| B234i | 109 kW/205 Nm |
| B234E | 127 kW/260 Nm |
| B234LM (manuell) och B234LA (automatisk) | 149 kW/323 Nm |
| B234R | 168 kW/342 Nm |

## Motorkoder

B = Bensinmotor
L = Turbomotor med laddluftkylning 1
R = Turbomotor med laddluftkylning 2
S = Turbomotor
E = Turbomotor med laddluftkylning, lätt-trycks turbokompressor
LM = L specifikation, modell med manuell växellåda
LA = L specifikation, modell med automatväxellåda
*Motorkoden är placerad till vänster på motorblockets bakre del på årsmodeller tom 1993, och till vänster på motorblockets främre del på årsmodeller fr o m 1994. Koden är stämplad direkt på motorblocket.*

## Kamaxlar

| | |
|---|---|
| Drev | Kedja från vevaxel |
| Antal lager | 5 på varje kamaxel |
| Samtliga lager, diameter | 28,922 till 28,935 mm |
| Axialspel: | |
| T o m 1993 | 0,14 till 0,35 mm |
| Fr o m 1994 | 0,8 till 0,35 mm |

## Smörjsystem

| | |
|---|---|
| Oljepump, typ | Kugghjulspump, driven från vevaxeln |
| Min oljetryck vid 80°C | 2,7 bar vid 2000 rpm |
| Driftstryck, oljetryckvarningslampa | 0,3 till 0,5 bar |
| Spel mellan pumprotor och hus | 0,03 till 0,08 mm |
| Oljekylningstemostat öppnar vid: | |
| B202 | 90 °C |
| B234 t o m 1993 | 75 °C |
| B204 och B234 fr o m 1994 | 107 °C |

## Åtdragningsmoment

| | Nm |
|---|---|
| Automatväxellåda drivplatta: | |
| T o m 1990 (17 mm huvud) | 60 |
| Fr o m 1991 till 1993 (19 mm huvud) | 85 |
| Fr o m 1994 | 95 |
| Mellandrev, balansaxel | 25 |
| Balansaxeldrev | 42 |
| Vevlageröverfall: | |
| B202/B204 | 55 |
| B234 | 48 |
| Lageröverfall, kamaxel | 15 |
| Kamkedjedrev, kamaxel | 63 |
| Remskiva, vevaxel: | |
| 1985 till 1990 | 190 |
| fr o m 1991 | 175 |
| Topplocksskruvar: | |
| Steg 1 | 60 |
| Steg 2 | 80 |
| Steg 3 | Dra ytterligare 90° |
| Ventilkåpa | 15 |
| Avtappningsplugg motorolja | 25 |
| Skruvar, motor till växellåda | 70 |

Svänghjul:
| | |
|---|---|
| T o m 1993 (17 mm huvud) | 60 |
| T o m 1993 (19 mm huvud) | 85 |
| Fr o m 1994 | 80 |
| Ramlageröverfall | 110 |
| Oljekylare, slanganslutningar | 18 |
| Oljepump B202 motor (utam genomgående skruvar) | 8 |
| Oljepump B202 motor (genomgående skruvar) | Se transmissionskåpa |

Kolvkylningsmunstycke:
| | |
|---|---|
| T o m 1993 | 23 |
| Fr o m1994 | 18 |
| Plugg kedjesträckare | 22 |
| Oljekylningstermostat, plugg | 60 |
| Plugg reducerventil | 30 |
| Oljetråg, skruvar | 22 |
| Kamkedjesträckare, hus | 63 |
| Kedjesträckarplugg för fjäder (fr o m 1989) | 22 |

Transmissionskåpa:
| | |
|---|---|
| T o m 1993 | 20 |
| Fr o m 1994 | 25 |

## 1  Allmän beskrivning

### Hur du använder detta kapitel

Denna del av kapitel 2 beskriver reparationer som kan utföras på motorn utan att den behöver demonteras. Om motorn har tagits ur bilen och håller på att demonteras enligt beskrivning i Del B kan de förberedande demonteringsrutinerna ignoreras.

Observera att, trots att det är fysiskt möjligt att reparera delar som kolvar/vevstakar med motorn monterad i bilen, utförs sådant arbete normalt inte som separata reparationer. Vanligen brukar flera andra arbeten utföras samtidigt (för att inte nämna rengöring av delar och oljekanaler). Av denna anledning klassas samtliga sådana arbeten som större reparationer, och beskrivs i Del B i detta kapitel.

Del B beskriver demontering av motor/växellåda från fordonet, samt tillvägagångssätt för de kompletta reparationer som då kan utföras.

### Beskrivning av motorn

Motorn är 4-cylindrig med dubbel överliggande kamaxel (DOHC) och 16 ventiler, diagonalmonterad i bilens främre del. Växellådan är placerad på motorns vänstra sida. Saab 9000 finns med två versioner: 1985 cc eller 2290 cc; senare versioner av 1985 cc motorn och samtliga 2290 cc motorer är utrustade med balansaxlar i motorblocket för att dämpa vibrationer. Samtliga motorer har bränsleinsprutning, de tidiga modellerna är utrustade med bränsleinsprutningssystemet Bosch LH-Jetronic, medan det Saabtillverkade styrsystemet Trionic återfinns fr o m 1993 (2290 cc motorer) eller 1994 (1985 cc motor).

Vevaxeln har fem lager. Tryckbrickor är monterade på det mittersta ramlagret (endast

övre delen) för att styra vevaxelns axialspel.

Vevstakarna roterar i horisontella lagerskålar vid vevlageröverfallen. Kolvarna är infästa på vevstakarna med fullt avlastade kolvbultar, vilka hålls på plats i kolvarna med låsringar. Kolvarna har aluminiumlegering och är utrustade med tre kolvringar - två kompressionsringar och en oljeskrapring.

Motorblocket är av gjutjärn och cylinderloppet utgör en del av motorblocket. Insugnings- och avgasventilerna stängs med skruvfjädrar och drivs i styrningar inpressade i topplocket; ventilsätenas insatser är inpressade i topplocket och kan bytas separat om de är slitna. Varje cylinder har fyra ventiler.

Kamaxlarna, som drivs av en enkel kedja, driver de 16 ventilerna via hydrauliska tryckare. De hydrauliska tryckarna bibehåller ett förinställt avstånd mellan kammens lägsta punkt och ventilskaftslutet med hydraulkammare och en spännfjäder. Tryckarna förses med olja från motorns huvudsmörjningskrets.

Balansaxlarna (monterade på senare modeller) drivs av en liten enkel kedja från ett kugghjul på vevaxelns framsida. Balansaxelkedjan är placerad på utsidan av kamkedjan.

Motorfästena är hydrauliska och de ger progressiv dämpning.

Smörjning utförs av en dubbelroterande oljepump som drivs av vevaxelns främre del, placerad i transmissionskåpan. En reduceringsventil i transmissionskåpan begränsar oljetrycket vid höga varvtal genom att returnera överskottsolja till oljetråget. Oljan silas från oljetråget och när den har passerat oljepumpen, tvingas den genom ett externt installerad fullflödesfilter och oljekylare till oljekanalerna i motorblocket/vevhuset. Därifrån fördelas oljan till vevaxeln (ramlager), kamaxellagren och de hydrauliska tryckarna. På turbomodeller smörjs även turbon. Vevlagren tillförs olja via borrningar i vevaxeln, medan kamnockar och ventiler, liksom alla andra motorkomponenter, smörjs genom

stänksmörjning. På B202 (utan balansaxel) är oljefiltret placerat på topplockets bakre del. På B204/B234 (balansaxel) är oljefiltret placerat på motorblockets främre del.

### Reparationer som kan göras med motorn monterad

Följande arbeten kan utföras med motorn monterad:

a) Kompressionstryck - test.
b) Ventilkåpa - demontering och montering.
c) Transmissionskåpa - demontering och montering
d) Kamkedja, balansaxelkedja (senare modeller), styrningar och sträckanordning - demontering och montering
e) Kamaxelns oljetätningar - byte
f) Kamaxlar - demontering, kontroll och montering
g) Topplock - demontering och montering
h) Topplock och kolvar - sotning (se del B i detta kapitel)
i) Oljetråg - demontering och montering
j) Oljepump - demontering, reparation och montering
k) Vevaxel, oljetätningar - byte
l) Svänghjul/medbringarskiva - demontering, kontroll och montering
m) Motor/växellådefästen - kontroll och byte

## 2  Kompressionsprov - beskrivning och tolkning

1 Om motorns prestanda försämras, eller om den misständer, och detta inte kan härledas till tändnings- eller bränslesystemen, kan ett kompressionstest hjälpa att fastställa motorns kondition. Om testet utförs regelbundet kan fel upptäckas innan symptomen blir uppenbara.

2 Motorn måste vara uppvärmed till normal driftstemperatur, batteriet fulladdat, och samtliga tändstift borttagna (kapitel 1). Skaffa någon som kan hjälpa till.

**3** På modeller med fördelare i tändningssystemet, deaktivera tändningssystemet genom att lossa tändkabeln från fördelarlocket och jorda den på motorblocket. Använd en kortslutningskabel, eller liknande, för att åstadkomma anslutning. Alternativt, ta loss lågspänningskontakten från fördelaren.

**4** På modeller med tändkassett, deaktivera tändningssystemet genom att ta loss anslutningsdonet från tändkassetten, se beskrivning i kapitel 5B. På modeller med katalysator måste bränslepumpen deaktiveras genom att den aktuella säkringen tas bort.

**5** Montera en kompressionsprovare i tändstiftshålet för cylinder nr 1 - helst en provare som skruvas i tändstiftets gänga.

**6** Låt medhjälparen hålla gasspjället vidöppet och låt startmotorn gå runt. Efter ett eller två varv bör kompressionstrycket ha byggts upp maximalt, och därefter stabiliserats. Notera det högsta värdet.

**7** Upprepa testet på återstående cylindrar och notera trycket på var och en.

**8** Varje cylinder bör åstadkomma liknande värde; en skillnad på 2 bar mellan två cylindrar tyder på fel. Observera att kompressionen bör öka snabbt i en frisk motor; låg kompression på första slaget följt av stegvis ökande tryck på följande slag tyder på slitna kolvringar. Lågt kompressionsvärde på första slaget, som inte ökar på följande slag tyder på läckande ventiler eller att topplockspackningen har gått (spricka i topplocket kan också vara en orsak). Avlagringar under ventilhuvudena kan orsaka låg kompression.

**9** Trots att Saab inte har specificerat exakta värden för kompressionstryck, kan man använda som riktlinje att cylindertryck under 10 bar anses vara tecken på problem. Kontakta en Saab-verkstad eller annan specialist vid tveksamhet beträffande tolkning av kompressionsvärden.

**10** Om trycket i någon cylinder är lågt bör följande test utföras för att fastställa orsaken. Häll en tesked ren olja i cylindern ifråga genom tändstiftshålet och upprepa testet.

**11** Om den nya oljan får kompressionstrycket att förbättras temporärt, tyder det på slitage i borrningen kolven. Om trycket inte förbättras tyder det på läckande eller utbränd ventil eller att topplockspackningen har gått.

**12** Ett lågt värde från två intilliggande cylindrar är så gott som säkert orsakat av en trasig topplockspackning mellan de båda cylindrarna. Förekomst av kylvätska i motoroljan kan bekräfta detta.

**13** Om en cylinder har ett värde som är 20% lägre än de andra cylindrarna, och motorns tomgång är något ojämn, kan en sliten nock på kamaxeln vara orsaken.

**14** Vid avslutad test, skruva i tändstiften och anslut tändningssystem och bränslepump.

## 3 Övre dödpunkt för kolv nr 1 - inställning

**1** Märken för inställning av tändningen finns på omkretsen till svänghjulet /medbringarskivan (genom hålet för tändinställningen) och på kamaxelns kugghjul. På vissa senare modeller är hålet i växellådan borttaget, men då finns en skåra som markerar övre dödpunkt (ÖDP) i vevaxelns remskiva, tillsammans med en skala på kåpan. På dessa senare modeller finns också ÖDP-märken på svänghjulet och motorns bakre platta (bakre oljetätningshus). Detta är till god hjälp om motorn tas isär på en arbetsbänk **(se bild)**.

**Observera:** *När tändningsmärkena är korrekt inställda befinner sig cylinder nr 1 i övre dödpunkt, ÖDP.*

**2** Hissa upp och stöd bilens främre del för att komma åt skruven till vevaxelns remskiva (se *'Lyftpunkter, bogsering och hjulbyte'*). Ta bort högra framhjulet, ta därefter bort högra stänkskärmen följt av innerskärmen. På senare modeller behöver man bara dra ut insatsen av gummi.

**3** Använd en hylsa på vevaxelns remskiva och vrid motorn tills ÖDP '0' på svänghjulet/medbringarskivan är inriktad med tändningsmärket på växellådan, eller ÖDP-markeringen i vevaxelns remskiva är inriktad med skalan på kåpan. Cylinder nr 1 (vid drivningen) står nu överst i kompressionsslaget. Verifiera kompressionsslaget genom att ta bort tändstift nr 1 och kontrollera kompressionen med ett finger när kolven närmar sig slagets högsta läge. Eftersom

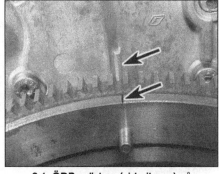

**3.1 ÖDP-märken (vid pilarna) på svänghjulet och motorns bakre platta**

tändstiften är nedsänkta kan skaftet på en skruvmejsel vara ett lämpligt redskap att kontrollera kompressionen med istället för ett finger.

**4** Ta bort ventilkåpan enligt beskrivning i avsnitt 4.

**5** Kontrollera att markeringarna för ÖDP på remskivesidan av kamaxlarna är inriktade med motsvarande ÖDP-märken på kamaxelns lageröverfall. Vid behov, vrid vevaxeln för att rikta in markeringarna.

## 4 Ventilkåpa - demontering och montering

### Demontering

**1** Lossa skruvarna och ta bort täckplåten eller DI-kassetten från mitten på ventilkåpan (se beskrivning i kapitel 5B) **(se bild)**.

**2** På modeller med DI-kassett, lossa kablarna från tändstiften.

**3** Skruva loss och ta bort ventilkåpan, ta bort packningarna och specialpluggarna av gummi På tidigare modeller är pluggarna separata, på senare modeller utgör de en del av packningen. **(se bilder)**. Om kåpan sitter fast, bulta lätt med handflatan för att lossa den.

### Montering

**4** Rengör kontaktytorna på ventilkåpan och topplocket. På tidigare modeller, lokalisera

**4.1 Demontering av kontaktdonet från DI-kassetten**

**4.3a Demontering av ventilkåpans skruvar**

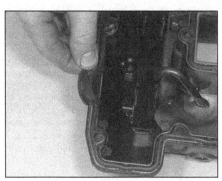

**4.3b På senare modeller är gummipluggarna en del av packningen**

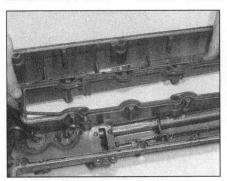

4.3c  Ta bort ventilkåpans packning

5.9a  Lossa det undre fästets skruv

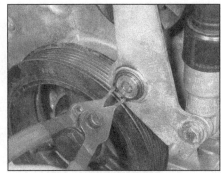

5.9b  Dra bort låsringen . . .

specialgummipluggarna på toplocket och stryk på en 4 mm droppe med silikontätning på topplockets hörn och över gummi-pluggarna, som på bilden (se bild 8.31). På senare modeller, lokalisera den kombinerade gummiringen i skåran i ventilkåpan.
5 Montera ventilkåpan och sätt i fäst-skruvarna. Dra åt skruvarna enligt angivet åtdragningsmoment. Börja med skruvarna vid fördeländen och mittenskruven vid trans-missionskåpan.
6 Där så är aktuellt, anslut kablarna till tänd-stiften.
7 Montera inspektionsluckan eller DI-kassetten på mitten av ventilkåpan. Dra åt skruvarna.

## 5  Transmissionskåpa - demontering och montering

### Demontering

1 Lossa batteriets negativa anslutning. Placera en kartongbit ovanpå batteriet för att förhindra oavsiktlig kortslutning av batteriets poler med verktyg eller liknande.
2 På B202-motorer, skruva loss fästet för röret för oljestickan baktill på topplocket, och böj bort röret.
3 I förekommande fall, skruva loss skruven

som håller fast kylvätskeröret ovanför detona-tionssensorn.
4 Hissa upp bilens framdel och stötta den på pallbockar (se 'Lyftpunkter, bogsering och hjulbyte'). Demontera höger framhjul.
5 Tappa av motorolja och kylvätska enligt beskrivning i kapitel 1.
6 Skruva loss fästskruvarna och demontera höger skärmlist och främre innerskärmen.
7 I förekommande fall, demontera den separata kompressordrivremmen till luft-konditioneringen enligt beskrivning i kapitel 1.
8 Demontera den andra drivremmen enligt beskrivning i kapitel 1.
9 Skruva loss och ta bort spännenheten till drivremmen (och där så behövs, fästet). På B204- och B234-motorer, skruva loss det undre fästet och de övre fästskruvarna, ta bort

låsringen och dra enheten från axeln. Skruva därefter loss fästet för att komma åt en av transmissionskåpans skruvar (se bilder).
10 Låt en medhjälpare hålla vevaxeln på plats. Använd en bredbladig skruvmejsel genom tändinställningshålet överst på växellådan i startkransen. På senare modeller där hålet är borttaget, lägg i fyrans växel och dra åt handbromsen (manuell växellåda) eller demontera startmotorn enligt beskrivning i kapitel 5A och anslut startkransen.
11 Lossa skruven till vevaxelns remskiva med en lång hylsnyckel. Det kan gå trögt eftersom skruven är åtdragen till ett högt åtdragningsmoment (se bild).
12 Skruva ut skruven till vevaxelns remskiva helt, för remskivan till vevaxeländen och ta bort den (se bilder).

5.9c  . . . och dra enheten av axeln

5.9d  Demontera bultarna/skruvarna (vid pilarna) . . .

5.9e  . . . och ta loss fästet

5.11  Lossa vevaxelremskivans skruv

5.12a  Skruva ut skruven helt . . .

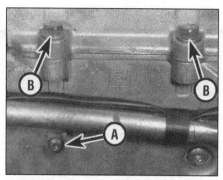

5.12b . . . och lyft av skivan från vevaxeln

5.13 Rörets fästskruv (A). Notera också de två övre skruvarna (B) som håller transmissionskåpan till topplocket

5.20a Skruvarna som fäster transmissionskåpan till motorblocket

**13** Skruva loss kylvätskerörets och oljekylarrörets fäste (om det är aktuellt) från transmissionskåpan **(se bild)**. Dra ut kylvätskeröret baktill på vattenpumpen, där så behövs.
**14** Skruva loss skruven som fäster servopumpes stödstag på transmissionskåpan. Ta vara på muttern baktill på transmissionskåpan.
**15** Skruva loss den övre skruven till generatorn och de båda fästskruvarna till servopumpen, dra därefter bort fästet och stödstaget.
**16** Lossa den nedre fästbulten till generatorn och vrid generatorn åt sidan.
**17** Skruva loss fästbultarna och ta bort fästet till generator och servopump från transmissionskåpan.

5.20b En av skruvarna som håller transmissionskåpan till tråget

**18** På B202-motorer, placera ett lämpligt kärl under oljefiltret för att fånga upp spilld olja, torka därefter av anslutningarna till oljekylningsrören på filterhuset. Identifiera rören för monteringen. Skruva loss anslutningarna och lossa oljekylningsrören från huset. För undan rören från transmissionskåpan.
**19** På B202-motorer, skruva loss skruvarna och ta bort remskivan från vattenpumpens drivfläns. Bänd bort kylvätskeröret från baksidan av motorblocket så att den lösgörs från vattenpumphuset, samt placera röret på avstånd från transmissionskåpan. Ta bort den tätande O-ringen.
**20** Skruva loss och ta bort skruvarna som fäster transmissionskåpan vid motorblocket, tråget och topplocket. Observera att de här skruvarna är av olika längd. Kom ihåg att ta bort de båda övre skruvarna från topplocket samt de två nedre skruvarna från oljetråget **(se bilder)**.
**21** Var försiktig så att topplockspackningen inte skadas, dra försiktigt ut transmissionskåpan tillsammans med oljepumpen från vevaxeländen. Ta bort packningarna från motorblocket.
**22** Ta noggrannt bort alla spår efter packning och tätningsmedel från kontaktytorna på transmissionskåpan, oljetråget, topplocket och motorblocket. Se till att spåret i oljetråget är rengjord från tätningsmedel.
**23** Ta bort oljetråget från transmissionskåpan enligt beskrivningen i avsnitt 11.

## Montering

**24** Lägg en sträng lämpligt tätningsmedel på oljetråget och placera nya packningar på motorblocket. Packningarna kan hållas på plats med lite smörjmedel. Om inga packningar är monterade, lägg lite tätningsmedel på transmissionskåpans flänsar **(se bild)**.
**25** Placera försiktigt transmissionskåpan på motorblocket samtidigt som oljeröret från blocket förs in i hålet nära botten på transmissionskåpan, i förekommande fall.
**26** Sätt i och dra åt fästskruvarna till transmissionskåpan enligt angivet åtdragningsmoment. På B202-motorer, montera inte fästskruvarna till oljekylningsröret ännu. Placera löst de övre och nedre skruvarna som håller fast transmissionskåpan på topplock och oljetråg. Kontrollera att måttet från änden på oljeröret till oljepumpflänsen är 25 ± 1 mm **(se bild)**. Använd skjutmått för kontroll.
**27** På B202-motorer, montera en ny O-ring på änden av kylvätskeröret och placera den därefter i vattenpumphuset.
**28** Montera oljepumpen enligt beskrivning i avsnitt 11.
**29** Dra åt de två övre och två nedre skruvarna till transmissionskåpan enligt angivet åtdragningsmoment.
**30** På B202-motorer, montera remskivan på vattenpumpens drivfläns och dra åt skruvarna. Kontrollera att O-ringarna på anslutningarna till oljekylningsröret är i bra skick, anslut därefter rören till oljefilterhuset och dra

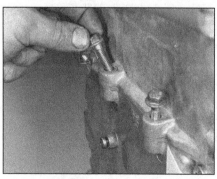

5.20c De två övre skruvarna som håller transmissionskåpan till topplocket

5.24 Tätningsmedel på transmissionskåpans flänsar

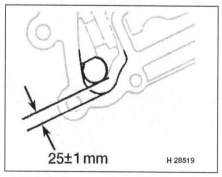

25±1 mm          H 28519

5.26 Passning av oljerör på B202-motorn (utan balansaxel)

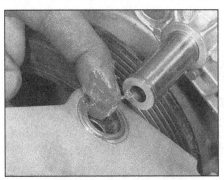

5.36 Stryk lite fett på lagerytan

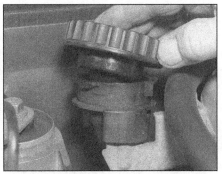

5.46 Oljepåfyllningslocket (modell med LH-Jetronic bränsleinsprutning)

6.2 Demontera oljepumpens medbringare från vevaxeln

åt anslutningarna enligt angivet åtdragningsmoment.

**31** Montera fästet till generatorn och servopumpen, dra åt skruvarna.

**32** Vrid generatorn mot motorn och montera generator/servopumpsfäste och stödstag, dra åt alla skruvar enligt angivet moment.

**33** På B202-motorer, montera klämmorna till oljekylningsrören, sätt därefter i fästskruvarna och dra åt dem enligt angivet åtdragningsmoment. Placera och dra åt skruven som fäster kylvätskeröret ovanpå transmissionskåpan.

**34** Trä vevaxelns remskiva på vevaxeln, sätt i skruven till remskivan och dra åt enligt angivet åtdragningsmoment. En medhjälpare kan hålla vevaxeln stadigt på plats med en bredbladig mejsel placerad i startkransen.

**35** På B202-motorer, montera brytskiva och

6.3a "INL"-markering på insugsbalansaxelns främre lager

6.3b "EXH"-markering på avgasbalansaxelns främre lager

bakre platta. Sätt i mittenskruven och dra åt den med fingrarna.

**36** Montera drivremmens spännenhet och dra åt skruvarna. Innan enheten sätts på axeln, lägg lite tätningsmedel på lagerytorna **(se bild)**.

**37** På B202-motorer, dra åt mittenskruven till brytskivan hårt.

**38** Montera drivrem (-arna) enligt beskrivning i kapitel 1.

**39** I förekommande fall, montera och spänn drivremmen till luftkonditioneringens kompressor enligt beskrivning i kapitel 1.

**40** Montera skärmlist och innerskärm under högra skärmen och dra åt fästskruvarna.

**41** Kontrollera att avtappningspluggarna till oljesump och kylvätska sitter tätt, och att stänkskyddet är monterat under kylaren. Montera höger framhjul och sänk ner bilen.

**42** I förekommande fall, montera och dra åt skruven som fäster kylvätskeröret över detonationssensorn.

**43** På B202-motorer, montera fästet till oljestickans rör och dra åt skruven.

**44** I förekommande fall, montera startmotorn.

**45** Anslut batteriets negativa anslutning.

**46** Fyll på motorolja av rätt kvalitet och kvantitet **(se bild)**.

**47** Fyll på kylsystemet enligt beskrivning i kapitel 1.

**48** Starta motorn och kör den till normal driftstemperatur. Utför kontroll med avseende på olje- och kylvätskeläckage.

## 6 Kamkedja och drev - demontering, kontroll och montering

**Notera:** *Detta avsnitt omfattar demontering av balansaxelkedjan på senare årsmodeller.*

### Demontering

**1** Ställ in vevaxeln vid övre dödpunkt för kolv nr 1 (motorns kamkedjesida) enligt beskrivning i avsnitt 3.

**2** Ta bort transmissionskåpan enligt beskrivning i avsnitt 5. Demontera också oljepumpens medbringare från vevaxeln **(se bild)**.

### B204/B234 (balansaxel) motorer

**3** Balansaxlarna är inställda efter ÖDP, men eftersom de roterar med dubbel hastighet jämfört med vevaxeln, kan de även mätas efter undre dödpunkten. Kontrollera att inställningsmärkena är korrekt inriktade med märkena på motorblockets framsida. För att vara helt säker, gör färgmarkeringar på kedja och kugghjul för att underlätta monteringen. Observera att balansaxelns kugghjul är märkta med 'inlet' och 'exhaust' för respektive läge, men de främre lagren är identiskt märkta. Eftersom lagren är installerade med enkla skruvar kommer 'insugnings-' ('inlet') och 'avgas-' ('exhaust') märkena att alltid vara korrekt placerade överst på lagren **(se bilder)**.

**4** Skruva loss den övre styrningen till balansaxelkedjan, ta därefter bort kedjesträckaren och sidostyrningen **(se bilder)**.

6.4a Demontera skruvarna . . .

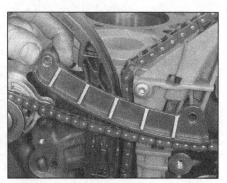

6.4b . . . och ta loss balansaxelkedjans övre styrning

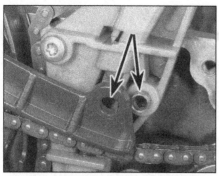

6.4c Notera hur den övre styrningen hakar i styrpinnen

6.4d Demontering av balansaxelns kedjesträckare . . .

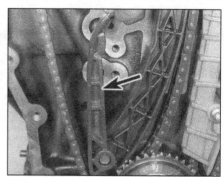

6.4e . . . och sidostyrning

6.5a Lossa . . .

6.5b . . . och demontera brytskivans fästskruv (notera passmärken mellan skivan och kedjan) . . .

6.5c . . . ta sedan bort brytskivan och balansaxelkedjan

6.5d Brytskivan är i två delar

**5** Demontera brytskivan från blockets framsida, lossa därefter kedjan från balansaxelns kugghjul och vevaxelns kugghjul. Notera att brytskivan är i två delar **(se bilder)**.

**6** Ta bort balansaxelns kugghjul från vevaxelns framsida **(se bild)**. Observera att ordet 'Saab' skall placeras utåt.

**7** Skruva loss fästskruvarna och ta bort kugghjulen från balansaxlarnas båda ändar. Håll kugghjulen stadigt på plats med ett verktyg av kedjetyp, som används för att demontera oljefilter, eller liknande. Märk kugghjulen för att underlätta vid kommande montering.

## Alla motorer

**8** Demontera ventilkåpan enligt beskrivning i avsnitt 4.

**9** Skruva loss och ta bort kedjesträckaren till kamkedjan från topplockets baksida. Skruva först bort mittskruven och ta loss fjädern, demontera sedan sträckaren från topplocket **(se bilder)**.

**10** Håll kamaxlarna stadigt på plats med en skiftnyckel på de flata delarna vid svänghjulets/medbringarskivans sida av kamaxeln, lossa men ta inte bort fästskruvarna till kamaxelns kugghjul.

**11** Skruva loss och ta bort skruven och dra bort kugghjulet från änden av den insugningskamaxeln **(se bild)**. Håll i kamkedjan med ena handen och lossa kugghjulet med den andra.

6.6 Demontera balansaxelns kugghjul från vevaxeln

6.9a Skruva loss mittenskruven . . .

6.9b . . . ta loss fjädern . . .

6.9c ... skruva loss sträckaren ...

6.9d ... och ta bort den från topplocket

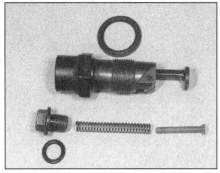
6.9e Kamkedjesträckarens detaljer

**12** Märk varje kugghjul för att underlätta kommande montering. Observera att på varje kugghjul finns en utskjutande del som griper i en försänkning i kamaxelns ände.

**13** Skruva loss skruven och dra bort kugghjulet från avgaskamaxelns ände, ta loss det från kedjan **(se bilder)**.

**14** Skruva loss skruvarna och demontera kamkedjans styrning från motorblocket **(se bilder)**.

**15** Ta bort vevaxelns kugghjul och kamkedjan från vevaxelns ände. På motorer med balansaxel, skruva loss hållaren från cylinderblocket **(se bilder)**. Vid behov, demontera Woodruff-kilen från spåret i vevaxeln med en skruvmejsel.

## Kontroll

**16** Kamkedjan **(se bild)** och, i förekommande fall, balansaxelkedjan bör bytas ut om kugghjulen är slitna eller om kedjan sitter löst och för oväsen under drift. Det är en god idé att byta ut kedjan regelmässigt när motorn tas isär för renovering. Om kedjans kondition är tveksam, byt ut den för att undvika framtida problem. Samtidigt bör kedjespännare och styrning granskas och bytas ut vid behov (se avsnitt 7).

**17** Kontrollera om kuggarna på vevaxeldrev, kugghjul (och i förekommande fall balansaxeldrev), är slitna. Varje kugge bildar ett upp- och-nedvänt V. Om kuggen är sliten har

6.11 Demontera kugghjulet från insugningskamaxeln

6.13a Demontera fästskruven...

6.13b ... och lossa kugghjulet från kedjan

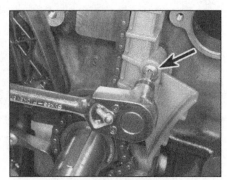
6.14a Lossa skruvarna ...

6.14b ... och lossa kamkedjans fasta styrning

6.15a Demontering av kamkedjans hållare (vid pilen) från motorblocket

6.15b Demontera vevaxelns kugghjul från änden på vevaxeln

2A•10 Reparationer med motorn i bilen

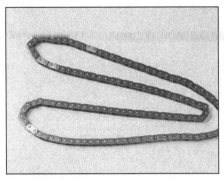

6.16 Kamkedjan demonterad från motorn

6.19a Den ljusa länken i kedjan måste passas in mot skåran i drevet

6.19b Kamkedjehållarens skruvar dras åt

sidorna på varje kugge blivit något konkav i jämförelse med kuggens andra sida Om kuggarna verkar vara slitna skall drev och hjul bytas ut.

## Montering

**18** Placera Woodruff-kilen vevaxelspåret. Knacka in den helt i spåret och kontrollera att den är parallell med vevaxeln.

**19** Anslut kamkedjan på vevaxeldrevet, placera därefter vevaxeldrevet på vevaxeländen, se till att det är korrekt placerat på Woodruff-kilen. Identifiera den enstaka ljusa kedjelänken längst ner på drevet, inriktad mot skåran i drevet. På motorer med balansaxlar, montera hållaren och dra åt skruvarna **(se bilder)**.

**20** Placera kamkedjan i styrningen, montera sedan styrningen och dra åt skruvarna.

**21** Montera hjulet på änden av avgaskamaxeln, sätt i skruven och dra åt den med fingrarna. **Lägg inte** låsvätska på skruvgängorna.

**22** Kontrollera att vevaxeln och kamaxlarna fortfarande är i ÖDP

**23** Mata in kamkedjan genom öppningen i topplocket och placera den på hjulet till avgaskamaxeln, se till att den är spänd mellan de båda hjulen. Kontrollera att den är korrekt placerad på styrningarna. Om kedjan har en ljus länk, kontrollera att den är inriktad mot tändningsmärket.

**24** Placera insugningshjulet med kamkedjan så att inpassningen och den utskjutande delen griper i varandra. Placera därefter hjulet på insugningskamaxeln och sätt i skruven. Dra åt skruven med fingrarna för tillfället. **Stryk inte** låsvätska på skruvens gängor. Kontrollera att den ljusa länken i kedjan är inriktad mot tändningsmärket.

**25** Ställ in kedjesträckaren till kamkedjan på följande sätt. På modeller tillverkade före 1988, tryck in tryckstången helt och vrid den för att låsa den. På senare modeller, pressa ned spärren med en skruvmejsel, tryck därefter ned tryckstången helt i kedjesträckaren och lossa spärren **(se bild)**. Granska kedjesträckarbrickans skick och byt ut den vid behov.

**26** För in kedjesträckaren i topplocket och dra åt den enligt angivet åtdragningsmoment.

**27** På modeller tillverkade före 1988, utlös kedjesträckaren genom att trycka kedjans svängbara styrning mot kedjesträckaren, tryck därefter styrningen upp mot kedjan för att spänna den normalt. När motorn har startats spänner hydraultrycket det som återstår.

**28** På modeller tillverkade efter 1988, sätt i fjädern och plaststyrningspinnen i kedjesträckaren, sätt därefter i pluggen med en ny O-ring, och dra åt enligt angivet moment. **Observera:** *Nya kedjesträckare levereras tillsammans med en spännfjäder som är förspänd med ett stift.* **Ta inte bort** stiftet

förrän kedjesträckaren har monterats i topplocket. När motorn har startats spänner hydraultrycket det som återstår att spännas.

**29** Montera tillfälligt skruven till vevaxelns remskiva och veva runt motorn två fulla varv medurs. Kontrollera att tändinställningsmärkena fortfarande är inriktade mot varandra. Ta bort skruven till remskivan. Kedjans ljusa länkar kommer nu inte att vara inriktade mot tändinställningsmärkena.

**30** Dra åt kamhjulens skruvar enligt angivet åtdragningsmoment medan kamaxlarna hålls på plats med en skruvmejsel.

**31** Montera ventilkåpan enligt beskrivning i avsnitt 4.

## B204/B234-motorer (med balansaxlar)

**32** Montera hjulen på balansaxlarnas ändar och dra åt fästskruvarna.

**33** Placera balansaxelns hjul på vevaxelns framsida. Observera att ordet 'Saab' skall placeras utåt.

**34** Montera kedjan på hjulen, se till att tändinställningsmärkena är korrekt inriktade **(se bild)**.

**35** Montera brytskivan på blockets framsida och dra åt fästskruven.

**36** Montera sidostyrning, kedjesträckare och övre styrning på balansaxelkedjan. **(se bild)**.

**37** Rotera vevaxeln ett varv och kontrollera att balansaxelhjulen fortfarande är korrekt inriktade.

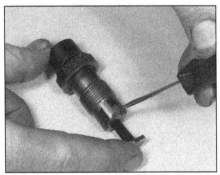

6.25 Inställning av kedjesträckaren (B204 motor)

6.34 Balansaxelns inställningsmärken måste passas in korrekt innan kedjan monteras

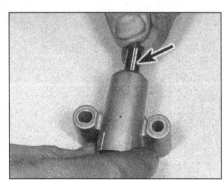

6.36 Tryck ner kedjesträckarens tryckstång (vid pilen) och håll den på plats med en klämma

*Innan sträckaren monteras, håll dess tryckstång nedtryckt genom att montera en plastkabelklämma runt den. Klipp av klämman efter montering.*

### Samtliga motorer

**38** Montera transmissionskåpan enligt beskrivning i avsnitt 5.

## 7 Kamkedjans styrningar och sträckare - demontering, kontroll och montering

### Demontering

**1** Demontera kamkedjan enligt beskrivning i avsnitt 6. Där så är akutellt demonteras balansaxelns kedja som i avsnitt 6.
**2** Skruva loss och ta bort den fasta kedjestyrningen (B202) och lossa den svängbara styrningen från tappen på topplocket **(se bild)**.

### Kontroll

**3** Granska kedjestyrningarna med avseende på skador och förslitningar, byt ut dem vid behov.
**4** Rengör kedjesträckarens tryckstång och hus och granska dem med avseende på skador och slitage **(se bilder)**. På modeller tillverkade efter 1988 kan tryckstången demonteras genom att spärren trycks ned mot fjädern. Om tryckstången eller huset är hårt repade skall hela kedjesträckaren bytas ut.

**7.2 Lossa den svängbara styrningen från tappen på topplocket (B204-motor)**

### Montering

**5** Placera den svängbara styrningen på tappen på motorblocket, montera därefter den fasta styrningen och dra åt fästskruvarna.
**6** Montera kamkedjan enligt beskrivning i avsnitt 6.

## 8 Kamaxel och hydrauliska tryckare - demontering, kontroll och montering

**Notera:** *Detta avsnitt beskriver demontering och montering av kamaxel och tryckare med topplocket fortfarande i bilen. Om topplocket demonteras av annan orsak kan arbetet utföras på arbetsbänken. Börja då vid punkt 12, efter det att topplocket demonterats.*

### Demontering

**1** Öppna motorhuven och rengör motorn runt topplocket.
**2** Hissa upp bilens framdel och palla upp den. Ta bort höger framhjul.
**3** Lossa skruvarna och ta bort skärmlisten och innerskärmen från högra framskärmen.
**4** Lossa batteriets negativa kabel och placera den på avstånd från anslutningen.
**5** Koppla loss slangen till vevhuset (och i förekommande fall vakuumstyrenhetens slang) och placera dem åt sidan.
**6** Skruva loss skruvarna och ta bort inspektionsluckan eller DI-kassetten från ventilkåpans mitt (se kapitel 5B vid behov).

**7** Där så behövs, lossa tändkablarna från tändstiften.
**8** Där så behövs, ta bort fördelaren enligt beskrivning i kapitel 5B och placera den på sidan.
**9** Skruva loss och ta bort ventilkåpan och ta bort specialgummipluggarna, eller den kombinerade ringen. Om kåpan sitter fast, knacka på den med handflatan för att lossa den.
**10** Med en hylsnyckel på vevaxelns remskiva, vrid motorn tills ÖDP-märket på svänghjulet/medbringarskivan är inriktat mot tändinställningsmärket på växellådan, och cylinder nr 1 (vid motorns drivning) är överst i kompressionsslaget. På senare modeller skall skåran på remskivan inriktas mot skalan på kåpan. Vid behov, se detaljerad beskrivning i avsnitt 3. Kontrollera även att markeringarna för ÖDP på kamaxlarnas drevsidor är inriktade mot motsvarande markeringar för ÖDP på kamaxelns lageröverfall.
**11** Skruva loss och ta bort kamkedjans kedjesträckare från topplockets bakre del.
**12** Medan varje kamaxel hålls stadigt på plats med en skiftnyckel på de flata delarna av kamaxelns svänghjul-/medbringarsida, skruva loss skruvarna och ta bort hjulen, låt dem vila på kamkedjestyrningarna. Observera att hjulen har utskjutande delar som griper i inskärningarna vid kamaxlarnas ändar. Kamkedjan kan inte separeras från vevaxeldrevet på grund av styrningen under drevet.
**13** På B202-motorer t o m nr J082586, skruva loss och ta bort oljerören från kamaxelns lageröverfall, märk dem för att underlätta vid kommande montering.
**14** Kontrollera att respektive läge för kamaxelns lageröverfall och kamaxlarna är markerade. Överfallen är markerade med 1 till 5 på insugningssidan och 6 till 10 på avgassidan - förväxla inte dessa med de ingjutna märkena på varje överfall **(se bild)**. Insugningskamaxeln är markerad med blå eller orange färg och bokstaven 'G' på den svarvade ytan bakom det främre lagret. Avgaskamaxeln är markerad med grön färg och bokstaven 'A' på den svarvade ytan bakom det främre lagret.
**15** Lossa skruvarna till lageröverfallet progressivt så att överfallen inte belastas för

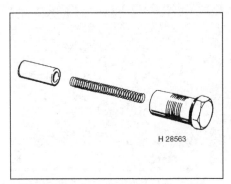

**7.4a Kamkedjans sträckare på modeller före 1988**

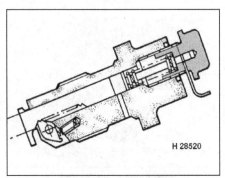

**7.4b Genomskärning av kedjesträckare på modeller efter 1988**

**8.14 Kamaxelns lageröverfall är märkta för läge (vid pilen)**

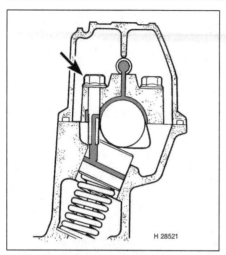

8.15a Olja tillförs de hydrauliska tryckarna
genom de ihåliga skruvarna till kamaxelns
inre lagerskål

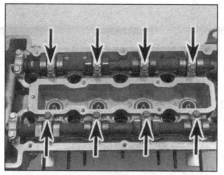

8.15b  Skruvar till de inre lageröverfallen,
med svarta huvuden och borrningar för
oljetillförsel

8.15c  Demontering av lageröverfall

hårt av ventilfjädrarna. Ta bort skruvarna och lyft bort överfallen, lyft därefter bort kamaxlarna från topplocket. Observera att skruvarna till de inre lageröverfallen (utom vid kamkedjesidan) har svarta huvuden och innehåller borrningar för oljetillförsel till de hydrauliska tryckarna; kontrollera alltid att rätt skruvar monteras **(se bilder)**. Markera kamaxlarnas läge.

16  Ta fram sexton små, rena behållare och numrera dem från 1I till 8I (insug) och 1A till 8A (avgas). Alternativt kan en större behållare delas i sexton delar markerade på liknande sätt för insugnings- och avgaskamaxlarna. Använd en magnet och dra ut varje hydraulisk tryckare i tur och ordning och placera dem i respektive behållare **(se bilder)**. **Blanda inte ihop** tryckarna. Häll på ny olja i behållarna tills den täcker delarna, för att hindra att oljan tappas av från de hydrauliska tryckarna.

## Kontroll

17  Granska ytorna på kamlagren och kamnockarna för att upptäcka tecken på slitkanter eller repor. Byt ut kamaxeln om sådana tecken är synliga. Granska lagerytorna på kamaxeltapparna, i kamlageröverfallen och i topplocket. Om dessa ytor visar tecken på

slitage skall topplocket bytas ut. Om lämplig mätutrustning finns tillgänglig, kan slitage på kamlagertappen kontrolleras genom mätning och jämförelse med specifikationerna i början av detta kapitel.

18  Mät kamaxelns axialspel genom att placera varje kamaxel i topplocket, montera hjulen och använd ett bladmått mellan kamaxelns främre del och ytan på cylinderhuvudets främre lager.

19  Kontrollera de hydrauliska tryckarna där de är i kontakt med borrningarna i topplocket med avseende på slitage, repor och håligheter. Ibland kan en hydraulisk tryckare orsaka oljud och behöva bytas, detta hörs när motorn är igång. Det är inte lätt att kontrollera om en tryckare är skadad eller sliten inuti efter den har demonterats, vid tveksamma fall bör en komplett uppsättning tryckare bytas ut.

20  Rengör de inre borrningarna på kamlageröverfallen så att oljan kan passera till de hydrauliska tryckarna.

## Montering

21  Smörj borrningarna för de hydrauliska tryckarna i topplocket, placera dem därefter i ursprungslägena **(se bild)**.

22  Smörj lagerytorna på kamaxlarna i topplocket.

23  Placera kamaxlarna i korrekt läge i topplocket, så att ventilerna på cylinder nr 1 (drivningsänden) är stängda, och ventilerna på

cylinder nr 4 svänger. Tändinställningsmärkena på kamaxlarnas hjuländar skall peka uppåt.

24  Smörj ytorna på lageröverfallen, placera dem i deras rätta lägen och sätt i fästskruvarna. Se till att oljetillförselskruvarna är på plats (se bild 8.15b). Dra åt skruvarna till rätt åtdragningsmoment.

25  På B202-motorer t o m nr J082586, montera oljetillförselrören i deras rätta lägen på kamaxelns lager.

26  Kontrollera att varje kamaxel är i ÖDP - tändinställningsmärkena återfinns på främre delen av kamaxlarna och skall riktas in mot märket på lageröverfallen.

27  Kontrollera att ÖDP-markeringen '0' på svänghjulet/ medbringarskivan fortfarande är inriktad mot tändinställningsmärket på växellådan. På senare modeller, kontrollera att övre dödpunktsskåran på vevaxelns remskiva är inriktad mot kamstången på transmissionskåpan.

28  Placera hjulen på kamaxlarna, montera först avgasdrevet följt av insugningsdrevet. Dra inte åt skruvarna helt för tillfället. Kontrollera att kamkedjan är korrekt monterad på styrningar och drev.

29  Montera kamkedjesträckaren enligt beskrivning i avsnitt 6.

30  Använd en hylsnyckel på vevaxelns remskiva och vrid motorn två kompletta varv medurs och kontrollera att tändinställningsmärkena fortfarande är korrekt inriktade.

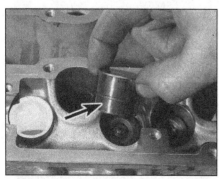

8.16a  Demontering av en hydraulisk
tryckare

8.16b  Hydraulisk tryckare demonterad
från topplocket. Tryckarna bör förvaras i
oljebad medan de är demonterade

8.21  Olja in tryckaren före montering

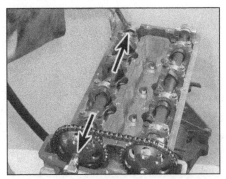

**8.31 Dra åt fästskruvarna till kamhjulet, håll dem på plats med en skiftnyckel på de flata punkterna**

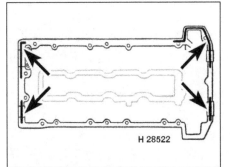

**8.32 Ytor på topplocket som tätas med silikonbaserat tätningsmedel**

**31** Dra helt åt fästskruvarna till kamhjulet till rätt åtdragningsmoment och håll dem stadigt på plats med en skiftnyckel på de speciella flata punkterna **(se bild)**.

**32** Rengör kontaktytorna på ventilkåpa och topplock. På tidigare modeller, montera specialgummipluggarna på topplocket, stryk på en 4 mm tjock droppe silikonbaserat tätningsmedel på topplockets hörn och på gummipluggarna **(se bild)**. På senare modeller, montera gummiringen på spåret i ventilkåpan.

**33** Montera ventilkåpan och sätt i fästskruvarna. Dra åt skruvarna växelvis till rätt åtdragningsmoment och börja med skruvarna närmast svänghjulet/medbringarskivan och mittskruven nära drivningen.

**34** I förekommande fall, kontrollera att rotorn för strömfördelaren är inriktad mot tändinställningsmärket, montera därefter strömfördelare och lock med hänvisning till kapitel 5B. Kontrollera att vakuumslangen är korrekt monterad.

**35** I förekommande fall, koppla fast tändkablarna på tändstiften.

**36** Montera täckplåten eller DI-kassetten mitt på ventilkåpan och dra åt fästskruvarna.

**37** Anslut slangen till vevhuset.

**38** Montera skärmlisten och innerskärmen under höger skärm, dra åt skruvarna.

**39** Montera höger framhjul och sänk ner bilen.

**40** Anslut batteriets negativa anslutning.

## 9 Topplock - demontering och montering

### Demontering

**1** Öppna huven och rengör motorn runt topplocket.

**2** Hissa upp framdelen på bilen och stöd den på pallbockar (se *'Lyftning, bogsering och hjulbyte'*). Demontera höger framhjul.

**3** Lossa skruvarna och ta bort innerskärmen från höger framskärm.

**4** Demontera mittenpanelen under kylaren, tappa av kylsystemet, se kapitel 1. Montera och dra åt pluggen.

**5** Skruva loss och demontera den nedre fästskruven till fläktkåpan.

**6** Lossa batteriets negativa anslutning och placera den på avstånd från polskon.

**7** På tidigare modeller, lossa klämmorna och ta bort slangarna från expansionskärlet till höger i motorrummet. Skruva lossa monteringsskruven, lossa därefter vajerklämman och ta bort anslutningsdonet. Ta ut expansionskärlet från motorrummet.

**8** Skruva loss och demontera momentstaget (och om det behövs, fästet) från motorns övre högra del **(se bild)**.

**9** Vid behov, lossa skruvarna till servobehållaren och flytta den åt sidan. Lossa eventuella vajerklämmor från slangarna.

**10** På tidigare modeller, demontera den separata drivremmen till luftkonditioneringskompressorn, se kapitel 1. På senare modeller, demontera drivremmen, se kapitel 1.

**11** Lossa kabelpluggen från luftkonditioneringskompressorn (där sådan förekommer), skruva därefter loss monteringsskruven och demontera kompressorn från sitt fäste.

**12** Placera en tygbit på kylarens tvärbalk, lossa därefter nedre slangen från vattenpumpen och placera kompressor och slang på tvärbalken.

**13** Skruva loss och ta bort monteringsfästet till luftkonditioneringskompressorn från topplocket **(se bild)**.

**14** I förekommande fall, lossa kablarna till lambdasonden vid anslutningspluggen under insugningsgrenröret. Lossa kablarna från klämman på topplocket och placera kablaget bredvid på ramen.

**15** På modeller utan turbo, lossa muttrarna som fäster främre avgasröret vid avgasgrenröret och sänk ned röret.

**16** På modeller med turbo, demontera turboaggregatet enligt beskrivning i kapitel 4A. Demontera turbons solenoidventil och placera den bredvid luftflödesmätaren. Lossa slangklämmorna och demontera turboröret. Lossa slangklämmorna och demontera insugningsslangen till turbon från kompressorn, lossa även slangarna till solenoidventilen. Slangarna skall märkas med 'K' för kompressor och 'W' för wastegate.

**17** Lossa kablaget till kylfläkten, lossa därefter de övre muttrarna, ta bort kylfläktenheten från kylarens bakre del.

**18** Lossa klämmorna och den övre kylarslangen från termostathuset, till vänster på topplocket.

**19** Lossa slangen till vevhuset samt slangen till vakuumstyrenheten (i förekommande fall), och flytta dem åt sidan.

**20** Lossa skruvarna och ta bort inspektionsluckan eller DI-kassetten från mitten av topplocket.

**21** I förekommande fall, lossa tändkablarna från tändstiften.

**22** I förekommande fall, demontera strömfördelaren, se kapitel 5B, och placera den på sidan.

**23** Lossa kablaget från tempgivaren på termostathuset.

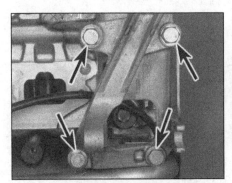

**9.8 Skruvarna som håller högra motorfästet till topplocket**

**9.13a Ta loss fästskruvarna ...**

**9.13b ... och demontera luftkonditioneringskompressorns fäste**

**9.35 Demontering av topplocksskruv**

**9.37 Demontering av en av topplockets styrtappar**

**9.45 Montering av ny topplockspackning på motorblocket**

24 Lossa klämman och värmeslangen från termostathuset.
25 Lossa skruvarna till fästet för bränsletryckregulatorn och sväng därefter ut fästet, med givare och slangar, så att detta är ur vägen.
26 Skruva ur momentstaget till höger motorfäste från topplocket.
27 I förekommande fall, skruva ut de övre skruvarna till insugningsgrenrörets stöd, på båda sidor om grenröret.
28 På modeller som är utrustade med tvådelat inloppsrör, lossa slangarna till luftkonditioneringsventilen och till vevhuset, samt (i förekommande fall) lossa fästet till oljestickan. Ta bort det övre inloppsröret från slangarna, luta det därefter åt sidan och fäst upp slangarna med vajerklämmor.
29 Lossa skruvarna mellan insugningsgrenrör och topplock och flytta hela grenröret bakåt i motorrummet. Ta vara på packningen. Låt alla kablar, slangar och vajrar vara anslutna till röret.
30 Lossa och ta bort ventilkåpan och ta bort specialgummipluggarna från topplocket. Om kåpan sitter fast, försök att lossa det genom att knacka försiktigt på den med handflatan.
31 Använd en hylsnyckel på vevaxelns remskiva. Vrid runt motorn tills märket för övre dödpunkt på svänghjulet/medbringarskivan eller vevaxelns remskiva är inriktat mot tändinställningsmärket på växellådan eller transmissionskåpan, och cylinder nr 1 (vid drivningen) är överst i sitt kompressionsslag. Vid behov, se avsnitt 3 för ytterligare information. Kontrollera även att märket för ÖDP vid kamaxlarnas drivningssidor är inriktade mot motsvarande märken på kamaxelns lageröverfall.
32 Lossa och ta bort kedjesträckaren bakpå topplocket.
33 Håll varje kamaxel stadigt på plats med en skruvmejsel på därför avsedda punkter nära svänghjulet/medbringarskivan på kamaxeln. Lossa skruvarna och ta bort dreven, placera dem på styrningarna för kamkedjan. Alternativt, notera drevens läge och demontera dem. Observera att på B204/B234-motorer kan kamkedjan inte avlägsnas från vevaxeldrevet eftersom den hålls fast nära drevets undersida. På B202-motorer, håll

kedjan på plats på drevet genom att binda fast den överst på styrningarna.
34 Lossa och ta bort båda skruvarna som fäster transmissionskåpan vid topplocket. Skruvarna är fästa genom lockets botten.
35 Arbeta i omvänd ordning mot ordningsföljden som visas i bild 9.50a. Lossa växelvis de tio skruvarna till topplocket med ett halvt varv i taget, tills samtliga skruvar kan skruvas loss för hand **(se bild)**. En Torx-hylsa behövs för att skruva loss skruvarna eftersom de har sex yttre splines.
36 När alla topplocksskruvarna har lossats, kontrollera att kamkedjan är placerad så att styrningen till lyftkedjan inte hindrar demontering av locket. Lyft ut topplocket från motorblockets övre del och placera det på en arbetsbänk. Ta hjälp av en medarbetare eftersom topplocket är ganska tungt. Om locket sitter fast, försök att gunga loss det från packningen - bänd **inte** med en skruvmejsel eller liknande redskap vid packningen, eftersom kontaktytorna kan skadas. Topplocket är placerat på styrtappar, så försök inte slå loss det åt sidan.
37 Avlägsna packningen från blockets överdel, notera båda styrtapparna. Om styrtapparna sitter löst, demontera dem och förvara dem tillsammans med topplocket så att de inte kommer bort **(se bild)**. Kasta inte bort packningen - den kan behövs för identifikation.
38 Om topplocket skall tas isär för reparation skall kamaxlarna demonteras enligt beskrivning i avsnitt 8.

## Förberedelser för montering

39 De anliggande ytorna på topplock och motorblock måste vara helt rengjorda innan topplocket monteras. Använd en hård spatel av plast eller trä för att ta bort alla rester av packning och kol; gör även ren kolvtopparna. Mjuk aluminiumlegering kan lätt skadas så var försiktig vid rengöringen. Se också till att inget kol tränger in i olje- eller vattenvägarna - detta är speciellt viktigt för smörjsystemet eftersom kol kan blockera oljetillförseln till motorns smörjpunkter. Använd tejp och papper för att tillsluta vatten-, olje- och borrhål i blocket. Rengör alla kolvar på samma sätt.

 **HAYNES TiPS** *Stryk lite smörjmedel i utrymmet mellan kolv och cylinderlopp för att hindra att kol tränger in. När varje kolv är rengjord, använd en liten borste för att ta bort alla rester av smörjmedel och kol från mellanrummet, torka bort återstoden med en ren trasa.*

40 Kontrollera de anliggande ytorna på motorblock och topplock med avseende på djupa repor eller annan skada. Smärre skador kan filas ner, men större skador måste åtgärdas med maskin om delarna ej byts ut.
41 Om ytan på packningen till topplocket misstänks vara skev, använd en rak kant för att kontrollera om så är fallet. Se del B i detta kapitel om så behövs.
42 Kontrollera skicket på skruvarna till topplocket, och speciellt gängorna, varje gång de lossas. Tvätta skruvarna i lämpligt lösningsmedel och torka dem. Kontrollera om det finns synliga tecken på slitage eller skada, byt ut skruvar vid behov. Mät längden på varje skruv och jämför med längden på den nya skruven. Trots att Saab inte anger att skruvar skall bytas ut, är det en rekommendation att byta ut samtliga skruvar om motorn har höga kilometertal.

## Montering

43 Om kamaxlarna har demonterats skall de monteras enligt beskrivning i avsnitt 8.
44 Torka de anliggande ytorna på topplock och motorblock/vevhus. Kontrollera att båda styrtapparna är i rätt läge på motorblocket.
45 Placera en ny packning på motorblockets yta och se till att den är placerad med rätt sida upp **(se bild)**.
46 Kontrollera att varje kamaxel är i ÖDP-läge - tändinställningsmärkena finns på kamaxelns främre del och skall riktas in mot märkena på lageröverfallen.
47 Kontrollera att '0'-markeringen för ÖDP på svänghjulet/medbringarskivan fortfarande är inriktad mot tändinställningsmärket på växellådan.
48 Kontrollera att kamkedjan är korrekt placerad på kedjestyrningarna, sänk därefter

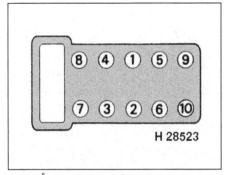

9.50a Åtdragningssekvens för topplockets skruvar

9.50b Dra åt topplocksskruvarna med en momentnyckel

9.52 Använd ett vinkelmått för att dra åt topplocksskruvarna i tredje steget

försiktigt ner topplocket på blocket i läge med styrtapparna.

49 Olja in topplocksskruvarna - gängorna och under huvudena - sätt i skruvarna och dra åt dem med fingrarna.

50 Dra skruvarna gradvis i visad ordning, dra åt topplocksskruvarna till angivet moment för steg 1, med en momentnyckel **(se bilder)**.

51 I samma ordning, dra åt topplocks-skruvarna till angivet moment för steg 2.

52 När alla topplocksskruvarna är åtdragna till angivet moment för steg 2, fortsätt att arbeta i samma ordningsföljd och vinkeldra skruvarna till angivet moment för i steg 3, med hylsnyckel och förlängare. Vi rekommenderar att ett vinkelmått används i detta läge för att kontrollera exaktheten **(se bild)**. Om vinkel-mått inte är tillgängligt kan vit färg användas för att göra riktmärken mellan skruvhuvudet och topplocket innan skruvarna dras åt; markeringarna kan användas för kontroll av att skruvarna har dragits i korrekt vinkel vid åtdragningen.

53 Sätt i och dra åt de båda skruvarna som fäster transmissionskåpan vid topplocket.

54 Installera hjulen på kamaxlarna, först avgashjulet sedan insugningshjulet. Dra inte åt skruvarna helt för tillfället. Kontrollera att kamkedjan är korrekt placerad på styrningar och hjul.

55 Montera kedjesträckaren till kamkedjan enligt beskrivning i avsnitt 6.

56 Använd hylsnyckel på vevaxelns rem-skiva, vrid runt motorn två fulla varv och kontrollera därefter att ÖDP-markeringarna fortfarande är korrekt inriktade.

57 Dra åt fästskruvarna till kamhjulen enligt angivet åtdragningsmoment och håll varje kamaxel stadigt på plats med en skiftnyckel placerad på därtill avsedda punkter.

58 Rengör anliggningsytorna på ventilkåpa och topplock. Placera specialgummiplug-garna på topplocket, stryck därefter en 4 mm tjock droppe silikontätmedel på topplockets hörn och över pluggarna som bilden visar (se bild 8.31).

59 Montera ventilkåpan och sätt i fäst-skruvarna. Dra åt skruvarna gradvis till angivet åtdragningsmoment och börja med skruvarna vid svänghjul/medbringaränden samt mitten-skruven vid transmissionskåpan.

60 Montera insugningsgrenröret på topp-locket med en ny packning, dra åt skruvarna.

61 På modeller med ett tvådelat insugnings-grenrör, montera grenröret på slangarna. Montera fästet till oljestickans rör och sedan slangen till vevhuset och slangen till luft-konditioneringsventilen.

62 I förekommande fall, sätt i och dra åt de övre skruvarna till stödet för insugnings-grenröret, på varje sida om grenröret.

63 Montera momentstaget till högra motor-fästet på topplocket och dra åt skruvarna.

64 Montera fästet till bränsletryckregulatorn tillsammans med sensorn, dra åt monterings-skruvarna.

65 Montera värmeslangen på termostathuset och dra åt klämman.

66 Montera tempgivarens kablage på termo-stathuset.

67 I förekommande fall, montera ström-fördelaren, se kapitel 5B.

68 I förekommande fall, montera tänd-kablarna på tändstiften.

69 Montera täckplåten eller DI-kassetten på mitten av ventilkåpan och dra åt fäst-skruvarna.

70 Anslut slangar till vevhus och vakuum-styrenhet (i förekommande fall).

71 Anslut kylarens övre slang till termo-stathuset och dra åt klämman.

72 Montera kylfläktenheten bak på kylaren och dra åt muttrarna. Anslut kablaget.

73 På turbomodeller, montera turboaggre-gatet och tillhörande detaljer med hänvisning till kapitel 4A.

74 På modeller utan turbo, montera främre avgasröret till avgasgrenröret med ny packing, dra åt muttrarna.

75 Anslut lambdasondens kablage till anslutningsdonet under inloppsröret. Fäst kablaget i klämmorna på topplocket samt använd en vajerhållare för att fästa kablaget vid motorns lyftögla.

76 Montera fästet till luftkonditionerings-kompressorn, samt kompressorn, och dra åt skruvarna. Anslut nedre slangen till vatten-pumpen och dra åt klämman. Anslut kablage-donet och se till att det är placerat på säkert avstånd från kompressorns remskiva.

77 Montera drivremmen med hänvisning till kapitel 1.

78 På tidigare modeller, montera luftkonditio-neringens drivrem, se kapitel 3.

79 Vid behov, montera servobehållaren och dra åt skruvarna. Sätt fast vajerklämmorna på slangarna.

80 Montera momentstaget/fästet i motorns övre högra del och dra åt skruvarna.

81 På tidigare modeller, montera expan-sionskärlet för kylvätska i motorrummets högra del och dra åt skruven. Anslut slang-arna och dra åt klämmorna. Koppla till anslutningsdonet till kablaget och använd en vajerklämma för att fästa ledningarna på slangarna.

82 Montera batteriets negativa anslutning.

83 Montera mittpanelen under kylaren följt av höger innerskärm och skärmlist.

84 Montera höger framhjul och sänk ner bilen.

85 Fyll på kylsystemet enligt anvisning i kapitel 1.

86 Starta motorn och observera de säker-hetsåtgärder som angivits i kapitel 2B, avsnitt 20.

## 10 Oljetråg - demontering och montering

### Demontering

1 Dra åt handbromsen, hissa upp framdelen på bilen och palla upp den (se *'Lyftning, bogsering och hjulbyte'*). Lossa batteriets negativa anslutning.

2 Tappa av motoroljan, rengör och sätt tillbaka avtappningspluggen, dra åt den enligt angivet åtdragningsmoment. Om motorn närmar sig nästa regelbundna service är det tillrådligt att byta filtret och montera ett nytt. Efter monteringen kan motorn fyllas med ny motorolja. Se mer information i kapitel 1.

3 Demontera höger framhjul, därefter skärm-listen och främre delen av innerskärmen.

4 Arbeta under hjulhuset, skruva ur och ta bort högra främre och bakre muttrarna till motorn.

5 Se kapitel 4 och demontera lambdasonden och främre delen av avgasröret.

6 Skruva loss och ta bort den genomgående

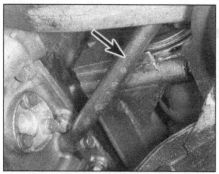

10.9 Motorns bakre stöd (vid pilen)

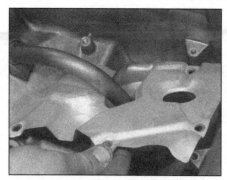

10.20a Ta loss skruvarna och dra bort stänkplåten från tråget . . .

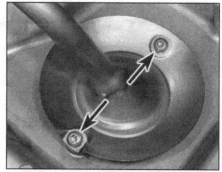

10.20b . . . lossa sedan skruvarna (vid pilarna) . . .

skruven som fäster momentstaget på motorns högra övre fäste.

**7** Anslut ett hissverk till motorns lyftöglor, höj därefter motorns högra sida tills den går fri från fästena. Se till att hissverket är tillräckligt starkt för att klara hela motorns vikt medan oljetråget demonteras.

**8** Skruva loss och ta bort den nedre skruven och pinnbulten som fäster oljetråget på växellådan. Demontera pinnbulten genom att först lossa muttern några varv, sedan dra åt en annan mutter på pinnbulten och slutligen skruva loss pinnbulten genom att den inre muttern lossas.

**9** Underifrån, skruva loss och ta bort fästet till motorns bakre infästning och stöd **(se bild)**.

**10** Där så är aktuellt, på tidigare modeller,

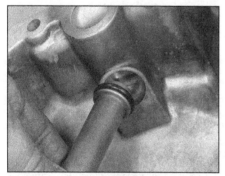

10.20c . . . och ta loss silen och dess rör från tråget

skruva loss fästet till oljestickans rör och dra av röret och tätningen från oljetrågets baksida.

**11** I förekommande fall, lossa kablaget från oljenivågivaren, skruva därefter loss skruvarna och ta bort givaren från oljetråget. Ta vara på packningen.

**12** I förekommande fall, skruva loss skruvarna och ta bort fästet och oljereturröret till turbon från oljetråget.

**13** Dra ner stänkplåten underifrån för att komma åt de båda gummipluggarna i växellådans botten. Bänd ut pluggarna, använd därefter en förlängare och hylsnyckel för att skruva loss de bakre skruvarna som fäster oljetråget på motorblocket.

**14** Arbeta under högra skärmen, ta bort främre och bakre panelen för att komma åt motorns baksida.

**15** Använd en hylsnyckel genom högra monteringsramen och skruva loss skruven som fäster högra hjulhusets stöd på monteringsramen.

**16** Skruva loss och ta bort de båda skruvarna som fäster monteringsramens högra främre hörn på underredet.

**17** Använd en hävarm och bryt hörnet på monteringsramen nedåt, placera ett ca 3 cm tjockt träblock mellan monteringsramen och underredet.

**18** Skruva växelvis loss och ta bort skruvarna som fäster oljetråget på motorblocket, lämna kvar en eller två skruvar så att oljetråget inte

faller ner. På vissa modeller kan det bli nödvändigt att ta bort avgasvärmeskölden först.

**19** Ta bort återstående skruvar och sänk ned oljetråget. Vid behov, separera oljetråget och motorblocket, genom att slå till tråget med handflatan.

**20** Medan oljetråget är demonterat, använd tillfället till att kontrollera om silen i oljepumpen visar tecken på skador eller är igensatt. Kontrollera också O-ringen på motorer med balansaxlar. Vid behov, skruva loss silen och rengör den eller byt ut den. På B204- och B234-motorer (balansaxel), ta bort överföringsröret genom att först dra bort det från vevhuset och därefter dra det åt sidan från oljefilterhuset. Ta bort O-ringarna från rörändarna **(se bilder)**.

## Montering

**21** Rengör anliggningsytorna på motorblock och oljesump från alla rester av tätningsmedel, torka insidan av oljetråget och motorns inre med en trasa. Montera silen till oljepumpen på B202-motorn, eller överföringsröret (med nya O-ringar) på motorer med balansaxel.

**22** Se till att anliggningsytor till oljetråg och motorblock är rena och torra, stryk därefter på en droppe lämpligt tätningsmedel på oljetrågets fläns **(se bild)**.

**23** Lyft oljetråget på plats och montera

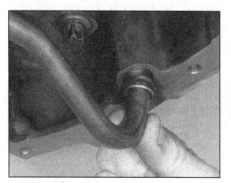

10.20d På motorer med balansaxlar, dra bort överföringsröret från vevhuset . . .

10.20e . . . och dra det åt sidan från oljefilterhuset

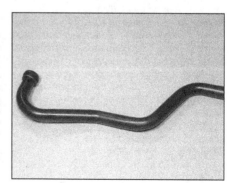

10.20f Överföringsrör på motorer med balansaxlar

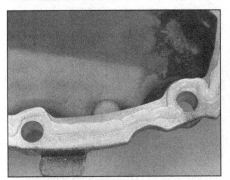

10.22 Lägg tätningsmedel på oljetrågets fläns

11.8a Använd låsringstång för att dra ut oljepumplockets låsring

11.8b Ta bort locket från transmissionskåpan

fästskruvarna, dra åt dem växelvis enligt angivet åtdragningsmoment.
24 Montera gummipluggarna på växellådan och böj upp stänkplåten till sitt rätta läge. Vid behov, montera avgasvärmeskölden.
25 Ta bort träblocket och montera båda skruvarna som fäster främre högra hörnet av motorfästet på underredet. Dra åt skruvarna.
26 Montera och dra åt skruven som fäster stödet till höger hjulhus på motorfästet.
27 Montera fästet och oljereturröret till turboenheten på oljetråget, dra åt skruvarna. Se till att tätningen är korrekt placerad på röret.
28 Rengör anliggningsytorna, montera därefter oljenivågivaren på oljetråget med en ny packning. Dra åt skruvarna hårt.
29 Granska tätningen och byt ut den om det behövs, montera därpå oljestickans rör baktill på oljetråget och dra åt skruvarna på fästet.
30 Montera fästet till motorns bakre montering och stöd, dra åt skruvarna.
31 Montera och dra åt nedre skruv och pinnbult som fäster oljetråget på växellådan.
32 Sänk ned motorn på dess monteringsstag och ta bort hissverktyget.
33 Där så är aktuellt, montera fästet på topplocket, sätt sedan i och dra åt skruven som fäster momenttaget på det övre högra motorfästet.
34 Montera främre avgasröret och lambdasonden, med hänvisning till kapitel 4.
35 Montera och dra åt motorns muttrar.

36 Montera den bakre utfackningspanelen, frontsektionen av innerskärmen och listen under högra främre hjulhuset.
37 Montera höger framhjul och sänk ner bilen.
38 Fyll på rätt kvantitet och grad motorolja enligt beskrivning i kapitel 1.
39 Starta motorn och kör den till normal driftstemperatur. Kontrollera fogen mellan oljetråg och motorblock för ev. oljeläckage.

## 11 Oljepump - demontering, kontroll och montering

### Demontering

1 Dra åt handbromsen, hissa sedan upp framdelen på bilen och palla upp den. (se 'Lyftning, bogsering och hjulbyte'). Ta bort höger framhjul.
2 Lossa skruvarna och demontera framskärmens plastpanel, följt av innerskärmen i hjulhuset.
3 I förekommande fall (B202-motorer med separat drivrem för luftkonditionering) demontera drivremmen till luftkonditioneringskompressorn, se kapitel 1.
4 Demontera den andra drivremmen, se kapitel 1.
5 Skruva loss och ta bort mittskruven från vevaxelns remskiva. För att kunna göra detta måste vevaxeln hållas stilla med någon av

följande metoder. På modeller med manuell växellåda behövs hjälp av en medarbetare som trycker ner bromspedalen och lägger i fyrans växel. Använd alternativt en skruvmejsel med brett blad genom kamöppningen (tidiga modeller) ovanpå växellådan och sätts fast den i startkransen för att hindra att vevaxeln roterar. På modeller med automatisk växellåda skall endast den senare metoden användas. Om kamöppningen är borttagen skall startmotorn demonteras enligt beskrivning i kapitel 5A, så att startkransen blir åtkomlig.
6 Dra av vevaxelns remskiva och nav från vevaxeländen. Om de sitter hårt kan två hävarmar användas försiktigt.
7 På B202-motorer, skruva gradvis loss skruvarna som fäster oljepumpen på motorblocket och dra av den över vevaxeln. Bänd bort O-ringen från spåret i oljepumphusets baksida.
8 På B204/B234-motorer, ta bort den stora låsringen och dra ut oljepumplocket från transmissionskåpan. Observera att låsringen är hårt spänd varför en stark långringstång behövs för att trycka ihop den. Notera också inställningspilarna på locket och transmissionskåpan (se bilder).
9 Demontera O-ringstätningen från spåret i locket (se bild).
10 Notera läget för vevaxelns oljetätning i pumplocket, bänd därefter bort den med en skruvmejsel (se bild).

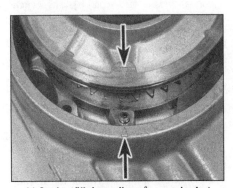

11.8c Inställningspilar på pumplocket

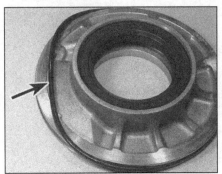

11.9 Demontera O-ringstätningen från spåret i locket

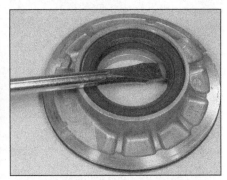

11.10 Bänd ut vevaxelns oljetätning från oljepumplocket

**11.12a Demontera den inre rotorn . . .**

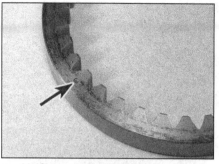

**11.12b . . . och den yttre rotorn från transmissionskåpan. Notera lägesmarkeringen (utåt)**

**11.13a Skruva loss pluggen (vid pilen) . . .**

## Kontroll

**11** Rengör pumprotorernas inre ytor och märk dem med en markeringspenna för kommande montering. Det är viktigt att rotorerna återfår sina tidigare lägen när de monteras tillbaka. Observera att på motorer med balansaxel kan det externa rotorläget identifieras av hålet som skall vara riktat utåt.

**12** Ta bort rotorerna från transmissionskåpan (oljepumpen) och markera deras lägen **(se bilder)**.

**13** Skruva loss pluggarna och ta bort kolv och fjäder på reduceringsventilen, markera hur de var monterade **(se bilder)**. Ta vara på brickan till pluggen.

**14** Rengör samtliga detaljer och granska dem med avseende på slitage och skador. Granska pump och rotorer med avseende på förslitningsspår och repor. Använd ett bladmått för att kontrollera spelet mellan rotorerna och pumpen, se Specifikationer **(se bild)**. Om slitaget är för stort skall hela pumpenheten bytas ut.

**15** Granska kolven på reduceringsventilen med avseende på slitage eller skador, byt den vid behov. Reduceringsventilens fjäder kan endast mätas vid jämförelse med en ny fjäder; om skicket är tveksamt skall den bytas ut.

**16** Vid tecken på smuts eller avlagringar i oljepumpen kan det vara nödvändigt att demontera oljetråget och rengöra silen (se avsnitt 11).

**17** Sätt tillbaka ventilkolv och fjäder, montera därefter pluggen tillsammans med en ny bricka, dra åt pluggen.

**18** Smörj in rotorerna med ny motorolja och sätt tillbaka dem i oljepumpen på sina tidigare respektive platser. Den yttre rotorn måste placeras så att identifikationsmärket är vänt utåt.

## Montering

**19** Rengör oljetätningens säte i pumphuset, montera därefter in en ny oljetätning i huset och se till att den placeras i samma läge som tidigare markerats.

**20** På B204/B234-motorer, montera en ny O-ring och sätt därefter tillbaka oljepumpen i transmissionskåpan; se till att pilmärkena är riktade mot varandra. Montera den stora låsringen i spåret, med avfasningen utåt och öppningen nedåt.

**21** På B202-motorer, placera en ny O-ring i spåret till oljepumpen, rengör anliggningsytorna på oljepump och motorblock och placera oljepumpen över vevaxelns ände med styrpinnen nedåt. Sätt tillbaka skruvarna och dra åt dem växelvis enligt angivet åtdragningsmoment. Observera att två av skruvarna är genomgående skruvbultar till motorblocket och dras åt till samma åtdragningsmoment som transmissionskåpans skruvar.

**22** Placera vevaxelns remskiva och nav på vevaxeländen, sätt tillbaka mittskruven och dra åt den enligt angivet åtdragningsmoment. Håll vevaxeln på plats med en av metoderna som beskrivits i punkt 5.

**23** Montera den andra drivremmen, se kapitel 1.

**24** I förekommande fall, montera drivremmen

till luftkonditioneringens kompressor, se kapitel 3.

**25** Montera innerskärmen och listen och dra åt skruvarna.

**26** Montera höger framhjul och sänk ner bilen.

**27** Innan motorn startas, lossa tändningskablarna från strömfördelaren eller DI-kassetten för att deaktivera tändningssystemet. Rotera motorn med startmotorn tills rätt oljetryck har nåtts och oljevarningslampan har släckts. Anslut tändkablarna och starta motorn; kontrollera beträffande oljeläckage.

## 12 Oljekylare - demontering och montering

## Demontering

**1** Endast turbomodellerna är utrustade med oljekylare. Den är ansluten till en adapter, monterad bekom oljefiltret, som också innehåller en oljetermostat.

**2** När oljekylaren skall demonteras, hissa först upp framdelen på bilen och palla upp den (se *'Lyftning, bogsering och hjulbyte'*). Vid behov, tappa ut motoroljan enligt beskrivning i kapitel 1, sätt därefter tillbaka och dra åt avtappningspluggen.

**3** Placera ett lämpligt kärl under oljekylaren i motorrummets högra del. Skruva loss anslutningarna från oljekylarens över- och undersida, lossa slangarna för oljetillförsel och oljeretur. Töm oljan i kärlet.

**4** Skruva loss skruvarna och ta bort oljekylaren. På tidigare modeller är de nedre hålen till skruvarna slitsade, varför endast de nedre skruvarna behöver lossas. Lyft ut oljekylaren från motorrummet.

## Montering

**5** Montering görs i omvänd ordning, dra dock åt anslutningarna enligt angivet åtdragningsmoment. Fyll på motorolja, se kapitel 1. När arbetet är avslutat, starta motorn och kör den på tomgång några minuter för att låta oljekylaren fyllas med olja. Kontrollera och, vid behov, fyll på mer motorolja , se kapitel 1.

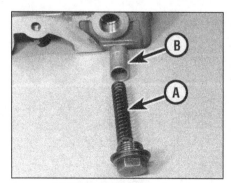

**11.13b . . . och demontera reduceringsventilens fjäder (A) och kolv (B)**

**11.14 Kontroll av spelet mellan oljepumpens yttre rotor och transmissionskåpan**

**13.2  Lossa kablarna från oljetryckskontakten**

### 13 Oljetryck, varningslampans kontakt - demontering och montering

#### Demontering

**1** På motorer utan balansaxel är kontakten infäst ovanpå oljefilteradaptern, baktill på motorblocket. På motorer med balansaxel är kontakten infäst bakpå motorblocket under inloppsröret. Hissa först upp framdelen på bilen och palla upp den (se *'Lyftning, bogsering och hjulbyte'*).
**2** Lossa kablarna från kontaktanslutningen **(se bild)**.
**3** Skruva loss kontakten från oljefilteradaptern eller motorblocket. Var beredd på att oljan kan läcka ut. Om kontakten skall demonteras under en längre tid skall öppningen pluggas igen så att smuts eller damm inte kan tränga in.

#### Montering

**4** Rengör gängorna på kontakten och öppningen där den var monterad, sätt därefter tillbaka kontakten och dra åt hårt.
**5** Anslut kablarna till kontaktanslutningen.
**6** Starta motorn och kontrollera om läckage föreligger, sänk därefter ned bilen.

### 14 Oljenivågivare - demontering och montering

#### Demontering

**1** En oljenivågivare är monterad på modeller med färddator. Givaren, som är placerad på oljetrågets baksida, består av en flottör och en transmissionslänk. En varningslampa på instrumentpanelen tänds när tändningen slås på och oljenivån är låg. Om varningslampan har tänts kan givaren inte aktiveras på nytt förrän tändningen har slagits från i åtminstone 5 minuter.
**2** Hissa upp framdelen på bilen och palla upp den (se *'Lyftning, bogsering och hjulbyte'*).
**3** Tappa av motoroljan, se kapitel 1.
**4** Lossa kablaget från oljenivågivaren på oljetrågets baksida.
**5** Rengör området runt givaren, skruva därefter loss skruvarna och dra ut givaren från oljetråget. Ta bort tätningen.

**15.8  Montera en ny tätning till oljepumplocket**

#### Montering

**6** Montering görs i omvänd ordning, rengör anliggningsytorna och montera en ny tätning. Dra åt skruvarna växelvis.

### 15 Vevaxelns oljetätningar - byte

#### Höger oljetätning

**1** Dra åt handbromsen, hissa upp framdelen på bilen och palla upp den (se *'Lyftning, bogsering och hjulbyte'*). Demontera höger framhjul.
**2** Demontera framskärmens plastpanel följt av innerskärmen i hjulhuset.
**3** I förekommande fall (tidigare modeller med separat drivrem för luftkonditionering), demontera drivremmen till luftkonditioneringens kompressor, se kapitel 3.
**4** Demontera den andra drivremmen, se kapitel 1.
**5** Skruva loss och ta bort mittskruven från vevaxelns remskiva. För att kunna göra detta måste vevaxeln hållas stilla med någon av följande metoder. På modeller med manuell växellåda behövs hjälp av en medarbetare som trycker ned bromspedalen och lägger i fyrans växel. Använd alternativt en skruvmejsel med brett blad genom kamöppningen (tidiga modeller) ovanpå växellådan, sätt fast den i startkransen för att hindra att vevaxeln roterar. På modeller med automatisk växellåda skall endast den senare metoden användas. Om kamöppningen är borttagen skall startmotorn demonteras enligt beskrivning i kapitel 5A, så att startkransen blir åtkomlig.
**6** Dra av vevaxelns remskiva och nav från vevaxeländen. Om de sitter hårt kan två hävarmar användas försiktigt.
**7** Notera oljetätningens monteringsdjup, använd en skruvmejsel och bänd försiktigt bort oljetätningen från oljepumphuset. Alternativt, slå eller borra två små hål mitt emot varandra i tätningen. Skruva i en självgängande skruv i varje hål och dra med en tång i skruvarna för att lossa tätningen. Ytterligare en metod är att demontera hela oljepumpen enligt beskrivning i avsnitt 11, och ta bort oljetätningen på arbetsbänken.
**8** Rengör sätet i oljepumphuset, smörj där-

efter läpparna på den nya oljetätningen med ren motorolja, placera den mitt på oljepumphuset och se till att den slutna sidan är utåt. Använd lämpligt verktyg, som en hylsnyckel, som endast tar på den hårda yttre tätningskanten, och knacka in tätningen i rätt läge, till samma djup i huset som den tidigare tätningen var placerad.
**9** Placera vevaxelns remskiva och nav på vevaxeländen, sätt tillbaka mittskruven och dra åt den enligt angivet åtdragningsmoment. Håll vevaxeln på plats med någon av metoderna som beskrivits i punkt 5.
**10** Montera den andra drivremmen, se kapitel 1.
**11** Där så är aktuellt, montera drivremmen till luftkonditioneringskompressorn, se kapitel 1.
**12** Montera innerskärmen och panelen och dra åt skruvarna.
**13** Montera höger framhjul och sänk ner bilen.

#### Vänster oljetätning

**14** Demontera svänghjulet/medbringarskivan enligt beskrivning i avsnitt 16.
**15** Notera oljetätningens monteringsdjup. Slå eller borra två små hål mitt emot varandra i tätningen. Skruva i en självgängande skruv i varjehål och dra med en tång i skruvarna för att lossa tätningen. Alternativt kan en skruvmejsel användas för att bända ut oljetätningen.
**16** Rengör sätet i oljepumphuset, smörj därefter läpparna på den nya oljetätningen med ren motorolja, placera försiktigt tätningen på vevaxeländen.
**17** Använd lämpligt verktyg, som en hylsnyckel, som endast tar på den hårda yttre tätningskanten, och knacka in tätningen i rätt läge, till samma djup i huset som den tidigare tätningen.
**18** Torka oljetätningen ren och montera sedan svänghjulet/medbringarskivan enligt beskrivning i avsnitt 16.

### 16 Svänghjul/medbringarskiva - demontering, kontroll och montering

#### Demontering

**1** Demontera växellådan enligt beskrivning i kapitel 7A eller 7B.
**2** På modeller med manuell växellåda, demontera kopplingen enligt beskrivning i kapitel 6.
**3** Hindra att svänghjulet/medbringarskivan rör sig genom att låsa krondrevet på det sätt som visas **(se bild)**. En alternativ metod är att skruva i ett metallstag mellan svänghjulet/medbringarskivan (använd skruvhålen till kopplingen eller momentomvandlaren) och motorblocket/vevhuset.
**4** Skruva loss och ta bort fästskruvarna, ta bort låsverktyget, demontera därefter svänghjulet/medbringarskivan från vevaxelflänsen **(se bild)**. Observera att enheten är infäst med

**16.4 Demontera svänghjulet från vevaxeln**

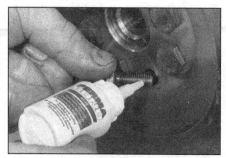

**16.10a Stryk låsvätska på gängorna och sätt i dem . . .**

**16.10b . . . och dra åt dem till angivet åtdragningsmoment**

en enda styrpinne och kan inte monteras på fel sätt.

## Kontroll

**5** Om svänghjulets anliggningsyta är svårt repad, sprucken eller skadad, skall svänghjulet bytas ut. Det är dock möjligt att få den omslipad; kontakta en Saabverkstad eller annan specialist för rådgivning.
**6** På modeller med automatväxellåda, kontrollera också medbringarens kondition.
**7** Om krondrevet är mycket slitet, eller om kuggar saknas kan det bytas ut. Detta arbete bör överlämnas till Saabverkstad eller annan specialist. När krondrevet installeras måste det värmas till en viss temperatur. Denna temperatur är kritisk och kuggarnas härdning kan förstöras om den blir fel.

## Montering

**8** Rengör kontaktytorna på svänghjulet/ medbringarskivan och vevaxeln. Rengör gängorna på fästskruvar och vevaxelns hål.

> **HAYNES TiPS** *Om en lämplig gängtapp inte är tillgänglig, skär två skåror i gängorna på en gammal svänghjulsskruv och använd skruven till att rengöra gängorna.*

**9** Se till att låspinnen är i rätt läge, lyft därefter upp svänghjulet och placera den på låspinnen.
**10** Sätt tillbaka fästskruvarna och dra åt dem enligt angivet åtdragningsmoment medan svänghjulet/medbringarskivan hålls på plats med någon av metoderna som beskrivits i punkt 3 **(se bilder)**.
**11** På modeller med manuell växellåda, mon-

tera kopplingen enligt beskrivning i kapitel 6.
**12** Montera växellådan, se kapitel 7A eller 7B.

## 17 Motor/transmissionsfästen - kontroll och byte

## Kontroll

**1** För att komma åt lättare, hissa upp framdelen på bilen och palla upp den (se *'Lyftning, bogsering och hjulbyte'*).
**2** Motorns upphängningsfästen är belägna fram och bak på höger sida, under växellådans vänstra sida, och vid motorns övre högra sida. Med undantag för den övre högra upphängningen är samtliga upphängningar hydrauliska, med en inre oljefylld kammare. Vibrationsdämpningen är progressiv beroende på belastningen, och fungerar för såväl horisontella som vertikala rörelser.
**3** Kontrollera gummiupphängningarna beträffande sprickor, förhårdnader eller om gummit har särat sig från metallen vid någon punkt; byt ut upphängningen om sådana skador eller förslitningar är synliga.
**4** Kontrollera att upphängningens infästningar är hårt åtdragna; använd om möjligt en momentnyckel för kontroll.
**5** Använd en stor skruvmejsel eller kofot, kontrollera om slitage föreligger i upphängningen genom att försiktigt bända mot den för att upptäcka ev glapp. Om detta inte är möjligt, ta hjälp av en medhjälpare att flytta motorn/växellådan framåt och bakåt, eller från ena sidan till den andra, medan du observerar upphängningen. Medan visst glapp kan förväntas även hos nya delar, är för stort glapp uppenbart. Vid för stort glapp, kontrollera

först att fästena är korrekt åtdragna, därefter kan slitna delar bytas enligt beskrivning nedan.

## Byte

### Höger nedre upphängning

**6** Hissa upp framdelen på bilen och palla upp den (se *'Lyftning, bogsering och hjulbyte'*). Demontera höger framhjul.
**7** Demontera skruvarna och ta bort plastpanelen och innerskärmen till höger skärm.
**8** Skruva loss muttrarna från överdelen av de högra motorupphängningarna. Åtkomlighet är möjlig från motorrummets högra sida, med en hylsnyckel med förlängare. Det kan dock bli nödvändigt att demontera expansionskärl och servovätskebehållare och föra dem åt sidan.
**9** Anslut ett hissverk till lyftöglorna på topplocket, höj därefter motorn tills den går fri från de högra infästningarna.
**10** Demontera de icke roterande brickorna från överdelen av upphängningarna, skruva därefter loss skruvarna och demontera upphängningarna från monteringsramen.
**11** Vid behov kan motorupphängningarna skruvas loss från motorblocket **(se bilder)**.
**12** Montering av nya infästningar sker i omvänd ordning, se till att de icke roterande brickorna är korrekt placerade med fullt åtdragna muttrar.

### Vänster nedre upphängning

**13** Dra åt handbromsen, hissa upp framdelen på bilen och palla upp den (se *'Lyftning, bogsering och hjulbyte'*).
**14** Lossa endast muttern till den vänstra skruven till upphängningen under växellådan (fästet är slitsat).
**15** Anslut ett hissverk till den vänstra lyftöglan på topplocket, höj därefter växellådan tills vänstra upphängningen går fri från fästet.
**16** Skruva loss motorns upphängning från växellådan och ta ut den från motorrummet.
**17** Den nya upphängningen monteras i omvänd ordning, se till att motorns/växellådans vikt vilar på fästet innan muttern till upphängningsskruven dras åt.

### Höger övre upphängning

**18** Skruva lossa skruvarna från momentstaget och det övre högra upphängningsfästet, ta bort momentstaget från motorn.
**19** Skruva loss upphängningsfästet från topplock.
**20** De nya upphängningarna monteras i omvänd ordning.

**17.11a Lossa skruvarna . . .**

**17.11b . . . och ta loss motorupphängningen från motorblocket**

# Kapitel 2  Del B:
# Motor - demontering och reparationer

## Innehåll

## Svårighetsgrader

| Enkelt, passar novisen med lite erfarenhet  | Ganska enkelt, passar nybörjaren med viss erfarenhet  | Ganska svårt, passar kompetent hemmamekaniker  | Svårt, passar hemmamekaniker med erfarenhet  | Mycket svårt, för professionell mekaniker  |
|---|---|---|---|---|

## Specifikationer

### Topplock

| | |
|---|---|
| Höjd (ny): | |
| Modeller t o m 1993 | 140,5 ± 0,1 mm |
| Modeller fr o m 1994 | 139,4 till 139,6 mm |
| Höjd (minimum): | |
| Modeller t o m 1993 | 140,1 mm |
| Modeller fr o m 1994 | 139,0 mm |
| Ventilstyrning till ventilskaft, spel (max) | 0,50 mm (mätt vid ventilhuvudet höjt 3 mm över sätet) |

### Ventiler

| | |
|---|---|
| Ventilhuvud diameter: | |
| Insug | 33,0 mm |
| Avgas | 29,0 mm |
| Ventilhuvud vinkel (endast insugningsventil) | 44,34° till 44,67° |
| Sätesvinkel | 45° |
| Ventilskaft diameter: | |
| Insug | 6,960 till 6,975 mm |
| Avgas | 6,965 till 6,980 mm |
| Ventilfjäder, fri längd | 45,5 ± 1,5 mm |
| Ventilskaft, djup under kamaxellager: | |
| Kontroll | min 19,5 ± 0,05 mm till max 20,5 ± 0,05 mm |
| Inställning | min 20,0 mm till max 20,4 mm (20,2 mm nominellt) |

### Motorblock

| | |
|---|---|
| Cylinderlopp diameter: | |
| B202-motor: | |
| Standard (A) | 90,0 till 90,01 mm |
| Standard (B) | 90,01 till 90,02 mm |
| 1:a överdimension | 90,5 mm |
| 2:a överdimension | 91,0 mm |
| B204- och B234-motorer: | |
| Standard (A) | 90,0 till 90,012 mm |
| Standard (B) | 90,003 till 90,02 mm |
| Standard (B+) | 90,011 till 90,03 mm |
| 1:a överdimension | 90,5 till 90,512 mm |
| 2:a överdimension | 91,0 till 91,012 mm |

## Balansaxlar

| | |
|---|---|
| Axialspel | 0,05 till 0,45 mm |
| Lagerbana, diameter: | |
| Större, inre | 39,90 ± 0,008 mm |
| Mindre, yttre | 19,947 till 19,96 mm |
| Lager, diameter: | |
| Större, inre | 39,988 till 40,043 mm |
| Mindre, yttre | 20,0 till 20,021 mm |
| Löpande lagerspel (maximum) | 0,08 till 0,151 mm |

## Kolvar

**Observera:** *Kolvens diameter mäts i rak vinkel mot kolvnavet, vid avstånd B från kjolens nedre del.*

| | |
|---|---|
| Mätavstånd B: | |
| B202 | 16,0 mm |
| B234 modeller t o m 1993 | 9,0 mm |
| B204L/S, B234L/R/E modeller fr o m 1994 | 9,3 mm |
| B204i and B234i modeller fr o m 1994 | 11,0 mm |
| Kolvens diameter: | |
| B202i: | |
| Standard A | 89,971 till 89,980 mm |
| Standard AB | 89,980 till 89,989 mm |
| Standard B | 89,989 till 90,000 mm |
| Standard C | 90,000 till 90,008 mm |
| 1:a överdimension (0,5 mm) | 90,470 till 90,485 mm |
| 2:a överdimension (1,0 mm) | 90,970 till 90,985 mm |
| Nominellt kolvspel (ny) | 0,010 till 0,039 mm |
| B202 Turbo och B202S: | |
| Standard A | 89,967 till 89,977 mm |
| Standard AB | 89,977 till 89,985 mm |
| Standard B | 89,985 till 89,993 mm |
| Standard C | 89,993 till 90,009 mm |
| 1:a överdimension (0,5 mm) | 90,470 till 90,485 mm |
| 2:a överdimension (1,0 mm) | 90,970 till 90,985 mm |
| Nominellt kolvspel (ny) | 0,015 till 0,043 mm |
| B204 och B234: | |
| Standard A | 89,971 till 89,980 mm |
| Standard AB | 89,980 till 89,989 mm |
| Standard B: | |
| B234i t o m 1993 | 89,989 till 90,000 mm |
| B204/B234 fr o m 1994 | 89,989 till 90,000 mm |
| B234 Turbo t o m 1993 | 89,989 till 89,997 mm |
| Standard C: | |
| B234i t o m 1993 | 90,000 till 90,013 mm |
| B204/B234 fr o m 1994 | 90,000 till 90,013 mm |
| B234 Turbo t o m 1993 | 89,997 till 90,013 mm |
| 1.a överdimension (0,5 mm) | 90,482 till 90,488 mm |
| 2:a överdimension (1,0 mm) | 90,972 till 90,988 mm |
| Nominellt kolvspel (ny): | |
| Modeller t o m 1993 | 0,006 till 0,041 mm |
| Modeller fr o m 1994 | 0,011 till 0,041 mm |

## Kolvringar

| | |
|---|---|
| Ringgap: | |
| Övre kompressionsring: | |
| B202 | 0,35 till 0,48 mm |
| B204/B234 | 0,30 till 0,50 mm |
| Nedre kompressionsring: | |
| B202 | 0,25 till 0,38 mm |
| B234 t o m 1993 | 0,30 till 0,45 mm |
| B204/B234 fr o m 1994 | 0,15 till 0,65 mm |
| Oljeskrapring (i förekommande fall) | 0,38 till 1,40 mm |
| Spel i ringspår: | |
| Övre kompressionsring: | |
| Alla motorer | 0,050 till 0,082 mm |
| Nedre kompressionsring: | |
| T o m 1993 | 0,034 till 0,070 mm |
| Fr o m 1994 | 0,040 till 0,072 mm |
| Oljeskrapring | Förekommer ej |

## Vevstakar

Tillåten viktskillnad mellan vevstakar i samma motor:

| | |
|---|---|
| B202 | 9,0 g |
| B204/B234 | 6,0 g |

## Vevaxel

| | |
|---|---|
| Axialspel (alla motorer) | 0,06 till 0,31 mm |

Ramlagertapp, diameter:

| | |
|---|---|
| Standard | 57,981 till 58,000 mm |
| 1:a underdimension | 57,731 till 57,750 mm |
| 2:a underdimension | 57,481 till 57,500 mm |
| 3:e underdimension | 57,237 till 57,250 mm |
| 4:e underdimension | 56,987 till 57,000 mm |

Vevlagertapp, diameter:

| | |
|---|---|
| Standard | 51,981 till 52,000 mm |
| 1:a underdimension | 51,731 till 51,750 mm |
| 2:a underdimension | 51,481 till 51,500 mm |
| 3:e underdimension | 51,237 till 51,250 mm |
| 4:e underdimension | 50,987 till 51,000 mm |

Lageröverfall, max ovalitet (alla motorer):

| | |
|---|---|
| Ny | 0,005 mm |
| Service | 0,050 mm |

Ramlagerspel:

| | |
|---|---|
| B202 | 0,020 till 0,062 mm |
| B204/B234 (t o m 1993) | 0,020 till 0,062 mm |
| B204/B234 (fr o m 1994) | 0,014 till 0,062 mm |

Vevlagerspel:

| | |
|---|---|
| T o m 1993 | 0,026 till 0,062 mm |
| Fr o m 1994 | 0,020 till 0,068 mm |

## Åtdragningsmoment

Se kapitel 2A, Specifikationer

---

## 1  Allmän beskrivning

Denna del av kapitel 2 innehåller information om demontering av motorn och beskrivning av renovering av topplock, motorblock/vevaxel samt övriga komponenter i motorn.

Informationen omfattar allt ifrån allmänna råd beträffande förberedelser för reparation och inköp av reservdelar, till detaljerade procedurer steg-för-steg avseende demontering, kontroll, renovering och montering av motorns komponenter.

Efter avsnitt 8 är alla instruktioner baserade på att motorn har demonterats från bilen. Se del A i detta kapitel beträffande information om reparationer med motorn i bilen, samt demontering och montering av externa komponenter som behöver översyn. Bortse från de förberedande demonteringsåtgärder som beskrivs i del A. De är inte längre relevanta när motorn har tagits ut ur bilen.

Med undantag för de åtdragningsmoment som finns angivna i början av del A, återfinns alla specifikationer som rör motorreparationer i början av denna del av kapitel 2.

## 2  Motor -
renovering, allmän beskrivning

Det är inte alltid lätt att bestämma när, eller om, en motor skall totalrenoveras eftersom ett antal faktorer måste tas med i beräkningen.

Ett högt antal körda mil behöver inte nödvändigtvis betyda att motorn måste renoveras, medan ett lågt antal körda mil inte behöver undanta behovet av renovering. Förekomsten av regelbundet underhåll är förmodligen den viktigaste faktorn. En motor som har haft regelbundna och ofta förekommande olje- och filterbyten, såväl som annan nödvändig service, bör kunna ge många tusen mil av pålitlig körning. En försummad motor kan sålunda behöva renoveras ganska tidigt under sin livstid.

Hög oljeförbrukning är ett tecken på att kolvringar, ventilsäten och/eller ventilstyrningar kräver uppmärksamhet. Se till att oljeläckage inte uppstår innan beslut tas om att ringar och/eller styrningar är slitna. Utför ett kompressionsprov, enligt beskrivning i del A i detta kapitel, för att kunna fastställa en sannolik orsak till problemet.

Kontrollera oljetrycket med en tryckmätare som monteras på platsen för oljetryckkontakten, jämför trycket med rekommenderat tryck. Om trycket är mycket lågt är sannolikt vevlager och ramlager och/eller oljepump utslitna.

Kraftlöshet, ojämn gång, knackande eller metalliska motorljud, höga ljud från ventilstyrningen och hög bränsleförbrukning kan också peka mot behovet av renovering, speciellt om alla förekommer samtidigt. Om en fullständig service inte har lyckats åtgärda problemen, återstår endast att utföra större mekaniska arbeten.

En motorrenovering innebär att samtliga inre komponenter återställs till specificerade värden i en ny motor. Vid en renovering omborras cylindrarna (vid behov) och kolvar och kolvringar byts ut. Oftast monteras nya vevlager och ramlager i motorn; vevaxeln byts ut eller slipas efter behov för att återställa tapparna. En översyn bör göras av ventilerna, då de ofta är i bristfällig kondition vid detta tillfälle. Medan motorn renoveras kan även andra komponenter, som fördelaren (i förekommande fall), startmotorn och generatorn renoveras samtidigt. Slutresultatet bör bli en så gott som ny motor som fortfarande har många problemfria mil att ge.

**Observera:** *Kritiska komponenter i kylsystemet, som slangar, termostat och vattenpump, bör bytas ut när motorn renoveras. Kylaren bör kontrolleras noggrant beträffande igensättning eller läckage. Det är också klokt att byta oljepumpen när motorn renoveras.*

Innan renoveringen påbörjas, läs igenom alla moment för att få ett intryck av omfattningen av arbetet och vad det kräver. Att renovera en motor är inte svårt om du följer instruktionerna omsorgsfullt, har rätt verktyg och nödvändig utrustning tillgänglig, samt är uppmärksam på specifikationerna. Dock kan en renovering vara tidskrävande. Du får räkna med att bilen är ur funktion i minst två veckor, speciellt om vissa delar skall åtgärdas på verkstad. Kontrollera att önskade reservdelar finns tillgängliga och se till att specialverktyg och -utrustning kan erhållas. Största delen av arbetet kan utföras med vanliga handverktyg, men vissa precisionsinstrument behövs för mätningar om komponenter måste bytas. En verkstad kan ofta ta hand om granskning av komponenter och ge råd beträffande renovering och byte.

**Observera:** *Vänta alltid till dess motorn är fullständigt isärtagen och alla komponenter (speciellt motorblock/vevhus och vevaxel) har granskats, innan beslut tas om vilka underhålls- och reparationsåtgärder som skall utföras på verkstad. Komponenternas kondition är den avgörande faktorn för ett beslut om huruvida originalmotorn skall renoveras eller om en renoverad motor skall inköpas. Gör därför inga inköp av reservdelar och påbörja inte renovering av andra komponenter innan de har utsatts för en noggrann granskning.* Som en allmän regel gäller att tiden är den högsta kostnaden vid ett renoveringsarbete, så det lönar sig inte att montera slitna eller undermåliga delar.

Slutligen, den renoverade motorn kommer att få längsta möjliga livslängd med minsta möjliga problem om monteringen sker omsorgsfullt i en absolut ren miljö.

## 3 Motor - demontering, metoder och rekommendationer

Om du har bestämt att motorn skall demonteras för renovering eller större reparationer bör några förberedande åtgärder utföras.

Det är viktigt att utse en lämplig arbetsplats. Tillräckliga ytor att arbeta och att förvara bilen på kommer att behövas. Om du inte har tillgång till verkstad eller garage behövs åtminstone en plan, jämn och ren arbetsyta.

Rengöring av motorrummet och motor/växellådan innan motorn demonteras gör det lättare att hålla verktygen rena och välorganiserade.

En hissanordning eller en A-ram kommer också att behövas. Kontrollera att utrustningen är godkänd för högre värde än motorns och växellådans gemensamma vikt. Säkerheten är ytterst viktig när man betänker den potentiella risken med att lyfta motor/växellåda ut ur bilen.

Om detta är första gången du demonterar en motor bör du ta hjälp av en medarbetare. Råd och assistans från någon som har mer erfarenhet är värdefullt. Vid många tillfällen är det omöjligt för en person att ensam lyfta ut motorn ur motorrummet.

Planera arbetet i förväg. Organisera att hyra, eller köpa in, de verktyg och den utrustning som kommer att behövas. För att kunna utföra demontering och montering av motor/växellåda under säkra förhållanden och med relativ lätthet, kommer bland annat följande verktyg och utrustning att behövas (utöver en lyftanordning till motorn): en garagedomkraft, en komplett uppsättning av skiftnycklar och hylsor enligt beskrivning i början av boken, träklossar, och en stor mängd trasor och lösningsmedel för att torka upp olja, kylmedel och bränsle som har spillts. Om lyftanordningen skall hyras, se till att avtala om detta i förväg. Utför allt annat arbete som kan göras i förväg utan lyftanordningen. På detta sätt kan man tjäna både tid och pengar.

Tänk på att bilen kommer att vara ur

funktion under en tid. Vissa arbeten kommer att behöva utföras på verkstad, eftersom de kräver specialutrustning. Verkstäder har ofta mycket att göra, så det är klokt att rådgöra med dem innan motorn demonteras, för att få en uppfattning om tiden som går åt för att bygga om eller reparera komponenterna i fråga.

Var alltid ytterst försiktig vid demontering och montering av motor/växellåda. Oförsiktighet kan leda till allvarliga skador. Planera i förväg och ta gott om tid på dig, så att arbetet kan utföras och fullbordas tillfredsställande.

Motorn och växellådan demonteras genom att de lyfts uppåt ur motorrummet.

## 4 Motor och växellåda - demontering, isärtagning och montering

### Demontering

**Observera:** *Motorn kan endast demonteras från bilen som en enhet tillsammans med växellådan; de kan sedan separeras för översyn. Motor/växellådsenheten lyfts uppåt och ur motorrummet.*

**1** Parkera bilen på fast och jämnt underlag. Sätt klossar vid bakhjulen och dra åt handbromsen hårt. Lyft upp framdelen på bilen med domkraft och stöd den på pallbockar (se *'Lyftning, bogsering och hjulbyte'*).

**2** Demontera båda framhjulen och skruva loss skärmlisten och främre innerskärmen på höger sida för att komma åt motorn **(se bild)**.

**3** Skruva loss stänkplåten i mitten under kylaren. Plåten är fäst med klämmor vid bakre kanten **(se bild)**.

**4** Placera ett lämpligt kärl under kylaren och lossa avtappningspluggen, låt kylvätskan rinna ut. **Observera:** *Motorn bör vara kall när kylvätskan skall tappas av (se kapitel 1 vid behov).* Tappa även av motorblocket genom att lossa avtappningspluggen (se kapitel 1). Spara kylvätskan om den kan återanvändas.

**5** När kylvätskan har tappats av kan avtappningspluggen monteras och dras åt.

**6** Demontera motorhuven enligt beskrivning i kapitel 11. Alternativt kan huvstöden lossas

**4.2 Demontera höger skärmlist, följt av främre innerskärmen**

**4.3 Demontering av stänkplåten under kylaren**

**4.7 Demontering av batteriets klamma**

från motorhuven och den kan då stöttas upp i öppet läge.

**Saab:s tekniker monterar förlängare på huvstödens överdel för att kunna öppna huven ytterligare.**

**7** Demontera batteriet med hänvisning till kapitel 5A **(se bild).**

## Modeller med LH-Jetronic bränsleinsprutning

**8** Lossa remmen från bränslefiltret och för filtret åt sidan på torpedväggen.
**9** Lossa skruvarna som fäster stödstaget till ABS-enheten.
**10** Lossa kablaget från batteriplåten och ta bort kablaget från anslutningsdonet till ABS-enheten.
**11** Lossa batteriets positiva anslutning vid kabelskon på batteriplåten och den negativa anslutningen från jordanslutningen på framskärmen.
**12** För kablaget åt sidan och skruva loss batteriplåten från motorrummet.
**13** På vänstra sidan i motorrummet, lossa kablaget från nivågivaren och pumpen till spolarvätskan.
**14** Lossa röret för spolarvätskan från behållaren och plugga igen den för att undvika spilld vätska.
**15** Skruva loss upphängningsskruvarna och demontera spolarvätskebehållaren från motorrummet.
**16** Lossa kontakten från luftflödesmätaren.
**17** Ta bort ledklämmorna som fäster luftrenaren vid luftflödesmätaren, lossa därefter insugningsslangen till turbon och ta ut luftflödesmätaren från motorrummet tillsammans med luftrenarens överdel.
**18** Lossa anslutningsdonet från turbons solenoidventil, lossa klämmorna och ta bort slangarna, skruva därefter loss fästskruvarna och ta bort ventilen.
**19** Lossa försiktigt spolkabeln vid fördelarlocket och för den åt sidan.
**20** Lossa kontakten till Hallgivaren från fördelarsidan.
**21** Lossa vajerklämman som fäster vajern till detonationssensorn, lossa därefter kläm-

morna och ta bort den översta slangen från kylare och termostathus.
**22** På modeller med turbo, lossa klämmorna på turboslangen, lossa bypassventil-/tryck- och transmissionsslangarna och ta bort tillförselslangen från sin placering på växellådan.
**23** Demontera gasvajern från spjällhuset och dess fäste, se kapitel 4A.
**24** Lossa klämman och demontera bränslereturröret från bränsletryckregulatorn. Knyt fast slangen på torpedväggen.
**25** Lossa klämman och demontera bränsleröret från bränslefiltret vid bränslefördelningsröret. Placera slangen bredvid den falska torpedväggen.
**26** Demontera skyddet från vänstra sidan av insugskammaren till luftvärmaren i motorrummets bakre del, Lossa samtidigt kabeln till kabelstammen och detonationssensorn från vajerhållaren.
**27** Bänd ut gummilisten från överdelen av värmeplåten, skruva därefter loss skruvarna och lyft bort väggen.
**28** Lossa remmen och lyft ut ABS-bromsens elektroniska styrenhet, ECU. För styrenheten åt sidan.
**29** Skruva loss och demontera fästet till ABS-bromsens ECU.
**30** Lossa anslutningsdonet från ECU till Bosch LH bränsleinsprutning och placera ECU på vänster skärm.
**31** Skruva loss och demontera fästet till ECU för Bosch LH bränsleinsprutning.
**32** Notera hur vajrarna i motorrummet är placerade för att underlätta vid kommande montering. Ta bort alla vajrar från motorn.
**33** Demontera kabelsko på följande sätt. Placera en liten skruvmejsel i urtaget till den grå/röda kabeln (stift 1), och den violett/vita kabeln (stift 2), tryck ned fästfliken och dra ut alla kablarna **(se bild).** Notera kablarnas placering för att underlätta vid senare montering.
**34** Demontera vajerklämman till detonationssensorn, lossa anslutningsdonet och placera vajern på framskärmen.
**35** Placera huvudkabelstammen ovanpå motorn.
**36** Lossa vakuumslangen mellan inloppsröret och tryckgivaren vid T-anslutningsdonet.

**37** Lossa klämmorna och värmeslangarna vid motorn - märk varje slang för att kunna montera dem senare. Lossa vajerklämman till luftflödesmätaren och placera värmeslangarna vid sidan om.
**38** På torpedväggen, lossa kablaget till den elektroniska hastighetsmätaren, dra därefter kabeln genom gummiskoningen längst ned på torpedväggen och placera den ovanpå motorn.
**39** På modeller med automatväxellåda, lossa klämman som fäster kickdownvajern vid växelväljarvajern, lossa sedan vajerklämman som fäster vajern vid röret till styrservopumpen.
**40** På modeller med automatisk växellåda, rengör området kring anslutningarna till växellådans oljekylare, skruva loss skruvarna till anslutningarna och koppla loss slangarna från växellådans oljekylare. Ta vara på kopparbrickorna och förvara dem säkert. Linda maskeringstejp runt slangöppningarna och täck även växellådans öppningar med tejp för att undvika damm och smuts. Bind upp slangarna på framvagnsramen.
**41** Lossa växelstaget (modeller med manuell växellåda) eller växelväljaren (modeller med automatisk växellåda) från växellådan. Växelväljaren demonteras på följande sätt. Lossa muttern från växelväljarlänkaget och den yttre vajern, bänd därefter bort vajern från klämma och gummibussning med en skruvmejsel. Behåll vajern bakom bromsvätskebehållaren.
**42** Lossa klämmorna och koppla loss slangarna från expansionskärlet **(se bild).** Skruva loss monteringsskruven, lossa vajerklämman, koppla därefter loss kablaget och demontera expansionskärlet från motorrummets högra sida.
**43** Där så behövs, demontera drivremmen till luftkonditioneringen genom att lossa spännmuttern, flytta kompressorn mot motorn och lyfta av drivremmen från remskivorna.
**44** Placera ett kartongstycke av lämplig storlek över högra sidan på kylaren och tvärbalken för att undvika skada, lossa därefter kablaget från luftkonditioneringskompressorn och lossa skruvarna **(se bilder).**
**45** Lossa klämman och koppla loss slangen från vattenpumpen, lyft därefter ut kompressor och slang och placera dem på

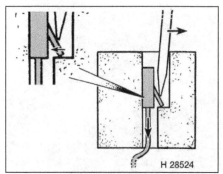

**4.33 En metod för demontering av kablar från kabelskon**

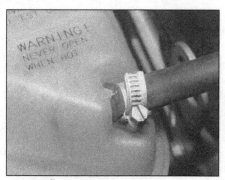

**4.42 Övre slang på expansionskärlet**

**4.44a Lossa kablaget från luftkonditioneringskompressorn . . .**

4.44b . . . och skruva loss fästskruvarna

4.45 Luftkonditioneringskompressorn lyfts ur sitt fäste

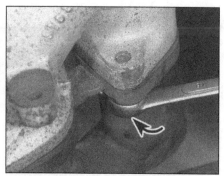

4.56a Lossa skruvarna som håller främre avgasröret till grenröret . . .

tvärbalken till kylaren (se bild). Bind upp dem på en tvärbalk med ett snöre. Lossa inte kylmedelsrören från kompressorn (se varning in kapitel 3).
46 I förekommande fall, lossa klämmorna och buntbanden som fäster lambda-ledningarna på motorn, sära därefter anslutningsdonet vid inloppsröret och sänk ned ledningarna på framvagnsramen.
47 Lossa skruvarna from momentstaget och den högra övre motorupphängningen, och demontera upphängningen från motorn.
48 Lossa klämmorna och koppla bort den undre slangen till kylaren.
49 Där så behövs, lossa klämman och demontera turbons matarslang.
50 Lossa muttrarna till avgasrörets anslutning till avgasgrenröret eller turbon, för

därefter avgasröret åt sidan.
51 Vid behov, lossa och ta bort den övre monteringsskruven till motoroljekylaren, lossa därefter endast de undre skruvarna.
52 Lossa slangklämmorna, lyft ut oljekylaren från de undre skruvarna och placera den på motorn. Bind oljekylaren på motorn med ett snöre.
53 Sug upp vätskan från styrservovätske-behållaren med en trasa. Skruva loss behållarens skruvar och koppla bort slangen genom att lossa klämman. Placera ett lämpligt kärl under behållaren för att samla upp vätska som eventuellt kan rinna ur. Tag ut behållaren från motorrummet och för slangen åt sidan.
54 Lossa anslutningsmuttern och koppla loss slangen från styrservopumpen. Sätt för ändarna på slangen med maskeringstejp eller

en gummiförslutning, och bind upp slangen på torpedväggen.
55 Där så behövs, lossa vakuumslangen till kolkanistern från inloppsröret och för den åt sidan.

## Modeller med Trionic motorstyrsystem

56 Lossa muttrarna till avgasröret som leder till avgasgrenröret eller turbon, för därefter avgasröret åt sidan. Ta reda på packningarna (se bild).
57 Demontera säkringsdosan från batteri-plåtens framkant.
58 Lossa den positiva batterikabelns stöd vid batteriplåten. Ta loss plastskyddet och koppla loss den övre vajern genom att lossa muttern (se bilder).

4.56b . . . och ta reda på packningarna

4.58a Lossa batteriets positiva anslutning (fästskruv vid pilen) . . .

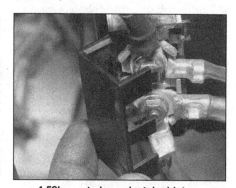

4.58b . . . ta loss plastskyddet . . .

4.58c . . . och koppla loss den övre vajern (vid pilen)

4.59a Demontera stiftblocket

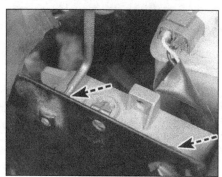

4.59b Lossa fästskruvarna . . .

4.59c ... och ta bort ECUn från ABS

4.60a  Skruva loss batteriplåtens fästskruvar ...

4.60b ... och demontera plåten

**59** Skruva loss skruvarna och ta loss stiftblocket, demontera sedan ECUn från ABS. Skruva loss batteriets negativa anslutning från jordpunkten på framskärmen **(se bilder)**.
**60** Skruva loss och ta bort batteriplåten **(se bilder)**.
**61** Lossa luftinsugskanalen från luftrenaren alternativt turbon och gasspjällhuset. Lossa kablaget från tempgivaren till luftinsuget **(se bilder)**.
**62** Lossa gasvajern från spjällhuset och dess fäste, se kapitel 4A.
**63** Demontera drivremmen, se kapitel 1.
**64** Skruva loss styrservopumpen, se kapitel 10, men lossa inte hydraulslangarna. För att frigöra en större arbetsyta, demontera den bakre innerskärmen och skruva loss fjäderbenet mellan monteringsramen och innerskärmens panel **(se bilder)**. För pumpen åt sidan.
**65** Skruva loss jordkabeln från den övre högra motorupphängningen, skruva sedan loss och ta bort momentstaget från motorn **(se bilder)**.
**66** Skruva loss styrservopumpens fäste, demontera sedan generatorn, med hänvisning till kapitel 5A.
**67** Skruva loss rörfästet till styrservopumpen från högra drivaxelns lagerfäste.
**68** Där sådan förekommer, demontera lambdasondens kablage, se kapitel 4B. Åtkomligheten under inloppsröret är begränsad

4.61a  Lossa insugskanalen från gasspjällhuset

4.61b  Demontering av luftinsugskanalen

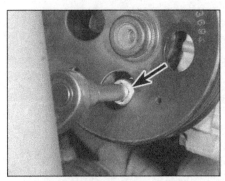

4.64a  Skruva loss styrservopumpen

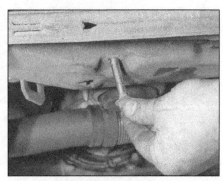

4.64b  Lossa skruven ...

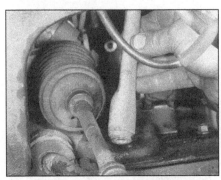

4.64c ... och ta loss fjäderbenet

4.65a  Lossa jordkabeln ...

4.65b ... skruva loss skruvarna ...

4.65c . . . och demontera
momentstaget/fästet

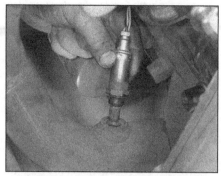

4.68 Demontering av lambdasond från
avgasröret

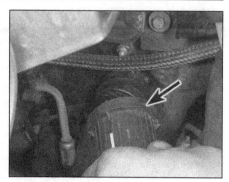

4.69 Kablagets huvudanslutning kopplas
loss från torpedväggen

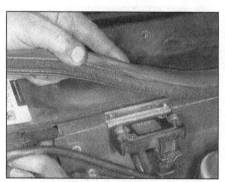

4.70a Ta loss skyddet . . .

4.70b . . . och avtappningsslangen

och det är lättare att skruva loss sonden från
avgasröret, se till att kablaget inte skadas **(se
bild)**. Bind upp sonden på motorn.

**69** Motorns kablage skall nu lossas vid
torpedväggen. Skruva först bort locket från
huvudanslutningsdonet och dra ut pluggen
**(se bild)**.

**70** Demontera skyddet (-en) från torped-
väggen och demontera spolarvätskeröret och
avtappningsslangen **(se bilder)**.

**71** Lossa klämmorna och demontera kabel-
stamförlängningen som leder till givaren för
insugningsgrenrörets absoluta tryck till höger
på torpedväggen. Demontera givaren **(se
bild)**. Observera dragningen av kabel-
stammen under värmarenheten och bakom
fästet till vindrutetorkarmotorn.

**72** Skruva loss och ta bort värmeplåten **(se
bild)**.

**73** Lyft bort ABS säkringsdosa från dess
fäste och för den åt sidan **(se bild)**.

**74** Koppla loss kablaget från ABS säkrings-
dosans fäste **(se bild)**.

**75** Lyft bort behållaren med hydraulvätska till
broms/koppling från dess fäste, lossa sedan
kablaget från hållaren i värmeplåten. Koppla
loss kablagets anslutning på vänster sida i
torpedväggen **(se bild)**.

**76** Demontera Trionicsystemets ECU, se
kapitel 4A.

**77** Lossa jordkabeln på vänster sida av
växellådan **(se bild)**.

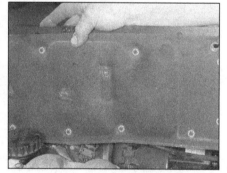

4.71 Demontera givaren för
insugningsgrenrörets absoluta tryck

4.72 Demontering av värmeplåten

4.73 ABS säkringsdosa lyfts bort

4.74 Säkringsdosans kablage
kopplas loss

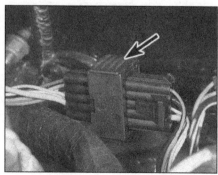

4.75 Kablagets anslutning på vänster sida
av torpedväggen

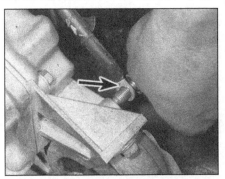

4.77 Lossa jordkabeln från växellådan

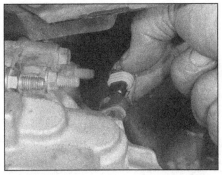

4.79 Backljuskontaktens kablage lossas

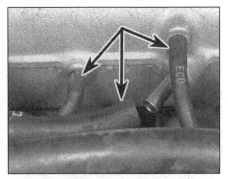

4.81 Lossa vakuumslangarna från insugningsgrenröret

78 Lossa klämmorna och tag bort kylarens övre slang från kylaren och termostathuset.
79 Lossa kablaget från backljuskontakten (se bild) och givaren till den elektroniska hastighetsmätaren.
80 Placera kablaget ovanpå motorn.
81 Lossa kolkanisternas och vevhusventilationens vakuumslangar från insugningsgrenröret (se bild).
82 Koppla loss bromsservons vakuumslang från insugningsgrenröret.
83 Vid behov, demontera expansionskärlets lilla slang från kylaren (se bild).
84 Lossa klämmorna och ta bort kylarens undre slang och expansionskärlets undre slang från vattenpumpen.
85 Lossa klämmorna och ta bort värmeslangarna från topplocket och kylvätskeröret baktill på motorblocket (se bild). Bind upp slangarna på sidan. Vid behov, märk varje slang så att den kan sättas tillbaka på rätt plats.
86 På modeller med manuell växellåda, montera en slangklammer på kopplingens hydraulslang som leder till växellådan. Lossa anslutningen och koppla bort slangen från slavcylinderröret som leder till kopplingskåpan (se bild).
87 Placera ett kartongstycke av lämplig storlek över kylarens högra sida och tvärbalk för att undvika skada, koppla därefter loss kablaget från luftkonditioneringskompressorn

och skruva loss fästskruvarna. Lyft kompressorn och placera den på kylarens tvärbalk. Lossa inte kylmedelrören från kompressorn (läs varningarna i kapitel 3).
88 Lossa bränsletillopps- och returslangarna från bränsleskenan och tryckregulatorn (se bild). För slangarna åt sidan.
89 På modeller med manuell växellåda, koppla loss växelförarstången från växellådan genom att skruva ut den 10 mm klämskruven.
90 Vid behov kan oljan till den manuella växellådan tappas av nu, det är dock inte nödvändigt då differentialens utgående axlar är kvar i växellådan.
91 På turbomodeller, lossa klämmorna på turbons matarslang, lossa bypassventil/tryck-

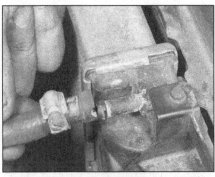

4.83 Lossa expansionskärlets slang från kylaren

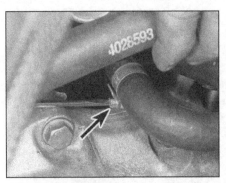

4.85a Värmeslangens anslutning till kylvätskeröret

4.85b Värmeslangens anslutning till topplocket

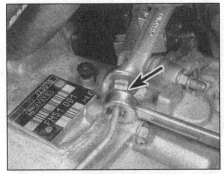

4.86 Lossa kopplingens hydraulslang från slavcylinderröret

4.88a Bränsletilloppsslangens anslutning på bränsleskenan

4.88b Ta loss klamman på returslangen vid tryckregulatorn

2B•10 Motor - demontering och reparationer

**4.95 Främre höger mutter i motorupphängningen skruvas loss**

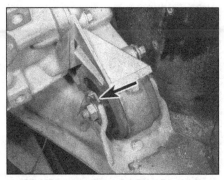

**4.102 Vänster motorupphängning – slitsat fäste vid pilen**

**4.104 Motorn lyfts ut**

och transmissionsslangarna och ta bort tillförselslangen från sin placering på växellådan.

**92** På modeller med automatisk växellåda, lossa klämman som fäster kickdownvajern vid växelväljarvajern, lossa därefter vajerklämman som fäster vajern vid styrservopumpens rör. Lossa också växelväljarstyrningen från växellådan.

**93** På modeller med automatisk växellåda, rengör området kring anslutningarna till växellådans oljekylaren, skruva därefter loss anslutningsskruvarna och lossa slangarna från växellådans oljekylare. Ta vara på kopparbrickorna och förvara dem säkert. Bind upp slangarna på monteringsramen.

 **HAYNES TiPS** *Linda maskeringstejp runt slangändarna och täck på samma sätt öppningarna till växellådan för att undvika att damm och smuts kommer in.*

**94** På modeller med automatisk växellåda, lossa växelväljarstyrningen från växellådans sida på följande sätt. Lossa muttern från växelväljarlänkaget och den yttre vajern. Använd en skruvmejsel och bänd därefter bort vajern från klämman, tillsammans med gummibussningen. Behåll vajern bakom bromsvätskebehållaren.

### Alla modeller

**95** Skruva loss de båda högra muttrarna i motorupphängningen **(se bild)**. Använd hylsa med förlängare och arbeta från högra delen av motorrummet.

**96** Lossa och ta bort klämmorna som fäster drivaxelns gummidamasker vid de inre lederna, så att lederna kan säras när fjäderbenen till framvagnsupphängningen flyttas utåt. Om krimpade klämmor används skall de klippas med en plåtsax.

**97** Från vardera sidan av bilen, lossa (men tag inte bort) de undre skruvarna som fäster fjäderbenen vid styrlederna, demontera de övre skruvarna helt. Detta gör att styrarmarna kan röra sig utåt tillräckligt så att drivaxelns inre leder kan lossas. Det kan vara fördelaktigt att även lossa en av styrstagsändarna så att

fjäderbenen till upphängningen skall kunna röra sig fritt.

**98** Från vardera sidan av bilen, drag ut styrarmarna samtidigt som gummidamaskerna lossas så att drivaxlarnas inre ändar kan säras från de inre lederna. Täck de exponerade ändarna på drivaxellederna med plastfolie eller maskeringstejp för att undvika damm eller smuts.

**99** Skruva loss och ta bort den undre skruven till fläktenheten.

**100** Skruva loss de övre skruvarna till kylfläkten. Lossa anslutningsdonet och tag bort kylfläkten från motorrummet. Var försiktig så att kylarpaketet inte skadas.

**101** Vid behov, sänk ner och stöd bilen på den höjd vid vilken lyftanordningen kan fungera. Manövrera lyftanordningen till rätt läge och anslut den till lyftfästena på topplocket

**102** Höj lyftanordningen tills den har tagit upp motorns hela vikt. Lossa, men ta inte bort, den vänstra muttern i motorupphängningen. Det är inte nödvändigt att helt ta bort muttern, då monteringsfästet är slitsat **(se bild)**.

**103** Kontrollera ytterligare en gång att allt som kan hindra demontering av motor/växellåda från bilen har demonterats eller kopplats bort. Se till att komponenter som växelväljarstag är fästa så att de inte kan skadas vid demonteringen.

**104** Lyft sakta upp motor/växellådeenheten från motorrummet och se till att den går fritt från detaljer på de omgivande väggarna **(se bild)**. Se speciellt till att den inte vidrör ABS-

enheten, kickdownvajern (modeller med automatväxellåda) och kylaren. När enheten befinner sig över den främre tvärbalken, styr bort lyftanordningen från bilen och sänk ned enheten till marken. Låt någon kontrollera att ingenting skadas eller hakar upp sig.

### Demontering av växellåda från motorn

**105** Vid behov, tappa av växellådsolja enligt beskrivning i kapitel 7A eller 7B. Montera avtappnings- och påfyllningspluggarna och dra åt dem ordentligt. Det är inte nödvändigt att tappa av oljan, eftersom drivaxelflänsar är monterade på båda sidorna.

**106** Om motorn skall tas isär, följ beskrivningen i kapitel 1, tappa av oljan och, om så behövs, demontera oljefiltret. Rengör och montera avtappningspluggen, och dra åt den ordentligt.

**107** Stöd motor/växellådsenheten på lämpliga träblock eller på en arbetsbänk (eller, om inget annat finns till hands, på en rengjord yta på verkstadsgolvet).

**108** Demontera startmotorn, se kapitel 5A.

**109** Lossa den elektroniska hastighetsmätaren från anslutningen genom att föra in en skruvmejsel och dra ut klämman. Om det behövs kan hela kablaget tas loss **(se bilder)**.

**110** Om generatorn ännu inte har demonterats (på tidigare modeller), skruva loss muttern och lossa kabeln från generatorns baksida. Lossa även den grön/vita kabeln till laddningslampan från generatorn. Skruva loss upphängningsskruvarna från drivaxellagrets

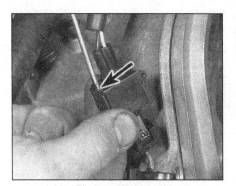

**4.109a För in en skruvmejsel . . .**

**4.109b . . . och dra ut klämman**

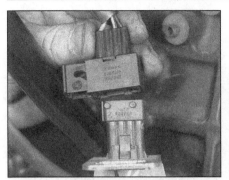

**4.109c Kablagets anslutning bak på motorn kopplas loss**

**4.116 Skruva loss skruvarna som håller växellådan till motorn**

fäste och styrservopumpens fäste, och lyft bort generatorn från motorn.
**111** Skruva loss drivaxellagrets fäste från motorblockets baksida, samtidigt som kilaxeln skjuts från drivaxelförlängningen.
**112** Skruva loss och demontera motorns bakre upphängningsfäste.
**113** Placera ett lämpligt kärl under oljefiltret, skruva därefter loss och demontera oljefiltret från fästet på motorblockets främre eller bakre sida.

### Modeller med manuell växellåda

**114** På turbomodeller, skruva loss skruven som fäster turbons oljerörfäste vid växellådan.
**115** Skruva loss undre skyddet på kopplings-kåpan **(se bild)**.
**116** Se till att både motor och växellåda är ordentligt stöttade, skruva därefter loss skruvarna som fäster växellådan vid motorn **(se bild)**. Notera hur varje skruv är placerad innan de tas bort, så att de kan monteras på rätt plats. Lyft bort växellådan från motorn. Tillåt inte växellådans vikt vila på ingående axeln och kopplingen.

### Modeller med automatväxellåda

**117** Lossa den övre pinnskruven som fäster växellådan vid motorblocket cirka 10 mm. Gör på följande sätt: lossa först muttern ett par varv, dra därpå åt ytterligare en mutter på den och skruva loss båda muttrarna.
**118** Lossa kickdownvajern från inloppsrörets fäste. Ta bort fjäderklämman och lossa

accelerationsvajern från spaken på spjäll-huset.
**119** Ta bort ventilen från växellådans överdel.
**120** På turbomodeller, skruva loss skruven som fäster turbons oljerörfäste vid växellådan.
**121** Genom öppningen till startmotorn, lossa de tre skruvarna som fäster svänghjulet vid momentomvandlaren. För att kunna se skruvarna i tur och ordning, vrid motorn med en hylsnyckel placerad på skruven till vevaxelns remskiva **(se bild)**.
**122** Saabtekniker använder ett specialverktyg för att hålla momentomvandlaren kvar i växellådan medan växellådan tas bort från motorn. Verktyget är ganska enkelt och består av en metallplatta som griper tag i momentomvandlaren genom hålet för tändinställningen ovanpå växellådan. Verktyget hålls på plats med en griptång **(se bild)**.
**123** Stötta växellådans tyngd, helst med en lyftanordning.
**124** Se till att både motor och växellåda är ordentligt stöttade, skruva därefter loss skruvarna som fäster växellådan vid motorn. Notera hur varje skruv är placerad innan de tas bort, så att de kan monteras på rätt plats. Lyft bort växellådan från motorn. Kontrollera att momentomvandlaren hålls kvar i kopplingskåpan, annars kan den falla ut och skadas.

## Montering av växellåda till motorn

### Modeller med automatväxellåda

**125** För försiktigt upp växellådan mot motorn. Kontrollera att momentomvandlaren hålls på plats i växellådan med specialverktyget beskrivet i punkt 122.
**126** Sätt i och dra åt den övre upphäng-ningsskruven i växellådan, skruva därefter loss och ta bort den andra låsmuttern och dra åt upphängningsmuttern ordentligt.
**127** Sätt i återstående skruvar som fäster växellådan vid motorn och dra åt dem till angivet åtdragningsmoment.
**128** Ta bort specialverktyget, sätt därefter i de tre skruvarna som fäster svänghjulet vid momentomvandlaren och dra åt dem till angivet moment. Vrid motorn med hjälp av en hylsnyckel.

**4.109d Lossa alla kablar från plastklipsen – den här sitter på oljepåfyllningsröret**

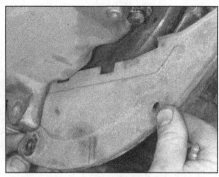

**4.115 Demontering av undre skyddet på kopplingskåpan**

**129** På turbomodeller, sätt i och dra åt skruvarna som fäster turbons oljerörsfäste på växellådan.
**130** Montera ventilen ovanpå växellådan.
**131** Anslut kickdownvajern till länkaget på spjällhuset, montera därefter den yttre vajern på inloppsrörets fäste och justera med hänvisning till kapitel 7B. Dra åt justerings-muttrarna.

### Modeller med manuell växellåda

**132** Smörj in splinesen på växellådans ingående axel med fett. Stryk inte på för mycket fett då det kan förorena kopplingens tryckplatta.
**133** För försiktigt upp växellådan mot motorn. Låt inte växellådans tyngd vila på den ingående axeln då den är i kontakt med

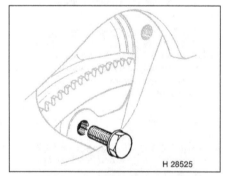

**4.121 Lossa skruvarna som håller svänghjulet till momentomvandlaren**

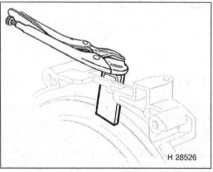

**4.122 Verktyg (och griptång) som används för att hålla kvar momentomvandlaren i växellådan**

kopplingens tryckplatta. Sätt i och drag åt skruvarna som fäster växellådan vid motorn till angivet moment.
**134** Montera kopplingskåpans undre skydd och dra åt skruvarna.
**135** På turbomodeller, sätt i och dra åt skruvarna som fäster turbons oljerörsfäste vid växellådan.

### Alla modeller

**136** Rengör anliggningsytorna, montera och dra åt oljefiltret med hänvisning till kapitel 1.
**137** Montera motorns bakre upphängningsfäste och dra åt skruvarna.
**138** Montera fästet till drivaxellagret på motorblockets bakre sida och skjut samtidigt axeldelen med splines på drivaxelns förlängning. Sätt i skruvarna och dra åt dem.
**139** På tidigare modeller, montera generatorn på drivaxellagrets fäste och styrservopumpens fäste och dra åt upphängningsskruvarna. Anslut startmotorkabeln och dra åt muttern. Anslut kabeln till laddningslampan på generatorns bakre sida.
**140** Montera startmotorn tillsammans med stödstaget, se kapitel 5A.

## Montering

**141** Montering sker i omvänd ordning mot demontering, men notera följande punkter:
a) Dra åt alla skruvar och muttrar till föreskrivet moment.
b) Använd nya kopparbrickor på anslutningar, där sådana används.
c) Där sådan är monterad, spänn luftkonditioneringskompressorns drivrem enligt kapitel 1.
d) När så är nödvändigt, lufta kopplingens hydraulsystem, se kapitel 6.
e) Montera och justera gasvajern enligt kapitel 4A.
f) Kontrollera att alla kablar har återkopplats och att alla skruvar och muttrar har dragits åt.
g) Fyll på motor och växellåda med olja/vätska av rätt grad och kvantitet, se kapitel 1.
h) Fyll på kylsystemet, se kapitel 1.
i) Kontrollera och, vid behov, fyll på styrservovätska, se kapitel 1.

## 5 Motor -
isärtagning för renovering

**1** Det är mycket lättare att ta isär och arbeta på en motor om den är monterad på en portabel motorställning. Sådana ställningar kan ibland hyras från en verktygsuthyrningsfirma. Innan motorn monteras på ställningen skall svänghjulet/medbringarskivan demonteras så att ställningens skruvar kan skruvas in i änden på motorblocket.
**2** Om en ställning inte är tillgänglig kan motorn tas isär på en kraftig arbetsbänk eller på golvet. Se till att motorn inte tippas eller tappas vid arbete utan ställning.
**3** Om du skall skaffa en renoverad motor skall alla yttre detaljerna demonteras först, för att kunna föras över till ersättningsmotorn (på exakt samma sätt som om du skulle utföra en fullständig renovering själv). Detaljerna är följande, men kontrollera först med din leverantör:
a) Generator och fäste (kapitel 5A).
b) Strömfördelare (i förekommande fall), tändkablar, eller DI-kassett och tändstift (kapitel 1 och kapitel 5B).
c) Termostat och -hus (kapitel 3).
d) Oljestickans rör (i förekommande fall).
e) Upphängningsfästet för luftkonditioneringskompressorn (kapitel 3).
f) Bränsleinsprutningssystems- och avgasreningskomponenter (kapitel 4A och 4B).
g) Alla elektriska strömställare och sensorer, motorns kabelstam.
h) Inlopps- och avgasgrenrör (kapitel 4A).
i) Oljefilter (kapitel 1).
j) Motorupphängning (kapitel 2A).
k) Svänghjul/medbringarskiva (kapitel 2A).

**HAYNES TiPS** *Vid demontering av externa komponenter från motorn, var noga med att uppmärksamma detaljer som kan vara av nytta eller viktiga vid monteringen. Notera hur packningar, tätningar, distansbrickor, stift, brickor, skruvar och andra detaljer är monterade.*

**4** Om du får tag i en grundmotor (som består av monterade motorblock/vevhus, vevaxel, kolvar och vevstakar), måste även topplock och oljesump demonteras.
**5** Om du planerar en fullständig renovering kan motorn tas isär och de inre komponenterna demonteras i nedanstående ordning, se del A i detta kapitel om inte annat anges.
a) Inlopps- och avgasgrenrör (kapitel 4A).
b) Topplock (kapitel 2A).
c) Kamkedja (och balansaxelkedja i förekommande fall), drev och spännanordning (kapitel 2A).
d) Svänghjul/medbringarskiva (kapitel 2A).
e) Balansaxlar (i förekommande fall) (avsnitt 9).
f) Sump (kapitel 2A).
g) Kolv/vevstakar (avsnitt 10).
h) Vevaxel (avsnitt 11).
**6** Innan arbetet med isärtagning och renovering börjar, se till att alla verktyg som kommer att behövas finns till hands. En mer detaljerad beskrivning finns avsnittet i 'Verktyg och arbetsutrymmen' i början av boken.

## 6 Topplock - isärtagning

**Observera:** *Nya/renoverade topplock kan köpas från biltillverkaren eller från en motorrenoveringsspecialist. Vissa specialverktyg kan behövas vid isärtagning och kontrollrutiner, och nya reservdelar kan vara svåra att få tag på. Det kan därför vara mer praktiskt för amatörmekanikern att köpa ett renoverat topplock, än att ta isär, granska och renovera originaltopplocket.*

**1** Demontera topplocket enligt beskrivning i del A, skruva sedan loss de externa komponenterna, vilket inkluderar den högra motorupphängningen, motorns lyftögla och fördelarens plugg, med variation efter modell **(se bilder)**.
**2** Demontera kamaxlarna och de hydrauliska tryckarna, se del A, avsnitt 8.
**3** Innan ventilerna demonteras, fundera över om plastskydd skall införskaffas för de hydrauliska tryckarnas hål. Vid användning av vissa ventilfjäderkompressorer, kan loppen

**6.1a Demontering av den högra motorupp- hängningens fäste från topplocket**

**6.1b Skruva loss lyftöglan på framsidan av topplocket**

**6.1c Skruva loss klamman . . .**

6.1d . . . och ta ut fördelarens plugg

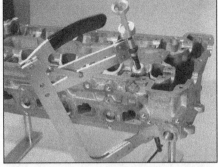

6.4a Använd en ventilfjäderkompressor för att trycka ihop ventilfjädern så att knastret kan tas ut

6.4b Ta ut fjäderhållare . . .

lätt komma till skada om kompressorn glider av ventiländen.

 **HAYNES TiPS** *Skydd kan tillverkas av en bit plast som skärs till från en diskmedelsflaska eller liknande.*

**4** Placera skyddet i tryckarhålet, använd därefter en ventilfjäderkompressor för att trycka ihop ventilfjädern tills knastren kan tas ut. Släpp försiktigt ventilfjäderkompressorn och lyft av fjäderhållare, fjäder och säte. Tag försiktigt bort ventiltätningen från styrningens övre del med en tång **(se bilder)**.
**5** Om, när kompressorn är iskruvad, fjäderhållaren inte lossar så att knastren blir åtkomliga, knacka lätt med en hammare för att lossa hållaren.

**6** Ta bort ventilen genom förbrännings-kammaren.
**7** Det är viktigt att varje ventil förvaras tillsammans med sina knaster, hållare, fjäder och fjädersäte. Ventilerna bör också förvaras i rätt ordningsföljd, om de inte är så slitna att de skall bytas. Om de skall återanvändas skall varje ventil placeras i en märkt plastpåse eller liknande **(se bild)**. Observera att cylinder nr 1 är närmast kamkedjans del av motorn.

---

**7 Topplock och ventiler -**
rengöring och kontroll

**1** Noggrann rengöring och granskning av topplocket och ventilerna gör det möjligt avgöra hur mycket verkstadsarbete som

behöver läggas ned på ventilerna under renoveringsarbetet. **Observera:** *Om motorn har överhettats kan man förutsätta att topplocket är skevt - gör en noggrann kontroll för att hitta tecken på detta.*

### *Rengöring*

**2** Skrapa bort alla spår av gamla pack-ningsrester på topplocket.
**3** Skrapa bort koksbildningar från för-bränningsrum och kanaler, rengör topplocket noggrant i avfettningsmedel.
**4** Skrapa bort koksrester från ventilerna, använd en eldriven stålborste för att ta bort avlagringar från ventilhuvud och skaft.

### *Kontroll*

**Observera:** *Hela granskningsproceduren nedan skall utföras innan man kan fastställa*

6.4c . . . ventilfjäder . . .

6.4d . . . och säte

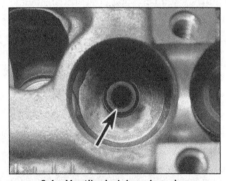

6.4e Ventilspindelns placering

6.4f Demontering av ventilspindeltätning

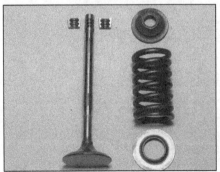

6.7a Ventilfjäderns komponenter

6.7b Lägg varje ventil med tillhörande detaljer i en märkt plastpåse

**7.6 Skevhetskontroll av topplocket**

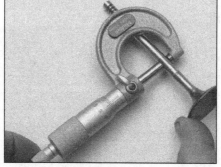

**7.10 Mätning av ventilspindelns diameter**

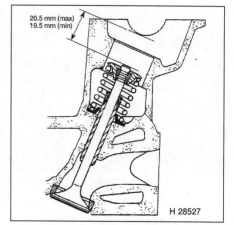

**7.16 Kontroll av ventilspindlarnas djup under kamaxellagrets yta**

*om verkstad behöver anlitas för något eller några arbeten. Gör en lista över alla delar som behöver åtgärdas.*

### Topplock

**5** Granska topplocket mycket noggrant beträffande sprickor, tecken på läckage eller annan skada. Om sprickor förekommer skall ett nytt topplock införskaffas.
**6** Använd en stållinjal och ett bladmått för att kontrollera att topplocket inte är skevt **(se bild)**. Om det är skevt kan man maskinslipa det, under förutsättning att detta kan ske inom tillåtna måttangivelser.
**7** Granska ventilsätena i varje förbränningsrum. Om gropbildning, brännskador eller sprickor föreligger, behöver de bytas eller fräsas, vilket är ett arbete för en specialist. Mindre skador kan åtgärdas genom ventilslipning. Stryk ett lager grov slipmedel på tätningsytan och slipa enligt nedanstående beskrivning. Notera att avgasventilerna har en hård beläggning och, trots att de kan gnuggas in med slipmedel, skall de inte maskinslipas.
**8** Kontrollera ventilstyrningarna beträffande slitage genom att föra in ventilen ifråga och vicka den från sida till sida. En liten rörelse är acceptabel. Om glappet tycks vara för stort skall ventilen bytas. Mät ventilspindelns diameter (se nedan) och byt den om ventilen är sliten. Om ventilspindeln inte är sliten finns slitaget antagligen i ventilstyrningen. Om så är fallet skall ventilstyrningen bytas, och detta bör överlåtas åt en Saabverkstad eller annan specialist som har tillgång till nödvändiga verktyg.

### Ventiler

**9** Granska varje ventilhuvud beträffande gropbildning, brännskador, sprickor eller allmänt slitage. Kontrollera ventilspindeln beträffande repor eller slitagespår. Vrid ventilen och undersök om det visar tydliga tecken på skevhet. Leta efter gropar och grovt slitage på änden av varje ventilspindel. Byt varje ventil som visar sådana tecken på slitage eller skada.
**10** Om ventilen tycks vara tillfredsställande så långt, mät ventilspindelns diameter på olika ställen med en mikrometer **(se bild)**. Stora avläsningsskillnader tyder på slitage i ventilspindeln. Ventilen (-erna) måste bytas om något av dessa tecken på felaktigheter föreligger.
**11** Om ventilerna är i tillfredsställande skick skall de slipas (poleras) i sina respektive säten för att få en jämn, gastät tätning. Om sätet bara har små gropar, eller om det har frästs, kan en finkornig slipmassa användas för att få önskad yta. En grovkornig slipmassa skall *inte* användas, om inte sätet är brännskadat eller har djupa gropar. I så fall bör topplocket och ventilerna undersökas av en expert för att fastställa om fräsning av sätet, eller byte av ventil eller ventilsätesring (där det är möjligt) behövs.
**12** Ventilslipning utförs på följande sätt. Placera topplocket upp och ned på bänk.
**13** Stryk ett lager slipmassa (av rätt grad) på tätningsytan och fäst ett inslipningsverktyg på ventilhuvudet. Gnugga skaftet på verktyget mellan händerna, under lätt tryck, mot sätet.

Lyft ventilen emellanåt och vrid den något för att fördela slipmassan. En vek fjäder placerad under ventilhuvudet underlättar arbetet.
**14** Om grovkorning slipmassa används, slipa tills en matt jämn yta syns på ventilsätet och ventilen, torka då bort den använda slipmassan och upprepa proceduren med en finkornigare slipmassa. När en jämn, obruten ljusgrå ring syns runt både ventil och säte är slipningsarbetet färdigt. Slipa *inte* ventilerna mer än absolut nödvändigt - sätet kan sjunka in i topplocket.
**15** När samtliga ventiler har blivit inslipade, skall alla spår av slipmassa tvättas bort med lämpligt lösningsmedel innan topplocket monteras ihop.
**16** För att de hydrauliska tryckarna skall fungera ordentligt, skall ventilspindlarnas djup under kamaxellagrets yta hållas inom vissa gränser. Möjligen kan ett kontrollverktyg införskaffas från en Saab-återförsäljare, men denna kontroll kan också utföras med en stållinjal och ett bladmått. Kontrollera att avståndet håller sig inom gränsvärdena som är angivna i specifikationerna. Placera varje ventil i sin styrning i tur och ordning och mäta dimensionen mellan ventilspindelns ände och kamaxellagrets yta **(se bild)**.
**17** Om avståndet inte ligger inom de angivna gränsvärdena, skall antingen ventilspindelns ände eller ventilsätets höjd justeras. Om avståndet är mindre än minimivärdet skall ventilspindelns längd reduceras, om det är högre än maxvärdet måste ventilsätet fräsas. Kontakta en Saabverkstad eller motorrenoveringsspecialist.

### Ventilkomponenter

**18** Granska ventilfjädrarna beträffande tecken på skada eller missfärgning, och mäta deras fria längd **(se bild)**.
**19** Placera varje fjäder på en plan yta och kontrollera vinkelrätheten **(se bild)**. Om någon fjäder är under minimivärdet för fri längd, om den är skadad, skev eller har förlorat sin fjädring, skall en ny sats fjädrar införskaffas.
**20** Skaffa nya oljetätningar till ventilspindlarna, oavsett deras kondition.

**7.18 Kontroll av fjäderns fria längd**

**7.19 Kontroll av fjäderns vinkelräthet**

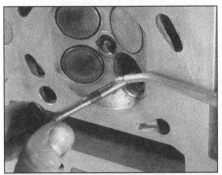

8.1 Placering av ventil i topplocket

8.2 Användning av hylsa för att sätta ventilspindeltätningen på plats

9.7a Skruva loss lagrets fästskruvar ...

## 8 Topplock - ihopsättning

1 Olja in ventilspindlarna och placera ventilerna på rätt plats (se bild). Om nya ventiler monteras skall dessa placeras där de slipats in.
2 Börja med den första ventilen och doppa en ny oljetätning i ren motorolja. Placera tätningen försiktigt över ventilen på ventilstyrningen. Se till att tätningen inte skadas när den förs över ventilspindeln. Använd en hylsa eller ett metallrör för att trycka ned tätningen på ventilstyrningen (se bild).
3 Montera ventilfjädern och fjäderhållaren, placera därefter plastskyddshylsan i det hydrauliska tryckarhålet.
4 Tryck ihop ventilfjädern och montera knastren i fördjupningen i ventilspindeln. Släpp ventilfjäderbågen försiktigt och ta bort skyddshylsan. Upprepa proceduren på återstående ventiler.

*Stryk litet fett på knastren för att hålla dem på plats i ventilspindeln när ventilfjäderbågen släpps*

5 När alla ventiler är installerade, placera topplocket plant på en arbetsbänk och, med hammare och träblock, knacka på änden av varje ventilspindel så att delarna sätter sig på plats.
6 Montera de hydrauliska tryckarna och

kamaxlarna med hänvisning till del A, avsnitt 8.
7 Montera de externa komponenterna som demonterats i avsnitt 6. När du sätter tillbaka fördelarens plugg, kontrollera och, om det behövs, byt O-ringstätningen.
8 Topplocket kan nu monteras enligt beskrivning i del A i detta kapitel.

## 9 Balansaxlar - demontering, kontroll och montering

### Demontering

1 Ställ vevaxeln i övre dödpunkt för cylinder nr 1 (kamkedjedelen av motorn) enligt beskrivning i kapitel 2A, avsnitt 3.
2 Demontera transmissionskåpan enligt beskrivning i kapitel 2A, avsnitt 5.
3 Balansaxlarna är inställda vid övre dödpunkt, men eftersom de roterar med dubbel hastighet jämfört med vevaxeln kan de även få korrekt inställning vid undre dödpunkt. Kontrollera att inställningsmärkena på axlarna matchar märkena på motorblockets framsida. För att vara extra säker kan man måla färgmarkeringar på kedja och drev för att underlätta vid senare montering. Observera att balansaxlarnas drev är märkta med 'inlet' och 'exhaust' för att underlätta montering, men framlagren är märkta på samma sätt. Eftersom lagren är monterade med en skruv,

9.7b ... och dra ut avgasbalansaxeln från motorblocket

kommer alltid 'inlet' och 'exhaust' markeringarna att monteras korrekt ovanpå lagren.
4 Skruva loss den övre styrningen till balansaxelkedjan, demontera därefter kedjesträckaren och sidostyrning.
5 Skruva loss fästskruven och demontera brythjulet från blockets framsida.
6 Ta därefter loss kedjan från balansaxeldrev och vevaxeldrev.
7 Skruva loss lagrets fästskruvar och ta bort balansaxlarna från motorblocket (se bild). Märk balansaxlarna för att kunna montera dem senare.
8 Skruva loss fästskruvarna och demontera dreven från balansaxeländarna medan varje axel hålls på plats i ett skruvstäd med mjuka käftar.

9.7c Demontering av insugsbalansaxeln från motorblocket

9.7d De två balansaxlarna demonterade från motorn

## Kontroll

**9** Rengör balansaxlarna och granska lagertapparna beträffande slitage och skador. Lagren inuti motorblocket skall också granskas. Om de är kraftigt slitna eller skadade bör en Saabåterförsäljare eller annan specialist kontaktas för råd.

## Montering

**10** Montera dreven på balansaxeländarna och dra åt fästskruvarna.
**11** Olja in lagertapparna med ren motorolja och montera balansaxlarna i ursprungsläge i motorblocket.
**12** Montera balansaxeldrevet på vevaxelns framsida med ordet 'Saab' utåt.
**13** Montera kedjan på dreven och montera brythjulet på blockets framsida, kontrollera att alla inställningsmarkeringar är korrekt inriktade.
**14** Montera sidostyrning, spännanordning och övre styrning till balansaxelkedjan.
**15** Rotera vevaxeln ett varv och kontrollera att balansaxeldreven fortfarande är korrekt inställda.
**16** Montera transmissionskåpan, se kapitel 2A, avsnitt 5.

## 10 Kolvar och vevstakar - demontering

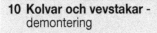

**1** Demontera topplock, sump och oljepump enligt beskrivning i del A i detta kapitel.
**2** Kontrollera om övre delen av cylinderloppen har tydliga slitagespår. Avlägsna sådana spår med skrapa eller skavstål innan kolvarna demonteras eftersom det kan skada kolvringarna. Djupa slitagespår är tecken på att cylinderloppen är slitna.
**3** Kontrollera att vevlagret på varje vevstake är märkt med respektive cylindernummer. Om de inte är märkta, använd hammare och körnare, färg eller liknande, för att göra en markering på den plana ytan på varje lageröverfall med respektive cylindernummer. Om motorn har varit isärtagen tidigare, skall notering göras av tidigare identifikations-

**10.5a Demontering av vevlageröverfall**

märken. Observera att cylinder nr 1 är belägen vid motorns kamkedjeände.
**4** Vrid vevaxeln för att ställa cylindrarna 1 och 4 i undre dödläge.
**5** Skruva loss muttrarna från vevlageröverfallet till cylinder nr 1. Ta bort överfallet och ta vara på den undre lagerhalvan. Om lagerhalvorna skall återanvändas, tejpa ihop överfall och lagerhalva **(se bilder)**.
**6** Tejpa över gängorna på vevstakens pinnskruv för att undvika skada på vevaxelns lagertappar.
**7** Använd ett hammarskaft, tryck upp kolven genom loppet, och demontera den från överdelen på motorblocket. Ta vara på lagerskålen och tejpa fast den på vevstaken för säker förvaring.
**8** Placera lageröverfallet löst på vevstaken och fäst den med muttrarna så att delarna sitter kvar i rätt ordningsföljd.
**9** Demontera cylinder nr 4 på samma sätt.
**10** Vrid vevaxeln 180° för att ställa cylindrarna 2 och 3 i undre dödläge, demontera dem på samma sätt.

## 11 Vevaxel - demontering

**1** Demontera kamkedja och drev, sump och oljepumpens pickup/oljesil/överföringsrör, och svänghjul/medbringarskiva enligt beskrivning i del A i detta kapitel.
**2** Demontera kolvar och vevstakar enligt

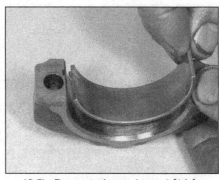

**10.5b Demontering av lagerskål från överfall**

beskrivning i avsnitt 10. **Observera:** *Om inget arbete skall utföras på kolvar och vevstakar, är det inte nödvändigt att demontera topplocket eller trycka ut kolvarna ur cylinderloppen. Kolvarna behöver bara tryckas upp så långt att de är på tillräckligt avstånd från vevaxeltapparna.*
**3** Kontrollera vevaxelns axialspel med hänvisning till avsnitt 14, fortsätt därefter på följande sätt.
**4** Skruva loss och ta bort vevaxelns bakre oljetätningshus från motorblocket, notera hur styrtapparna är monterade. Om styrtapparna sitter löst skall de demonteras och förvaras tillsammans med tätningshuset. Demontera packningen.
**5** Identifikationsnummer bör redan vara gjutna i basen på varje ramlageröverfall **(se bild)**. Om så inte är fallet, skall överfall och vevhus numreras med en körnare på samma sätt som för vevstakarna och deras överfall.
**6** Skruva loss och ta bort överfallens fästmuttrar och ta bort överfallen tillsammans med lagerskålarna **(se bilder)**. Knacka på lagerskålarna med en hammare av trä eller koppar om de sitter fast.
**7** Demontera lagerskålarna från överfallen men förvara dem tillsammans med respektive skål, märkta för att underlätta vid senare montering **(se bild)**.
**8** Lyft försiktigt upp vevaxeln från vevhuset **(se bild)**.
**9** Demontera de övre lagerskålarna från vevhuset och märk dem för att kunna montera dem i rätt läge. Ta också bort tryckbrickorna

**11.5 Ramlageröverfallen är numrerade från motorns kamkedjeände**

**11.6a Skruva loss och ta bort ramlageröverfallens skruvar . . .**

**11.6b . . . och ta bort överfallen**

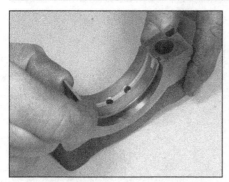

**11.7 Demontering av ramlagerskål från överfallet**

**11.8 Vevaxeln lyfts ut ur vevhuset**

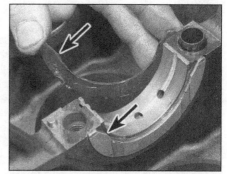

**11.9a Demontering av axiallagren (vid pilarna) . . .**

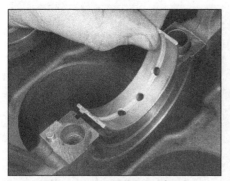

**11.9b . . . och ramlagerskålarna**

från var sida om mittre ramlagret och förvara dem med lageröverfallet **(se bilder)**.

**10** Med vevaxeln demonterad på B204- och B234-motorer, kan vevaxellägesgivarens slitsade rotor demonteras om det behövs. Lossa skruvarna och ta ut rotorn över änden på vevaxeln **(se bild)**. Notera att skruvarna är placerade så att det endast är möjligt att montera rotorn i ett specifikt läge.

## 12 Motorblock/vevhus - rengöring och kontroll

### Rengöring

**1** Demontera alla externa detaljer och elektriska brytare/sensorer från motorblocket. Vid fullständig rengöring av motorblocket skall frostpluggarna helst demonteras. Borra ett litet hål i pluggen och för in en självgängande skruv i hålet. Dra ut pluggarna en och en genom att dra i skruven med en tång, eller använd en slidhammare. Skruva också loss de fyra oljemunstyckena från vevhuset på B204/B234-motorer **(se bild)**.
**2** Skrapa bort alla rester av tätningen från motorblocket/vevhuset, var försiktigt så att packnings/tätningsytorna inte skadas.
**3** Demontera alla oljekanalpluggar (där sådana finns). Pluggarna sitter ofta mycket hårt - de kan behövs borras ut, och hålen gängas om. Använd nya pluggar när motorn monteras.

**11.10 Skruvarna som håller vevaxellägesgivarens rotor**

**4** Om motorblocket/vevhuset är mycket smutsigt bör det rengöras med ångtvätt.
**5** Rengör alla oljehål och oljekanaler, och spola alla passager med varmt vatten tills bara rent vatten kommer ut. Torka noggrant och stryk ett tunt lager olja över alla anliggningsytor, för att hindra uppkomst av rost. Olja även in cylinderloppen. Använd tryckluft (om sådan finns tillgänglig) för att påskynda torkningsprocessen, och för att blåsa igenom alla oljehål och oljekanaler.

> ⚠ **Varning: Bär skyddsglasögon vid arbete med tryckluft!**

**6** Om motorblocket inte är särskilt smutsigt, kan det räcka att använda hett tvålvatten och en hård borste. Ta gott om tid och gör ett

omsorgsfullt jobb. Oavsett vilken rengörings-metod som används, se till att oljehål och oljekanaler rengörs mycket noga, och att alla detaljer torkas väl. Slutligen skall cylinderloppen skyddas enligt ovanstående beskrivning, för att hindra uppkomst av rost.
**7** Alla gängade hål måste vara rengjorda för att korrekta åtdragningsmoment skall uppnås vid ihopsättningen. Vid rengöring skall en gängtapp föras in i varje hål för att avlägsna rost, korrosion, gängtätning eller slam, och för att renovera skadade gängor **(se bild)**. Använd om möjligt tryckluft för att blåsa hålen rena när rengöringen är avslutad.

> **HAYNES TiPS** *Alternativt kan vattenlösligt smörjmedel i aerosolbehållare sprutas in i varje hål med ett långt munstycke.*

> ⚠ **Varning : Bär skyddsglasögon vid rengöring av hålen med denna metod!**

**8** Stryk på lämpligt tätningsmedel på de nya oljekanalpluggarna och sätt in dem i hålen i motorblocket. Dra åt dem hårt. Montera och dra åt oljemunstyckena längst ner i vevhuset på B204/B234-motorer.
**9** Om motorn inte skall sättas ihop genast, skall den täckas över med en stor plastsäck för att hålla den ren; skydda alla anliggningsytor och cylinderlopp enligt ovanstående beskrivning, för att hindra att rost uppstår.

**12.1 Demontering av oljemunstycke från vevhuset**

**12.7 Rengöring av topplocksskruvhål i motorblocket med en gängtapp**

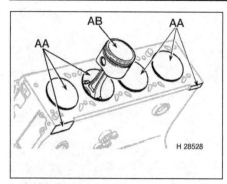

**12.12a Placering av klassningskoder för kolvar och cylinderlopp**

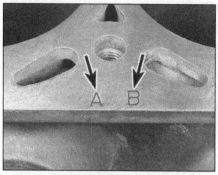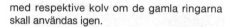

**12.12b Cylinderloppsklassning på framsidan av motorblocket**

**12.12c Kolvklassning på kolvtoppen**

## Kontroll

**10** Gör en noggrann kontroll av motorblocket beträffande sprickor och korrosion. Leta efter blankslitna gängor i de gängade hålen. Om inre vattenläckage har inträffat tidigare kan det vara klokt att låta en renoveringsspecialist kontrollera motorblock/vevhus med special-utrustning. Om defekter upptäcks, skall de om möjligt repareras, annars bör enheten bytas ut.

**11** Kontrollera varje cylinderlopp beträffande repor eller slitage. Kontrollera beträffande tecken på vändkanter överst på cylindern, vilket påvisar att cylinderloppet är slitet.

**12** Cylinderloppen och kolvarna är matchade och klassade i fem koder - AB, B, C, 1 (0,5 mm överdimension), and 2 (1,0 mm över-dimension). Koden är stämplad på kolvtoppen och på motorblockets framsida (se bilder). Observera att samtliga klassningar kan förekomma i samma motorblock.

**13** Slitage i cylinderloppen och kolvarna kan mätas genom att kolven i fråga (utan kolvringar) sätts in i sitt lopp och mätning sker med bladmått. Utför kontrollen med kolven nära övre läget i loppet. Om spelet överskrider de nominella (nya) värdet som anges i specifikationerna, kan en omborrning vara nödvändig; rådgör med en specialist.

## 13 Kolvar och vevstakar - kontroll

**1** Innan kontrollen kan påbörjas, måste kolvar/vevstakar rengöras, och original-kolvringarna demonteras från kolvarna (se bild).

**2** Dra försiktigt ut de gamla ringarna över kolvtopparna. Om man lägger två, tre gamla bladmått på flera ställen mellan ring och kolv, kommer de undre ringarna inte in i tomma ringspår på vägen upp (se bilder). Arbeta försiktigt så att kolvarna inte repas av ringändarna. Ringarna är sköra och kan gå sönder om de sträcks ut för mycket. De är också mycket vassa - skydda händer och fingrar. Observera att den tredje ringen även omfattar en expander. Ta alltid bort ringarna från kolvtoppen. Förvara ringarna tillsammans

med respektive kolv om de gamla ringarna skall användas igen.

**3** Skrapa bort alla spår av kolavlagringar från kolvtoppen. Använd en stålborste (eller en fin slipduk) när största delen av avlagringarna har skrapats bort

**4** Rensa bort kol från ringspåren i kolven med en gammal kolvring; dela ringen i två delar (var försiktig så att du inte skär dig på kolv-ringarna). Var noggrann med att endast ta bort gamla kolrester och inte skada kolvytan.

**5** När alla spår efter kolavlagringar har avlägsnats, skall kolvar/vevstakar rengöras med fotogen eller lämpligt lösningsmedel, och torkas noggrant. Se till att oljereturhålen i ringspåren i kolven är rena.

**6** Om kolvar och cylinderlopp inte är skadade eller utslitna, och om motorblocket inte behöver omborras, kan originalkolvarna monteras. Normalt kolvslitage syns som en jämn vertikal nötning på kolvens tryckyta och något glapp i spåret hos den översta kolvringen.

**7** Gör en noggrann granskning av varje kolv beträffande sprickor kring manteln, runt bulthålen och på ytorna mellan ringspåren.

**8** Leta efter repbildning på kolvmanteln, hål i kolvtoppen och brända ytor kring kanterna på kolvtoppen. Om manteln är repig kan motorn ha utsatts för överhettning och/eller onormal förbränning, vilket har lett till alltför höga arbetstemperaturer. Kyl- och smörjsystemen bör kontrolleras ingående. Brännmärken på kolvsidorna visar att genomblåsning har ägt rum. Hål i kolvtoppen eller brända ytor kring

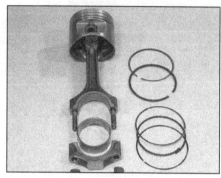

**13.1 Kolv/vevstake – detaljer**

kanterna på kolvtoppen visar på onormal förbränning (för tidig tändning eller knackning) har ägt rum. Om det finns tecken på att något av dessa problem existerar, måste en undersökning göras och åtgärder vidtas; annars kommer ytterligare skador att uppstå. Orsakerna kan omfatta felaktig tändinställning och/eller felaktig bränsle/luftblandning.

**9** Korrosion av kolven, i form av gropbildning, är tecken på att kylmedel har läckt in i förbränningsrummet och/eller vevhuset. Återigen måste orsaken åtgärdas, annars kommer felet att uppstå på nytt i den renoverade motorn.

**10** Vid behov kan kolvar köpas från Saabverkstad eller annan återförsäljare.

**11** Granska varje vevstake beträffande tecken på skador, såsom sprickor kring vevlager och kolvbultens lagring. Kontrollera att staken inte är böjd eller skev. Det är

**13.2a Demontering av kolvring med hjälp av ett bladmått**

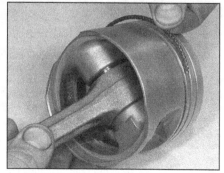

**13.2b Demontering av oljeskrapring**

**13.13a Bänd ut kolvbultens låsring . . .**

**13.13b . . . dra sen ut kolvbulten och ta loss den från vevstaken**

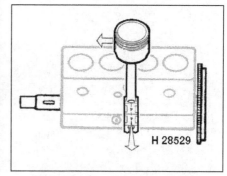

**13.17 Förhållande mellan kolv och vevstake**

osannolikt att skador har uppstått om inte motorn har skurit eller överhettats svårt. Ingående kontroll av vevstakar kan endast utföras med specialutrustning, av Saab-verkstad eller annan specialist.

**12** Kolvbultarna har flytande lagring som hålls på plats med två låsringar. Kolvar och vevstakar kan separeras och monteras på följande sätt.

**13** Använd en liten skruvmejsel med platt blad, bänd ut låsringarna och tryck sen ut kolvbultarna **(se bilder)**. Bulten bör kunna avlägsnas med endast ett tryck av handen. Märk kolven, kolvbulten och staken så att de kan sättas ihop i rätt ordning.

**14** Granska kolvbulten och vevstakens kolvbultlager beträffande tecken på slitage eller skada. Slitage kan åtgärdas genom att både bult och bussning avlägsnas. Byte av bussning skall dock överlåtas till en specialist, eftersom detta arbete kräver specialutrustning och den nya bussningen måste brotschas med exakthet.

**15** Själva vevstakarna behöver antagligen inte bytas, om inte motorn har skurit eller något annat allvarligt mekaniskt fel uppstått. Gör en noggrann kontroll av vevstakarnas rakhet. Om de inte är raka skall de överlämnas till en motorrenoveringsspecialist för mer ingående kontroll.

**16** Granska alla komponenter och införskaffa eventuellt nya reservdelar från Saabverkstad eller återförsäljare. Om nya kolvar införskaffas, levereras de komplett med kolvbultar och låsringar. Låsringar kan även inköpas separat.

**17** Placera kolven så att skåran på kolvtoppens yta är mitt emot drivningen på motorn, och siffrorna på vevstaken och vevlagerskålen är vända mot motorblockets avgassida. Håll kolven i handen och kontrollera att skåran är till vänster - siffrorna på vevstaken ska då vara vända mot dig **(se bild)**. Stryk ett lager ren motorolja på kolvbulten. För in den i kolven och genom vevstakens kolvbultlager. Kontrollera att kolven roterar fritt på staken, säkra därefter kolvbulten i rätt läge med låsringarna. Kontrollera att varje låsring är korrekt placerad i sitt spår.

**18** Mät varje kolvs diameter, och kontrollera att de håller sig inom gränsvärdena för

motsvarande cylinderlopps. Om glappet mellan kolv och cylinderlopp är för stort, måste motorblocket borras om, och nya kolvar och kolvringar monteras.

**19** Granska anliggningsytorna på vevlager-skålar och vevstakar, för att se om de har filats ned i ett oklokt försök att kompensera för lagerslitage. Det är osannolikt att detta har hänt, men om så är fallet måste respektive vevstake och vevlagerskål bytas ut.

## 14 Vevaxel - kontroll

### Granskning av vevaxelns axialspel

**1** Om vevaxelns axialspel skall kontrolleras, måste vevaxeln fortfarande vara monterad i motorblocket, men den skall kunna röra sig fritt (se avsnitt 11).

**2** Kontrollera axialspelet med en indikatorklocka som är i kontakt med änden på vevaxeln. Tryck vevaxeln mot ena ändläget och nollställ mätklockan där. Tryck nu vevaxeln så långt det går åt det andra hållet, och kontrollera axialspelet **(se bild)**. Resultatet kan jämföras med det specificerade värdet, vilket ger en indikation om huruvida nya tryckbrickor behöver monteras.

**3** Bladmått kan användas om en mätklocka inte finns tillgänglig. Tryck först vevaxeln mot motorns svänghjulssida så långt det går,

använd sedan bladmått för att mäta glappet mellan vevtappsarm nr 3 och mittre vev-axellagrets tryckbricka **(se bild)**.

### Kontroll

**4** Rengör vevaxeln med fotogen eller lämpligt lösningsmedel. Torka vevaxeln, helst med tryckluft om sådan finns tillgänglig.

> ⚠ **Varning: Bär skyddsglasögon vid arbete med tryckluft! Var noga med att rengöra oljehålen med lämpligt verktyg, för att garantera att de inte är igensatta.**

**5** Kontrollera ram- och vevlagertappar beträffande ojämnt slitage, repor, gropbildning eller sprickor.

**6** Slitage i ramlagret åtföljs av märkbara metalliska knackningar när motorn är igång (de är speciellt märkbara när motorns varvtal ökar från låg hastighet) samt oljetryckfall.

**7** Slitage i ramlagret åtföljs av starka motorvibrationer och dovt ljud - speciellt märkbart när motorns varvtal ökar - samt oljetryckfall.

**8** Kontrollera lagertappen beträffande skrov-lighet genom att stryka ett finger över lagerytan. Om ytan är skrovlig (vilket åtföljs av tydligt lagerslitage), indikerar det att vevaxeln behöver slipas om eller bytas ut. Observera att det är tillåtet att slipa om vevaxeln till den första underdimensionen utan att den behöver omhärdas; ytterligare omslipning kräver dock omhärdning.

**14.2 Indikatorklocka används vid kontroll av vevaxelns axialspel**

**14.3 Bladmått används för att kontrollera vevaxelns axialspel**

**14.10 Mätning av en vevlagertapps diameter**

**9** Om vevaxeln har slipats om, skall kontroll göras beträffande förekomst av gradning kring vevaxelns oljehål (normalt är hålen fasade, vilket gör att gradning inte bör vara ett problem, såvida inte omslipningen är slarvigt utförd). Avlägsna grader med en fin fil eller skrapa och gör noggrant rent i oljehålen enligt ovanstående beskrivning.

**10** Mät ram- och vevlagertapparnas diameter med en mikrometer, och jämför resultatet med angivna värden i avsnittet Specifikationer **(se bild)**. Genom att mäta diametern vid ett antal punkter kring varje lagertapps omkrets, kan man fastställa huruvida lagertappen är rund eller ej. Gör en mätning vid lagertappens ändar, nära armarna, för att kunna fastställa dess eventuella konicitet. Jämför resultaten med angivna värden i specifikationerna.

**11** Kontrollera oljetätningens anliggningsytor vid vevaxelns båda ändar beträffande slitage och skada. Om tätningen har slitit ett djupt spår i vevaxelns yta bör specialist på motorrenoveringar konsulteras. Slitaget kan gå att reparera, men annars måste vevaxeln bytas.

## 15 Ramlager och vevlager - kontroll

**1** Trots att ramlager och vevlager byts ut vid motorrenovering skall de gamla lagren behållas för detaljgranskning, då de kan innehålla värdefull information om motorns kondition. Lagerskålarna är graderade efter

**15.1 "STD" markering på baksidan av en lagerskål**

tjocklek och graden på respektive skål indikeras av dess färgmarkering. De kan också ha märkning på baksidan **(se bild)**. Observera att följande tabell endast gäller t o m den andra underdimensionen - för de tredje och fjärde underdimensionerna finns endast en skåltjocklek.

| B202/B234 t o m 1993 | Tunn | Tjock |
|---|---|---|
| Standard | Röd | Blå |
| Första underdimension | Gul | Grön |
| Andra underdimension | Vit | Brun |

| B204/B234 fr o m 1994 | Färg |
|---|---|
| Tunnaste | Röd |
| Standard | Gul (enda storlek i lager som reservdel) |
| Första underdimension | Blå |

**2** Lagerfel kan uppstå av på brist på smörjning, förekomst av smuts eller andra främmande ämnen, överbelastning av motorn, eller korrosion **(se bild)**. Oavsett vad som orsakat felet, måste detta åtgärdas innan motorn sätts ihop, för att undvika att problemet uppstår igen.

**3** Vid undersökning av lagerskålarna skall de demonteras från motorblock/vevhus, ramlagerskålar, vevstakar och vevstakarnas lageröverfall. Lägg ut dem på en ren yta i ungefär samma läge som de hade i motorn. På detta sätt kan problem som har uppstått i lagren jämföras med motsvarande vevaxeltapp. *Rör inte* lagerytan på någon av skålarna med fingrarna under granskning, då den ömtåliga ytan kan repas.

**4** Smuts eller andra ämnen kan komma in i motorn på ett antal olika sätt. Det kan vara kvarlämnat i motorn vid ihopsättningen, det kan tränga in genom filter eller vevhusventilationen. Det kan komma med oljan och därifrån in i lagren. Metallrester från maskinbearbetningar och från normalt motorslitage förekommer ofta. Slipmedel finns ofta kvar i motorns detaljer efter motorrenovering, speciellt om delarna inte har blivit ordentligt rengjorda på korrekt sätt. Vilken orsaken än må vara, återfinns sådana främmande ämnen mycket ofta i det mjuka

lagermaterialet där de är lätta att upptäcka. Stora partiklar kan inte döljas i lagret utan repar och urholkar både lager och lagertapp. Det bästa sättet att förebygga denna orsak till lagerfel är att rengöra samtliga delar mycket grundligt och att hålla allting rent vid ihopsättning av motorn. Ofta och regelbundna byten av motorolja och oljefilter rekommenderas också.

**5** Många orsaker kan spåras till brist på smörjning (eller smörjningsfel). Överhettning (vilket tunnar ut oljan), överbelastning (vilket pressar ut oljan från lagerytan) och oljeläckage (orsakat av för stort lagerspel, slitage i oljepumpen eller höga varvtal), bidrar till smörjningsproblemen. Igensatta oljepassager, vilket ofta beror på felaktigt inriktat oljehål i en lagerskål, kan också hindra oljan från att tränga in i lagret, och därmed förstöra det. När brist på smörjning orsakar lagerfel, trycks lagermaterialet bort från lagrets stålunderlag. Temperaturen kan ökas till den grad när stålunderlaget blir blått av överhettning.

**6** Körvanor kan ha en definitiv inverkan på lagrets livslängd. Full gas vid låga varvtal (överbelastning av motorn) lägger hög belastning på lagren, vilket ofta pressar ut oljehinnan. Denna sorts belastning gör att lagret böjer sig, vilket åstadkommer en fin sprickbildning i lagret (utmattning). Till slut kommer lagermaterialet att bitvis lossna från stålunderlaget.

**7** Om körningen till stor del består av korta sträckor, kan detta leda till korrosion i lagren, beroende på att motorn inte producerar tillräckligt mycket värme för att avlägsna vattenkondens och korrosiva gaser. Dessa substanser ansamlas i motoroljan och bildar där syra och slam. När motoroljan passerar lagren i motorn, angrips lagermaterialet och det bildas korrosion.

**8** Felaktig montering av lagren när motorn sätts ihop leder också till lagerfel. Hårt spända lager lämnar inte utrymme för tillräckligt lagerspel, vilket kommer att resultera i oljebrist. Smuts eller främmande ämnen som har fastnat bakom lagerskålarna leder till fläckar på lagret som i sin tur leder till lagerfel.

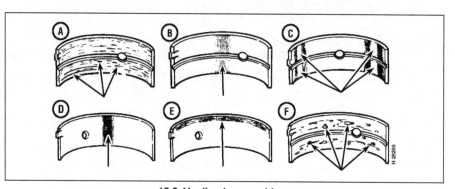

**15.2 Vanliga lagerproblem**

a) *Repad av smuts; smuts i lagermaterialet*
b  *Oljebrist; bortnött ytlager*
c) *Felaktig placering i sätet; ljusa (polerade) delar*

d) *Konisk tapp; ytterlagret bortnött från hela ytan*
e) *Slitage mot avrundning*
f) *Utmattningsbrott; grop- eller fickbildning*

**9** *Rör inte* lagerytan på någon av skålarna med fingrarna under ihopsättningen, eftersom den ömtåliga ytan kan repas eller smutsas ned.

> **HAYNES TiPS** *I början av avsnittet påpekas att lagerskålarna bör bytas regelbundet vid motor-renovering; att undlåta att göra det av ekonomiska skäl, är att lura sig själv. Se närmare beskrivning beträffande val av lagerskålar i avsnitt 18.*

## 16 Motor - ihopsättning efter renovering

**1** Innan ihopsättning kan påbörjas bör man kontrollera att alla nya reservdelar har införskaffats, och att alla nödvändiga verktyg finns tillgängliga. Läs först beskrivningen av hela proceduren för att förstå vad arbetet omfattar, och för att se till att allt material som behövs för ihopsättningen av motorn finns till hands. Förutom verktyg och material kommer även låsvätska att behövas. En tub med lämpligt tätningsmedel bör också finnas till hands, till anliggningsytor som monteras utan tätningar.

**2** För att spara tid och undvika problem, rekommenderas att ihopsättning av motorn sker i följande ordning:
a) Vevaxel (avsnitt 18).
b) Kolvar/vevstakar (avsnitt 19).
c) Oljetråg (kapitel 2A).
d) Balansaxlar på B204/B234-motorer (avsnitt 9).
e) Svänghjul/medbringarskiva (kapitel 2A).
f) Kamkedja (och balansaxelkedja i förekommande fall), drev och kedjesträckare, (kapitel 2A).
g) Topplock (kapitel 2A).
h) Inlopps- och avgasgrenrör (kapitel 4A).
i) Motorns externa delar.

**3** Vid detta tillfälle måste samtliga motordetaljer vara absolut rena och torra, och alla eventuella fel åtgärdade. Delarna skall läggas ut (eller placerade i separata behållare) på en absolut ren arbetsyta.

## 17 Kolvringar - montering

**1** Innan nya kolvringar monteras skall deras ändgap kontrolleras på följande sätt.
**2** Lägg ut kolvarna/vevstakarna och de nya kolvringarna så att ringarna matchas med samma kolv och cylinder vid mätning av ändgapen som vid efterföljande ihopsättning av motorn.
**3** Placera den översta ringen i den första cylindern och pressa ned den i loppet med överdelen av kolven **(se bild)**. Detta garanterar att ringen är placerad rakt i loppet. Placera ringen längst ned i cylinderloppet, vid den undre gränsen för ringens bana. Observera att övre och nedre kompressionsringarna är olika.
**4** Mät ändgapet med bladmått och jämför resultaten med angivna gränsvärden i specifikationerna **(se bild)**.
**5** Om gapet är för litet (vilket är osannolikt om Saab:s originaldelar används), måste det förstoras, annars kan ringändarna komma i beröring med varandra när motorn är igång, vilket kan orsaka allvarliga skador. Helst skall nya kolvringar monteras, eftersom de ger korrekta ändgap. Som en sista utväg kan ändgapet förstoras genom att ringändarna filas ned mycket försiktigt med en fin fil. Montera filen i ett skruvstäd med mjuka käftar, placera ringen över filen så att ändarna berör filens yta, och rör ringen sakta för att fila bort ringmaterial från ändarna. Var försiktig - kolvringar är vassa och kan dessutom lätt gå sönder.
**6** Med nya kolvringar är det osannolikt att ändgapen är för stora. Om de trots allt är för stora bör man kontrollera att ringarna har rätt storlek för motorn i fråga.
**7** Upprepa kontrollen på varje kolvring i den första cylindern och därefter på ringarna i återstående cylindrar. Kom ihåg att förvara ringar, kolvar och cylindrar i rätt monteringsordning.
**8** När ringgapen har kontrollerats, och eventuellt åtgärdats, kan ringarna monteras på kolvarna.
**9** Montera kolvringarna med samma teknik som vid demonteringen. Montera den undre

ringen först (oljeskrapring), och fortsätt uppåt. Vid montering av oljeskrapringen skall expandern installeras först, därefter de undre och övre ringarna med ändgapen på sidan som inte är slagsidan av kolvarna, med ungefär 60° intervall **(se bild)**. Kontrollera att den undre kompressionsringen är monterad med rätt sida uppåt, med ordet 'TOP' upptill. Fördela gapen på de övre och undre kompressionsringarna på motsatta sidor av kolven och ovanför ändarna på kolvbulten. **Observera:** *Instruktionerna som medföljer de nya kolvringarna skall alltid åtföljas - olika tillverkare kan rekommendera olika tillvägagångssätt. Blanda inte ihop den övre kompressionsringen med den undre, eftersom de kan ha olika tvärsektioner.*

## 18 Vevaxel - montering och kontroll av ramlagerspel

### Val av nya lagerskålar

**1** Ramlagerskålar är klassade efter tjocklek enligt beskrivning i avsnitt 15. Observera att upp till den andra underdimensionen kan man blanda olika skåltjocklekar för att åstadkomma korrekt spel. Börja kontrollproceduren med de två tunnaste skålarna. Om spelet är för stort, försök att montera en tjock skål tillsammans med en tunn skål och gör en ny kontroll. Om spelet fortfarande är för stort kan två tjocka skålar monteras.

### Kontroll av ramlagerspel

**2** Rengör baksidorna på lagerskålarna och lagerlägena i såväl motorblock som ramlageröverfall.
**3** Tryck lagerskålarna till sina rätta lägen och kontrollera att knastret på varje skål griper tag i skåran i motorblocket eller ramlageröverfallet. Skålens lageryta får inte beröras med fingrarna.
**4** Någon av nedanstående metoder kan användas för kontroll av spelet.
**5** Den ena metoden (vilken kan vara svår utan tillgång till en uppsättning interna mikrometrar eller interna/externa expanderande passare)

**17.3  Pressa ner ringen i loppet med hjälp av överdelen av kolven**

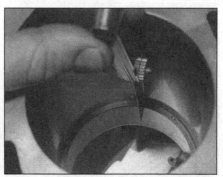

**17.4  Mätning av kolvringens ändgap**

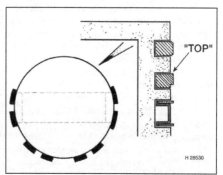

**17.9  Genomskärning av kolvring och gapens placering**

**18.8 Plastigaugetråd placerad på ramlagertapp**

**18.9 Åtdragning av ramlageröverfallets skruv**

**18.11 Mätning av den tillplattade tråden med kortmätare**

innebär att ramlageröverfallet monteras på motorblocket/vevhuset med lagerskålarna på plats. När skålarnas fästskruvar är korrekt åtdragna, skall den interna diametern på varje par lagerskål mätas. Om diametern på varje motsvarande vevaxeltapp mäts och detta mått dras ifrån lagrets interna diameter, utgör resultatet som erhålls ramlagrets spel.

**6** Den andra (och noggrannare) metoden är genom att använda produkten 'Plastigauge'. Plastigauge består av en fullständigt rund, fin plasttråd, som trycks ihop mellan lagerskålen och axeltappen. När överfall och skål tas bort, är plasten tillplattad och kan mätas med de medföljande måtten. Spelet fastställs med det mått som erhålls. Plastigauge bör finnas att köpa hos din Saabåterförsäljare; om inte, fråga hos någon av de större biltillbehörs-specialisterna efter namnet på närmaste återförsäljare. Använd Plastigauge på följande sätt.

**7** När ramlagrets övre skålar är på plats skall vevaxeln försiktigt läggas i rätt läge. Använd inget smörjmedel i detta läge; vevaxelns tappar och lagerskålar skall vara helt rena och torra.

**8** Skär till ett antal stycken av lämplig längd av Plastigauge (längderna bör vara något kortare än bredden på ramlagren), och placera en längd på axeln på varje ramlagertapp **(se bild)**. Plastigaugestycket skall placeras cirka 6,0 mm från den ena sidan av tappens mittlinje.

**9** Med ramlagrets undre skålar på plats, montera ramlageröverfallet, sätt i skruvarna och dra åt dem växelvis till angivet åtdragningsmoment **(se bild)**. Var försiktig så att Plastigauge tråden inte rubbas och *rotera inte* vevaxeln vid något tillfälle under detta arbete.

**10** Skruva loss skruvarna och ta bort ramlageröverfallen, var fortfarande försiktig så att tråden inte rubbas eller vevaxeln roteras.

**11** Jämför bredden av den tillplattade tråden på var och en av tapparna med skalan som är tryckt på Plastigaugekuvertet, för att kunna fastställa ramlagerspelet **(se bild)**. Gör en jämförelse av det uppmätta spelet med de värden som är angivna i specifikationerna i början att detta kapitel.

**12** Om spelet skiljer sig märkbart från vad som kan förväntas, kan lagerskålarna ha fel

storlek (eller vara utslitna, om det är originalskålarna som har återanvänts). Innan beslut tas huruvida skålar av annan storlek skall användas, bör man kontrollera om smuts eller olja hade samlats mellan lagerskålarna och ramlageröverfallen eller motorblocket när spelet uppmättes. Om den ena änden av Plastigaugetråden är bredare än den andra, kan vevaxeltappen eventuellt vara konisk.

**13** Om spelet inte stämmer med angivet värde, skall det mätta värdet användas, till-sammans med skåltjocklekarna som angivits ovan, för att beräkna vilken tjocklek av lagerskålar som skall användas. Vid beräkning av nödvändigt lagerspel, kom ihåg att det alltid är bättre att spelet ligger närmare de undre gränsvärdena för att lämna marginal för kommande slitage.

**14** Vid behov, införskaffa lagerskålar av de tjocklekar som kommer att behövas och upprepa kontrollmätningsproceduren enligt ovanstående beskrivning.

**15** Skrapa slutligen noggrant bort alla spår av Plastigauge från vevaxel och lagerskålar. Använd naglarna eller trä- eller plastskrapa som inte kommer att repa lagerytorna.

## Slutlig montering av vevaxeln

**16** Lyft försiktigt ut vevaxeln från motorblocket ytterligare en gång. På B204- och B234-motorer, montera vevaxellägesgivarens slitsade rotor om denna demonterats, och dra åt skruvarna.

**17** Använd lite fett och kläm fast de övre tryckbrickorna på var sida om mittre ram-

lagrets övre läge; kontrollera att olje-passagespåren på varje tryckbricka är placerade utåt (bort från motorblocket)

**18** Placera lagerskålarna i sina rätta lägen i ramlageröverfallen enligt ovanstående be-skrivning. Om nya skålar skall monteras, se till att alla spår av skyddande fett avlägsnas med fotogen eller annat lösningsmedel. Torka skålar och vevstakar torra med en luddfri trasa. Smörj varje lagerskål i motor-blocket/vevhuset generöst med ren motorolja **(se bild)**.

**19** Sänk ned vevaxeln i sådant läge att vevtapparna till cylindrarna nr 2 och 3 ställs i övre dödläge. Vevtapparna till cylindrarna nr 1 och 4 är då i undre dödläge och redo för montering av kolv nr 1. Kontrollera vevaxelns axialspel enligt beskrivning i avsnitt 14.

**20** Olja in de undre lagerskålarna i ramlager-överfallen med ren motorolja. Kontrollera att knastren på skålarna griper i motsvarande fördjupningar i överfallen.

**21** Montera ramlageröverfallen på rätt plats och kontrollera att de är rätt vända (lager-skålens fördjupningar i motorblock och skål måste vara på samma sida). Sätt i skruvarna löst.

**22** Dra växelvis åt ramlageröverfallens bultar till angivet åtdragningsmoment.

**23** Kontrollera att vevaxeln kan rotera fritt.

**24** Montera kolvarna/vevstakarna på vev-axeln enligt beskrivning i avsnitt 19.

**25** Innan vevaxelns gavelplatta monteras skall en ny bakre oljetätning monteras, med hänvisning till kapitel 2A. Använd en träklubba

**18.18 Smörj in ramlagerskålarna**

**18.25a Driv in vevaxelns bakre oljetätning i huset**

18.25b Montering av vevaxelns bakre oljetätning med hjälp av ett trästycke i ett skruvstäd

18.26a Tejp över änden på vevaxeln skyddar oljetätningen vid montering

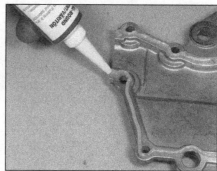

18.26b Tätningsmedel läggs på bakre oljetätningshuset

och ett trästycke för att driva in tätningen i huset, eller montera trästycket i ett skruvstycke **(se bilder)**.

26 Lägg tätningsmedel på anliggningsytorna i tätningshuset och stryk sen lite olja på tätningsläpparna. Montera därefter styrtapparna efter behov och montera gavelplattan på motorblockets bakre del. För att undvika att oljetätningen skadas när den monteras över vevaxeln, kan man tillverka en styrning av en plastbehållare eller använda tejp. När huset är på plats kan styrningen/tejpen tas bort, skruvarna sättas i och dras åt till angivet moment **(se bilder)**.

27 Montera svänghjulet/medbringarskivan, oljepickup/sil/överföringsrör och oljesump, se del A i detta kapitel.

28 Om topplocket har demonterats skall det monteras enligt beskrivning i del A.

29 Montera kamkedjan och drevet enligt beskrivning i del A i detta kapitel.

## 19 Kolvar/vevstakar - montering och kontroll av vevlagerspel

### Val av lagerskålar

1 Vevlagerskålarna är klassade efter tjocklek som beskrivits i avsnitt 15. Observera att, upp till den andra underdimensionen kan man blanda olika skåltjocklekar för att

åstadkomma korrekt spel. Börja kontrollen med de två tunnaste skålarna; om spelet är för stort, försök montera en tjock skål tillsammans med en tunn skål och gör en ny kontroll. Om spelet fortfarande är för stort kan två tjocka skålar monteras.

### Kontroll av vevlagerspel

2 Någon av nedanstående två metoder kan användas för kontroll av spelet.

3 Den ena metoden innebär att vevlageröverfallet monteras på vevstaken innan kolvarna monteras i motorblocket, kontrollera att de är rätt vända, med lagerskålarna på plats. När skålarnas fästskruvar är korrekt åtdragna, skall innerdiametern på varje par lagerskålar mätas med en intern mikrometer eller skjutmått. Om diametern på varje motsvarande vevaxeltapp mäts och detta mått dras ifrån lagrets innerdiameter, utgör resultatet som erhålls vevlagrets spel.

4 Den andra (och noggrannare) metoden är användning produkten 'Plastigauge' (se avsnitt 18) efter det att kolvarna har monterats i motorblocket. I följande punkter beskrivs den senare metoden, såväl som montering av kolvar i motorblocket.

5 Placera motorblocket antingen på sidan eller på svänghjuls/drivplatteänden.

6 Lägg ut kolvar och vevstakar i ordningsföljd, med lagerskålar, överfall och muttrar.

7 Rengör baksidan på lagerskålarna och

lagerlägena i såväl vevstake som överfall. Om nya skålar skall monteras, se till att alla spår av skyddande fett avlägsnas med fotogen eller annat lösningsmedel.

8 Tryck lagerskålarna till sina rätta lägen och kontrollera att knastret på varje skål griper tag i skåran i vevstaken och överfallet. Skålens lageryta får inte beröras med fingrarna. Om originalskålar används för kontrollen, se till att de monteras i ursprungslägena.

9 Olja in cylinderloppen, kolvarna och kolvringarna med ren motorolja och lägg ut varje omgång kolv/vevstake i sina respektive lägen. Smörj inte in lagerskålarna vid detta tillfälle.

10 Börja med cylinder nr 1. Se till att kolvringarna fortfarande är utplacerade enligt beskrivning i avsnitt 17, tryck därefter in dem sina lägen med en kolvringskompressor **(se bild)**.

11 För in kolv/vevstake överst i cylinder nr 1. Kontrollera att skåran eller pilen på kolvtoppen pekar mot motorns kamkedjeände. Knacka dem på plats i cylinderloppet med ett träblock eller hammarskaft mot kolvtoppen, tills kolvtoppen är i jämnhöjd med cylinderns överdel **(se bilder)**. Kontrollera att ändarna på vevlageröverfallets skruvar inte rispar cylinderloppssidorna.

12 När vevtapp nr 1 befinner sig längst ner i sitt slag, styr vevstaken till den medan du fortsätter att knacka på kolvtoppen med hammarskaftet.

13 Placera en Plastigaugetråd på vevtappen.

18.26c Montering av bakre oljetätningshuset (motorns bakre gavel)

19.10 Kolvringskompressor monterad över kolvringarna

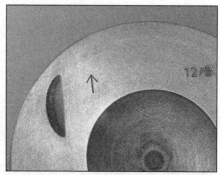

19.11a Pilen på kolvtoppen måste peka mot motorns kamkedjeände

**19.11b Ett hammarskaft används för att knacka kolven på plats i cylinderloppet**

14 Montera vevlageröverfallet och använd märkena, eller noteringarna, som gjordes vid demonteringen, för att kontrollera att de vänds rätt vid monteringen. Dra åt överfallens muttrar till angivet moment **(se bild)**. Var noga med att inte rubba Plastigaugetråden eller rotera vevaxeln under åtdragningen.
15 Tag isär enheten och använd skalan som är tryckt på kuvertet med Plastigauge för att läsa av värdet för vevlagrets spel.
16 Om spelet skiljer sig märkbart från de angivna värdena kan lagerskålarna ha fel storlek (eller vara utslitna, om det är originalskålarna som har återanvänts). Vid behov, välj ut andra skålar enligt beskrivning i punkt 1. Kontrollera om smuts eller olja hade samlats mellan lagerskålarna och ram-lageröverfallen eller motorblocket när spelet uppmättes. Om den ena änden av Plastigaugetråden är bredare än den andra, kan vevaxeltapparna eventuellt vara koniska.
17 Tryck upp kolv/vevstake nr 1 till cylinderns övre del, montera därefter kolv/vevstake nr 4 och upprepa kontrollen av lagerspelet. När nr 1 och 4 är på plats i sina respektive cylinder-lopp, skall kolvar nr 2 och 3 monteras och kontrollen av lagerspelet upprepas.
18 Skrapa slutligen noggrant bort alla spår av Plastigauge från vevaxel och lagerskålar. Använd naglarna eller trä- eller plastskrapa som inte kommer att repa lagerytorna.

## Slutlig montering av kolvar/vevstakar

19 Placera vevtapp nr 1 i sitt lägsta slagläge. Smörj generöst in vevtapp och båda lagerskålarna. Var försiktigt så att cylinder-loppen inte repas och knacka ned kolv/vevstake i loppet och på vevtappen. Montera vevlageröverfallet och dra åt muttrarna med fingrarna. Observera att ytorna med identi-fieringsmarkeringar måste riktas in mot varandra (vilket betyder att lagerskålens knaster förbinds med varandra).
20 Dra åt överfallets fästmuttrar jämnt och till angivet moment.
21 Rotera vevaxeln. Kontrollera att den kan vridas fritt; viss stelhet kan förväntas om nya detaljer har monterats, men den skall inte kärva på något sätt.
22 Montera de återstående tre kolvarna/vevstakarna på vevtapparna på samma sätt.
23 Montera oljepumpens pickup/sil, olje-sump och topplock med hänvisning till del A i detta kapitel.

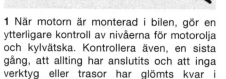

## 20 Första start efter renovering

1 När motorn är monterad i bilen, gör en ytterligare kontroll av nivåerna för motorolja och kylvätska. Kontrollera även, en sista gång, att allting har anslutits och att inga verktyg eller trasor har glömts kvar i motorrummet.
2 Demontera tändstiften. På modeller som är utrustade med fördelare skall tändsystemet kopplas ur genom att tändkabeln tas bort från fördelarlocket och jordas på motorblocket. Använd en kortslutningskabel eller liknande för att åstadkomma en bra anslutning. På modeller med DI-kassett skall kontakten tas bort från DI-kassetten (se kapitel 5B vid behov).
3 Dra runt motorn med startmotorn och låt den gå tills oljetrycksvarningslampan släcks.

**19.14 Åtdragning av vevlageröverfallets mutter**

Montera tändstiften och anslut tändkabeln på fördelarlocket eller DI-kassetten (vilket som gäller).
4 Starta motorn. Observera att detta kan ta något längre tid än vanligt, då bränsle-systemets komponenter har rubbats.
5 Låt motorn gå på tomgång. Kontrollera att inga läckage av bränsle, vatten eller olja föreligger. Bli inte orolig om motorn luktar bränt eller rök kommer från delar som värms upp och bränner bort oljerester.
6 Om allt verkar bra, fortsätt att låta motorn gå på tomgång tills man kan känna att varmt vatten cirkulerar genom den övre slangen, stäng av motorn.
7 Kontrollera tändtidpunkt samt tom-gångsvarv (vilket som behövs), stäng sedan av motorn.
8 Efter några minuter bör olje- och kyl-vätskenivåerna kontrolleras på nytt enligt beskrivning i kapitel 1, och fyllas på vid behov.
9 Det är inte nödvändigt att dra åt topp-lockets skruvar igen när motorn har startats efter ihopsättningen.
10 Om nya kolvar, kolvringar eller vevaxel-lager har monterats, skall motorn behandlas som ny och köras in under den första 800 km. *Ge inte* motorn full gas under denna tid och överlasta den inte i låga varvtal i någon växel. Det rekommenderas att olja och filter byts vid slutet av inkörningsperioden.

# Kapitel 3
# Kyl-, värme- och ventilationssystem

## Innehåll

## Svårighetsgrader

| Enkelt, passar novisen med lite erfarenhet | 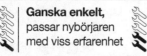 | Ganska enkelt, passar nybörjaren med viss erfarenhet |  | Ganska svårt, passar kompetent hemmamekaniker |  | Svårt, passar hemmamekaniker med erfarenhet | | Mycket svårt, för professionell mekaniker |  |
|---|---|---|---|---|---|---|---|---|---|

## Specifikationer

### Allmänt
Expansionskärlets trycklock öppnar vid . . . . . . . . . . . . . . . . . . . . . . . 0,9 till 1,2 bar

### Termostat
Öppnar vid . . . . . . . . . . . . . . . . . . . . . . . . . . . . . . . . . . . . . . . . . . 89°C ± 2°C

### Kylfläkt
Aktiveringstemperatur:
Varvtal 1:
   1985 t o m 1988 års modeller . . . . . . . . . . . . . . . . . . . . . . . . 92°C
   1989 t o m 1994 års modeller . . . . . . . . . . . . . . . . . . . . . . . . 90°C
   1995 års modeller . . . . . . . . . . . . . . . . . . . . . . . . . . . . . . . 100°C
Varvtal 2:
   1989 t o m 1991 års modeller . . . . . . . . . . . . . . . . . . . . . . . . 110°C
   1992 t o m 1994 års modeller . . . . . . . . . . . . . . . . . . . . . . . . 106°C
   1995 års modeller . . . . . . . . . . . . . . . . . . . . . . . . . . . . . . . 111°C
Deaktiveringstemperatur:
Varvtal 1:
   1985 t o m 1988 års modeller . . . . . . . . . . . . . . . . . . . . . . . . 88°C
   1989 t o m 1994 års modeller . . . . . . . . . . . . . . . . . . . . . . . . 86°C
   1995 års modeller . . . . . . . . . . . . . . . . . . . . . . . . . . . . . . . 96°C
Varvtal 2:
   1985 t o m 1988 års modeller . . . . . . . . . . . . . . . . . . . . . . . . 106°C
   1989 t o m 1994 års modeller . . . . . . . . . . . . . . . . . . . . . . . . 102°C
   1995 års modeller . . . . . . . . . . . . . . . . . . . . . . . . . . . . . . . 107°C

### LH-Jetronic temperaturgivare
Resistans:
   Vid 0°C . . . . . . . . . . . . . . . . . . . . . . . . . . . . . . . . . . . . . . . 5800 ohm
   Vid 20°C . . . . . . . . . . . . . . . . . . . . . . . . . . . . . . . . . . . . . . 2600 ohm
   Vid 80°C . . . . . . . . . . . . . . . . . . . . . . . . . . . . . . . . . . . . . . 320 ohm

## Trionic temperaturgivare

Resistans:

| | |
|---|---|
| Vid -30°C | 20 till 30 k ohm |
| Vid -10°C | 7,0 till 11,4 k ohm |
| Vid 20°C | 2,1 till 2,9 k ohm |
| Vid 40°C | 1,0 till 1.3 k ohm |
| Vid 60°C | 565 till 670 ohm |
| Vid 80°C | 295 till 365 ohm |
| Vid 90°C | 24 till 26 ohm |
| Vid 110°C | 14 till 16 ohm |

## Åtdragningsmoment    Nm

Termostathus:

| | |
|---|---|
| B202/B204 | 18 |
| B234 | 22 |
| Automatväxeloljeslang till kylare | 25 |
| Vattenpump | 22 |
| Vattenpump, remskiva | 8 |
| Kylvätsketempgivare (Trionic) | 13 |

## 1 Allmän beskrivning och säkerhetsåtgärder

### Allmän beskrivning

1 Kylsystemet är ett trycksystem och består av en vattenpump som drivs av en drivrem, kylare med vattengenomströmning i horisontalled, eldriven kylfläkt, termostat, värmepaket, och anslutna slangar. Expansionskärlet är placerat till höger i motorrummet.
2 Systemet fungerar på följande sätt. Den kalla kylvätskan längst ner i kylaren passerar genom den nedre slangen till vattenpumpen där den pumpas runt motorblocket och topplocket. När cylinderlopp, förbränningsytor och ventilsäten är nedkylda, når kylvätskan fram till termostatens underdel som är stängd i detta skede. Kylvätskan, passerar genom värmaren och förs tillbaka till vattenpumpen via motorblocket.
3 När motorn är kall cirkulerar kylvätskan endast genom motorblocket, topplocket, spjällhuset, (Trionic) samt värmare. När kylvätsketemperaturen når termostatens öppningstemperatur öppnas termostaten och kylvätskan kan passera genom den övre slangen till kylaren. Då kylvätskan cirkulerar i kylaren kyls den ned av den inrusande luften, medan bilen rör sig framåt, och vid behov kyls den eldrivna kylfläkten av. Kylvätskan är nedkyld när den når kylarens botten, och förloppet kan upprepas.
4 Vid normal driftstemperatur expanderar kylmedlet och tränger delvis in i expansionskärlet. Kylmedlet förvaras i expansionskärlet och returneras till kylaren när systemet har svalnat.
5 Kylfläkten som är monterad i kylarens bakre del styrs av en termostatbrytare. Brytaren/-givaren aktiverar fläkten vid en förinställd kylvätsketemperatur.

### Säkerhetsåtgärder

 Varning: Ta aldrig av påfyllningslocket till expansionskärlet och vidrör inte heller någon del av kylsystemet då kylaren är varm - det föreligger risk för skållning. Om påfyllningslocket till expansionskärlet måste avlägsnas innan motor och kylare har svalnat helt (och detta rekommenderas inte), släpp ut trycket gradvis. Täck locket med en trasa, för att undvika skållning, och vrid locket långsamt tills ett väsande ljud hörs. När ljudet har upphört, vilket visar att trycket har minskat, fortsätt att vrida locket långsamt tills det kan avlägsnas; om det väsande ljudet fortsätter, vänta tills det avtar innan locket skruvas bort helt. Stå alltid så långt bort från påfyllningsöppningen som möjligt och skydda händerna med handskar.

 Varning: Se till att frostskyddsvätska aldrig kommer i kontakt med hud eller med lackering. Skölj omedelbart av spilld vätska med rikligt med vatten. Låt aldrig frostskyddsmedel förvaras i öppen behållare eller lämnas i en pöl på garagegolv eller uppfart. Barn och djur kan lockas av den söta lukten. Förtäring av frostskyddsmedel kan ha dödlig utgång.

 Varning: Kylfläkten kan aktiveras om motorn är varm men avstängd. Se till att inte löst sittande kläder, händer och hår kommer i vägen för rörliga delar vid arbete i motorrummet.

 Varning: Se även säkerhetsåtgärder vid arbete på modeller som är utrustade med luftkonditionering i avsnitt 10.

## 2 Kylsystemets slangar - demontering och byte

1 Slangarnas antal, dragning och mönster varierar i olika modeller, men samma tillvägagångssätt gäller i huvudsak. Innan arbetet börjar, se till att de nya slangarna är till hands såväl som nya slangklämmor om sådana behövs. Det är tillrådligt att byta slangklämmorna samtidigt med slangarna.
2 Tappa av kylvätskan enligt beskrivning i kapitel 1. Spruta lite penetrerande olja på slangklämmorna om de är korroderade.
3 Skruva bort klämmorna och ta bort slangklämmorna från aktuell slang.
4 Lossa samtliga ledningar, kablar eller andra slangar som är anslutna till den slang som skall tas bort. Gör gärna noteringar för att underlätta vid monteringen. Slangarna är relativt enkla att ta bort om de är nya, medan de kan sitta fast om bilen är äldre.
5 Om en slang sitter fast envist, försök ta bort den från röränden med en vridrörelse. Se till att inga röränder på känsliga komponenter skadas, t ex på kylaren. Försök att försiktigt lossa den slang som har fastnat med skruvmejsel eller liknande utan att använda för mycket våld.

 Om allt annat misslyckas, skär av slangen med en kniv, slitsa den sedan på längden så att den kan tas bort i två delar. Detta kan vara ett dyrt alternativ, men är dock att föredra framför att köpa en ny kylare. Kontrollera först att nya slangar finns tillgängliga.

6 Smörj in röränderna med diskmedel eller lämpligt smörjmedel för gummi innan den nya slangen installeras. Använd inte olje eller smörjfett vilket kan angripa gummit.

**7** Placera slangklämmorna över slangändarna och placera slangen över rörändarna. Tryck slangen på plats. När slangen sitter rätt, placera och drag åt slangklämmorna.
**8** Fyll på systemet med kylvätska enligt beskrivning i avsnitt 1. Starta motorn och kontrollera att systemet inte läcker.
**9** Kontrollera och vid behov drag åt slangklämmorna efter 40-50 mil.
**10** Fyll på kylvätskan vid behov.

## 3 Kylare - demontering, kontroll och montering

**Observera:** *Om orsaken till kylarbyte är läckage, kan det vara idé att först försöka täta kylaren med ett tätningsmedel. Tätningsmedlet tillsätts kylmedlet, och kan ofta lösa smärre problem med kylaren på plats.*

### Demontering

**1** Kylaren, inklusive kylfläkt, demonteras uppifrån från motorrummet. Lyft först upp bilens främre del och stöd den på pallbockar.
**2** Ta bort den negativa kabeln från batteriet.
**3** Skruva bort skruvarna och ta bort luftavskiljaren i mitten under kylaren. På tidigare modeller kan det vara nödvändigt att montera bort kylargallret, se kapitel 11.
**4** Tappa av kylvätskan enligt beskrivning i kapitel 1.
**5** På vissa modeller med luftkonditionering kan det bli nödvändigt att skruva loss och ta bort de undre fästskruvarna från kondensorn.
**6** Lossa klämman och ta bort den övre kylarslangen **(se bild)**.
**7** I förekommande fall, ta bort inloppsröret till luftrenaren.
**8** På modeller med luftkonditionering, skruva loss och ta bort de övre fästskruvarna från kondensorn.
**9** På turbomodeller, koppla bort ledningarna från tryckförstärkarventilen och avlägsna den från fästet på fläkthuven.
**10** Koppla bort ledningarna från kylfläkten i kylaren och från termostatbrytaren.
**11** På modeller med oljekylare, skruva loss den övre fästskruven och lossa de undre skruvarna från oljekylaren. För enheten åt sidan.

**3.6 Demontering av den övre kylarslangen**

**12** Lossa klämmorna och koppla loss slangen till expansionskärlet samt kylarens nedre slang.
**13** I förekommande fall, lossa tändspolsfästet från kylarens tvärbalk.
**14** På modeller med automatväxellåda, lossa anslutningarna och koppla loss slangarna från kylarens högra behållare. Täck för slangändarna för att hindra att damm och smuts tränger in i hydraulsystemet.
**15** Skruva loss och ta bort kylarens övre fäste mitt på kylaren **(se bild)**. Lyft därefter upp kylaren från de undre gummifästena och lyft ut den från motorrummet.
**16** Vid behov, ta bort de nedre gummifästena från tvärbalken och lyft bort kylfläkten.

### Kontroll

**17** Om kylaren har tagits bort på grund av misstänkt stopp i kylaren skall den spolas baklänges enligt beskrivning i kapitel 1. Rengör kylarlamellerna från smuts och skräp med tryckluft (se i så fall till att ögonen skyddas) eller en mjuk borste. Var försiktig, lamellerna är vassa och kan lätt skadas.
**18** Vid behov kan man låta en kylarspecialist utföra ett "flödestest" för att konstatera om inre blockering föreligger.
**19** Läckande kylare skall lämnas till specialist för reparation. Försök inte att på egen hand svetsa eller löda kylarläckage.
**20** Om kylaren skall lämnas för reparation eller byte skall också kylfläkten tas bort.
**21** Byt även ut gummifästena vid behov.

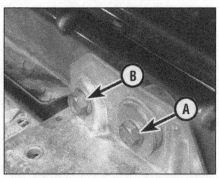
**3.15 Kylarens övre fästskruv (A). Fästskruv för luftkonditioneringens kondensor (B)**

### Montering

**22** Montering sker i omvänd ordning. Följande punkter bör uppmärksammas.
a) *Se till att kylarens nedre fästen sitter ordentligt på plats i gummifästena på tvärbalken.*
b) *Anslut slangarna, se avsnitt 2.*
c) *Fyll slutligen på med kylvätska enligt beskrivning i kapitel 1.*

## 4 Termostat - demontering, kontroll och montering

### Demontering

**1** Termostaten är placerad på topplockets vänstra sida (växellådssidan).
**2** Tappa av kylvätskan enligt beskrivning i kapitel 1.
**3** På B204- och B234-motorer skall luftmängdsmätare, eller ventilationskanaler (vilket som är aktuellt) demonteras, se kapitel 4A. Demontera även slangen till tomgångsluftventilen från gasspjällhuset.
**4** På modeller utan turbo, lossa fästskruvarna till bränsletryckregulatorn och för den åt sidan **(se bild)**. Ta också bort staget från kåpan.
**5** På turbomotorerna B204 och B234 skall staget till termostathuset lossas. Lossa även klämman och ta bort gasspjällhusets förvärmarslang.
**6** Lossa skruvarna från termostathuset och lyft bort det **(se bilder)**. Knacka försiktigt med

**4.4 Fästskruvar till bränsletryckregulator och stag på termostathusets kåpa**

**4.6a Skruva loss fästskruvarna . . .**

**4.6b . . . och demontera termostathuset**

4.7 Termostaten i topplocket med luftuttaget upptill

5.10 En av elkylfläktens övre fästskruvar

6.2 Elkylfläktens termostatströmställare längst ner i kylaren

en mjuk hammare för att lossa den från packningen om den sitter fast.
7 Notera hur termostaten är placerad, med luftuttaget upptill, bänd därefter ut den från huset **(se bild)**.

### Kontroll

8 Termostaten kan kontrolleras genom att den sänks ned med snöre i ett kärl med vatten. Värm vattnet till kokpunkten - termostaten skall öppna när vattnet når kokpunkten. Byt termostaten om detta inte sker.
9 Använd en termometer för att fastställa termostatens exakta öppningstemperatur; jämför med angivna värden i Specifikationer. Öppningstemperaturen är även angiven på termostaten.
10 Termostat som inte stängs när vattnet svalnar måste också bytas.

### Montering

11 Montering sker i omvänd ordning. Följande punkter bör uppmärksammas.
a) Granska tätningsringen och byt ut den om den är skadad eller sliten.
b) Kontrollera att termostaten är korrekt monterad enligt notering som gjordes före demontering. Luftuttaget skall vara överst.
c) I förekommande fall, sätt tillbaka luftrenaren och/eller ventilations-kanalerna, enligt beskrivning i kapitel 4.
d) Fyll slutligen på kylvätska i kylsystemet enligt beskrivning i kapitel 1.

### 5 Elkylfläkt - kontroll, demontering och montering

### Kontroll

1 Elkylfläktens strömtillförsel sker direkt från batteriet (se kapitel 5), en säkring (se kapitel 12) och ett relä placerat framför batteriet på vänster sida i motorrummet. Kretsen avslutas med en termostatströmställare till elkylfläkten vilken är monterad i kylarens högra behållare. På luftkonditionerade modeller styrs kylfläkten även av luftkonditioneringens styrenhet - se avsnitt 6.

2 Om fläkten inte tycks fungera skall motorn köras tills normal driftstemperatur är nådd, låt motorn därefter gå på tomgång. Fläkten skall aktiveras inom några minuter (strax innan temperaturvisaren kommer in i det röda området på mätaren). På modeller med luft-konditionering, när denna slås på, skall kylfläkten likaledes aktiveras, då samma fläkt används till att suga luft genom luft-konditioneringens kondensor. Om fläkten inte fungerar, slå av tändningen och lossa kabelpluggen från kylfläktströmbrytaren på kylaren. Koppla ihop båda kontakterna i kabelpluggen med en ledningsbit. Om fläkten fungerar nu är troligen strömbrytaren defekt och bör bytas.
3 På modeller med 2-hastighetsfläkt kan motståndet vara defekt om fläkten endast fungerar på en hastighet. Kontrollera motståndet med ohmmeter och vid behov byt ut motståndet enligt beskrivning nedan.
4 Om fläkten fortfarande inte fungerar, kontrollera batterispänningen i ledningen till strömbrytaren; om ingen spänning finns är ledningen defekt (troligen orsakat av säkringsfel). Om ledningen är spännings-förande, kontrollera att kontinuitet föreligger mellan strömställarens jordanslutning och en bra jordningspunkt på karossen; i så fall är jordningen felaktig och måste göras om.
5 Om strömställare och ledning är i gott skick är felet troligen i själva motorn. Motorn kan kontrolleras genom att den kopplas bort från kablagehylsan och 12 volts spänning direkt-ansluts.

### Demontering

6 Lossa batteriets negativa anslutning.
7 Lossa ledningarna till elkylfläkten.
8 Där tändspolen är placerad på kylarens tvärbalk, lossa tändkabeln från ström-fördelarlocket .
9 På modeller med turbo, lossa ledningarna till strömförstärkningsventilen, ta därefter bort ventilen från fästet på turbons rotorhus och placera den åt sidan.
10 Lossa och ta bort kylfläktens övre fästskruvar på kåpan **(se bild)**, dra ut kåpan något och ta bort kabelklämman.
11 Dra åt handbromsen, hissa upp främre delen av bilen och placera pallbockar under

den (se 'Lyftning, bogsering och hjulbyte').
12 Ta bort luftavskiljaren mitt under kylaren.
13 Lossa undre fästskruven från fläktkåpan och lyft ut kåpan med motor och fläkt uppåt ur motorrummet.
14 Placera enheten på en arbetsbänk och skruva bort motorns fästmuttrar. På fläkt med två hastigheter, ta bort motståndet genom att borra ur poppnitarna. Ta bort strömbrytarna från kåpan och lyft ut motor och fläkt.

### Montering

15 Montering sker i omvänd ordning. Där så behövs, montera nya poppnitar för att fästa motståndet till 2-hastighetsfläkten. Mot-ståndet kan bytas om så behövs genom att ledningarna klipps bort och nya motstånds-ledningar löds fast.

### 6 Kylsystemets elströmställare - kontroll, demontering och montering

### Termostatströmställare till elkylfläkt

### Kontroll

1 Tillvägagångssätt för kontroll av ström-ställaren beskrivs i avsnitt 5 som del av kontrollrutinerna för elkylfläkten.

### Demontering

2 Strömställaren är placerad längst ner i kylarens högra behållare **(se bild)**. Motor och kylare skall vara kalla innan strömställaren kan tas bort.
3 Tappa av kylvätskan enligt beskrivning i kapitel 1. Alternativt kan öppningen i kylaren efter strömställaren pluggas igen när den tas bort. Om den senare metoden används, var noga med att inte skada kylaren och se till att inga främmande ämnen kan komma in i kylaren.
4 Lossa kontakten från strömställaren.
5 Skruva försiktigt loss strömställaren från kylaren. Om kylsystemet inte har tappats på kylvätska, täpp igen öppningen efter ström-ställaren så att inte kylvätskan rinner ut.

## Montering

**6** Rengör strömställarens gängor ordentligt, montera därefter strömställaren i omvänd ordningsföljd. Dra åt den ordentligt och fyll på kylsystemet enligt beskrivning i kapitel 1.
**7** Starta slutligen motorn och låt den gå tills normal driftstemperatur är nådd. Fortsätt att låta motorn gå för att kontrollera att kylfläkten aktiveras och stängs av som den ska.

### Kylvätsketempgivare

#### Kontroll

**8** Givaren är placerad i topplockets vänstra del, vid termostaten.
**9** Temperaturmätarens strömtillförsel sker via tändningen och en säkring. Temperatur-mätarens jordanslutning styrs av givaren. Givaren innehåller en termistor, en el-komponent vars elmotstånd minskar allt-eftersom temperaturen ökar enligt en inställd skala. När kylvätskan är kall är givarens motstånd högt, strömflödet genom mätaren minskas och mätarnålen pekar på det blå (kalla) området på skalan. Allt eftersom kylvätskans temperatur stiger och givarens motstånd minskar, ökar strömflödet och mätarnålen rör sig mot den övre änden på skalan. Om givaren är defekt måste den bytas.
**10** Om fel uppstår i mätaren skall övriga instrument först kontrolleras. Om inte heller de fungerar, kontrollera strömtillförseln till instrumentpanelen. Är avläsningarna oregel-bundna kan spänningsstabilisatorn vara defekt och skall då bytas (spännings-stabilisatorn är inbyggd i instrumentpanelens kretskort - se kapitel 12). Om endast temperaturmätaren är defekt skall den kontrolleras på följande sätt.
**11** Om mätarnålen är kvar i det "kalla" området på skalan trots att motorn är varm, koppla bort givarens kontakt och jorda den aktuella ledningen till topplocket. Om nålen gör utslag när tändningen slås på är givarenheten defekt och skall bytas. Om nålen fortfarande inte ger utslag, tag bort instrumentpanelen (se kapitel 12) och kontrollera kontinuiteten i ledningen mellan givarenhet och mätare, och tillförseln till mätarenheten. Om kontinuitet föreligger och felet fortfarande uppträder är mätaren defekt och mätarenheten bör bytas.
**12** Om mätarnålen är kvar i det "heta" området på skalan trots att motorn är kall, koppla bort givarledningen. Om nålen då flyttas till det "kalla" området på skalan är givarenheten defekt och bör bytas. Om nålen fortfarande inte rör sig skall resten av kretsen kontrolleras enligt tidigare beskrivning.

#### Demontering och montering

**13** Tillvägagångssättet liknar det som redan beskrivits för temostatströmställaren till elkylfläkten, kontrollera dock (och vid behov byt ut) koppartätningsbrickorna. På vissa modeller är det svårt att komma åt strömställaren, andra komponenter kan därför behöva tas bort (eller slangar, ledningar etc flyttas åt sidan) innan givarenheten blir tillgänglig.

### Bränsleinsprutningssystemets kylvätsketempgivare (Bosch LH-Jetronic)

#### Kontroll

**14** Tempgivaren är inskruvad i flänsen på insugningsgrenrörets fläns på topplockets bakre del.
**15** Givaren utgörs av en termistor (se punkt 9). Bränsleinsprutningens elektroniska styr-enhet (ECU) tillför givaren ström enligt för-inställning, och genom att mäta strömflödet i givarkretsen kan den fastställa motorns temperatur. Denna information används i kombination med andra avgivna värden för att styra insprutarens öppningstid (pulsbredd).
**16** Om givarkretsen skulle upphöra att förmedla nödvändig information, eller vid kabelbrott, fortsätter ECU:s reservfunktion att fungera med förutsättningen att motorns temperatur är 20°C. I dylika fall möjliggör alltså ECU att bränsleinsprutningen kan fortsätta att fungera, dock med reducerad kapacitet. Om detta inträffar tänds varningslampan på instrumentpanelen. I sådant fall bör en auktoriserad Saabverkstad uppsökas för konsultation.
**17** Kontrollera givaren genom att koppla bort multikontakten från bränsleinsprutnings ECU (se kapitel 4A). Anslut därefter lämplig ohmmätare till terminalerna 2 (gul) och 11 (svart) för att kontrollera att motståndet i givaren motsvarar angivet värde i Specifikationer.
**18** Om motståndsvärdet överskrider angivet värde, koppa bort ledningskontakten från givaren och använd ohmmetern för att kontrollera motståndet i själva givaren. Om rätt värde erhålls är antingen anslutningsdonet korroderat eller ledningarna defekta. Om rätt värde inte erhålls skall nytt motstånd installeras. När motstånd och ledningar är kontrolerade, anslut ledningarna igen till ECU och givaren.

#### Demontering och montering

**19** Tillvägagångssättet liknar det som redan beskrivits för termostatströmställaren till elkylfläkten. På vissa modeller är det svårt att komma åt strömställaren, andra komponenter kan därför behöva tas bort (eller slangar, ledningar etc flyttas åt sidan) innan givarenheten blir tillgänglig.

### Bränsleinsprutningssystemets kylvätsketempgivare (Trionic)

#### Kontroll

**20** Kylvätsketempgivaren är iskruvad i flänsen på insugningsgrenröret på topp-lockets bakre del. På modeller med sugmotor blir kylvätsketempgivaren åtkomlig genom att övre insugningsröret demonteras enligt beskrivning i Kapitel 4A.
**21** Givaren fungerar på samma sätt som givaren i LH-Jetronic-systemet vilken beskrivits i punkterna 15 och 16.
**22** Kontrollera givaren genom att koppla bort ledningspluggen från givaren baktill på topplocket och kontrollera motståndet i internkretsen med en ohmmeter. Vid behov kan givaren behöva demonteras och kontrolleras i ett kärl fyllt med vatten som värms upp. Motståndsvärdet skall motsvara angivet värde i Specifikationer.
**23** Om motståndsvärdet överskrider angivet värde är antingen anslutningsdonet korroderat eller ledningen defekt. Kontrollera ledningarna och installera givaren, om den hade demonterats, och anslut ledningarna.

#### Demontering och montering

**24** Tillvägagångssättet liknar det som redan beskrivits för termostatströmställaren till elkylfläkten.

---

### 7  Vattenpump - demontering och montering

### B202 (motorer utan balansaxlar)

#### Demontering

**1** Vattenpumpen, som drivs av en drivrem, är monterad i motorns främre högra del (se bild).
**2** Dra åt handbromsen, hissa upp bilens framdel och stöd den på pallbockar (se 'Lyftning, bogsering och hjulbyte'). Ta bort det högra framhjulet.
**3** Ta bort luftavskiljaren mitt under kylaren och tappa av kylvätskan enligt beskrivning i kapitel 1.
**4** Ta bort plastlisten och främre delen av innerskärmen från höger hjulhus.
**5** Ta bort drivrem(-mar) enligt beskrivning i Avsnitt 1.
**6** Lossa skruvarna och ta bort remskivan från drivflänsen på vattenpumpen.
**7** Lossa och ta bort drivremspännarens remskiva.
**8** Lossa skruven som fäster oljekylar-slangarna vid transmissionskåpan.
**9** Lossa skruven som fäster vattenröret vid motorblocket, dra loss röret från vatten-pumpen. Ta bort O-ringen.

**7.1 Vattenpumpens placering på B202-motorn**

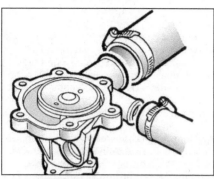

**7.11 Demontering av vattenpump från transmissionskåpa (B202 motor)**

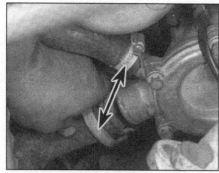

**7.33 Demontera slangarna från vattenpumpen**

**7.35 Demontering av skivan från vattenpumpens fläns**

10 Lossa klämmorna och koppla bort slangarna från vattenpumpen.
11 Lossa fästskruvarna och ta bort vattenpumpen från transmissionskåpan **(se bild)**. Ta bort packningen.
12 Rengör tätningsytorna på pump och motorblock.

## Montering

13 Se till att alla tätningsytor är rengjorda. Placera en ny tätning på transmissionskåpan.
14 Placera vattenpumpen på tätningen och montera fästskruvarna. Dra åt dem enligt angivet åtdragningsmoment.
15 Anslut slangarna och dra åt klämmorna.
16 Placera en ny O-ring på vattenröret och installera röret i vattenpumpen. Skruva i och

**7.36 Lossa vattenpumpens övre fästskruv, som också håller stödet för lambdasondens kablage**

dra åt skruven som fäster vattenröret på motorblocket.
17 Sätt i och dra åt skruven som fäster oljekylarslangarna vid transmissionskåpan.
18 Montera remspännarens skiva och se till att plåten placeras i fästets skåra.
19 Montera skivan på vattenpumpens drivfläns, sätt i och dra åt skruvarna enligt angivet åtdragningsmoment.
20 Montera och spänn drivrem (-mar), se kapitel 1.
21 Kontrollera att avtappningspluggen till kylaren sitter tätt, montera mittkylluftplåten.
22 Fyll på kylvätska i kylssytemet, se Avsnitt 1.
23 Kör motorn till normal driftstemperatur och kontrollera ev läckage, stanna i så fall motorn.
24 Montera plastlisten och främre delen av inneskärmen i höger hjulhus.
25 Montera högra framhjulet och sänk ner bilen.

## B204/B234 (motorer med balansaxel)

### Demontering

26 Vattenpumpen, som drivs av en drivrem, är monterad i motorns främre högra del.
27 Dra åt handbromsen, lyft upp bilens främre del och stöd den på pallbockar (se *'Lyftning, bogsering och hjulbyte'*).
28 Ta bort luftavskiljaren mitt under kylaren och tappa av kylvätskan enligt beskrivning i kapitel 1.

29 Ta bort expansionskärlet från sitt fäste. På modeller t o m 1991, skruva loss skruven; på senare modeller lossas klämman.
30 Lossa klämman och ta loss expansionskärlets nedre slang. Där så är aktuellt, koppla bort kylvätskenivågivaren från expansionskärlet.
31 Dra i den flerspåriga drivremmen så att den automatiska remspännaren dras tillbaka, spärra remspännaren i detta läge genom att installera ett hemmagjort redskap (se kapitel 1) i specialspåren. Ta bort drivremmen från luftkonditioneringskompressorn och vattenpumpens remskivor.
32 Placera en kartongbit över oljekylaren och kylarens övre tvärbalk. Koppla bort ledningarna från luftkonditioneringskompressorn. Skruva loss kompressorn **utan** att lossa kylmedelrören - ta även bort fästet.
33 Lossa klämmorna och koppla bort slangarna från vattenpumpen **(se bild)**.
34 På modeller med turbo, ta bort klämmorna till lambdakablarna, ta därefter bort kylvätskeröret från turbo och vattenpump.
35 Lossa skruvarna och ta bort skivan från vattenpumpens drivfläns **(se bild)**.
36 Skruva loss de tre fästskruvar som fäster vattenpumpen vid transmissionskåpan. Notera att den övre skruven också håller stödet för lambdasondens kablage **(se bild)**.
37 Bänd försiktigt ut vattenpump och mellanstycke från motorblocket, lossa samtidigt kylvätskeröret från vattenpumpen.

**7.37a Demontera vattenpumpen och mellanstycket från motorblocket**

**7.37b Koppla loss kylvätskeröret från öppningen i pumpen**

**7.37c Demontera adaptern från vattenpumpen . . .**

7.37d . . . och ta vara på O-ringarna

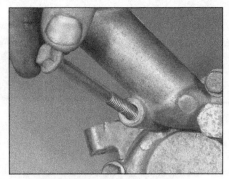

7.38a  Skruva loss skruvarna . . .

7.38b . . . dela på pumphuset . . .

Var försiktig så att lambdasonden inte skadas (om sådan finns). Ta bort adaptern från pumpen, ta reda på O-ringarna (se bilder).
38 Lossa skruvarna och dela på pumphuset. Ta bort packningen (se bilder).
39 Rengör tätningsytorna på pump och pumphus.

## Montering

40 Se till att alla tätningsytor är rengjorda. Placera vattenpumpen i pumphuset med en ny packning. Skruva i och dra åt skruvarna.
41 Stryk lite vaselin på de nya O-ringarna och placera dem på mellanstycke, vattenpump och kylvätskerör.
42 Placera vattenpumpen på transmissionskåpan; placera samtidigt mellanstycket i motorblocket och koppla i änden på kylvätskeröret. Sätt tillbaka labdasondens kablagestöd på den övre skruven, skruva därefter i skruvarna och dra åt dem enligt angivet åtdragningsmoment.
43 Placera skivan på drivflänsen, sätt i och dra åt skruvarna.
44 På modeller med turbo, montera kylvätskerören på turbo och vattenpump, montera lamdakablagets kabelklämmor.
45 Anslut slangarna till vattenpumpen, placera ut klämmorna och dra åt dem.
46 Montera luftkonditioneringskompressor och fäste, anslut ledningarna.
47 Placera den flerspåriga drivremmen på remskivorna. Dra i drivremmen för att dra tillbaka den automatiska remspännaren, ta bort spärredskapet. Släpp drivremmen och se

till att den är korrekt placerad i remskivespåren.
48 Där så är aktuellt, anslut motorns kylvätskenivågivare till expansionskärlet.
49 Anslut nedre slangen till expansionstkärlet och dra åt klämman.
50 Montera expansionskärlet, dra åt skruven alternativt sätt tillbaka klämman.
51 Kontrollera att avtappningspluggen till kylaren sitter tätt, montera luftavskiljaren under kylaren.
52 Fyll på kylvätska i kylsystemet, se kapitel 1.
53 Kör motorn till normal driftstemperatur och kontrollera om det förekommer läckage, stanna i så fall motorn.
54 Sänk ner bilen.

## 8  Värme-/ventilationssystem - allmän beskrivning

1 Tre typer av värme-/ventilationsanläggning kan vara monterade - ett manuellt styrt standardsystem, standardsystem med manuellt styrd luftkonditionering, eller ett system med automatisk klimatkontroll (ACC), som håller jämn temperatur inne i bilen oavsett utomhustemperaturen. Grundsystemet för värme och ventilation finns i alla modeller och består av luftkanaler från en centralt belägen värmeanläggning till en centralt placerad ventilator och två sidoventilatorer. En förlängning från värme-

anläggningens nedre del går genom mittkonsolen till golvet vid baksätet. En fläktmotor med fyra hastigheter är monterad.
2 Värme- och ventilationsreglagen är monterade mitt på instrumentbrädan. Kabelstyrda klaffventiler finns i luftfördelningskåpan där luften distribueras till bilens olika kanaler och ventilatorer.
3 Kalluft sugs in i systemet genom intaget vid vindrutans nedre del. Vid behov kan luftflödet förstärkas av en fläkt. Därefter strömmar luften genom de olika kanalerna i enlighet med reglagens inställning. Gammal luft avlägsnas genom kanaler i bilens bakre del. Vid behov av varmluft strömmar kalluften över värmeväxlare som värms upp av motorns kylvätska.
4 På senare modeller finns luftcirkulationsfläktar i bakdörrarna (se bild).
5 På modeller med luftkonditionering finns ett reglage för återcirkulation som stänger av lufttillförsel utifrån och återcirkulerar luften i bilen. Denna funktion, som hindrar otrevliga lukter att komma in i bilen, skall bara användas under korta perioder eftersom återanvänd luft snart blir ofräsch.

## 9  Värme-/ventilationskomponenter - demontering och montering

### Värmefläktmotor (modeller utan ACC eller luftkonditionering)

#### Demontering

1 Lossa batteriets negativa anslutning.
2 Ta bort luftfiltret enligt beskrivning i kapitel 1.
3 Lossa ledningarna till fläktmotorn och motstånden.
4 Lossa den inre kabeln från temperaturstyrningsklaffen på värmeväxlaren.
5 Använd en skruvmejsel för att lossa klämmorna på var sida om fläktmotorkåpan.
6 Tryck kåpan nedåt och ta därefter bort den genom att föra den mot bilens högra sida. Ta bort kåpan från bilen
7 Lossa mittenskruven, ta bort klämmorna samt gallret vid utflödesöppningen.
8 Dela på fläktmotorkåpan.

7.38c . . . och ta bort packningen

8.4  Luftcirkulationsfläktens motor i bakdörren

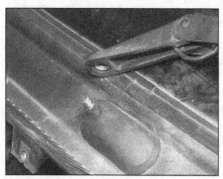
9.13a Demontering av torkararmarna . . .

9.13b . . . och plastskydden

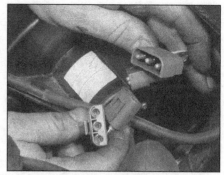
9.15 Lossa värmefläktmotorns och torkarmotorns kablage

**9** Lossa fästskruven till motorn, lyft av bly-överdraget och ta sedan bort motorn från fläkthjulet.

## Montering

**10** Montering sker i omvänd ordning.

## Värmefläktmotor (modeller med luftkonditionering och/eller ACC)

### Demontering

**11** Lossa batteriets negativa anslutning.
**12** Demontera motorhuven enligt beskrivning i kapitel 11.
**13** Ta bort vindrutetorkarna och plast-skydden enligt beskrivning i kapitel 12 **(se bilder)**.

**14** Ta vid behov bort kåporna från förångaren och torkarmotorn.
**15** Lossa kablaget från värmefläktmotor och torkarmotor **(se bild)**.
**16** Lossa skruvarna och ta bort värmeplåten baktill i motorrummet.
**17** Ta försiktigt bort plastavloppsprofilen strax under vindrutan på följande sätt. Ta först bort plastgavlarna och bänd sedan upp profilen med en skruvmejsel vid låsnitarna. Ta reda på nitarna och dra loss profilen **(se bilder)**.
**18** Ta bort skruvarna till den elektroniska styrenheten (ECU) och för den åt ena sidan.
**19** Bänd loss länkstaget, skruva loss fästskruvarna och ta bort torkarmotorn (vid behov, se kapitel 12).

**20** Lossa värmepaketets kylslangar från klämman på torpedväggen. Notera var slangen var placerad.
**21** Tappa av kylsystemet enligt beskrivning i kapitel 1 (tappa alternativt ut några liter kylvätska), lossa därpå klämmorna till värmepaketets slangar. Ta bort slangarna från värmepaketet **(se bild)**.
**22** Där så behövs, ta bort gasspjällets dämpklocka. Koppla loss vakuumslangen från farthållaradaptern på torpedväggen och lossa slangen från värmemotorhuset **(se bilder)**.
**23** Lossa och ta bort fästskruvarna till farthållarens vakuumpump och flytta den åt sidan. Ta bort vakuumslangen från den svarta avloppsöppningen på pumpen.

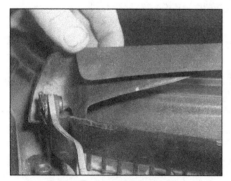
9.17a Ta loss plastgavlarna

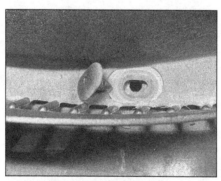
9.17b Lossa låsnitarna . . .

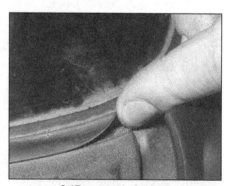
9.17c . . . och dra bort plastavloppsprofilen

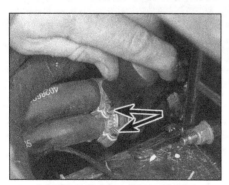
9.21 Koppla loss slangarna från värmepaketet

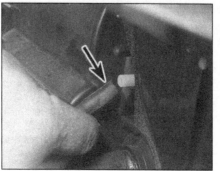
9.22a Koppla loss slangen från farthållarens vakuumadapter på torpedväggen

9.22b Lossa vakuumslangen från klämman på motorhuset

9.24a  Skruva loss förångarens främre . . .

9.24b  . . . och bakre fästskruvar . . .

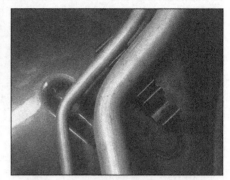

9.24c  . . . och lossa kylmedelrörens klämmor

24  Lossa skruvarna till förångaren och ta bort klämmorna som fäster kylmedelrören **(se bilder)**.
25  Ta bort den inre kabeln från temperaturkontrollventilen på sidan av fläktmotorns kåpa **(se bild)**.
26  Flytta förångaren och kåpan så långt som möjligt åt höger. Var försiktigt så att inte kylmedelrören skadas.
27  Öppna låsklämmorna eller skruva ut fästskruvarna (vilket som gäller) och demontera fläktmotorenheten **(se bild)**, vilken måste först vridas diagonalt för att inte ta i torpedväggen.
28  Placera fläktmotorn på en arbetsbänk och lossa mittenskruven. Ta bort plastfästet, lossa klämmorna och dela fläktmotorkåpan **(se**

**bilder)**. Notera halvornas placering för att underlätta monteringen.
29  Lossa motorns fästskruv, lyft upp kablagekåpan och ta bort motorn från kåpan **(se bilder)**.

## Montering

30  Montering sker i omvänd ordning. När värmeplåten monteras, se till att inte dra i ledningarna från kylfläktens styrenhet. När plastavloppsprofilen monteras, se till att den placeras under vindrutans underkant.

### *Värmepaket*

## Demontering

31  Demontera fläktmotorn enligt föregående beskrivning.

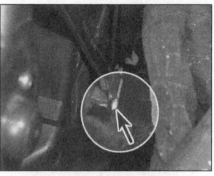

9.25  Koppla loss temperaturkontrollventilens vajer på sidan av värmefläktkåpan

9.27  Demontering av värmefläktmotorn

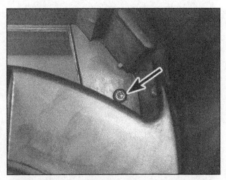

9.28a  Skruva ut mittskruven (vid pilen) . . .

9.28b  . . . ta loss plastfästet. . .

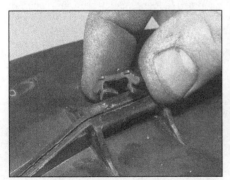

9.28c  . . . lossa klämman . . .

9.28d  . . . dela på fläktkåpan

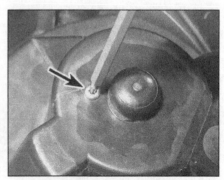

9.29a  Lossa motorns fästskruv . . .

9.29b . . . lyft upp kablagekåpan . . .

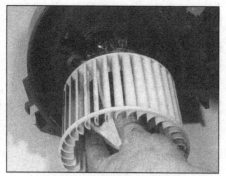
9.29c . . . och ta ut motorn

9.34 Demontering av värmepaketet

**32** Tappa av kylsystemet enligt kapitel 1, om detta inte redan är gjort.

**33** Lossa klämmorna och koppla loss slangarna från värmepaketet, om detta inte redan är gjort.

**34** Palla upp förångarkåpan så högt som möjligt och demontera värmepaketet från värmarhuset **(se bild)**. Om det behövs kan de in- och utgående rörändarna avlägsnas från värmepaketet efter det att specialklämmorna har tagits bort. Ta hand om O-ringarna.

**35** Undersök O-ringarna och byt ut dem vid behov.

### Montering

**36** Montering sker i omvänd ordning. När slangarna har anslutits, och innan återstående komponenter monteras, ska kylsystemet fyllas på och kontrolleras med avseende på läckage.

## Värmeväxlare

### Demontering

**37** Ta bort fläktmotorn och värmepaketet enligt ovanstående beskrivning.

**38** Ta bort instrumentbrädan enligt beskrivning i kapitel 11.

**39** Ta bort luftmunstycken, luftkanaler och vänster defrostermunstycke, lossa därpå höger defrostermunstycke.

**40** Ta bort luftkanalen till baksätet från värmeväxlaren.

**41** Ta bort ledningarna till servomotorn och fläktmotorn från värmeväxlaren.

**42** Lossa fästskruvarna till värmeväxlaren.

**43** Lossa ledningarna i motorrummet och dra gummigenomföringen åt sidan.

**44** Lyft ut värmeväxlaren snett uppåt. Notera att värmeväxlarens botten är placerad i en skåra i torpedväggen/instrumentbrädan.

### Montering

**45** Montering sker i omvänd ordning.

## Värmereglage (ej modeller med ACC)

### Demontering

**46** Ta bort handskfacket enligt beskrivning i kapitel 11. Ta även bort panelen under handskfacket.

**47** För upp handen bakom värmereglaget och lossa de fyra klämmorna. Dra ut panelen.

**48** Koppla bort länkstaget till luftfördelningsventilen, kugghjulet till temperaturventilen och samtliga anslutningsdon.

### Montering

**49** Montering sker i omvänd ordning, men lägg märke till följande.

a) Vid montering av kugghjulet till temperaturventilen, se till att både ventilen i motorrummet och kontrollknappen är inställd på KALLT .

b) Vid montering av länkstaget, vrid drevspindeln så långt moturs som det går och ställ därpå in luftreglaget i 0-läge. Anslut länkstaget så att den orangefärgade delen är placerad mot spindeln på reglagepanelen.

c) Kontrollera värmereglagens funktion vid avslutat arbete.

## Värmereglagekabel

### Demontering

**50** Ta bort handsfacket enligt beskrivning i Kapitel 11. Ta även bort panelen under handsfacket.

**51** Ta bort högtalargrillen. Lossa därpå skruvarna från instrumentpanelens övre del genom att bända upp framkanten och dra den framåt tills klämman släpper från bakre kanten.

**52** Lossa skruvarna och sänk panelen. Ta bort sidoluftmunstyckena och defrostermunstycket.

**53** För upp handen bakom värmereglaget och lossa klämmorna. Drag panelen framåt.

**54** Ta bort länkstaget från luftdistributionsventilen, lossa kugghjulet till temperaturstyrningskabeln från reglagepanelen.

**55** Ta bort den inre kontrollkabeln från temperaturventilen i motorrummet.

**56** Lossa klämman som fäster kabeln vid värmeväxlarhuset, ta bort kabeln.

### Montering

**57** Montering sker i omvänd ordning, men lägg märke till följande.

a) Då kabeln ansluts till ventilen i motorrummet, placera den yttre kabeln som på bilden **(se bild)**.

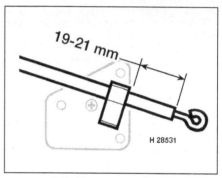
9.57 Monteringsmått för värmereglagekabel

b) Se monteringsinstruktioner i avsnitt 49.

c) Vid avslutat arbete, kontrollera att värmereglaget fungerar.

## Klimatkontrollpanel

### Demontering

**58** Lossa batteriets negativa anslutning.

**59** Dra försiktigt ut askkoppen och låt den hänga på ledningen.

**60** Tryck ut reglagepanelen komplett med reglaget, lossa kontakt och jordanslutning.

### Montering

**61** Montering sker i omvänd ordning.

## Givare till klimatanläggning

**62** Givarna till klimatanläggningen har följande placering. Solgivaren är placerad antingen på instrumentbrädans vänstra del eller överst i mitten av instrumentbrädan. Yttertempgivaren är placerad i luftinloppskammaren till värmeanläggningen och innertempgivaren mitt på instrumentbrädan. Blandluftgivaren är placerad mitt i värmeanläggningen.

### Innertempgivare

### Demontering

**63** Lossa batteriets negativa anslutning.

**64** Ta loss askkoppen från instrumentbrädan.

**65** Ta bort klimatkontrollpanelen enligt ovanstående beskrivning.

**66** Dra ut tempgivaren och koppla bort ledningarna.

## Montering

67 Montering sker i omvänd ordning, var försiktig så att slangen till givaren inte vrids.

## Yttertempgivare

### Demontering

68 Lossa batteriets negativa anslutning.
69 Ta bort torpedväggen från motorrummet.
70 Koppla bort ledningarna och tag bort givaren.

### Montering

71 Montering sker i omvänd ordning, se till att givarens metallyta monteras uppåt.

## Blandlufttempgivare

### Demontering

72 Lossa batteriets negativa anslutning.
73 Ta bort handskfacket, se kapitel 11.
74 Ta loss givaren från luftfördelarkåpan och koppla loss ledningarna.

### Montering

75 Montering sker i omvänd ordning.

## Solgivare

### Demontering

**Observera:** *På senare modeller är solgivaren monterad på instrumentpanelens huv.*
76 Lossa batteriets negativa anslutning.
77 Ta bort vänster högtalargaller.
78 Koppla loss ledningarna och ta bort givaren från den dubbelhäftande tejpen.

### Montering

79 Gör rent efter den dubbelhäftande tejpen och sätt fast den nya givaren med ny tejp. Återstående montering sker i omvänd ordning mot demontering.

## *Servomotorer till klimatanläggning*

### Demontering

80 Tryck ned den röda knappen på styrenheten tills 'HI' visas på skärmen.
81 Lossa batteriets negativa anslutning.
82 Ta bort handskfacket, se kapitel 11.
83 Lossa skruvarna och sänk strömfördelarpanelen.
84 Koppla loss ledningarna till servomotorer, fläktmotor och innertempgivare.

10.2a Luftkonditioneringens mottagarkärl är placerat i främre högra hörnet i motorrummet (senare modeller)

85 Koppla loss temperaturkontrollkabeln från servomotorn.
86 Lossa fästskruvarna och dra ut fästet med de elektriska servomotorerna.
87 Koppla loss slangen från innertempgivaren och lyft ut fästet med de elektriska servomotorerna.

### Montering

88 Dra ut reglagepanelen ett litet stycke från instrumentbrädan och montera fästet med motorerna. Se till att kugghjulet är korrekt placerat och att kabeln har anslutits på rätt sida om fästet. Sätt i fästskruvarna och dra åt dem.
89 Anslut ledningarna och koppla fast slangen på innertempgivaren.
90 Montera strömfördelarpanelen och dra åt skruvarna.
91 Montera handskfacket, se kapitel 11.
92 Sätt tillbaka batteriets negativa anslutning.

## *Luftcirkulationsfläktarnas motorer*

### Demontering

93 Demontera dörrklädseln, se kapitel 11.
94 Koppla loss kablaget, lossa fästskruvarna och lyft ut motorn.

### Montering

95 Montering sker i omvänd ordning.

---

### 10 Luftkonditionering - allmän beskrivning och säkerhetsföreskrifter

### *Allmän beskrivning*

1 Vissa modeller är utrustade med luftkonditionering. Med luftkonditionering kan temperaturen sänkas inne i bilen, och luften

avfuktas också, vilket höjer defrosterhastigheten och ökar komforten.
2 Kylningssidans funktion kan liknas vid ett kylskåps. Kylgasen sugs in i en remdriven kompressor, och passerar genom en kondensor på kylarens framsida, där den kyls ned och omvandlas till flytande form. Vätskan fortsätter genom ett mottagarkärl och en expansionsventil till ett förångningskärl där den omvandlas från vätska under högt tryck till gas under lågt tryck. Denna förändring åtföljs av en temperatursänkning som kyler ned förångningskärlet. Kylmedlet returneras till kompressorn, och förloppet börjar om på nytt **(se bilder)**.
3 På vissa modeller med automatisk klimatkontroll (ACC) är ett separat förångningskärl och fläktenhet monterade i bagageutrymmet.
4 Luften som sugs genom förångningskärlet leds till luftfördelarenheten. Två reglageknappar för luftkonditioneringssystemet är placerade till vänster om värmereglagepanelen, den ena knappen slår till/från luftkonditioneringen och den andra styr återcirkulationssystemet.
5 Systemets uppvärmningssida fungerar på samma sätt som på modeller utan luftkonditionering (se avsnitt 8).
6 Systemet styrs av en elektromagnetisk koppling på kompressorns remskiva. Samtliga problem med detta system bör överlåtas till Saabverkstad.
7 Luftkonditioneringens kompressor fungerar inte om kylmedelsnivån är under en specificerad nivå.

### *Säkerhetsföreskrifter*

8 Vid arbete med luftkonditioneringsystemet är det nödvändigt att viss försiktighet utövas. Om systemet behöver kopplas bort ska denna uppgift överlåtas till Saabverkstad eller annan specialist.

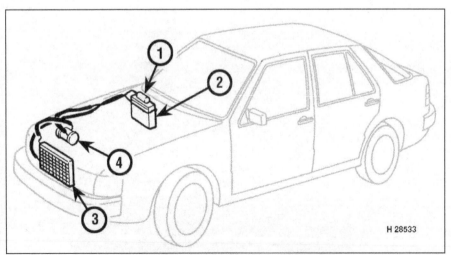

H 28533

10.2b Komponenter i luftkonditioneringssystemet

1 Mottagarkärl                3 Kondensor
2 Förångningskärl             4 Kompressor

*Varning: Kylningskretsen innehåller kylmedel i vätskeform under tryck och det kan vara farligt för en lekman att koppla bort delar av systemet utan specialistkunskap och -utrustning. Kylmedlet kan vara hälsovådligt och ska endast hanteras av specialister. Stänk på huden kan orsaka frostskador. Kylmedlet är inte giftigt i sig, men bildar en giftig gas i närheten av eldslåga (inklusive cigaretter). Okontrollerade utsläpp av kylmedel är farligt och kan skada miljön. Använd inte* luftkonditioneringen om systemet innehåller för liten mängd kylmedel eftersom det kan skada kompressorn.

## 11 Luftkonditionering, komponenter - demontering och montering

 *Varning: Kretsen för kylmedlet får inte öppnas. Läs försiktighetsföreskrifter i avsnitt 10.*

1 Den enda åtgärd som enkelt kan utföras utan avtappning av kylmediet är byte av kompressorrem. Detta är beskrivet i kapitel 1, avsnitt 22. Alla övriga åtgärder måste utföras av Saabverkstad eller annan luftkonditioneringsspecialist.

2 För att komma åt andra komponenter kan kompressorn skruvas loss och flyttas åt sidan, **utan** att de mjuka slangarna kopplas loss, efter det att drivremmen tagits bort.

3 Kondensorn blir åtkomlig om kylaren demonteras samt, vid behov, även mellankylaren.

# Kapitel 4 Del A:
# Bränsle- och avgassystem

## Innehåll

## Svårighetsgrader

| Enkelt, passar novisen med lite erfarenhet  | Ganska enkelt, passar nybörjaren med viss erfarenhet  | Ganska svårt, passar kompetent hemmamekaniker  | Svårt, passar hemmamekaniker med erfarenhet  | Mycket svårt, för professionell mekaniker  |
|---|---|---|---|---|

## Specifikationer

### System

| | |
|---|---|
| 1985 cc (1986 till 1993) ................................... | LH-Jetronic bränsleinsprutningssystem |
| 1985 cc (fr o m 1994) ..................................... | Saab Trionic SFi styrsystem |
| 2290 cc (1990 till 1992) ................................... | LH-Jetronic bränsleinsprutningssystem |
| 2290 cc modeller utan turbo (1993) ......................... | LH-Jetronic bränsleinsprutningssystem |
| 2290 cc modeller med turbo (fr o m 1993) .................... | Saab Trionic SFi styrsystem |

### LH-Jetronic bränsleinsprutning

| | |
|---|---|
| Luftventil, resistans (vid 20°C) ............................ | 40 till 60 ohm |
| Tomgångsventil, resistans (vid 20°C): | |
| LH version 2.2 | 20 ± 5 ohm |
| LH version 2.4, LH version 2.4.1 | 7 ± 5 ohm |
| LH version 2.4.2 | 12 ± 3 ohm |
| Bränslepump, kapacitet | 900 cc/30 sek (minimum) |
| Bränslemätargivare, resistens: | |
| Full tank ............................................. | 350 ohm |
| Tom tank ............................................. | 35 ohm |
| Tomgång: | |
| LH-Jetronic bränsleinsprutning utan tomsgångsreglering ......... | 850 ± 75 vpm |
| LH-Jetronic bränsleinsprutning med tomgångsreglering ......... | Regleras av tomgångsventil vid 850 ± 50 vpm (icke justerbart) |
| CO-halt vid tomgång: | |
| B202 Turbo (1985) ..................................... | 1,3 ± 0,3 % |
| B202i (fr o m 1986) .................................... | 1,0 ± 0,5 % |
| B234i (fr o m 1991) .................................... | 1,0 ± 0,5 % |

### Trionic styrsystem

Givare för grenrörets absoluta tryck (uttryckt i **absolut** tryck):

| Tryck | Spänning (cirka) |
|---|---|
| -0,75 bar ............................................. | 0,48 |
| -0,50 bar ............................................. | 0,95 |
| 0 bar ................................................. | 1,9 |

## Trionic styrsystem (forts)

| Tryck | Spänning (cirka) |
|---|---|
| 0,25 bar | 2,4 |
| 0,50 bar | 2,8 |
| 0,75 bar | 3,3 |

Inloppslufttempgivare (IAC):

| Temperatur (°C) | Spänning (cirka) |
|---|---|
| -30 | 4,5 |
| -10 | 3,9 |
| 20 | 2,4 |
| 40 | 1,5 |
| 60 | 0,9 |
| 80 | 0,54 |
| 90 | 0,41 |

Spjällägeskontakt:

| | Resistans | Spänning |
|---|---|---|
| Stift 1 och 2 | 1,6 till 2,4 | 5 ± 0,1 |
| Stift 2 och 3 - tomgång | 0,8 till 1,2 | 0,5 ± 0,4 |
| Stift 2 och 3 - vidöppet | 2,0 till 3,0 | 4,5 ± 0,4 |

Vevaxellägesgivare:
- Resistans (stift 1 och 2) ... 540 ± 55 ohm

Bränsletryckregulator:
- Tryck ... 3,0 ± 0,1 bar

Insprutare:
- Resistans vid 20°C:
  - Turbomotor ... 12,0 ± 0,35 ohm
  - Motor utan turbo ... 14,5 ± 0,35 ohm
- Insprutning, kapacitet:
  - Turbomotor ... 176 ± 14 ml/30 sek
  - Motor utan turbo ... 127 ± 10 ml/30 sek
- Max differens mellan insprutare:
  - Turbomotor ... 18 ml
  - Motor utan turbo ... 13 ml

Tomgångsventil:
- Resistans vid 20°C ... 7,7 ± 1 ohm

Bränslepump:
- Typ ... Elektrisk, nedsänkt i bränsletanken
- Kapacitet vid 3,0 bar ... 700 ml/30 sek (minimum)

Bränslemätarens givare, resistans ... 33 till 370 ohm

Tomgång ... Styrs av tomgångsventilen vid 850 ± 50 vpm (icke justerbar)

Tomgångsblandning ... Styrs av Lambdasond

## Turbo

Typ:
- Modeller från 1985 till 1988 ... Garrett T3
- Modeller från 1989 till 1990 (utan katalysator) ... Garrett TE05
- 1990 års modeller (med katalysator) ... Garrett T25
- 1991 års modeller (utom 9000 Aero med manuell växellåda) ... Garrett T25M
- Fr o m 1993 ... Garrett TD04

## Bränsletank

Volym:
- 1985 till 1988 års modeller ... 68 liter
- 1990 års och fr o m 1992 års modeller ... 66 liter
- 1991 års modeller ... 62 liter

## Åtdragningsmoment

| | Nm |
|---|---|
| Vevaxellägesgivare | 8 |
| Avgasgrenrör till topplock | 25 |
| Avgasgrenrör till turbon, muttrar: | |
| T3/TE05 | 40 |
| T25/TD04 | 22 |
| Avgassystem, flänsanslutningar | 40 |
| Främre avgasrör till turbo | 25 |
| Insugningsgrenrör: | |
| B202-motor | 18 |
| B234-motor | 22 |
| Intercooler till kondensorn, fästskruvar | 8 |
| Lambdasond | 55 |
| Oljekylarens övre anslutningsskruv | 18 |

## 1  Allmän beskrivning och säkerhetsanvisningar

Bränslesystemet består av en bränsletank som är monterad baktill (med en elektrisk bränslepump nedsänkt i tanken), bränslefilter och matar- och returrör för bränslet. Bränsletanken tillför bränsle till bränslefördelningsröret , som fungerar som en tank för de fyra insprutarna vilka sprutar bränsle till inloppskanalerna. Ett bränslefilter finns i bränsleledningen från pumpen till bränslefördelningsröret, för att kontrollera att bränslet är rent när det når insprutarna. Filtret är placerat mellan batteriet och värmeplåten på modeller med LH-Jetronic bränsleinsprutning, eller bredvid bränsletanken på modeller med Trionic styrsystem.

Bränsleinsprutningssystemet är från Bosch LH-Jetronic (modeller t o m 1993) eller av Saab Trionic typ (modeller fr o m 1993). Se avsnitt 8 beträffande en mer detaljerad beskrivning om hur insprutningssystemet i fråga fungerar, och avsnitt 22 beträffande information om avgassystemet.

Ett farthållarsystem är monterat som standardutrustning på de flesta modeller. Detta system låter föraren välja körhastighet, och därefter ta bort foten från gaspedalen. Farthållarsystemet kopplas ur automatiskt när kopplings- eller bromspedalen trampas ned, eller när systemet stängs av.

Vissa av modellerna är utrustade med turbo. Ytterligare information återfinns i avsnitt 17.

 *Varning: Många arbeten i detta kapitel kräver att bränslerör och anslutningar demonteras, vilket kan leda till att bränsle spills. Läs säkerhetsanvisningarna i kapitlet "Säkerheten främst!" i början av denna handbok innan arbete på bränslesystemet påbörjas, och följ reglerna noga.*
*Bensin innebär olycksrisker och försiktighet vid hantering av bensin kan inte nog betonas.*

## 2  Luftrenare - demontering och montering

### Demontering

1 Lossa klämman och ta bort slangen från luftrenarlocket.
2 Lossa klämmorna och lyft bort luftrenarens lock.
3 Demontera luftrenarfiltret (se kapitel 1 vid behov). På modeller med LH-Jetronic bränsleinsprutning skall filtret lyftas upp från den undre delen av huset. På modeller med Trionic styrsystem skall luftrenarelementet dras ut från det cylindriska huset.
4 Skruva loss fästskruvarna och ta bort luftrenaren från motorrummet, lossa luftkanalen vid behov.

### Montering

5 Montering sker i omvänd ordning.

## 3  Gasvajer - demontering, montering och justering

### Demontering

1 Lossa klämmorna och demontera luftkanalen från spjällhuset och insugningsgrenröret.
2 I förekommande fall, demontera röret för avgasåtercirkulation (EGR).
3 Lossa innervajern från spjällhusets kvadrant. Innervajerns ände kan vara fastspänd där, och då kommer en liten skruvmejsel att behövas för att bända bort klamman (se bild).
4 Dra bort klämman och lossa yttervajern från fästet på spjällhuset (se bild).
5 Dra bort isoleringen över gaspedalen inifrån bilen. På vänsterstyrda bilar, ta loss panelen till vänster om mittkonsolen. På högerstyrda bilar kan noteras att pedalen sträcker sig över till den vänstra sidan av instrumentbrädan varför det är nödvändigt att dra bort isoleringen även från denna sida.
6 På 1994 års modeller skall farthållarens kulkedja demonteras från låsplattan. Notera

plattans monteringsläge för att underlätta vid monteringen.
7 Medan gaspedalen hålls nedtryckt skall låsplattan lossas från vajern, lossa vajer och bussning från gaspedalen inne i bilen.
8 Sätt fast en bit snöre vid gasvajerns ände och använd en skruvmejsel för att trycka vajerflänsen från torpedväggen.
9 Dra in vajern i motorrummet, ta bort snöret och lossa vajern.

### Montering

10 Stryk lite vaselin på flänsen till gasvajern. Sätt fast en bit snöre eller kabel på den och dra den igenom torpedväggen. Tryck in flänsen i torpedväggen med en stor skruvmejsel.
11 Anslut vajer och bussning till gaspedalen inne i bilen.
12 Knyt upp snöret och montera låsplattan. Innan pedalen kan släppas upp skall låsplattan säkras med isoleringstejp.
13 På 1994 års modell, anslut farthållarens kulkedja i samma läge som innan den demonterades.
14 Montera isoleringen och, på vänsterstyrda bilar, montera panelen till väster om mittkonsolen.
15 Montera yttervajern på spjällhusets fäste och säkra den med klämman.
16 Anslut innevajern vid spjällhusets kvadrant och, vid behov, tryck ihop klamman med en tång (se bild).
17 Vrid justermuttern på yttervajern tills vajern är lagom spänd när pedalen är uppsläppt.
18 I förekommande fall, montera EGR-röret.
19 Montera luftkanalen mellan spjällhuset och insugningsgrenröret, dra åt klämmorna.

## 4  Gaspedal - demontering och montering

### Demontering

1 Använd en skruv eller liknande redskap för att hålla spjällhusets kvadrant öppen för att kunna lätta på vajerns spänning när den är losskopplad från pedalen.

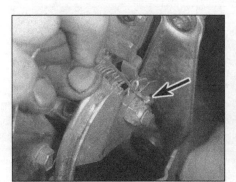
**3.3 Lossa den inre vajern (vid pilen) från gasspjällhusets kvadrant**

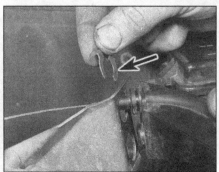
**3.4 Demontera den yttre vajerklämman som fäster gasvajern vid spjällhuset**

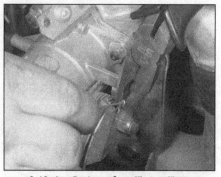
**3.16 Använd en tång för att fästa gasvajerns ände vid spjällhusets kvadrant**

**2** Inne i bilen, demontera isoleringen över pedalerna. På vänsterstyrda bilar demonteras panelen från mittkonsolens vänstra sida. På högerstyrda bilar demonteras isoleringen över fotutrymmet på passagerarsidan.
**3** Lyft pedalen och lossa innervajern efter det att klämman har lossats.
**4** Skruva loss fästskruvarna och ta bort pedalen.

## Montering

**5** Montering sker i omvänd ordning, se dock till att fästskruvarna dras åt ordentligt. Vid behov, justera gasvajern enligt beskrivning i avsnitt 3.

### 5 Farthållare - allmän beskrivning och demontering

## Beskrivning

**1** Farthållaren låter föraren välja körhastighet, för att sedan kunna ta bort foten från gaspedalen. Systemet kopplas ur när kopplings- eller bromspedalen trampas ner, eller när farthållarsystembrytaren stängs av. Två olika farthållarsystem är installerade i de modeller som omnämns i denna handbok. Båda versionerna har en egen elektronisk styrenhet, men den tidigare versionen använder vakuum för att förflytta gaspedalvajern, medan den senare versionen använder en stegmotor för att förflytta gasspaken på spjällhuset.
**2** Om fel skulle uppstå i konstantfarthållaren skall alla relevanta ledningar kontrolleras för att se om de är rätt monterade. Ytterligare åtgärder bör utföras av Saabverkstad som använder specialutrustning för att snabbt kunna finna felet.

### Tidigare modeller

**3** Farthållarsystemet som är monterat i tidigare modeller omfattar följande delar:
a) **Elektronisk styrenhet:** den elektroniska styrenheten (ECU - Electronic Control Unit) är placerad till höger under instrumentbrädan (högerstyrda bilar) eller

till vänster (vänsterstyrda bilar). ECUn lagrar de hastigheter som hastighetstransduktorn överför när "Set"-knappen är nedtryckt. Systemet är inte operativt vid hastigheter under 40 km/h eller över 180 km/h.
b) **Hastighetstransduktor:** hastighetstransduktorn är placerad vid instrumentpanelens bakre del. Den övervakar bilens hastighet och sänder signaler till vakuumpumpen för att öka eller minska vakuum för att reglera bilens hastighet.
c) **Farthållarbrytare:** huvudbrytaren för farthållarsystemet är placerad på höger sida om ratten och är sammanbyggd med blinkersreglaget.
d) **Vakuumpump och vakuumventil:** vakuumpumpen är placerad på högra delen av torpedväggen i motorrummet. När farthållarsystemet aktiveras går pumpen i gång men det producerade vakuumet regleras av vakuumventilen. Under vissa omständigheter stannar vakuumpumpen för att reducera vakuumet i vakuumregulatorn.
e) **Vakuumregulator:** vakuumregulatorn är placerad på ett fäste nära gaspedalen. Den omfattar en kulkedja som är infäst på gasvajern överst på gaspedalen. På högerstyrda modeller förlängs gaspedalen till det vänstra golvutrymmet och vakuumregulatorn är belägen under instrumentbrädan bakom handskfacket.
f) **Pedalbrytare:** brytare är monterade på broms- och kopplingspedalerna för att sätta systemet ur funktion när någon av pedalerna trycks ned. Båda brytarna har såväl en elektrisk som en vakuumfunktion. Om någon av pedalerna trycks ner bryts den elektriska anslutningen och vakuumpumpen stannar. Samtidigt avleds vakuumet i systemet genom brytarens interna port.

### Senare modeller

**4** Farthållarsystemet som är monterat i senare modeller omfattar följande delar:
a) **Styrenhet:** styrenheten omfattar en elektrisk stegmotor, vilken driver styrvajern som är infäst på spjällarmen på spjällhuset. Denna enhet matas med

information om bilens hastigheter via signaler som sänds från hastighets-mätaren i instrumentpanelen. Systemet fungerar inte vid hastigheter under 30 km/h eller över 220 km/h. När farthållarsystemet är aktiverat informeras styr-systemets ECU, via en signal, för att kunna utöva en jämnare styrning av bilens hastighet.
b) **Brytare:** huvudströmbrytaren för farthållarsystemet är belägen på vänster sida om ratten. Brytare är monterade på broms- och kopplingspedalerna för att sätta systemet ur funktion när någon av pedalerna trycks ned. Farthållarbrytaren på bromspedalen är jordad genom glödlamporna till bromsljusen, via bromsljusens huvudbrytare - om fel uppstår i denna krets kan farthållarsystemet inte fungera.
c) **Indikeringslampa:** indikeringslampan på instrumentpanelen tänds när farthållarsystemet är i funktion.

## Byte av komponenter - tidigare modeller

### Farthållarbrytare

**5** Brytaren är sammanbyggd med blinkersreglaget. Anvisningar för demontering och montering återfinns i kapitel 12.

### Hastighetstransduktor

**6** Demontera instrumentpanelen enligt anvisning i kapitel 12, demontera därefter panelens övre del för att komma åt transduktorn.

### Vakuumpump

**7** Pumpen är belägen till höger i motorrummet, på torpedväggen. Lossa ledningar och vakuumslangar, skruva därefter loss skruvarna till upphängningsfästet **(se bild)**. Pumpen kan demonteras från fästet när skruven har lossats.

### Elektronisk styrenhet (ECU)

**8** Demontera instrumentbrädans undre del. ECU är monterad på samma fäste som APC-enheten. På högerstyrda modeller är ECU belägen på fästet till höger om ratten.

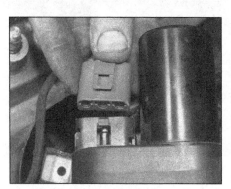
**5.7a Lossa ledningarna . . .**

**5.7b . . . och vakuumslangarna . . .**

**5.7c . . . skruva loss skruvarna (vid pilen) och demontera farthållarsystemets vakuumpump**

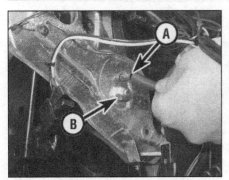

**5.9a Lossa vakuumslangen (A), skruva loss muttern (B) . . .**

**5.9b . . . och demontera vakuumregulatorn (vid pilen)**

**5.12 Farthållarens styrenhet på senare högerstyrda modeller (demonterad från upphängningsfästet)**

## Vakuumregulator

**9** Vakuumregulatorn är placerad på ett fäste vid högra delen av gaspedalen. Den går att komma åt genom handskfacket (högerstyrda modeller) eller den undre delen av instrumentbrädan (vänsterstyrda modeller). Var försiktig så att gummidamasken inte skadas när regulatorn demonteras och monteras. Kulkedjan bör monteras på gasvajerns klämma nära övre delen av gaspedalen, så att vajern sträcks utan att den behöver röras **(se bilder)**.

## Pedalbrytare

**10** Brytarna är infästa på samma fäste som stoppljuskontakten. Fästet är åtkomligt genom instrumentbrädans undre del. Vid montering av brytarna skall de justeras med ett spel av 1,0 mm mellan den gängade delen av brytaren och manöverorganets ände. Kontrollera att pedalerna har släppts upp fullständigt innan brytarna justeras.

## Byte av komponenter - senare modeller

### Styrenhet

**11** Styrenheten är placerad under högra delen av instrumentbrädan på högerstyrda modeller, eller bakom batteriet på vänsterstyrda modeller.
**12** På högerstyrda modeller, demontera enheten från fästet och lossa ledningarna **(se bild)**. På vänsterstyrda modeller, demontera först batteriet enligt beskrivning i kapitel 5A, lossa därefter ledningskontakten från styrenheten. Skruva loss de tre fästskruvarna, lyft därpå upp enheten från sitt säte så långt som spjällvajern tillåter. Öppna spjällarmen och lossa vajern från spjällhusets kvadrant, och lossa den från hållaren.
**13** Montering sker i omvänd ordning.

### Brytare till kopplings- och bromspedaler

**Observera:** *Kapitel 9 innehåller beskrivning av bromsljuskontakten.*
**14** Demontera instrumentbrädans undre del. Lossa ledningarna från brytaren och bänd loss brytaren från pedalfästet med en skruvmejsel.
**15** Montering sker i omvänd ordning.

## Farthållarbrytare

**16** Demontera övre och under höljena till rattstången enligt kapitel 10, lossa därefter ledningskontakten. Skruva loss och demontera brytaren.
**17** Montering sker i omvänd ordning.

## 6 Antispinnsystem (Traction control system - TCS) - beskrivning och byte

### Beskrivning

**1** Antispinnsystemet (Traction Control System - TSC) motverkar okontrollerat hjulspinn vid acceleration och på hala underlag. Systemet fanns tillgängligt som extrautrustning på tidigare modeller och som standard på senare exklusivare modeller. TCS-systemet fungerar i samverkan med systemet för låsningsfria bromsar - ABS, vilket beskrivs i kapitel 9. TCS-systemet omfattar följande huvudkomponenter.

a) *Elektroniskt gassystem: TCS använder ett elektroniskt gassystem (ETS) i anslutning till en vajer som driver spjällarmen i spjällhuset. ETS-systemet omfattar en pedalpotentiometer och en gasspjällspotentiometer/motor. När föraren trampar ner gaspedalen, och systemet är i funktion, sänder potentiometern en utgående signal till ETS-systemets elektroniska styrenhet. Under normala förhållanden kommer spjällmotorn att aktiveras av styrenheten, och spjällarmen placeras i direkt förhållande till pedalens läge. Vid avkänning av hjulspinn inom gränserna för de förprogrammerade körhastigheterna, bestämmer styrenheten hur mycket spjällarmen skall stängas för att motorns vridmoment skall kunna reduceras till dess hjulen återfår sin dragkraft. Gasspjället återställs normalt endast vid hastigheter över cirka 30 km/h. Gasspjällspotentiometern signalerar gasspjällarmens läge till styrenheten.*

b) *ETS styrenhet: styrenheten i ETS-systemet är placerad på ett fäste under det vänstra framsätet. I modeller med*

*automatisk växellåda är antispinnenheten monterad ovanpå ETS-systemets styrenhet. I modeller med manuell växellåda är antispinnenheten sammanbyggd med ABS-systemets styrenhet. ETS-systemets styrenhet utnyttjar information som sänds från TCS/ABS-systemets styrenhet (modeller med manuell växellåda) eller från antispinnenheten (modeller med automatisk växellåda) för att fastställa när hjulspinn uppstår.*

c) *TCS/ABS-systemets hydrauliska manöverorgan: TCS/ABS-systemets hydrauliska manöverorgan (se bild) omfattar en enhet som består av solenoidventiler och en pump, vilken är sammanbyggd med frambromsarnas hydraulsystem. Detta system använder ABS-systemets hjulsensorer för att känna av hjulspinn via ABS-systemets styrenhet som är monterad på batteriplåten. ABS-styrenheten finns endast på modeller med TCS-systemet och när den känner av att hjulen börjar slira sänder den ut en signal till ETS-styrenheten. Vid hastigheter under cirka 45 km/h aktiverar manöverorganet solenoidventilen för att låta pumpen bygga upp trycket i den aktuella kretsen för de främre bromsarna till dess det slirande hjulet saktar ned till en rotationshastighet som motsvarar bilens*

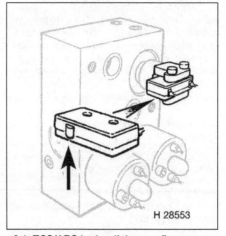

H 28553

**6.1 TCS/ABS hydrauliska manöverorgan**

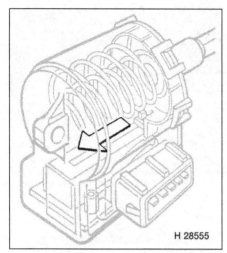

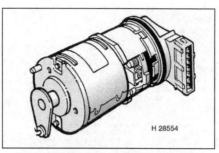

**6.7 Gasspjällets potentiometer/motor (ETS)**

**6.3 Gaspedalens potentiometer (ETS)**

hastighet. På detta sätt överförs vrid-moment till det hjul som har mest dragkraft för tillfället.

d) **Systembrytare:** en tryckbrytare i TCS-systemets manöverorgan aktiveras vid ett tryck av 6,0 bar. Vid detta tillfälle tänds TCS-funktionslampan på instrument-panelen för att informera föraren om att TCS-systemet är i funktion och agerar för att motverka att hjulen slirar. Om fel uppstår i systemet, tänds varningslampan "TCS CTRL" med ett fast sken. Om TCS-systemet har varit i funktion under längre tid börjar varningslampan "TCS CTRL" blinka för att informera föraren att TCS-systemet tillfälligtvis är ur funktion, för att motverka att bromsarna överhettas.

e) **Huvudströmbrytare:** huvudström-brytaren är placerad på instrument-brädan.

2 Om fel uppstår i antispinnsystemet, kontrollera först att alla ledningar är säkert anslutna. Om fel skulle uppstå under körning kan ett reservsystem sättas i funktion genom att gaspedalen släpps upp helt och därefter trycks ned på nytt. I detta läge drivs gasspjället av en vajer. När bilen framförs i reservläge begränsas bilens körförmåga, gaspedalen blir hårdare och konstant-farthållar- och luftkonditioneringssystemen träder ur funktion. Ytterligare kontroller av bilen bör överlåtas till en Saabverkstad som kan hitta felen snabbare med special-utrustning för diagnostik. Systemet kan inte justeras.

## Byte av komponenter

### Gaspedalens potentiometer

3 Lossa ledningskontakten från potentiometern inifrån bilen **(se bild)**.
4 Lossa potentiometerarmen från gaspedalen.
5 Skruva loss och ta bort hela enheten.

6 Montering sker i omvänd ordning.

### Gasspjällets potentiometer/motor

7 Lossa ledningskontakten från gasspjällets potentiometer **(se bild)**.
8 Lossa gasspjällets spak.
9 Skruva loss och ta bort hela enheten.
10 Montering sker i omvänd ordning.

### ETS-systemets styrenhet

 **Varning: Vid montering av en ny styrenhet, observera att den först måste programmeras (manuell och automatisk växel-låda) av en Saabverkstad innan lednings-kontakten kan anslutas (nya enheter levereras oprogrammerade). Observera vidare att enheten är ytterst känslig för statisk elektricitet, och det är viktigt att man "jordar" sig själv innan arbetet börjar (och även under arbetet).**

11 Flytta det vänstra framsätet så långt fram som möjligt.
12 Lyft upp mattan, skruva loss och ta bort locket.
13 Lossa ledningskontakten och demontera styrenheten inifrån bilen. I modeller med automatisk växellåda skall antispinnenheten demonteras från övre delen på ETS-systemets styrenhet.
14 Montering sker i omvänd ordning.

### Varningslampa

15 Demontera panelen till den automatiska klimatkontrollen enligt anvisning i kapitel 3.
16 Tryck ut varningslampan och demontera ledningskontakten.
17 Montering sker i omvänd ordning.

---

### 7 Bränsleinsprutningssystem - allmän beskrivning

## LH-Jetronic bränsleinsprutning

LH-Jetronic bränsleinsprutningssystem är ett mikroprocessorbaserat system för styrning av bränsleinsprutningen. Systemet utför konstant övervakning av motorn med olika sensorer och

givare, samt tillför rätt mängd bränsle för fullständig förbränning under alla kör- och motorförhållanden **(se bild)**. Data från senso-rerna bearbetas i bränslesystemets elektroniska styrenhet (ECU) för att fastställa hur länge injektorerna skall vara öppna för att spruta in rätt mängd bränsle i insugningsgrenröret. Systemet är simultant, vilket betyder att alla injektorerna öppnas och stängs på samma gång. Injektorerna öppnas en gång per vevaxelvarv, utom vid kallstart då de öppnas två gånger per varv. På turbomodeller tillverkade fram till 1989 används en separat ECU för att styra turbofunktionen; från och med detta år sammanbyggdes funktionen med ECUn i direkttändningssystemet. När en katalysator är monterad (på senare modeller), har en Lambda-sond införlivats i LH-Jetronicsystemet.

Huvudkomponenterna i systemet är följande:

a) **ECU:** den elektroniska styrenheten styr hela driften av bränsleinsprutnings-systemet.

b) **Insprutare:** varje bränsleinsprutare består av en solenoiddriven nålventil som öppnas på kommando av ECUn. Bränsle från bränslefördelningsröret levereras genom insprutarmunstycket in i in-loppsröret.

c) **Luftflödesmätare:** via en glödtråd mäter luftflödesmätaren den mängd luft som kommer in i motorn .

d) **Temperaturgivare:** kylvätsketempgivaren övervakar motorns temperatur.

e) **Tillsatsluftslid:** tillsatsluftsliden tillför extra luft när motorn är kall. Den är endast installerad i 1985 års modeller.

f) **Tomgångsluftventil:** tomgångs-luftventilen styr mängden över-strömningsluft vid gasspjället. Den är monterad på 1986 års modeller.

g) **Gasspjällägeskontakt:** spjälläges-kontakten informerar ECUn om gasspjällets läge.

h) **Bränslepump:** bränslepumpen är belägen i bränsletanken. Pumphuset omfattar en separat matarpump som levererar trycksatt bränsle, utan luft-bubblor, till huvudbränslepumpen.

i) **Bränslefilter:** bränslefiltret är placerat bakom batteriet i motorrummet.

j) **Lambdasond:** Lambdasonden förser ECUn med information om syrehalten i avgaserna. Lambdasonden är monterad på senare modeller som är utrustade med katalysator.

k) **Kallstartinsprutare:** en kallstarts-insprutare är monterad på vissa modeller. Den sprutar in extra bränsle i insugnings-grenröret under kortare perioder vid start.

### Trionic motorstyrsystem

Saabs Trionic motorstyrsystem styr tre funktioner i motorn från en enda elektronisk

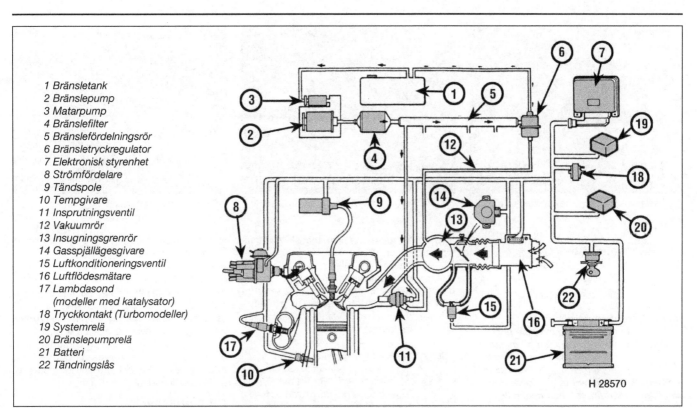

1 Bränsletank
2 Bränslepump
3 Matarpump
4 Bränslefilter
5 Bränslefördelningsrör
6 Bränsletryckregulator
7 Elektronisk styrenhet
8 Strömfördelare
9 Tändspole
10 Tempgivare
11 Insprutningsventil
12 Vakuumrör
13 Insugningsgrenrör
14 Gasspjällägesgivare
15 Luftkonditioneringsventil
16 Luftflödesmätare
17 Lambdasond
    (modeller med katalysator)
18 Tryckkontakt (Turbomodeller)
19 Systemrelä
20 Bränslepumprelä
21 Batteri
22 Tändningslås

H 28570

**7.1  LH-Jetronic bränsleinsprutningssystem**

styrenhet (ECU). Dessa tre funktioner omfattar
bränsleinsprutningen, tändsystemet och (i
förekommande fall) turbon. Tändfunktionen
beskrivs mer detaljerat i kapitel 5B. Systemet
styrs av en mikroprocessor. Bränslesystemet
levererar rätt mängd bränsle för fullständig
förbränning under alla motorförhållanden.
Data från olika sensorer och givare bearbetas
i ECUn, för att fastställa hur länge insprutarna
skall vara öppna för att spruta in den exakta
mängden bränsle i insugningsgrenröret.
Systemet är sekventiellt och bränsle sprutas
in enligt motorns tändordning. När tändningen
ställs om, och när bränslepumpen har börjat
arbeta, arbetar samtliga insprutare under en
kort tid för att tillföra en liten mängd bränsle
nära inloppsventilerna. Detta gör att motorn
kan starta snabbare.

Huvudkomponenterna i systemet är
följande:

a) **Elektronisk styrenhet (ECU):** den
elektroniska styrenheten styr hela driften
av bränsleinsprutningssystemet, tänd-
systemet och turbosystemet.

b) **Vevaxellägesgivare:** vevaxellägesgivaren
förser ECUn med information som den
skall använda för att skall beräkna vev-
axelns läge i förhållande till ÖDP (övre
dödpunkt).

c) **Givare för grenrörets absoluta tryck
(MAP):** givaren för absolut grenrörstryck
strömför ECU i proportion till trycket i
insugningsgrenröret.

d) **Tempgivare för inloppsluft:** inlopps-
lufttempgivaren ger ECUn signaler för att
den ska kunna beräkna tätheten hos luft-
tillförseln till motorn.

e) **Kylvätsketempgivare:** kylvätske-
tempgivaren sänder information till ECUn
om motorns temperatur.

f) **Gasspjällägeskontakt:** spjälläges-
kontakten informerar ECUn om
gasspjällets läge.

g) **Lambdasond:** Lambdasonden ger ECUn
löpande information om syrehalten i av-
gaserna. Lambdasonden är tillverkad av
Bosch.

h) **Tändningsenhet:** tändningsenheten (eller
DI-kassetten) innehåller fyra tändspolar
vilka är direkt anslutna till tändstiften.

i) **Insprutare:** varje bränsleinsprutare består
av en solenoidstyrd nålventil som öppnas
på kommando av ECUn. Bränsle från
bränslefördelningsröret levereras därefter
genom insprutarmunstycket till insug-
ningsgrenröret. Insprutarna kommer från
Bosch.

j) **Solenoidventil:** solenoidventilen styr
turboaggregatet. Under vissa förhållanden
(t ex i ettans växel) reduceras tilläggs-
trycket.

k) **Tomgångsluftventil:** tomgångsluftventilen
styr mängden överströmningsluft som pas-
serar förbi spjällhuset. Systemet upprätt-
håller motorns tomgångsvarvtal vid alla

belastningsförhållanden beroende på
generator, luftkonditioneringskompressor
eller när en växel väljs (utom P eller N) i
modeller med automatisk växellåda. Om
brott uppstår i kretsen för tomgångsluft-
ventilen styrs ventilöppningen av en inre
fjäder vid ett motorvarvtal av cirka 1000
vpm.

l) **Bränsleförångningsventil (Evaporative
Emission Control - EVAP):**
bränsleförångningssystemet träder i
funktion när motorn startas för att rensa ur
bensin som har ackumulerats i kolbehål-
laren. För att Lambdasonden skall kunna
kompensera för extra bränsle träder
systemet i funktion endast i korta faser.

m) **Bränslepump:** bränslepumpen är
belägen i bränsletanken. Pumphuset
omfattar en separat matarpump som
levererar trycksatt bränsle, utan
luftbubblor, till högtryckspumpen.

n) **Bränslefilter:** bränslefiltret är placerat
under bilens bakvagn bredvid bränsle-
tanken. Den filtrerar allt bränsle från
bränslepumpen.

Om systemets varningslampa tänds skall
bilen överlämnas till en Saabverkstad så snart
som möjligt. En fullständig kontroll av motorns
styrsystem kan göras med speciell elektronisk
diagnosutrustning som enkelt kan anslutas till
systemets diagnosuttag.

9.6a Använd en insexnyckel för att lossa ...

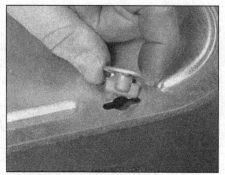

9.6b ... och ta bort fästena ...

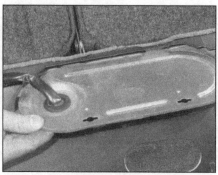

9.6c ... demontera därefter locket från pumpen

## 8 Bränsleinsprutning - säkerhetsåtgärder och trycksänkning

**Observera:** *Läs varningstexten i slutet av avsnitt 1 innan arbetet påbörjas.*

⚠ **Varning: Nedanstående procedur lättar endast på trycket i bränslesystemet - kom ihåg att bränsle fortfarande finns kvar i systemets komponenter, vidtag därför försiktighetsåtgärder innan någon del demonteras.**

**1** Bränslesystemet som beskrivs i detta avsnitt kan definieras som bränslepumpen som är monterad i bränsletanken, bränslefördelningsröret och tryckregulatorn, samt bränsleledningarna mellan dessa delar som utgörs av metallrör och slangar. Alla dessa delar innehåller bränsle under tryck medan motorn är i gång och/eller när tändningslåset har vridits om. Trycket kan finnas kvar under ett tag efter det att tändningslåset har stängts av. Detta tryck måste lättas innan det går att börja arbeta med någon av dessa delar.

**2** Öppna säkringsdosan och ta bort säkring nr 14 (till bränslepumpen).

**3** Starta motorn (om det går) och låt den gå till den stannar. Försök starta motorn ytterligare två gånger, för att vara säker på att inget tryck återstår.

**4** Lossa batteriets negativa anslutning och sätt tillbaka säkring nr 14.

**5** Placera ett lämpligt kärl under anslutningen som skall lossas, och var beredd med en stor

trasa för att torka upp spillt bränsle som inte hamnar i kärlet.

**6** Lossa anslutningen eller muttern (vilket som förekommer) ångsamt för att undvika en plötslig tryckförändring, placera trasan runt anslutningen för att hejda utsprutande bränsle. När trycket väl har lättats kan bränsleröret lossas.

>  **HAYNES TiPS** *Plugga igen eller sätt ett lock över bränsleröret/ anslutningen för att minimera bränsleförlusten och för att hindra att föroreningar kommer in i systemet.*

## 9 Bränslepump - kontroll, demontering och montering

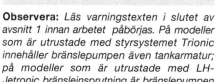

**Observera:** *Läs varningstexten i slutet av avsnitt 1 innan arbetet påbörjas. På modeller som är utrustade med styrsystemet Trionic innehåller bränslepumpen även tankarmatur; på modeller som är utrustade med LH-Jetronic bränsleinsprutning är bränslepumpen och tankarmaturen separata enheter (se avsnitt 12)*

### Kontroll

**1** För att kunna testa bränslepumpen utan att demontera den behövs en graderad behållare som rymmer minst 9 dl. Pumpen är placerad i bränsletanken.

**2** Arbeta från motorrummet, och lossa retur-

röret vid tryckregulatorn och anslut en slang mellan regulatorn och behållaren.

**3** Ta bort säkringar nr 14 och 22 från dosan, se kapitel 12, anslut därefter en parallellkabel mellan de båda terminalerna för att driva bränslepumpen. Låt pumpen gå i exakt 30 sekunder och stoppa den sedan. Kontrollera att pumpen har levererat minst 9 dl bränsle.

**4** Observera att en mer fullständig test kan utföras om man vill ta reda på det verkliga bränsletrycket. En sådan test bör utföras av en Saabverkstad med tryckmätare.

### Demontering

**5** Lossa batteriets negativa anslutning.

**6** Demontera de bakre golvpanelerna, använd därefter en insexnyckel för att demontera locket från bränslepumpen **(se bilder)**.

#### Modeller med LH-Jetronic bränsleinsprutning

**7** Lossa ledningskontakterna från bränslepump, matarpump och tankarmatur, för därefter locket åt sidan.

**8** Skruva loss banjoanslutningen och lossa bränsletillförselröret från pumpen. Ta vara på tätningsbrickorna.

**9** Lossa klämmorna från pumpens gummikrage.

**10** Lyft ut bränslepumpen och behållaren, lossa därefter bränsleröret från behållaren och dra bort ledningarna från gummihylsan i tanken. Demontera pumpen inifrån bilen. Täck över tanköppningen.

**11** Placera pumpen på arbetsbänken, separera behållaren från pumpen och ta bort silen. Ta vara på O-ringen.

**12** Lossa klämman och koppla bort pumpen från gummihylsan.

#### Modeller med Trionic styrsystem

**13** Demontera plastlocket från ledningskontakterna där det behövs **(se bild)**.

**14** Lossa ledningskontakten överst på bränslepumpen **(se bild)**.

**15** Lossa bränsletillförsel- och returrören från pumpen, kom ihåg vilket som är vilket **(se bild)**.

**16** Enheten är infäst med en skruvad ring. Saabs tekniker använder ett specialverktyg för att skruva loss ringen, men med en stor griptång (rörtång) införd mellan tänderna inne i

9.13 Ta bort plastlockat

9.14 Lossa ledningskontakten

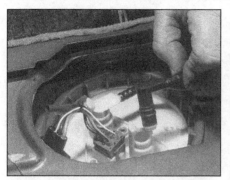
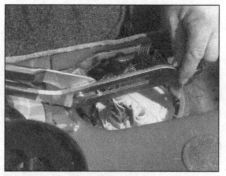
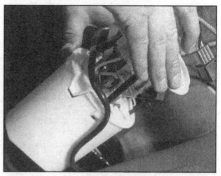

**9.15 Lossa bränslerören från pumpen**

**9.16 Använd en rörtång för att skruva loss fästringen**

**9.17a Demontera bränslepumpen från bränsletanken**

ringen kan man uppnå samma resultat. Ta bort ringen **(se bild)**. Observera riktningspilarna ovanpå pump och tank.
**17** Lyft försiktigt upp pumpen från bränsletanken, var försiktig så att armaturen inte böjs **(se bilder)**.
**18** Demontera O-ringstätningen från bränsletankens hals **(se bild)**.

## Montering

### Modeller med LH-Jetronic bränsleinsprutning

**19** Placera pumpen i gummihylsan så att hylsans läpp befinner sig 50 mm över pumpens överkant **(se bild)**. Dra åt klämman.
**20** Montera silen på pumpen, montera därefter behållaren med en ny O-ring. Kontrollera att övertrycksventilen är placerad 45° från det framåtriktade märket **(se bild)**. Kontrollera även att den totala längden på hela enheten överensstämmer med bild 10.19.
**21** För in bränslepumpen i bränsletanken så att markeringen på gummikragen är 45° åt höger sett bakifrån och framåt. Placera kragen på bränsletanken, montera därefter klämman och dra åt.
**22** Montera bränsletillförselröret och banjoanslutningen tillsammans med nya tätningsbrickor, dra åt ordentligt.
**23** Anslut ledningarna och se till att varje ledning är korrekt placerad.

### Modeller med Trionic styrsystem

**24** Undersök den O-ringstätningen och byt den vid behov. Torka rent kring bränsletankens hals och montera O-ringen.

**9.18 Demontering av O-ringstätning från bränsletankens hals**

**25** Sänk försiktigt ned bränslepumpen i tanken och se till att styrpilarna är korrekt riktade mot varandra.
**26** Montera och dra åt den skruvade ringen. Se till att den blir ordentligt åtdragen, annars kan fogen läcka.
**27** Anslut bränsletillförsel- och returrören.
**28** Anslut ledningskontakterna överst på bränslepumpen i sina ursprungslägen.
**29** Sätt tillbaka batteriets negativa anslutning. Låt motorn gå och leta efter läckor.
**30** Montera plastlocket.

### Samtliga modeller

**31** Montera bränslepumpens lock och de bakre golvpanelerna.

## 10 Bränslepumprelä - kontroll och byte

## Kontroll

### Modeller med LH-Jetronic bränsleinsprutning

**1** Lossa ledningskontakterna från luftflödesmätaren och ECUn.
**2** Använd en parallellkabel för att ansluta terminal 21 (gul/vit) till 17 (lila) på ECUns

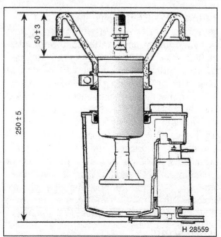

**9.19 Korrekt montering av gummihylsan ovanför bränslepumpens överkant**

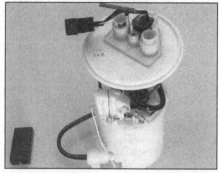

**9.17b Demonterad bränslepump**

multikontakt. Använd sedan en voltmeter för att kontrollera att batterispänning föreligger vid den blå/röda kabelstammen i motorrummet. Kontrollera även att batterispänning föreligger i en av terminalerna till säkring nr 14. Kontrollera ledningarna om de är strömlösa.
**3** Demontera handskfacket enligt beskrivning i kapitel 11, demontera därefter säkringspanelen (utan att lossa ledningarna) enligt beskrivning i kapitel 12.
**4** Använd en voltmeter för att kontrollera att batterispänning når fram till terminal 30 på panelen.
**5** Kontrollera att spänningen når terminal 87

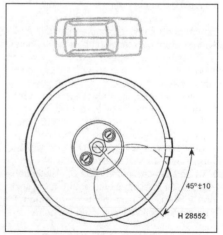

**9.20 Bränslepumpens övertrycksventil**

på bränslepumpens relä. Om så ej är fallet bör man kontrollera ledningarna beträffande defekter. Om allt annat är i gott skick skall reläet bytas.

### Modeller med Trionic styrsystem

**6** Bränslepumpens relä är placerat i relähållaren på vänstra sidan av instrumentbrädan. Vrid om tändningsnyckeln och lyssna efter ett surrande ljud från reläet. Lyssna också efter ett likaledes surrande ljud från bränslepumpen i bränsletanken under det bakre bagagerummet.

**7** Om varken relä eller pump kan höras skall säkring nr 14 i säkringsdosan kontrolleras. Om denna inte är defekt skall reläet demonteras från relähållaren. Anslut en LED-testare till terminalerna 85 och 86 i hållaren. När tändningen är påslagen skall testaren blinka vilket bevisar att reläet är strömförande. Om ström når fram till reläet, men pumpen inte fungerar, är reläet sannolikt defekt och bör bytas ut.

**8** Om man kan höra att reläet klickar när strömmen slås på skall en kortslutningskabel anslutas över säkringarna 14 och 33 i säkringsdosan. Pumpen skall nu ta emot ström. Om pumpen fortfarande vägrar att fungera, kontrollera om ström finns i pumpledningarna under golvet i bagageutrymmet. Om pumpen tar emot ström men ändå vägrar att fungera måste den vara defekt.

### Byte

**9** Byt reläet genom att dra bort det från reläplattan.

**10** Tryck fast det nya reläet i reläplattan.

## 11 Tankarmatur (modeller med LH-Jetronic) - demontering och montering

**Observera:** *Läs varningstexten i slutet av avsnitt 1 innan arbetet påbörjas.*

### Demontering

**1** Lossa batteriets negativa anslutning.

**2** Där så behövs, vik dynorna i baksätet framåt för att komma åt tankarmaturen.

**3** Demontera golvpanelen i bagageutrymmet, demontera därefter locket från bränsletanken genom att vrida fästena ett kvarts varv med en insexnyckel.

**4** Lossa ledningskontakterna från tankarmaturen, notera hur de är monterade.

**5** Enheten är fäst med ett skruvlock. Saabs tekniker använder ett specialverktyg för att skruva loss locket, men med en stor griptång uppnår man samma resultat.

**6** Ta bort tankarmaturen från bränsletankens överdel, var försiktig så att inget bränsle spills inne i bilen. Ta vara på tätningsringen av gummi. Kontrollera tätningsringen och skaffa en ny vid behov.

### Montering

**7** Montering sker i omvänd ordning.

## 12 Bränsletank - demontering, reparation och montering

**Observera:** *Läs varningstexten i slutet av avsnitt 1 innan arbetet påbörjas.*

### Demontering

**1** Innan bränsletanken demonteras är det bäst att tappa av allt bränsle från tanken. Bränsletanken innehåller ingen avtappningsplugg varför det är bäst att göra detta när tanken nästan är tom. Om det inte går att handpumpa ut kvarvarande bränsle från tanken kan man göra enligt följande. Demontera golvpanelen i bagageutrymmet samt locket från bränslepumpen, lossa därefter ledningarna från pumpen. Lossa tillförselslangen från pumpen och anslut ett lämpligt plaströr till pumpen med en banjoanslutning. Placera plaströrets fria ände i en lämplig behållare. Demontera säkringarna 14 och 22 från säkringsdosan enligt anvisning i kapitel 12, anslut därefter en parallellkabel mellan de två terminalerna för att starta bränslepumpen. Pumpa ut allt bränsle i tanken och anslut samtliga komponenter igen. Förvara bränslet på en säker plats och observera säkerhetsföreskrifterna i avsnitt 1.

**2** Lossa batteriets negativa anslutning.

**3** Demontera de bakre golvpanelerna i bagageutrymmet, samt locket från bränslepumpen (använd en insexnyckel).

**4** Lossa bränslerör och ledningar från bränslepumpen .

**5** Placera klossar vid framhjulen, hissa upp bilens bakdel och palla upp den på pallbockar (se *'Lyftning, bogsering och hjulbyte'*). Se till att bockarna inte placeras så att de hindrar demontering av tanken. Demontera höger bakhjul.

**6** Lossa klämmorna och ta bort inloppsslangen från tanken. Ta också bort luftningsslangen.

**7** Arbeta under bilen och demontera handbromsvajern (se kapitel 9).

**8** Stöd bränsletankens vikt på en garagedomkraft med ett infogat träblock, skruva därefter loss tankens monteringsmuttrar. Börja med den högra upphängningen så att handbromsens vajer kan bindas åt sidan. Demontera båda monteringsremmarna.

**9** Låt en medhjälpare hjälpa till att sänka ned bränsletanken och ta bort den från bilen.

**10** Om tanken innehåller förorenade avlagringar eller vatten, demontera tankarmaturen (modeller med LH-Jetronic bränsleinsprutning - avsnitt 12) och skölj ur tanken med rent vatten. I vissa fall går det att låta reparera mindre läckage eller smärre skador. Det är bäst att rådfråga en fackman innan man försöker att reparera bränsletanken.

### Montering

**11** Montering utförs i omvänd ordning, notera dock följande punkter:

a) *När tanken lyfts tillbaka på plats, se till att monteringsremmarna är korrekt placerade, och kontrollera att ingen av slangarna fastnar mellan tanken och fordonet.*

b) *Se till att samtliga rör och slangar är korrekt dragna och att de hålls på plats med respektive fästklämmor.*

c) *Vid montering av stänkplåten, se till att vingspindeln är vertikal.*

d) *Slutligen skall tanken fyllas på med bränsle, gör en kontroll beträffande tecken på läckage innan bilen körs igen.*

## 13 Bränsleinsprutning - test, kontroll och justering

### Test

**1** Vid problem i bränsleinsprutningssystemet, kontrollera först att alla anslutningar är rätt monterade och att de inte är korroderade. Kontrollera därefter att problemet inte beror på bristfälligt underhåll - dvs kontrollera att luftfiltret är rent, att tändstiften är i god kondition med rätt elektrodavstånd, att kompressionen är korrekt, att tändinställningen är riktig (om den kan justeras), och att motorns vevhusventilation är ren och felfri; detaljerad information återfinns i kapitel 1, 2 och 5.

**2** Om ingen av kontrollerna kan avslöja orsaken till problemet bör bilen överlämnas till en Saabverkstad för att testas. En diagnosanslutning är in inbyggd i ledningskretsarna i vilken Saabs speciella elektroniska diagnosinstrument kan anslutas. Testinstrumentet kan lokalisera felet snabbt och enkelt, vilket eliminerar behovet av att testa komponenterna var och en för sig.

### Kontroll och justering

**3** Nedanstående *justeringar* kan endast utföras på vissa modeller som är utrustade med LH-Jetronic bränsleinsprutning. Tomgångsvarvtalet kan eventuellt justeras på motorer som inte är utrustade med tomgångsstyrning, och tomgångsblandningen kan eventuellt justeras på motorer som inte är utrustade med katalysator. På modeller med Trionic styrsystem styrs tomgångsvarvtal och tomgångsblandning automatiskt av ECUn. *Kontroll* av tomgångsvarvtal och -blandning kan utföras på alla modeller genom användning av en varvräknare och ett avgasanalysinstrument; vissa svårigheter kan dock upplevas om en traditionell varvräknare ansluts till motorn i bilar som är utrustade med DI-kassett. De flesta modeller är dock utrustade med en motorvarvräknare på instrumentpanelen.

**4** Kontrollera alltid följande punkter innan justering av tomgångsvarvtal eller tomgångsblandning utförs:

a) *Kontrollera tändtidpunkten (modeller med Hall-tändning) (kapitel 5B).*

b) Kontrollera att tändstiften är i god kondition med rätt elektrodavstånd (kapitel 1).

c) Kontrollera att gasvajern är korrekt justerad (avsnitt 3).

d) Kontrollera att slangarna till vevhus-ventilationen är säkert anslutna, utan läckage eller veck (kapitel 1).

e) Kontrollera att luftrenarens filter är rent (kapitel 1).

f) Kontrollera att avgassystemet i god kondition (kapitel 1).

g) Kontrollera kompressionstrycket om motorn kärvar (kapitel 2A).

5 Ta bilen på en åktur för att värma upp motorn till normal arbetstemperatur. **Observera:** *kontroller och justeringar bör slutföras så fort som möjligt medan motorn fortfarande har normal arbetstemperatur. Vänta tills kylfläkten stannar om den är i gång. Töm insugningsgrenröret på bränsle genom att köra motorn hårt en eller två gånger på varvtal mellan 2000 och 3000 vpm, låt motorn därefter gå på tomgång igen.*

6 Kontrollera att alla elektriska tillbehör är avstängda. Stanna därefter motorn och anslut en varvräknare till den, enligt tillverkarens anvisningar. I de fall där bilen är utrustad med en varvräknare på instrumentpanelen kan den användas istället. Om tomgångsblandningen skall kontrolleras, anslut ett avgasanalys-instrument enligt tillverkarens anvisningar.

## Modeller med LH-Jetronic bränsleinsprutning (utom modeller med tomgångsluftstyrning och katalysator)

7 Justeringsskruven för tomgångsvarvtalet är placerad på spjällhuset. Starta motorn och låt den gå på tomgång, kontrollera därefter att tomgången överensstämmer med angivelsen i avsnittet Specifikationer. Om justering är nödvändig skall låsmuttern lossas. Justera skruven inåt för att reducera varvtalet, eller utåt för att öka varvtalet. Dra åt låsmuttern när justeringen är gjord.

8 Justerskruven för tomgångsblandningen är placerad på luftmängdsmätaren och kan vara dold under det öppningsskyddade locket. Tag först bort locket. Med motorn på tomgång vid korrekt tomgångsvarvtal, kontrollera att CO-halten överensstämmer med angivelsen i avsnittet Specifikationer. Om justering av tomgångsblandningen är nödvändig, använd en insexnyckel eller skruvmejsel för att vrida skruven för bränsle-luftblandningen inåt eller utåt (med mycket små ökningar) tills CO-halten överensstämmer med angivelsen i avsnittet Specifikationer. När skruven vrids inåt (medurs) blir blandningen fetare och CO-halten ökar, när skruven vrids utåt blir blandningen magrare och CO-halten minskar.

9 Justera tomgångsvarvtalet på nytt vid behov.

10 Öka motorns varvtal för att sedan sänka

den och låt motorn gå på tomgång, gör en ny kontroll av inställningarna.

11 När justeringarna är avslutade skall motorn stannas och testutrustningen kopplas bort.

## Övriga modeller med LH-Jetronic och Trionic

12 Tomgångsvarvtalet styrs av en tom-gångsluftventil som samarbetar med syste-mets ECU. När motorn har normal arbets-temperatur, kontrollera att tomgångsvarvtalet överensstämmer med angivelsen i avsnittet Specifikationer. Någon justering kan inte göras.

13 Tomgångsblandningen styrs av Lambda sonden i samarbete med systemets ECU. När motorn har normal arbetstemperatur, kon-trollera att tomgångsblandningen överens-stämmer med angivelsen i avsnittet Specifikationer. Någon justering kan inte göras.

14 Om erhållna värden är felaktiga skall bilen överlämnas till en Saabverkstad för kontroll med specialutrustning.

## 14 Bränsleinsprutning, komponenter (LH-Jetronic) - demontering och montering

### Elektronisk styrenhet (ECU)

**Demontering**

1 Lossa batteriets negativa anslutning.
2 Öppna motorhuven och demontera locket som sitter bakom torpedväggen på vänster sida i motorrummet.
3 Lossa upphängningsskruvarna och ta bort ECUn från torpedväggen.
4 Lossa klämman och lossa multikontakten från ECUn.

**Montering**

5 Montering sker i omvänd ordning.

### Kylvätsketempgivare

**Demontering och montering**

6 Tillvägagångssättet är beskrivet i kapitel 3, avsnitt 6.

### Gasspjällägeskontakt

**Demontering**

7 Ta bort ledningskontakten från gasspjäll-lägeskontakten på spjällhuset **(se bild)**.
8 Markera var kontakten är placerad på spjällhuset.
9 Skruva loss monteringsskruvarna och ta bort kontakten.

**Montering och justering**

10 Montera kontakten på spjällhuset, sätt i skruvarna och dra åt dem med fingrarna.
11 Om originalkontakten skall monteras skall de tidigare gjorda märkena riktas in och skruvarna dras åt.
12 Om något som helst tvivel föreligger att ändstoppet för spjällhusets gasspjäll inte är korrekt, skall låsmuttern lossas och justeringsskruven backas tills den går fri från stoppläget. Skruva nu i justeringsskruven ända tills den vidrör ändstoppen. Vrid skruven ytterligare ett kvarts varv och lås fast den i detta läge.
13 Med gasspjällventilen i viloläge, vrid spjällägeskontakten tills den vidrör dess inre stopp för tomgångsläget, dra därefter åt skruvarna.
14 Anslut en ohmmätare till terminalerna på sensorn. Med gasspjällventilen i viloläge, bör mätaren registrera noll ohm (dvs kontinuitet). Öppna gasspjällventilen och kontrollera de inre kontakterna öppnas så snart gasspjället flyttas. Med gasspjället i ett läge nära vidöppet läge (72° från viloläget), skall de inre kontakterna stängas igen.

### Gasspjällhus

**Demontering**

15 Se anvisningar i kapitel 1 och tappa av cirka 2 liter kylvätska så att kylvätskenivån är under spjällhuset.
16 Lossa klämman och koppla loss luft-slangen från spjällhuset **(se bild)**.
17 Lossa gasvajern och ta bort den från spjällhuset - se avsnitt 3.
18 Lossa ledningspluggen från spjällläges-kontakten.

**14.7 Lossa ledningskontakten från gasspjällägeskontakten**

**14.16 Lossa klämman och koppla bort luftinloppsslangen från spjällhuset**

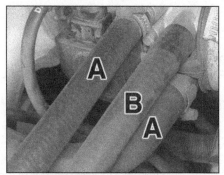

**14.19 Kylvätskeslangar (A) och vakuumslang (B) på spjällhuset**

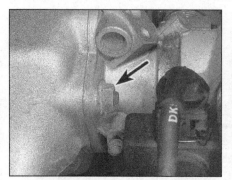

**14.23 En av muttrarna som fäster spjällhuset på insugningsgrenröret**

**14.26 Ledningskontakt till luftflödesmätaren**

19 Lossa klämmorna och koppla bort kylvätskeslangarna **(se bild)**. Plugga igen slangarna för att undvika att kylvätskan rinner ut.
20 På 1985 års modeller, lossa luftslangarna från tillsatsluftsliden.
21 Vid behov, lossa röret på turbo-aggregatets trycksida.
22 Lossa vakuumslangen från spjällhuset.
23 Lossa de tre fästmuttrarna och demontera spjällhuset från insugningsgrenröret **(se bild)**.

### Montering
24 Montering sker i omvänd ordning. Avslutningsvis, kontrollera och vid behov justera spjällägeskontakten och gasvajern. Fyll på kylvätska enligt anvisningar i kapitel 1.

### *Luftflödesmätare*

### Demontering
25 Lossa klämmorna och lossa även slangarna från luftflödesmätarens ändar.
26 Lossa ledningskontakten från luftflödesmätaren **(se bild)**.
27 Lossa fjäderklämmorna och lyft bort luftflödesmätaren från luftrenarens underdel.

### Montering
28 Montering sker i omvänd ordning, rikta dock in skåran med luftrenarhuset.

### *Bränslefördelningsrör och insprutare*

**Observera:** *Läs varningstexten i slutet av avsnitt 1 innan arbetet påbörjas.*

**14.32 Anslutningsdonet (vid pil) för bränsletillförselröret vid fördelningsröret**

### Demontering
**Observera:** *Om man misstänker att en insprutare är defekt kan det vara värt att prova en insprutarrengöring innan insprutaren döms ut.*
29 Rengör ytorna kring bränslefördelnings-röret grundligt för att undvika att damm eller smuts tränger in i bränslesystemet.
30 Skruva loss och ta bort värmeplåten i den bakre delen av motorrummet.
31 Lossa klämman och lossa även bränsle-returröret från bränsletryckregulatorn - var beredd på att bensin kan rinna ut och placera en trasa under regulatorn. Lossa även vakuumslangen från regulatorn. På vissa tidigare modeller kan bränsletryckregulatorn vara placerad på fästet som är infäst på topplocket.
32 Skruva loss anslutningsdonet och lossa bränsletillförselröret från bränslefördelnings-röret **(se bild)**.
33 Lossa ledningskontakterna från insprutarna.
34 Skruva loss skruvarna och ta bort bränslefördelningsröret från insugningsgren-röret. Demontera inte insprutarna från bränslefördelarröret än.
35 Demontera O-ringarna från insugnings-grenröret.
36 Ta bort bränslefördelningsröret genom utrymmet mellan insugningsgrenröret och torpedväggen.
37 Insprutarna demonteras från bränsle-fördelningsröret genom att klämmorna demonteras och insprutarna tas bort.

### Montering
38 Montering sker i omvänd ordning. Stryk ett tunt lager vaselin på O-ringarna av gummi innan de installeras i insugningsgrenröret, så att insprutarna lättare kan glida in.

### *Bränsletryckregulator*
**Observera:** *Läs varningstexten i slutet av avsnitt 1 innan arbetet påbörjas.*

### Demontering
39 Rengör ytan kring bränsletryckregulatorn grundligt för att undvika att damm eller smuts tränger in i bränslesystemet.

40 Skruva loss och ta bort värmeplåten i den bakre delen av motorrummet.
41 Lossa klämman och demontera bränsle-returröret från bränsletryckregulatorn - var beredd på att bensin kan rinna ut och placera en trasa under regulatorn. Lossa även vakuumslangen från regulatorn.
42 Skruva loss skruvarna och dra bort bränslefördelningsröret från insugnings-grenröret tillräckligt mycket för att kunna komma åt bränsletryckregulatorn.
43 Skruva loss regulatorn från insugnings-grenröret.
44 Skruva loss regulatorn från fästet.

### Montering
45 Montering sker i omvänd ordning

### *Tillsatsluftslid*

### Demontering
46 Lossa ledningskontakten från tillsats-luftsliden.
47 Lossa klämmorna och ta bort de två slangarna från sliden.
48 Skruva loss skruvarna och demontera tillsatsluftsliden från motorn.

### Montering
49 Montering sker i omvänd ordning.

### *Tryckkontakt (modeller med turbo)*

### Demontering
50 Arbeta under instrumentbrädans vänstra del och skruva loss skruvarna för att ta bort det undre locket.
51 Demontera upphängningspanelen till APC.
52 Lossa klämmorna och lossa slangarna, demontera därefter tryckkontakten.

### Montering
53 Montering sker i omvänd ordning.

### *Tomgångsluftventil (B202-modeller)*

### Demontering
54 Tomgångsluftventilen är placerad i mitten över insugningsgrenröret **(se bild)**.
55 Lossa ledningskontakten **(se bild)**.

**14.54  Tomgångsluftventil på B202-modeller**

56 Lossa klämmorna och koppla bort slangarna.
57 Skruva loss monteringsskruvarna och ta loss ventilen från klämman **(se bild)**.

### Montering
58 Montering sker i omvänd ordning.

## Kallstartinsprutare

### Demontering
59 En kallstartinsprutare är monterad på vissa modeller. Den är infäst på insugnings-grenröret.
60 Lossa ledningskontakten **(se bild)**.
61 Skruva loss anslutningsskruven och koppla bort bränsletillförselröret från insprutaren.
62 Skruva loss skruvarna och demontera insprutaren från insugningsgrenröret. Ta vara på packningen.

### Montering
63 Montering sker i omvänd ordning, men byt ut packningen.

---

### 15  Bränsleinsprutning, komponenter (Trionic) - demontering och montering 🔧

## Styrenhet

### Demontering
1 Med tändningen avstängd, demontera locket från värmeplåten.

**15.3  Lyft styrenheten från dess upphängning**

---

**14.55  Lossa ledningskontakten från tomgångsluftventilen**

2 Skruva loss skruven och koppla bort styrenhetens jordkabel från torpedväggen **(se bild)**.
3 Lossa klämman och lyft bort styrenheten från dess upphängning **(se bild)**.
4 Dra bort plastlocket, haka loss och ta bort anslutningsdonet från styrenheten **(se bild)**. Demontera enheten från torpedväggen.

### Montering
5 Montering sker i omvänd ordning. Kontrollera att korrekt enhet är monterad. Ta ut bilen på en provtur för att testa systemet.

## Tempgivare för inloppsluft

### Demontering
6 Koppla bort ledningarna från givaren, som är placerad i huvudluftkanalen till spjällhuset.
7 Skruva loss givaren från luftkanalen, ta vara på tätningsbrickan.

### Montering
8 Montering sker i omvänd ordning. Undersök och byt tätningsbrickan om det behövs.

## Givare för absolut tryck i grenröret

### Demontering
9 Ta loss listen från värmeplåtens högra sida.
10 Lossa ledningskontakt och vakuumslang, lyft bort givaren från värmeplåten och ta bort den **(se bild)**. Vid behov, skruva lossa skruvarna och lossa givaren från upphängningsfästet.

**15.4  Lossa anslutningsdonet från styrenheten**

---

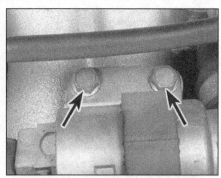

**14.57  Skruvar till tomgångsluftventilen**

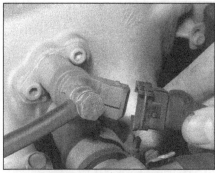

**14.60  Lossa ledningskontakten från kallstartsinsprutaren**

**15.2  Skruva loss jordkabeln från torpedväggen**

**15.10  Demontera givaren för grenrörets absoluta tryck (MAP)**

## Montering

11 Montering sker i omvänd ordning.

### Kylvätsketempgivare

#### Demontering

12 Sensorn är placerad i insugningsgren-rörets undre del. Tappa först av kylsystemet enligt beskrivning i kapitel 1.
13 Demontera övre insugningsgrenröret enligt beskrivning i avsnitt 20.
14 Lossa anslutningsdonet från givaren.
15 Skruva loss sensorn från undre insugningsgrenröret.

#### Montering

16 Rengör gängorna, sätt därefter in givaren i insugningsgrenröret och dra åt ordentligt.
17 Montera anslutningsdonet.
18 Montera övre insugningsgrenröret enligt beskrivning i avsnitt 20.
19 Fyll på kylsystemet enligt beskrivning i kapitel 1.

### Vevaxellägesgivare (motorer utan turbo)

#### Demontering

20 Demontera övre och undre delarna av insugningsgrenröret, se beskrivning i avsnitt 20.
21 Observera hur ledningarna till vevaxel-lägesgivaren är dragna. Lossa ledningarna vid anslutningsdonet som är placerad under grenröret. Observera att detta område är mycket trångt.
22 Lossa ledningarna från buntbanden och skruva loss de bärande klämmorna från motorns vänstra sida. Demontera fästskruven och demontera givaren från dess placering på motorblockets främre vänstra sida (se bilder). Ta vara på O-ringen och notera hur den var monterad. Rengör sätet i motorblocket.

#### Montering

23 Montering sker i omvänd ordning, men dra åt givaren till angivet åtdragningsmoment.

### Vevaxellägesgivare (motorer med turbo)

#### Demontering

24 Lossa ledningskontakten till vevaxellägesgivaren, den är placerad under insugningsgrenröret. Observera att detta område är mycket trångt.
25 Lossa ledningarna från buntbanden, skruva därefter loss fästskruven och demontera givaren från dess placering på motorblockets främre vänstra del. Ta vara på O-ringen och notera hur den var monterad. Rengör sätet i motorblocket.

#### Montering

26 Montering sker i omvänd ordning, men dra åt givaren till angivet åtdragningsmoment.

 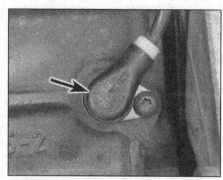

15.22a Klämma till vevaxellägesgivarens ledningar (vid pil) i motorns vänstra sida

15.22b Vevaxellägesgivarens placering

### Gasspjällägesgivare (ej modeller med elektroniskt gasspjällssystem)

#### Demontering

27 Spjällägesgivaren är infäst på spjällhuset på vänster sida om insugningsgrenröret.
28 Lossa ledningskontakten från givaren.
29 Lossa vevhusventilationens stora slang från spjällhuset.
30 Skruva loss fästskruvarna och demontera givaren från spjällhuset. Demontera O-ringarna från gasspjällets axel. Granska O-ringen och anskaffa en ny ring om det behövs.

#### Montering

31 Montering sker i omvänd ordning.

### Tomgångsluftventil (B204/B234-modeller utan turbo)

#### Demontering

32 Tomgångsluftventilen är placerad under insugningsgrenrörets övre del. Lossa först batteriets negativa anslutning.
33 Lossa inloppsslangen från spjällhuset och lossa ledningskontakten från spjällägesgivaren.
34 Lossa vevhusets ventilationsslang från spjällhuset och lossa även tomgångs-luftventilen slang (under spjällhuset).
35 Använd slangklammor och klamma kylvätskeslangarna på spjällhuset. Försiktig användning av griptänger och lämplig packning kan också åstadkomma samma resultat. Lossa klämmorna och koppla bort slangarna från spjällhuset.
36 Koppla loss gasvajern (och där sådan förekommer även automatväxellådans kickdownvajer).
37 Lossa bränsletryckregulator och vevhusventilationens vakuumslangar från grenröret.
38 Lossa förångarens avtappningsslang från grenröret och skruva loss de yttre skruvarna på grenröret.
39 Skruva loss och demontera skruvarna från oljepåfyllningsrörets fäste.
40 Koppla bort slangen till givaren för absolut grenrörstryck.
41 Demontera insugningsgrenrörets övre del, vänd på det och lossa ledningskontakten från tomgångsluftventilen.

15.22c Demontering av vevaxellägesgivaren

42 Lossa klämmorna och koppla bort slangarna.
43 Demontera tomgångsluftventilen från sitt fäste.

#### Montering

44 Montering sker i omvänd ordning, men justera gasvajern (och eventuell kickdow-nvajer) enligt beskrivning i avsnitt 3 i detta kapitel och kapitel 7B.

### Tomgångsluftventil (B204/B234-modeller med turbo, motorer utan ETS)

#### Demontering

45 Lossa klämmorna och koppla bort luftslangen från spjällhuset.
46 Bänd bort låsringen och för gasvajern åt sidan.
47 På modeller med automatväxellåda, lossa kickdownvajern enligt beskrivning i kapitel 7B.
48 Lossa klämmorna och koppla bort tomgångsluftventilen från spjällhuset.
49 Demontera ventilen från upphäng-ningsfästet och lossa ledningskontakten.
50 Lossa slangarna från ventilen.

#### Montering

51 Montering sker i omvänd ordning, men dra inte åt slangklammorna hårt förrän ventilen är installerad på plats.

### Bränslefördelningsrör och insprutare (sugmotor)

Observera: Läs varningstexten i slutet av avsnitt 1 innan arbetet påbörjas.

## Demontering

**Observera:** *Om man misstänker att en insprutare är defekt kan det vara värt att prova en insprutarrengöring innan insprutaren döms ut.*

**52** Lossa övre insugningsgrenröret enligt beskrivning i avsnitt 20.

**53** Rengör ytan kring insprutarna och bränsleanslutningarna för att undvika att damm eller smuts tränger in i bränslesystemet.

**54** Demontera plaststyrskenorna och lossa elkontakterna från insprutarna. Observera att ledningskontakten är lägesmarkerad beroende på cylinder **(se bilder).**

**55** Utjämna trycket i bränslesystemet enligt beskrivning i avsnitt 9. Placera en trasa under bränslefördelningsröret för att torka upp bränsle som kan rinna ut när det demonteras.

**56** Lossa skruvarna och lyft ut bränslefördelningsröret komplett med insprutarna.

**57** Bänd bort fästklämmorna och dra bort insprutarna från bränslefördelningsröret.

## Montering

**58** Montering sker i omvänd ordning. Stryk ett tunt lager vaselin eller motorolja på O-ringarna innan de installeras i insugningsgrenröret, så att insprutarna lättare kan monteras. Kontrollera att rätt ledningskontakter har fästs på insprutarna.

### Bränslefördelningsrör och insprutare (turbomotor)

**Observera:** *Läs varningstexten i slutet av avsnitt 1 innan arbetet påbörjas.*

## Demontering

**Observera:** *Om en insprutare misstänks vara defekt kan det vara värt att prova en insprutarrengöring innan insprutaren döms ut.*

**59** Utjämna trycket i bränslesystemet enligt beskrivning i avsnitt 9. Placera en trasa under bränslefördelningsröret för att samla upp bränsle som kan rinna ut när röret demonteras.

**60** Skruva loss skruvarna till bränslefördelningsröret och lyft bort fördelningsröret tillsammans med insprutarna.

**61** Demontera plaststyrskenorna och lossa

ledningskontakterna från insprutarna. Observera att kontakterna är märkta beträffande placering.

**62** Bänd bort klämmorna och dra bort insprutarna från bränslefördelningsröret.

## Montering

**63** Montering sker i omvänd ordning. Stryk ett tunt lager vaselin eller motorolja på O-ringarna innan de installeras i insugningsgrenröret, så att insprutarna lättare kan monteras. Kontrollera att rätt ledningskontakter har fästs på insprutarna.

### Gasspjällhus

**Observera:** *Avsnitten nedan beskriver demontering och montering för modeller som inte är utrustade med det elektroniska gasspjällssystemet (vilket är monterat i modeller med antispinnsystem - TCS). Rutinerna är dock mycket lika. Se beskrivning i avsnitt 6 vid behov.*

## Demontering

**64** Lossa klämman och koppla bort gummislangen från spjällhuset.

**65** Lossa ledningskontakten från spjälllägeskontakten.

**66** När motorn är kall, skruva loss påfyllningslocket på expansionskärlet, sätt därefter tillbaka locket och dra åt det.

**67** Lossa klämmorna, koppla därefter bort kylvätskeslangarna från spjällhuset och plugga igen dem.

**68** Lossa vevhusets ventilationsslang från spjällhuset.

**69** Lossa tomgångsluftventilens slang från spjällhuset.

**70** Lossa gasvajern (och där så behövs farthållarvajern) enligt beskrivning i avsnitt 3.

**71** På modeller med automatväxellåda, lossa kickdownvajern enligt beskrivning i kapitel 7B.

**72** Skruva loss muttrarna och demontera spjällhuset från inloppsröret. Ta vara på O-ringen.

## Montering

**73** Rengör kontaktytorna mellan spjällhus och insugningsgrenrör, montera därefter spjällhuset tillsammans med en ny O-ring. Dra åt skruvarna.

**74** På modeller med automatväxellåda, lossa

och justera kickdownvajern enligt beskrivning i kapitel 7B.

**75** Anslut och justera gasvajern (och där så behövs farthållarvajern) enligt beskrivning i avsnitt 3.

**76** Anslut tomgångsluftventilens slang och vevhusets ventilationsslang.

**77** Anslut kylvätskeslangarna och dra åt klämmorna.

**78** Anslut ledningskontakten till spjälllägesgivaren.

**79** Anslut gummislangen till spjällhuset och dra åt klämman.

**80** Fyll på kylvätska enligt beskrivning i kapitel 1.

## 16 Turboaggregat - beskrivning och säkerhetsanvisningar

### Beskrivning

**1** Turboaggregatet förbättrar motorns effektivitet genom att tvångsmata insugningsgrenröret med luft. Trycket blir då högre än atmosfärstryck. Istället för att helt enkelt låta luften sugas in i cylindern så tvingas den in.

**2** Turbon drivs av avgaserna. Gaserna passerar genom ett speciellt utformat hus (turbinhus) och får därmed turbinhjulet att rotera. Turbinhjulet är i sin tur förbundet med kompressorhjulet via en axel. Kompressorhjulet roterar i sitt eget hus och trycker ihop inloppsluften och för den vidare till insugningsgrenröret.

**3** Mellan turboaggregatet och grenröret förs den komprimerade luften genom en s k intercooler. Denna består av en värmeväxlare placerad framför kylaren. Syftet med intercoolern är att avleda en del av den värme som åstadkommits genom kompressionen. Eftersom kallare luft är tätare, förbättrar detta motorns effektivitet.

**4** Laddningstrycket (trycket i grenröret) begränsas av en s k wastegate, vilken har en tryckkänslig ventil som leder bort en del av avgaserna från turbindelen. För ytterligare säkerhet, finns också en tryckkontakt som

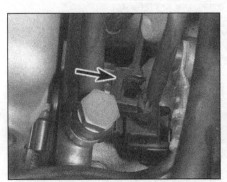
**15.54a Demontering av styrskena (vid pilen) från insprutarna**

**15.54b Insprutarens ledningar är märkta med cylindernumret**

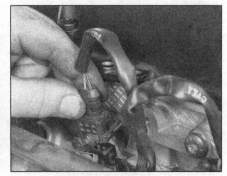
**15.54c Lossa insprutarens ledningskontakter**

stänger av bränslepumpen om laddnings-trycket blir för högt (dvs om wastegate-funktionen är defekt), och motorn stannar.

**5** På modeller före 1987 avkyls turbon endast av motoroljan. Fr o m 1987 är turbon även vattenkyld för att minska lagerhusets temperatur.

**6** Samtliga turbomodeller är utrustade med ett automatiskt prestandastyrningssystem (Automatic Performance Control - APC). Huvudsyftet är att justera tändtidpunkt och turbofunktionen så att motorn får optimal drift och ekonomi oavsett vilken bränslekvalitet och oktantal som används. Detta är nödvändigt eftersom bränsle av samma grad ofta kan ge varierande motoregenskaper.

**7** På modeller tillverkade t o m 1989 omfattar APC-systemet en egen separat elektronisk styrenhet (ECU), placerad under instrument-brädans vänstra del. I detta system styr APC-systemet endast turbon och inte tänd-tidpunkten.

**8** Från 1989 till 1993 är APC-systemet införlivat med DI-kassettens ECU under vänster framsäte. Från och med 1994 är systemet sammanbyggt med Trionic styrsystems ECU, vilken är placerad till vänster bakom motorrummets värmeplåt. På båda senare systemen fördröjs tänd-tidpunkten efter behov, utöver turbo-aggregatets styrning. APC-systemet övervakar förtändning i motorn ("knackning") genom en detonationssensor. Systemet omfattar även en trycktransduktor (som över-vakar trycket i grenröret) samt en solenoidventil (som styr turboaggregatets "wastegate").

**9** Axeln i turboaggregatet trycksmörjs via en ledning från motorns stamkanal. Axeln kommer därmed att "flyta" på en oljekudde. En returledning för smörjoljan tillbaka till sumpen.

### Säkerhetsanvisningar

**10** Turboaggregatet arbetar med extremt höga varvtal och temperaturer. Vissa åtgärder måste vidtagas för att undvika minskad livslängd hos turbon och skador på den som arbetar med den.

**11** Låt inte turbon arbeta med någon anslutning öppnad. Kommer att främmande föremål in i hjulen kan det medföra omfattande skador och, om de kastas ut, personskada.

**12** Varva inte upp motorn omedelbart efter start, speciellt om den är kall. Ge oljan några sekunder att cirkulera.

**13** Låt motorn gå ned på tomgång innan den stängs av - varva inte upp motorn och vrid av tändningen, eftersom aggregatet inte får någon smörjning.

**14** Låt motorn gå på tomgång flera minuter efter körning med hög belastning.

**15** Följ angivna intervaller beträffande byte av olja och filter, använd olja av god kvalitet och i rätt mängd. Felaktiga oljebytesintervaller,

samt användande av olja med låg kvalitet, kan orsaka koksbildning på turboaxlar och snabbt slitage.

## 17 Turboaggregat - demontering och montering

### T3/TE05 turboaggregat

#### Demontering

**1** Dra åt handbromsen, hissa upp bilens framdel och palla upp den på pallbockar (se 'Lyftning, bogsering och hjulbyte').

**2** Demontera luftavskiljaren i mitten under kylaren. På modeller i vilka turbon avkyls av kylvätskan (dvs modeller fr o m 1987), tappa av kylsystemet enligt beskrivning i kapitel 1.

**3** Där sådan förekommer, demontera luftkonditioneringskompressorns drivrem och spännanordning.

**4** Placera ett lämpligt kärl under oljekylaren, skruva loss den övre anslutningen samt skruven på oljekylaren. För oljeröret åt sidan.

**5** Skruva loss luftkonditioneringskompres-sorns skruvar, skydda oljekylaren med en kartongbit och lyft kompressorn mot expansionskärlet. Lossa **inte** ledningarna med kylmedel från kompressorn - läs varningarna i kapitel 3, avsnitt 10.

**6** Lossa och demontera laddningstryck-ventilen från upphängningen på fläktkåpan, och lossa ledningarna.

**7** Lossa ledningarna från den elektriska kylfläkten, skruva loss skruvarna och demontera fläktkåpan tillsammans med fläkten.

**8** Lossa ledningarna från luftflödesmätaren, lossa därefter klämmorna från luftrenaren och koppla bort gummikröken från turbo-aggregatet. Demontera luftflödesmätaren.

**9** Lossa klämman och koppla bort tillförsel (tryck-) röret från turboaggregatet.

**10** Skruva loss flänsskruvarna och koppla bort oljetillförselröret från turboaggregatet, skruva därefter loss oljerörets klamskruv från topplocket. Skruva loss oljerörets banjo-anslutning från motorblocket och lossa oljeröret från klamman på grenröret. Demontera oljeröret.

**11** På modeller där turboaggregatet avkyls med vatten, skruva loss anslutningsmuttrarna och koppla bort kylvätskerören från turbo-aggregatet.

**12** Skruva loss muttrarna och koppla bort det främre avgasröret från turboaggregatet.

**13** Lossa de främre gummiupphängningarna från avgasröret.

**14** Skruva loss och demontera fästet mellan turboaggregatet och oljetråget.

**15** Skruva loss skruvarna och demontera oljereturröret från turboaggregatet och oljetråget. Ta vara på packning och O-ring. Täck hålen med tejp för att undvika att smuts och skräp kommer in i systemet.

**16** Skruva loss och demontera avgasgren-rörets skruvar, lyft därefter ut avgasgrenröret från topplocket tillsammans med turbo-aggregatet. Ta vara på packningen.

**17** Lossa muttrarna och separera turbo-aggregatet från avgasgrenröret **(se bild)**. Observera att eftersom muttrarna är utrustade men en speciell låsfläns bör de bytas när det har demonterats. Nya låsmuttrar är redan täckta med smörjmedel. Ta vara på packningen.

#### Montering

**18** Rengör kontaktytorna, och montera avgasgrenröret på turboaggregatets tappar med en ny tätning, dra åt de **nya** muttrarna till angivet åtdragningsmoment. Låsflänsarna på muttrarna bör vara riktade inåt.

**19** Rengör kontaktytorna, montera därefter avgasgrenröret tillsammans med turbo-aggregatet på topplocket. Använd en ny tätning och dra åt muttrarna växelvis enligt angivet åtdragningsmoment.

**20** Säkra oljerörets klamma på grenröret. Kontrollera att kopparbrickorna är i god kondition och byt dem vid behov, dra därefter åt banjoanslutningen på motorblocket.

**21** Fyll turboaggregatets mellankammare med ren motorolja via oljetillförsel-anslutningen på turboaggregatet. **Observera:** Detta är viktigt eftersom turboaggregatet måste vara fyllt med olja när motorn startas.

**22** Anslut oljetillförselröret till turbo-aggregatet och dra åt flänsskruvarna. Montera och dra åt oljetillförselrörets klamma i topp-locket.

**23** Där så är aktuellt, anslut kylvätskerören till turboaggregatet och dra åt anslutnings-muttrarna.

**24** Montera oljereturröret på turboaggregatet och oljetråget tillsammans med en ny packning och O-ring, dra åt skruvarna.

**25** Montera den främre gummiupphäng-ningen på avgasröret.

**26** Anslut avgasröret på turboaggregatet, använd nya låsmuttrar (låsflänsarna bör vara riktade utåt).

**27** Anslut tillförsel- (tryck-) röret på turbo-aggregatet, och dra åt klämman.

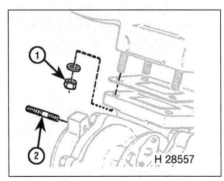

**17.17 Demontera turbon från avgasgrenröret**

*1 Mutter    2 Pinnskruv*

28 Montera luftmängdsmätaren och anslut gummikröken till turboaggregat och luftrenare. Montera klämmorna och anslut ledningarna till luftflödesmätaren.

29 Montera kylfläktkåpan tillsammans med kylfläkten och dra åt monteringsskruvarna. Anslut ledningarna till fläktmotorn.

30 Montera laddningstrycksventilen på sin upphängning på fläktkåpan och anslut returslangen.

31 Där så är aktuellt, montera luftkonditioneringskompressorn och dra åt skruvarna.

32 Anslut oljeröret till oljekylaren och dra åt den övre anslutningen. Sätt i och dra åt skruven på oljekylaren. Ta bort kartongbiten.

33 Montera luftkonditioneringskompressorns spännanordning och drivrem, spänn drivremmen enligt anvisning i kapitel 1.

34 Kontrollera att kylarens avtappningsplugg är hårt åtdragen, montera därefter luftavskiljaren under kylaren.

35 Sänk ner bilen på marken och kontrollera, och vid behov fyll på, motoroljan. Vi rekommenderar starkt att motoroljan byts innan motorn startas om ett nytt turboaggregatet har monterats, eftersom det skyddar turbons lager under inkörningsperioden.

36 På modeller där turboaggregatet avkyls med kylvätska, kontrollera kylvätskenivån och fyll på kylvätska vid behov.

37 Turbons tryck bör kontrolleras av Saabverkstad vid första möjliga tillfälle.

## T25/TD04 turboaggregat

### Demontering

38 Dra åt handbromsen, hissa upp bilens framdel och palla upp den på pallbockar (se 'Lyftning, bogsering och hjulbyte').

39 Demontera luftavskiljaren i mitten under kylaren. På modeller i vilka turbon avkyls av kylvätskan (d v s modeller fr o m 1987), tappa av kylsystemet enligt beskrivning i kapitel 1.

40 Lossa och demontera laddningstryckventilen från upphängningen på fläktkåpan och lossa ledningarna.

41 Lossa ledningarna från den elektriska kylfläktensmotor, skruva loss skruvarna och demontera fläktkåpan tillsammans med fläkten.

42 Lossa lambdasondens ledningar från fästklämmorna.

43 Skruva loss muttrarna och koppla bort det främre avgasröret från turboaggregatet.

44 Lossa klämmorna och koppla bort luftslangen mellan turboaggregatet och luftflödesmätaren.

45 Lossa klämmorna och koppla bort den korta slangen mellan kylvätskeröret och turboaggregatet.

46 Skruva loss anslutningsskruvarna och ta bort kylvätskeröret mellan turboaggregatet och vattenpumpen.

47 I förekommande fall, skruva loss kylvätskerörets och oljerörets upphängning från topplocket.

48 Skruva loss anslutningsskruvarna, lossa oljeröret från turboaggregatet och för det åt sidan.

49 Skruva loss skruvarna och demontera kylvätskeröret mellan turboaggregatet och topplocket.

50 Lossa klämmorna och ta bort laddningstrycksventilens slangar från turboaggregatet och wastegate.

51 Lossa klämman och ta bort tillförsel-(tryck-) röret från turboaggregatet.

52 Skruva loss och demontera fästet mellan turboaggregatet och oljetråget (B202-motor) eller motorblocket (B204/B234-motorer).

53 Skruva loss skruvarna och demontera oljereturröret från turboaggregatet och oljetråg/motorblock. Tag vara på tätning och O-ring. Täck hålen med tejp för att undvika att smuts och skräp kommer in i systemet.

54 Skruva loss skruvarna, lyft ut turboaggregatet från avgasgrenröret. Ta vara på packningen. Ta ut turboaggregatet från motorrummet.

### Montering

55 Rengör kontaktytorna och montera turboaggregatet på avgasgrenröret med en ny tätning. Dra åt muttrarna till angivet åtdragningsmoment.

56 Montera oljereturröret på turboaggregatet och oljetråg/motorblock tillsammans med en ny tätning och O-ring, dra åt skruvarna.

57 Montera fästet mellan turboaggregat och oljetråg (B202-motor) eller motorblock (B204/B234-motorer), och dra åt skruvarna.

58 Stryk på ett tunt lager smörjmedel på turboaggregatets pinnskruvar, montera därefter främre avgasröret och dra åt muttrarna till angivet åtdragningsmoment.

59 Anslut tillförsel- (tryck-) röret på turboaggregatet, och dra åt klämmorna.

60 Anslut laddningstrycksventilens slangar på turboaggregat och wastegate.

61 Montera kylvätskeröret mellan turboaggregatet och topplocket, dra åt anslutningsskruvarna.

62 Fyll turboaggregatets mellankammare med ren motorolja via oljetillförselanslutningen på turboaggregatet. **Observera:** *Detta är viktigt eftersom turboaggregatet måste vara fyllt med olja när motorn startas.*

63 Montera oljetillförselröret på turboaggregatet och dra åt anslutningsskruven.

64 I förekommande fall, montera kylvätskerörets och oljerörets upphängningar på topplocket.

65 Montera kylvätskeröret mellan turboaggregatet och vattenpumpen, dra åt anslutningsskruvarna.

66 Anslut den korta slangen mellan kylvätskeröret och turboaggregatet, dra åt klämmorna.

67 Anslut luftslangen mellan turboaggregatet och luftflödesmätaren, dra åt klämmorna.

68 Placera lambdasondens ledningar i klämmorna.

69 Montera fläktkåpan tillsammans med kylarfläkten och dra åt skruvarna. Anslut ledningarna.

70 Montera laddningstrycksventilen på sin upphängning på fläktkåpan, anslut ledningarna.

71 Kontrollera att kylarens avtappningsplugg är hårt åtdragen, montera därefter luftavskiljaren under kylaren.

72 Sänk ner bilen på marken och kontrollera, och vid behov fyll på, motoroljan. Vi rekommenderar att motoroljan byts innan motorn startas om ett nytt turboaggregatet har monterats, eftersom det skyddar turbons lager under inkörningsperioden.

73 Fyll på kylsystemet enligt beskrivning i kapitel 1.

74 Det rekommenderas att turbons tryck kontrolleras av Saabverkstad vid tidigast möjliga tillfälle.

## 19 Intercooler (laddluftkylare) - demontering och montering

### Demontering

1 Demontera kylaren enligt beskrivning i kapitel 3.

2 I förekommande fall, demontera plastskyddet under intercoolern.

3 Lossa klämmorna och koppla bort slangarna från intercoolerns sidor.

4 Skruva loss och demontera skruvarna som fäster intercoolern vid luftkonditioneringskompressorn.

5 Demontera det övre upphängningsfästet och hylsorna från tapparna ovanpå intercoolern och kondensorn.

6 Flytta bort intercoolern från frontpanelen, lyft upp den från upphängningen och ta bort den från motorrummet.

### Montering

7 Kontrollera hylsorna till det övre upphängningsfästet och byt dem vid behov.

8 Sänk ner intercoolern på sin upphängning.

9 För intercoolern framåt mot kondensorn, montera därefter det övre upphängningsfästet och hylsorna på pinnskruvarna på intercooler och kondensor. Kylarupphängningsänden skall vara vänd bakåt.

10 Montera skruvarna som fäster intercoolerenheten vid luftkonditioneringskondensorn och dra åt till angivet åtdragningsmoment.

11 Anslut slangarna på intercoolern och spänn klämmorna.

12 Montera plastskyddet under intercoolern.

13 Montera kylaren enligt beskrivning i kapitel 3.

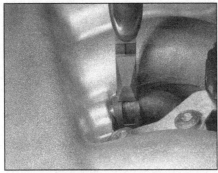

19.16 Bromsservons vakuumslang lossas från insugningsgrenröret

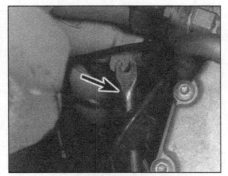

19.22 Det högra staget (vid pil) demonteras från undre insugningsgrenröret

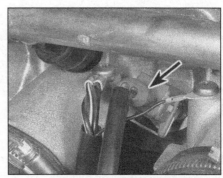

19.23a Kabelkontakt till kylvätsketempgivaren

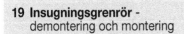

## 19 Insugningsgrenrör - demontering och montering

### Modeller med LH-Jetronic bränsleinsprutning

#### Demontering

1 Lossa batteriets negativa anslutning.
2 Lossa klämman och koppla bort luftslangen från grenröret.
3 Se beskrivning i avsnitt 15 eller 16 och demontera spjällhuset från insugningsgrenröret. Om man föredrar det kan slangar och gasvajer sitta kvar, och huset föras åt sidan.

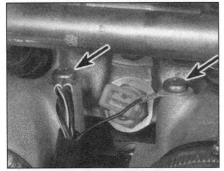

19.23b Skruvar till jordanslutningen (vid pilarna) på undre delen av insugningsgrenröret

4 Demontera bränslefördelningsröret från insugningsgrenröret enligt beskrivning i avsnitt 15 eller 16.
5 På modeller med automatväxellåda, lossa kickdownvajern från fästet på grenröret.
6 Lossa turbons oljerör från klämman på inloppsröret.
7 Lossa bromsservons vakuumslang från inloppsröret.
8 Skruva loss skruvarna som fäster inloppsröret på topplocket. Skruva också loss den undre skruven från stödstaget.
9 Ta bort grenröret från topplocket. Ta vara på tätningen.

#### Montering

10 Montering sker i omvänd ordning, men installera en ny tätning och dra åt skruvarna till angivet åtdragningsmoment.

### Modeller med Trionic styrsystem

#### Demontering

11 Lossa batteriets negativa anslutning.
**Övre insugningsgrenrör**
12 Den övre delen av grenröret demonteras genom att man först lossar plastkanalen mellan spjällhuset och inloppssresonatorn.
13 Lossa tomgångsluftventilen från gasspjällhuset.
14 Lossa konstantfarthållarvajern.
15 Skruva loss muttrarna och demontera spjällhuset från insugningsgrenröret. För huset åt sidan.

16 Lossa klämman och koppla bort vakuum-slangarna till bränsletryckregulator och bromsservo **(se bild)**. Lossa även den lilla ventilationsslangen till vevhuset.
17 Lossa slangen till bränsleförångnings-ventilen från grenröret , lossa även slangen som leder till tryckgivaren.
18 Skruva loss och demontera de övre fästskruvarna från fästet på sidan av övre grenröret, lossa sedan de undre skruvarna.
19 Skruva loss och demontera olje-påfyllningsfästet.
20 Skruva loss återstående skruvar som fäster övre grenröret vid den undre delen, och demontera överdelen. Lossa även tomgångs-luftventilens ledningar.
21 Granska gummislangarna mellan övre och undre delarna av insugningsgrenröret och byt ut dem vid behov.
**Undre insugningsgrenrör**
22 Skruva loss skruvarna som fäster de två stagen på grenröret **(se bild)**. Vid behov, lossa även stagens undre skruv/mutter.
23 Lossa kabelkontakten från kylvätske-tempgivaren. Demontera även skruvarna som fäster jordledningarna och ledningsstöden på grenröret **(se bilder)**.
24 Lossa bränsletillförsel- och returslangar från bränslefördelningsrör och tryckregulator.
25 Lossa ledningarna till de båda insprutarna **(se bild)**.
26 Skruva loss skruvarna och demontera den undre delen av grenröret från topplocket **(se bild)**.

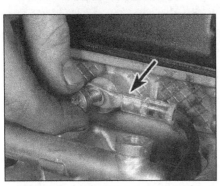

19.23c Jordanslutningen lossas från motorns kamkedjesida

19.23d Ledningsstödet lossas från insugningsgrenröret

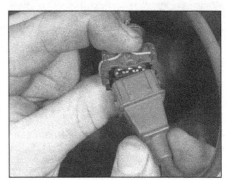

19.25 Anslutningar för insprutarna

| 19.26 Det undre insugningsgrenröret demonteras från topplocket | 19.28 Grenrörets packning demonteras från topplocket | 20.6a Avgasgrenrörets mittsektion demonteras |

27 Lossa klämmorna och separera de två halvorna som utgör grenrörets nedre del. Ta vara på anslutningsslangarna.

28 Demontera packningen från topplocket (se bild).

## Montering

### Övre och undre insugningsgrenrör

29 Montering sker i omvänd ordning, men installera en ny packning och dra åt skruvarna till angivet åtdragningsmoment. Kontrollera de anslutande slangarna och O-ringen mellan spjällhuset och grenröret och byt ut dem vid behov. Kontrollera och justera gasvajern (och där så är aktuellt kickdownvajern) enligt beskrivning i avsnitt 3 i detta kapitel och avsnitt 5 i kapitel 7B.

## 20 Avgasgrenrör -
demontering och montering

## Modeller utan turbo

### Demontering

1 Dra åt handbromsen och hissa upp bilens framdel, palla upp den på pallbockar (se 'Lyftning, bogsering och hjulbyte').

2 Demontera luftavskiljaren under kylaren.

3 I förekommande fall, lossa lambdasondens ledningar enligt beskrivning i kapitel 4B.

4 Demontera främre avgasröret enligt beskrivning i avsnitt 22.

5 På bilar med luftkonditionering skall kompressorn flyttas åt sidan. På B204- och B234-modeller, dra drivremmen uppåt så att spännfjädern trycks ihop, håll sedan spännanordningen på plats genom att placera en böjd metallstång över spännanordningens fäste (se beskrivning i kapitel 1, avsnitt 22). På B202-modeller, lossa spännanordningens remskiva och demontera kompressorns drivrem. Skruva loss kompressorn och placera den åt sidan **utan** att lossa kylmedelsrören. Ta vara på brickan på den undre skruven på B202-modeller.

6 Skruva loss och demontera muttrarna på avgasgrenröret, lyft därefter bort grenröret från topplocket. Om grenröret är i två delar skall mittsektionen demonteras först. Observera att på den återstående delen är distanshylsor monterade under muttrarna **(se bilder)**. På grenrör som är i en del är distanshylsor endast monterade under muttrarna på grenrörets ändar.

7 Demontera packningen från pinnskruvarna på topplocket **(se bild)**.

Montering

8 Rengör anliggningsytorna på cylinderhuvudet och avgasgrenröret.

9 Montera avgasgrenröret på pinnskruvarna på cylinderhuvudet tillsammans med en ny tätning, dra därefter år muttrarna till angivet åtdragningsmoment **(se bild)**. Kontrollera att distanshylsorna är korrekt placerade, enligt ovanstående beskrivning. Om grenröret består av två delar skall den yttre delen

monteras först. Dra åt muttrarna till angivet åtdragningsmoment, montera därefter den mellersta delen och dra åt muttrarna.

10 På modeller med luftkonditionering, montera kompressorn och se till att brickan är monterad på den undre skruven på B202-modeller. På B204- och B234-modeller, dra upp drivremmen och demontera metallstången, lossa därefter drivremmen och låt spännanordningen spänna den. På B202-modeller, justera drivremmens spänning enligt beskrivning i kapitel 1, avsnitt 22.

11 Montera främre avgasgrenröret enligt beskrivning i avsnitt 22.

12 I förekommande fall, anslut Lambdasonden (se kapitel 4B).

13 Montera luftavskiljaren under kylaren.

14 Sänk ner bilen på marken.

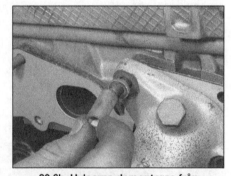

20.6b Hylsorna demonteras från avgasgrenrörets yttre del

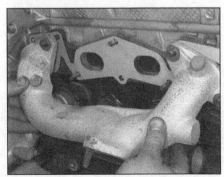

| 20.6c Avgasgrenrörets yttre del demonteras | 20.7 Tätningen till avgasgrenröret demonteras | 20.9 Dra åt muttrarna på avgasgrenröret |

## Modeller med T3/TE05 turbo

### Demontering och montering

15 Se beskrivning i avsnitt 18 - tillvägagångssättet är identiskt med demontering och montering av turboaggregatet.

## Modeller med T25/TD04 turbo

### Demontering

16 Demontera turboaggregatet enligt beskrivning i avsnitt 18.

17 Om bilen är utrustad med luftkonditionering skall kompressorn flyttas åt sidan. På B204- och B234-modeller, dra drivremmen uppåt så att spännfjädern trycks ihop, håll sedan spännanordningen på plats genom att placera en böjd metallstång över spännanordningens fäste (se beskrivning i kapitel 1, avsnitt 22). På B202-modeller lossas spännanordningens remskiva och kompressorns drivrem demonteras. Skruva loss kompressorn och placera den åt sidan **utan** att lossa kylmedelrören. Ta vara på brickan på den undre skruven på B202-modeller.

18 Skruva loss och demontera avgasgrenrörets muttrar och lyft bort grenröret från topplocket. Observera att distanshylsor endast är monterade under muttrarna på grenrörets ändar.

19 Demontera packningen från pinnskruvarna på topplocket.

### Montering

20 Rengör anliggningsytorna på topplocket och avgasgrenröret.

21 Montera avgasgrenröret på pinnskruvarna på topplocket tillsammans med en ny packning, dra därefter år muttrarna till angivet åtdragningsmoment. Kontrollera att distanshylsorna är korrekt placerade, enligt ovanstående beskrivning.

22 På modeller med luftkonditionering, montera kompressorn och se till att brickan är installerad på den undre skruven på B202-modeller. På B204- och B234-modeller, dra upp drivremmen och demontera metallstången, lossa därefter drivremmen och låt spännanordningen spänna den. På B202-modeller, justera drivremmens spänning enligt beskrivning i kapitel 1, avsnitt 22.

23 Montera turboaggregatet enligt beskrivning i avsnitt 18.

## 21 Avgassystem - allmän beskrivning och byte av komponenter

### Allmän beskrivning

1 Avgassystemet består av fyra sektioner:
a) Det främre röret (omfattar trevägskatalysator på vissa modeller).
b) Främre ljuddämpare med rör (omfattar trevägskatalysator på vissa modeller).
c) Mellanliggande ljuddämpare med rör.
d) Bakre ljuddämpare med rör.

2 Avgassystemets delar är förenade med rör vars ändar har inre vidgade flänsar. En tätning är placerad i anslutningen mellan främre röret och grenröret, den är infäst med pinnskruvar och muttrar. Främre röret och anslutningsrören mellan ljuddämparna är aluminiumbelagda. Ljuddämparna är tillverkade av krom och stål.

3 På katalysatorutrustade modeller är lambdasonden placerad i främre röret. Katalysatorn är placerad antingen i främre röret eller i främre ljuddämpare och rör.

4 På modeller utan turbo har främre röret två förgreningar. På modeller med turbo omfattar det enkla röret en krök vid främre änden, som är ansluten till turboaggregatet.

5 På samtliga modeller är systemet i sin helhet monterat med gummiupphängningar.

### Demontering

6 Varje sektion i avgassystemet kan demonteras separat, men eftersom den bakre delen är placerad ovanför bakre krängningshämmarstaget går det inte att demontera hela avgassystemet i ett enda stycke.

7 Vid demontering av en del av avgassystemet skall bilens fram- eller bakdel först hissas upp och pallas upp på pallbockar (se 'Lyftning, bogsering och hjulbyte'). Alternativt kan bilen placeras över en grop, eller på en billyft.

### Främre röret (och katalysator där sådan förekommer)

**Observera:** *Om bilen är utrustad med katalysator, tappa inte enheten - den innehåller en ömtålig keramisk komponent.*

8 På modeller med katalysator skall lambdasonden demonteras enligt beskrivning i kapitel 4B.

9 Skruva loss muttrarna och separera den flänsade anslutningen mellan det främre röret och främre ljuddämpare och rör.

10 Haka av gummiupphängningen från bilens underplåt.

11 Skruva loss muttrarna som fäster det främre röret på turbon eller avgasgrenröret (vilket som gäller), sänk därefter ner röret mellan motorn och den främre tvärbalken. Ta vara på packningarna.

### Främre ljuddämpare/katalysator och rör

**Observera:** *Om bilen är utrustad med katalysator, tappa inte enheten eftersom den innehåller en ömtålig keramisk komponent.*

12 Lossa muttrarna och separera de flänsade anslutningarna mellan den främre ljuddämparen och främre avgasröret, och den mellanliggande ljuddämparen och röret.

13 Haka av upphängningsgummit från bilens underplåt och sänk ner främre ljuddämpare och rör till marken.

### Mellanliggande ljuddämpare och rör

14 Skruva loss muttrar/skruvar och separera de flänsade anslutningarna mellan den mellanliggande ljuddämparen och röret till främre ljuddämparen och rör, samt den bakre ljuddämparen och röret.

15 Haka av gummiupphängningen från bilens underplåt och sänk ner den mellanliggande ljuddämparen och röret till marken.

### Bakre ljuddämpare och rör

16 Lossa skruvarna och separera den flänsade anslutningen mellan bakre ljuddämpare och rör och mellanliggande ljuddämpare och rör.

17 Haka av gummiupphängningen från bilens underplåt, och sänk ned bakre ljuddämpare och rör till marken.

### Värmesköldar

18 Värmesköldarna är infästa på underplåten med skruvar. Varje sköld kan demonteras när den närliggande avgassektionen har demonterats.

### Montering

19 Varje del monteras i omvänd ordning, och notera följande punkter:
a) Kontrollera att varje spår av korrosion har avlägsnats från de vidgade rörändarna i flänsanslutningarna och att nya tätningar har monterats i anslutningarna mellan främre röret och avgasgrenröret/ turboaggregatet.
b) Granska gummiupphängningarna beträffande tecken på skada eller slitage, byt ut vid behov.
c) På modeller med katalysator skall Lambdasonden monteras enligt beskrivning i kapitel 4B.
d) Kontrollera att alla gummiupphängningar är korrekt placerade och att det finns tillräckligt utrymme mellan avgassystemet och underplåten.

# Kapitel 4 Del B:
## Avgasreningssystem

## Innehåll

## Svårighetsgrader

| Enkelt, passar novisen med lite erfarenhet  | Ganska enkelt, passar nybörjaren med viss erfarenhet  | Ganska svårt, passar kompetent hemmamekaniker  | Svårt, passar hemmamekaniker med erfarenhet  | Mycket svårt, för professionell mekaniker  |
|---|---|---|---|---|

## Specifikationer

### Avgasåtercirkulation (EGR) (modeller utan katalysator)
EGR-ventil färgkoder:
    Modell med turbo ....................................... Blå
    Modell utan turbo ....................................... Svart
EGR termostatventil:
    Öppningstemperatur ....................................... 30°C
    Stängningstemperatur ....................................... 20°C

### Bränsleförångningssystem
Bränsleförångningsventil:
    Resistans vid 20°C ....................................... 40 ± 20 ohm
Lambdasond:
    Resistans vid 20°C (stift 1 och 2) ........................... 3,5 ± 0,4 ohm

### Åtdragningsmoment                                            Nm
Lambdasond ....................................... 55

## 1 Allmän beskrivning

Samtliga modeller kan köras på blyfri bensin. Ett antal olika system är inbyggda i bränslesystemet för att reducera skadliga avgasutsläpp. Samtliga modeller är utrustade med ett vevhusventilationssystem, och alla senare modeller är även försedda med trevägskatalysator. På vissa modeller finns dessutom system för avgasåtercirkulation och bränsleförångning.

I vissa delar av världen har ytterligare ett luftinblåsningssystem monterats.

Avgasreningssystemen fungerar på följande sätt.

### Vevhusventilation

För att kunna reducera utsläppen av oförbrända kolväten från vevhuset ut i atmosfären är motorn förseglad. Vevhusgaser och oljeångor sugs från vevhuset, genom ett dubbelt utlopp på ventilkåpan, till spjällhuset och även via turbon till insugningsgrenröret. På modeller utan turbo är förhållandet något annorlunda i det att anslutningen till turboaggregatet görs direkt till insugningsgrenröret.

Vid förhållanden med högt undertryck i grenröret (tomgång, fartminskning) sugs gaserna ut ur vevhuset till spjällhuset. Vid förhållanden med lågt undertryck i grenröret (acceleration, körning med fullt gaspådrag) tvingas gaserna ut ur vevhuset av det (relativt) högre vevhustrycket; om motorn är sliten gör det höjda trycket i vevhuset att (beroende på ökad genomblåsning) en viss del av gaserna leds tillbaka vid alla grenrörsförhållanden.

### Avgasrening

Vissa modeller är utrustade med en katalysator i avgassystemet för att minimera föroreningar som släpps ut i atmosfären. Katalysatorsystemet är av typen "sluten krets". En lambdasond i avgassystemet sänder information till den elektroniska styrenheten (ECU) i insprutnings-/tändningssystemet beträffande syrehalten i avgaserna. Med ledning av denna information justerar ECUn bränsle/luftblandningen till sådana värden att katalysatorn kan arbeta optimalt.

Lambdasonden har en inbyggd värmare som, via lambdasondens relä, styrs av ECUn för att snabbt kunna värma sondens spets till en effektiv arbetstemperatur. Sondspetsen är syrekänslig och den sänder varierande spänning till ECUn beroende på syrehalten i avgaserna; om luft/bränsleblandningen är för fet sänder sonden en högspänningssignal. Spänningen sjunker allt efter som blandningen försvagas. Den högsta överföringseffektiviteten för alla ofta förekommande föroreningsämnen uppstår om luft/bränsleblandningen hålls vid det kemiskt korrekta förhållandet för fullständig för-

bränning av bensin - 14.7 delar (vikt) luft till 1 del bränsle ("stoikiometrisk" fördelning). Sondens utloppsspänning förändras avsevärt vid denna punkt. ECUn använder signalförändringen som en referenspunkt och korrigerar inloppsblandningen av luft/bränsle i enlighet med denna genom att ändra bränsleinsprutarens pulsbredd (insprutarens öppningstid).

### Avgasåtercirkulation (Exhaust Gas Recirculation - EGR)

Detta system återcirkulerar en del av avgaserna tillbaka till förbränningsrummen vid vissa driftsförhållanden. Det uppnås genom att topptemperaturerna i förbränningsrummen reduceras effektivt av kylande förbrända avgaser. Två system har monterats - ett mekaniskt system och ett elektroniskt system som styrs av LH-Jetronics ECU.

Om fel uppstår i EGR-systemet tänds varningslampan "CHECK ENGINE" på instrumentpanelen och morsvarande felkod lagras i LH-Jetronics ECU.

### Bränsleförångningssystem

Vissa modeller är utrustade med ett bränsleförångningssystem som skall minimera utsläppen av oförbrända kolväten i atmosfären. Systemet kallas även "Styrning av förångningsförluster" (ELCD). Bränsletankens påfyllningslock är tätat och en kolbehållare, i bilens främre högra del under framskärmen, samlar upp bensinångor som genereras i tanken när bilen är parkerad. Ångorna lagras där tills de kan avlägsnas från kolbehållaren. Denna process styrs av bränslesystemets ECU via en avluftningskran, in i inloppskanalen för normal förbränning av motorn.

För att kontrollera att motorn arbetar korrekt när den är kall, eller under tomgång, och för att skydda katalysatorn från påverkan av en alltför fet blandning, öppnar ECUn inte avluftningskranen förrän motorn har värmt upp och är under belastning. Då modulerar ventilen till och från för att låta ångorna passera in i inloppskanalen.

### Spjälldämpare

Ett spjällstyrningssystem är monterat på gasspjället till vissa modeller. Dess syfte är att kontrollera motorinbromsning under överhettning, för att förhindra utsläpp av oförbrända kolväten. Om gaspedalen släpps upp när motorns varvtal är 3000 vpm, bör det ta cirka 4 sekunder för motorn att varva ner till ett varvtal av 875 vpm.

### Automatisk tomgångsstyrning (AIC)

På vissa modeller är ett automatiskt tomgångssystem installerat, för att ge jämnare tomgång, förbättra körning när motorn är kall eller under uppvärmning, kompensation för tomgångsvarvtal (för att

kunna driva luftkonditioneringskompressor, generator eller styrservopump), samt styrning av motorbromsningen.

Ventilen styr luftflödet som passerar förbi spjällventilen. Ventilen styrs av ECUn.

### Luftpulseringssystem

I vissa modeller finns ett luftpulseringssystem som tillför luft till avgasventilernas nedströmssida, för att fullborda oxidationen av oförbrända kolväten i avgaserna. Systemet utnyttjar tryckpulserna i avgasgrenröret till att dra in luft från luftrenaren.

### Kompletterande luftinblåsning

I detta system sugs luft in i avgasgrenröret innan lambdasonden och katalysatorn har uppnått arbetstemperatur, för att medverka till att kolväten förbränns. Systemet aktiveras när motorn startas och tiden den är i drift beror på motorns temperatur och när lambdasonden träder i funktion.

## 2 Avgasreningssystem - test och byte av komponenter

### Vevhusventilation

**1** Delarna i detta system behöver ingen tillsyn annat än regelbunden granskning av systemets slang (-ar).

### Avgasåtercirkulation (EGR)

#### Test

**2** Om fel uppstår i EGR-systemet lagras en felkod i LH-Jetronics ECU, och en varningslampa tänds på instrumentpanelen. Kontrollera att alla lednings- och slanganslutningar är säkra. Om felet ändå kvarstår bör Saabverkstad konsulteras.

#### Demontering och montering

##### Lufttemperaturgivare

**3** För att demontera lufttemperaturgivaren, lossa ledningarna och skruva loss givaren från insugningsgrenröret. Montering utförs i omvänd ordning.

##### Vakuumtank

**4** Vakuumtanken är placerad i den främre vänstra delen av motorrummet. Demontera först luftflödesmätaren enligt beskrivning i kapitel 4A.

**5** Lossa vakuumslangen och demontera vakuumtanken tillsammans med fästet.

**6** Demontera fästet och montera det på den nya vakuumtanken.

**7** Montering utförs i omvänd ordning.

##### Backventil

**8** En backventil är placerad mellan vakuumtanken och EGR-ventilen.

**9** Lossa ledningar och slangar och notera hur de var monterade, demontera ventilen.

**10** Montering utförs i omvänd ordning.

**2.18 Lambdasondens ledningar demonteras från motorblockets främre del**

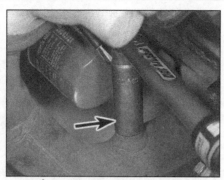

**2.21 Åtdragning av lambdasonden (dold under den djupa hylsan) med nyckel**

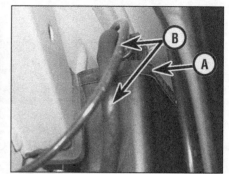

**2.32 Kolbehållare (A) och slangar (B) under den högra framskärmen**

## Lambdasond

### Test

**11** Lambdasonden kan testas med en multimeter genom att ledningarna lossas från anslutningsdonet, antingen nära den högra änden av insugningsgrenröret (modeller med LH-Jetronic-system) eller till höger på torpedväggen (modeller med Trionic-system).

**12** Anslut en ohmmeter mellar terminal 1 och 2 på sondens ledningskontakt. Anslut **inte** ohmmetern till ECU-ledningarna. Motståndet bör vara mellan 2,9 och 4,0 ohm för en lambdasond på 12 watt (blyfri bensin), eller cirka 2,1 ohm för en lambdasond på 18 watt (blyad bensin eller klass 1 turbo). Motståndet varierar med temperaturen, och kan bli så högt som 10 ohm.

**13** Anslut ledningarna när testen är avslutad.

### Demontering

**Observera:** *Lambdasonden är ÖMTÅLIG. Den fungerar inte om den tappas eller utsätts för stötar, om strömförsörjningen bryts eller om rengöringsmedel appliceras på den. Sonden skall bytas ut varje 90000km.*

**Tidigare modeller**

**14** Lossa ledningskontakten på insugningsgrenrörets högra sida.

**15** Ta bort ledningarna från topplocket och mata dem genom motorns främre del.

**Senare modeller**

**16** Demontera listen och locket från värmeplåten i motorrummets bakre del. Lyft upp högra delen av locket och lossa lambdasondens ledningskontakt.

**17** Skruva loss skruvarna från torpedväggen, dra därefter fram lambdasondens ledningar till motorrummets främre del, lyft bort luftkonditioneringsröret vid behov.

**18** Vid behov, ta bort ledningarna från klamman på kylvätskeröret och lossa skruvarna som håller ledningsfästena, där det behövs **(se bild)**.

**19** Vid behov, lossa klämman nära den undre skruven till luftkonditioneringskompressorn.

**Alla modeller**

**20** Skruva loss sonden från främre avgasröret och demontera den. Om sonden sitter hårt kan det underlätta att vicka den fram och

tillbaka i gängorna under det att den den tas bort. Observera att det är möjligt att införskaffa en speciell slitsad hylsa som kan placeras på sonden utan att skada ledningarna.

### Montering

**21** Montering sker i omvänd ordning. Stryk ett tunt lager av temperaturhärdigt smörjmedel på sondens gängor innan den monteras. Dra åt sonden till angivet åtdragningsmoment **(se bild)**. Ledningarna måste dras korrekt och utan risk att komma för nära avgassystemet.

## Spjälldämpare

### Test

**22** Kör motorn till normal arbetstemperatur och kontrollera CO-halt och tomgångshastighet.

**23** Lossa och plugga igen vakuumslangen och slangarna till EGR-enheten där sådana är monterade.

**24** Starta motorn och öka hastigheten tills varvtalet ligger mellan 2500 och 2700 vpm. Håll motorn på denna hastighet och kontrollera att dämparens medbringare vidrör gasspjällets stopptapp. Om så inte är fallet skall låsmuttern lossas och spjälldämparen justeras. Dra åt låsmuttern när justeringen är utförd.

**25** Öka motorns hastighet till 3000 vpm, använd därefter en tidtagarur för att kontrollera att det tar mellan 3 och 5 sekunder att återgå till normal tomgångshastighet när gasspjället släpps.

**26** Om justering behöver utföras kan fartavtagandetiden kortas ner genom att spjälldämparen skruvas i riktning från gasspjället, eller förlängas genom att fördröjningsventilen skruvas i riktning mot gasspjället.

### Demontering

**27** Lossa låsmuttern och demontera dämparen från fästet på spjällhuset.

### Montering

**28** Montering utförs i omvänd ordning, men utför justering enligt punkterna 22 till 26.

## Förångningsbehållare och avluftningskran

### Test

**29** Om man misstänker att systemet är defekt skall tillvägagångssättet beskrivet i punkterna 30 till 32 följas. Kontrollera att slangarna från kolbehållare och avluftningskran inte är igensatta genom att blåsa igenom dem. Om avluftningskranen eller kolbehållaren misstänks vara defekta skall de bytas.

### Demontering

**30** Dra åt handbromsen, lyft upp framdelen på bilen och palla upp den på pallbockar. Demontera höger framhjul.

**31** Demontera plastlisten på höger framskärm och därefter främre delen av innerskärmen.

**32** Observera hur slangarna är monterade på kolbehållaren. Lossa slangarna **(se bild)**.

**33** Haka loss kolbehållaren från fästet och demontera den.

**34** Lossa och demontera avluftningskranen, observera att pilarna pekar mot kolbehållarens anslutningsände **(se bild)**.

### Montering

**35** Montering sker i omvänd ordning. Kontrollera dock att slangarna är rätt monterade i sina ursprungslägen och att avluftningskranens pil pekar i rätt riktning.

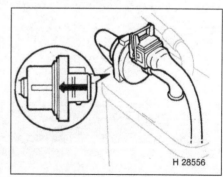

H 28556

**2.34 Avluftningskranens placering på kolbehållaren**

## Katalysator

### Test

**36** Katalysatorns effektivitet kan endast kontrolleras med hjälp av en avgasanalysator, enligt beskrivning i kapitel 1.

**37** Om CO-halten är för hög i bakre avgasröret bör bilen överlämnas till en Saabverkstad för grundlig kontroll av bränsleinsprutnings- och tändningssystemen, inklusive lambdasonden (specialutrustning krävs). När dessa system har kontrollerats och konstaterats felfria måste felet ligga i katalysatorn, vilken måste bytas enligt beskrivning i Del A i detta kapitel.

**38** På vissa modeller finns en temperaturgivare inbyggd i katalysatorn, ansluten till en varningslampa på instrumentpanelen.

### Demontering och montering

**39** Demontering och montering av katalysatorn är beskrivet i kapitel 4A, som del av rutinerna för avgassystemet.

## Katalysatorns temperaturgivare

### Demontering

**40** Temperaturgivaren demonteras genom att man fäller det högra framsätet framåt så långt det går och därefter lossar givarens ledningskontakt.

**41** Knyt fast en bit snöre på ledningarna för att underlätta vid monteringen.

**42** Dra åt handbromsen, lyft upp bilen och palla upp den på pallbockar (se 'Lyftning, bogsering och hjulbyte').

**43** Skruva loss och demontera värmeskölden under katalysatorn.

**44** Skruva loss givaren från katalysatorn, dra därefter ledningarna igenom golvet och knyt upp snöret. Lämna kvar snöret för att kunna dra tillbaka ledningarna vid monteringen.

### Montering

**45** Montering sker i omvänd ordning, använd snöret för att dra ledningarna tillbaka genom golvet.

## 3 Katalysator - allmän beskrivning och säkerhetsanvisnigar

**1** Katalysatorn är en tillförlitlig och enkel anordning som inte kräver underhåll. Det finns dock några punkter som bilägaren bör uppmärksamma för att katalysatorn skall fungera ordentligt under hela sin livslängd.

a) ANVÄND INTE blyad bensin i bil med katalysator.

b) Håll alltid tändnings- och bränslesystemen i god kondition (se kapitel 1).

c) Om motorn börjar att misstända skall bilen inte köras alls (eller åtminstone så lite som möjligt) tills felet är åtgärdat.

d) Bilen får INTE knuffas igång eller bogseras eftersom katalysatorn då dränks i oförbränt bränsle och kommer att överhettas när motorn startas.

e) STÄNG INTE AV motorn vid höga varvtal - d v s trampa inte ner gaspedalen just innan tändningen stängs av.

f) ANVÄND INGA tillskott i bränsle eller olja - dessa kan innehålla ämnen som skadar katalysatorn.

g) FORTSÄTT INTE att köra bilen om motorn bränner olja så att den lämnar blå rök efter sig.

h) Katalysatorn arbetar vid mycket höga temperaturer. När bilen har körts länge skall den INTE PARKERAS över torra underlag som torrt gräs, eller högar med torra löv.

i) Kom ihåg att en katalysator är ÖMTÅLIG - tappa den inte och utsätt den inte för slag med verktyg.

# Kapitel 5 Del A:
# Start- och laddningssystem

## Innehåll

## Svårighetsgrader

| **Enkelt,** passar novisen med lite erfarenhet  | **Ganska enkelt,** passar nybörjaren med viss erfarenhet  | **Ganska svårt,** passar kompetent hemmamekaniker  | **Svårt,** passar hemmamekaniker med erfarenhet  | **Mycket svårt,** för professionell mekaniker  |

## Specifikationer

### Elsystem . . . . . . . . . . . . . . . . . . . . . . . . . . . . . . . .   12 volt, negativ jord

### Batteri

Typ . . . . . . . . . . . . . . . . . . . . . . . . . . . . . .   Blybatteri, lågunderhålls- eller underhållsfritt
Batterikapacitet . . . . . . . . . . . . . . . . . . . . . .   60/62 Ah
Laddningskondition:
  Dålig . . . . . . . . . . . . . . . . . . . . . . . . . . . . . .   12,5 volt
  Normal . . . . . . . . . . . . . . . . . . . . . . . . . . . . .   12,6 volt
  God . . . . . . . . . . . . . . . . . . . . . . . . . . . . . . .   12,7 volt

### Generator

Typ . . . . . . . . . . . . . . . . . . . . . . . . . . . . . . . .   Bosch
Strömuttag . . . . . . . . . . . . . . . . . . . . . . . . . . .   70, 80 eller 115 A
Min längd på kolens utstick . . . . . . . . . . . . . .   5,0 mm
Min diameter släpringar:
  70 och 80 A . . . . . . . . . . . . . . . . . . . . . . . . .   26,8 mm
  115 A . . . . . . . . . . . . . . . . . . . . . . . . . . . . . .   27,2 mm

### Startmotor

Typ . . . . . . . . . . . . . . . . . . . . . . . . . . . . . . . .   Bosch
Uttag . . . . . . . . . . . . . . . . . . . . . . . . . . . . . . .   1,4 kW

### Åtdragningsmoment                                       **Nm**

Startmotorns solenoid till startmotorn . . . . . . . . . . . . . . . . . . . . .   5
Startmotorns genomgående skruvar . . . . . . . . . . . . . . . . . . . . . .   3

## 1  Allmän beskrivning och säkerhetsanvisningar

### Allmän beskrivning

Start- och laddningssystemen står i nära relation till motorfunktionerna, varför komponenterna i dessa system behandlas separat från de andra elektriska funktionerna, såsom ljus, instrument, etc (vilka behandlas i kapitel 12). Vi hänvisar till del B i detta kapitel för information om tändsystemet.

Bilarna har 12 volts elsystem med negativ jord.

Originalbatteriet är den typ av batteri som kräver föga eller inget underhåll (underhållsfritt). Batteriet laddas av generatorn, vilken drivs av vevaxeln via en rem. Batteriet kan ha bytts ut under bilens livstid och kan i så fall vara ersatt med ett standardbatteri.

Startmotorn är av en typ som **ej** har startdrevet i konstant ingrepp, och den inkluderar också en solenoid. Drevet förs i ingrepp mot svänghjulets/medbringarskivans startkrans innan motorn börjar rotera. När motorn har startat hindras startmotordrevet från att drivas av motorn tills drevet kopplas bort från startkransen. Till skillnad från andra moderna startmotorer omfattar denna en planetväxel mellan ankaret och drevet.

## Säkerhetsanvisningar

Det är viktigt att vara extra försiktig vid allt arbete med elektriska system för att undvika att skada halvledarkomponenter (dioder och transistorer), och för att undvika risken för personskada. Innan arbetet påbörjas i någon del av det elektriska systemet, läs avsnittet 'Säkerheten främst' i början av boken. Dessutom skall följande punkter iakttas vid arbete i elsystemet:

Ta alltid av ringar, klocka etc, innan du börjar arbeta med elsystemet. Även om batteriet inte är anslutet, kan kapacitiv urladdning uppstå om en ledande komponents anslutning jordas genom ett metallobjekt. Detta kan ge en stöt eller brännskada.

Batterianslutningarna får inte skiftas. Komponenter som generator, elektriska styrenheter eller andra komponenter med halvledarkretsar kan totalförstöras.

Om motorn startas med startkablar eller ett slavbatteri, skall batterierna anslutas positiv-till-positiv och negativ-till-negativ. (se 'Starthjälp'). Detta gäller även vid anslutning till batteriladdare.

Lossa aldrig batterianslutningar, generatorn, elektriska ledningar eller testutrustning när motorn är i gång.

Låt aldrig motorn dra runt generatorn när generatorn inte är ansluten.

"Testa" aldrig generatorns effekt genom att jorda matningsledningen.

Använd aldrig ohmmeter av den typ som har handvevad generator för att testa kretsar eller anslutning.

Kontrollera alltid att batteriets negativa anslutning är bortkopplad vid arbete i det elektriska systemet.

Innan någon form av bågsvetsning utförs på bilen, lossa anslutningar till batteri, generator och sådana komponenter som bränsleinsprutning/elektrisk tändkontroll för att skydda dem från skada.

Den radio/kassettbandspelare som utgör Saab:s standardutrustning fr o m 1994 är försedd med en säkerhetskod för att hålla tjuvar borta. Om strömkällan till enheten bryts kommer stöldskyddssystemet att aktiveras. Även om strömkällan återställs omedelbart kan inte radio/kassettbandspelaren fungera förrän säkerhetskoden har knappats in. Tänk därför på, att om du inte kommer ihåg den korrekta koden, lossa inte batteriets negativa anslutning och ta inte bort radion/kassettbandspelaren från bilen. Läs mer detaljerad information i avsnittet 'Stöld-skyddssystem för radio/ kassettbandspelare' i början av boken.

## 2 Felsökning, elsystem - allmän beskrivning

Se kapitel 12.

## 3 Batteri - test och laddning

### Standard- och lågunderhållsbatteri - test

1 Om bilen har en kort årlig körsträcka är det värt att kontrollera syravikten var tredje månad för att kunna bestämma batteriets laddning. Utför kontrollen med en hydrometer och jämför resultaten med tabellen nedan. Notera att en elektrolyttemperatur på 15°C förutsätts. För varje 10° under 15°C, dra ifrån 0,007; för varje 10° över 15°C, lägg till 0,007. Temperaturerna i tabellen nedan är dock utetemperaturer över eller under 25°C:

|  | Över 25°C | Under 25°C |
|---|---|---|
| Fulladdat | 1 210 till 1 230 | 1 270 till 1 290 |
| 70% laddat | 1 170 till 1 190 | 1 230 till 1 250 |
| Urladdat | 1 050 till 1 070 | 1 110 till 1 130 |

2 Om du misstänker att batteriet är i dålig kondition, kontrollera först syravikten i varje cell. En skillnad på 0,040 eller mer mellan cellerna tyder på förlust av elektrolyt eller skadade plattor.
3 Om skillnaden i syravikt är 0,040 eller mer ska batteriet bytas. Om syravikten är normal men batteriet urladdat, ladda det enligt beskrivning nedan.

### Underhållsfritt batteri - test

4 Om ett underhållsfritt batteri är monterat kan inte kontroll och påfyllning av elektrolyt i varje cell göras. Batteriets kondition kan därför endast testas med hjälp av indikator eller voltmeter.
5 Ett batteri med inbyggd laddningsindikator kan vara monterat. Indikatorn finns längst upp på batterilådan och indikerar batteriets kondition med färg. Om indikatorn är grön är batteriets laddning god. Om indikatorn blir mörkare, och till slut svart, krävs laddning (se beskrivning nedan). Om indikatorn är ofärgad/gul, är elektrolytnivån för låg för att batteriet skall kunna användas och det måste bytas. Försök inte ladda batteriet eller starta med startkablar när indikatorn är ofärgad/gul.
6 Om batteriet skall testas med voltmeter, anslut voltmetern över batteriet och jämför resultaten med de angivna i specifikationerna under "laddningskondition". Mätningen är endast tillförlitlig om batteriet inte laddats på något sätt under de senaste sex timmarna, och det gäller även laddning från generatorn. Om detta inte är fallet, slå på strålkastarna i 30 sekunder, slå av dem och vänta fyra till fem minuter innan batteriet testas. Alla övriga elektriska kretsar måste vara avslagna - kontrollera därför att t ex dörrar och baklucka är helt stängda innan du utför testet.
7 Om avläsningen är lägre än 12,2 volt är batteriet urladdat. En avläsning på 12,2 till 12,4 volt tyder på att batteriet är delvis urladdat.
8 Om batteriet ska laddas, lyft ut det ur bilen (avsnitt 4) och ladda enligt nedan.

### Standard- och lågunderhållsbatteri - laddning

Notera: Följande punkter är endast avsedda som vägledning. Läs alltid tillverkarens rekommendationer (ofta tryckta på en etikett på batteriet) innan laddning utförs.

9 Ladda batteriet med 3,5 till 4 ampere och fortsätt ladda tills syravikten inte längre ökar inom en fyra timmars period.
10 Alternativt kan en likriktare för underhållsladdning, vilken laddar med 1,5 ampere, användas över natten.
11 Så kallad snabbladdning, vilken sägs återställa batteriets laddning på 1 till 2 timmar, rekommenderas inte. Batteriets blyplattor kan skadas genom överhettning.
12 Medan batteriet laddas får inte elektrolytens temperatur överstiga 37,8°.

### Underhållsfritt batteri - laddning

Notera: Följande punkter är endast avsedda som vägledning. Läs alltid tillverkarens rekommendationer (ofta tryckta på en etikett på batteriet) innan laddning utförs.

13 Denna batterityp kräver längre tid för att laddas än ett standardbatteri. Den tid det tar beror på hur urladdat batteriet är, men det kan ta upp till tre dagar.
14 En laddare av konstantspänningstyp krävs, inställd på 13,9 till 14,9 volt med en laddningsström lägre än 25A. Med denna metod bör batteriet vara användbart efter 3 timmar och ge en spänning på 12,5 volt. Detta gäller dock för ett delvis urladdat batteri och som nämnts ovan tar laddning av ett helt urladdat batteri betydligt längre.
15 Användning av likriktare för underhållsladdning bör ej vara skadligt för batteriet, förutsatt att inte överdriven gasavgivning tillåts samt att batteriet inte tillåts bli varmt.

## 4 Batteri - demontering och montering

### Demontering

1 Batteriet är placerat i motorrummets vänstra del.
2 Lossa bygelmuttern och lossa batteriets negativa (jord) anslutning. Lossa batteriets positiva anslutning på samma sätt.
3 Lossa skruven och demontera batteriets fästbygel som fäster batteriet på fästplåten. På tidigare modeller skall endast batteribygeln tas bort.
4 Lyft ut batteriet från motorrummet (håll batteriet upprätt).

### Montering

5 Montering sker i omvänd ordning. Stryk polfett på polerna när anslutningskablarna sätts tillbaka, anslut alltid den positiva kabeln först och den negativa kabeln sist. På modeller fram till 1984 hittar man batteripolerna närmast motorn; fr o m 1985 är de placerade närmast vänster framflygel, med den negativa polen framåt.

**7.5 Demontering av generatorns undre fästskruv**

**7.6a På B204/B234-motorer, skruva loss styrservons fäste . . .**

**7.6b . . . och demontera generatorn för att komma åt anslutningarna**

## 5 Laddningssystem - kontroll

**Observera:** *Läs säkerhetsanvisningarna i avsnittet 'Säkerheten främst!' och i avsnitt 1 i detta kapitel innan arbetet påbörjas.*
**1** Om laddningslampan inte tänds när tändningsnyckeln vrids runt, kontrollera först att generatorns ledningar är säkert anslutna. Om dessa är tillfredsställande, kontrollera att glödlampan i varningslampan är hel och att glödlampsfästet är felfritt och sitter säkert på plats i instrumentpanelen. Om lampan fortfarande inte tänds skall kontroll göras av anslutningsledningen från generatorn till glödlampsfästet. Om allt verkar tillfredsställande är det fel på generatorn. Ta med generatorn till en bilelektrisk verkstad för test och reparation, eller byt ut den.
**2** Om laddningslampan tänds under körning skall motorn stängas av omedelbart. Kontrollera att drivremmen är felfri och korrekt spänd (se kapitel 1), och att generatoranslutningarna sitter säkert. Om allt verkar tillfredsställande, kontrollera generatorkol och släpringar enligt beskrivning i avsnitt 8. Om problemet fortsätter att uppstå skall generatorn tas med till en bilelektrisk verkstad för test och reparation, eller bytas ut.
**3** Om generatorns effekt är tvivelaktig, trots att varningslampan fungerar korrekt, kan regulatorspänningen kontrolleras på följande sätt.
**4** Anslut en voltmeter över batterianslutningarna och starta motorn.
**5** Öka motorns varvtal tills voltmeteravläsningen är konstant; avläsningen skall vara cirka 12 till 13 volt, dock inte högre än 14 volt.
**6** Slå på så många elektriska tillbehör som möjligt (t ex, strålkastare, bakrutedefroster, och värmefläkt), och kontrollera att generatorn håller regulatorspänningen på cirka 13 till 14 volt.
**7** Om regulatorspänningen inte överensstämmer med angivet värde kan problemet bero på att kolen är slitna, svaga kolfjädrar, defekt spänningsregulator, defekt diod, trasig

faslindning eller slitna eller skadade släpringar. Kolen och släpringarna kan kontrolleras (se avsnitt 8), men om problemet fortsätter att uppstå bör generatorn lämnas till en bilelektrisk verkstad för test och reparation, eller bytas ut.

## 6 Generator, drivrem - demontering, montering och spänning

Se beskrivning gällande drivremmar i kapitel 1, avsnitt 22.

## 7 Generator - demontering och montering

### Demontering

**1** Lossa batteriets negativa anslutning.
**2** Dra åt handbromsen, hissa upp bilens framdel och palla upp den på pallbockar. Demontera högra framhjulet.
**3** Demontera plastlisten på högra framskärmen följt av främre delen av innerskärmen.
**4** Demontera drivremmen enligt beskrivning i kapitel 1, avsnitt 22.
**5** Skruva loss generatorns övre och undre

upphängningsskruvar **(se bild)**. På motorer med balansaxel (B204/B234) är den övre upphängningen slitsad.
**6** Dra bort generatorn under den högra framskärmen tills det är möjligt att komma åt de elektriska anslutningarna. På motorer med balansaxel (B204/B234), skruva loss servostyrningens upphängningsfäste från motorblockets bakre del - observera att detta fäste även omfattar en remskiva för drivremmen **(se bilder)**.
**7** Notera hur ledningarna är monterade på generatorns baksida, skruva sedan loss muttrarna (i förekommande fall) och lossa ledningarna.
**8** Ta ut generatorn under framskärmen.

### Montering

**9** Montering sker i omvänd ordning. Se till att generatorupphängningarna är säkert åtdragna, montera drivremmen enligt beskrivning i kapitel 1.

## 8 Generatorkol och regulator - kontroll och demontering

**1** Demontera generatorn enligt beskrivning i avsnitt 7.
**2** Skruva loss den stora muttern och skruvarna som fäster locket på generatorns baksida **(se bilder)**.

**8.2a Skruva loss den stora anslutningsmuttern . . .**

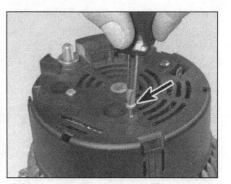

**8.2b . . . och skruvarna som fäster locket på generatorns baksida**

**8.3a Bänd bort locket . . .**

**8.3b . . . och ta bort det från generatorn**

**3** Använd en skruvmejsel för att bända loss locket, demontera locket från generatorn **(se bilder)**.

**4** Skruva loss och ta bort de två fästskruvarna och ta bort regulator/kolhållare från generatorns baksida **(se bilder)**.

**5** Mät varje kolutstick från respektive hållare, med ställinjal eller skjutmått **(se bild)**. Om utsticket är mindre än 5,0 mm skall kolen bytas, eller en ny enhet införskaffas. På tidigare modeller kan kolen lödas loss och bytas ut, men på senare modeller kan det vara omöjligt.

**6** Använd en lödkolv för att löda loss kolens elanslutningar från hållarens överdel. **Observera:** Se till att regulatorn inte överhettas. Ta bort kolen från hållarna tillsammans med spännfjädrarna.

**7** Avlägsna rester av lödmassa från anslutningspunkterna och rengör hållarna. Det är viktigt att de nya kolen kan röra sig fritt i hållarna.

**8** Sätt i nya kol i hållaren, ett åt gången, och håll dem mot spännfjädern med en tång medan ledningstrådarna löds fast på anslutningarna. Släpp inte kolen förrän lödmassan har svalnat.

**9** Om originalkolen verkar vara i god kondition, rengör dem och kontrollera att kolen kan röra sig fritt i sina respektive hållare.

**10** Rengör generatorns släpringar med en trasa fuktad med bensin. Kontrollera beträffande tecken på repor eller brännskador på släpringarnas yta. Det är möjligt att

släpringarna kan renoveras av en bilelektrisk verkstad.

**11** Montera regulatorn/kolhållarenheten och dra åt fästskruvarna.

**12** Montera skyddet, sätt i och dra åt fästskruvarna och montera den stora anslutningsmuttern.

**13** Montera generatorn, se avsnitt 7.

## 9 Startsystem - kontroll

**Observera:** Läs säkerhetsanvisningarna i avsnittet 'Säkerheten främst!' och i avsnitt 1 i detta kapital innan arbetet påbörjas.

**1** Om startmotorn inte går i gång när tändningsnyckeln vrids till rätt läge kan orsaken vara någon av följande:
a) Batteriet är defekt.
b) Någonstans i de elektriska anslutningarna mellan strömbrytare, solenoid, batteri och startmotor har ett fel uppstått som gör att ström inte kan passera från batteriet via startmotorn till jord.
c) Solenoiden är defekt.
d) Startmotorn har en mekanisk eller elektrisk defekt.

**2** Tänd strålkastarna för att kontrollera batteriet. Om de försvagas efter några sekunder betyder det att batteriet är urladdat - ladda batteriet enligt beskrivning i avsnitt 3,

eller byt ut det. Om strålkastarna lyser med ett starkt sken, aktivera startmotorn och observera strålkastarna. Om de försvagas betyder det att strömmen når fram till startmotorn - felet måste följaktligen finnas i startmotorn. Om strålkastarna fortsätter att lysa med starkt sken (och inget klickande ljud kan höras från startmotorns solenoid), tyder det på att fel föreligger i den elektriska kretsen eller i solenoiden - se följande punkter. Om startmotorn går runt sakta när tändningsnyckeln är omvriden är batteriet i god kondition, vilket antingen tyder på att startmotorn defekt eller att det finns ett stort motstånd någonstans i den elektriska.

**3** Om det kan misstänkas att ett kretsfel föreligger, lossa batterianslutningarna, ledningarna till startmotorn/solenoiden, samt jordanslutningen till motorn/växellådan. Rengör anslutningarna mycket noggrant och sätt tillbaka dem, använd därefter en voltmeter eller testlampa för att kontrollera att det finns spänning i batteriets positiva anslutning på solenoiden och att jordanslutningen är god.

> **HAYNES TiPS** *Stryk vaselin kring batteripolerna för att hindra att korrosion uppstår - korroderade anslutningar hör till de vanligaste orsakerna till fel i elektriska system.*

**4** Om batteriet och samtliga anslutningar är i gott skick, kontrollera elkretsen genom att lossa en ledning från solenoidanslutningen. Anslut en voltmeter eller testlampa mellan ledningen och en god jordanslutning (exempelvis batteriets negativa anslutning), och kontrollera att ledningen är strömförande när tändningsnyckeln vrids till "start"-läge. Om det är fallet är kretsen felfri - om inte kan ledningarna i kretsen kontrolleras enligt beskrivning i kapitel 12.

**5** Solenoidanslutningarna kan också kontrolleras genom att man ansluter en voltmeter eller testlampa mellan anslutningen på solenoidens startmotorsida och jordanslutningen. När tändningslåset vrids till

**8.4a Lossa skruvarna (vid pilen) . . .**

**8.4b . . . och ta bort regulator/kolhållare från generatorns baksida**

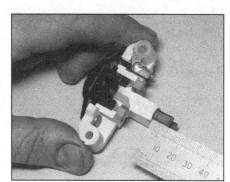

**8.5 Mät kolutsticket från hållaren**

10.3 Lossa batteriets matarledning från startmotoranslutningen

10.4 Demontera den positiva kabelns stöd från insugningsgrenrörets stag

10.5a Lossa startmotorns undre fästmutter . . .

"start"-läge skall en avläsning kunna göras/ testlampan tändas. Om avläsning inte kan göras eller testlampan inte tänds, är solenoiden eller dess anslutningar defekta och solenoiden bör bytas.

6 Om krets och solenoid befinns vara felfria måste felet finnas i startmotorn. Börja med att demontera startmotorn (se avsnitt 10) och kontrollera kolen (se avsnitt 11). Om felet inte finns i kolen måste motorlindningarna vara defekta. Om så är fallet kan möjligen en specialist renovera startmotorn, men kontrollera tillgänglighet och kostnad för reservdelar innan du går vidare. Det kan visa sig vara mer ekonomiskt att införskaffa en ny motor eller en utbytesmotor.

## 10 Startmotor - demontering och montering

### Demontering

1 Startmotorn är placerad i motorns vänstra bakre del. Den är fastskruvad på motorns gavelplatta och växellådan. Lossa först batteriets negativa anslutning.
2 Dra åt handbromsen, hissa upp bilens framdel och stöd den på pallbockar.
3 Lossa muttern och ta bort batteriets positiva matarledning från terminalen på solenoiden (se bild).
4 På B204- och B234-motorer, skruva loss stödet till den positiva anslutningen från insugningsgrenrörets stag (se bild).
5 Skruva loss startmotorns undre fästmutter, skruva därefter loss och ta bort grenrörets stag (se bilder). Stagets överdel är slitsad varför det inte är nödvändigt att demontera skruven från grenröret fullständigt.
6 Skruva loss muttern och lossa solenoidens manöverledning från anslutningsbladet.
7 Skruva loss startmotorns övre fästskruv, sänk därefter ner startmotorn från motorrummet (se bild).

### Montering

8 Montering sker i omvänd ordning. Dra åt alla anslutningar ordentligt.

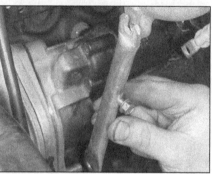

10.5b . . . och ta loss insugningsgrenrörets stag

## 11 Startmotor - byte av kol

**Observera:** Tillverkaren har inte angivit något minimivärde för kollängden, men det bör vara uppenbart när kolen är så utslitna att ett byte är nödvändigt.

1 Demontera startmotorn enligt beskrivning i avsnitt 10.
2 Skruva loss muttern och lossa startmotorns matarkabel från solenoidanslutningen (se bilder).
3 Skruva loss och ta bort de två skruvarna som fäster locket på ändfästet. Lyft av locket och ta bort tätningen (se bilder).

10.7 Demontera startmotorn från motorns gavelplatta

11.2a Lossa muttern . . .

11.2b . . . och lossa därefter motorns matarkabel från solenoidanslutningen

11.3a Lossa skruvarna. . .

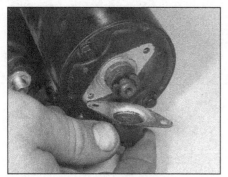

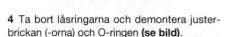

11.3b . . . lyft bort locket . . .

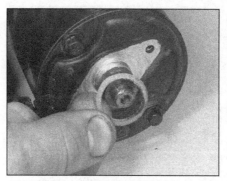

11.3c . . . och ta bort tätningen

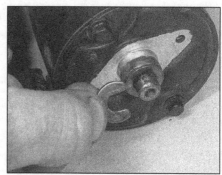

11.4 Demontera låsring och justerbrickor

**4** Ta bort låsringarna och demontera juster-brickan (-orna) och O-ringen **(se bild)**.
**5** Skruva loss de genomgående skruvarna som fäster kommutatorns gavelfäste och ok vid remskivans ändfäste **(se bild)**. Markera ändfästets förhållande till oket.
**6** Demontera kommutatorns gavelfäste **(se bild)**.
**7** Ta bort kolhållarenheten samtidigt som matarkabelns skyddshylsa lossas från oket. Om kommutatorgaveln kräver åtgärd eller rengöring, ta bort enheten från oket för tillfället, demontera därefter kolhållaren **(se bild)**. När kolhållarenheten har demonterats kommer kolen att tryckas ut genom sina hållare av fjädrarna, men de hålls kvar av elanslutningarna.
**8** Kontrollera om kolen är slitna och byt ut dem vid behov. Enstaka kol kan möjligen erhållas från en motorfabrik, men annars behöver hela kolhållaren bytas. Rengör alla komponenter innan de sätts ihop. Rengör kommutatorn med finkornigt sandpapper. Om den är mycket sliten kan man möjligen låta maskinslipa den i en bilelektrisk verkstad. Kontrollera att kolhållarna är grundligt rengjorda så att de nya kolen kan röras fritt i dem.
**9** Placera kolplåten utan kolhållarna halvvägs in i kommutatorn, placera därefter kolen i mitten och montera hållare och fjädrar över kolen **(se bild)**.

**10** Om ankaret har demonterats, montera det inne i oket.
**11** För över hela kolhållarenheten på ankarets kommutator, samtidigt som matar-kabelns skyddshylsa placeras på okets öppning.
**12** Placera generatorgavelns fäste på ankaret följt av O-ringstätning, justerbricka (-or) och låsring. Kontrollera att O-ringstätningen är korrekt monterad.
**13** Montera ändfästet och kontrollera att markeringen är inriktad mot den tidigare gjorda markeringen på oket. Sätt i och dra åt de genomgående skruvarna.
**14** Montera justerbrickor och låsringar, montera därefter lock och tätning till ändfästet och dra åt de två skruvarna.
**15** Anslut matarkabeln till solenoiden och dra åt muttern.
**16** Montera startmotorn enligt beskrivning i avsnitt 10.

## 12 Tändningslås - demontering och montering

### Demontering

**1** Demontera tändningslåset/rattlåset enligt beskrivning i kapitel 10.
**2** För att demontera tändningslåset,

11.5 Lossa de genomgående skruvarna . . .

lossa insexskruven och ta bort låset från huset.
**3** Låscylindern kan demonteras genom att tändningsnyckeln först sätts i låset och vrids till läge "1". Tryck ner låsfliken genom öppningen med ett lämpligt verktyg och dra därefter ut låscylindern från huset.

### Montering

**4** Låscylindern monteras genom att den trycks in i huset tills låsfliken griper i.
**5** Placera tändningslåset på huset och dra åt de två insexskruvarna.
**6** Se närmare beskrivning av montering av tändningslås/rattlås i kapitel 10.

11.6 . . . och ta bort kommutatorns fäste

11.7 Demontera kolhållarenheten

11.9 Montering av kolhållare

# Kapitel 5 Del B:
# Tändsystem

## Innehåll

## Svårighetsgrader

| Enkelt, passar novisen med lite erfarenhet  | Ganska enkelt, passar nybörjaren med viss erfarenhet 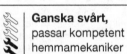 | Ganska svårt, passar kompetent hemmamekaniker 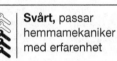 | Svårt, passar hemmamekaniker med erfarenhet  | Mycket svårt, för professionell mekaniker |
|---|---|---|---|---|

## Specifikationer

### Tändsystem

| | |
|---|---|
| Modeller fram till ca 1989 ........................... | Hall-tändsystem med Bosch LH-Jetronic |
| Modeller från ca 1989 till 1993 (1985 cc) eller till 1992 (2290 cc) ...... | Direkttändningssystem (DI) med Bosch LH-Jetronic |
| Modeller från 1994 (1985 cc) eller från 1993 (2290 cc) ............ | Direkttändningssystem (DI) i Trionic motorstyrsystem |

### Tändsystem av Hall-typ

Tändspole, resistans:
| | |
|---|---|
| Primärlindning ........................................ | 0,52 till 0,76 ohm |

Sekundärlindning:
| | |
|---|---|
| Fram till ca 1986 ................................... | 2400 till 3500 ohm |
| Fr o m ca 1986 ................................... | 7200 till 8200 ohm |

Tändkablar, motstånd:
| | |
|---|---|
| Tändspole till fördelare ............................ | 500 till 1500 ohm |
| Fördelare till tändstift ............................ | 2000 till 4000 ohm |

Tändtidpunkt (vakuumledning bortkopplad):
| | |
|---|---|
| Modeller utan turbo .................................. | 14° FÖDP vid 850 vpm |
| Modeller med turbo .................................. | 16° FÖDP vid 850 vpm |
| Rotor, resistans ....................................... | 1000 ohm |

### Direkttändningssystem (DI)

Tändningsladdning:
| | |
|---|---|
| Kondensator spänning .............................. | 400 volt |
| Tändning spänning (maximum) ...................... | 40 000 volt |
| Tändtidpunkt ....................................... | Förprogrammerad i elektronisk styrenhet (ECU) |

### Tändföljd

1-3-4-2 (cylinder nr 1 vid motorns kamkedjeände)

### Åtdragningsmoment

| | Nm |
|---|---|
| Vevaxelns remskiva, skruv .......................... | 190 |
| Direkttändning (urladdningsmodul) .................. | 12 |
| Detonationssensor ................................. | 13 ± 2 |
| Tändstift ......................................... | 28 |

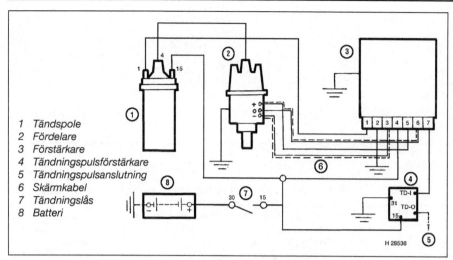

1 Tändspole
2 Fördelare
3 Förstärkare
4 Tändningspulsförstärkare
5 Tändningspulsanslutning
6 Skärmkabel
7 Tändningslås
8 Batteri

**1.4 Tändsystem av Hall-typ**

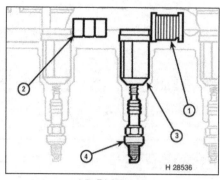

**1.7 DI-kassett**

1 Transformator (12 volt/400 volt)
2 Kondensator
3 Tändspole
4 Tändstift

## 1 Allmän beskrivning

Modeller tillverkade fram till ungefär 1989 är utrustade med tändsystem med brytarlös fördelare av Hall-typ. Dessa modeller har bränsleinsprutningssystemet LH-Jetronic från Bosch vilket är beskrivet i kapitel 4. Hall-systemet och LH-Jetronic-systemet drivs separat och fungerar oberoende av varandra.

Modeller tillverkade från ungefär 1989 till 1993 (1985 cc) eller från 1992 (2290 cc) är utrustade med direkttändningssystem (DI). Detta system har sin egen elektroniska styrenhet (ECU), men använder även information från Bosch LH-Jetronic bränsleinsprutningssystemets ECU för styrning av tändtidpunkten.

Modeller tillverkade från 1993 (2290 cc) eller från och med 1994 (1985 cc) har ett direkttändningssystem som är inbyggt i motorstyrsystemet Trionic. I detta system styr en enda styrenhet (ECU) både bränsleinsprutnings- och tändningsfunktionerna. Trionic-systemet var från början endast installerat i turbomodeller, men från 1994 är det även installerat i modeller utan turbo. Mer detaljerad information om Trionic-systemet finns i kapitel 4.

### Tändsystem av Hall-typ

Detta system är ett elektroniskt tändsystem med brytarlös fördelare (se bild), som omfattar en impulsgenerator (Hall-sensor i fördelaren), förstärkare, spole och tändstift. Impulsgeneratorn använder Hall-metoden för att sända signaler till förstärkaren, vilken i sin tur sluter lågspänningskretsen med transistorer. Förstärkaren övervakar och reglerar även tändningens kamvinkel.

En separat tändningspulsförstärkare (placerad bakom handskfacket) introducerades 1986, för att reducera effekterna av radio-störningar, och för att förbättra systemets styrningsförmåga.

Strömfördelaren innehåller centrifugalvikter som automatiskt styr förtändningen efter motorns varvtal. På vissa modeller (beroende på land), innehåller även strömfördelaren en vakuumförställningsenhet som reglerar tändtidpunkten enligt motorns belastning. Konventionell vakuumstyrning reglerar förtändningen under lätt gaspådrag. På turbomodeller fördröjer den dock tändtidpunkten när turbon är i drift.

### Direkttändningssystem (DI-kassett)

Direkttändningssystemet använder en separat tändspole för varje tändstift (se bild). Systemets elektroniska styrenhet (ECU) övervakar motorn via ett antal givare, för att fastställa den för tillfället mest effektiva tändtidpunkten.

Systemet innehåller en vevaxelläges/hastighetsgivare, DI-kassett med en spole per tändstift, diagnosuttag, ECU, tryckgivare i insugningsgrenröret (för att fastställa motorbelastningen), detonationssensor, och en solenoidventil (för reglering av turbodriften).

Vid start, med en vevaxelhastighet på över 150 vpm, utlöses högspänningsgnistor när kolvarna i ett cylinderpar är vid övre dödpunkt. Under svåra körförhållanden genereras flera gnistor vid denna tidpunkt för att underlätta starten. ECUn bestämmer i vilken cylinder som förbränningen skall äga rum genom att övervaka strömflödet över tändstiftets elektroder och använda denna information för att fastställa tändordningen.

När motorn startar är tändtidpunkten alltid inställd på 10° före övre dödpunkt. Denna inställning behålls tills motorns varvtal överskrider 850 vpm. ECUn reglerar tändtidpunkten vid motorvarvtal över 850 vpm.

När tändningen är avstängd och motorn stannar är huvudreläet i funktion i ytterligare 6 sekunder. Under denna period jordar Trionic styrenhet alla utlösningsledningar 210 gånger per sekund i 5 sekunder, för att bränna bort orenheter från tändstiftens elektroder.

Eftersom systemet inte utnyttjar högspänningsledningar måste radioavstörning inkluderas i tändstiften. Därför måste tändstift av resistortyp alltid användas.

Direkttändningssystemet använder den kapacitiva urladdningsmetoden för att generera en högspänningsgnista. Cirka 400 volt kan lagras i en kondensator (se bild) och, vid tändtidpunkten, urladdas denna spänning genom den aktuella spolens primärkrets. Cirka 40 000 volt induceras i den sekundära spolen, vilket urladdas över tändstiftens elektroder.

Om fel uppstår i systemet lagras en felkod i ECU. Denna kod kan endast avläsas med specialutrustning hos en Saabverkstad.

Observera att startmotorn aldrig får drivas om DI-kassetten är lossad från tändstiften men fortfarande ansluten till kabelstammen. Detta kan orsaka skador på kassetten som ej går att reparera.

### Automatisk prestandastyrning (APC)

Samtliga turbomodeller är utrustade med ett system för automatisk prestandastyrning (Automatic Performance Control). APC-systemet styr turbons wastegate. Om knackning upptäcks, öppnar APC-systemet

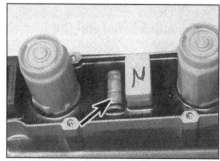

**1.13 Direkttändningens kondensator (vid pilen) i kassetten**

turbons wastegate för att minska laddtrycket och på så sätt eliminera knackningen. På modeller fr.o.m. 1989 styrs APC- och DI-funktionerna av en enda styrenhet (ECU). Med det här systemet, när knackning upptäcks, justeras tändinställningen och wastegatens position. Se kapitel 4 för mer detaljerad information.

### Tändsystemet Trionic

Saabs motorstyrsystem Trionic använder direkttändning och automatisk prestanda-styrning, vilka beskrivits ovan, integrerade i sin egen ECU. I detta system används själva tändstiften som detonationssensorer, istället för att använda en separat detonationssensor i motorblocket.

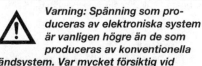

## 2  Tändsystem - test

**Varning: Spänning som produceras av elektroniska system är vanligen högre än de som produceras av konventionella tändsystem. Var mycket försiktig vid arbete på systemet när tändningen är på. Personer med inopererade pacemakers bör hålla sig borta från tändkretsar, komponenter och testutrustning. Läs försiktighetsanvisningarna i kapitel 5A, avsnitt 1 innan arbetet påbörjas. Stäng alltid av tändningen innan en komponent lossas eller ansluts, samt vid användning av en multimeter för att kontrollera motståndet.**

### Tändsystem av Hall-typ

1 Komponenterna i ett tändsystem av Hall-typ är normalt mycket tillförlitliga; fel som kan uppstå beror oftare på lösa eller förorenade anslutningar, eller på skador i högspänningssystemet orsakat av smuts, fukt eller skadad isolering, än på att defekter i någon av systemets komponenter. Kontrollera **alltid** alla ledningar innan en elektrisk komponent kasseras, och arbeta metodiskt för att kunna eliminera alla misstänkta felkällor innan beslut tas om att någon komponent är defekt.
2 Den gamla ovanan att kontrollera gnistor genom att hålla en strömförande del av en högströmsledning på kort avstånd från motorn rekommenderas absolut inte; dels finns stor risk att få en ordentlig stöt, dels kan spolen eller förstärkarenheten skadas. Försök **aldrig** heller att fastställa misständning genom att dra bort den ena tändkabeln efter den andra.

### Motorn startar inte

3 Om motorn inte startar eller bara drar runt mycket långsamt, kontrollera batteriet och startmotorn. Anslut en voltmeter över batteriets poler (anslut den positiva test-spetsen på batteriets positiva anslutning). Lossa tändspolens tändkabel från ström-

fördelarlocket och anslut den till jord. Gör en notering av det spänningsvärde som kan avläsas medan motorn dras runt med startmotorn under (högst) tio sekunder. Om det avlästa värdet är lägre än cirka 9,5 volt, skall batteriet kontrolleras först, därefter startmotorn och laddningssystemet (se del A i detta kapitel).
4 Om motorn drar runt med normal hastighet men ändå inte startar, kontrollera högspän-ningskretsen genom att ansluta en testlampa (enligt tillverkarens instruktioner) och dra runt motorn med startmotorn. Om lampan blinkar visar det att spänningen når fram till tändstiften, varför dessa bör kontrolleras först. Om lampan inte blinkar skall själva tänd-kablarna kontrolleras först, följt av ström-fördelarlocket, kolen och rotorn **(se bild)** (se anvisningar i kapitel 1).
5 Om det finns en gnista, kontrollera om bränslesystemet är defekt, se närmare be-skrivning i kapitel 4A.
6 Om fortfarande ingen gnista föreligger, kontrollera spänningen vid spolens +-pol; spänningen bör vara densamma som batteriets spänning (d v s åtminstone 11,7 volt). Om spänningen vid spolen är mer än 1 volt lägre än vid batteriet, kontrollera matarledningarna från batteriet tills felet har hittats.
7 Om tillförselledningarna till spolen är felfria skall motståndet i spolens primär- och sekundärlindning kontrolleras enligt nedan-stående beskrivning. Byt spolen om den är defekt, men gör först en noggrann kontroll av lågspänningsanslutningarna för att konstatera om felet inte är orsakat av smutsiga eller dåligt anslutningar.
8 Om spolen är i god kondition finns felet antagligen i förstärkarenheten eller Hall-generatorkretsen i strömfördelaren. Kontroll av dessa komponenter bör överlåtas till en fackman.

### Motorn misständer

9 Ojämn tändning tyder på lösa anslutningar eller ett intermittent fel på primärkretsen, eller en defekt tändkabel.
10 Stäng av motorn och gör en noggrann kontroll av systemet. Se till att samtliga anslutningar är rena och ordentligt fastgjorda.
11 Kontrollera att spole, strömfördelarlock och tändkablar är rena och torra. Kontrollera själva ledningarna och tändstiften (genom att ersätta dem om det behövs), gör därefter en kontroll av strömfördelarlock, kol och rotor enligt beskrivning i kapitel 1.
12 Om motorn regelbundet misständer beror det med säkerhet på fel i strömfördelarlock, tändkablar eller tändstift. Använd en test-lampa (punkt 4 ovan) för att kontrollera före-komst av tändström i kablarna.
13 Om tändspänning fattas på någon tändkabel ligger felet hos kabel eller ström-fördelarlock. Om högspänning finns på alla kablar ligger felet hos tändstiftet. Kontrollera och byt tändstiften om deras kondition är tveksam.

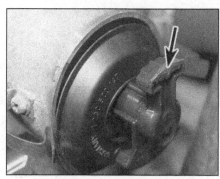

**2.4 Rotorn i fördelarlocket**

14 Om högspänning saknas skall spolen kontrolleras; dess sekundärlindningar är eventuellt för högt belastade.

### Direkttändningssystem (DI)

15 Om fel upptäcks i DI-kassetten, gör först en kontroll av kablaget beträffande kondition och säkra anslutningar. Vid behov kan enstaka komponenter i DI-kassetten demon-teras för en noggrann granskning, se nedanstående beskrivning. Spolarna kon-trolleras bäst genom att den misstänkta spolen ersätts med en felfri spole. Kontrollera därefter att misständningen har åtgärdats.
16 Då tändstiften är placerade under DI-kassetten går det inte att på ett enkelt sätt kontrollera högspänningskretsen beträffande defekter. Vidare kontroll bör överlåtas till en Saabverkstad som har nödvändig utrustning för att avläsa de felkoder som är lagrade i systemets ECU.

## 3  Tändspole (Hall-system) - demontering, kontroll och montering

### Demontering

1 Tändspolen är placerad i motorrummets främre del, på den främre tvärbalken över kylaren **(se bild)**. Dra loss gummiskyddet och lossa tändkabeln.
2 Identifiera först hur lågspänningsledningen är monterad, lossa dem därefter från anslut-ningarna på spolen.
3 Lossa klamskruvarna och demontera spolen från tvärbalken.

**3.1 Tändspolen på främre tvärbalken**

**4.1 Lossa fördelarlockets klämmor**

## Kontroll

**4** Spolen testas med hjälp av en multimeter som är inställd på motståndsfunktionen, för att kontrollera primärlindningens (låg-spänningssidans plus- till minusanslutningar) och sekundärlindningens (lågspänningssidans plus- till tändkabelanslutning) kontinuitet. Jämför resultaten med de värden som är angivna i avsnittet Specifikationer i början av detta kapitel. Motståndet i kolvlindningarna kan variera något beroende på spolens temperatur.

## Montering

**5** Montering sker i omvänd ordning. Se till att monteringsbygel och spole är noggrant rengjorda och att anslutningsdonen är korrekt monterade.

> **4  Strömfördelare (Hall-system) - demontering, renovering och montering**

## Demontering

**1** Markera tändkablarna för att underlätta montering och dra bort dem från ström-fördelarlocket. Om de behöver demonteras från tändstiften måste inspektionslocket först demonteras från topplocket. Lossa kläm-morna från sidorna av strömfördelarlocket och för locket åt sidan **(se bild)**. Om klämmorna sitter hårt kan en skruvmejsel användas försiktigt för att bända bort dem.
**2** Dra åt handbromsen, hissa upp bilens framdel och stöd den med pallbockar (se 'Lyftning, bogsering och hjulbyte'). På modeller med manuell växellåda kan motorn roteras genom att det främre högra hjulet vrids runt med fyrans växel ilagd. På modeller med automatväxellåda kan det vara nödvändigt att demontera högra hjulet och även främre innerskärmen för att kunna använda en hylsnyckel eller skiftnyckel på vevaxelns remskiva.
**3** Demontera tändstift nr 1 (närmast kam-kedjan i motorn).
**4** Placera ett finger över tändstiftsöppningen och vrid motorn i normal rotationsriktning (medurs, sett från vevaxelns remskiva) tills ett tryck blir kännbart i cylinder nr 1. Detta

indikerar att kolven har påbörjat sitt kom-pressionsslag.
**5** Fortsätt att vrida motorn tills 0°-markeringen på svänghjulet/ medbringarskivan är inriktat mot inställningsmärket på kopplingskåpan. Kontrollera även att rotorarmen pekar mot den sektor som motsvarar tändkabel nr 1. Om ingen markering finns på strömfördelar-kroppen kan ett märke göras med en liten fil.
**6** Måla en liten punkt, eller använd en fil för att göra en referensmarkering mellan ström-fördelarbasen och topplocket.
**7** Lossa kablaget till Hall-givaren.
**8** I förekommande fall, lossa vakuumslangen från den dubbelverkande vakuumklockan.
**9** Lossa fästskruven till strömfördelarens klamma och ta bort klamman.
**10** Ta bort strömfördelaren från topplockets ände. Observera att strömfördelarens drivaxel innehåller en excentrisk medbringare, som griper in i ett spår i slutet av avgaskamaxeln.

## Renovering

**11** Hall-givaren kan inte bytas ut. Om den är defekt skall hela strömfördelaren bytas ut. De enda komponenter som kan bytas ut är vakuumbehållaren (där sådan är monterad) och rotorarmen.
**12** Vakuumbehållaren demonteras genom att fästskruvarna lossas och armen hakas av. Vid montering av behållaren, vrid Hall-givaren medurs så långt det går, och rör den fram och tillbaka för att placera armen på stiftet.
**13** Se till att Hall-givaren inte berörs med metallföremål då den lätt kan skadas.
**14 Observera:** *Rotorarmen är permanent fäst på strömfördelaraxeln och måste brytas sönder för att kunna demonteras. Säkra den nya rotorarmen på strömfördelaraxeln med låsvätska.*

## Montering

**15** Kontrollera att strömfördelaren fortfarande är i övre dödpunkt med cylinder nr 1 i kom-pression. Kontrollera O-ringens kondition på strömfördelaraxeln och byt ut den vid behov.
**16** Vrid rotorarmen så att den pekar mot cylinder nr 1 i övre dödpunkt på kanten av strömfördelaren.
**17** För strömfördelaren in i topplocket, och kontrollera att de tidigare gjorda märkena är korrekt inriktade. När rotorarmen är fullt utsträckt kan det bli nödvändigt att flytta den

**5.1 Förstärkarenhet (Hall-system)**

något så att medbringaren griper i skåran i avgaskamaxeln. Om en ny strömfördelare skall installeras skall strömfördelarkroppen placeras så att rotorarmen pekar mot den sektor som motsvarar tändstift nr 1.
**18** Montera bygeln och dra åt fästskruven.
**19** I förekommande fall, anslut vakuum-slangen till den dubbelverkande vakuum-behållaren.
**20** Anslut ledningarna till Hall-givaren.
**21** Montera tändstift nr 1 och dra åt det till angivet åtdragningsmoment.
**22** Kontrollera att hylsa och skiftnyckel demonteras från skruven till vevaxelns remskiva (i förekommande fall). På modeller med automatisk växellåda, montera inner-skärm och höger framhjul.
**23** Sänk ner bilen till marken och dra åt hjulbultarna (om hjulet demonterats).
**24** Montera strömfördelarlocket och därefter tändkablarna.
**25** Kontrollera och, vid behov, justera tänd-tidpunkten enligt beskrivning i avsnitt 14.

> **5  Tändsystemets förstärkarenhet (Hall-system) - demontering och montering**

## Demontering

**1** Förstärkarenheten till tändsystemet är placerad på en kylplatta på den vänstra innerflygeln **(se bild)**.
**2** Stäng av motorn och lossa anslut-ningsdonet från förstärkningsenheten.
**3** Lossa fästskruvarna och demontera för-stärkaren från innerflygeln.

## Montering

**4** Montering sker i omvänd ordning.

> **6  Tändningskassett (DI/APC-system) - demontering och montering**

**Observera:** *De individuella spolarna sitter i kanistrar fyllda med olja. Kanisterväggen är genomskinlig så att oljenivån kan kontrolleras. Om oljenivån är låg, kan detta orsaka prestandaminskning. Man kan inte fylla på olja – den enda lösningen är att byta ut alla fyra kanistrar. Om byte måste göras på en tidig modell, måste en adapterkabel användas till att ansluta kablaget till den nyare enheten.*

## Demontering

**1** Lossa batteriets negativa anslutning.
**2** Lossa de fyra skruvarna som fäster DI-kassetten vid topplockets överdel. En insex-nyckel behövs till detta **(se bild)**.
**3** I förekommande fall, lossa skruven och klämman som fäster kassetten.
**4** I förekommande fall, lossa skruven och jordanslutningen.
**5** Lossa tändsystemets anslutningsdon, som

**6.2 Demontering av DI-kassettens fästskruvar (två vid pilarna)**

**6.5 Lossa systemets anslutningsdon från kassetten**

**6.7a Lossa skruvarna . . .**

är placerade antingen bakom batteriet (system utan Trionic) eller på vänstra sidan av kassetten (system med Trionic) **(se bild)**.
**6** Lyft upp DI-kassetten samtidigt som den lossas från tändstiftens isolator.
**7** Vid behov kan höljet avlägsnas från kassetten - vänd på det och lossa skruvarna med en insexnyckel. Ta bort det svarta (undre) höljet från kassetten **(se bilder)**.
**8** Tändkabelfjädrarna kan demonteras från höljet genom försiktig användning av en skruvmejsel.

### Montering

**9** Montering sker i omvänd ordning, dra åt skruvarna till angivet åtdragningsmoment.

## 7 Tändspolar (DI/APC-system) - demontering och montering

### Demontering

**1** Demontera höljet från DI-kassetten enligt beskrivning i avsnitt 6.
**2** Avlägsna försiktigt tändspolarna från kassettens övre del.

### Montering

**3** Montering sker i omvänd ordning.

## 8 Detonationssensor (DI/APC-system) - demontering och montering

### Demontering

**1** Detonationssensorn är placerad på motorblockets bakre del, under insugningsgrenröret. Hissa först upp bilens framdel och stöd den på pallbockar (se *'Lyftning, bogsering och hjulbyte'*).
**2** Lossa ledningarna från detonationssensorn.
**3** Lossa sensorn från motorblocket.

### Montering

**4** Rengör gängorna i sensorn samt öppningen i motorblocket.
**5** Sätt in detonationssensorn och dra åt den till angivet åtdragningsmoment.

**Observera:** *Det är viktigt att enheten dras åt enligt korrekt åtdragningsmoment, annars kan den sända felaktiga signaler till ECU.*
**6** Anslut ledningarna och sänk ner bilen till marken.

## 9 Solenoidventil (DI/APC-system) - demontering och montering

**Observera:** *Solenoidventilen är endast monterad på turbomodeller.*

### Demontering

**1** Solenoidventilen är placerad på ett fäste på främre högra sidan i motorrummet, under tändspolen i system utan Trionic, eller på främre tvärbalken på Trionic-system.
**2** Lossa anslutningsdonet.
**3** Lossa slangarna från solenoidventilen.
**4** Lossa fästskruvarna och demontera ventilen från motorrummet.

### Montering

**5** Montering sker i omvänd ordning.

## 10 Vevaxelgivare (DI/APC-system) - demontering och montering

**Observera:** *Se kapitel 4A, avsnitt 16 för modeller med Trionic motorstyrsystem.*

### Demontering

**1** Lossa batteriets negativa anslutning.
**2** Dra åt handbromsen, hissa upp bilens framdel och stöd den med pallbockar. Demontera höger framhjul.
**3** Lossa skruvarna och demontera plastlisten och främre delen av innerskärmen under det högra hjulhuset.
**4** Där så är aktuellt, demontera luftkonditioneringens kompressorrem.
**5** Demontera drivremmen enligt beskrivning i kapitel 1.
**6** Vevaxeln måste nu hållas stadigt på plats medan skruven till vevaxelns remskiva lossas. Låt en medhjälpare hålla en bredbladig

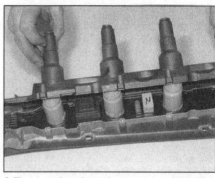

**6.7b . . . och ta loss det svarta undre höljet från kassetten**

skruvmejsel i startmotorns ringdrev, åtkomligt genom kamöppningen överst på växellådan.
**7** Skruva loss och ta bort skruven till vevaxelns remskiva. Skruven är åtdragen till ett högt åtdragningsmoment vilket kräver att man använder en förlängare till hylsnyckeln. I extrema fall kan det hjälpa att värma skruven för att underlätta demonteringen, men var i så fall mycket försiktig. När skruven är demonterad kan remskivan tas loss från vevaxeln.
**8** Lossa skruvarna och ta bort givaren från transmissionskåpan.
**9** Lossa anslutningsdonet som är placerat bakom batteriet och ta ut givaren från motorrummet. Vid behov, lossa ledningarna från buntbandet.

### Montering

**10** Montering sker i omvänd ordning. Stryk lite låsvätska på gängorna till givarens fästskruvar innan skruvarna sätts tillbaka och dras åt.

## 11 Rotor till vevaxelgivaren (DI/APC-system) - demontering och montering

### Demontering

**Modeller utan Trionic-system**

**1** Demontera vevaxelns remskiva enligt beskrivning i avsnitt 10, avsnitten 1 till 7.
**2** Använd en insexnyckel för att skruva loss

fästskruvarna och demontera rotorn från vevaxelns remskiva.

### Modeller med Trionic-system

3 Rotorn är placerad på vevaxeln, på änden med svänghjulet/medbringarskivan. Demontera vevaxeln enligt beskrivning i kapitel 2B.
4 Använd en Torx-nyckel för att skruva loss de fyra skruvarna som fäster rotorn vid vevaxeln. Demontera därefter rotorn från vevaxeln.

### *Montering*

### Modeller utan Trionic-system

5 Montering sker i omvänd ordning.

### Modeller med Trionic-system

6 Montering sker i omvänd ordning. Observera att rotorn endast kan monteras i ett enda läge, eftersom skruvarna är placerade med ojämna avstånd.

## 12 Tryckgivare (DI/APC-system) - demontering och montering

**Observera:** *Se kapitel 4A, avsnitt 16 för information beträffande modeller med Trionic motorstyrsystem. Givaren kallas där givare för absolut grenrörstryck (manifold absolute pressure sensor- MAP).*

### *Demontering*

1 Tryckgivaren är placerad under instrumentbrädans vänstra sida. Först skall batteriets negativa anslutning lossas.
2 Demontera den undre panelen från instrumentbrädan.
3 Skruva loss skruvarna och ta bort varmluftkanalen.
4 Skruva loss fästskruvarna, sänk med tryckgivaren från torpedväggen och lossa ledningarna.

### *Montering*

5 Montering sker i omvänd ordning.

## 13 Elektronisk styrenhet (ECU) (DI/APC-system) - demontering och montering

**Observera:** *Se kapitel 4A, avsnitt 16 beträffande demontering av Trionic-styrenheten.*

### *Demontering*

1 Lossa batteriets negativa anslutning.
2 Demontera vänstra framsätet enligt beskrivning i kapitel 11.
3 Skruva loss skruvarna till de två tröskelplåtarna.
4 Skruva loss skruvarna och demontera kåpan till ECU.
5 Lossa ledningarna och demontera ECU inifrån bilen.

### *Montering*

6 Montering sker i omvänd ordning.

## 14 Tändtidpunkt - kontroll och justering

### *Modeller med tändsystem av Hall-typ*

1 För att utföra en kontroll av tändtidpunkten behövs en stroboskoplampa. Observera att det finns ett uttag i motorrummet, eller nära kamöppningen ovanpå växellådan, där anslutning kan göras av ett specialverktyg från Saab. Detta instrument är vanligtvis inte tillgängligt för hemmamekanikern.
2 Starta motorn, låt den värma upp till normal arbetstemperatur och stäng av den.
3 Lossa vakuumslangen från vakuumklockan på strömfördelaren och plugga slangen.
4 Anslut en testlampa till tändkabeln till cylinder nr 1 (närmast kamkedjan i motorn) enligt tillverkarens instruktioner. En testlampa med en sensorbygel är idealisk eftersom bygeln kan fästas på tändkabeln nära strömfördelarlocket. Där kabeln till testlampan måste fästas på tändstiftet till cylinder nr 1, blir det nödvändigt att demontera inspektionslocket överst på topplocket för att kunna komma åt tändstiften.
5 Starta motorn, låt den gå på tomgång på angivet varvtal och rikta testlampan genom växellådskåpans inställningsöppning.
6 De aktuella inställningsmärkena på svänghjulet/drivplattan skall synas inriktade med inställningsmärket på växellådshuset.
7 Om justering måste utföras skall skruven till strömfördelarbygeln lossas och strömfördelaren långsamt roteras så mycket som behövs tills de aktuella inställningsmärkena är korrekt inriktade. Om strömfördelarkroppen vrids medurs avanceras tändtidpunkten, medan om den vrids moturs fördröjs den. När märkena är korrekt inriktade, håll strömfördelaren stilla och dra åt bygelskruven. Kontrollera att inställningsmärkena fortfarande är korrekt inriktade, upprepa justeringen om så behövs.
8 När tändtidpunkten är korrekt inställd på tomgångsvarvtal, öka gradvis motorns varvtal och kontrollera att tändtidpunkten har avancerat som den skall - inställningsmärkena bör flytta sig allt längre från den rätta inriktningen när hastigheten ökar. Denna kontroll visar att centrifugalförställningsmekanismen åtminstone fungerar - en mer detaljerad kontroll bör överlåtas till en Saabverkstad.
9 Anslut vakuumslangen till behållaren och kontrollera att tändinställningen flyttas fram vid lätt gaspådrag - återigen, en mer detaljerad kontroll bör överlåtas till en Saabverkstad.
10 När tändtidpunkten är korrekt inställd, stanna motorn och lossa testlampan.

### *Modeller med direkttändning (inklusive Trionic)*

11 På modeller med direkttändning är tändtidpunkten förprogrammerad i systemets ECU, och kan inte justeras eller ens kontrolleras med säkerhet. Om inställningen misstänks vara felaktig bör bilen överlåtas till en Saabverkstad där eventuellt lagrade felkoder kan avläsas med lämplig specialutrustning.

# Kapitel 6
# Koppling

## Innehåll

## Svårighetsgrader

| Enkelt, passar novisen med lite erfarenhet  | Ganska enkelt, passar nybörjaren med viss erfarenhet  | Ganska svårt, passar kompetent hemmamekaniker  | Svårt, passar hemmamekaniker med erfarenhet  | Mycket svårt, för professionell mekaniker  |
|---|---|---|---|---|

## Specifikationer

### Allmänt

Tillverkare ............................................... AP, Fichtel & Sachs
Typ ...................................................... Enkel torrlamell med solfjäder med fjädermonterat nav
Manövrering .............................................. Hydraulisk, via slav- och huvudcylindrar
Diameter ................................................. 215 eller 240 mm

### Åtdragningsmoment                                          Nm

Kopplingspedal till ledbult, låsmutter .......................... 42
Huvudcylinder till torpedvägg, skruvar (alla modeller före 1994) ...... 22
Huvudcylinder till tillförselrör, anslutning ....................... 16
Huvudcylinder till pedal, muttrar (vänsterstyrda modeller efter 1994 ... 22
Tryckplattans fästskruvar ................................... 22
Tryckplatta till svänghjul, skruvar ............................ 22
Slavcylinderns tillförselrör, klämma .......................... 22
Slavcylinder till växellåda, skruvar ........................... 22

### 1 Allmän beskrivning

Fordon med manuell växellåda är utrustade med hydraulisk, enskivig torrlamellkoppling. I motsats till vajerdrivna kopplingssystem varken kan eller behöver hydrauliskt manövrerade kopplingar justeras.

Huvuddelarna i systemet består av kopplingspedal, huvudcylinder, hydraulledningar, slavcylinder, urtrampningslager med gaffel, lamellcentrum och tryckplatta.

Lamellcentrum är monterat på växellådans ingående axel. Det har minimal fri radiell rörlighet och måste rotera med axeln, men kan även röra sig axiellt längs axeln. Tryckplattan är infäst direkt på svänghjulet och omsluter lamellcentrum. En solfjäder pressar tryckplattans friktionsbelägg mot svänghjulet, klämmer fast lamellcentrum och överför därmed kraften från vevaxeln till växellådans ingående axel.

Kopplingspedalen är ansluten till huvud-

cylinderkolven genom ett länkstag. När pedalen trampas ner blir pressas hydraulvätskan ut längs hydraulledningarna till slavcylindern, som är monterad över växellådans ingående axel inuti kopplingskåpan. När trycket ökar tvingas kolven längs slavcylindern, vilket aktiverar kopplingens urtrampningslager via en gaffelspak.

Urtrampningslagret spänner solfjädern, vilket i sin tur gör att trycket på tryckplattan och lamellcentrum avtar. Lamellcentrumet kan då röra sig bort från svänghjulet längs den splinesförsedda axeln, och de två enheterna kan rotera självständigt och koppla bort drivningen från växellådans ingående axel.

Denna kontroll över solfjädertrycket låter kopplingen vara delvis inkopplad/urkopplad, eller "slira", vilket ger en mjuk uppsläppning och inkoppling av drivningen vid växelbyte.

Dessutom utgörs lamellcentrum av två halvor som förenas av ett fjädermonterat lager. När detta är sammantryckt kan endast en liten rörelse förekomma mellan plattorna, vilket har en dämpande inverkan på kopplingsfunktionen och minskar vibrationer

och skakningar. Lamellcentrumets nav är radiellt fjädermonterat för att ge dämpning mot torsionsstötar.

Hydraulvätskan i kopplingssystemet är samma vätska som används i bromssystemet och följaktligen tillförs vätskan huvudcylindern från bromsvätskebehållaren. Kopplingens hydraulsystem måste tätas innan arbete kan utföras på någon av dess komponenter. När arbetet är avslutat skall hydraulsystemet fyllas på och luftas. En noggrannare beskrivning av dessa procedurer återfinns i avsnitt 6 i detta kapitel.

Konstruktionen av kopplingssystemet i Saab 9000 har genomgått att antal förändringar och revideringar, men grundsystemet har alltid varit detsamma. I synnerhet skiljer sig upphängningspunkten för huvudcylindern mellan modeller tillverkade före och efter 1994 års modeller, och mellan vänster- och högerstyrda modeller. Länkkonstruktionen mellan kopplingspedalen och huvudcylindern beror även den på fordonets ålder och typ.

## 2 Huvudcylinder - demontering och montering

⚠️ **Varning: Hydraulvätska är giftig; tvätta genast noggrant bort all vätska som kommer i beröring med huden.** Om vätska sväljs eller kommer i ögonen skall läkare uppsökas omedelbart. Vissa typer av hydraulvätska är lättantändlig och kan flamma upp vid kontakt med heta komponenter. Vid arbete på hydraulsystemet är det säkrast att anta att vätskan är lättantändlig, och vidta säkerhetsåtgärder mot brand som vid hantering av bensin.
Vätskan är också hygroskopisk (den absorberar fukt från luften); för stor mängd fukt sänker vätskans kokpunkt till en oacceptabel nivå och ger förlust av hydrauliskt tryck. Gammal vätska kan ha förorenats och ska inte återanvändas. Vid påfyllning eller byte av vätska, använd alltid vätska av rekommenderad grad och försäkra dig om att den kommer från en ny försluten behållare.

 **HAYNES TiPS** *Hydraulvätska är ett effektivt färgborttagningsmedel och kan även angripa många plaster. Om hydraulvätska spills på billackeringen eller andra detaljer skall den omedelbart tvättas bort med rent vatten.*

### Högerstyrda modeller

#### Demontering

**1** I kapitel 11 återfinns anvisningar för demontering av ljudisoleringspanelen under instrumentbrädan på förarsidan.
**2** Vid anslutningspunkten mellan huvudcylinderns länkstag och kopplingspedalen, använd en plattång för att demontera klämman från tappen, dra därefter bort länkstaget (se bild).
**3** Placera ett skyddande tygstycke under

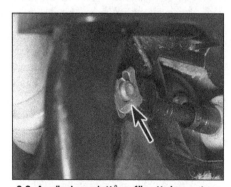

**2.2 Använd en plattång för att demontera klämman från tappen (vid pilen) vid anslutningspunkten mellan huvudcylinderns länkstag och kopplingspedalen**

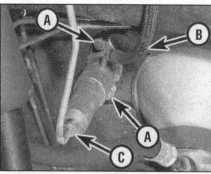

**2.4 Kopplingens huvudcylinder**
A Fästmuttrar   C Tillförselrörets
B Matarslang        anslutning

kopplingspedalen om hydraulvätska skulle spillas på golvet.
**4** Från motorrummet, tillslut tillförselslangen från vätskebehållaren med en bromsslangsklämma. Lossa slangklämman och dra av matarslangen från öppningen på huvudcylindern (se bild). Var beredd på att en liten mängd hydraulvätska kan droppa ut; placera en behållare eller en bunt trasor under leden för att fånga upp spill.

⚠️ **Varning: Observera varningen i början av detta kapitel beträffande faran vid hantering av hydraulvätskor.**

**5** Slacka anslutningen för det hårda tillförselröret vid huvudcylinderns ände, och lossa röret; återigen, var beredd på att hydraulvätska kan droppa ut.
**6** Demontera de två muttrarna från fästskruvarna och lyft bort huvudcylindern från torpedväggen, för ut länkstaget genom öppningen. Ta vara på packningen och kontrollera den beträffande skador; byt ut den vid behov.

#### Montering

**7** Följ demonteringsanvisningarna och montera huvudcylindern i omvänd ordning. Slutligen, se avsnitt 6 och lufta hydraulsystemet.

### Vänsterstyrda modeller fram till 1994

#### Demontering

**8** Demontera ljudisoleringspanelen under instrumentbrädan på förarsidan, se kapitel 11.
**9** Vid anslutningspunkten mellan huvudcylinderns länkstag och kopplingspedalen, använd en plattång för att demontera klämman från sprintbulten. Ta bort bulten och dra bort länkstaget.
**10** Placera en trasa under kopplingspedalen om hydraulvätska skulle spillas på golvet.
**11** Från motorrummet, demontera skyddet från utrymmet bakom den värmeplåten. Huvudcylindern är vertikalt monterat alldeles över kopplingspedalen på torpedväggens övre del.
**12** Tillslut tillförselslangen från vätskebehållaren med en bromsslangklämma. Lossa

slangklipset och dra av tillförselslangen från öppningen på huvudcylindern. Var beredd på att en liten mängd hydraulvätska kan droppa ut; placera en behållare eller en bunt trasor under leden för att samla upp spill.

⚠️ **Varning: Observera varningen i början av detta kapitel beträffande hantering av hydraulvätskor.**

**13** Slacka anslutningen för tillförselröret vid huvudcylinderns ände, och lossa röret, var återigen beredd på att hydraulvätska kan droppa ut.
**14** Demontera de två muttrarna från fästskruvarna och lyft bort huvudcylindern från torpedväggen, för ut länkstaget genom öppningen. Ta vara på packningen och kontrollera den beträffande skador; byt ut den vid behov.

#### Montering

**15** Följ demonteringsanvisningarna och montera huvudcylindern i omvänd ordning. Slutligen, se avsnitt 6 och lufta hydraulsystemet.

### Vänsterstyrda modeller efter 1994

#### Allmänt

**16** Huvudcylindern är monterad under instrumentbrädan, på broms/kopplingspedalfästet snarare än i motorrummet. Trots att demonteringen inte är mer komplicerad än för årsmodellerna före 1994 skall extra försiktighet iakttas för att undvika att spilla hydraulvätska inuti bilen då matar- och tillförselslangarna är lossade.

#### Demontering

**17** Demontera ljudisoleringspanelen under instrumentbrädan på förarsidan, se kapitel 11.
**18** Demontera klämman från axeländen mellan kopplingspedalen och huvudcylinderns länkstag. Ta bort axeln.
**19** Montera en bromsslangklamma på matarslangen (det är slangen som är ansluten till den översta öppningen på sidan av huvudcylindern). Vidga klipset för hand och lossa slangen från huvudcylindern. Var beredd på att hydraulvätska kan läcka ut; placera en behållare under anslutningen för att fånga upp spill och skydda mattan i golvutrymmet.
**20** På huvudcylinderns undre del, slacka röranslutningen och ta bort röret, var återigen beredd på att hydraulvätska kan läcka ut - ställ tillbaka behållaren för att samla upp spill.
**21** Slacka och ta bort fästmuttrarna, lyft bort huvudcylindern från pedalfästet.

#### Montering

**22** Följ demonteringsanvisningarna och montera huvudcylindern i omvänd ordning. Observera angivet åtdragningsmoment vid åtdragning av muttrarna som håller huvudcylindern till pedalfästet.
**23** Slutligen, se avsnitt 6 och lufta hydraulsystemet.

## 3 Kopplingspedal - demontering och montering

### Högerstyrda modeller och vänsterstyrda modeller fram till 1994

#### Demontering

1 Demontera ljudisoleringspanelen under instrumentbrädan, under rattenstången; se beskrivning i kapitel 11.
2 Se motsvarande punkter i avsnitt 2 och demontera huvudcylinderns länkstag från kopplingspedalen.
3 Demontera skruven och lyft bort fästet för farthållarströmställarna för att komma åt pedalfästena bättre.
4 Trampa ner pedalen så långt det går och demontera låsmuttern från änden på pedalens ledbult.
5 Haka loss fjädern från pedalfästet och ta bort den tillsammans med plastspolen.

#### Montering

6 Montera pedalen i omvänd ordning. Montera en ny låsmutter till ledbulten och dra åt den till korrekt åtdragningsmoment.

### Vänsterstyrda modeller efter 1994

#### Demontering

7 Demontera ljudisoleringspanelen under instrumentbrädan, under rattenstången; se beskrivning i kapitel 11.
8 Se relevanta punkter i avsnitt 2 och demontera kopplingens huvudcylinder från pedalfästet. *Observera: Hydraulslangarna behöver inte demonteras från huvudcylindern.*
9 Demontera skruven och lyft bort fästet för farthållarströmställarna för att komma åt pedalfästena bättre.
10 Trampa ner pedalen så långt det går och demontera låsmuttern från änden på pedalens ledbult.
11 Vid punkten där returfjädern är länkad med pedalaxeln, ta bort klämman från stiftänden och lyft bort fjädern tillsammans med sitt fäste
12 Lossa centrallåsets ECU från fästet under instrumentbrädan genom att lossa klämman

**4.5 Lyft av tryckplattan, ta vara på lamellcentrum och notera dess monteringsläge**

från instrumentbrädans list. För den åt sidan så att den inte är i vägen.
13 Tryck upp pedalen mot instrumentbrädan, lossa den från ledbulten och ta bort den från bilen.

#### Montering

14 Montera pedalen i omvänd ordning, och uppmärksamma följande punkter:
a) Observera angivet åtdragningsmoment vid montering av huvudcylindern på pedalfästet.
b) Montera en ny mutter till ledbulten och dra åt den till rätt åtdragningsmoment.

## 4 Koppling - demontering och montering

### Demontering

> ⚠ **Varning: Damm som uppstår från allmänt slitage på kopplingen och som finns på kopplingens komponenter kan innehålla asbest, vilket är hälsovådligt. Blås INTE bort dammet med tryckluft, och andas inte in dammet. Använd INTE bensin eller bensinbaserat lösningsmedel för att tvätta bort dammet. Speciell bromssystemrengörare eller denaturerad sprit bör användas och när kopplingens komponenter har torkats rena med rena trasor skall de smutsiga trasorna och rengöringsmedlet placeras i en tillsluten och märkt behållare.**

**Observera:** *Trots att vissa bromsbelägg ej längre innehåller asbest är det säkrast att anta att de gör det, och vidta lämpliga försiktighetsåtgärder.*

1 Om inte hela bilens motor/växellåda skall demonteras från bilen och separeras för en större renovering (se kapitel 2B), kan man komma åt kopplingen genom att demontera växellådan (se kapitel 7A).
2 Innan kopplingens komponenter åtgärdas skall en markering göras av förhållandet mellan tryckplatta, lamellcentrum och svänghjul.
3 För att underlätta demontering av tryckplattan skall svänghjulet helst låsas på plats med ett verktyg som sätts i ett av växellådans monteringshål och griper i svänghjulets krondrev. Om ett universallåsverktyg till svänghjulet inte är tillgängligt, kan vevaxeln (och därmed svänghjulet) hållas stilla med skiftnyckel och hylsa i skruven till vevaxelns remskiva. En medhjälpare behövs för att utföra detta arbete.
4 Lossa monteringsskruvarna växelvis diagonalt över tryckplattan, ett halvt varv åt gången, tills de kan lossas och tas bort för hand.
5 Lyft bort tryckplattan, ta vara på lamellcentrum och notera hur det är monterat **(se bild).**

### Kontroll

**Observera:** *Demontering och montering av komponenter i kopplingssystemet är vanligen arbetskrävande, varför det anses klokt att byta ut kopplingsbelägg, tryckplatta och urtrampningslager som en enhet även om endast en av delarna är så sliten att den behöver bytas.*
6 Läs varningstexten ovan beträffande hälsorisker vid hantering av det friktionsmaterial som finns i kopplingens komponenter; avlägsna dammet med en ren och torr trasa och arbeta i en väl ventilerad lokal.
7 Kontrollera lamellcentrum beträffande slitage, skador eller oljebeläggning. Om belägget är sprucket, bränt, repat eller skadat, eller om det är förorenat med olja eller fett (synligt som hårda svarta fläckar), skall belägget bytas.
8 Om belägget fortfarande är användbart, kontrollera att splinesen inte är slitna, att torsionsfjädrarna är i god kondition och säkert fästa, och att samtliga nitar är ordentligt fästa. Om slitna eller skadade ställen upptäcks måste belägget bytas.
9 Om belägget är förorenat med olja beror det antagligen på oljeläckage från vevaxelns vänstra tätning, från anslutningen mellan oljetråg och motorblock, eller från växellådans ingående axel. Byt tätningen eller reparera anslutningen enligt beskrivning i kapitel 2 eller 7 innan det nya belägget monteras.
10 Kontrollera tryckplattan beträffande tydliga tecken på slitage eller skada. Skaka den för att kontrollera om nitarna sitter löst eller om ringarna är lösa eller skadade. Kontrollera om drivremmarna som säkrar tryckplattan vid locket visar tecken på överhettning (exempelvis mörkt gul eller blå missfärgning). Om solfjädern är sliten eller skadad, eller om fjädringen är tvivelaktig, skall tryckplattan bytas ut.
11 Granska de maskinslipade lagerytorna på tryckplattan och svänghjulet; de bör vara rena, fullständigt plana och utan repor. Om någon av dem är antingen missfärgad av överhettning eller visar tecken på mindre sprickbildning skall den bytas, även om små skador av detta slag ibland kan poleras bort med sandpapper.
12 Kontrollera att ytorna på urtrampningslagret roterar jämnt och lätt, utan spår av oljud eller ojämnhet. Själva ytan måste också vara jämn och utan tecken på sprickbildning, gropar eller repor. Om det finns det minsta tvivel om dess kondition skall lagret bytas; se anvisningar i avsnitt 5.

### Montering

13 Före monteringen, kontrollera att friktionsytorna på svänghjulet och tryckplattan är fullständigt rena, jämna och fria från olja och fett. Avlägsna skyddsfettet från nya komponenter med lösningsmedel.
14 Sätt upp lamellcentrumet så att fjädernavet är vänt bort från svänghjulet; notera tillverkarens markeringar för plattans monteringsriktning.

**4.17 Dra åt skruvarna till tryckplattan diagonalt växelvis till angivet åtdragningsmoment**

**5.5 Bänd bort urtrampningslagret från slavcylinderns styrhylsa med ett par skruvmejsel**

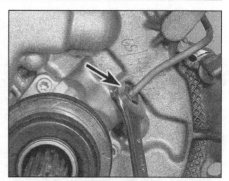

**5.8 Slacka anslutningen (vid pilen) vid basen av tillförselröret**

15 Montera tryckplattan på svänghjulet, se till att den hakar i styrtapparna; rikta in märkena som gjordes vid isärtagningen om original-tryckplattan skall användas igen. Montera tryckplattans skruvar och dra åt dem för hand så länge, så att belägget kan roteras för att underlätta inriktningen.

16 Lamellcentrum skall nu centreras inuti tryckplattan så att när växellådan monteras, kommer den ingående axeln att passera genom splinesen mitt i lamellcentrum. Detta kan åstadkommas om man placerar en stor skruvmejsel eller hylsnyckel med förlängning genom lamellcentrum och i hålet i vevaxeln; lamellcentrum kan sedan flyttas runt tills det är centrerat över vevaxelns hål.

 *Som alternativ kan ett universellt riktningsverktyg för kopplingar användas; sådana kan köpas från de flesta biltillbehörsbutiker. Ett liknande redskap kan tillverkas av ett stycke metallstång eller en trätapp, som antingen är konisk på en sida eller har en tät passning i vevaxelhålet, med isoleringstejp lindat runt den för att matcha innerdiametern i lamell-centrums hål.*

Kontrollera att lamellcentrum är korrekt inriktat innan arbetet fortsätter.

17 När lamellcentrum är centrerat skall tryck-

plattans skruvar dras åt diagonalt och växelvis till angivet åtdragningsmoment **(se bild)**.

18 I förekommande fall, demontera lås-verktyget från svänghjulet.

19 Stryk ett tunt lager fett med hög smält-punkt på splinesen på friktionsplattan och på växellådans ingående axel.

20 Montera växellådan enligt beskrivning i kapitel 7A.

### 5 Urtrampningslager - demontering, kontroll och montering

## Urtrampningslager

### Kontroll

1 Demontera växellådan enligt kapitel 7A, och placera den säkert på en arbetsyta.

2 Snurra runt urtrampningslagret medan det är monterat på styrhylsan, och lyssna på ljudet; skramlande eller krasande ljud tyder antingen på att smuts har förorenat inner-lagret eller att själva lagren är defekta. I båda fallen bör urtrampningslagret bytas enligt beskrivningen nedan.

3 Om urtrampningslagret roterar trögt eller om det är alltför löst monterat, tyder det också på att det är slitet och i behov av byte.

4 Kostnaden för ett urtrampningslager är relativt liten, men arbetet som krävs för att komma åt det är omfattande. Därför är det

brukligt att byta lagret oavsett dess kondition, närhelst växellådan demonteras för genom-gång eller byte av kopplingen.

### Demontering

5 Bänd bort urtrampningslagret från slav-cylinderns styrhylsa med ett par skruvmejslar vid växellådans ingående axel **(se bild)**. Notera hur den är monterad för att underlätta monteringen.

### Montering

6 Montera lagret genom att trycka tillbaka dammskyddsbälgen, ner över slavcylinderns styrhylsa.

## Slavcylinderhus

### Demontering

7 Demontera växellådan enligt beskrivning i kapitel 7A och placera den säkert på en arbetsyta.

8 Vid sidan av slavcylinderhuset, slacka anslutningarna vid basen av hydraultillförsel- och luftningsrören. Lossa båda rören från cylinderhuset **(se bild)**.

9 Slacka och demontera de tre skruvarna som fäster cylinderhuset vid kopplingskåpans innersida. Lyft bort huset från kopplings-kåpan, över växellådans ingående axel **(se bild)**. Ta loss O-ringstätningen och kasta den; ny tätning måste installeras vid monteringen.

10 Dra tillbaka dammskyddsbälgen och bänd ut urtrampningslagret från styrhylsan, lyft bort dammskyddsbälgen **(se bilder)**.

**5.9 Lyft bort slavcylinderns hus från kopplingskåpan, över växellådans ingående axel**

**5.10a Dra tillbaka skyddsbälgen och bänd bort urtrampningslagret från styrhylsan . . .**

**5.10b . . . och lyft därefter bort skyddsbälgen**

5.12 Montera en ny O-ringstätning (vid pilen) i kanalen i slavcylinderhusets bakre del

## Montering

11 Tryck dammskyddsbälgen över styrhylsan och montera urtrampningslagret.
12 Montera den nya O-ringstätningen i spåret i slavcylinderhusets bakre del (se bild); stryk på ett tunt lager smörjfett för att hålla tätningen på plats vid monteringen.
13 För upp slavcylinderhuset till kopplingskåpan. Stryk på låsvätska på de tre fästskruvarna, montera och dra åt dem.
14 Montera tillförsel- och luftningsrören och dra åt anslutningarna ordentligt.

## 6 Hydraulsystem - luftning

⚠️ Varning: Hydraulvätska är giftig; tvätta genast bort all vätska som kommer i beröring med huden. Om vätska sväljs eller kommer i ögonen skall läkare uppsökas omedelbart. Vissa typer av hydraulvätska är lättantändlig och kan flamma upp vid kontakt med heta komponenter. Vid arbete med hydraulsystemet är det säkrast att anta att den är lättantändlig och vidta nödvändiga

åtgärder mot brand. Hydraulvätska är ett effektivt färgborttagningsmedel och kan även angripa många plaster. Om hydraulvätska spills på billackeringen eller andra detaljer skall den omedelbart tvättas bort med rent vatten. Vätskan är också hygroskopisk (den absorberar fukt från luften); för stor mängd fukt sänker vätskans kokpunkt till en oacceptabel nivå och orsakar förlust av hydrauliskt tryck. Gammal vätska kan ha förorenats och ska inte återanvändas. Vid påfyllning och byte av vätska, använd alltid vätska av rekommenderad grad och för-säkra dig om att behållaren varit förseglad och är nyöppnad.

## Allmän beskrivning

1 När hydraulsystemet lossas för underhåll eller reparationer tränger alltid en viss mängd luft in i systemet. I alla hydraulsystem ger förekomst av luft en viss grad av elasticitet. I kopplingssystemet ger detta ger en dålig pedalrörelse och minskat spel i pedalen, vilket leder till mindre effektiva växelbyten, och eventuellt kopplingsfel. Hydraulrören måste därför klämmas till med slangklämmor innan arbetet kan påbörjas; efter avslutat arbete skall hydraulvätskan fyllas på och luftas av för att avlägsna luftbubblor.
2 För att stoppa upp hydraultillförseln till slavcylindern, följ röret från punkten där det förs in i kopplingshuset till den punkt där det ansluts till den mjuka hydraulslangen. Montera en bromsslangklämma på den mjuka slangen och dra åt den ordentligt.
3 I motsats till bromssystemet kan kopplingens hydraulsystem inte luftas bara genom att kopplingspedalen pumpas och den utsprutande vätskan fångas upp i ett kärl som är anslutet till luftningsröret. Systemet måste trycksättas externt och det effektivaste sättet att åstadkomma det är att använda en tryckluftningssats. Dessa hjälpmedel, som är mycket effektiva, kan köpas från en vanlig

biltillbehörsbutik; nedan beskrivs hur kopplingssystemet luftas med hjälp av en sådan sats.

## Luftning

4 Demontera inspektionslocket från kopplingskåpans överdel så att luftningsröret och nippeln blir synliga (se bild).
5 Placera en ringnyckel över luftningsnippelns huvud, men lossa den inte för tillfället. Anslut en bit genomskinlig slang över luftningsnippeln på slavcylindern och placera den andra änden i en ren burk (se bild). Tappa av hydraulvätskan i burken och se till att slangen hela tiden mynnar under vätskeytan.
6 Följ anvisningarna från tillverkaren av tryckluftningssatsen och häll hydraulvätskan i satsens luftningskärl.
7 Skruva loss locket till bilens vätskebehållare, och anslut matarslangen i satsen till behållaren.
8 Anslut tryckslangen till en tryckluftskälla - reservdäcket är en lämplig källa (se bild).

⚠️ Varning: Kontrollera att tillverkarens rekommenderade maxtryck inte överskrids i reservdäcket, släpp ut lite luft för att reducera trycket vid behov. Öppna luftventilen försiktigt och låt lufttryck och vätsketryck jämna ut sig. Kontrollera beträffande läckage innan arbetet kan fortsätta

9 Använd ringnyckeln och slacka luftningsrörets nippel tills vätska och luftbubblor kan ses flöda genom röret och in i behållaren. Låt hydraulvätskan flöda i en jämn ström tills luftbubblorna inte längre är synliga i vätskan; håll ett öga på vätskenivån i kärlet och bilens vätskebehållare - om den sjunker för lågt kan luft tränga in i systemet och därmed förstöra hela syftet med proceduren. När kärlet skall fyllas på skall tryckluftslangen stängas av, locket lossas och rätt mängd ren vätska fyllas på från en ny behållare - vätskan som samlats

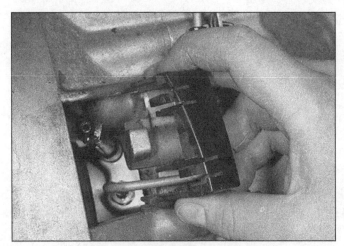

6.4 Demontera inspektionsluckan från kopplingskåpans övre del, för komma åt luftningsrör och nippel

6.5 Anslutning av ringnyckel, luftningsslang och vätskekärl till luftningsnippeln

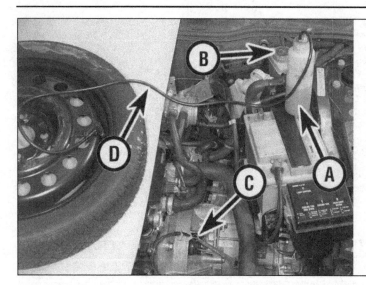

**6.8 Luftningssatsen i användning**

A  Luftningssatsens kärl
B  Anslutning för vätsketillförsel vid bilens vätskebehållare
C  Anslutning för mottagarkärl vid luftningsnippeln
D  Tryckluft från reservdäck

i kärlet skall inte återanvändas. Upprepa tills den luftade vätskan inte innehåller några luftbubblor.

**10** Avsluta med att trampa ner kopplings-pedalen flera gånger för att kontrollera att den känns bra och att spelet är korrekt. Om pedalen är stel och pedalmotståndet inte känns genom hela nertrampningen är det

sannolikt att det fortfarande finns luft i systemet - upprepa luftningsproceduren tills pedalen känns normal igen.

**11** Sänk trycket i luftningssatsen och de-montera den från bilen. I detta läge kommer vätskebehållaren att vara "överfull"; överflödet skall avlägsnas ned till MAX-markeringen med en *ren* pipett.

**12** Dra åt luftningsrörets nippel med nyckeln och demontera kärlet. Montera inspektions-locket på kopplingskåpan.

**13** Slutligen, ta bilen på en körtur och kontrollera kopplingen genom att växla upp och ner genom växlarna, accelerera från stillastående och från start i backe.

# Kapitel 7 Del A:
# Manuell växellåda

## Innehåll

## Svårighetsgrader

| Enkelt, passar novisen med lite erfarenhet  | Ganska enkelt, passar nybörjaren med viss erfarenhet  | Ganska svårt, passar kompetent hemmamekaniker  | Svårt, passar hemmamekaniker med erfarenhet  | Mycket svårt, för professionell mekaniker  |

## Specifikationer

### Allmänt

| | |
|---|---|
| Typ ............................................... | Diagonalmonterad, framhjulsdriven, med inbyggd differential/slutväxel. Fem växlar samt backväxel, samtliga synkroniserade |
| Olja typ/specifikation ................................... | Se 'Smörjmedel, vätskor och volymer' |

### Utväxlingsförhållanden

Modeller före 1994, transmissionskod GM:
| | |
|---|---|
| 1:an ............................................. | 3,31:1 |
| 2:an ............................................. | 1,76:1 |
| 3:an ............................................. | 1,18:1 |
| 4:an ............................................. | 0,85:1 |
| 5:an ............................................. | 0,68:1 |
| Back ............................................. | 3,21:1 |
| Slutväxel ......................................... | 4,45:1 |

Modeller fr o m 1994, transmissionskod FM:
| | |
|---|---|
| 1:an ............................................. | 3,38:1 |
| 2:an ............................................. | 1,76:1 |
| 3:an ............................................. | 1,12:1 |
| 4:an ............................................. | 0,89:1 |
| 5:an ............................................. | 0,70:1 |
| Back ............................................. | 3,17:1 |
| Slutväxel ......................................... | 3,61:1 |

### Åtdragningsmoment

| | Nm |
|---|---|
| Kopplingskåpa till motorblock, skruvar ...................... | 70 |
| Växelspak till växelföraraxel, skruv .......................... | 20 |
| Växelspakskåpa till golv, skruvar ........................... | 9 |
| Vänster lagerhus till differential, skruvar .................... | 24 |
| Backljuskontakt ........................................ | 22 |
| Höger lagerhus till differential, skruvar ..................... | 24 |
| Växelföraraxel, klämskruv ................................ | 33 |
| Monteringsram, främre skruvar ............................ | 50 |
| Monteringsram, bakre skruvar ............................. | 55 |
| Växellåda till monteringsramens fäste, skruv ................. | 70 |

## 1 Allmän information

Den manuella växellådan är diagonal-monterad i motorrummet och infäst direkt på motorn. Denna konstruktion ger kortast väg till framhjulen och den placerar också växellådan i luftströmmen genom motorrummet, vilket ger optimal kylnings-effekt.

Enheten är placerad i en aluminiumlege-ringskåpa och den har oljefilter, avtappnings- och nivåpluggar **(se bild)**. Tidigare modeller omfattade en oljesticka som var inbyggd i påfyllningspluggen för att underlätta olje-kontroll; se detaljerad beskrivning i avsnitt 2. Kåpan har två anliggningsytor; en mot kopplingskåpan, vilken är tätad med "flytande tätning", och den andra till växellådans ändlock som är tätad med en solid tätning. En "labyrintventil" är installerad i växellådans överdel vars funktion är att låta luften expandera, och att släppa ut gaser som uppstår från smörjmedlet. Ventilen är försedd med en filterplugg som förhindrar att vatten och smuts tränger in.

Vevaxelns drivkraft överförs via kopplingen till växellådans ingående axel vilken har splines för att kunna kopplas ihop med lamellcentrum. Alla sex växlarna (dreven) är monterade på den ingående axeln; dreven till backväxeln, samt ettans och tvåans växel är lagrade på glidande kontaktlager, treans, fyrans och femmans växlar är lagrade med nållager.

Hjulen för samtliga fem växlar är monterade på den utgående axeln, återigen är treans, fyrans och femmans hjul burna på nållager. Backväxeln är sammanbyggd med ettans/tvåans synkroniseringhylsa.

Dreven är i permanent ingrepp med mot-svarande hjul, och kan rotera oberoende av växellådans axlar tills en växel har valts. Skillnaden i diameter och kuggarnas antal mellan dreven och hjulen ger den nödvändiga varvtalsreduktionen och -ökningen. Driv-kraften överförs till slutväxeldreven/ differen-tialen genom den utgående axeln.

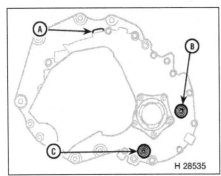

**1.2 Växellådans pluggar, årsmodeller efter 1994**

A Påfyllningsplugg     C Avtappningsplugg
B Nivåplugg

Samtliga växlar är synkroniserade, inklusive backväxeln. När en växel läggs i överförs rörelsen i den golvmonterade växelspaken till växellådan genom ett växelföraraxel. Detta i sin tur aktiverar en serie väljargafflar i växel-lådan, vilka är monterade på synkroniserings-hylsorna. Hylsorna, som är låsta på växel-lådans axlar men kan glida axiellt via splinesförsedda nav, trycker på synkroni-seringsringarna för att komma i kontakt med respektive hjul/drev. De koniska ytorna mellan synkringar och hjul/drev fungerar som en friktionskoppling som växelvis matchar synkroniseringhylsans hastighet (och därmed växellådans axel) med hjulets/drevets. Kuggarna på synkringens utsida hindrar synkroniseringhylsans ring att gripa i hjulet/drevet tills deras hastigheter är exakt lika; härigenom kan mjuka växelbyten åstadkommas och oljud och mekaniskt slitage orsakat av snabba växelbyten undvikas.

När backväxeln läggs i, läggs ett mellan-drev i kuggning mellan backdrevet och kug-garna på utsidan av ettans/tvåans växels synkroniseringhylsa. Detta ger nödvändig fartminskning, och får den utgående axeln att rotera i motsatt riktning, vilket gör att bilen kan backas.

## 2 Manuell växellåda - avtappning och påfyllning

### Allmän beskrivning

1 Vid leverans är växellådan fylld med olja av rätt kvantitet och kvalitet. Oljenivån måste kontrolleras regelbundet och fyllas på när det behövs enligt underhållsschemat (se kapitel 1). Normalt finns dock inget behov av att tappa av och fylla på ny olja i växellådan om inte reparationer eller renovering skall utföras.

### Avtappning

2 Ta ut bilen på en tillräckligt lång körning för att värma upp motor och växellåda till normal arbetstemperatur. Detta gör att avtappningen går fortare, och slam och skräp följer lättare med ut.
3 Parkera bilen på plant underlag, stäng av

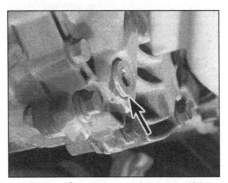

**2.5 Växellådans avtappningsplugg (vid pilen)**

tändningen och dra åt handbromsen hårt. För att komma åt lättare bör framdelen på bilen lyftas upp och stödjas på pallbockar. **Observera:** *För att kunna utföra en korrekt kontroll av oljenivån skall bilen sänkas ner till marken och parkeras på plant underlag.*
4 Torka rent kring påfyllningspluggen som är placerad överst på växellådan. Skruva loss pluggen från kåpan och ta vara på tät-ningsbrickan.
5 Placera en behållare som rymmer minst 2 liter (helst med en bred tratt) under av-tappningspluggen **(se bild)**. Avtappnings-pluggen är placerad på växellådans högra del under drivaxeln. Skruva loss pluggen från kåpan med en skiftnyckel. Observera att avtappningspluggen innehåller en magnet som är avsedd att fånga upp metallfragment som uppstår vid normalt slitage av växel-lådans komponenter. Om pluggen är igensatt av en mängd metallfragment kan det förebåda komponentfel.
6 Låt alla olja rinna ner i behållaren. Om oljan fortfarande är varm bör man vidta för-siktighetsåtgärder mot brännskador. Rengör såväl påfyllnings- som avtappningspluggarna och var särskilt noga med gängorna. Kasta originalbrickorna, de skall alltid bytas efter demontering.

### Påfyllning

7 När all olja har tappats av skall gängorna i växellådshusets plugghål rengöras. Montera en ny tätningsbricka på avtappningspluggen. Stryk ett tunt lager låsvätska på gängorna och dra åt pluggen. Sänk ner bilen på marken om den varit upplyft.
8 När växellådan skall fyllas på, låt oljenivån få tillräckligt med tid att sätta sig innan den kontrolleras. Observera att bilen måste vara parkerad på ett plant underlag när kontroll av oljans nivå skall utföras. Använd en tratt, vid behov, för att kunna hälla i olja med en konstant stråle utan att spilla.
9 Fyll på växellådan med olja av rekommenderad kvantitet och kvalitet, kontrollera därefter oljenivån enligt beskriv-ning i kapitel 1. Om mycket olja rinner ut när nivåpluggen avlägsnas, eller om nivån ligger över MAX-markeringen på oljestickan (i förekommande fall) skall både påfyllnings-och nivåpluggarna monteras. Ta därefter bilen på en kort åktur för att låta den nya oljan fördelas i alla växellådans komponenter. Kontrollera därefter oljenivån på nytt.
10 Avslutningsvis skall påfyllnings- och nivåpluggarna förses med nya brickor. Stryk låsvätska på gängorna och dra åt dem ordentligt.

## 3 Växlingslänkage - justering

1 Om växlingslänkaget känns stelt, slappt eller obestämt, kan passningen mellan växlingslänkage och växelföraraxel vara fel-

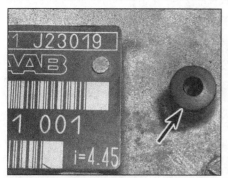

3.4 Plugg för växellådans passningshål (vid pil) – årsmodeller efter 1994

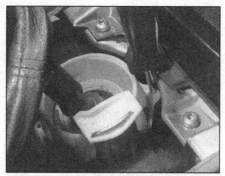

3.5 För in en skruvmejsel i passningshålet i växelspakshusets sida

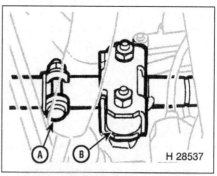

3.8 Lossa skruven vid växelföraraxeln, bredvid gummikopplingen

A Växelföraraxelns skruv
B Gummikoppling

aktig. Nedanstående stycken beskriver kontroll och justering av passningen.

**2** Parkera bilen, dra åt handbromsen och stäng av motorn.

### Modeller före 1994

**3** Lägg i backväxeln.

### Modeller efter 1994

**4** Lokalisera passningshålet överst på växellådshuset bredvid brickan med reservdelsnumret (se bild). Bänd bort pluggen för att komma åt passningshålet. Lägg i fyrans växel och sätt in en ca 4mm diameter skruvmejsel i passningshålet för att låsa växellådan i fyrans växel. Skruvmejselns handtag hindrar att den faller ner i växellådan.

### Alla modeller

**5** Arbeta inifrån bilen, demontera växelspakens damask och monteringsram för att komma åt växelspakshuset. Använd en skruvmejsel med cirka 4 mm diameter och sätt in den i passningshålet på växelspakshusets sida (se bild).

**6** Om skruvmejseln kan sättas i utan svårighet är växlingslänkagets justering korrekt. Eftersom felet inte ligger i justeringen är nästa åtgärd att demontera länkaget och undersöka det beträffande slitage eller skada. Se detaljerad beskrivning i avsnitt 4.

**7** Om en skruvmejsel inte kan placeras i passningshålet är växlingslänkaget felaktigt inställt.

**8** Arbeta från motorrummet vid platsen där växelföraraxeln passerar genom torpedväggen och lossa skruven bredvid gummikopplingen för att åstadkomma spel mellan växelföraraxelns båda halvor (se bild).

**9** Flytta växelspaken så att ett skruvmejselskaft kan sättas in i passningshålet i växelspakshuset och kontrollera att växelspaken fortfarande är ilagd i fyrans växel.

**10** Arbeta från motorrummet och dra åt skruven på växelföraraxeln till angivet åtdragningsmoment.

**11** Ta bort skruvmejseln från växellådans passningshål och montera plastpluggen.

**12** Ta bort skruvmejseln från växelspakshusets passningshål.

**13** Montera växelspakens damask och monteringsram.

**14** Innan bilen flyttas, kontrollera att växelspaken kan flyttas från neutralläge till alla sex växellägena. Avslutningsvis, kör bilen en sväng och kontrollera att alla växlarna kan läggas i mjukt och exakt.

### 4 Växlingslänkage - demontering, kontroll och montering

## Växelspak och hus

### Demontering

**1** Parkera bilen, stäng av motorn och dra åt handbromsen. Om växelföraraxeln också skall demonteras skall backväxeln läggas i (modeller före 1994) eller fyrans växel (modeller efter 1994). Flytta annars växelspaken till neutralläge.

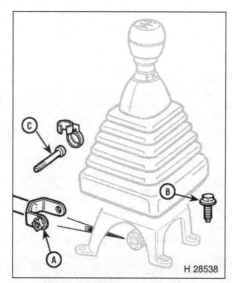

4.6 Växelspak och hus

A Växelföraraxel
B Skruvar som håller växelspakshuset till golvet
C Skruv som håller växelspaken till växelföraraxeln

**2** Se beskrivning i kapitel 11 och demontera växelspakens damask, mittkonsolen och mattpanelerna på sidorna.

**3** På vänsterstyrda bilar som är utrustade med airbag, är en säkerhetsvajer för rattstången fäst på golvet framför och till höger om växelspaken. Lossa vajern genom att föra ut den genom fästet.

**4** Ta bort skruven till den bakre luftkanalen och tryck kanalen mot bilens bakdel.

**5** Ta bort klämman för att lossa den främre luftkanalen från värmarhuset och tryck kanalen mot torpedväggen.

**6** Slacka och demontera de fyra skruvarna som fäster växelspakshuset vid golvet i fotrummet. Lyft upp huset så långt det går utan att skada konsolens klädsel och skruva loss växelspaken från växelväljaraxeln (se bild). Ta vara på alla bussningar, brickor och distanser; demontera växelspakshuset.

### Kontroll

**7** Växelspaken kan demonteras från huset så att lagren kan undersökas och bytas. Det mest sannolika är dock att sladdrighet i mekanismen beror på slitna bussningar mellan växelspaken och växelföraraxeln. Ta bort bussningarna från växelspakens länkage (se bild) och undersök dem. Byt ut dem om de är slitna eller korroderade.

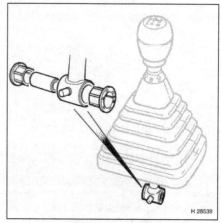

4.7 Bussning mellan växelspak och växelföraraxel (infälld bild)

## Montering

**8** Montera växelspak och hus i omvänd ordning. Notera följande:

a) *Observera korrekt åtdragningsmoment för skruven mellan växelspak och växelföraraxel, och mellan växelspakshuset och golvet.*

b) *Montera kablageanslutningarna till fönsterhissen på samma plats som före demonteringen.*

c) *Avslutningsvis, kontrollera att växelspaken kan flyttas från neutralläge till alla sex växellägena. Kör sedan bilen en sväng. Kontrollera att alla växlar kan läggas i mjukt och med precision.*

### *Växelföraraxel*

#### Demontering

**9** Följ beskrivningarna i ovanstående underavsnitt och demontera växelspak och hus. Kontrollera att rätt växel har lagts i före demonteringen. På årsmodeller efter 1994 skall pluggen avlägsnas från passningshålet ovanpå växellådans hus, och växellådan låsas i fyrans växel med hjälp av en lämplig skruvmejsel (se beskrivning i avsnitt 3).

**10** Arbeta från motorrummet vid platsen där växelföraraxeln passerar genom torpedväggen, slacka kragen på klämskruven för att kunna lossa växelföraraxeln från växellådan (se bild 3.8)

**11** Arbeta från kupén och dra försiktigt växelföraraxeln genom torpedväggen. Var försiktig så att gummigenomföringen i torpedväggen inte skadas.

#### Montering

**12** Smörj in växelföraraxeln med silikonfett och tryck den genom genomföringen i torpedväggen. Tryck inte ihop kragen på klämskruven vid växellådan ännu.

**13** Montera växelspak och hus enligt ovanstående beskrivning. Montera bussningarna och skruva fast växelspaken vid växelföraraxeln.

**14** Lås växelspaken i fyrans växel (årsmodeller efter 1994) eller i backväxel (modeller före 1994) genom att sätta in en 4 mm bred skruvmejsel i passningshålet på växelspakens hus.

**15** Dra åt kragen på klämskruven på växelföraraxeln enligt angivet åtdragningsmoment.

**16** Demontera skruvmejseln från huset och montera växelspakens damask.

**17** Innan bilen flyttas, kontrollera att växelspaken kan flyttas från neutralläge till alla sex växellägena. Avslutningsvis skall bilen köras en runda för att kontrollera att alla växlar kan läggas i mjukt och med precision.

## 5  Oljetätningar - byte

### *Höger drivaxeltätning*

#### Årsmodeller före 1994

**1** På dessa årsmodeller kan det vara svårt att komma åt och åtgärda höger drivaxeltätning utan att växellådan demonteras.

#### Årsmodeller efter 1994

*Observera: I detta avsnitt behandlas endast byte av O-ringstätningen i lagerhuset. Byte av oljetätningen till drivaxeln är betydligt mer komplex och kräver tillgång till en hydraulpress. Denna åtgärd bör därför överlåtas till en Saabverkstad.*

**2** Parkera bilen på ett plant underlag, dra åt handbromsen och placera klossar vid bakhjulen. Demontera navkapslarna och lossa på hjulbultarna.

**3** Lyft upp framdelen på bilen, stöd den på pallbockar och demontera hjulen.

**4** Se avsnitt 2 och tappa av oljan i växellådan. Rengör och montera avtappningspluggen enligt beskrivning i avsnitt 2.

**5** Se kapitel 8 beträffande beskrivning och demontera den mellanliggande drivaxeln och lagret.

**6** Demontera de fyra fästskruvarna från drivaxelns lagerhus **(se bild)**.

**7** För in en glidhammare i änden på drivaxeln och utnyttja dess slående rörelse för att kunna demontera axeln och lagerhuset från differentialkåpan.

**8** Ta bort O-ringstätningen från lagerhuset och kasta den.

**9** Rengör noggrant anliggningsytorna på lagerhuset och differentialkåpan; var försiktig så att skräp inte tränger in i lagren.

**10** Smörj in den nya O-ringen med ren olja och placera den noggrant över drivaxelns lagerhus; det är viktigt att den placeras korrekt.

**11** Smörj de inre splinesen på drivaxeln med universalsmörjmedel. För upp drivaxel och lagerhus till differentialkåpan och låt drivaxelns splines gripa i drevet på differentialen. Knacka in drivaxeln i differentialen med lätta slag av en liten hammare tills lagerhuset sitter jäms med differentialkåpan.

**12** Kontrollera att O-ringen är placerad korrekt och att den inte har blivit skev. Montera därefter de fyra fästskruvarna i lagerhuset och dra åt dem till angivet åtdragningsmoment.

**13** Se kapitel 8 och montera den mellanliggande drivaxeln och lagret.

**14** Montera tillbaka hjulen på bilen och sänk ner den på marken. Dra åt hjulmuttrarna till angivet åtdragningsmoment, och montera navkapslarna.

**15** Se avsnitt 2 och fyll på växellådan med olja av rekommenderad kvalitet.

### *Vänster drivaxeltätning*

*Observera: I detta avsnitt behandlas endast byte av O-ringstätningen i lagerhuset. Byte av oljetätningen till drivaxeln är betydligt mer komplex och kräver tillgång till en hydraulpress. Därför bör denna åtgärd överlåtas till en Saabverkstad.*

**16** Parkera bilen på ett plant underlag, dra åt handbromsen och placera klossar vid bakhjulen. Demontera navkapslarna och lossa på hjulmuttrarna.

**17** Lyft upp framdelen på bilen, stöd den på pallbockar och demontera hjulen.

**18** Se avsnitt 2 och tappa av oljan i växellådan. Rengör och montera avtappningspluggen enligt beskrivning i avsnitt 2.

**19** Se tillämpligt avsnitt i kapitel 8 och lossa den vänstra drivaxeln från växellådan vid den inre universalknuten.

**20** Placera en behållare under anliggningsytan på drivaxelkåpan, lossa och ta bort de fem fästskruvarna **(se bild)**.

**21** Fäst skaftet på en glidhammare utanpå drivknutskålen med två skruvklämmor med stor diameter. Trä en mutter på glidhammarens skaft för att undvika att den glider av, använd därefter hammarslagen för att dra ut knutskålen, och därmed drivaxeln, ur differentialkåpan.

**22** När drivaxeln tas bort skall tryckstången och fjädern från den inre änden tas till vara. Observera var de är monterade, och i vilken ordning, för att underlätta monteringen.

**23** Ta vara på justerbrickorna från drivaxelns lagerhus och därefter O-ringen. Gör en noggrann rengöring av anliggningsytorna på lagerhuset och differentialkåpan. Om lös-

**5.6 Demontera de fyra fästskruvarna (vid pilarna) från höger drivaxellagerhus**

**5.20 Lossa och ta bort de fem fästskruvarna (vid pilarna) från vänster drivaxellagerhus**

ningsmedel används, var mycket försiktig så att det inte tränger in i lagret på lagerhus eller differentialkåpa.

**24** Montera justerbrickorna på differentialkåpan, smörj den nya O-ringen med ren motorolja och montera den försiktigt över drivaxelns lagerhus. Kontrollera att den är korrekt placerad.

**25** Smörj de inre splinesen på drivaxeln med universalsmörjmedel. För upp drivaxel och lagerhus till differentialkåpan och låt drivaxelns splines gripa i drevet på differentialen. Knacka in drivaxeln i differentialen med lätta slag av en liten hammare tills lagerhuset är jäms med differentialkåpan

**26** Kontrollera att O-ringen är placerad korrekt och att den inte har blivit skev. Montera därefter de fem fästskruvarna i lagerhuset och dra åt dem till angivet åtdragningsmoment.

**27** Se kapitel 8 och montera den högra drivaxeln och universalknuten.

**28** Montera hjulen på bilen och sänk ner den på marken. Dra åt hjulmuttrarna till angivet åtdragningsmoment och montera navkapslarna.

**29** Se avsnitt 2 och fyll på växellådan med olja av rekommenderad kvalitet.

### Ingående axelns oljetätning

**30** Se beskrivning i avsnitt 8, demontera växellådan och placera den säkert på en arbetsbänk.

**31** Se beskrivning i kapitel 6 och demontera kopplingens slavcylinder.

**32** Bänd bort tätningen från huset i slavcylindern. Använd ett trubbigt instrument som inte kan skada anliggningsytorna i huset och därmed orsaka tätningsläckage när växellådan monteras.

**33** Undersök den ingående axelns tätningsyta för att upptäcka eventuella defekter som kan har varit orsaken till att tätningen gick sönder till att börja med. Smärre gradning kan avlägsnas med ett finkornigt sandpapper, men allvarligare skador eller slitage kan betyda att den ingående axeln måste bytas.

**34** Rengör noggrant anliggningsytorna med en ren trasa, smörj därefter in den nya oljetätningen med ny motorolja. Tryck den nya oljetätningen rakt in i huset.

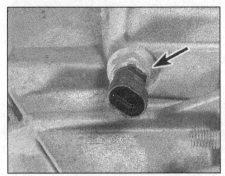

**6.2 Backljuskontakt – årsmodeller efter 1994**

**35** Montera kopplingens slavcylinder, se anvisningar i kapitel 6.

**36** Se beskrivning i avsnitt 8 och montera växellådan.

### Växelföraraxelns oljetätning

**37** Byte av växelföraraxelns oljetätning kan endast utföras som del av fullständig renovering av växellådan. Sådant arbete bör överlämnas till en Saabverkstad.

## 6 Backljuskontakt - test, demontering och montering

### Test

**1** Lossa batteriets negativa anslutning och placera den på avstånd från kabelskon.

**2** Lossa kablaget från backljuskontakten vid anslutningsdonet. På årsmodeller före 1994 är kontakten placerad på växellådans ändplåt bredvid påfyllningspluggen. På modeller efter 1994 är kontakten placerad på baksidan av växellådskåpan, till höger om differentialkåpan **(se bild)**.

**3** Anslut mätspetsarna på en testlampa över backljuskontaktens anslutningar. Det går också bra att använda en multimeter inställd på resistansfunktionen.

**4** Normalt är kontaktens brytare öppna, så att oavsett vilken växel som läggs i, utom backväxeln, skall testinstrumentet/multimetern indikera öppen krets. När backväxeln läggs i skall brytaren stängas och testinstrumentet/multimetern visa att kretsen är bruten.

**5** Kontakten skall bytas ut om den alltid tycks vara öppen, eller bruten, eller om den har en ojämn funktion.

### Demontering

**6** Om det inte redan har gjorts, skall batteriets negativa anslutning lossas och föras bort från kabelskon.

**7** Lossa kablaget från backljuskontakten vid anslutningsdonet.

**8** Använd en lämplig skiftnyckel för att skruva loss kontakten från ändplåten. Ta vara på brickorna som är monterade; dessa **måste** monteras tillbaka för att korrekt spel skall erhållas mellan kontaktaxeln och backväxelns axel.

### Montering

**9** Montera kontakten i omvänd ordning.

**10** Observera att på årsmodeller efter 1994 skall backljuskontaktens anslutningsdon monteras med en ny genomföringshylsa när helst anslutningsdonet har rubbats.

**11** Anslut batteriets negativa kabel.

## 7 Hastighetsmätardrivning - demontering och montering

### Allmän beskrivning

**1** Två typer av mekanismer till hastighetsmätardrivning kan vara monterade. Bilar som är tillverkade före 1987 är utrustade med traditionell vajerdrivning, vilken utgörs av en spiralskuren växel som drivs direkt från differentialen av ett kuggdrev. Drevet driver hastighetsmätaren på distans genom en vajer med en roterade, böjlig inre axel.

**2** Oregelbunden eller opålitlig hastighetsvisare, om nålen fladdrar eller hoppar, som inte kan åtgärdas genom byte av hastighetsvajer, kan vara orsakad av kuggslitage. Se nedanstående punkter beträffande demontering och montering.

**3** Bilar som är tillverkade efter 1987 är utrustade med elektronisk transduktor i stället för drivväxel. Denna anordning mäter rotationshastigheten hos växellådans slutväxel och konverterar denna information till en elektronisk signal, vilken sänds till hastighetsmätaren på instrumentpanelen. Signalen används även som indata till styrsystemets ECU, (och i förekommande fall konstantfarthållarens ECU, färddatorn och antispinnsystemets ECU).

### Mekanisk hastighetsmätardrivning

#### Demontering

 *Varning: Vid demontering av drivväxel från växellådor som är byggda före serienummer 310568, finns en risk att drevet oförhappandes kan falla ner i växellådan när styrringen demonteras; konstruktionsändringar på senare växellådor har dock eliminerat detta problem.*

**4** Följ hastighetsmätarvajern tillbaka till anslutningspunkten på höger sida om differentialkåpan, på baksidan om växellådshuset.

**5** Skruva loss den räfflade skruven och dra bort drivvajern. Ta bort brickan om sådan är monterad.

**6** Linda en bit koppartråd runt växelns gängor och fäst koppartrådens lösa ände på en fast punkt på växellådan. Detta hindrar att växeln faller ner i växellådans hus när styrringen demonteras.

**7** Bänd ut styrringen med ett tunt, plattbladigt verktyg, exempelvis en urmakarskruvmejsel.

 *Varning: Låt inte drevet falla ner i växellådans hus.*

**8** Dra ut drevet från sitt säte, ta ut och kasta O-ringstätningen.

**9** Rengör växeln noggrant. Undersök kuggarna beträffande tecken på slitage och skador. Byt komponenten vid behov men kom

**7.16 Demontera fästskruven till hastighetsmätarens transduktor (vid pilen) – årsmodeller efter 1994**

ihåg att i så fall är även kuggdrevet inne i differentialkåpan sannolikt i behov av byte. Ett sådant byte kan bara utföras i samband med fullständig renovering av växellådan.

### Montering

**10** Smörj en ny O-ring med ren olja och montera den i spåret i huset.
**11** Montera drevet i sitt säte, använd koppartråden som tidigare för att hindra att den faller ner i växellådan. Rotera drevet för att kontrollera att kuggarna griper i kuggdrevet inne i växellådan.
**12** Tryck in styrringen i spåret i växellådshuset och demontera koppartråden.
**13** Pressa ner drivvajern i hållaren på drevets överdel, skruva i skruven med räfflat huvud och dra åt den ordentligt. **Observera:** *Om en bricka var monterad mellan mutter och växel, kontrollera att den sätts tillbaka innan drivvajern ansluts.*

### Elektronisk hastighetsmätardrivning

#### Demontering

**14** Lokalisera hastighetstransduktorn som är placerad på differentialkåpan, till vänster om växellådans hus.
**15** Lossa kablaget från transduktorn vid anslutningsdonet.
**16** Demontera transduktorns fästskruv och skruva loss enheten från växellådans hus **(se bild)**.
**17** Ta bort och kasta O-ringstätningen.

#### Montering

**18** Montera transduktorn i omvänd ordning. **Observera:** *En ny O-ringstätning måste användas vid monteringen.*

### 8 Manuell växellåda - demontering och montering

#### Demontering

**Observera:** *Se kapitel 2B för beskrivning av demontering av motor och växellåda som en enhet.*
**1** Parkera bilen på ett plant underlag, dra åt handbromsen och lägg klossar vid bakhjulen. Ta bort navkapslarna och lossa hjulbultarna.
**2** Lyft upp framdelen på bilen, stöd den på pallbockar och demontera hjulen.
**3** Om växellådan skall demonteras som en komplett enhet och åter monteras utan att tas isär, är det inte nödvändigt att tappa ur oljan från växellådan. Om reparationer eller renovering skall utföras skall växellådans olja tappas av enligt beskrivning i avsnitt 2. Montera och dra åt avtappningspluggen enligt beskrivning i avsnitt 2.
**4** Se beskrivning i avsnitt 3, och justera växlingslänkaget (och växellådan, i förekommande fall) till rekommenderad inställning för att se till att länkaget får rätt inriktning vid monteringen.
**5** Se beskrivning i kapitel 5A, lossa båda batterianslutningarna och ta ut batteriet.
**6** Lossa batteriplåten från motorrummets sida, lossa ABS-systemets ECU där sådan förekommer. Ta bort den positiva anslutningens fördelarblock men lossa inte kablarna från blocket.

#### Årsmodeller före 1994

**7** Läs beskrivningen i kapitel 4A, demontera först bränslefiltret från torpedväggen och därefter luftrenaren.
**8** Lossa och plugga slangarna från spolarvätskebehållaren, lossa därefter fästskruvarna och lyft ut behållaren från motorrummet.
**9** Lossa vajeranslutningen och demontera luftflödesmätaren. Se beskrivning i kapitel 4A.

> ⚠ **Varning:** *Luftflödesmätaren är en ömtålig komponent och måste hanteras mycket försiktigt.*

**10** Lossa lågspänningsanslutningarna från strömfördelaren. Se beskrivning i kapitel 5B.
**11** Se beskrivning i kapitel 8, lossa klämman och för bort den mellanliggande drivaxelns dammskydd från differentialkåpan.

#### Årsmodeller efter 1994

**12** Se beskrivning i kapitel 4A, lossa gasvajern från styrfästet på insugningsgrenröret. Bind upp vajern mot torpedväggen för att hålla den borta från arbetsområdet.

#### Alla modeller

**13** I förekommande fall, lossa anslutningsdonet från lufttempsensorn vid turbons tillförselslang. Lossa slangklämmorna och demontera överströmningsventilen, lossa tillförselslangen från turbon och spjällhuset.
**14** Lossa kablaget från backljuskontakten vid växellådan; se beskrivning i avsnitt 6 i detta kapitel.
**15** Följ fortfarande beskrivningen i avsnitt 6, lossa anslutningsdonet till hastighetsmätarvajern/transduktorn, vilket som är aktuellt.
**16** Följ beskrivningen i kapitel 6, täpp till kopplingens hydraulsystem genom att montera en klamma på den böjliga delen av slangen till slavcylindern. Placera en behållare under anslutningen mellan den hårda och den böjliga kopplingsslangen för att fånga upp spilld hydraulvätska; därefter skall anslutningen lossas och separeras. Skruva loss den hårda slangen från klamman överst på kopplingskåpan. Bind upp den böjliga slangens fria ände och för undan den från arbetsområdet.
**17** Demontera jordanslutningen från växellådshuset.
**18** Vid växelföraraxeln, lokalisera gummikopplingen i motorrummet mellan torpedväggen och växellådan. Avlasta och ta bort de två skruvarna samt dela kopplingen i dess två delar.
**19** Arbeta under den främre sidoplåten och demontera plastbrickan och bromssystemets kylningskanaler. Se beskrivning i kapitel 11.
**20** Demontera innerskärmen från vänstra hjulhuset, se beskrivning i kapitel 11.
**21** Se beskrivning i kapitel 10 och demontera klämskruven som fäster kulleden till fjädringens undre bärarm vid basen till vänster styrarm.
**22** Följ fortfarande beskrivningen i kapitel 10, skruva loss krängningshämmaren från det vänstra klamfästet på monteringsramen, skruva därefter loss den vänstra länken till krängningshämmaren från undre bärarmen.
**23** Demontera mutter och brickor från skruven som fäster innerflygelns stödstång på monteringsramen.
**24** Se tillämpliga avsnitt i kapitel 2B, och lossa växellådan från upphängningen på monteringsramen genom att lossa och dra ut den genomgående skruven; ta vara på brickan och notera dess placering.
**25** Placera en lyftbom över motorrummet, och sätt fast stödbenen säkert i blecken på varje sida, i höjd med fjäderbenens övre montering. Haka fast kranen i motorns lyftögla och höj den så att motorns vikt inte längre vilar på växellådans monteringsfäste. Om man inte har tillgång till den lyftbom är det ofta möjligt att hyra en sådan. Alternativt kan en motorhiss användas för att stödja motorn. Man bör då komma ihåg att om bilen sänks ner på pallbockarna för justering av arbetshöjden, måste hissen sänkas ner på motsvarande sätt för att undvika överansträngning av motorns upphängning.
**26** Se beskrivning i kapitel 5A, demontera startmotorn från motorblocket samtidigt som insugningsgrenrörets stödstång skruvas loss.
**27** Den vänstra delen av främre monteringsramen måste delvis skruvas loss och sänkas ner för att växellådan skall kunna sänkas ner genom motorrummet. Nedanstående stycken beskriver tillvägagångssättet **(se bild)**.
**28** Vid den främre tvärbalken under kylaren, lossa den genomgående skruven till styrlänken, demontera därefter länkens två fästskruvar (se bild 8.27).
**29** Demontera de två fästskruvarna vid det främre högra hörnet på monteringsramen (se bild 8.27).
**30** Lossa den genomgående skruven vid styrlänken i den bakre tvärbalken, under

kuggstången, demontera därefter de två fäst-
skruvarna. Den ena fästskruven fäster även
kuggstången. Notera brickornas placering
och ordningsföljd innan de tas bort (se bild
8.27).

**31** Vid det bakre vänstra hörnet på mon-
teringsramen, demontera de fyra fäst-
skruvarna som är skruvade genom fästet till
den undre bärarmens bakre lager. Ta vara på
lagerplattan under fästet och notera pla-
ceringen (se bild 8.27). När den under bär-
armens lager lossas skall bakre delen på
armen bindas fast i det tomma skruvhålet i
monteringsramen med ett buntband, vilket
avlastar det främre lagret.

**32** Stöd monteringsramen när den sista
fästskruven är demonterad och låt den vikas
nedåt så långt det går. Ta bort de främre och
bakre ledbultarna och demontera vänstra
sidan av monteringsramen från bilen.

**33** Se beskrivning i kapitel 8 och ta loss den
vänstra drivaxeln från växellådan vid den inre
universalknuten.

**34** Arbeta runt kopplingskåpans omkrets och
demontera samtliga fästskruvar från växel-
lådan, utom de översta. Skruva loss sväng-
hjulets skyddsplåt från kopplingskåpans
undre kant.

**35** Placera en domkraft under växellådan och
höj den för att bära upp vikten. Kontrollera att
ingenting är anslutet till växellådan innan den
separeras från motorn.

**36** Demontera den sista fästskruven från
kopplingskåpan och dra bort växellådan från
motorn. Detta innebär också att den ingående
axeln avskiljs från kopplingens lamellcentrum
samtidigt som den mellanliggande drivaxeln
lossas från differentialen. Denna uppgift kan
endast utföras med hjälp av en medarbetare.
Vid svårigheter, se kapitel 8 och demontera
den mellanliggande drivaxeln och lagerfästet
som en enhet innan arbetet fortsätter.

⚠️ **Varning: Kontrollera att växel
lådan har ett stadigt stöd av
domkraften.**

**37** När alla styrtappar är fria från sina hål kan
växellådan sänkas ner från motorrummet med
domkraften.

## Montering

### Alla modeller

**38** Montera växellådan i omvänd ordning och
notera följande punkter:
a) Stryk lite molybdendisulfidfett på
    växellådans ingående axel. Smörj inte på
    för mycket eftersom kopplingslamellerna
    kan förorenas.
b) När växellådan monteras på
    monteringsramen, kontrollera att den
    kupade brickan är monterad åt rätt håll -

konvex sida utåt - med tungan placerad i
skåran överst på fästet.
c) Observera angivna åtdragningsmoment
    när muttrar och skruvar dras åt vid
    monteringen av växellådan.
d) Lufta kopplingens hydraulsystem, se
    beskrivning i kapitel 6.
e) Avslutningsvis, om växellådan har tappats
    av skall den fyllas på med olja av
    rekommenderad typ och kvantitet enligt
    specifikation i avsnitt 2.

## 9 Manuell växellåda, renovering - allmän beskrivning

Renovering av en manuell växellåda är en
komplicerad (och ofta även dyr) uppgift för
amatörmekanikern. En sådan uppgift kräver
specialutrustning. Renoveringen innebär att ta
isär och sätta ihop många små komponenter,
att mäta toleranser med precision, och att, vid
behov, justera dem med justerbrickor och
distanser. Växellådans inre komponenter är
ofta svåra att få tag på och kan även visa sig
vara mycket dyra. Beroende på detta är det
bäst att låta en specialist reparera växellådan
om den går sönder eller börjar låta illa;
alternativt kan man införskaffa en renoverad
utbytesenhet.

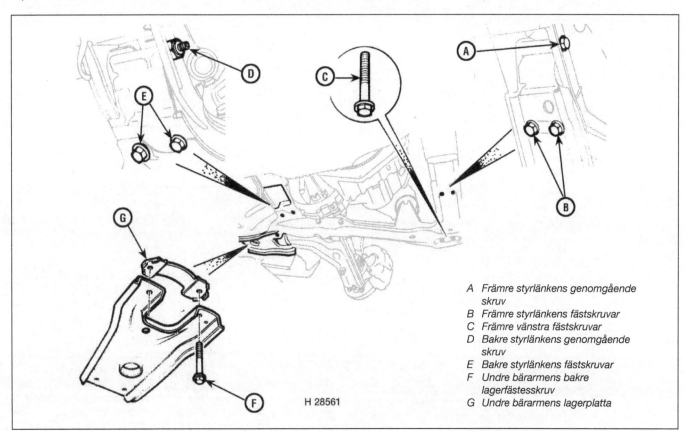

A  Främre styrlänkens genomgående
   skruv
B  Främre styrlänkens fästskruvar
C  Främre vänstra fästskruvar
D  Bakre styrlänkens genomgående
   skruv
E  Bakre styrlänkens fästskruvar
F  Undre bärarmens bakre
   lagerfästesskruv
G  Undre bärarmens lagerplatta

**8.27  Den vänstra delen av monteringsramen måste delvis lossas och sänkas ner för att växellådan skall kunna sänkas ner genom motorrummet**

Trots allt är det inte omöjligt för en erfaren amatörmekaniker att renovera en växellåda. Det krävs dock att specialverktyg finns att tillgå och att arbetet utförs på ett metodiskt sätt så att ingenting blir bortglömt.

Verktygen som behövs för en renovering omfattar invändiga och utvändiga låsringstänger, lageravdragare, en glidhammare, en uppsättning pinnpurrar, indikatorklocka, och eventuellt en hydraulpress. Dessutom kommer en robust arbetsbänk och ett skruvstäd att behövas.

Vid isärtagning av växellådan bör noggranna anteckningar föras över hur varje komponent är monterad för att monteringen skall kunna utföras lättare och med precision.

Innan växellådan tas isär är det en fördel om man har en idé om var problemet ligger. Vissa problem kan relateras till specifika områden i växellådan, vilket kan underlätta komponentgranskning och byte. Mer detaljerad information återfinns i avsnittet 'Felsökning' i slutet av boken.

# Kapitel 7 Del B:
# Automatväxellåda

## Innehåll

## Svårighetsgrader

| Enkelt, passar novisen med lite erfarenhet  | Ganska enkelt, passar nybörjaren med viss erfarenhet  | Ganska svårt, passar kompetent hemmamekaniker  | Svårt, passar hemmamekaniker med erfarenhet | Mycket svårt, för professionell mekaniker  |
|---|---|---|---|---|

## Specifikationer

### Allmänt

| | |
|---|---|
| Typ ................................................. | ZF automatisk med planetväxlar, fyra växlar framåt, en backväxel. Motorn driver lådan via hydrokinetisk momentomvandlare |
| Beteckning ........................................... | 4 HP 18 |
| Olja typ/specifikation .................................. | Se "Smörjmedel, vätskor och volymer" |

### Åtdragningsmoment

| | Nm |
|---|---|
| Filterhuslockets skruvar ................................. | 8 |
| Växelförarspak till kabelklämma, skruv ..................... | 8 |

## 1 Allmän beskrivning

Den automatiska växellådan 4 HP 18 är 4-stegslåda med hydrokinetisk momentom-vandlare, inbyggd torsionsdämpare och en växellåda med planetväxlar.

Växellådan styrs av en golvmonterad växelväljare med sju lägen. Växellådan arbetar i olika lägen beroende på växelväljarens position.

I "Park"-läge är växellådan mekaniskt låst, vilket gör att hjulen inte kan röras. Detta läge ska därför endast väljas medan bilen står stilla.

I "Neutral"-läge kopplar växellådan ur drivkraften mellan motorn och hjulen, på samma sätt som en manuell växellåda. Detta läge bör inte väljas medan bilen är i rörelse. Dra åt handbromsen vid parkering när växellådan är i detta läge.

I "Drive"-läge sker växling mellan de fyra framåtväxlarna automatiskt, beroende på körhastighet och gaspedalens läge. Första växeln väljs alltid när man startar från

stillastående och när bilen accelererar. De högre växlarna väljs sedan automatiskt vid fördefinierade hastighetsgränser, för att åstadkomma optimal komfort, bränsleför-brukning och körbarhet.

Innan man väljer "Reverse"-läge måste bilen först stanna; växeln kan inte väljas beroende på en hydrauliskt låsmekanism i växellådan som träder i funktion om bilens körhastighet inte är noll.

Motorn kan endast startas i antingen "Park"- eller "Neutral"-läge.

Växellådans utväxlingsområde kan be-gränsas till de första tre växlarna, de första två eller t o m den första växeln, om körför-hållandena så kräver. Val av läge 3 ger automatisk växling mellan de tre första växlarna, men uppväxling till läge 4 är ej möjligt. Om läge 3 väljs medan växellådan är i 4:an ("Drive") sker växling till 3:an omedelbart. Välj inte läge 3 vid hastigheter över 130 km/h, det kan skada motorn och växellådan.

Om läge 2 väljs tillåts växling mellan de första två lägena men växling upp till högre växlar är inte möjlig. Detta förbättrar prestanda och styrning vid körning uppför eller nedför branta backar. Om läge 2 väljs

medan växellådan är i treans växel (när "Drive" eller 3 har valts) kan nedväxling till tvåans växel endast ske när körhastigheten har sjunkit till en förinställd gräns.

Val av läge 1 låser växellådan i ettans växel och hindrar därmed växling upp till högre växlar. Detta ger optimal prestanda och styrning vid körning uppför eller nedför i branta backar, speciellt vid bogsering. Det förhindrar också upprepad växling mellan 1:an och 2:an, vilket annars kan överhetta automatväxeloljan. Om läge 2 väljs medan växellådan är i 3:an, 2:an eller 4:an ("Drive", 3 eller 2), sker nedväxling till 1:an först när hastigheten sjunker till en förinställd gräns för 3:an och 2:an. Detta förhindrar skada på motorn och växellådan och plötsligt motorhaveri.

När maximal acceleration krävs för om-körning används den s k kickdownfunktionen. Det innebär att när gaspedalen trycks ner så långt det går, förbi läget för full gas, och den för tillvället valda växeln inte är optimal för full acceleratiaon, växlar växellådan ner auto-matiskt. Det valda växelläget behålls sedan tills antingen acceleratorn släpps från kickdownläget, eller tills max hastighet för det växelläget nås; uppväxling till högre växel sker då.

Automatväxellådan är en komplicerad enhet. Översyn och reparation ligger bortom amatörmekanikers förmåga. En Saabverkstad eller annan specialist som har special-utrustning bör kontaktas om problem uppstår. Beskrivningarna i detta kapitel handlar endast om underhållsåtgärder som kan utföras utan specialutrustning.

## 2 Automatväxellådans oljefilter - byte

### Allmänt

1 Det är viktigt att oljefiltret till automat-växellådan byts vid regelbundna intervall (se kapitel 1), för att hålla växellådan i god och effektiv kondition.

### Byte

2 Se beskrivning i kapitel 1 och tappa av växellådsoljan.
3 Lossa och ta bort de tre skruvarna, sänk ner filterhusets lock från växellådshuset.
4 Demontera fästmuttern och ta bort filtret. Ta bort och kasta O-ringstätningarna (se bild).
5 Rengör området kring filterhuset noggrant med en luddfri trasa.
6 Smörj in den nya O-ringstätningen med ren växellådsolja och montera den i ett nytt filter. Pressa in filtret på plats i huset och montera fästmuttern.
7 Smörj in en ny O-ringstätning med ren växellådsolja och montera den i filterhusets lock. Placera locket över huset, montera fästskruvarna och dra åt dem till korrekt åtdragningsmoment.

8 Se beskrivning i kapitel 1, och fyll på växellådan med olja av rekommenderad typ och kvantitet.

## 3 Växelväljarkabel - justering

1 Parkera bilen på plant underlag, lossa handbromsen och välj "Neutral". Med motorn i gång, kontrollera att hjulen inte drivs (öka varvtalet till cirka 2000 vpm och kontrollera att bilen inte rör sig). Dra åt handbromsen och stäng av bilen.
2 Arbeta inifrån bilen, demontera fäst-skruvarna och lyft bort skyddspanelen från växelväljarspakens bas.
3 Lossa justeringsmuttern vid den punkt där växelväljarkabeln är ansluten till växel-väljarspaken för att ge vajern fritt spel (se bild).
4 För växelväljarspaken till "Neutral"-läge.
5 Dra åt justeringsmuttern till angivet åtdrag-ningsmoment.
6 Montera skyddspanel och fästskruvar.
7 Kontrollera justeringen på följande sätt. För växelväljaren först till "Park", och därefter till läge 1, och kontrollera att inget spel finns i kabeln i dessa lägen. För växelväljarspaken till "Drive", och kontrollera att inget spel finns när spaken förs till läge 3. För växelväljarspaken till "Reverse" och kontrollera att inget spel finns när spaken förs till "Park"-läget. Slutligen, kontrollera att växellådan väljer neutralläge med en mjuk rörelse när spaken förs till "Neutral"-läge.
8 Ta bilen på en åktur och kontrollera att växellådan mjukt och enkelt klarar av samtliga växellägen.

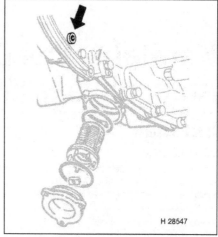

2.4 Oljefilter och avtappningsplugg för växellådsolja (vid pil)

## 4 Kickdownvajer - justering

1 Kontrollera att gasvajern är korrekt inställd enligt beskrivning i kapitel 4A.
2 Parkera bilen på plant underlag, dra åt handbromsen, och välj "Neutral". Kontrollera att bilen är avstängd.
3 Kickdownvajern slutar vid spjällets manöverarm på spjällhusets sida. Vajerns hölje är fäst vid ett fäste med en låsmutter liknande gasspjällvajerns infästning.
4 Manövrera spjällets manöverarm manuellt tills ett ordentligt motstånd känns i kick-downvajern; motståndet motsvarar kickdown-mekanismen i växellådan som börjar gripa in. Håll spjällets manöverarm i detta läge, mät avståndet mellan den krimpade ringen på den inre kickdownvajern och änden av den gängade delen på vajerns hölje (se bild). Om avståndet inte är 39 mm skall ringen flyttas längs vajern tills korrekt inställning erhålls.

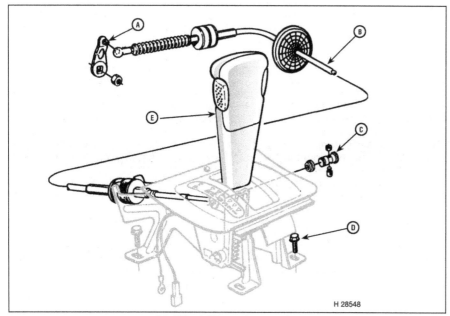

3.3 Växelväljarspak och vajer

A  Växelväljararm      C  Justeringsmutter      E  Växelväljarspak
B  Växelväljarkabel    D  Skruv till spakens hus

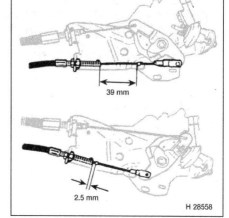

39 mm

2.5 mm

4.4 Justering av kickdownvajer

**5** Lossa spjällets manöverarm och låt den återgå till sitt viloläge. Mät avståndet mellan den krimpade ringen och den gängade delen på vajerhöljet som förut. Om måttet inte är 2,5 mm kan avståndet justeras genom att de invändiga och utvändiga låsmuttrarna vid fästet lossas och vajerhöljet skruvas medurs eller moturs efter behov. När avståndet motsvarar specifikationen skall de två lås-muttrarna dras åt.
**6** Ta bilen på en åktur och kontrollera att kickdownfunktionen aktiveras när gaspedalen trampas ner förbi läget för full gas.

## 5 Drivaxeltätningar - allmän beskrivning

För att kunna byta drivaxeltätningarna utan att skada lagren är det nödvändigt att ha tillgång till en hydraulisk press. Vi rekommenderar därför att detta arbete överlämnas till en Saabverkstad.

## 6 Oljekylare - allmän beskrivning

Hur växellådans oljekylningssystem ser ut beror på bilens modell. Generellt sett är europeiska turbomodeller utrustade med oljekylare som är sammanbyggd med motorns kylsystem. Se beskrivning i kapitel 3, avsnitt 3.

## 7 Hastighetsmätardrivning - demontering och montering

Se beskrivning i kapitel 7A.

## 8 Automatväxellåda - demontering och montering

### Demontering

**Observera:** Se beskrivning i kapitel 2B beträffande demontering av motor och växellåda som en enhet.
**1** Parkera bilen på plant underlag, dra åt handbromsen och placera klossar vid bakhjulen. Demontera navkapslarna och lossa hjulmuttrarna.
**2** Lyft upp framdelen på bilen, stöd den på pallbockar och demontera hjulen.
**3** Se beskrivning i kapitel 1, tappa av oljan från växellådan. Montera avtappningspluggen och dra åt den ordentligt.
**4** Se beskrivning i kapitel 5A, lossa båda batterianslutningarna och ta ut batteriet.
**5** Skruva loss batteriplåten från sidan i motorrummet och lossa anslutningsdonet till ABS-systemets ECU. Demontera fördelnings-

blocket till den positiva anslutningen, men lossa inte kablarna från blocket.

### Årsmodeller före 1994

**6** Följ beskrivningen i kapitel 4A, demontera bränslefiltret från torpedväggen, demontera därefter luftrenaren.
**7** Lossa och plugga igen slangarna från spolarvätskebehållaren, demontera fästskruvarna och ta bort behållaren från motor-rummet.
**8** Lossa anslutningsdonet och demontera luftflödesmätaren, se beskrivning i kapitel 4A.

⚠️ **Varning: Luftflödesmätaren är en ömtålig komponent och skall hanteras med försiktighet.**

**9** Lossa lågspänningsanslutningarna från strömfördelaren (i förekommande fall), se beskrivning i kapitel 5B.
**10** Se beskrivningen i kapitel 8, demontera klämman och skjut den mellanliggande driv-axelns dammskydd i riktning från differential-kåpan.

### Årsmodeller efter 1994

**11** Följ beskrivningen i kapitel 4A, lossa gasvajern från fästet på insugningsgrenröret. Bind upp vajern på torpedväggens att den är ur vägen.

### Alla modeller

**12** Där så behövs, lossa anslutningsdonet från lufttempgivaren vid turbons tillförselslang. Lossa slangklammorna och demontera över-strömningsventilen, lossa därefter tillförsel-slangen från turbon och gasspjällhuset
**13** Lossa kablaget från backljus/ startspärr-kontakten vid växellådan.
**14** Följ beskrivningen i kapitel 7A, lossa hastighetsmätardrivningens vajern, eller trans-duktorns anslutningsdon, vilket som gäller.
**15** Demontera jordanslutningen från växel-lådshuset.
**16** Markera låsmuttrarnas läge och lossa därefter kickdownvajern från fästet på gasspjällhuset.
**17** Skruva loss växelväljarkabeln från växel-

väljarspaken på växellådan - kulleden får inte säras.
**18** Lossa anslutningen och oljekylarens inloppsslang från växellådan.
**19** Lossa och demontera låsmuttern, frigör växelväljarkabelns hölje från växellådshuset.
**20** Skruva loss anslutningen och lossa olje-kylarens returslang framtill på växellådan. Var beredd på att oljan kan rinna ut; placera en behållare under för att samla upp spill.
**21** Lossa klamman som fäster turbons olje-tillförselslang på växellådshuset.
**22** Arbeta under främre stötfångaren och demontera plastbrickan och bromskylnings-kanalerna, se beskrivning i kapitel 11.
**23** Se beskrivning i kapitel 5A, demontera startmotorn från motorblocket och skruva samtidigt loss insugningsgrenrörets stöd-stång.
**24** Demontera innerskärmen från det vänstra hjulhuset, se beskrivning i kapitel 11.
**25** Demontera skruvarna som fäster momentomvandlaren vid svänghjulet - dessa delar kan endast nås genom startmotor-öppningen efter. Allt efter som skruvarna demonteras skall vevaxeln roteras med hjälp av en skiftnyckel vid vevaxeldrevet, så att nästa skruv blir åtkomlig **(se bild)**.
**26** För att undvika att momentomvandlaren faller av när växellådan demonteras, placera en metallplatta i skåran överst på moment-omvandlarhuset och håll den på plats med en självlåsande tång **(se bild)**.
**27** Se beskrivning i kapitel 10 och demontera klämskruven som fäster kulleden till fjäd-ringens undre bärarm vid basen till vänster styrarm.
**28** Följ fortfarande beskrivningen i kapitel 10, skruva loss den främre krängningshämmaren från den vänstra klammans fäste på mon-teringsramen, skruva därefter loss den vänstra krängningshämmarlänken från den undre bärarmen.
**29** Demontera mutter och brickor från skruven som fäster innerflygelns stödstång på monteringsramen.
**30** Se relevanta avsnitt i kapitel 2B, och lossa

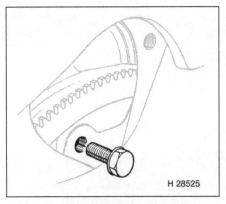
**8.25 Skruvarna mellan momentomvandlare och svänghjul (en visas) är åtkomliga genom startmotoröppningen**

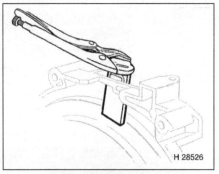
**8.26 För att undvika att momentomvandlaren faller av när växellådan demonteras, placera en metallplatta i skåran överst på momentomvandlarhuset och håll den på plats med en självlåsande tång**

växellådan från upphängningen på monteringsramen genom att lossa och dra ut den genomgående skruven; ta vara på den kupade brickan och notera dess placering.

**31** Placera en lyftbom över motorrummet, sätt fast stödbenen säkert i blecken på varje sida i höjd med fjäderbenens övre infästning. Haka fast kranen i motorns lyftögla och höj den så att motorns vikt inte längre vilar på växellådans monteringsfäste. Om man inte har tillgång till den lyftbom är det ofta möjligt att hyra en sådan. Alternativt kan en motorhiss användas för att stödja motorn. Man bör då komma ihåg att om bilen sänks ner på pallbockarna för justering av arbetshöjden, måste hissen sänkas ner på motsvarande sätt för att undvika överansträngning av motorns upphängning.

**32** Den vänstra delen av monteringsramen måste delvis skruvas loss och sänkas ner för att växellådan skall kunna sänkas ner genom motorrummet. Tillvägagångssättet beskrivs nedan.

**33** Vid den främre tvärbalken under kylaren, lossa den genomgående skruven till styrlänken, demontera därefter länkens två fästskruvar (se kapitel 7A, bild 8.27).

**34** Demontera de två fästskruvarna vid det främre högra hörnet på monteringsramen (se kapitel 7A, bild 8.27).

**35** Lossa den genomgående skruven vid styrlänken i den bakre tvärbalken, under kuggstången, demontera därefter de två fästskruvarna. Den ena fästskruven fäster även kuggstången. Notera de demonterade brickornas placering och ordningsföljd (se kapitel 7A, bild 8.27).

**36** Vid det bakre vänstra hörnet på monteringsramen, demontera de fyra fästskruvarna som är skruvade genom fästet till

den undre bärarmens bakre lager. Ta vara på lagerplattan under fästet och notera placeringen (se kapitel 7A, bild 8.27). När den under bärarmens lager lossas skall bakre delen på armen bindas fast i det tomma skruvhålet i monteringsramen med ett buntband, detta avlastar det främre lagret.

**37** Stöd monteringsramen när den sista fästskruven är demonterad och låt den vikas nedåt så långt det går. Ta bort de främre och bakre ledbultarna och demontera vänstra sidan av monteringsramen från bilen.

**38** Se beskrivning i kapitel 8 och separera den vänstra drivaxeln från växellådan vid den inre universalknuten.

**39** Arbeta runt anliggningsytan mellan kopplingskåpan och motorn, demontera samtliga fästskruvar utom den översta.

**40** Placera en domkraft under växellådan och höj den för att bära upp vikten. Kontrollera att ingenting är anslutet till växellådan innan den separeras från motorn.

**41** Demontera den sista fästskruven från anliggningsytan och dra bort växellådan från motorn. Detta innebär att växellådan dras bort från motorns styrtappar samtidigt som den mellanliggande drivaxeln lossas från differentialen. Denna uppgift kan endast utföras med hjälp av en medarbetare.

 **Varning: Kontrollera att växellådan har ett stadigt stöd av domkraften. Vid svårigheter, se kapitel 8 och demontera den mellanliggande drivaxeln och lagerfästet som en enhet innan arbetet fortsätter.**

**42** När alla styrtappar är fria från sina hål kan växellådan sänkas ner från motorrummet med domkraften.

## Montering

**43** Montera växellådan i omvänd ordning och notera följande punkter:

a) *Stryk låsvätska på skruvarna mellan momentomvandlaren och svänghjulet och dra åt dem till angivet åtdragningsmoment.*

b) *När växellådan monteras på sin upphängning på monteringsramen, se till att den kupade brickan är monterad åt rätt håll, med den konvexa sidan utåt, med tungan placerad i skåran överst på fästet.*

c) *Observera angivna åtdragningsmoment när muttrar och skruvar dras åt.*

d) *Justera växelväljarkabeln och kickdownvajern, enligt beskrivning i avsnitt 3 och 4 i detta kapitel.*

e) *När arbetet är avslutat, fyll på växellåda med olja av rekommenderad typ och kvantitet, enligt beskrivning i kapitel 1.*

## 9 Automatväxellåda - renovering, allmän beskrivning

Om ett fel uppstår är det viktigt att fastställa om det är elektriskt, mekaniskt eller hydrauliskt, innan reparationsarbetet planeras. Att ställa diagnos kräver ingående kunskaper om växellådans funktion och konstruktion liksom tillgång till speciell testutrustning. Arbetsmomentet ligger utanför denna handboks område och vi rekommenderar att problem i växellådan överlämnas åt en Saabverkstad för diagnos och värdering. En defekt växellåda bör inte demonteras förrän bilen har undersökts av en Saabverkstad eftersom feldiagnosen bara kan utföras med växellådan på plats.

# Kapitel 8
## Drivaxlar

## Innehåll

## Svårighetsgrader

| Enkelt, passar novisen med lite erfarenhet  | Ganska enkelt, passar nybörjaren med viss erfarenhet  | Ganska svårt, passar kompetent hemmamekaniker  | Svårt, passar hemmamekaniker med erfarenhet  | Mycket svårt, för professionell mekaniker  |
|---|---|---|---|---|

## Specifikationer

### Allmänt

Smörjning (endast vid renovering eller reparation) ................ Använd endast smörjmedel som levereras tillsammans med damask/renoveringssatser; för övrigt är förpackade leder redan smorda och tätade

### Åtdragningsmoment

| | Nm |
|---|---|
| Drivaxelmutter ................................................ | 280 |
| Mellanliggande drivaxel till motor, skruvar: | |
| Före 1994 års modeller ................................... | 30 |
| Efter 1994 års modeller ................................... | 27 |
| Hjulbultar ................................................. | 115 |
| Fjäderbenets undre fästskruvar ........................... | 90 |

### 1 Allmän beskrivning

Motorns kraft överförs från växellådans utgående axel till hjulen genom drivaxlarna, via invändiga kapslade universalknutar av kolvtyp och utvändiga drivknutar av Rzeppatyp.

En mellanliggande drivaxel med eget stödlager är monterad mellan växellådans utgående axel och högra drivaxel - en utformning som utjämnar drivaxelns vinklar vid samtliga fjädringspunkter och minskar flexibiliteten i drivaxeln. Detta förbättrar riktningsstabiliteten vid hård acceleration.

Observera att i detta avsnitt kallas den invändiga knuten 'universalknut', för att skilja den från den utvändiga drivknuten, trots att båda tekniskt sett är drivknutar.

Drivknutarna ger jämn och mjuk kraftöverföring till alla hjulen vid alla styr- och fjädringsvinklar. Kraften överförs genom sex radiellt statiska stålkulor som löper mellan knutens båda halvor. Knutarna skyddas av gummidamasker och är fyllda med smörjfett som permanentsmörjning. Vid upptäckt av slitage kan knuten demonteras från drivaxeln,

men den måste bytas ut tillsammans med nav, lager och utvändig drivaxel som en enda enhet. Normalt kräver drivknutarna ingen extra smörjning, såvida de inte har renoverats eller om gummidamaskerna är skadade och smörjningen har förorenats. Se beskrivning i kapitel 1 beträffande kontroll av drivaxeldamaskernas kondition.

De invändiga universalknutarna är av kolvtyp och drivkraften överförs över knuten genom tre trissor som är infästa på drivaxeln i en trefotad montering. Trissorna är radiellt statiska men löper fritt i spår. Detta gör att drivaxeln rör sig lateralt vilket betyder att dess effektiva längd kan förändras i enlighet med fjädringens rörelser, utan att splineknutar behövs på själva drivaxeln. I likhet med drivknutarna är universalknutarna permanentsmorda med fett i damaskerna. Dessa behöver extra smörjning endast vid byte av knut eller om damasken skadas.

Gör ett vägtest för att kontrollera om drivaxeln är sliten. Kör bilen långsamt i en cirkel, först åt ena hållet med ratten i fullt utslag, därefter åt andra hållet. Lyssna efter metalliska klickande ljud från området bakom framhjulen. Om sådana ljud kan höras tyder det på att den yttre drivknuten är sliten. Om vibrationer, som står i proportion till körhastigheten, kan kännas i bilen vid accele-

ration eller vid kurvtagning, kan eventuellt de inre universalknutarna vara slitna.

Kontrollera om drivaxlarna är slitna genom att demontera och ta isär dem enligt beskrivning i avsnitt 2 och 3. Drivknutarna kan bytas, notera dock att de yttre drivknutarna måste bytas som en komplett enhet tillsammans med den utvändiga drivaxeln. Hör efter på en Saabverkstad om de aktuella drivaxelkomponenterna finns tillgängliga.

### 2 Drivaxlar - demontering, kontroll och montering

#### Demontering

1 Parkera bilen på ett plant underlag, dra åt handbromsen och placera klossar vid bakhjulen. Lossa batteriets negativa anslutning och placera kabeln på avstånd från anslutningspunkten.
2 Demontera navkapseln på det aktuella hjulet, lätta därefter på muttern till drivaxeln. Observera mutterns höga åtdragningsmoment vid val av skiftnyckel när den skall lossas.
3 Lossa hjulbultarna, hissa upp framdelen på

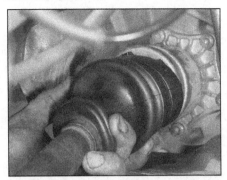

**2.9 Ta tag i drivaxeln med ena handen och vicka styrarmen bort från bilen. Drivaxeln kan nu dras ut från den inre universalknuten, med damasken fortfarande på plats**

bilen och stöd den på pallbockar. Demontera det aktuella hjulet enligt beskrivning i *'Lyftning, bogsering och hjulbyte'* i början av boken.

**4** Demontera skruvarna och ta bort innerskärmen; se närmare beskrivning i kapitel 11.

**5** Lätta på klipsen på den invändiga drivaxeldamasken genom att klippa genom den krimpade delen med en kraftig sax - observera att om klipsen har demonterats kan de inte monteras tillbaka utan skall ersättas med nya delar.

**6** För gummidamasken längs drivaxeln i riktning från den inre universalknuten; var

**2.13b . . . och dra ut axeln från drivknuten**

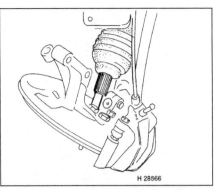

**2.10 Dra ut drivaxelns splineförsedda del från navet**

beredd på att en del av smörjfettet kan rinna ut - konsistensen hos drivaxelknutens smörjfett förtunnas efter att ha varit i bruk under en viss tid. Lägg trasor under knuten för att samla upp spillt smörjfett.

**7** Se beskrivning i kapitel 10 och skruva loss fjäderbenet från det undre fästet vid navet. Ta loss bromsslangen från klämman på fjäderbenet. Observera att på modeller som är utrustade med ABS-system är hjulsensorvajern infäst på ett fäste som delar monteringsskruv med fjäderbenet.

**8** Demontera navkapselmuttern och tryckbrickan. På senare modeller kan muttern och brickan ha ersatts av en enda flänsmutter. I båda fallen måste mutter och bricka kastas och bytas mot nya om de demonteras.

**9** Fatta tag i drivaxeln med den ena handen och tippa styrarmen i riktning från bilen; drivaxeln kan nu dras ut från den inre universalknuten, tillsammans med damasken **(se bild)**. Var återigen beredd på att lite smörjfett kan rinna ut.

**10** Dra ut drivaxelns splineförsedda del från navet **(se bild)**. Det kan vara svårt att dra ut drivaxeln beroende på att splinesen är bestrukna med låsvätska. Om så är fallet kan den gamla drivaxelmuttern monteras som skydd för gängorna, knacka därefter på drivaxeländen med en mjuk klubba för att driva ut den genom navet. Alternativt kan en lämplig trebent avdragare användas.

**11** För att stödja styrarmen medan drivaxeln

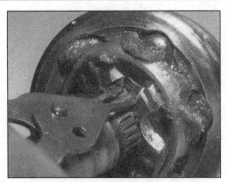

**2.13a Använd en låsringstång för att utvidga låsringen som håller drivaxeln på plats . . .**

är utplockad från bilen, skruva löst i en av de undre skruvarna till fjäderbenet. Täck över skålen till den öppna universalknuten med en plastpåse fäst med gummisnoddar för att hindra att smuts tränger in.

## Kontroll

**12** Demontera återstoden av klipsen som fäster den andra gummidamasken vid drivaxeln. Dra damaskerna längs axeln i riktning från knutarna. Torka bort det mesta av smörjfettet med en trasa.

**13** Använd färg eller dylikt för att markera förhållandet mellan knuten och drivaxeln. Använd därefter en låsringstång för att utvidga låsringen som håller drivaxeln på plats, och dra bort axeln från drivknuten. Observera att låsringen är fastmonterad i knuten och den behöver inte demonteras om den inte verkar sliten eller skadad **(se bilder)**.

**14** Vid drivaxelns inre ände, använd hammare och körnare för att markera förhållandet mellan axel och knut. Demontera låsringen med en låsringstång, dra därefter bort det inre knutkorset från drivaxeln med en trebent avdragare. Se till att avdragarens ben är stödda mot det gjutna mittpartiet på knuten och inte på kullagret **(se bilder)**.

**15** Dra bort båda gummidamaskerna från drivaxeln och kasta dem; vi rekommenderar att nya damasker alltid används vid monteringen. Rengör noggrant drivaxelns splines, drivknut och det inre knutkorset med fotogen

**2.13c Låsringen (vid pilen) är monterad i drivknuten och behöver inte demonteras om den inte är skadad eller sliten**

**2.14a Vid drivaxelns inre ände, använd en låsringstång för att demontera låsringen (vid pilen) . . .**

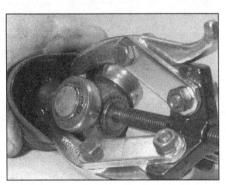

**2.14b . . . och dra sedan bort det inre knutkorset från drivaxeln med en trebent avdragare**

eller lämpligt lösningsmedel. Var försiktig så att passningsmärkena inte försvinner vid monteringen.

**16** Undersök drivknutens delar beträffande slitage och skador; kontrollera speciellt kulorna och deras motsvarande spår beträffande gropbildning och korrosion. Om tecken på slitage föreligger skall knuten bytas. Observera att drivknut, kulor och utvändig drivaxel måste bytas som en komplett enhet.

**17** Granska det inre knutkorset beträffande slitage. Kontrollera om de tre trissorna roterar fritt utan motstånd, samt att de inte är slitna, skadade eller korroderade. Trissorna bärs upp av nållager, varför slitage eller skador ger sig till känna i form av axiellt spel i valsarna och/eller kärvande rotation. Om slitage av denna typ påträffas skall det inre knutkorset bytas ut.

**18** Montera en ny gummidamask på drivaxelns invändiga ände och fäst den med klips.

**19** Använd passningsmärkena som gjordes vid demonteringen och montera det inre knutkorset på drivaxelns splines. Knacka det på plats med en mjuk klubba. För att undvika att det inre knutkorsets trissor och drivaxelns splines inte skadas kan man använda en hylsa med en innerdiameter som är något större än drivaxelns diameter. Montera låsringen.

**20** För damasken över det inre knutkorset och fyll den med smörjfett från reparationssatsen.

⚠ **Varning: Låt inte smörjfettet komma i beröring med bilens lackering eftersom den kan missfärgas.**

**21** Montera en ny gummidamask på drivaxelns utvändiga ände och fäst den på plats med en klämma **(se bild)**.

**22** Fyll drivknuten med smörjfett från reparationssatsen, tryck in smörjfettet i kulspåren och tryck ut luft som eventuellt kan finnas där **(se bild)**.

**23** Stryk smörjfett på drivaxelns splines. Därefter, håll låsringen öppen med en låsringstäng och för in den i drivknuten; följ passningsmärkena som gjordes vid demonteringen. Se till att låsringen trycks på plats i drivaxelns spår, dra i axeln för att kontrollera att den sitter säkert på plats.

**2.21 Montera en ny damask på axelns utvändiga ände och fäst den med en klämma**

**24** Fyll på mera smörjfett i knuten för att avlägsna eventuella luftfickor, dra därefter gummidamasken över knuten. Lyft upp damaskens läpp för att få bort ytterligare luft från knuten, fäst damasken med en klämma **(se bilder)**.

## Montering

**25** Kontrollera att splinesen på drivaxelns utvändiga ände är rena, stryk lämplig låsvätska på 10 mm av splinesens ytterdel.

**26** Demontera den temporärt monterade skruven från fjäderbenet, sväng styrarmen bort från bilen och tryck in drivaxelns splinesförsedda ände i navet.

**27** Montera ny tryckbricka och mutter på drivaxel (eller flänsmutter där sådan förekommer), dra inte åt muttern helt för tillfället.

**28** Passa in det undre fästet till fjäderbenet med fästet på styrarmen och montera de båda skruvarna, dra åt dem till angivet moment. På modeller som är utrustade med ABS-bromsar, kom ihåg att montera fjäderbenets översta skruv genom hjulsensorns vajerfäste. Pressa in bromsslangen och genomföringen i klämman på fjäderbenet.

**29** Stöd axeln med ena handen och tryck in styrarmen mot bilen, låt det inre knutkorset gripa in i universalknuten. För damasken på plats över knuten och lyft upp damaskens läpp för att avlägsna eventuella luftfickor. Kontrollera att damasken är placerad rakt över universalknuten, montera därefter en ny

**2.22 Fyll drivknuten med smörjfett från reparationssatsen**

klämma runt knutens mittsektion för att hålla den på plats.

**30** Montera innerskärmen och därefter hjul och hjulmuttrar.

**31** Sänk ner bilen till marken och dra åt drivaxelns mutter till angivet åtdragningsmoment.

**32** Dra åt hjulbultarna till angivet åtdragningsmoment och montera navkapslarna.

**33 Observera:** *Bilen får inte köras på en timme efter monteringen, då låsvätskan i drivaxeln behöver tid att härdas.*

**3  Drivaxelns gummidamasker - byte**

**1** En reparationssats som innehåller alla delar som behövs vid byte av drivaxeldamasker kan köpas från en Saabverkstad.

**2** Se beskrivning i avsnitt 2 och demontera aktuell drivaxel.

**3** Se underavsnittet *Kontroll* i avsnitt 2, och demontera låsring och knutkors från den invändiga drivaxeländen.

**4** Demontera den återstående klämman från den invändiga damasken och dra bort den från drivaxeln. Demontera båda klämmorna från den utvändiga damasken, för den längs drivaxeln och demontera den från den invändiga änden.

**5** Rengör noggrant delarna i drivaxeln och knuten med fotogen eller lämpligt lösnings-

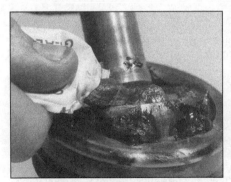

**2.24a Fyll på mera fett i knuten för att avlägsna eventuella luftfickor . . .**

**2.24b . . . dra därefter damasken över knuten . . .**

**2.24c . . . och fäst den med en klämma**

medel. Om damaskerna skall bytas beroende på skada eller slitage kan man som regel förutsätta att driv- och universalknutarna behöver smörjas om.

**6** Ta tillfället att granska driv- och universalknutar beträffande tidiga tecken på slitage. Se detaljerad beskrivning i avsnitt 2.

**7** Placera den första gummidamasken över drivaxelns invändiga ände. Dra den längs axeln till drivknuten, var försiktig så att tätningsytan inte skadas. Fyll drivknuten med smörjfett av rekommenderad typ från reparationssatsen.

**Varning: Låt inte smörjfettet komma i beröring med bilens lackering eftersom den kan missfärgas.**

**8** Fäst damasken över drivknut och drivaxel med klämmor.

**9** Placera den andra damasken på drivaxelns invändiga ände och fäst den med en klämma.

**10** Dra det inre knutkorset över drivaxelns splines och montera låsringen. Fyll damasken med smörjfett från reparationssatsen.

**11** Stöd drivaxeln med den ena handen och sväng styrarmen i riktning mot bilen. För in det inre knutkorset i universalknutens skål och kontrollera att trissorna kan glida fritt i sina spår. Placera damasken rakt över universalknuten och fäst den med klips.

**12** Montera fjäderbenet på styrarmen och dra åt skruvarna enligt angivet åtdragningsmoment; se närmare beskrivning i kapitel 10. På bilar som är utrustade med ABS-system, kom ihåg att montera hjulsensorns vajerfäste på fjäderbenets undre monteringsskruv.

**13** Tryck in bromsslangen i klämman på fjäderbenet.

**14** Montera innerskärmen och dra åt fästskruvarna.

**15** Montera hjul och hjulmuttrar och sänk ner bilen på marken.

**16** Dra åt hjulmuttrarna till angivet åtdragningsmoment och montera navkapslarna.

## 4 Mellanliggande drivaxel och lager - demontering och montering

### Demontering

#### Årsmodeller före 1994

**1** Lossa batteriets negativa anslutning och placera kabeln på avstånd från anslutningspunkten.

**2** Parkera bilen på plant underlag, dra åt handbromsen och placera klossar vid bakhjulen. Lätta på hjulbultarna till höger hjulet, hissa upp framdelen på bilen, stöd den på pallbockar och demontera hjulet. Se beskrivning i kapitlet *'Lyftning, bogsering och hjulbyte'*, i början av boken.

**3** Se beskrivning i kapitel 10 samt tillämpliga delar av avsnitt 2. Skruva loss fjäderbenets undre infästning och sväng styrarmen i riktning från bilen, för att separera den högra drivaxeln från den mellanliggande drivaxeln vid inre universalknuten. Den utvändiga änden av den högra drivaxeln behöver inte demonteras från hjulnavet. Använd koppartråd eller buntband för att stödja den inre änden, vilket håller den borta från arbetsytan och hindrar att drivknuten blir belastad. Täck de särade halvorna på universalknuten med plastpåsar för att undvika att smuts tränger in.

**4** Se beskrivning i kapitel 1 och lätta på drivremmen.

**5** Demontera generatorns undre skruv, lätta därefter på den övre skruven och sväng bort generatorn från motorn. Dra åt den övre skruven för att hålla generatorn på plats.

**6** Demontera klämman från dammskyddet på den mellanliggande drivaxeln, vid differentialkåpan.

**7** Demontera de fyra skruvarna och lossa lagerfästet från motorblocket. Anslut, med lämplig adapter, en glidhammare till lager-

fästet vid generatoröppningen, och knacka ut hela lager/drivaxelenheten från växellådans utgående axelsplines **(se bilder)**. Använd alternativt en mjuk klubba för att knacka på lagerfästets bakre del för att dra bort drivaxeln. Var försiktig så att inte lagret skadas.

**8** Stöd drivaxeln när den är på väg ut för att undvika att den tappas på golvet. Notera O-ringens placering på växellådans utgående axel, ta vara på och kasta den eftersom en ny tätning måste användas vid monteringen.

#### Årsmodeller efter 1994

**9** Lossa batteriets negativa anslutning och placera kabeln på avstånd från anslutningspunkten.

**10** För att undvika skador när motorn lyfts upp bör nedanstående anvisningar följas:

a) *Lossa det främre avgasröret från grenröret, se beskrivning i kapitel 4A.*

b) *Demontera slangen till vevhusventilationen från klämmorna på kamaxelkåpan.*

c) *Demontera fästet till motorns momentstag; se närmare beskrivning i kapitel 2A.*

**11** Parkera bilen på plant underlag, dra åt handbromsen och placera klossar vid bakhjulen. Lätta på hjulbultarna till höger hjulet och hissa upp framdelen på bilen, stöd den på pallbockar och demontera hjulet. Se *'Lyftning, bogsering och hjulbyte'*, i början av boken.

**12** Se beskrivning i kapitel 11 och demontera den främre delen av innerskärmen från hjulhuset.

**13** Arbeta på bilens högra sida. Med ledning av kapitel 10 och tillämpliga delar av avsnitt 2, skruva loss undre fjäderbenets infästning och sväng styrarmen i riktning från bilen, för att separera den högra drivaxeln från den mellanliggande drivaxeln vid inre universalknuten.

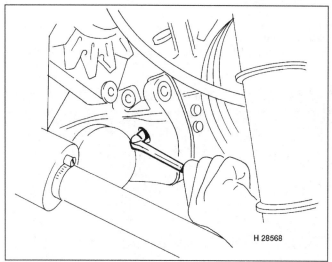

**4.7a Demontera de fyra skruvarna och lossa lagerfästet från motorblocket**

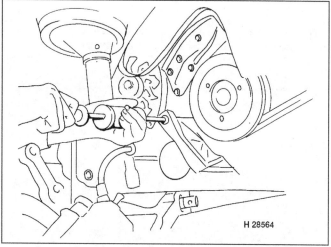

**4.7b Anslut en glidhammare (med lämplig adapter) till lagerfästet vid generatoröppningen. Knacka ut lager-/drivaxelenheten från växellådans utgående axel**

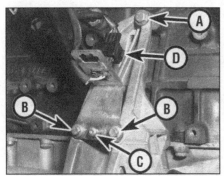

**4.20 Mellanliggande axelns lagerfäste (årsmodeller efter 1994)**

A  Övre fästskruv
B  Undre fästskruv
C  Skruv för styrservorörets klamma
D  Anslutning för syresensorns kablage

**14** Den högra drivaxelns utvändiga ände behöver inte demonteras från hjulnavet. Använd koppartråd eller buntband för att stödja den invändiga änden, vilket håller den borta från arbetsytan och hindrar att drivknuten blir belastad.
**15** Täck de särade halvorna på universalknuten med plastpåsar för att undvika att smuts tränger in.
**16** Demontera skruven som fäster mellanlagrets fäste på monteringsramen.
**17** Skruva loss motorns jordkabel från anslutningen på topplocket. Skruva loss motorns lyftögla från topplockets motsatta sida. Flytta lyftöglan till jordkabelns monteringshål och skruva fast den.
**18** Montera en lyftbom tvärs över motorrummet och kontrollera att benen vilar säkert på innerflygelns bleck.
**19** Placera lyftbommens krok i lyftöglan och hissa upp motor och växellåda högt nog för att kunna separera mellanlagrets fäste från upphängningen på monteringsramen. **Observera:** En motorlyft går att använda om ingen lyftbom finns tillgänglig. Var i så fall uppmärksam när motorn hissas upp eftersom en golvbaserad lyft tenderar att dra motorn framåt.
**20** Demontera skruven från klamman som fäster styrservons hydraulrör på lagerfästet **(se bild)**.
**21** Demontera de två undre skruvarna som fäster mellanlagerfästet på motorblocket (se bild 4.20). Observera att dessa skruvar även håller fästet för syresensoranslutningen på plats.
**22** Demontera den övre fästskruven (se bild 4.20), dra bort stödlagerfästet från styrtapparna och avlägsna det från motorn. Om fästet sitter fast på styrtapparna kan man bända loss det försiktigt med en hävarm.
**23** När fästet är lossat skall den mellanliggande drivaxeln dras bort från växellådans splinesförsedda utgående axel. Om axeln sitter fast går det ofta att lossa den genom att knacka med en mjuk klubba på lagerfästet -

**4.25 Notera O-ringens placering på växellådans utgående axel**

knacka inte så hårt att lagret skadas.
**24** Drivaxeln har ett aluminiumrör som hölje, med gummitätningar i varje ände. Dra i röret och vrid på det för att demontera det från lagerfästet.
**25** Notera O-ringens placering på växellådans utgående axel **(se bild)**, kasta den eftersom en ny O-ring måste användas vid monteringen.
**26** Sänk ner drivaxel och mellanlagerfäste från bilen.

## Kontroll

### Alla modeller

**27** Rengör efter alla spår av gammalt smörjmedel från universalknutens skål med fotogen eller lämpligt lösningsmedel.
**28** Undersök trisspåren i skålen beträffande tecken på slitage i form av repor eller nötta partier. Skålen skall bytas ut om tecken på slitage föreligger.
**29** Granska mellanlagret beträffande slitage - för stort axiellt eller radiellt spel, eller kärvande rotation, tyder på att lagret behöver bytas ut. Enheten kan tas isär i sina beståndsdelar vilka sedan kan bytas ut separat. Denna åtgärd kräver dock tillgång till en bänkmonterad hydraulpress och vi har inte inkluderat arbetsmomentet i denna handbok. Vi rekommenderar därför att mellanlagret byts som en komplett enhet.

## Montering

### Årsmodeller före 1994

**30** Kontrollera att universalknutens skål är fullständigt ren och fyll den med smörjfett av rekommenderad typ.
**31** Montera en ny O-ringstätning på växellådans utgående axel vid differentialkåpan, i samma läge som den ursprungliga tätningen. Kontrollera att dammskyddet är ordentligt monterat.
**32** För in den inre undre skruven i sitt hål innan mellanlagrets fäste monteras, eftersom det är svårt att nå dit när fästet är på plats på motorblocket.
**33** Kontrollera att fästets styrtappar inte är skadade och att de fortfarande är korrekt inriktade.
**34** Stryk ett lager molybdenbaserat fett på

splinesen på växellådans utgående axel. Passa in den mellanliggande drivaxeln med den utgående axelns ände genom att vrida dem mot varandra tills det känns att splinesen griper i. Knacka på kanten av lagerfästet med en mjuk klubba för att driva den mellanliggande axeln över den utgående axeln.
**35** Rikta in lagerfästet med monteringshålet på motorblocket. Sätt i kvarvarande skruvar men dra bara åt dem för hand för tillfället.
**36** Lätta på den övre skruven och vrid generatorn tillbaka mot motorn. Montera generatorns undre skruv genom lagerfästet.
**37** Dra åt lagerfästets skruvar till angivet åtdragningsmoment, dra därefter åt båda skruvarna till generatorn.
**38** Montera en ny klämma på drivaxelns dammlock vid differentialkåpan.
**39** Låt den högra drivaxeln gripa in i den mellanliggande drivaxeln och montera skruvarna till fjäderbenet, se detaljerad beskrivning i avsnitt 2 och kapitel 10.
**40** Se beskrivning i kapitel 1 och kontrollera drivremmens spänning, justera vid behov.
**41** Anslut batteriets negativa kabel.

### Årsmodeller efter 1994

**42** Kontrollera att universalknutens skål är fullständigt ren och fyll den med smörjfett av rekommenderad typ.
**43** För aluminiumröret över drivaxel och placera den säkert i mellanlagrets fäste.
**44** Montera en ny O-ringstätning på växellådans utgående axel vid differentialkåpan, i samma läge som den ursprungliga tätningen.
**45** För upp axeln och stödlagret mot motorblocket. Montera den mellanliggande axeln över växellådans splinesförsedda utgående axel genom att rotera de två axlarna mot varandra tills det känns att de griper i varandra **(se bild)**. Tryck på axeln så långt det går för hand, knacka sedan på lagerfästet med en mjuk klubba för att trycka in axeln fullständigt. Det går nu att passa in lagerfästet med styrtapparna och monteringshålet.
**46** Montera lagerfästets övre skruv.
**47** Montera de två undre skruvarna till lagerfästet och kontrollera att syresensoranslutningens fäste är korrekt monterat.

**4.45 Montera den mellanliggande axeln över växellådans splinesförsedda utgående axel. Rotera axlarna mot varandra tills det känns att de griper i**

**4.49 Sätt i skruven som fäster lagerfästet på monteringsramen**

Montera skruven som fäster klamman till styrservoslangen.

**48** Låt den högra drivaxeln gripa in i den mellanliggande drivaxelns universalknut, se beskrivning i avsnitt 2. Kontrollera att gummidamasken monteras rakt över knuten, montera en ny klämma för att hålla den på plats. Se beskrivning i kapitel 10 och montera de undre skruvarna till fjäderbenet. På bilar som är utrustade med ABS-system, kom ihåg att montera hjulsensorns vajerfäste på den undre skruven till upphängningens fjäderben.

**49** Sätt i skruven som fäster lagerfästet på monteringsramen och dra åt den till angivet åtdragningsmoment **(se bild)**.

**50** Montera innerskärmen och dra åt fäst-

skruvarna; se närmare beskrivning i kapitel 11.

**51** Montera hjulet och dra åt bultarna för hand. Sänk ner bilen på marken och dra åt hjulbultarna till angivet åtdragningsmoment.

**52** Sänk lyftbommens krok och lossa motorns lyftögla. Flytta tillbaka lyftöglan till ursprungsläget på motsatta sidan av topplocket och skruva fast den. Skruva ner motorns jordkabel i det fria monteringshålet.

**53** Montera fästet till motorns momentstag, se beskrivning i kapitel 2A.

**54** Montera slangen till vevhusventilationen i klämmorna på kamaxelkåpan.

**55** Se beskrivning i kapitel 4A och anslut det främre avgasröret.

**56** Anslut batteriets negativa kabel.

# Kapitel 9
# Bromssystem

## Innehåll

## Svårighetsgrader

| | | | | |
|---|---|---|---|---|
| **Enkelt,** passar novisen med lite erfarenhet  | **Ganska enkelt,** passar nybörjaren med viss erfarenhet  | **Ganska svårt,** passar kompetent hemmamekaniker  | **Svårt,** passar hemmamekaniker med erfarenhet | **Mycket svårt,** för professionell mekaniker  |

## Specifikationer

### Allmänt

Bromssystem, typ och beskrivning:

Fotbroms ........................................... Delat system med dubbla hydraulkretsar; främre högra/bakre vänstra (primära) och främre vänstra/bakre högra (sekundära). Utvändiga skivor monterade fram och bak, ventilerade fram. Enkel kolv, glidande ok monterade fram och bak. Elektroniskt ABS-system monterat som tillbehör på vissa modeller, med individuella kretsar för framhjulen och enkel krets för båda bakhjulen. Modeller utan ABS med vakuum-servo-, ABS-modeller med hydraulservoassistans. Antispinnsystem monterat som tillbehör på vissa modeller, integrerat med ABS-systemet.

Handbroms ......................................... Dubbla vajrar, bromsspak, verkar på bakre bromsarna.

### Främre bromsar

Modeller med turbo fram till 1987 och modeller utan turbo till 1989:

Skivbromsar:

Typ ............................................. Ventilerade

Ytterdiameter ..................................... 278 mm

Tjocklek (ny bromsskiva) .......................... 23,5 ± 0,2 mm

Min tjocklek efter slipning ........................ 21,5 mm

Max slipningsdjup (varje sida) ..................... 1,0 mm

Max axialkast .................................... 0,08 mm (med bromsskivan monterad)

Max variation i skivtjocklek ....................... 0,015 mm

Bromsok

Tillverkare ....................................... Girling

Typ .............................................. Colette 54

Kolvdiameter ..................................... 54 mm

Bromsklossar:

Belägg tjocklek:

Nya .......................................... 16,7 mm

Minimum ...................................... 4,0 mm

## Främre bromsar (forts)

Modeller med turbo fr o m 1987 och modeller utan turbo fr o m 1989:

Skivbromsar:

| | |
|---|---|
| Typ | Ventilerade |
| Ytterdiameter | 278 mm |
| Tjocklek (ny bromsskiva) | 25,0 ± 0,2 mm |
| Minimum tjocklek efter slipning | 23,5 mm |
| Max slipningsdjup (varje sida) | 1,0 mm |
| Max axialkast | 0,08 mm (med skivan monterad) |
| Max variation i skivtjocklek | 0,015 mm |

Bromsok:

| | |
|---|---|
| Tillverkare | ATE |
| Typ | FN57 |
| Kolvdiameter | 57 mm |

Bromsklossar:

Belägg tjocklek:

| | |
|---|---|
| Nya | 19,5 mm |
| Minimum | 4,0 mm |

## Bakre bromsar (alla modeller)

Bromsskivor:

| | |
|---|---|
| Typ | Massiva |
| Ytterdiameter | 258 mm |
| Tjocklek (ny bromsskiva) | 9,0 ± 0,1 mm |
| Minimum tjocklek efter slipning | 7,5 mm |
| Max slipningsdjup (varje sida) | 0,7 mm |
| Max axialkast | 0,08 mm (med bromsskivan monterad) |
| Max variation i skivtjocklek | 0,015 mm |

Bromsok:

| | |
|---|---|
| Tillverkare | ATE |
| Kolv diameter | 33 mm |

Bromsklossar:

Beläggtjocklek:

| | |
|---|---|
| Nya | 11,0 mm |
| Min | 4,0 mm |
| Handbromsspak till ändstopp, spel | 1,0 ± 0,5 mm |

## Bromsservo (modeller utan ABS)

| | |
|---|---|
| Tillverkare/typ | Girling, vakuumassisterad |
| Diameter | 203 mm |

## Huvudbromscylinder (modeller utan ABS)

| | |
|---|---|
| Tillverkare/typ | Girling, tandemcylinder |
| Diameter | 22,2 mm |

## ABS-komponenter (endast modeller 1987 till 1989)

Hydraulenhet:

| | |
|---|---|
| Tillverkare | ATE |
| Drifttryck, bromskretsar | 0 till 180 bar |

Bromsvätskebehållare:

| | |
|---|---|
| Vätskenivåindikator, motstånd | 10 ohm (tom behållare) |
| ABS varningskontakt, motstånd | 1 ohm (full behållare) |

Solenoidventiler:

| | |
|---|---|
| Elektrisk resistans | 5 till 7 ohm |

Hjulsensorer:

| | |
|---|---|
| Resistans | 800 till 1 400 ohm |
| Spel mellan sensor och kuggskiva | 0,65 mm |

## Åtdragningsmoment

| | Nm |
|---|---|
| ABS-ackumulatorns fästskruv | 40 |
| ABS hydraulenhet till torpedvägg, skruvar | 26 |
| ABS-pumpens slanganslutning | 20 |
| ABS tryckkontakt | 23 |
| Bakre bromsokets fästskruvar | 80 |
| Främre bromsokets fästskruvar | 90 |
| Hjulbultar | 115 |
| Vakuumservo till torpedvägg, skruvar | 26 |

## 1  Allmän beskrivning

### Modeller med traditionellt bromssystem

Bromsning uppnås genom ett hydrauliskt system med dubbla kretsar, som assisteras av en vakuumservo. Alla modeller har utvändiga skivbromsar monterade fram och bak. De främre skivbromsarna är ventilerade för att förbättra kylning och minska risken för bromshaveri.

De dubbla hydraulkretsarna är delade diagonalt; den ena kretsen driver bromsarna höger fram och vänster bak, den andra kretsen driver bromsarna vänster fram och höger bak. Konstruktionen garanterar att åtminstone 50% av bromssystemet är i funktion om trycket i en av hydraulkretsarna faller bort. Under sådana omständigheter hindrar de delade bromsarna bilen att bli instabil om bromsarna läggs an när endast en krets är i funktion.

Varje bromsok har en kolv - en design som tar upp minimalt utrymme och även reducerar den värmemängd som överförs till bromsvätskan. Därmed minskar risken för bromshaveri. Varje bromsok innehåller två asbestfria bromsklossar, en innanför och en utanför bromsskivan. Vid inbromsning tvingar hydraultrycket på bromsoken kolven längs sin cylinder och pressar den inre bromsklossen mot bromsskivan. Bromsoket reagerar på detta genom att glida längs sina styrtappar och föra den yttre bromsklossen i kontakt med bromsskivan. På detta sätt tillförs ett liksidigt tryck på varje sida av bromsskivan av bromsklossarna. När inbromsningen upphör faller hydraultrycket bakom kolven vilken dras tillbaka i cylindern, och den inre bromsklossen lyfts från bromsskivan. Därefter glider bromsoket längs sina styrtappar och den yttre bromsklossen lyfts från bromsskivan. Observera att det bakre bromsokets cylindrar är mindre i diameter än de främre; detta medför en skillnad i bromskraft mellan de främre och bakre bromsoken, vilket hindrar att bakhjulen låser sig vid hård inbromsning, och behovet av tryckreglerande ventiler elimineras. Dessutom innehåller de bakre bromsoken en spak- och-returfjäderfunktion vilket gör det möjligt att aktivera dem mekaniskt med handbromsen.

Huvudcylindern omvandlar rörelsen i fotbromspedalen till hydraulkraft. Dess tandemkonstruktion omfattar två cylindrar, en för varje krets, som arbetar parallellt. Varje cylinder innehåller en kolv och motsvarande returfjäder. Kolvarnas rörelse längs cylindrarna aktiverar bromsvätskan som flödar genom bromsrören i varje krets och överför trycket från bromspedalen till bromsokens kolvar. De två (huvudcylinder) kolvarna är delvis sammanlänkade, vilket gör att ett likformigt tryck läggs an på alla fyra broms-oken vid normal drift. Detta arrangemang gör också att hela pedalrörelsen kan överföras till den arbetande kretsen om den andra kretsen skulle falla ifrån, dock med ökad pedalväg.

Bromsvätskebehållaren ombesörjer konstant tillförsel av bromsvätska till huvudcylindern. Behållaren är uppdelad i tre rum; en för varje bromskrets och, på modeller med manuell växellåda, en för kopplingskretsen. Denna konstruktion garanterar att vätsketillförsel för åtminstone en av bromskretsarna stannar kvar i behållaren, även om den andra kretsen förlorar all vätska på grund av läckage. Som konsekvens kan behållaren aldrig tömmas fullständigt. Behållaren är halvgenomskinlig för att vätskenivån skall kunna kontrolleras, och ett skruvlock gör att vätskan lätt kan fyllas på. En nivå-kontrollkontakt är installerad i påfyllnings-locket och denna tänder en lampa på instrumentpanelen när vätskenivån i behållaren blir för låg.

Vakuumservon använder motorns grenrörsvakuum för att förstärka bromsrörelsen till huvudcylindern från bromspedalen.

### Modeller med låsningsfria bromsar (ABS)

ABS-bromsar finns som extrautrustning på vissa modeller. Systemet motverkar att hjulen låser under häftig inbromsning, vilket inte bara optimerar stoppsträckans längd, utan också ger fullständig kontroll över styrningen när maximal inbromsning pågår.

Genom elektronisk övervakning av varje hjuls hastighet i relation till de andra hjulen kan systemet upptäcka när ett hjul är på väg att låsas, innan man har förlorat kontrollen över hjulet. Bromsvätskemängden till det aktuella hjulets bromsok minskas och återställs (moduleras) åtskilliga gånger per sekund tills dess kontrollen är återställd. Systemet har tre kretsar vilka kontrollerar varje framhjul för sig, och båda bakhjulen tillsammans.

Komponenterna i systemet omfattar en elektronisk styrenhet (ECU), fyra hjulvarvtalssensorer, en hydraulenhet, bromsrör, en speciell relä/säkringsdosa samt en varningslampa på instrumentpanelen.

Hydraulenheten omfattar följande komponenter:

a) En dubbel huvudcylinder (tandem) som driver de två främre bromsoken under normala bromsförhållanden.

b) Ett ventilblock som modulerar trycket i de tre bromskretsarna vid ABS-drift.

c) En ackumulator som tillför bromsvätska under högtryck.

d) En hydraulpump som laddar ackumulatorn.

e) En servocylinder som reglerar högtrycksvätskan från ackumulatorn för kunna ge såväl hydraulisk servoassistans (den ersätter vakuumservon som används i konventionella bromssystem), som tryck till att driva de bakre bromsarna.

f) En bromsvätskebehållare.

De fyra hjulsensorerna är monterade på hjulnaven. Varje hjul har en roterande kuggskiva som är monterad på navet; hjulsensorerna är monterade i anslutning till kuggskivorna. Kuggarna på skivornas yta magnetiserar sensorerna, vilket producerar en spänningsvåg vars frekvens varierar med skivornas rotationshastighet. Dessa vågor överförs till den elektroniska styrenheten, som utnyttjar dem till att beräkna rotations-hastigheten för varje hjul.

Säkrings/relädosan är monterad i motorrummet i anslutning till ABS-systemets elektroniska styrenhet. Den innehåller säkringar för den elektroniska styrenheten, huvudsystemets relä och ett relä för hydraulpumpen.

Den elektroniska styrenheten har en självdiagnostiserande funktion vilken gör att ABS-funktionen inställs om problem upptäcks i systemet - varningslampan på instrumentpanelen tänds. Bromssystemet återgår i sådana fall till konventionell inbromsning utan ABS-funktion. Om orsaken till felet inte är helt uppenbar vid en första granskning, måste bilen köras till en Saabverkstad och undersökas med speciell diagnosutrustning som ansluts till ABS-systemets elektroniska styrenhet. Se detaljerad beskrivning i avsnitt 19.

## 2  Hydraulsystem - luftning

 **Varning: Hydraulvätska är giftig; tvätta genast bort spilld vätska från bar hud. Uppsök läkare om hydraulvätska har svalts eller kommit i ögonen.**
*Vissa typer av hydraulvätska är lättantändliga och kan antändas om de kommer i kontakt med heta komponenter. Vid arbete på hydraulsystemet är det säkrast att anta att vätskan är lättantändlig och vidta samma säkerhetsåtgärder mot brand som vid hantering av bensin.*

*Hydraulvätska är även hygroskopisk, d v s den kan absorbera fukten i luften vilket gör den oanvändbar. Gammal hydraulvätska kan vara förorenad och skall aldrig återanvändas. Använd alltid hydraulvätska av rekommenderad kvalitet vid påfyllning. Kontrollera att den kommer från en ny, förseglad behållare.*

 *Hydraulvätska tvättar effektivt bort färg och angriper även många typer av plast. Om hydraulvätska spills på lackerade ytor skall det tvättas bort omedelbart med stora mängder rent vatten.*

## Modeller med konventionella bromssystem

### Allmänt

1 För att ett hydrauliskt system skall fungera korrekt måste vätskan som används i det vara inkompressibel. Om så inte är fallet kommer inte trycket på bromspedal och huvudcylinder att överföras helt till bromsoken eller hjulcylindrarna. Föroreningar i systemet gör att vätskan kondenserar, vilket resulterar i att bromsarna känns "svampiga", eventuell förlust av bromskraft och i värsta fall bromshaveri. Bromsvätska försämras också med tiden på grund av oxidering och absorbering av fukt. Detta sänker dess kokpunkt och kan orsaka avdunstning vid hård inbromsning, återigen med sämre bromsförmåga som följd. Därför måste gammal eller förorenad vätska bytas genom luftning.

2 Vid påfyllning av systemet, använd endast ren, ny hydraulvätska av rekommenderad typ och grad. Återanvänd *aldrig* vätska som tappats av vid luftning. Försäkra dig om att tillräcklig mängd vätska finns tillgänglig innan arbetet påbörjas.

3 Om det finns anledning att tro att felaktig vätska finns i systemet, måste bromssystemets komponenter och kretsar sköljas helt med ny vätska av rätt typ. Nya tätningar måste också monteras i hela systemet.

4 Om systemet har förlorat vätska eller om luft har kommit in p g a läckage, måste felet hittas och åtgärdas innan man går vidare.

5 Parkera bilen på plan mark, slå av motorn och lägg i ettan eller backväxel (manuell växellåda) eller "Park" (automatväxellåda). Blockera hjulen och lossa handbromsen.

6 Kontrollera att alla rör och slangar sitter säkert, att anslutningar är åtdragna och luftningsnipplarna stängda. Ta bort dammskydden och rengör området runt luftningsnipplarna.

7 Skruva loss locket på huvudcylinderns behållare, fyll behållaren upp till MAXmarkeringen och sätt tillbaka locket löst. Kom ihåg att hålla nivån i behållaren åtminstone över MIN-markering under hela luftningen; detta för att undvika att ytterligare luft kommer in i systemet när nivån sjunker.

8 Det finns ett antal olika hjälpmedel att köpa med vilka man ensam kan lufta bromsarna. Vi rekommenderar att någon av dessa används om så är möjligt, då de underlättar avsevärt och också minskar risken att luft och avtappad vätska dras tillbaka in i systemet. Om en sådan enmans hjälpmedelssats inte finns tillgänglig, måste den vanliga (tvåmans) metoden användas, vilken beskrivs nedan.

9 Om hjälpmedel används, förbered bilen enligt ovan och följ tillverkarens instruktioner. Metoderna kan variera något beroende på typ. Generellt används de på det sätt som beskrivs nedan i berört underavsnitt.

10 Det är möjligt att lufta endast en del av systemet (en bromsledning och ett ok åt gången). Detta kan vara nog om endast en bromskrets har öppnats för reparation, men

2.14a Ta bort dammskyddet från okets luftningsnippel (bakre vänster ok visat)

det är ändå säkrare att lufta hela systemet.

11 Se kapitel 1 för beskrivning av byte av bromsvätska.

### Luftningsordning

12 Eftersom varje ok har sin egen anslutning till huvudcylindern spelar det ingen roll i vilken ordning ledningarna luftas.

### Luftning - tvåmansmetod

13 Ta fram en ren glasburk, en bit gummieller plastslang av lämplig längd vilken skall passa snävt över luftningsnippeln, samt en ringnyckel som passar på nippeln. Alternativt kan en hjälpmedelssats införskaffas.

14 Ta bort dammskyddet från det första okets luftningsnippel. Placera nyckeln över nippeln och trä på slangen **(se bilder)**. Placera den andra änden av slangen i glasburken och fyll på tillräckligt med vätska för att täcka slangens ände.

15 Håll hela tiden ett öga på vätskenivån i behållaren och se till att den hålls över MINmarkeringen. Fyll på innan arbetet påbörjas om det behövs.

16 Låt din assistent trycka ner bromspedalen helt flera gånger för att åstadkomma ett tryck, för att till sist hålla pedalen nedtryckt.

17 Medan pedalen hålls nedtryckt, lossa luftningsnippeln (ca ett varv) och låt vätskan rinna ner i burken. Pedaltrycket skall behållas hela tiden; följ med pedalen nedåt om det behövs, men släpp inte upp den. När vätskan slutar flöda, dra åt luftningsnippeln. Bromspedalen ska nu sakta släppas upp igen. Kontrollera vätskenivån i behållaren och fyll på om det behövs.

18 Om det finns luft i bromsledningarna visar sig detta som bubblor i den avtappade vätskan. Upprepa de två föregående punkterna tills dess att vätskan som kommer ut ur slangen är fri från luftbubblor. Om huvudcylindern har tappats av och fyllts på, och luft släpps ut från den första bromsledningen, vänta då fem sekunder mellan omgångarna så att huvudcylinderns passager hinner fyllas.

19 När inga luftbubblor längre syns i vätskan, skruva åt luftningsskruven ordentligt, ta bort slangen och nyckeln och sätt tillbaka dammskyddet.

20 Upprepa proceduren för övriga bromsledningar som ska luftas tills all luft är borta och bromspedalen känns stadig igen.

2.14b Placera nyckeln över nippeln och trä på slangen

⚠️ *Varning: Dra inte åt luftningsnippeln för hårt.*

### Luftning med backventil

21 Den här anordningen består av en slang med en backventil, vilken hindrar att luft och avtappad vätska dras in i systemet igen. Vissa modeller har också en genomskinlig behållare som kan placeras så att man lättare ser luftbubblorna som kommer ut ur slangen.

22 Slangen ansluts till en luftningsnippel som sen öppnas. Tryck ner bromspedalen mjukt och stadigt, för att sedan sakta släppa upp den; upprepa tills dess att vätskan som kommer ut är fri från bubblor.

23 Denna metod förenklar luftningen avsevärt och det kan vara lätt att glömma bort vätskenivån i behållaren. Se till att den hålls ovanför MIN-markeringen hela tiden - annars kommer luft att dras in i systemet.

### Luftning med lufttrycksanordning

24 Denna anordning arbetar vanligtvis med lufttryck från reservhjulet. Det kan dock vara nödvändigt att minska däcktrycket under det normala; läs medföljande instruktioner.

25 Metoden innebär att man ansluter en vätskefylld behållare under tryck till huvudcylinderns behållare. Därefter öppnas luftningsnipplarna i tur och ordning och vätskan får rinna ut tills dess att den inte längre innehåller några bubblor.

26 Den här metoden har den fördelen att en stor behållare med vätska utgör en extra säkerhet mot att luft dras in i systemet.

27 Luftning med lufttryck är speciellt effektiv när man luftar "svåra" system, eller när hela systemet luftas vid rutinmässigt byte av bromsvätska.

### Alla metoder

28 När luftningen är avslutad och pedalen känns stum igen, torka bort vätskespill, dra åt luftningsnipplarna ordentligt och sätt tillbaka dammskydden (där sådana förekommer).

29 Kontrollera vätskenivån i huvudcylinderns behållare och fyll på efter behov.

30 Avtappad vätska kan inte återanvändas, gör dig av med den på ett säkert sätt. *Kom ihåg att bromsvätska är giftig och mycket lättantändlig.*

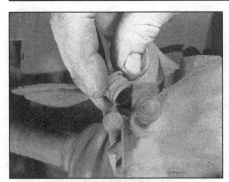

3.8a Vid det första oket, demontera dammskydden . . .

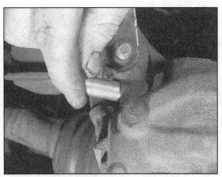

3.8b . . . och använd en 7 mm insexbit för att demontera styrpinnarna

3.9 Bänd bort låsfjädern (vid pilen) med en skruvmejsel

31 Testa bromspedalen. Om den känns fjädrande finns det förmodligen kvar luft i systemet och ytterligare luftning måste utföras. Om luftning har gjorts ett flertal gånger och pedalrörelsen ändå inte återställts, kan problemet vara slitna huvudcylindertätningar (detta bekräftas om kraftiga luftbubblor kan ses i behållaren när pedalen trycks ner). Se avsnitt 10 för renovering av huvudcylindern.

## Modeller med ABS-bromsar

**Observera:** *De främre bromskretsarna måste alltid luftas före den bakre*

### Främre bromskretsar

32 Följ någon av metoderna som beskrivits ovan för modeller utan ABS-bromsar.

### Bakre bromskretsar

33 Fyll på bromsvätska i behållaren upp till MAX-markeringen. Vätskenivån skall åtminstone hållas över MIN-markeringen under luftningsprocessen.
34 Anslut en slang på det bakre bromsokets luftningsnippel och sänk ner den andra änden i en ren glasburk fylld med bromsvätska.
35 Låt en assistent vrida tändningslåset till det andra läget, trycka ner bromspedalen och hålla den nere. Detta strömför den hydrauliska pumpen och sätter den bakre bromskretsen under tryck.
36 Använd en skiftnyckel, vrid luftningsnippeln cirka ett varv och låt bromsvätskan rinna ner i glasburken. Kontrollera att trycket på pedalen hålls konstant medan luftningsnippeln är öppen.

> **Varning:** *Låt inte hydraulpumpen arbeta längre än två minuter åt gången. Efter en sådan period skall tändningen stängas av och pumpen svalna i tio minuter innan arbetet kan fortsätta. Under inga omständigheter får pumpen köras tills den blir torr.*

37 Luft som eventuellt finns i systemet försvinner som bubblor i bromsvätskan. När ren bromsvätska utan bubblor kommer ut skall luftningsnippeln dras åt, bromspedalen släppas upp och motorn stängas av.
38 Torka bort överflödig bromsvätska kring luftningsnippeln och sätt på locket.
39 Ovanstående procedur kan vid behov upprepas vid det andra bakre bromsoket.

40 När systemet är luftat skall bromsvätska fyllas på i behållaren upp till MAX-markeringen; sätt sedan på locket.

## 3 Främre bromsklossar - byte

> **Varning:** *Bromsklossar skall bytas som en komplett enhet, d v s både vänster och höger bromskloss skall bytas på samma gång. Bromsklossar bör inte bytas på endast ett hjul eftersom obalans i inbromsning kan uppstå, vilket gör bilen instabil. Trots att Saab:s standardkomponenter inte innehåller asbest, är det ändå klokt att vidta säkerhetsåtgärder vid rengöring av delarna i bromssystemet. Använd inte tryckluft för att blåsa ut bromsdamm och skräp - använd en borste. Undvik att andas in damm; använd en godkänd ansiktsmask. Använd endast bromsrengöringsvätska av originaltillverkning eller denaturerad sprit för att rengöra bromsdelarna, ANVÄND INTE bensin eller bensinbaserad produkt.*

**Observera:** *Handbroms- och fotbromssystemen är självjusterande. Det är därför inte möjligt att bedöma slitagenivån av bromsklossarna från spelet i pedalen eller spaken - en noggrann granskning måste utföras enligt beskrivning i kapitel 1.*

1 Specifikationerna av de främre bromsarna i Saab 9000 har reviderats under bilens produktionstid; se detaljerad beskrivning i avsnittet Specifikationer och fastställ vilka komponenter som är monterade i den aktuella bilen.
2 Parkera bilen på plant underlag, placera klossar vid bakhjulen och dra åt handbromsen. Hissa upp framdelen på bilen, stöd den på pallbockar och demontera båda framhjulen - se beskrivning i 'Lyftning, bogsering och hjulbyte' i början av boken.

## Byte av bromsklossar - Girling bromsok

3 Vid det första bromsoket, använd en hylsnyckel och skiftnyckel för att skruva loss den undre skruven till styrtappen.

4 Fatta tag i bromssadeln och sväng den uppåt, var försiktig så att inte bromsslangen eller anslutningen belastas. Dra ut båda bromsklossarna; om de kärvar mot bromsskivan kan man trycka på den invändiga klossen med en griptång för att trycka in kolven i oket.

> **Varning:** *Håll ett öga på nivån i bromsvätskebehållaren när klossarna dras in för att kontrollera att den undanträngda vätskan inte svämmar över.*

5 Demontera bromsklossarna från det andra bromsoket på samma sätt.
6 Rengör bärytorna från damm och smuts med stålborste och bromsrengöringsvätska. Undvik att andas in damm.
7 Granska kolvtätningarna beträffande tecken på läckage eller försämring, samt själva kolven för tecken på slitage eller skada.

## Byte av bromsklossar - ATE bromsok

8 Vid det första bromsoket, demontera dammskydden och använd en 7 mm insexbit för att lossa och demontera styrpinnarna **(se bilder)**.
9 Bänd försiktigt bort låsfjädern med en skruvmejsel **(se bild)**; stöd bromssadeln under tiden.
10 Lyft bort bromssadeln från bäraren. Om bromsklossarna kärvar mot bromsskivan kan man trycka på den invändiga klossen med en griptång för att trycka in kolven i cylindern. Demontera den invändiga bromsklossen från

3.10a Lyft bort bromssadeln från bäraren

**3.10b Demontera den invändiga bromsklossen från bromssadeln genom att bända ut fjädern från kolven**

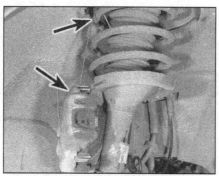

**3.11 Bromssadeln upphängd i fjädern med en vajer**

bromssadeln genom att bända ut fjädern från kolven. Lyft ut den utvändiga bromsklossen **(se bilder)**.

**11** Knyt fast ett buntband av nylon eller en vajer till en del av bromssadeln och knyt upp den från en lämplig plats på upphängningen (se bild).

 *Varning: Låt inte bromssadeln hänga från bromsslangen.*

**12** Demontera bromsklossarna från det andra bromsoket på samma sätt.
**13** Rengör bärytorna från damm och smuts med stålborste och bromsrengöringsvätska. Undvik att inandas damm som virvlar i luften.
**14** Granska kolvtätningarna beträffande tecken på läckage eller försämring, samt själva kolven beträffande tecken på skada eller förslitning. När bromssadeln är demonterad, kontrollera att styrpinnarna kan röra sig fritt i sina hål, utan alltför stort spel.

### Kontroll av bromsklossar - alla bromsok

**15** Mät beläggens tjocklek. Om en bromskloss har belägg som underskrider gränsvärdet måste alla fyra främre bromsklossarna bytas (se Specifikationer). Om någon av bromsklossarna har förorenats med olja eller fett kan den inte rengöras och återanvändas. Även i detta fallet måste alla fyra bromsklossarna bytas. Om bromsklossarna är föro-

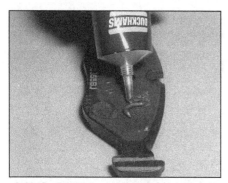

**3.16 Smörj lite kopparbaserad bromsfett på bromsklossarnas metallrygg. Låt inte smörjmedlet komma i kontakt med beläggens friktionsytor**

renade skall orsaken till detta fastställas och åtgärdas innan nya bromsklossar monteras. Om alla fyra bromsklossarna är användbara skall de rengöras noggrant med borste (helst en fin stålborste) och bromsrengöringsvätska. Var speciellt uppmärksam på den bakre metallplåten där bromsklossarna kommer i kontakt med bromsoket. Undersök beläggens ytor och bänd försiktigt ut fragment som kan vara inbäddade i beläggen.
**16** Smörj sparsamt med kopparbaserat bromsfett på bromsklossarnas metallrygg; *låt inte* smörjmedlet komma i kontakt med friktionsytorna på beläggen **(se bild)**.
**17** Det är klokt att alltid kontrollera bromsskivornas kondition vid byte eller kontroll av bromsklossarna; se beskrivning i avsnitt 7.

### Bromsklossar, montering - Girling bromsok

**18** Vid det första bromsoket, för bromsklossarna i rätt position med beläggen mot bromsskivan.
**19** Sväng ner bromssadeln på bromsoket i rätt läge. Om bromsklossarna kärvar mot bromsskivan kan man trycka på den invändiga klossen med en griptång för att trycka in kolven i cylindern.
**20** Montera och dra åt fästskruven till styrpinnen.
**21** Montera bromsklossarna till det andra bromsoket på samma sätt.
**22** Tryck ner bromspedalen åtskilliga gånger för att sätta bromssystemet under tryck och föra bromsklossarna i kontakt med bromsskivan. Om pedalen känns svampig kan luft ha kommit in i systemet när bromsklossarna demonterades - se beskrivning i avsnitt 2 beträffande luftning av bromssystemet.
**23** Montera hjulen, sänk ner bilen på marken och dra åt hjulbultarna till angivet åtdragningsmoment.
**24** Fyll på bromsvätska till MAX-markeringen och sätt på locket.

### Bromsklossar, montering - ATE bromsok

**25** Montera den utvändiga bromsklossen på det första bromsoket genom att föra in styrstiftet på plåten i motsvarande spår på

bäraren. Kontrollera att ytan på beläggen vilar rakt mot bromsskivans yta.
**26** Montera den invändiga bromsklossen på bromssadeln genom att trycka in fjäderns flikar i den ihåliga kolven.
**27** Använd G-klammor eller rörklämmor och tvinga in kolv och invändig bromskloss i bromssadeln. När bromsklossen är indragen kan bromssadeln monteras i bäraren.

 *Varning: Håll ett öga på nivån i bromsvätskebehållaren när klossarna dras in för att kontrollera att den undanträngda vätskan inte svämmar över.*

**28** Lätta på G-klammor/rörklämmor och demontera dem, låt kolv och bromsklossar sätta sig i sitt läge. Smörj medel som motverkar kärvning på styrtapparna och montera dem, dra åt dem till angivet åtdragningsmoment (se Specifikationer). Sätt tillbaka skyddslocken.
**29** Montera låsfjädern och placera dess ändar i bromssadelns hål.
**30** Montera bromsklossarna till det andra bromsoket på samma sätt.
**31** Tryck ner bromspedalen åtskilliga gånger för att sätta bromssystemet under tryck och föra bromsklossarna i kontakt med bromsskivan. Om pedalen känns svampig kan luft ha kommit in i systemet när bromsklossarna demonterades - se beskrivning i avsnitt 2 beträffande luftning av bromssystemet.
**32** Montera hjulen, sänk ner bilen på marken och dra åt hjulbultarna till angivet åtdragningsmoment.
**33** Fyll på bromsvätska i behållaren upp till MAX-markeringen och sätt på locket.

---

**4 Bakre bromsklossar - byte**

 *Varning: Se varning i början av avsnitt 3 innan arbetet påbörjas.*

**Obsrvera:** *Handbroms- och fotbromssystemen är självjusterande. Det är därför inte möjligt att bedöma slitagenivån av bromsklossarna från spelet i pedalen eller spaken - en noggrann granskning måste utföras enligt beskrivning i kapitel 1.*
**1** Parkera bilen på ett plant underlag, placera klossar vid framhjulen och lägg i ettans växel (manuell växellåda) eller 'Park' (automatisk växellåda) - dra inte åt handbromsen. Hissa upp bilens bakdel, stöd den på pallbockar och demontera båda bakhjulen - se beskrivning i *'Lyftning, bogsering och hjulbyte'* i början av boken.
**2** Vid det första bromsoket, skruva loss dammpluggen från justerskruvens hål på bromssadeln. Vrid justeringsskruven moturs så långt det går med en insexnyckel. Kolven dras då fullständigt in i bromssadeln vilket drar bort bromsklossen från bromsskivan **(se bilder)**.

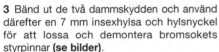

4.2a Vid det första bromsoket, demontera dammpluggen från justerskruvens hål i bromssadeln

4.2b Använd en insexnyckel, vrid justerskruven moturs så långt det går

4.3a Bänd ut de två dammskydden . . .

3 Bänd ut de två dammskydden och använd därefter en 7 mm insexhylsa och hylsnyckel för att lossa och demontera bromsokets styrpinnar (se bilder).
4 Bänd ut låsfjädern från bromsoket med en skruvmejsel (se bild).
5 Lyft bort bromssadeln från bäraren, lätta på fjädertrycket på handbromsspaken och lossa handbromsvajern från spaken (se bild).
6 Ta bort bromsklossarna från bromssadeln. Observera att den invändiga bromsklossen måste bändas bort från kolven eftersom den hålls på plats av en fjäder som är infäst på beläggets metallrygg (se bild).
7 Häng bromssadeln från en fast punkt i bilens fjädring med buntband eller vajer. Låt den inte hänga på bromsslangen eftersom det kommer att skada slangen.
8 Demontera bromssadlarna från bromsoket på det andra hjulet på samma sätt.
9 Granska bromsokets kolvtätning beträffande läckage eller försämring, och själva kolven beträffande tecken på skador eller förslitning. Rengör bromssadeln från smuts med borste och bromsrengöringsvätska. Undvik att inandas damm som virvlar i luften genom att använda godkänd ansiktsmask.
10 Medan bromssadeln är demonterad, kontrollera att styrpinnarna kan röra sig fritt i sina hål utan alltför stort spel.
11 Mät beläggens tjocklek. Om en bromskloss har belägg som underskrider gräns-

4.3b . . . och använd en 7 mm insexhylsa och hylsnyckel för att lossa . . .

4.3c . . . och dra ut bromsokets styrpinnar

värdet måste alla fyra främre bromsklossarna bytas (se Specifikationer ). Om någon av bromsklossarna har förorenats med olja eller fett kan den inte rengöras och återanvändas. Även i detta fall måste alla fyra bromsklossarna bytas. Om bromsklossarna är förorenade skall orsaken till detta fastställas och åtgärdas innan nya klossar monteras.
12 Om alla fyra bromsklossarna är användbara skall de rengöras noggrant med borste (helst en fin stålborste) och bromsrengöringsvätska. Var speciellt uppmärksam på den bakre metallplåten där bromsklossen kommer i kontakt med bärare/kolv. Undersök beläggens ytor och bänd försiktigt ut fragment som kan vara inbäddade i beläggen. Borsta spåren rena om de är igensatta.

13 Det är klokt att alltid kontrollera bromsskivornas kondition vid byte eller kontroll av bromsklossarna; se beskrivning i avsnitt 7.
14 Smörj sparsamt med medel som motverkar kärvning på bromsklossarnas metallrygg; låt inte smörjmedlet komma i kontakt med friktionsytorna på beläggen (se bild 3.16).
15 Montera bromsklossarna på bromssadeln och tryck in den invändiga klossens fjäder i kolvens urholkning. Montera bromssadeln på bäraren.
16 Smörj styrpinnarna med medel som motverkar kärvning och montera dem. Dra åt dem till angivet åtdragningsmoment med en 7 mm insexhylsa, sätt tillbaka dammskydden.

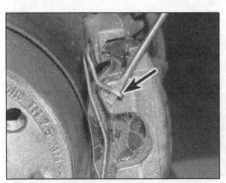

4.4 Använd en skruvmejsel för att bända ut låsfjädern (vid pilen) från bromsoket

4.5 Lyft bromssadeln från bäraren, lätta på fjädertrycket på handbromsspaken och lossa vajern från spaken

4.6 Ta bort bromsklossarna från bromssadeln. Observera att den invändiga klossen måste bändas bort från kolven eftersom den hålls på plats av en fjäder infäst i beläggets metallrygg

**17** Montera låsfjädern på plats och placera dess ändar i hålen på bromssadeln.
**18** Skruva i justeringsskruven med en insexnyckel tills den invändiga bromsklossen nästan vidrör bromsskivan.
**19** Sätt tillbaka pluggen och brickan, men se till att de är ordentligt rengjorda innan de sätts på plats.
**20** Dra upp handbromsspaken mot returfjädern och anslut vajern, se beskrivning i kapitel 1 och justera handbromsen.
**21** Tryck ner bromspedalen åtskilliga gånger för att sätta bromssystemet under tryck och föra bromsklossarna i kontakt med bromsskivan. Om pedalen känns svampig kan luft ha kommit in i systemet när bromsklossarna demonterades - se beskrivning i avsnitt 2 beträffande luftning av bromssystemet.
**22** Montera hjulen, sänk ner bilen på marken och dra åt hjulbultarna till angivet åtdragningsmoment.
**23** Fyll på bromsvätska i behållaren upp till MAX-markeringen och sätt på locket.

---

### 5 Främre bromsok - demontering, renovering och montering

**Varning: Läs säkerhetsanvisningarna i början av avsnitt 2 och 3 beträffande hantering av bromssystemets olika delar och vätskor.**

**1** Parkera bilen på plant underlag, placera klossar vid bakhjulen och dra åt handbromsen. Hissa upp framdelen på bilen, stöd den på pallbockar och demontera det aktuella framhjulet för att göra bromsoket åtkomligt. Se beskrivning i *'Lyftning, bogsering och hjulbyte'* i början av boken.
**2** Innan bromsoket demonteras skall bromsslangen först lossas från oket vilket innebär att en viss mängd bromsvätska kommer att rinna ut. Mängden vätska kan minimeras genom att den böjliga bromsslangen kläms ihop med en slangklamma av originaltyp **(se bild)**. Dessa klammor är konstruerade att spänna in slangar utan att klämma slangens väggar och orsaka skada. Klammorna kan köpas från biltillbehörsbutiker till en ringa kostnad.

**5.2 Bromsslangklamma**

**Varning: G-klammor med oskyddade käftar skall inte användas eftersom de kan skada slangen och senare orsaka haveri.**

### Demontering

**3** Rengör ytan på bromsoket kring bromsslangens anslutning med en ren trasa. Lätta på slanganslutningen, men skruva inte loss slangen fullständigt för tillfället eftersom den kan vridas.
**4** Demontera bromsklossarna enligt beskrivning i avsnitt 3.
**5** På modeller som är utrustade med Girling bromsok (se Specifikationer), bänd bort dammskyddet och skruva loss den övre skruven till styrpinnen med en skiftnyckel och hylsnyckel. Bromssadeln kan lyftas bort från bäraren.
**6** Bromssadeln kan nu lossas från bromsslangen; håll i slangen och rotera bromssadeln tills slanganslutningen har skruvats loss från tappen. Var beredd på att bromsvätska rinner ut - placera en liten behållare eller ren trasa under för att samla upp spilld vätska. Om bromsvätskan fortsätter att rinna ut bör man kontrollera om slangklamman håller tätt.
**7** Torka änden på bromsslangen ren samt tappen i bromssadeln och montera dammskydd på dem.

**HAYNES TiPS** *Om dammskydd inte finns tillgängliga kan man som alternativ skära fingrarna av en gammal gummihandske, dra dem över änden på slangen och sätta fast dem med gummisnoddar.*

**8** Lossa och ta bort fästskruvarna, och sänk ner bäraren från styrarmen.

### Renovering

**9** Det är viktigt att arbetsytan är absolut ren när man arbetar med isärtagning av bromssystemets komponenter. Smuts i hydraulsystemet kan ha negativ inverkan på systemets prestanda och eventuellt orsaka problem. Välj en ren och fri yta att arbeta på; lägg ut ett stort pappersark eller kartong över arbetsytan för att hålla delarna rena och lätta att överblicka.
**10** Ta bort alla spår av smuts och damm från bromssadeln med en borste.

**Varning: Undvik att andas in damm som virvlar i luften.**

**11** Kolven kan demonteras från cylindern med tryckluft genom hydraulslangen. Ett lågt tryck är allt som behövs så en cykel- eller fotpump bör räcka. Ta bort dammskyddet och anslut pumpen till tappningen med en gammal vakuum- eller bränsleslang som tätning. Använd inte någonting som kan skada gängan i tappningen. Använd ett träblock som skydd för kolven när den trycks ut.
**12** Bänd försiktigt bort dammskyddet från cylinderloppet, låt den vara ansluten till kolven

- använd ett plastverktyg som inte kan skada cylinderytan. Placera kolv och dammskydd åt sidan.
**13** Använd samma verktyg till att bända ut kolvtätningen från sätet i cylinderloppet. Undvik att repa loppets väggar eller sätet för tätningen.
**14** Rengör alla komponenter noggrant med denaturerad sprit, isopropylalkohol eller ren hydraulvätska. Använd inte mineralbaserade lösningsmedel som bensin eller fotogen, eftersom sådana medel kan angripa hydraulsystemets gummikomponenter. Torka komponenterna omedelbart efter rengöringen med tryckluft eller en ren luddfri trasa. Blås igenom vätskepassagerna med tryckluft. Om delarna inte genast skall monteras skall ett dammskydd placeras på bromsslangens tappning.
**15** Granska samtliga komponenter noggrant och byt dem som är slitna eller skadade. Kontrollera speciellt cylinderloppet och kolven för att se om de är repade, slitna eller korroderade. Byt dem om så är fallet (observera att det innebär att hela bromssadeln skall bytas som en enhet). Kontrollera även styrpinnarnas kondition och deras lopp i bromssadeln; båda styrpinnarna skall vara fria från skador och korrosion. Efter rengöringen bör de ha en rimligt tät glidpassning i deras respektive lopp. Byt komponenter vars kondition är tvivelaktig.
**16** Om enheten kan återanvändas bör en lämplig reparationssats anskaffas; komponenterna kan anskaffas från Saabverkstäder i olika kombinationer.
**17** Byt samtliga gummitätningar och dammskydd som har rörts eller demonterats under arbetet; de gamla artiklarna skall *aldrig* återanvändas.
**18** Före monteringen, kontrollera att samtliga komponenter är fullständigt rena och torra.
**19** Smörj in den nya kolvtätningen med smörjfett från reparationssatsen. Använd samma fett som smörjning på det nya dammskyddet.
**20** Montera den nya kolvtätningen i sitt säte i cylindern, använd inte verktyg till detta.
**21** Montera det nya dammskyddet på kolven; trä det över änden som kommer i kontakt med bromsklossen, dra därefter ner det till kolvens andra ände.
**22** Med bromssadeln på arbetsbänken, för upp kolven till cylinderloppet. Börja från den undre änden och tryck in dammskyddets krage i cylinderloppet, arbeta runt hela omkretsen tills kragen sitter ordentligt hela vägen runt.
**23** Kolven kan nu tryckas in i cylindern - var försiktig när kolven griper i den nya tätningen. Det kan vara nödvändigt att demontera dammskyddet från bromsslangens tappning för att låta luften i cylindern komma ut.

### Montering

**24** Anslut bromssadeln på bromsslangen genom att gänga slanganslutningen i tappningen. Håll slangen stilla och rotera bromssadeln. Dra inte åt anslutningen ännu.

**5.25a** Montera bäraren på styrarmen

**5.25b** Stryk låsvätska på fästskruvarna ...

**5.25c** ... och dra åt dem till angivet moment

**25** Montera bäraren på styrarmen - stryk låsvätska på fästskruvarna, sätt i och dra åt dem till angivet åtdragningsmoment **(se bilder)**. På modeller som är utrustade med Girling bromsok, lyft bromssadeln på plats på bromsoket och montera den övre styrpinnens skruv, dra åt till angivet åtdragningsmoment.
**26** För alla bromsok, följ ordningsföljden för montering av bromsok i slutet av avsnitt 3, men montera inte hjulet ännu.
**27** När bromsklossarna är monterade, dra åt bromsrörsanslutningen till angivet åtdragningsmoment.
**28** Demontera klamverktyget till bromsslangen. Se beskrivning i avsnitt 2 och lufta systemet för att få bort luften som har trängt in i bromsslangen medan oket varit demonterat. Om lämpliga åtgärder har vidtagits för att minimera förlusten av bromsvätska bör det räcka att systemet luftas vid det bromsoket.
**29** Montera hjulet, sänk ner bilen till marken och dra åt hjulbultarna enligt angivet åtdragningsmoment - se beskrivning i *'Lyftning, bogsering och hjulbyte'* i början av boken.

**6 Bakre bromsok -** demontering, renovering och montering

⚠️ *Varning: Se säkerhetsanvisningarna i början av avsnitt 2 och 3 beträffande hantering av komponenter och vätskor i bromssystemet.*

**1** Parkera bilen på plant underlag, placera klossar vid framhjulen och lägg i ettans växel (manuell växellåda) eller 'Park' (automatisk växellåda). Hissa upp framdelen på bilen, stöd den på pallbockar och demontera det aktuella framhjulet för att göra bromsoket som skall bytas åtkomligt. Se beskrivning i *'Lyftning, bogsering och hjulbyte'* i början boken.
**2** Innan bromsok demonteras skall bromsslangen först lossas från oket vilket innebär att en viss mängd bromsvätska kommer att rinna ut. Mängden vätska kan minimeras genom att den böjliga bromsslangen kläms ihop med en slangklamma av originaltyp (se bild 5.2). Dessa klammor är konstruerade att spänna in slangar utan att klämma slangens

väggar och orsaka skada. Klammorna kan köpas från biltillbehörsbutiker till en ringa kostnad.

⚠️ *Varning: G-klammor med oskyddade käftar skall inte användas eftersom de kan skada slangen och senare orsaka haveri.*

### Demontering
**3** Rengör ytan på bromsoket kring bromsslangens anslutning med en ren trasa. Lätta på slanganslutningen, men skruva inte loss slangen fullständigt för tillfället eftersom den kan vridas.
**4** Demontera bromsklossarna enligt beskrivning i avsnitt 4.
**5** Montera ett klämverktyg över bromsslangen och dra åt det. Håll i bromsslangen och rotera bromssadeln tills slanganslutningen har skruvats loss från tappningen. Var beredd på att bromsvätska rinner ut - placera en liten behållare eller ren trasa under för att samla upp spilld vätska. Om bromsvätskan fortsätter att rinna ut bör man kontrollera om slangklamman håller tätt.
**6** Torka änden på bromsslangen ren samt tappen i bromssadeln, och montera dammskydd på dem.

**HAYNES TiPS** *Om dammskydd inte finns tillgängliga kan man som alternativ skära fingrarna av en gammal gummihandske, dra dem över änden på slangen och sätta fast dem med gummisnoddar.*

**7** Lossa och ta bort fästskruvarna och sänk ner bäraren från navet.

### Renovering
**8** Det är viktigt att arbetsytan är absolut ren när man arbetar med isärtagning av bromssystemets komponenter. Smuts i hydraulsystemet kan ha negativ inverkan på systemets prestanda och eventuellt orsaka problem. Välj en ren och fri yta att arbeta på; lägg ut ett stort pappersark eller kartong över arbetsytan för att hålla delarna rena och lätta att överblicka.
**9** Rengör efter alla spår av smuts och damm från bromssadeln med en borste.

⚠️ *Varning: Undvik att andas in damm som virvlar i luften.*

**10** Placera bromssadeln på en arbetsyta. Bänd bort styrpinnarnas distanshylsor, tillsammans med dammskydden, med en trubbig skruvmejsel. Undvik att repa distanshylsornas inre ytor.
**11** Lyft av handbromsspakens returfjäder från dess tapp och placera den åt sidan.
**12** Bänd bort dammskyddets låsring; använd ett plastverktyg eller en liten skruvmejsel med tejp lindat runt bladet för att undvika att skada kolven. Dra bort dammskyddet från kolven.
**13** Rotera justeringsskruven medurs med en 4 mm insexnyckel för att tvinga kolven ur cylindern. Det kan bli nödvändigt att demontera dammskyddet från bromsslangen i detta läge för att släppa in luft i cylindern medan kolven trycks ut.
**14** Tryck ut kolvtätningen från sitt säte med ett plastverktyg; var noga att inte repa cylinderloppets yta.
**15** Rengör alla komponenter noggrant med denaturerad sprit, isopropylalkohol eller ren hydraulvätska. Använd inte mineralbaserade lösningsmedel såsom bensin eller fotogen, eftersom sådana medel kan angripa hydraulsystemets gummikomponenter.
**16** Torka komponenterna omedelbart efter rengöringen med tryckluft eller en ren luddfri trasa. Blås igenom vätskepassagerna med tryckluft. Om delarna inte skall monteras med detsamma skall ett dammskydd placeras på bromsslangens tappning.
**17** Granska samtliga komponenter noggrant och byt dem som är slitna eller skadade. Kontrollera speciellt cylinderloppet och kolven för att se om de är repade, slitna eller korroderade. Byt dem om så är fallet (observera att det innebär att hela bromssadeln skall bytas som en enhet). Kontrollera även styrpinnarnas kondition och deras lopp i bromssadeln; båda styrpinnarna skall vara fria från skador och korrosion. Efter rengöringen bör de ha en rimligt tät glidpassning i deras respektive lopp. Om de får bromsoket att kärva eller fastna kan de ha blivit skeva av överhettning - kontrollera styrpinnarna beträffande skevhet mot en rak kant. Byt komponenter vars kondition är tvivelaktig.

**18** Om enheten kan återanvändas bör en lämplig reparationssats anskaffas; komponenterna kan anskaffas från Saabverkstäder, i olika kombinationer.

**19** Byt samtliga gummitätningar och dammskydd som har rörts eller demonterats under arbetet; de gamla detaljerna skall *aldrig* återanvändas.

**20** Före monteringen, kontrollera att samtliga komponenter är fullständigt rena och torra.

**21** Smörj den nya kolvtätningen med smörjfett från reparationssatsen. Använd samma fett som smörjning på det nya dammskyddet.

**22** Montera den nya kolvtätningen i sitt säte i cylindern, använd inte verktyg till detta.

**23** Montera det nya dammskyddet på kolven; . trä det över änden som kommer i kontakt med bromsklossen, dra därefter ner det till kolvens andra ände.

**24** Tryck in kolven i cylinderloppet och dra in den helt genom att vrida justeringsskruven moturs med en 4 mm insexnyckel.

**25** Tryck kragen på dammskyddet över läppen på cylinderns kant. Kontrollera att den är ordentligt på plats och montera låsringen.

**26** Montera returfjädern till handbromsens spak. Kontrollera att den ena änden griper i själva spaken och den andra stöder mot den gjutna delen.

**27** Montera de två gummibussningarna och distanshylsorna till styrpinnarna.

## Montering

**28** Montera bäraren på navet - stryk låsvätska på fästskruvarna, sätt i och dra åt dem enligt angivet åtdragningsmoment **(se bilder)**.

**29** Anslut bromsadeln på bromsslangen genom att gänga in anslutningen i tappningen (ta bort dammskyddet först). Håll slangen stilla och rotera bromsadeln. Dra inte åt anslutningen hårt ännu.

**30** Se beskrivning i avsnitt 4 beträffande montering av bromsklossar och anslut vajern till handbromsen. Montera inte hjulet ännu.

**31** Dra åt bromsrörets anslutning till ordentligt. Demontera klamverktyget till bromsslangen, se beskrivning i avsnitt 2 och lufta systemet för att få bort luften som har trängt in i bromsslangen när oket varit demonterat. Om lämpliga åtgärder har

vidtagits för att minimera förlusten av bromsvätska bör det räcka att systemet luftas vid det bromsoket.

**32** Se beskrivning i kapitel 1 och justera handbromsen.

**33** Montera hjulet, sänk ner bilen till marken och dra åt hjulbultarna enligt angivet åtdragningsmoment - se beskrivning i *'Lyftning, bogsering och hjulbyte'* i början av boken.

## 7 Främre bromsskivor - kontroll, demontering och montering

⚠ *Varning: Se säkerhetsanvisningarna i början av avsnitt 2 och 3 beträffande hantering av komponenter och vätskor i bromssystemet.*

### Kontroll

**1** Parkera bilen på plant underlag, placera klossar vid bakhjulen och dra åt handbromsen. Hissa upp framdelen på bilen, stöd den på pallbockar och demontera framhjulen. Se beskrivning i *'Lyftning, bogsering och hjulbyte'* i början av boken.

**2** Rotera bromsskivan för hand och granska hela ytan som berörs av bromsklossarna på båda sidor om skivan. **Observera:** *För att komma åt bromsskivans baksida och göra en noggrann granskning, måste man först demontera bromsokets bromssadel; se beskrivning i avsnitt 5.* I normala fall skall skivans yta vara slät utan grova repor. Ett jämnt vågmönster uppstår under normal drift och är inte tecken på onormalt slitage. Djupa repor och sprickor tyder däremot på mer allvarlig skada och kräver åtgärd.

**3** Vid förekomst av djupa sprickor kan det, beroende på skadans omfång, bli nödvändigt att låta slipa om bromsskivan för att restaurera ytan. Mät bromsskivans tjocklek enligt nedanstående beskrivning och avgör om detta är en lämplig åtgärd.

**4** Kontrollera hela ytan på bromsskivan beträffande sprickor, speciellt runt hjulens mutterhål. En sprucken bromsskiva måste bytas.

**5** Granska kylningshålen mellan de båda beläggen på skivan och rensa bort smuts och bromsdamm; igensatta luftkanaler hämmar kylningen och minskar därmed bromsförmågan. Rengör luftkanalerna med en trasa som är indränkt i bromsrengöringsvätska och fastsatt på en ståltråd. Använd inte tryckluft eftersom det blåser ut skadligt bromsdamm i luften.

**6** En avlagringskant av rost och bromsdamm på skivans inre och yttre kanter, bortom kontaktytan med bromsklossarna, är fullt normalt och det är lätt att skrapa bort.

**7** Upphöjda åsar orsakade av bromsklossar som sliter på bromsskivan är en indikation på onormalt slitage. Om, vid en ingående granskning, sådana åsar uppenbaras måste skivans tjocklek mätas för att fastställa om den fortfarande är användbar.

**8** Vid mätning av bromsskivans tjocklek skall avläsningar göras med mikrometer vid flera punkter på den yta av skivan som berörs av bromsklossarna, inklusive punkter där skivan är repig. Rikta in mikrometerns käftar på de områden med de djupaste reporna för att få en sann bild av slitagets omfång. Jämför dessa mått med gränsvärdena under Specifikationer. Om bromsskivans värde vid någon punkt ligger under gränsvärdet skall skivan bytas.

**9** Om man misstänker att bromsskivorna är orsaken till bromsvibrationer skall skivans axialkast kontrolleras med någon av metoderna nedan.

### Mätning av axialkast - med indikatorklocka

**10** Montera de fyra hjulmuttrarna tillsammans med en M14-bricka per tapp för att garantera tillräcklig kontakt mellan bromsskiva och nav. Dra åt tapparna till 5 Nm.

**11** Sätt fast indikatorklockan på en ställning och fäst ställningen (helst via ett magnetiskt underlag) på fjäderbenets fäste. Rikta in mätaren så att visaren vilar på ytan som berörs av bromsklossarna, på en båge 130mm från navcentrum **(se bild)**.

**6.28a** Montera bäraren på navet

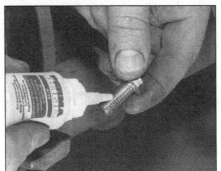
**6.28b** Stryk låsvätska på fästskruvarna, dra åt dem till angivet moment

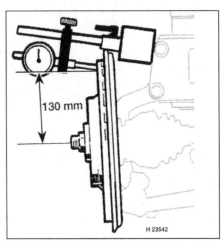
**7.11** Mätning av bromsskivans axialkast – med indikatorklocka

**7.17 Lätta på skivans styrtapp (A) och fästskruv (B) – de är på samma radie som hålen till hjulbultarna**

12 Nollställ mätaren och rotera bromsskivan långsamt ett varv och observera visarens rörelse. Observera max nedböjning och jämför avläsningsvärdena med de gränsvärden som anges i Specifikationer.

**Mätning av axialkast - med bladmått**

13 Använd bladmåtten för att mäta spelet mellan skivan och en lämplig fast punkt, exempelvis skivans bakre plåt. Rotera skivan och mät variationerna i spelet vid fler punkter runt skivan. Jämför max värdet med gränsvärdet i Specifikationer.

14 Om bromsskivans axialkast överskrider gränsvärdet bör man först kontrollera om navet är slitet - se beskrivning i kapitel 10. Om navet är i god kondition skall bromsskivan demonteras (enligt nedanstående beskrivning), roteras 180° och monteras tillbaka. Denna åtgärd kan förbättra installationen och undanröja alltför stort axialspel.

15 Om axialspelet fortfarande är oacceptabelt kan det gå att återställa bromsskivan genom att låta slipa om den; fråga en Saabverkstad eller annan verkstad om råd - det är ibland mer ekonomiskt att köpa en ny bromsskiva. Om det inte går att slipa om bromsskivan måste den bytas.

16 Mät skivans tjocklek på flera punkter med en mikrometer; jämför med gränsvärdena i Specifikationer.

**Demontering**

17 Markera förhållandet mellan bromsskivan och navet med krita eller märkpenna. Lätta på skivans styrtapp och fästskruv - de är placerade på samma radie som hålen till hjulbultarna - demontera dem inte ännu **(se bild)**.

18 För att kunna demontera bromsskivan måste bromsoket skruvas loss från navet, men inte demonteras fullständigt - bromsklossarna och hydraulslangen kan lämnas kvar på plats. Dra in den invändiga bromsklossen och kolven i cylindern med en griptång eller G-klammor; kontrollera att den undanträngda bromsvätskan inte flödar över vätskebehållaren.

19 För bromssadeln längs styrpinnarna så att båda bromsklossarna går fria från bromsskivan. Se tillämpliga stycken i avsnitt 5 och

demontera bromssadeln från bäraren, häng upp den från en fast punkt i fjädringen med ståltråd eller buntband. Belasta inte bromsslangen genom att låta den hänga fritt.

20 Se beskrivning i avsnitt 5 igen och demontera bäraren från styrarmen.

21 Demontera bromsskivans styrtapp och fästskruv fullständigt. Stöd skivan vid demonteringen och lyft av den när den lösgörs **(se bild)**. Knacka lätt på baksidan med en mjuk klubba för att lossa skivan om den kärvar.

22 Avlägsna den polerade hinnan från skivans yta med sandpapper. Arbeta med små cirkulära rörelser för att undvika att spår uppstår på ytan.

**Montering**

23 Om en ny bromsskiva skall monteras skall den skyddande ytan avlägsnas med lämpligt lösningsmedel.

24 Placera bromsskivan på navet så att hjulmuttern, fästskruven och styrtappshålen är korrekt inriktade; använd passmärkena som gjordes vid demonteringen. Om bromsskivan har demonterats för att axialspelet skall förbättras skall skivan vridas 180° och monteras tillbaka.

25 Montera styrtappen och fästskruven, dra åt dem hårt.

26 Montera bärare och bromssadel till bromsoket, dra åt fästskruvarna till angivet åtdragningsmoment; se närmare beskrivning i avsnitt 5.

27 Gör en ny kontroll av axialspelet enligt någon av de metoder som beskrivits tidigare i detta avsnitt.

28 Tryck ner bromspedalen flera gånger för att bromsbeläggen skall sätta sig mot skivan.

29 Montera hjulet och sänk ner bilen på marken. Dra åt hjulbultarna till angivet åtdragningsmoment.

**8 Bakre bromsskivor** - kontroll, demontering och montering

⚠ **Varning: Se säkerhetsanvisningarna i början av avsnitt 2 och 3 beträffande hantering av komponenter och vätskor i bromssystemet.**

**8.3 Lätta på bakre bromsskivans styrtapp**

**Kontroll**

1 Parkera bilen på ett plant underlag, placera klossar vid bakhjulen och dra åt handbromsen. Hissa upp framdelen på bilen, stöd den på pallbockar och demontera det aktuella framhjulet. Se beskrivning i *'Lyftning, bogsering och hjulbyte'* i början av boken.

2 Se beskrivning i början av avsnitt 7 beträffande granskning av bromsskivor, observera att de bakre bromsskivorna inte är ventilerade. **Observera:** *Bromsokets bromssadel måste demonteras för att en granskning av bromsskivans bakdel skall kunna utföras; se beskrivning i avsnitt 6.*

**Demontering**

3 Markera förhållandet mellan bromsskivan och navet med krita eller märkpenna. Lätta på skivans styrtapp och fästskruv - de är placerade på samma radie som hålen till hjulbultarna - demontera dem inte ännu **(se bild)**.

4 För att kunna demontera bromsskivan måste bromsoket skruvas loss från navet, men inte demonteras fullständigt - bromsklossarna och hydraulslangen kan lämnas kvar på plats. Dra in den invändiga bromsklossen och kolven i cylindern med en griptång eller G-klammor - kontrollera att den undanträngda bromsvätskan inte flödar över vätskebehållaren. För bromssadeln längs styrpinnarna så att båda bromsklossarna går fria från bromsskivan.

5 Demontera styrpinnarna, lyft ut bromssadeln från bromsskivan och häng den från en fast punkt i fjädringen med en ståltråd eller buntband. Skruva loss och ta bort bäraren från navet; se närmare beskrivning i avsnitt 6.

6 Demontera bromsskivans styrtapp och fästskruv fullständigt. Stöd skivan vid demonteringen och lyft av den när den lösgörs **(se bild)**. Knacka lätt på baksidan med en mjuk klubba för att lossa skivan om den kärvar.

7 Avlägsna den polerade hinnan från skivans yta med sandpapper. Arbeta med små cirkulära rörelser för att undvika att spår uppstår på ytan.

**Montering**

8 Om en ny bromsskiva skall monteras skall den skyddande ytan avlägsnas med lämpligt lösningsmedel.

**8.6 Demontering av bakre bromsskiva**

**9** Placera bromsskivan på navet så att hjulbultarnas, fästskruvens och styrtapparnas hål är korrekt inriktade; använd passmärkena som gjordes vid demonteringen. Om bromsskivan har demonterats för att axialspelet skall förbättras skall skivan vridas 180° och monteras tillbaka.

**10** Montera styrtapp och fästskruv, dra åt dem hårt.

**11** Montera bromsokets bärare och bromssadeln och dra åt fästskruvarna till angivet åtdragningsmoment; se närmare beskrivning i avsnitt 6.

**12** Gör en ny kontroll av axialspelet enligt någon av de metoder som beskrivits tidigare i detta avsnitt.

**13** Tryck ner bromspedalen flera gånger för att bromsbeläggen skall sätta sig mot skivan.

**14** Kontrollera och justera handbromsen enligt beskrivning i kapitel 1.

**15** Montera hjulet och sänk ner bilen på marken. Dra åt hjulbultarna till angivet åtdragningsmoment.

## 9 Hydraulledningar och slangar - byte

**Observera:** *Innan arbetet påbörjas, se säkerhetsanvisningar i början av avsnitt 2 beträffande risker vid arbete med hydraulvätska.*

**1** Om rör eller slang skall bytas ut bör man försöka att minimera förlusten av bromsvätska så mycket som möjligt. Slangar kan tätas med bromsslangklamma av originalmodell; röranslutningar kan täppas till med plugg (om man är försiktig så att inget smuts kommer in i systemet) eller lock omedelbart efter röret har lossats. Placera en liten behållare eller några trasor under den anslutning som skall lossas för att fånga upp spilld vätska.

**2** Om en böjlig slang skall lossas skall bromsrörets mutter skruvas loss innan slangen kan demonteras från fästet.

**3** Använd helst en bromsrörsskruvnyckel av rätt storlek för att lossa anslutningsmuttrarna; sådana kan anskaffas från de flesta biltillbehörsbutiker. Alternativt kan en tättslutande, öppen skruvnyckel användas. Om muttrarna sitter hårt eller har rostat kan dess plana sidor bli avrundade om skruvnyckeln slinter. I så fall är en självlåsande skiftnyckel det enda sättet att skruva loss en hårt åtdragen anslutning, och naturligtvis måste röret och de skadade muttrarna bytas ut före monteringen. Rengör alltid en anslutning och dess omgivande yta innan den lossas.

 **Om en komponent med flera anslutningar skall lossas bör man notera hur de sitter innan de tas loss.**

**4** Om ett bromsrör skall bytas kan det anskaffas i rätt längd och med anslutna muttrar och ändflänsar från en Saabverkstad.

Röret behöver endast böjas efter originalrörets form innan det monteras i bilen. Alternativt kan de flesta biltillbehörsbutiker tillverka bromsrör. Detta kräver dock att originalröret mäts ytterst noggrant, för att garantera att utbytesröret får rätt längd. Den säkraste lösningen är normalt att ta med originalröret till butiken.

**5** Dra inte åt muttrarna för hårt vid monteringen. Det är inte nödvändigt att använda särskilt stor kraft för att åstadkomma en god anslutning.

**6** Kontrollera att rör och slangar är korrekt dragna och utan veck, samt att de är ordentligt fastsatta i de klämmor eller fästen som tillhandahållits. Kontrollera att rören eller slangarna inte nöter mot bilens kaross eller mot andra delar; tryck ner bilen mot fjädringen och vrid ratten med fullt utslag åt varje håll för att kontrollera att rören eller slangarna inte vidrör komponenter som rör sig när bilen är i gång.

**7** När monteringen är avslutad skall hydraulsystemet luftas enligt beskrivning i avsnitt 2. Tvätta bort spilld bromsvätska och gör en kontroll beträffande läckage.

## 10 Huvudbromscylinder - demontering, renovering och montering

⚠ **Varning:** *Innan arbetet påbörjas, se säkerhetsanvisningar i början av avsnitt 2 beträffande risker vid arbete med hydraulvätska.*
**Observera:** *Se beskrivning i avsnitt 9 beträffande korrekt hantering av rör och slangar i bromssystemet.*

### Demontering - modeller med ABS-bromsar

**1** På modeller som är utrustade med ABS-bromsar utgör huvudbromscylindern en del av hydraulsystemet; se beskrivning i avsnitt 19 och 20.

### Demontering - modeller utan ABS-bromsar

**2** Lossa båda batterikablarna och ta bort batteriet; se närmare beskrivning i kapitel 5A.

**3** På årsmodeller före 1990, lossa bränslefiltret från fästremmen och flytta det åt sidan; se närmare beskrivning i kapitel 4A.

**4** Ta bort locket till bromsvätskebehållaren och tappa ur all vätska från kamrarna till båda bromskretsarna. Detta kan utföras på flera sätt, varav ett är att använda en gammal spruta och suga upp vätskan direkt från behållaren. En annan metod är att pumpa upp vätskan genom luftningsnippeln vid ett av bromsoken. Anslut den ena änden av ett rör till luftningsnippeln och placera den andra änden i en behållare stor nog att rymma åtminstone 1 liter vätska. Öppna luftningsnippeln med en skruvnyckel och pumpa bromspedalen med jämna, stadiga tag tills all vätska har tappats av från vätskebehållarens

bromskretsrum in i behållaren. Dra åt luftningsnippeln. **Observera:** *På bilar med manuell växellåda är det inte nödvändigt att tappa av vätskan från kopplingskretsens rum.*

⚠ *Varning: Sug inte upp bromsvätskan med munnen och en rörbit - vätskan kan sväljas oavsiktligt och bromsvätska är mycket giftig.*

**5** Torka rent kring bromsrörs- och slanganslutningarna. Två flätade slangar leder från behållarens botten till huvudbromscylindern. Lossa dessa genom att bända ut anslutningarna i öppningarna på huvudbromscylindern. Var försiktig och undvik att skada plastanslutningarna. Notera i vilken öppning varje slang var ansluten. Var beredd på spill - placera några trasor under anslutningarna för att absorbera vätska som kan rinna ut. Plugga igen de lossade slangarna för att hålla smuts borta och undvika för stor vätskeförlust.

**6** Lätta på anslutningarna och lossa alla fyra bromsrören från huvudbromscylindern. Notera till vilken öppning varje rör är anslutet.

**7** Demontera de två fästmuttrarna och lyft bort huvudbromscylindern från vakuumservon och ut ur bilen.

### Renovering

**8** Välj en ren, plan och fri arbetsyta där renoveringen skall utföras; täck arbetsytan med ett stort pappersark eller kartong som kan absorbera eventuell bromsvätska som läcker ut från de isärtagna komponenterna.

**9** Kläm fast huvudbromscylindern i en skruvstäd med mjuka käftar. Använd träblock för att skydda cylindern om skruvstädet har nakna metallkäftar. Demontera gummitätningarna från rör- och slanganslutningarna och kasta dem; nya tätningar skall användas vid monteringen.

**10** Tryck in primärkolvarna tillräckligt långt i cylinderloppet så att sekundärkolvens ändtapp kan demonteras. Använd ett trubbigt instrument, t ex en trätapp, för att undvika att repa cylinderloppet när primärkolven trycks ut.

**11** Låt kolven fjädra tillbaka till viloläge, dra därefter ut hela primär- och sekundärkolvenheten från cylindern, tillsammans med den lösa plastluftningsskålen **(se bild)**. När

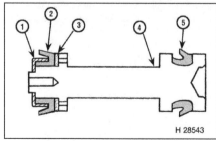

**10.11 Sekundärkolvenheten**

*1 Tätningshållare*　　*4 Kolv*
*2 Tätning*　　　　　*5 Kolvtätning*
*3 Bricka*

delarna kommer ut skall deras monterings-ordning noteras och delarna placeras i den ordningsföljden på arbetsytan. Om kolven är svår att få ut kan det hjälpa med en försiktig stråle tryckluft i bromsrören för att tvinga ut kolven ur cylindern - placera några trasor i cylinderns öppna ände om kolven skjuts ut snabbare än väntat.

 **Varning: Bär skyddsglasögon vid arbete med tryckluft.**

**12** Vid rengöring av delarna i bromssystemet bör endast godkänd bromsrengöringsvätska, denaturerad sprit eller ny hydraulvätska användas som rengöringsmedel. Använd aldrig mineralbaserade lösningsmedel som bensin eller fotogen eftersom de angriper hydraulsystemets gummikomponenter.
**13** Rengör samtliga komponenter noggrant och torka dem med en luddfri trasa eller med tryckluft. Var speciellt uppmärksam på cylinderloppets insida samt anslutnings-öppningarna till bromsrör och slangar.
**14** Granska cylinderloppets insida. Ytan skall vara glänsande och jämn; vid tecken på korrosion, gropbildning eller repor skall huvudbromscylindern bytas ut. Om kolvarna är repade eller korroderade skall även de bytas ut som en komplett enhet.
**15** Om cylinder- och kolvenheterna kan återanvändas, kan en huvudbromscylinder-sats anskaffas från en Saabverkstad. En sådan sats innehåller utbytesdelar för de komponenter som kan tänkas vara utslitna under normala omständigheter.
**16** Innan enheten sätts ihop skall kolv-komponenterna och de nya tätningarna från satsen indränkas i ny bromsvätska. Stryk bromsvätska även på cylinderloppets insida.
**17** Montera kolvenheten med nya tätningar; se anteckningarna som gjordes vid isär-tagningen för att kontrollera att de monteras i rätt ordningsföljd. Sätt först in kolven i cylinderloppet i en vinkel, mata in läppen på den första tätningen med en vridrörelse för att kontrollera att den inte viks bakåt **(se bild)**. När den första tätningen har förts in skall återstoden av kolven tryckas rakt in i cylindern; använd ett trubbigt instrument, exempelvis en trätapp, för att undvika att repa cylinderloppets yta.

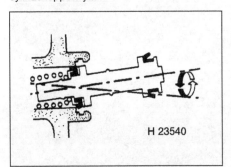

**10.17 Sätt först in kolven i cylinderloppet i en vinkel. Mata in läppen på den första tätningen med en vridrörelse**

**18** Pressa kolven mot trycket av sekun-därkretsens returfjäder och sätt i stoppinnen. Låt fjädern trycka tillbaka kolven och kontrollera därefter att stoppinnen håller den på plats.

## Montering

**19** Torka av vakuumservons kontaktyta och lyft upp den ihopsatta huvudbromscylindern på sina pinnskruvar. Kontrollera att tryck-stången är korrekt inriktad mot huvudbroms-cylinderns kolv. Montera muttrarna och dra åt dem enligt angivet åtdragningsmoment.
**20** Ta bort pluggarna från bromsrören och montera dem i respektive öppningar på huvudcylindern enligt de anteckningar som gjordes vid demonteringen. Dra åt anslut-ningarna säkert men inte alltför hårt.
**21** Tryck in anslutningarna till behållarens slangar i respektive öppningar på huvud-cylindern; se i anteckningarna som gjordes vid demonteringen för att kontrollera att de är anslutna åt rätt håll. Var försiktig så att tätningarna inte rubbas när anslutningsdonen pressas in.
**22** Fyll på bromsvätska av korrekt typ i behållaren till MAX-markeringen.
**23** Lufta hela bromssystemet för att eliminera alla luftfickor - se närmare beskrivning i avsnitt 2.
**24** Montera bränslefiltret på årsmodeller före 1990
**25** Montera batteriet och anslut batteri-kablarna.

## 11 Backventil för vakuumservo - demontering, test och montering

### Demontering

**1** Lätta på klipset (där sådant förekommer), och koppla bort vakuumslangen från vakuum-servons backventil.
**2** Dra ut ventilen från gummitätningen med en vridande rörelse. Demontera gummigenom-föringen från servon.

### Test

**3** Granska backventilen beträffande tecken på skador och byt ut den vid behov. Ventilen kan testas genom att man blåser igenom den från båda riktningarna. Luft skall endast strömma genom ventilen i en riktning - från ventilens servodel - annars skall ventilen bytas ut.
**4** Granska gummitätningen och vakuum-slangen beträffande skada eller förslitningar, och byt ut vid behov.

### Montering

**5** Montera gummigenomföringen på plats i servon.
**6** Placera försiktigt backventilen på plats och se till att gummigenomföringen inte rubbas eller skadas. Anslut vakuumslangen till ven-

tilen och, där så behövs, spänn klipset ordentligt.
**7** När arbetet är avslutat, starta motorn och kontrollera att luftläckage inte föreligger vid anslutningen mellan ventilen och servon.

## 12 Vakuumservo - test, demontering och montering

### Test

**1** Vid test av servon skall fotbromsen tryckas ner flera gånger när motorn är avstängd, för att få bort vakuum. Starta motorn, håll pedalen nedtryckt med foten; när motorns varvtal ökar till normal tomgång skall bromspedalens motstånd försvagas något när vakuum byggs upp i grenröret. Låt motorn gå i åtminstone två minuter, stäng därefter av den. Om bromspedalen nu trycks ner skall den kännas normal, ytterligare nedtryckningar bör dock resultera i att pedalen går trögare och spelet minskar för varje gång.
**2** Om servon inte fungerar enligt ovanstående beskrivning, kontrollera först servons back-ventil enligt beskrivning i avsnitt 11.
**3** Om servofunktionen fortfarande inte är tillfredsställande ligger problemet sannolikt i själva servon. Om den inte är funktionsduglig måste den bytas.

### Demontering

**4** Demontera panelen under instrument-brädan i det främre vänstra fotutrymmet.
**5** Identifiera länkstaget som ansluter peda-lens länkage till vakuumservon. Demontera klipset vid punkten där länkstaget är infäst vid länkaget, och ta bort sprintbulten.
**6** Lossa båda batterikablarna och demontera batteriet från motorrummet - se närmare beskrivning i kapitel 5A.
**7** På årsmodeller före 1990, lätta på fästremmen till bränslefiltret och lyft ut filtret (utan att lossa bränslerören) och placera det på avstånd från batterihållaren.
**8** Demontera kablarna från batterihållaren. Skruva loss batterihållaren från innerflygeln och lyft ut den från motorrummet.
**9** Se beskrivning i kapitel 1 och tappa av bromsvätskan från systemet.
**10** Se beskrivning i avsnitt 10 och demontera huvudcylindern.
**11** Se beskrivning i avsnitt 11 och demontera backventilen från vakuumservon, men låt den vara ansluten till vakuumslangen som leder till insugningsgrenröret.
**12** Arbeta inne i bilen från det vänstra fotutrymmet, demontera de fyra fästmuttrarna till servon, vilka är placerade bakom broms-länkagets fäste.

 **Varning: Ta en assistent till hjälp för att stödja servon under detta arbetsmoment, så att den inte faller ut när den sista muttern tas bort.**

## Montering

**13** Rengör kontaktytorna mellan servon och torpedväggen. Montera en ny packning över servons fästtappar.

**14** Lyft upp servoenheten till monterings-platsen. Placera ett länkstag genom torped-väggen och se till att det är korrekt inriktat mot bromssystemets länkage.

**15** Montera sprintbulten och klipset. Montera de fyra fästmuttrarna till servons pinnskruvar som skjuter ut genom torpedväggen. Dra åt dem till angivet åtdragningsmoment. Tryck panelen på plats bakom pedalerna.

**16** Anslut vakuumslangen genom att pressa in backventilen i genomföringen på servon; se mer detaljerad beskrivning i avsnitt 11.

**17** Montera huvudcylinder, bromsrör och slangar, se beskrivning i avsnitt 10.

**18** Montera batterihållaren och batteri-kablarna i omvänd monteringsordning. Koppla fast kablarna på batterihållaren.

**19** På årsmodeller före 1990, montera bränslefilter med fästrem.

**20** Fyll på bromsvätska i vätskebehållaren upp till MAX-markeringen och lufta hela bromssystemet; se utförligare beskrivning i avsnitt 2.

**21** Testa servons funktion (enligt beskriv-ningen i början av detta avsnitt) innan bilen tas i bruk igen.

## 13 Handbroms -
kontroll och justering

⚠️ **Varning: Justering av hand-bromsen skall utföras efter det att bromsskivorna har fått svalna fullständigt, och inte strax efter det att bilen har körts och bromsskivorna fortfarande kan vara heta. Bromsskivorna utvidgar sig vid höga temperaturer vilket kan medföra att justeringen blir felaktig.**

**1** Om handbromsen går för långt upp innan den tar, eller om bakhjulen tycks kärva, kan handbromsen vara i behov av justering **(se bild)**.

**2** Parkera bilen på ett plant underlag och stäng av motor och tändning. Lägg i ettans växel (manuell växellåda) eller 'Park' (automat-växellåda). Dra inte åt handbromsen.

**3** Placera klossar vid framhjulen, hissa upp bakdelen på bilen och stöd den med pall-bockar - se beskrivning i avsnittet 'Lyftning, bogsering och hjulbyte' i början av boken.

**4** Demontera båda bakhjulen för att komma åt bromsoken.

**5** Ta bort fästskruven och bänd ut borst-tätningen från mittkonsolen och för upp den över handbromsspaken. Två justeringsmuttrar blir nu synliga vid spakens nedre del; demontera plastlåsplattan från muttrarna och flytta den åt sidan **(se bild)**.

**6** Vid det högra bakre bromsoket, skruva loss pluggen från justerskruvens hål. Vrid juste-ringsskruven medurs med en 4 mm

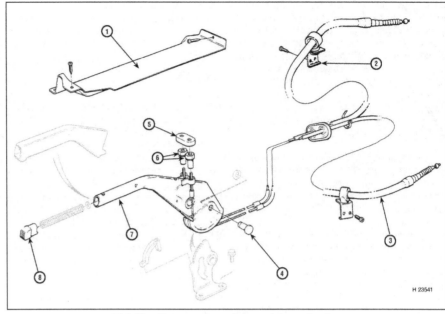

**13.1 Handbromsvajer och justeringsmekanism**

1 Lock
2 Vajerstyrning
3 Vajer
4 Pivotskruv
5 Plastlåsplatta
6 Justermuttrar
7 Handbromsspak
8 Knapp för spärr

insexnyckel så långt det går, backa därefter ett halvt varv. Med detta flyttas broms-klossarna så att de går fria från bromsskivan - rotera skivan för hand och kontrollera att den kan vridas fritt. Om den kärvar skall juster-skruven backas ytterligare ett kvarts varv och skivan kontrolleras på nytt. Montera pluggen till justeringsskruven.

**7** Placera ett 1 mm bladmått vid bromsoket, mellan handbromsens manöverspak och dess ändstopp. Inifrån bilen, vrid den högra juster-muttern nertill på handbromsen för att minska eller öka bromsokets spel. Spelet är korrekt inställt när bladmåttet precis kan föras mellan spak och ändstopp, med något motstånd **(se bild)**.

**8** Om det inte går att uppnå korrekt spel, eller om spelet kan ställas in korrekt men bromsskivorna ändå kärvar mot broms-klossarna, när handbromsen har ansatts och lossats, undersök då handbromsens manöverspak och returfjäder på bromsoket

beträffande tecken på korrosion eller skador. Om inga problem kan upptäckas, kan hand-bromsens vajrar eventuellt kärva invändigt på grund av korrosion - se utförligare beskrivning i avsnitt 11.

**9** Upprepa ovanstående procedur vid det bakre vänstra bromsoket, denna gång skall den vänstra justeringsskruven vid hand-bromsspaken användas för att ställa in spelet.

**10** När arbetet är avslutat skall låsplattan pressas på plats över justeringsskruvarna nedtill på handbromsspaken.

**11** Trä borsttätningen över handbroms-spaken och montera den på mittkonsolen. Säkra borsttätningen genom att sätta tillbaka fästskruven

**12** Montera hjulen och sänk ner bilen på marken. Dra åt hjulbultarna.

**13** Gör en noggrann kontroll av hand-bromsens funktion innan bilen körs igen.

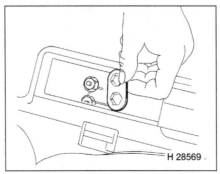

**13.5 Demontera plastlåsplattan så att justermuttrarna blir åtkomliga**

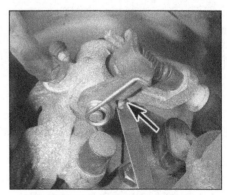

**13.7 Vid bromsoket, placera ett 1 mm bladmått mellan handbromsens manöverspak och dess ändstopp**

## 14 Handbromsvajrar - demontering och montering

**Observera:** *På årsmodeller efter 1988 måste bränsletanken sänkas något från sin upphängning för att handbromsens vajrar skall kunna dras ut; se närmare beskrivning i kapitel 4.*

### Demontering

**1** Parkera bilen på plant underlag och stäng av motor och tändning. Lägg i ettans växel (manuell växellåda) eller 'Park' (automatväxellåda). Dra inte åt handbromsen.
**2** Se beskrivning i kapitel 11 och demontera förarsätet.
**3** Bänd ut borsttätningen från mittkonsolen och för upp den över handbromsens spak. Skruva loss brickan och trä damasken över växelspaken/växelväljaren. Demontera de fyra fästskruvarna och lyft upp bakre delen av mittkonsolen. Se utförligare beskrivning i kapitel 11.
**4** Demontera plastskyddet på sidobalken efter det att fästskruvarna har avlägsnats.
**5** Vik undan mattan för att synliggöra vajerkanalen, skruva loss locket.
**6** Lossa låsplattan över handbromsvajerns justermuttrar och flytta den åt sidan; se detaljerad beskrivning i avsnitt 13.
**7** Lätta på de båda justeringsskruvarna och lossa dem från fästet till handbromsspaken och -vajrarna.
**8** Placera klossar vid framhjulen, hissa upp bakdelen på bilen och stöd den på pallbockar - se beskrivning i avsnittet *'Lyftning, bogsering och hjulbyte'* i början av boken.
**9** Demontera båda bakhjulen för att komma åt bromsoken.
**10** Vid det första bromsoket, haka lossa handbromsvajern från spaken och ta bort gummidamasken; se beskrivning i avsnitt 4.
**11** Skruva loss eller bänd ut (vilket som är aktuell) vajerstyrningen från den undre bärarmen.
**12** Lossa återstoden av vajern genom att dra den genom genomföringen i durkplåten - vajern kan nu dras bort från bilen.
**13** Upprepa ovanstående procedur för den återstående vajern.

### Montering

**14** Trä ena änden av den första nya vajern genom genomföringen i durkplåten.
**15** Skruva eller tryck in den andra änden av vajern i fjäderstyrningen på undre bärarm, vilket som är aktuellt.
**16** Arbeta inifrån bilen och dra vajern genom fästet nedtill på handbromsspaken. Trä justeringsskruven på vajerns ände men dra inte åt den helt.
**17** Arbeta vid bromsoket, fyll gummidamasken med smörjfett och trä handbromsens inre vajer genom den. Haka den utvändiga delen av vajern i det skårade fästet som är infäst på bromsoket och koppla ihop

den invändiga vajerns nippel med handbromsens spak.
**18** Upprepa ovanstående procedur vid montering av den andra vajern.
**19** På årsmodeller efter 1988, höj upp bränsletanken till sin plats och montera den; se detaljerad beskrivning i kapitel 4.
**20** Anlägg och lossa handbromsen flera gånger för att låta vajrarna sträckas och dras ihop.
**21** Se beskrivning i avsnitt 13 och justera handbromsens funktion.
**22** Montera hjulen, sänk ner bilen till marken och dra åt hjulbultarna till angivet åtdragningsmoment.
**23** Skruva fast vajerskydden inne i bilen och vik tillbaka mattan. Montera sidobalkens plastskydd.
**24** Se beskrivning i kapitel 11 montera mittkonsol, borsttätningen till handbromsspaken samt framsätet.
**25** Utför en fullständig kontroll av handbromsens funktion, se avsnitt 13 innan bilen tas i bruk igen.

## 15 Handbromsspak - demontering och montering

### Demontering

**1** Parkera bilen på plant underlag och stäng av motor och tändning. Lägg i ettans växel (manuell växellåda) eller 'Park' (automatväxellåda). Dra inte åt handbromsen.
**2** Bänd ut borsttätningen från mittkonsolen och för upp den över handbromsens spak. Skruva loss brickan och trä damasken över växelspaken/växelväljaren. Demontera de fyra fästskruvarna och lyft upp bakre delen av mittkonsolen. Se utförligare beskrivning i kapitel 11.
**3** Bänd bort låsplattan från handbromsvajerns två justermuttrar och behåll den för senare montering. Lossa och ta bort justermuttrarna, lossa därefter de två vajrarna från fästena på sidorna om handbromsspaken.
**4** Demontera låsringen från ledbulten på handbromsspakens ände, dra därefter ut bulten.
**5** Lyft upp spaken från sitt fäste.

### Montering

**6** Montera spaken i fästet och tryck igenom ledbulten och låt den koppla i fästet/spärrplattan.
**7** För handbromsvajrarna genom fästena på sidorna om spaken och montera justeringsmuttrarna.
**8** Se beskrivning i avsnitt 13 och justera handbromsens funktion. Kom ihåg att montera tillbaka låsplattan till justeringsmuttrarna när arbetet är avslutat.
**9** Montera mittkonsol, handbromsspakens borsttätning och damasken till växelspak/

växelväljare i omvänd ordningsföljd - se närmare beskrivning i avsnitt 11.

## 16 Varningslampa för handbroms - demontering, test och montering

### Demontering

**1** Strömställaren till lampan som varnar för åtdragen handbroms är monterad på ett fäste, på durkplåten direkt under handbromsspaken. Se beskrivning i kapitel 11 och demontera den bakre delen av mittkonsolen för att komma åt den.
**2** Parkera bilen på ett plant underlag och dra åt handbromsen.
**3** Demontera skruven som fäster fästet på durkplåten och dra ur strömställaren från anslutningsdonet. Lyft ut enheten ut bilen.

### Test

**4** Strömställaren är en enpolig anordning vars krets normalt är sluten. Dess funktion kan testas antingen med en multimeter som är inställd på resistansmätning eller en testlampa som består av en glödlampa, ett torrcellsbatteri och två ledningar. Anslut mätare/testlampa till strömställaranslut-ningarna (ordningsföljden är inte väsentlig) med strömställaren i viloläge. Om den är funktionell visar mätaren ett värde för sluten krets (av högst 1 till 2 ohm) och testlampan tänds.
**5** Tryck ned strömställarens kolv och upprepa mätningen. Avläsningen på mätaren bör vara öppen krets (mycket högt motstånd) och testlampan bör släckas.
**6** Om strömställaren inte uppträder enligt beskrivningen ovan, eller fungerar intermittent, skall den bytas ut. Enheten kan inte repareras.

### Montering

**7** Skruva ner strömställarens fäste på durkplåten och koppla in anslutningsdonet.
**8** Kontrollera att bilen är parkerad på ett plant underlag. Lägg i ettans växel (manuell växellåda) eller 'Park' (automatväxellåda), tryck ner fotbromsen och vrid om tändningen - men starta inte motorn.
**9** Lossa handbromsen och kontrollera att den är i viloläge, metallfliken som sticker ut från handbromsspaken vidrör strömställarens kolv och trycker ned den. Varningslampan för handbromsen på instrumentpanelen skall släckas.
**10** Dra åt handbromsen och kontrollera att metallfliken nu inte vidrör kolven på strömställaren. Varningslampan på instrumentpanelen skall nu tändas
**11** Se beskrivning i kapitel 11 och montera mittkonsolens bakre del.

## 17 Bromspedal - demontering och montering

### Allmän beskrivning

1 Bilens bromssystem är främst konstruerat för marknaden med vänsterstyrda bilar. I en sådan konstruktion verkar bromspedalen direkt på huvudbromscylindern via ett enkelt tryckstångslänkage. Högerstyrda bilar är utrustade med en mekanism som överför bromseffekten från bromspedalen genom torpedväggen fram till ett fäste direkt bakom huvudbromscylinder/vakuumservo/ABS hydraulenhet på bilens vänstra sida.

### Demontering

2 Parkera bilen på ett plant underlag och dra åt handbromsen. Arbeta från förarens fotutrymme och demontera ljudisoleringen från under instrumentpanelen för att komma åt pedalkomponenterna. Se beskrivning i kapitel 11 beträffande demontering av lister utan att skada dem.
3 Där så är aktuellt, se beskrivning i kapitel 4A och demontera farthållarens återställningskontakter.
4 Demontera klipset och ta bort sprintbulten från den punkt där pedalen är infäst på servons tryckstång.
5 Se beskrivning i kapitel 6 och demontera kopplingspedalen (gäller endast bilar med manuell växellåda).
6 Observera placeringen av bromspedalens returfjäder - kroka av fjädern från fästet och låt bromspedalen falla ut från sitt fäste. Ta bort plastbussningarna.
7 Ta bort de två mindre plastbussningarna och metalledbulten från pedalen - observera monteringsordningen.

### Montering

8 Montera komponenterna i omvänd ordningsföljd. För bilar som är utrustade med manuell växellåda, se beskrivning i kapitel 6 beträffande montering av kopplingspedalen.

## 18 Bromsljuskontakt - justering, demontering och montering

### Demontering

1 Bromsljuskontakten är monterad på pedalfästet på torpedväggen i bilens vänstra del. Det är en enpolig strömställare vars kontakter normalt är slutna. Vid normal funktion för den tända bromsljusen när bromspedalen har tryckts ner 10 mm.
2 Arbeta från vänstra fotutrymmet och demontera ljudisoleringen under instrumentpanelen; se närmare beskrivning i kapitel 11.
3 Kontrollera att tändningen är i "off"-läge

och koppla bort de elektriska ledningarna från kontakterna.
4 Tryck ihop plasttungorna och dra kontakten genom kontaktfästet.

### Test

5 Kontakten är en enpolig anordning vars krets normalt är sluten. Kontaktens funktion kan testas antingen med en multimeter som är inställd på resistansmätning, eller en testlampa som består av en glödlampa, ett torrcellsbatteri och två ledningar. Anslut mätaren/testlampan till kontaktanslutningarna (ordningsföljden är inte väsentlig) med kontakten i viloläge. Om kontakten är funktionell visar mätaren ett värde för sluten krets av högst 1 till 2 ohm, och testlampan tänds.
6 Tryck ner kontaktkolven och upprepa mätningen. Avläsningen på mätaren bör vara öppen krets (mycket högt motstånd) och testlampan bör släckas
7 Om kontakten inte uppträder enligt ovanstående beskrivning, eller om den fungerar intermittent, skall den bytas ut. Enheten kan inte repareras

### Montering

8 Montera bromsljuskontakten i omvänd ordningsföljd.

## 19 Låsningsfria bromsar (ABS) - allmän beskrivning

ABS-systemet styrs av en elektronisk styrenhet (ECU), som övervakar skick och kondition hos samtliga komponenter i systemet, inklusive styrenheten själv. Om styrenheten upptäcker ett fel reagerar den med att stänga av ABS-systemet och tända en ABS-varningslampa på instrumentpanelen. Under sådana omständigheter är endast det konventionella bromssystemet i funktion. Om felet som upptäckts är sådant att det kan påverka även det konventionella broms-

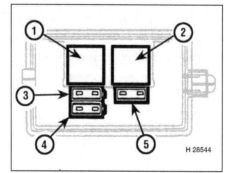

**19.3 ABS-säkringar och relän**

1  Relä för hydraulisk pumpmotor
2  ECU-relä
3  ECU-säkring, 10A
4  ECU-säkring, 30A
5  Säkring för hydraulisk pumpmotor, 30A

systemet, tänder ECUn även den normala bromsvarningslampan.
Om ABS-varningslampan indikerar att allt inte är väl med bromssystemet, är det svårt att ställa diagnos utan tillgång till den utrustning och expertis som krävs för att elektroniskt kunna 'utfråga' ECU. Därför ägnas detta avsnitt huvudsakligen åt ett antal grundläggande kontroller som kan utföras för att fastställa systemstatus (d v s finns tillräckligt med bromsvätska? föreligger läckage någonstans? etc). Avsnitt 20 är begränsat till en beskrivning av demontering och montering av hjulsensorerna i ABS-systemet och ECU, eftersom det ibland blir nödvändigt att demontera dessa komponenter för att komma åt andra komponenter i bilen.
Om orsaken till felet inte kan identifieras med hjälp av den beskrivna checklistan, är den enda återstående utvägen att överlämna bilen till en Saabverkstad för genomgång. Speciell testutrustning krävs för att ta reda på den information som finns lagrad i ABS-systemets ECU-minne och fastställa typ och förekomst av felet i fråga. Av säkerhetsskäl rekommenderas bilägarna att inte försöka diagnosticera komplexa problem i ABS-systemet endast med hjälp av vanlig standardutrustning.

### Grundläggande felsökningskontroller

#### Bromsvätskenivå

1 Kontrollera bromsvätskans nivå när bilen är parkerad på plant underlag och ackumulatorn fullt laddad. Kontrollera att ackumulatorn är fullt laddad genom att vrida på tändningen och lyssna på hydraulpumpen, vilken utgör del av hydraulsystemet. Pumpljudet kan höras ganska väl och när det upphör är ackumulatorn fullt laddad. Stäng av tändningen och, utan att vidröra bromspedalen, kontrollera bromsvätskenivån i behållaren. Vid behov, fyll på bromsvätska av rekommenderad typ upp till MAX-markeringen.
2 Om bromsvätskenivån är exceptionellt låg kan läckage förekomma någonstans i hydraulsystemet. Se beskrivning i kapitel 1 och utför kontroll av bromsslangar och rör i hela bromssystemet. Om inga läckor upptäcks, demontera varje hjul och kontrollera om det förekommer läckage i bromsokens kolvar - se detaljerad beskrivning i avsnitt 5 och 6 för de främre och bakre bromsoken.

#### Säkringar och relän

3 ABS-systemets säkringar (och relän) är placerade i en separat dosa bredvid bromsvätskebehållaren i motorrummet (se bilder). Demontera locket och ta ut varje säkring, en efter en. Gör en visuell kontroll av säkringstråden; om det är svårt att se om den är trasig kan en multimeter eller en testlampa användas för att kontrollera säkringen. Om någon av säkringarna är trasig skall en ny säkring inte installeras förrän felet som

orsakade säkringsbrottet har hittats och åtgärdats. Överlämna bilen till en Saab-verkstad för genomgång och informera verkstaden om vad som hittills framkommit.

⚠️ **Varning: Säkringar skall skydda utrustning och människor från skada; en trasig säkring är en indikation på att problem föreligger någonstans. Att bara byta säkringen, eller att till och med förbikoppla den gamla säkringen innan problemet har åtgärdats, ökar skaderisken.**

4 Systemets relän är placerade i samma dosa som säkringarna. Generellt sett är det svårt att utföra avgörande tester på relän utan tillgång till en elektrisk specifikation. Kontaktstyckena inne i reläna kan dock kännas (och ofta även höras) när de öppnas eller stängs under drift; om reläet i fråga inte uppträder som förväntat när tändningen slås på kan den vara defekt. Man bör observera att detta är inte en avgörande test; det enda sättet att verifiera en komponent är att ersätta den med en annan komponent av *samma typ*. Om något av reläna misstänks vara defekt kan det bytas genom att man drar ut det från reläplattan, observera hur det är monterat, och trycker in ett nytt.

## Elektriska anslutningar och jordningspunkter

5 Motorrummet utgör en fientlig omgivning för elektriska komponenter. Vatten, kemikalier och luft medverkar till att korrosion uppstår på anslutningsdonets kontaktdelar, vilket försämrar kontakten och ibland skapar glappkontakt. Lossa batteriets negativa anslutning och kontrollera att samtliga anslutningsdon i ABS-systemets hydraulenhet, placerad i motorrummet nära bakre torpedväggen, är säkra och i god kondition. Lossa varje anslutningsdon och granska kontakterna inuti.

6 Rengör smutsiga eller korroderade kontakter med kontaktrengöringsmedel av originaltyp, vilket kan anskaffas från de flesta verkstäder eller biltillbehörsbutiker. Undvika att skrapa kontakterna rena med ett vasst föremål eftersom detta leder till ökad korrosion längre fram. Använd ett stycke luddfri trasa med rengöringsmedlet för att gnida kontaktytorna tills de blir rena och

glänsande. En ren kontaktyta ger den bästa elektriska ledningen.

7 Kontrollera dessutom säkerhet och kondition vid de elektriska jordanslutningspunkterna på hydraulenhetens framsida.

## 20 Låsningsfria bromsar (ABS), detaljer - demontering och montering

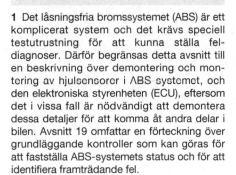

1 Det låsningsfria bromssystemet (ABS) är ett komplicerat system och det krävs speciell testutrustning för att kunna ställa feldiagnoser. Därför begränsas detta avsnitt till en beskrivning över demontering och montering av hjulsensorer i ABS systemet, och den elektroniska styrenheten (ECU), eftersom det i vissa fall är nödvändigt att demontera dessa detaljer för att komma åt andra delar i bilen. Avsnitt 19 omfattar en förteckning över grundläggande kontroller som kan göras för att fastställa ABS-systemets status och för att identifiera framträdande fel.

## Hjulsensorer

### Allmänt

2 Två olika typer av hjulsensorer i ABS-systemet kan hittills vara monterade på Saab 9000, de två versionerna är emellertid mycket lika både till utseendet och i drift.

3 Den största skillnaden mellan de båda typerna är metoden för installation och justering. Sensorer som användes i årsmodeller före 1990 har två inbyggda infästningar; en skruv som fäster sensor vid hjulnavet, och en inställningsskruv som justerar sensorspetsens längd. Inställningsskruven har tagits bort från de sensorer som installerats på årsmodeller efter 1990, eftersom dessa har en fast utskjutande sensorspets och inte kräver någon justering när de väl är installerade.

4 Den senare typen av sensorer kan eftermonteras på årsmodeller före 1990 genom att inställningsskruven och justeringshylsan överförs från den gamla sensorn till den nya. En självhäftande 0,65 mm tjock fiberdistans (som kan anskaffas från Saabverkstäder) skall pressas på sensor-

spetsens ände för att ge korrekt spel när spetsen monteras; denna procedur är närmare beskriven längre fram i detta avsnitt.

### Framhjulssensorer - demontering

5 Kablageanslutningsdonen är placerade bakom värmeplåten i motorrummet. Anslutningsdonen är av bajonettyp och kan tas bort genom att man trycker samman gripklorna och vrider isär de båda halvorna.

6 Där så är aktuellt, höj upp klipsen till luftkonditioneringssystemets kylningsrör genom att lossa på klipsen och låta anslutningsdonet passera under.

7 Lossa på fästskruvarna och höj upp värmeplåten för att kunna dra igenom kabel och anslutningsdon under plåten.

8 Kontrollera att bilen är parkerad på ett plant underlag, dra åt handbromsen och placera klossar vid bakhjulen. Hissa upp framdelen på bilen, stöd den på pallbockar och demontera framhjulet (eller framhjulen). Se beskrivning i *'Lyftning, bogsering och hjulbyte'* i början av boken.

9 Se beskrivning i kapitel 11 och demontera den bakre delen av innerskärmen vid hjulhuset.

10 Använd en avbitartång för att klippa av buntbandet som fäster sensorvajern på sitt fäste.

11 För försiktigt ut sensorvajer och anslutningsdon genom genomföringen i hjulhuset.

12 Lossa och ta bort sensorns fästskruv, ta bort vajern nederst på fjäderbensfästet och demontera sensorn från hjulnavet tillsammans med skyddshylsan **(se bilder)**.

### Framhjulssensorer - montering

13 Tryck in sensorn i den urborrade delen i hjulnavet, sätt i och dra åt fästskruven.

14 Placera ett bladmått mellan sensorspetsen och kuggskivan, ställ in spelet enligt angivet värde i Specifikationer. Dra åt skruven när spelet är korrekt inställt.

15 För sensorns anslutningsdon och vajer genom genomföringen i hjulhuset och fäst elkabeln på fjäderbensfästet med ett nytt buntband av plast.

16 Montera resten av komponenterna i omvänd ordningsföljd.

### Bakhjulssensorer - demontering

17 Tippa baksätet framåt så att kabelskydden på durkplåten blir synliga. Demontera det högra alternativt det vänstra skyddet.

18 Lossa sensorkabeln vid anslutningsdonet. Notera att anslutningsdonen är av bajonettyp vilka lossas genom att man trycker ihop dem och vrider isär de två halvorna.

19 Kontrollera att bilen är parkerad på plant underlag, placera klossar vid framhjulen och välj ettans växel (manuell växellåda) eller 'Park' (automatväxellåda). Hissa upp bakdelen på bilen, stöd den på pallbockar och demontera höger alternativt vänster bakhjul. Se beskrivning i *'Lyftning, bogsering och hjulbyte'* i början av boken.

20.12a Lossa och ta bort sensorns fästskruv . . .

20.12b . . . och demontera sensorn från hjulnavet, tillsammans med dess skyddshylsa

**20.21 Bakhjulets ABS-sensor (vid pilen)**

**20** Ta bort sensorkabeln från klipset och trä försiktigt anslutningsdonet genom genomföringen i hjulhuset.
**21** Lossa och ta bort sensorns fästskruv (se bild), ta därefter bort sensorn från navet.

### Bakhjulssensorer - montering

**22** Tryck in sensorn i den urborrade delen i hjulnavet, sätt i och dra åt fästskruven.
**23** Placera ett bladmått mellan sensorspetsen och kuggskivan, ställ in spelet enligt angivet värde i Specifikationer. Dra åt skruven när spelet är korrekt inställt.
**24** Montera resten av komponenterna i omvänd ordningsföljd.

### Bakhjulssensorer (senare typ) - återmontering på modeller före 1990

**Observera:** *Årsmodeller fr o m 1990 är utrustade med en annan typ av hjulsensor och kuggskiva. Sensorerna kan återmonteras på årsmodeller före 1990 på följande sätt:*

**25** Lossa på fästskruven och ta bort justeringshylsan från den gamla sensorn.
**26** Om fiberdistansen på en använd sensor skall bytas ut, kontrollera att alla spår av den gamla distansen avlägsnas. Använd en fintrådig stålborste och trasa som är fuktad med lämpligt lösningsmedel. När sensorspetsen är rengjord, skala bort skyddsfilmen från baksidan av den nya 0,65 mm fiberdistansen och tryck ned den över spetsen.
**27** Vrid bromsskivan långsamt för hand och avlägsna alla spår efter den gamla fiberdistansen från kuggskivan med en fintrådig stålborste.
**28** Placera sensorn i den urborrade delen i hjulnavet och dra åt fästskruven. Tryck försiktigt in distansen mot kuggskivans yta och dra åt inställningsskruven.

 *Varning: Rotera inte kuggskivan förrän sensorn har skruvats på plats - skivans kuggar kan repa fiberdistansen vilket medför att spelet ställs in på felaktigt sätt.*

## Elektronisk styrenhet (ECU)

### Demontering

**29** Demontera batteriets negativa kabel och placera den på avstånd från anslutningen.
**30** Den elektroniska styrenheten är monterad i motorrummet, bakom värmeplåten. Demontera den vänstra panelen så att den blir åtkomlig.
**31** Öppna klipset som håller styrenheten på plats. Lyft enheten något så att anslutningsdonet blir åtkomligt, koppla loss det genom att lossa klämman.

 *Varning: Den elektroniska styrenheten innehåller detaljer som är känsliga för de nivåer av statisk elektricitet som genereras av en människa under normal aktivitet. När anslutningsdonet har demonterats kan de exponerade stiften i ECUn börja leda statisk elektricitet till dessa detaljer, vilket kan skada och till och med förstöra dem. Skadan är osynlig och gör sig ofta inte känd omedelbart. Dyra reparationer kan undvikas om följande grundläggande regler åtföljs vid hantering:*

*a) Håll en lossad ECU endast i dess hölje; vidrör inte stiften med fingrar eller verktyg.*
*b) Om man bär på en ECU bör man 'jorda' sig då och då genom att beröra ett metallobjekt, exempelvis ett omålat vattenrör; detta laddar ur sådan statisk elektricitet som kan ha ackumulerats.*
*c) Lämna inte ECU demonterad från anslutningsdonet längre än absolut nödvändigt.*

### Montering

**32** Montera ECUn i omvänd ordningsföljd.

 *Varning: Efter det att arbete har utförts på någon del i bromssystemet måste bilen testas ingående innan den kan köras igen. Kontrollera att alla varningslampor släcks, kontrollera alla leder och anslutningar beträffande läckage och fyll på bromsvätska i behållaren upp till MAX-markeringen. Slutligen, testa upprepade gånger att bromsarna stoppar bilen på normalt sätt innan den körs på allmänna vägar.*

# Kapitel 10
## Fjädring och styrning

## Innehåll

## Svårighetsgrader

| Enkelt, passar novisen med lite erfarenhet  | Ganska enkelt, passar nybörjaren med viss erfarenhet  | Ganska svårt, passar kompetent hemmamekaniker  | Svårt, passar hemmamekaniker med erfarenhet  | Mycket svårt, för professionell mekaniker  |
| --- | --- | --- | --- | --- |

## Specifikationer

### Allmänt

Framvagn, typ ................................................ Individuell upphängning med MacPhersonben och krängnings-hämmare. Fjäderbenen inkluderar olje/gaskombinationsdämpare och spiralfjädrar.

Bakvagn, typ ................................................. Stel axel av Watts typ med underliggande bärarm/fjäderlänk, överliggande bärarm/momentstag, Panhardstag, krängningshämmare, spiralfjädrar och olje/gaskombinationsdämpare.

Styrning ..................................................... Kuggstångsdrev, hydraulassistans på alla modeller.

### Spiralfjädrar

Framfjädring

Fri längd ................................................ 455 mm

Stång, diameter:

Brun/lila färgkod ........................................ 12,86 mm

Orange/rosa färgkod ...................................... 12,97 mm

Svart/vit färgkod ........................................ 13,09 mm

Bakfjädring:

Fri längd ................................................ 321 mm

Stång, diameter:

Brun/blå färgkod ......................................... 12,86 mm

Svart/vit färgkod ........................................ 12,97 mm

### Fälgar

|  | Aluminiumlegering | Stål (reserv) |
| --- | --- | --- |
| Storlek | 6J x 15 H2 | 4J x 15H2 |
| Max radialkast | 0,5 mm | - |
| Max axialkast | 0,5 mm | - |

Inställning (olastad bil):
  Bak:
    Toe-in .......................................... 2,5 ± 1,5 mm
    Camber ......................................... -0,25 ± 0,25°
  Fram:
    Toe-in .......................................... 1,5 ± 0,5 mm (mätt mellan insidorna på fälgkanterna)
    Camber ......................................... -0,65 ± 0,5°
    Caster .......................................... 1,65 ± 0,5°
    Spindelbultlutning ........................... 11,3 ± 0,5°
  Styrvinkel:
    Yttre hjul ....................................... 20,0°
    Inre hjul ....................................... 21,0 ± 0,5°

## Däck

*För storlek och rekommenderat lufttryck, se specifikationer i kapitel 1*

## Stystagens kulleder

Gränsvärden för slitage i inre kulled:
  Axialspel ........................................ 2,0 mm
  Radialspel ...................................... 1,0 mm
Gränsvärden för slitage i styrled:
  Axialspel ........................................ 2,0 mm
  Radialspel ...................................... 1,0 mm

## Servostyrning

Antal rattvarv mellan fulla utslag ................. 3,21
Servoolja, kapacitet ............................... 0,75 liter
Hydraulpump:
  Drivremsspänning:
    Ny rem ........................................ 800 ± 45 N
    Efter justering ............................... 535 ± 45 N
    Minimum ....................................... 355 N

## Åtdragningsmoment

Nm

### Framvagn

| | Nm |
|---|---|
| Främre krängningshämmarlänk | 30 |
| Fjäderben till skärm, fästskruvar | 25 |
| Fjäderbenets dämparstång, mutter (efter montering till karossen) | 75 |
| Undre bärarm till krängningshämmarlänk | 25 |
| Undre bärarm till kulled | 30 |
| Undre bärarm till främre bussningsfäste, skruvar | 50 |
| Undre bärarm till bakre bussningsfäste, skruvar | 50 |
| Undre bärarmens bakre fästmutter | 65 |

### Bakvagn

| | Nm |
|---|---|
| Krängningshämmare, fästskruvar | 85 |
| Bakre bromsok, fästskruvar | 80 |
| Bakre stötdämpare, nedre fästskruv | 85 |

### Styrning

| | Nm |
|---|---|
| Servo, stötdämparens låsmutter | 80 |
| Servo, hydraulslanganslutning | 27 |
| Servo, inre kulled | 90 |
| Servo, kuggstångens fästskruvar | 70 |
| Servo, pinjongens låsmutter | 30 |
| Servo, styrledens låsmutter | 70 |
| Rattstångsfäste, skruvar, standard | 23 |
| Rattstångsfäste, skruvar, gröna förkromade | 18 |
| Rattstång, klämskruv till universalknut mellanaxel/rattstång | 27 |
| Rattstångens universalknut, klämskruv | 27 |
| Styrarm till kulled | 50 |
| Styrarm till bromsok | 90 |
| Styrarm till nav | 57 |
| Styrarm till styrled | 55 |
| Styrarm till fjäderben, osmorda gängor | 80 |
| Styrarm till fjäderben, smorda gängor | 65 |
| Rattens centrummutter | 30 |

### Nav

| | Nm |
|---|---|
| Navets centrummutter (fram och bak) | 280 |
| Hjulbultar | 115 |

# 1 Allmän beskrivning

Framfjädringen är av typ MacPherson med individuellt upphängda fjäderben och krängningshämmare. Fjäderbenen omfattar spiralfjädrar och dubbelverkande gas/olje-dämpare, som en separat enhet. Dämparna utgör mer en integrerad del av fjäderbenet än en infogad del, men de kan enkelt bytas ut när enheten har tagits isär med hjälp av ett fjäderkompressionsverktyg. Fjäderbenen är monterade mellan innerflyglarna och över-delen av styrarmarna, vilka i sin tur är infästa med de tvärställda undre bärarmarna.

De främre naven är fastskruvade på styrarmarna och innehåller dubbla, perma-nentsmorda, ej reparerbara kullager. De utvändiga drivaxlarna är infästa på naven med mutter och tryckbricka.

De främre nedre bärarmarna är tillverkade av pressad stålplåt och anslutna till bilens monteringsram med infästa gummibuss-ningar. Nedskruvade kulleder ansluter bär-armarna till styrarmarna.

Bakfjädringen är av Watts länktyp och består av en stel, ihålig axel som är infäst upptill och nedtill med bärarmar - de undre bärarmarna fungerar också som ok för spiralfjädrarna. De övre bärarmarna ger en positiv axelplacering utan begränsning av fjädringsrörelsen, för att motverka torsionsreaktionen som uppstår när de bakre bromsarna ansätts. Lateral axelinfästning erhålls genom ett Panhardstag som är ned-skruvat mellan axelröret och ett hängfäste på chassit. Krängningshämmare och stötdämpare är förankrade vid gemensamma fästen vid axelrörets ändar.

De bakre medbringarna, som är monterade på axelrörets båda ändar, håller axeländarna på vilka hjulnaven är monterade.

Ett servoassisterat styrsystem av kuggstångstyp är monterat på alla modeller. Kuggstången består i huvudsak av en hydraulisk pistong som aktiveras mekaniskt av ett drev och hydrauliskt av hydraulvätska, vilken levereras under tryck från servo-pumpen. En tvådelad rattstång som är kopplad med två universalknutar överför rattens rörelser till drev och styrventil, vilka styr tillförseln av hydraulvätska till kugg-stången. När ratten vrids styrs vätskan av ventilen till den aktuella sidan av pistongen, vilken rör sig linjärt - för ut eller drar tillbaka tvärlänkarna som är infästa på kuggstångens ändar. Tvärlänkarna, som är anslutna till styrarmarna med kulleder, ändrar hjulens styrvinkel.

Rattstången är konstruerad och placerad så att den, vid en frontalkrock, absorberar smällen genom att kollapsa i längdriktningen och böjas undan från föraren.

Servopumpen är utvändigt monterad på motorblocket och drivs av en drivrem.

# 2 Främre fjäderben - demontering, renovering och montering

**Observera:** *En fjäderkompressor kommer att behövas vid detta arbetsmoment.*

⚠️ **Varning: Om fjäderbensdäm-paren skall bytas ut vid reno-veringen bör både höger och vänster dämpare bytas som ett par, detta för att bevara bilens köregenskaper.**

## Demontering

**1** Parkera bilen på plant underlag, dra åt handbromsen och placera klossar vid bakhjulen. Demontera hjulets centrummutter och lossa hjulbultarna.
**2** Hissa upp framdelen på bilen, stöd den på pallbockar och demontera hjulet; se närmare beskrivning i *'Lyftning, bogsering och hjulbyte'* i början av boken.
**3** Placera en garagedomkraft under undre bärarmen och hissa upp den så att den bär upp den sammanlagda vikten av bärarm och styrarm.
**4** Ta bort den böjliga bromsslangen från klipset på fjäderbenet, lossa och ta bort fjäderbenets undre skruvar och ta reda på ABS-sensorns vajerfäste.

 **HAYNES TiPS** *Lämna kvar en skruv löst isatt för att stödja fjäderbenet när de övre skruvarna demonteras.*

**5** Dämparstångens mutter kan vara svår att lossa när fjäderbenet är på arbetsbänken. Vi rekommenderar därför att muttern vrids om ett halvt varv medan fjäderbenet fortfarande är monterat på bilen. Dämparstången får inte rotera när muttern vrids om; montera därför en 13/16" tändstiftshylsa med insexhuvud på dämparstångens mutter och placera en insexbit överst på hylsan. Hylsan kan då vridas med en skruvmejsel medan dämpar-stången hålls stilla **(se bild)**.

⚠️ **Varning: Lossa muttern endast ett halvt varv - demontera den inte fullständigt ännu.**

**6** Arbeta från motorrummet och lossa fjäderbenets överdel från skärmen genom att demontera de tre fästskruvarna; gör en anteckning om skruvarnas placering för att underlätta vid monteringen, då det finns flera möjliga monteringshål **(se bild)**.
**7** Sänk ner domkraften så mycket som behövs för att fjäderbenet inte skall beröra styrarmen, men undvik att belasta det nedre fästet för bärarmen.
**8** Demontera fjäderbenet från hjulhuset.

## Renovering

⚠️ **Varning: Innan det främre fjäderbenet tas isär måste fjädern först hållas i tryck med ett lämpligt verktyg. Justerbara spiralfjäderkompressorer finns att tillgå och en sådan behövs för detta arbets-moment. FÖRSÖK INTE ta isär fjäderbenet utan att använda denna typ av verktyg. Fjädern kan annars orsaka både kropps-skada och skador på bilen.**

**Observera:** *En ny dämparstång måste användas vid monteringen.*

**9** Håll fast fjäderbenet i ett skruvstäd. Undvik att skada ytan på fjäderbenet genom att fodra skruvstädskäftarna med block av aluminium eller trä. Se till att fästet inte blir missformat.

**2.5 Lossa muttern till fjäderbenets stötdämparstång med en 13/16" tändstiftshylsa och insexbit**

**2.6 Lossa fjäderbenets överdel från skärmen genom att demontera de tre fästskruvarna**

**2.10 Fjädern trycks ihop med ett kompressionsverktyg så långt att det övre fjädersätet avlastas**

**2.16 Det undre fjädersätet förs över dämparstången och installeras i skålen på fjäderbenet**

**2.18 Tryck ner dammlocket på dämparens överdel**

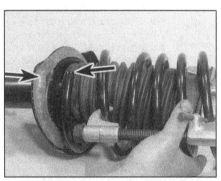

**2.19 Spiralfjädern monteras på det undre fjädersätet, under rotering så att fjäderänden passas in i steget i det undre fjädersätet (se pilarna)**

**2.20 Vik damaskens läpp över spiralfjäderns övre del**

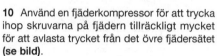

**2.17a Gummidamasken förs över kolvstången och trycks på plats.**

10 Använd en fjäderkompressor för att trycka ihop skruvarna på fjädern tillräckligt mycket för att avlasta trycket från det övre fjädersätet **(se bild)**.
11 Bänd loss dammlocket från fjäderbenets överdel för att komma åt fästmuttern. Använd den metod som beskrivs i underavsnittet Demontering för att hålla dämparstången stilla medan muttern lossas tills den kan demonteras för hand.

 **Varning: Kontrollera att det övre fjädersätet är fullständigt avlastat från fjädertrycket innan fästmuttern demonteras.**

12 Lyft upp täcklock, övre fjädersäte, spiralfjäder (fortfarande hoptryckt), undre fjädersäte, kompressionsstopp och gummidamask. Lossa försiktigt fjäderkompressionsverktyget.
13 Granska spiralfjädern beträffande slitage eller skador. Leta speciellt efter sprickbildning och grov korrosion; byt fjädern om så är fallet. Kontrollera vinkelrätheten genom att placera fjädern vertikalt på en plan yta och en vinkelhake mot fjädern. Specifika gränsvärden finns inte angivna, men om fjädern är tydligt missformad skall den bytas.
14 Bänd bort dammlocket och granska dämparområdet beträffande tecken på vätskeläckage, speciellt från kolvtätningen. Testa dämparens funktion genom att trycka hårt på kolvstången genom två eller tre fullständiga slag, och därefter några korta

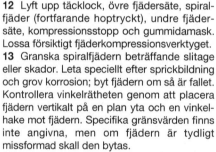

**2.21 Kompressionsstoppet monteras över kolvstången och förs på plats**

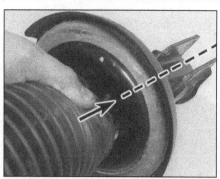

**2.17b Rotera damasken för att passa in passmärket på dess underkant (vid pilen) mot fjäderbenets undre fäste.**

slag. Motståndet skall vara jämnt och likformigt; om reaktionen är ojämn, svag eller ljudlig skall dämparen bytas ut. Kontrollera kolvstången beträffande tecken på korrosion eller skevhet och byt ut dämparen om så behövs.
15 Granska kompressionsstoppet, gummidamasken och fjädersätena; byt ut delar som är skadade, slitna eller korroderade. Observera att sprickor eller försämringar i damasken släpper in smuts i dämparen vilket kan leda till att den går sönder.
16 För det undre fjädersätet över dämparstången och passa in det i skålen på fjäderbenet **(se bild)**.
17 För gummidamasken över kolvstången och pressa in den på plats; damaskens underkant skall vara 12 mm över ytan på det undre fjädersätets skål. Vrid på damasken för att passa in märket på underkanten mot fjäderbenets undre fäste **(se bilder)**.
18 Tryck fast dammlocket i dämparens överdel **(se bild)**.
19 Tryck ihop spiralfjädern med kompressionsverktyget och montera den i det undre fjädersätet, rotera den så att fjäderänden griper i steget i det undre fjädersätet **(se bild)**. Kontrollera att kompressionen är tillräcklig för att de övre detaljerna skall kunna monteras.
20 Vik damaskens övre läpp över spiralfjäderns överdel **(se bild)**.
21 Montera kompressionsstoppet över kolvstången och för den till rätt läge **(se bild)**.

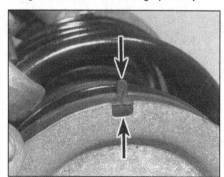

**2.22 Montering av det övre fjädersätet. Passa in hacket i kanten med märket på damaskens underkant och fjäderbenets undre fäste (vid pilarna)**

2.23a  Montera täcklocket . . .

2.23b  . . . och den nya muttern till dämparstången

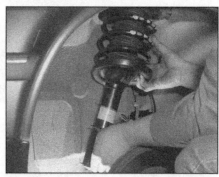

2.24  Fjäderbenet lyfts in i hjulhuset

**22** Montera det övre fjädersätet och passa in hacket i kanten mot märket på damaskens underkant och fjäderbenets fäste **(se bild)**.
**23** Montera täcklocket och den nya muttern till dämparstången **(se bilder)**. Använd metoden som är beskriven under Demontering och dra delvis åt fästmuttern. **Observera:** *Vi rekommenderar att muttern dras åt till angivet åtdragningsmoment efter det att fjäderbenet har monterats i bilen, eftersom det är svårt att åstadkomma detta när fjäderbenet är på arbetsbänken.* Kontrollera att monteringsmärkena fortfarande är inriktade innan kompressionsverktyget tas bort.

## Montering

**24** Lyft in fjäderbenet i hjulhuset och för in överdelen i hålet i innerflygeln **(se bild)**.
**25** Rikta in de tre monteringshålen på fjäderbenets överdel mot hålen på innerflygeln, kontrollera att det stämmer med anteckningarna som gjordes vid demonteringen. Sätt i fästskruvarna och dra åt dem för hand **(se bild)**.
**26** Använd metoden som är beskriven under Demontering, dra åt dämparstångens mutter till angivet åtdragningsmoment med en hylsa och insexbit.
**27** Passa in monteringshålen nederst på fjäderbenet med hålen på styrarmen, hissa upp domkraften vid behov, och montera fästskruvarna. På bilar som är utrustade med ABS-bromsar, kom ihåg att montera fästet till

hjulsensorvajern på den övre av de två skruvarna. Dra åt skruvarna enligt angivet åtdragningsmoment **(se bilder)**.
**28** Tryck in den böjliga bromsslangen i klipset nederst på fjäderbenet **(se bild)**.
**29** Dra åt de tre övre skruvarna på fjäderbenet enligt angivet åtdragningsmoment.
**30** Montera hjul och hjulbultar och sänk ner bilen på marken. Dra åt hjulbultarna enligt angivet åtdragningsmoment.

## 3  Främre bärarm - demontering och montering

### Demontering

**1** Parkera bilen på plant underlag, dra åt handbromsen och placera klossar vid bakhjulen. Demontera navkapseln och lossa hjulmuttrarna på det aktuella hjulet.
**2** Hissa upp framdelen på bilen, stöd den på pallbockar och demontera hjulet; se närmare beskrivning i *'Lyftning, bogsering och hjulbyte'* i början av boken.
**3** Lossa och ta bort de tre muttrarna som fäster bärarmen på kulleden vid styrarmens undre del.
**4** Demontera muttern som fäster krängningshämmarens länk till bärarmen, se detaljerad beskrivning i avsnitt 4. Ta vara på brickor och bussningar.

2.25  Rikta in de tre monteringshålen vid fjäderbenets överdel mot hålen på innerflygeln, kontrollera noteringarna gjorda vid demonteringen. Sätt i fästskruvarna, men dra bara åt dem för hand

**5** Se beskrivning i avsnitt 4 och lossa muttern mellan krängningshämmarens länk och krängningshämmaren tillräckligt mycket för de skall bli rörliga; ta inte bort muttern helt.
**6** Dra ut navet från bilen något, tryck ner bärarmen och ta bort krängningshämmarens länk från den.

⚠️ *Varning: Böj inte bärarmen mer än vad som behövs för att demontera länken, fästet kan skadas.*

2.27a  Fjäderbenets undre skruvar monteras och dras åt till angivet åtdragningsmoment

2.27b  Kom ihåg att montera hjulsensorns vajerfäste vid den övre av de två skruvarna på bilar som är utrustade med ABS-bromsar

2.28  Tryck in den böjliga slangen i klipset nederst på fjäderbenet

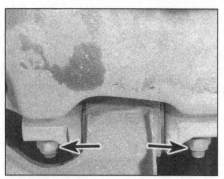

**3.7 Demontering av de två muttrarna från skruvarna som fäster bärarmen på monteringsramen, vid det främre fästet**

**7** Vid det främre fästet, demontera de två muttrarna från skruvarna som fäster bärarmen på monteringsramen **(se bild)**. Tryck in skruvändarnas gängor i monteringsramen med en tunn skruvmejsel, så att lagerfästet inte berör skruvgängorna.

**8** Vid det bakre fästet, demontera fästskruvarna och sänk ner förstärkningsplåten från monteringsramen.

**9** Bänd loss det främre lagerfästet från fästskruvarnas gängor med en kraftig skruvmejsel och demontera bärarmen från bilen.

## Montering

**10** För upp bärarmen till monteringsläget på bilen. Rikta in det främre lagerfästet mot monteringshålen på monteringsramen, tryck därefter in skruvarna genom fästets hål från motorsidan på monteringsramen. Montera muttrarna men låt dem ännu vara löst ådragna.

**11** Rikta in det bakre lagerfästet mot monteringshålen på monteringsramen. Montera förstärkningsplåten med fästskruvarna.

**12** Dra åt fästmuttrarna till framlagret samt förstärkningsplåtens skruvar.

**13** Dra bort navet från bilen något och placera krängningshämmarens länk i monteringshålet i bärarmen. Montera bussningar och brickor, kontrollera att brickornas kupade sidor är placerade mot bussningen. Montera fästmuttern och dra åt den enligt angivet moment.

**14** Dra åt muttern som fäster krängningshämmaren på krängningshämmarlänken, observera angivet åtdragningsmoment.

**15** Placera de tre kulledsskruvarna i hålen på bärarmens ände, montera nya muttrar och dra åt dem enligt angivet åtdragningsmoment.

**16** Montera hjulet och bultarna, sänk ner bilen på marken och dra åt bultarna enligt angivet åtdragningsmoment. Montera navkapseln.

**17** Kontrollera och, vid behov, justera den främre toe-inställningen; se närmare beskrivning i avsnitt 23.

## 4 Främre krängningshämmare
- demontering och montering

## Demontering

**1** Parkera bilen på plant underlag, dra åt handbromsen och placera klossar vid bakhjulen. Demontera navkapslarna och lossa sedan hjulbultarna.

**2** Hissa upp framdelen på bilen, stöd den på pallbockar och demontera hjulen; se närmare beskrivning i 'Lyftning, bogsering och hjulbyte' i början av boken.

**3** Lossa och demontera skruvarna vid U-klammorna på monteringsramen, lossa krängningshämmaren **(se bild)**.

**4** Arbeta på en sida om bilen i taget, demontera de tre muttrarna som fäster den undre bärarmen till kulleden vid styrarmens underdel.

**5** Demontera muttern som fäster krängningshämmarens länkstag på bärarmen **(se bild)**; ta vara på bussningar och brickor.

**6** Lossa muttern vid krängningshämmarens ände så att länkstaget kan röra sig friare, tryck ner bärarmen och demontera länkstaget från den **(se bild)**.

**7** Upprepa ovanstående moment på den andra bärarmen.

**8** Dra försiktigt bort krängningshämmaren från bilen.

**9** Granska gummibussningarna vid monteringsramens U-klammor och vid krängningshämmarens länkfäste beträffande tecken på slitage eller försämring; byt ut bussningarna där det behövs.

**10** Granska själva krängningshämmaren beträffande sprickor, speciellt kring monteringspunkterna.

## Montering

**11** Manövrera krängningshämmaren till rätt läge på monteringsramen.

**12** Sätt i krängningshämmarens länk i monteringshålet i bärarmen, kontrollera att bussningarna och brickorna sitter i rätt ordningsföljd - bussningarna passar på båda sidor om bärarmen och brickorna passar utanför bussningarna, den kupade sidan skall var mot bärarmen.

**13** Montera fästmuttrarna och dra åt dem enligt angivet åtdragningsmoment.

**14** Lyft upp bärarmen för att placera kulledens skruvar i deras monteringshål. Montera nya fästmuttrar och dra åt dem enligt angivet åtdragningsmoment.

**15** Upprepa ovanstående arbetsmoment på den andra bärarmen.

**16** Montera krängningshämmaren i de två U-klammorna på monteringsramen och dra åt fästskruvarna.

**17** Montera hjul och hjulbultar, sänk ner bilen och dra åt bultarna enligt angivet åtdragningsmoment. Montera navkapseln.

## 5 Styrarm -
demontering och montering

## Demontering

**1** Parkera bilen på plant underlag, dra åt handbromsen och placera klossar vid bakhjulen.

**2** Demontera navkapseln på det aktuella hjulet och lossa hjulbultarna.

**3** Lossa och demontera navets centrummutter (ta reda på tryckbrickan där sådan är monterad).

**4** Hissa upp framdelen på bilen, stöd den på pallbockar och demontera hjulet; se närmare beskrivning i 'Lyftning, bogsering och hjulbyte' i början av boken.

**4.3 Lossa och ta bort skruvarna (vid pilarna) vid U-klammorna på monteringsramen, lossa därefter krängningshämmaren**

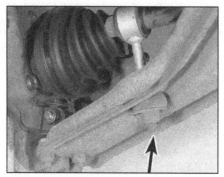

**4.5 Demontering av mutter (vid pilen) som fäster krängningshämmarens länkstag vid bärarmen**

**4.6 Muttern (vid pilen) vid krängningshämmarens ände lossas för att öka länkstagets spelrum**

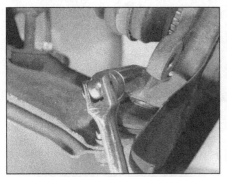

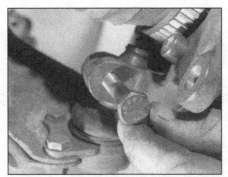

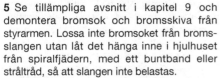

**5.9a På undersidan av styrarmen, demontera låsklipset, lossa. . .**

**5.9b . . . och dra ut klämskruven från kulledens tapp**

**5.12 Drivaxeln stöds när styrarmen lyfts upp**

**5** Se tillämpliga avsnitt i kapitel 9 och demontera bromsok och bromsskiva från styrarmen. Lossa inte bromsoket från broms- slangen utan låt det hänga inne i hjulhuset från spiralfjädern, med ett buntband eller ståltråd, så att slangen inte belastas.

**6** På bilar som är utrustade med ABS- bromsar, se närmare beskrivning i kapitel 9 och lossa hjulsensorn från styrarmen. Bind upp den med ståltråd eller ett buntband.

**7** Se närmare beskrivning i avsnitt 22, lossa styrlederna från styrarmen med en lämplig avdragare.

**8** Lossa och demontera de två skruvarna som fäster fjäderbenets botten på styrarmen, se beskrivning i avsnitt 2. På bilar som är utrus- tade med ABS-bromsar skall hjulsensorvajern placeras på avstånd från arbetsområdet.

**9** Demontera låsklipset, lossa och ta bort klämskruven från kulledens tapp på under- sidan av styrarmen **(se bilder)**.

**10** Sära den undre bärarmen från styrarmen - vid behov, se närmare beskrivning i avsnitt 4 för att även skruva loss krängnings- hämmarens länkstag för att få mer utrymme. Låt dock inte bärarmen hänga utan stöd eftersom det kan skada bussningslagret - placera en domkraft under armen och höj upp den för att ge stöd.

**11** Tryck ut den splinesförsedda delen av drivaxeln ur navet. Drivaxeln kan var svår att demontera på grund av låsvätska som applicerats på splinesen. Om så är fallet kan en gammal drivaxelmutter monteras för att skydda gängorna, knacka därefter med skaf-

tet av en träklubba för att driva ut den genom navet. Alternativt kan en lämplig trebent av- dragare användas.

**12** Stöd drivaxeln och lyft upp styrarmen **(se bild)**. Låt drivaxeln vila på den undre bär- armen så att den inte belastar drivknutarna. Drivaxeln kan även stödjas från spiralfjädern, med ståltråd eller ett buntband.

**13** Se närmare beskrivning i avsnitt 6 beträffande granskning, demontering och montering av navet.

**14** Använd lämpligt lösningsmedel för att avlägsna alla spår av smörjfett och låsvätska från den utvändiga drivaxelns splines och lagrets kontaktyta.

### Montering

**15** Smörj in kulledens tapp med smörjfett, montera därefter styrarmen över den. Sätt i en klämskruv och mutter löst, kontrollera att de griper in i skåran som är fräst i tappen.

**16** Stryk låsvätska på de yttersta 10 mm på den utvändiga drivaxelns splines **(se bild)**, rotera därefter styrarmen så att den utvändiga drivaxeln och drivknuten kan sättas fast. Sätt löst i den nya flänsmuttern till drivaxeln (eller mutter och tryckbricka, där sådan används).

**17** Montera skruvarna som fäster botten av fjäderbenet på fästet till styrarmens överdel och dra åt dem enligt angivet åtdragnings- moment; se närmare beskrivning i avsnitt 2.

**18** På bilmodeller som är utrustade med ABS-bromsar, montera och, där så behövs, justera hjulsensorn; se närmare beskrivning i kapitel 9.

**19** Dra åt kulledens klämskruv enligt angivet åtdragningsmoment och montera låsklipset **(se bilder)**.

**20** Placera änden på styrstaget i mon- teringshålet i styrarmen och dra åt muttern enligt angivet åtdragningsmoment; se när- mare beskrivning i avsnitt 21.

**21** Montera bromsskivan och bromsoket, se beskrivning i kapitel 9. Pressa in broms- slangen i klipset på fjäderbenet.

**22** Montera hjulet och dra åt bultarna för hand.

**23** Sänk ned bilen på marken och dra åt hjul- muttrarna enligt angivet åtdragningsmoment.

**24** Dra åt drivaxelns mutter enligt angivet åtdragningsmoment, se beskrivning i kapitel 8, montera navkapseln.

**25** Låt bilen står minst en timme innan den körs igen, för att ge låsvätskan i drivaxeln tid att härda.

### 6 Främre nav - demontering och montering

**Observera:** *Navet är en tätad och permanent- smord enhet som är konstruerad att hålla under bilens hela livslängd utan service eller reparationer. Lagren kan inte justeras och om slitage upptäcks skall navet bytas ut som en komplett enhet. Nav- och drivaxelmuttrar skall inte dras åt hårdare än rekommenderat åtdragningsmoment i något försök att justera lagren.*

**5.16 Stryk låsvätska på de yttersta 10 mm av den utvändiga drivaxelns splines**

**5.19a Dra åt klämskruven till angivet åtdragningsmoment . . .**

**5.19b . . . och montera låsklipset**

**6.3 Demontera de fyra skruvarna som fäster navet på styrarmen**

**6.4b ... och bromsskivans bakdel**

## Demontering

**1** Se närmare beskrivning i avsnitt 5 och demontera styrarmen.
**2** Placera detaljerna på en plan arbetsyta och markera förhållandet mellan navet och styrarmen. Observera att på tidigare modeller finns en utskuren del på navflänsens övre yta för att underlätta passning.
**3** Demontera de fyra skruvarna som fäster navet på styrarmen **(se bild)**.
**4** Lyft upp styrarmen och bromsskivans bakdel **(se bilder)**.

## Montering

**5** Sätt ihop navet och bromsskivans baksida med styrarmen i omvänd monteringsordning, observera angivna åtdragningsmoment. An-

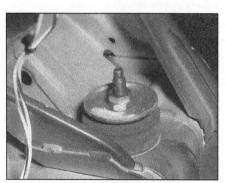

**7.4 Mutter, låsmutter, skål och bussning demonteras från dämparstången**

**6.4a Lyft upp styrarmen ...**

vänd märkena som gjordes vid demonteringen för att kontrollera att navet har korrekt passning.
**6** Se närmare beskrivning i avsnitt 5 och montera styrarmen på bilen.

## 7 Bakre stötdämpare - demontering och montering

> ⚠ **Varning: Vänstra och högra stötdämparna bör bytas ut som ett komplett par så att bilens köregenskaper bevaras.**

## Demontering

**1** Parkera bilen på plant underlag, dra åt handbromsen och placera klossar vid framhjulen och lägg i ettans växel (manuell växellåda) eller 'Park' (automatväxellåda). Demontera navkapseln och lossa hjulbultarna på det aktuella hjulet.
**2** Hissa upp bakdelen på bilen, stöd den på pallbockar och demontera hjulet; se närmare beskrivning i avsnittet *'Lyftning, bogsering och hjulbyte'*.
**3** Flytta domkraften så att den är placerad under leden mellan axelrör och undre bärarm. Hissa upp domkraften tillräckligt långt så att stötdämparna och krängningshämmaren avlastas.
**4** Från bagageutrymmet, demontera skyddspanelen över reservhjulet, vik därefter tillbaka

**7.5 Skruven (vid pilen) som fäster dämpare och krängningshämmare på fästet vid axelröret demonteras underifrån**

mattan och sidolisten så att stötdämparens övre fäste blir synligt; se närmare beskrivning i kapitel 11. Demontera mutter, låsmutter, skål och bussning från stötdämparstången **(se bild)**.
**5** Underifrån, demontera skruven som fäster stötdämparen och krängningshämmaren vid fästet på axelröret **(se bild)**.
**6** Sänk ner domkraften något och skilj stötdämparens nedre fäste från axelröret.
**7** Dra ut stötdämparen från hjulhuset, notera monteringsläget för kvarvarande bussning och bricka vid det översta fästet.
**8** Granska stötdämparen beträffande tecken på vätskeläckage, speciellt från tätningen vid kolvstången. Testa stötdämparens funktion genom att trycka hårt på kolvstången genom två eller tre fullständiga slag, och därefter några korta slag. Motståndet skall vara jämnt och likformigt; om reaktionen känns ojämn, svag eller ljudlig skall dämparen bytas ut.
**9** Kontrollera kolvstången beträffande tecken på korrosion eller skevhet och byt ut dämparen om sådana skador finns.

## Montering

**10** Montera stötdämparen i omvänd ordningsföljd. Notera följande punkter:
*a)* Kontrollera att stötdämparens övre infästningsdetaljer monteras i korrekt ordningsföljd **(se bild)**.
*b)* Dra åt den undre skruven enligt angivet åtdragningsmoment.
*c)* Montera hjulet, sänk ner bilen på marken och dra åt bultarna enligt angivet åtdragningsmoment.

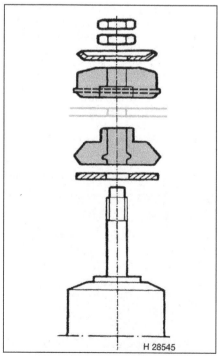

**7.10 Monteringsordning för detaljer i bakre stötdämparens övre infästning**

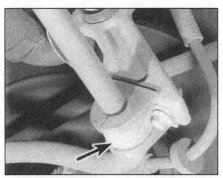

**8.5 Krängningshämmaren lossas från sina inre fästen genom att två skruvar som håller U-klammorna (vid pilen) vid hängfästet lossas**

## 8 Bakre krängningshämmare - demontering och montering

### Demontering

**1** Parkera bilen på plant underlag, dra åt handbromsen och placera klossar vid framhjulen och lägg i ettans växel (manuell växellåda) eller 'PARK' (automatväxellåda). Demontera navkapslarna på bakhjulen och lossa hjulbultarna.
**2** Hissa upp bakdelen på bilen, stöd den på pallbockar och demontera hjulen; se närmare beskrivning i avsnittet 'Lyftning, bogsering och hjulbyte'.
**3** Flytta domkraften på ena sidan av bilen så att den är placerad under leden mellan axelrör och undre bärarm. Hissa upp domkraften tillräckligt långt så att stötdämparna och krängningshämmaren avlastas.
**4** Se relevanta punkter i avsnitt 7 och skruva loss krängningshämmaren från infästningen på axelröret (se bild 7.5) Upprepa proceduren på bilens andra sida.
**5** Lösgör krängningshämmaren från dess invändiga fästen genom att skruva bort de två skruvarna som fäster U-klammorna på hängfästet (se bild).
**6** Sänk ner krängningshämmaren från bilen och ta reda på bussningarna från det invändiga fästet.

**7** Granska gummibussningarna beträffande tecken på slitage eller försämring; byt ut bussningarna vid behov. Granska krängningshämmaren beträffande sprickbildning, speciellt kring infästningspunkterna.

### Montering
**8** Montera krängningshämmaren i omvänd ordningsföljd. Notera följande punkter:
a) Dra åt den undre skruven enligt angivet åtdragningsmoment.
b) Montera hjulet, sänk ner bilen på marken och dra åt bultarna enligt angivet åtdragningsmoment.

## 9 Bakre spiralfjäder - demontering och montering

### Demontering
**1** Parkera bilen på plant underlag, placera klossar vid framhjulen och lägg i ettans växel (manuell växellåda) eller 'Park' (automatväxellåda). Demontera navkapseln på det aktuella hjulet och lossa hjulbultarna.
**2** Hissa upp bakdelen på bilen, stöd den på pallbockar.
**3** Demontera handbromsens vajer från undre bärarmen genom att bända ut tryckklämman.
**4** Placera en domkraft under den undre bärarmens bakkant, demontera därefter skruven som fäster armen på axelröret; se närmare beskrivning i avsnitt 12.
**5** Använd domkraften för att sänka ner bärarmen så mycket att spiralfjädern kan demonteras från sin infästning. Ta reda på gummisätet.

### Montering
**6** Placera fjädern och gummifästet i deras respektive monteringslägen på den undre bärarmen, kontrollera att underkanten på fjädern griper i kanten på bärarmen.
**7** Använd domkraften för att höja bärarmen, kontrollera att fjäderns överdel är placerad rakt i sitt övre säte.
**8** Montera skruven som fäster bärarmens underkant på axelröret och dra åt den enligt angivet åtdragningsmoment.

**9** Skruva fast handbromsens vajerfäste på plats på bärarmens kant.
**10** Montera hjulet och hjulbultarna, sänk ner bilen på marken och dra åt bultarna enligt angivet åtdragningsmoment. Montera till sist navkapseln.

## 10 Bakre momentstag - demontering och montering

### Demontering
**1** Parkera bilen på plant underlag, placera klossar vid framhjulen och lägg i ettans växel (manuell växellåda) eller 'Park' (automatväxellåda). Demontera navkapseln på det aktuella hjulet och lossa hjulbultarna.
**2** Hissa upp bakdelen på bilen, stöd den på pallbockar. Demontera hjulet.
**3** Skruva loss fästdetaljerna på varje sida av momentstaget vid durkplåten och överst på medbringaren (se bilder).
**4** Sänk ner armens främre del från fästet på durkplåten och tryck bort den bakre delen från navet. Ta reda på bussningarna när armen lossas.
**5** Granska bussningarna beträffande tecken på slitage eller försämring. Byt ut dem vid behov.

### Montering
**6** Montera momentstaget i omvänd ordningsföljd.

## 11 Bakre Panhardstag - demontering och montering

### Demontering
**1** Parkera bilen på plant underlag, placera klossar vid framhjulen och lägg i ettans växel (manuell växellåda) eller 'PARK' (automatväxellåda).
**2** Hissa upp bakdelen på bilen, stöd den på pallbockar. Demontering av hjulen ger bättre åtkomlighet, men det är inte nödvändigt.
**3** Lossa och ta bort de två fästskruvarna till Panhardstaget, först vid axelröret och därefter vid hängfästet under bilen (se bilder).

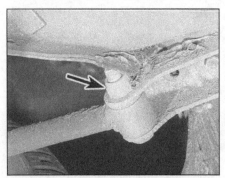

**10.3a  Skruva loss fästena (vid pilen) vid momentstagets båda ändar vid durkplåten ...**

**10.3b  ... och vid medbringarens överdel (vid pilen; navet är demonterat för bättre synlighet)**

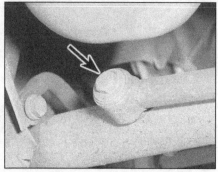

**11.3a  Lossa och ta bort de två skruvarna till Panhardstaget, börja vid axelröret (vid pilen) ...**

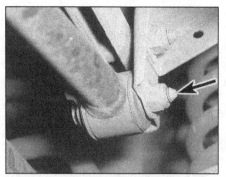

11.3b . . . och fortsätt vid hängfästet under bilen (vid pilen)

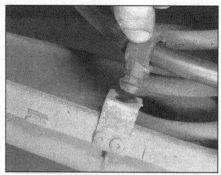

12.3  Handbromsens vajer lossas från bärarmen genom att tryckklämman bänds loss

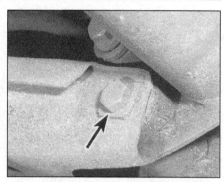

12.4  Skruva loss skruven (vid pilen) som fäster armen vid axelröret

**4** Demontera Panhardstaget från bilen, ta reda på bussningarna.
**5** Kontrollera staget beträffande skevhet och stark korrosion. Granska bussningarna beträffande slitage eller skador; byt ut dem om de verkar deformerade, förhårdnade eller förbrukade.

## Montering

**6** Montera Panhardstaget i omvänd ordning.

## 12 Bakre bärarm - demontering och montering

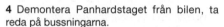

## Demontering

**1** Parkera bilen på plant underlag, placera klossar vid framhjulen och lägg i ettans växel (manuell växellåda) eller 'Park' (automatväxellåda). Ta bort navkapseln på det aktuella hjulet och lossa hjulbultarna.
**2** Hissa upp bakdelen på bilen, stöd den på pallbockar och demontera hjulet; se närmare beskrivning i avsnittet *'Lyftning, bogsering och hjulbyte'*.
**3** Demontera handbromsens vajer från bärarmen genom att bända loss tryckklämman **(se bild)**.
**4** Placera en domkraft under bärarmens bakkant, demontera därefter skruven som fäster armen på axelröret **(se bild)**.
**5** Använd domkraften för att sänka ner

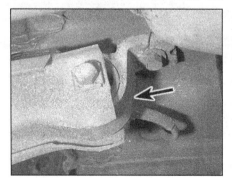

12.6  Demontering av två skruvar för att lossa det främre fästet och bussningen (vid pilen) från bilens durkplåt

bärarmen tills spiralfjädern kan demonteras från sitt fäste - se närmare beskrivning i avsnitt 9.
**6** Demontera främre fästet och bussningen från durkplåten genom att skruva loss de två fästskruvarna **(se bild)**.
**7** Ta bort bärarmen från bilen. Kontrollera bärarmen beträffande skada, korrosion och skevhet. Granska främre bussningen beträffande tecken på slitage eller skada; byt ut den om den är deformerad, förhårdnad eller förbrukad. Om den bakre bussningen likaledes visar tecken på slitage eller skada skall den också bytas ut. Byte av bussningar beskrivs i följande avsnitt.

### Främre bussning - byte

**8** Lossa muttern och ta bort centrumskruven. Lyft ut bussning och fäste.
**9** Montera den nya bussningen och montera centrumskruven.

⚠ *Varning: Dra inte åt centrumskruven förrän bärarmen är monterad på bilen.*

### Bakre bussning - byte

**10** Håll fast bärarmen ordentligt i ett skruvstäd; linda in skruvstädets käftar för att skydda antikorrosionsbeläggningen på armen. Bussningen kan demonteras genom att man driver ut den med en hylsa som har en ytterdiameter något mindre än bussningens. Kontrollera att hylsan placeras rakt på

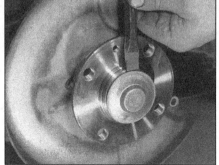

13.4  Dammskyddet bänds loss från navet med en träklubba och en kraftig skruvmejsel

bussningen, knacka sedan ut den med en lätt hammare.
**11** Smörj den nya bussningen med tvålvatten och driv försiktigt in den i bärarmen enligt samma metod som vid demonteringen.

## Montering

**12** Lyft upp bärarmen till monteringsramen och montera skruvarna som fäster främre bussning och fäste på bilens durkplåt.
**13** Placera spiralfjäder och gummisäte i respektive lägen på bärarmen, se närmare beskrivning i avsnitt 9.
**14** Höj upp bärarmen med en domkraft så att fjäderns överdel griper i det övre sätet på durkplåten.
**15** Montera skruven som fäster bärarmens bakände på axelröret och dra åt den enligt angivet åtdragningsmoment.
**16** Tryck in handbromsens vajerklips på plats i bärarmens kant.
**17** Montera hjul och muttrar, sänk ner bilen på marken och dra åt hjulbultarna enligt angivet åtdragningsmoment. Montera navkapseln.

## 13 Bakre nav - demontering och montering

## Demontering

**1** Parkera bilen på plant underlag, placera klossar vid framhjulen och lägg i ettans växel (manuell växellåda) eller 'Park' (automatväxellåda). Lossa hjulbultarna på det aktuella bakhjulet.
**2** Hissa upp bakdelen på bilen, stöd den på pallbockar och demontera hjulet.
**3** Se närmare beskrivning i kapitel 9 och demontera bromsok och bromsskiva. Observera att bromsslangen inte behöver lossas från bromsoket; häng upp det med en ståltråd eller buntband på spiralfjädern och undvik att belasta slangen.
**4** Bänd loss navets dammskydd med en träklubba och kraftig skruvmejsel eller stämjärn; om det sitter hårt kan man knacka loss det gradvis runt hela dammskyddet **(se bild)**. Slå inte så hårt att skyddet skadas, vilket i så fall måste bytas ut.

**13.6a Navmuttern demonteras (och tryckbrickan där sådan förekommer) ...**

**5** Montera en hylsa och brytstång över hjulnavets mutter. Sätt i två hjulbultar löst på navflänsen och placera en hävstång emellan; använd den för att staga hjulnavet när navmuttern lossas.

 *Varning: På tidigare årsmodeller är flänsen på navmuttern deformerad in i ett spår på axeltappen för att låsa den på plats. Böj tillbaka mutterflänsen och lossa den från axeltappen med en hammare och körnare innan försök görs att lossa muttern.*

**6** Demontera navmuttern (även tryckbrickan där sådan förekommer), och lyft bort navet **(se bilder)**.
**7** Rengör axeltappen med lämpligt rengöringsmedel, var speciellt noga med gängan och lagrets kontaktyta.

 *Varning: Var noga med att den ömtåliga ABS-hjulsensorn inte skadas vid rengöringen.*

**8** Granska axeltappen beträffande slitage i form av spårbildning eller urholkning där lagren kommer i kontakt med axelytan; en blanksliten ring är normalt, men alltför stor nedslitning eller sprickbildning tyder på att axeltapp och medbringare behöver bytas ut. Dessa utgör en integrerad del av bakaxeln och måste bytas ut som en komplett enhet; en närmare beskrivning av detta återfinns i avsnitt 14.

**13.10 Montera en ny mutter (och tryckbricka där sådan förekommer) och dra åt till angivet åtdragningsmoment**

**13.6b ... och navet lyfts bort**

## Montering

**9** Smörj in axeltappen med smörjfett och montera navet över axeltappen.
**10** Kontrollera att navet är korrekt monterat, montera därefter en ny mutter (och tryckbricka där så behövs) och dra åt den enligt angivet åtdragningsmoment **(se bild)**. **Observera:** *På tidigare årsmodeller skall mutterflänsen deformeras för att passa in i spåret i axeltappens gänga, använd hammare och dorn för att driva in den på plats.*
**11** Montera dammskyddet och knacka in det på plats med en mjuk träklubba **(se bild)**.
**12** Montera bromsskiva och bromsok, se beskrivning i kapitel 9.
**13** Montera hjulet och hjulbultarna och sänk ner bilen på marken. Dra åt hjulbultarna enligt angivet åtdragningsmoment och montera navkapseln.

### 14 Bakaxelrör - demontering och montering

## Demontering

**1** Parkera bilen på plant underlag, placera klossar vid framhjulen och lägg i ettans växel (manuell växellåda) eller 'Park' (automatväxel-låda) och placera klossar vid framhjulen; dra inte åt handbromsen. Demontera nav-kapslarna och lossa bakhjulens hjulmuttrar.
**2** Hissa upp bakdelen på bilen och stöd den

**13.11 Montera dammskyddet och knacka in det på plats med en mjuk träklubba**

på pallbockar. Demontera hjulen; se närmare beskrivning i avsnittet *'Lyftning, bogsering och hjulbyte'*.
**3** Lossa handbromsens vajerfästen från bärarmarna.
**4** Demontera bromsoken enligt beskrivning i kapitel 9. Det är inte nödvändigt att ta bort bromsslangen från bromsoket; häng upp det med ståltråd eller buntband på spiralfjädern och undvika att belasta slangen
**5** Skruva loss Panhardstaget från axelröret, bind upp dess fria ände för att hålla den ur vägen.
**6** Placera en domkraft till mittpunkten under axelröret. Skydda axelröret genom att placera ett träblock mellan det och domkraften. Hissa upp den tllräckligt för att avlasta fjädringen från axelns tyngd, men inte längre.
**7** Demontera skruven som fäster stöt-dämparen och krängningshämmaren på axelrörets fäste; se närmare beskrivning i avsnitt 7.
**8** Sänk sakta ner domkraften och låt axelröret falla ut från bilen. Ta vara på skruvfjädrarna när bärarmen böjs ner, och förvara dem säkert; se närmare beskrivning i avsnitt 9.
**9** Se närmare beskrivning i avsnitt 10 och skruva loss momentstagens främre ändar från medbringarnas överdelar; för bort dem från arbetsområdet och bind upp dem inuti hjulhuset.
**10** Demontera skruvarna som fäster bärarmarnas bakre ändar på medbringarens bas. Placera att trästycke under änden på bärarmen för att ge stöd medan den demonteras.

## Montering

**11** Balansera axelröret på domkraftens huvud och manövrera in den under bilen.
**12** Höj upp axeln till dess monteringsläge och montera medbringaren löst på bärarmens och momentstagets fästskruvar.
**13** Placera spiralfjädrarna rakt på armen, se närmare beskrivning i avsnitt 9.
**14** Höj axeln sakta och kontrollera att spiralfjädrarna förs rakt in i deras övre säten; stöd krängningshämmaren när axeln höjs upp så att den faller på rätt sida om sitt fäste.
**15** Rikta in stötdämparens och krängnings-hämmarens bussningar mot deras fäste på axelröret och sätt in fästskruven genom dem. Montera muttrarna och dra åt dem enligt angivet åtdragningsmoment.
**16** Dra åt medbringaren på bärarmens och momentstagets skruvar enligt angivet åtdrag-ningsmoment. Domkraften kan nu sänkas ner från axelröret.
**17** Sänk ned Panhardstaget i rätt läge och montera skruven genom axelröret; se närmare beskrivning i avsnitt 11.
**18** Montera bromsoken, se beskrivning i kapitel 9.
**19** Tryck in handbromsens vajerklips i bärarmarna.
**20** Montera hjul och hjulbultar, sänk ner bilen på marken och dra åt bultarna enligt angivet åtdragningsmoment. Montera navkapslarna.

## 15 Ratt -
### demontering och montering

### Demontering

**1** Parkera bilen med framhjulen pekande rakt fram. Vrid tändningslåset till 'OFF'-läge, lämna kvar nyckeln i låscylindern för att avaktivera rattlåset

**2** Lossa batteriets negativa kabel och placera den på avstånd från anslutningen.

**3** På bilar som är utrustade med airbag/SRS på förarsidan, se närmare beskrivning i kapitel 11 och demontera airbag och roterande kontaktenhet.

**4** Demontera rattens centrumplatta på följande sätt. På ratt med tre ekrar, bänd loss den trekantiga skyddsplattan och haka loss gummiflänsarna från ekrarna. På ratt med fyra ekrar, bänd loss den runda täckplattan från ratten.

**5** Använd en ritspets eller märkpenna för att göra passmärken mellan ratt och rattstång. Lossa centrummuttern men låt den sitta kvar på de sista gängorna, lossa ratten. Demontera centrummutter och bricka, ny mutter och bricka måste användas vid monteringen. Kontrollera att ratten hela tiden är riktad rakt fram.

 **Varning: Använd inte rattlåset för att staga rattstången medan muttern demonteras, eftersom detta kan orsaka skada.**

### Montering

**6** Kontrollera att framhjulen fortfarande pekar rakt fram.

**7** Montera ratten på splinesförbandet, passa in passmärkena som gjordes vid demonteringen och koppla in körriktningsvisarens återställningstapp i kontaktarmen.

**8** Montera en ny bricka, skruva därefter en ny mutter på axelgängan och dra åt den enligt angivet åtdragningsmoment **(se bild)**.

 **Varning: Använd inte rattlåset för att staga rattstången medan muttern demonteras, eftersom detta kan orsaka skada.**

**9** På bilar som är utrustade med airbag/SRS på förarsidan, se närmare beskrivning i kapitel 11 och montera roterande kontaktenhet och airbag.

**10** På ratt med tre ekrar, tryck in skyddsplattan i rattcentrum och kontrollera att gummiflänsarna hakar över ekrarna.

**11** På ratt med fyra ekrar, tryck in täckplattan på plats i rattcentrum.

**12** Ta bilen på en körtest för att kontrollera framhjulsinställningen. När bilen körs rakt fram skall det platta delen av styrningen vara horisontell. Grov felinställning betyder att ratten har monterats en eller flera splines åt fel håll på rattstången. Demontera i så fall ratten, vrid den så långt det behövs och montera den på nytt. Viss felinställning, som inte rättas till när ratten vrids till nästa spline, kan korrigeras genom motsvarande justering av styrstagen (men i motsatt riktning) på varje sida; se närmare beskrivning av längdjustering av styrstag i avsnitt 22 och 23.

## 16 Tändningslås/rattlås -
### demontering och montering

### Demontering

**1** Lossa batteriets negativa kabel och placera den på avstånd från anslutningen.

**2** Se närmare beskrivning i avsnitt 15 och demontera ratten.

**3** Demontera skruvarna och lyft upp de övre och undre delarna av rattkåpan; se närmare beskrivning i kapitel 11.

**4** Skär av buntbandet till kablaget och lossa det från rattstången.

**5** Se närmare beskrivning i kapitel 12 och demontera strömställarna på rattstången. Märk kablarna för att underlätta vid senare montering; bind upp dem så att de hålls borta från arbetsområdet.

**6** Demontera skruvarna och ta bort ljudisoleringspanelen från undersidan av instrumentpanelen; se beskrivning i kapitel 11.

**7** Se närmare beskrivning i kapitel 3 och

demontera ventilationskanalerna i golvet under instrumentbrädan.

**8** Lokalisera universalknuten som ansluter rattaxeln till den mellanliggande axeln. Lossa och demontera den övre klämskruven från rattsidan av leden och dra loss den från den splinesförsedda axeln **(se bild)**.

**9** Använd en låsringstång till att demontera låsringen från rattaxeln.

**10** På bilar som är utrustade med airbag/SRS på förarsidan, lossa och demontera den tvärliggande skruven från fästet **(se bild)**.

**11** På bilar som är utrustade med justeringsmekanism på rattstången, driv ut den ihåliga låspinnen från justeringsspindeln med en centerkörnare; gör en anteckning om spindelns placering med avseende på rattlåset för att underlätta vid monteringen. Lossa muttern på spindelns ände, demontera den därefter tillsammans med brickan och dra ut spindeln. **Observera:** *Använd en skiftnyckel med en insexbit för att hålla justeringsspindeln stilla under detta arbete.*

**12** För upp handen bakom instrumentbrädan, fatta tag i rattstången och tryck upp den från det undre lagret. Axel, rattlås och tändningslås kan nu tas bort som en komplett enhet.

 **Varning: Se till att de två delarna av rattstångens splinesförsedda led inte säras. Lossa anslutningsdonet från strömställaranslutningarna.**

### Montering

**13** Placera låsenheten över monteringsläget i instrumentpanelen. Placera rattstången i det undre lagret.

**14** Vid behov, sätt ihop rattens justeringsmekanism genom att sätta in spindeln i låsenheten, därefter montera bricka och mutter och dra åt. Kontrollera att justeringsspindeln är korrekt inriktad, använd en centerkörnare och hammare för att driva in den ihåliga låspinnen i spindelns lopp.

**15** Justeringsmekanism spänns på följande sätt: ställ klammans arm i "oklammat" läge och dra sakta åt spindelns mutter.

**15.8 Montera en ny bricka, skruva fast en ny mutter på axelgängan och dra åt den till angivet åtdragningsmoment (på bilden visas bil med SRS-utrustning)**

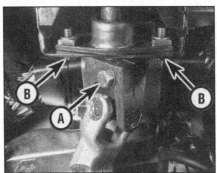

**16.8 Universalknut och undre lager, mellan rattstång och mellanliggande axel**

A  *Övre klämskruv*
B  *Undre lagerhusets fästskruvar*

**16.10 Lossa och ta bort den tvärliggande skruven från fästet (vid pilen) – bilar utrustade med airbag/SRS på förarsidan**

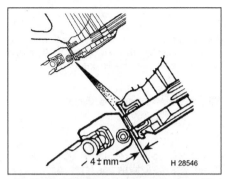

16.16 Den övre klämskruven justeras för att ge korrekt spel mellan universalknutens flänsände och stångens fäste

Spänningen är korrekt när ett motstånd kan förnimmas när styraxeln rörs in och ut. Ställ klammans arm i "klammat" läge och kontrollera att axeln kan rotera fritt, men att den inte med rimlig kraft kan flyttas axiellt.

**16** Montera låsringen längst ned på rattstångens axel. För över universalknuten till båda axlarna och montera klämskruvar och muttrar. Kontrollera att den undre klämskruven är placerad under stoppet på den mellanliggande axeln. Justera den övre klämskruven så att den får korrekt spel mellan universalknutens flänsände och stångfästet **(se bild)**. Slutligen skall klämskruvarna dras åt enligt angivet åtdragningsmoment.

**17** Montera de övriga detaljerna i följande ordning:

a) *Montera ventilationskanalen i golvet.*
b) *Montera ljudisoleringspanelen i instrumentbrädans undersida.*
c) *Se beskrivning i avsnitt 12, montera strömställarenheten på rattstången och anslut kablaget; gå efter markeringarna som gjordes vid demonteringen för att kontrollera att anslutningsdonen är korrekt installerade. Fäst kablaget med buntband.*
d) *Montera rattstångskåpan.*
e) *Se beskrivning i avsnitt 15, montera ratten och kontrollera framhjulsinställningen genom att köra bilen en sväng.*
f) *Där så är aktuellt, se närmare beskrivning i kapitel 11 och montera den roterande kontaktenheten och airbagen.*

## 17 Rattstångens nedre lager - byte

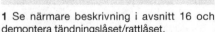

**1** Se närmare beskrivning i avsnitt 16 och demontera tändningslåset/rattlåset.
**2** Demontera de två skruvarna vid rattstångsfästet som fäster det undre lagerhuset; ta reda på de räfflade brickorna (se bild 16.8).
**3** Lyft upp huset från fästet och tryck ut lagret.
**4** Smörj det nya lagret med lite smörjfett och tryck in det i huset.

**5** Montera huset på fästet, använd de räfflade brickorna och dra åt skruvarna hårt.
**6** Se närmare beskrivning i avsnitt 16 och montera tändningslåset/ rattlåset samt rattstångsenheten.

## 18 Styrservons hydraulsystem - avtappning, påfyllning och luftning

**Observera:** *Styrservons hydraulsystem måste luftas om någon del av systemet har demonterats.*

### Avtappning

**1** Rengör noggrant kring anslutningspunkten för vätskereturslangen på sidan av vätskebehållaren (den översta slangen med minst diameter). Lätta på klipset, lossa slangen och plugga igen de öppna ändarna på slang och behållaröppning.
**2** Placera returslangens fria ände i en ren och torr behållare som rymmer minst en liter.
**3** Placera behållaren säkert i motorrummet på avstånd från eventuellt rörliga delar och direkta värmekällor.
**4** Starta motorn och låt hydraulvätskan pumpas ut i behållaren. Vrid ratten två gånger till fullt utslag åt båda hållen för att tappa av vätskan från kuggstången.
**5** När vätskeflödet upphör skall motorn stängas av omedelbart. Låt inte servopumpen gå torr under längre tid.

### Påfyllning

**6** Ta bort vätskebehållarens påfyllningslock och fyll på med vätska av rekommenderad typ och kvalitet upp till maxnivån; se närmare beskrivning i kapitel 1.

### Luftning

**7** Parkera bilen på plant underlag, dra åt handbromsen och placera klossar vid bakhjulen. Hissa upp framdelen på bilen och stöd den på pallbockar; se närmare beskrivning i avsnittet *'Lyftning, bogsering och hjulbyte'* i början av boken.
**8** Med motorn avstängd, vrid sakta ratten från fullt utslag åt ena hållet till fullt utslag åt andra hållet för att lufta bort ev kvarvarande luft. Fyll upp vätskenivån i vätskebehållaren. Upprepa denna procedur tills vätskenivån i behållaren inte sjunker längre.
**9** Starta motorn, vrid sakta ratten från fullt utslag åt ena hållet till fullt utslag åt andra hållet för att lufta bort ev kvarvarande luft i systemet. Upprepa denna procedur tills inga bubblor syns längre i vätskebehållaren.
**10** Om oljud hörs från pump eller vätskerör när ratten rörs, är det ett tecken på att luft fortfarande finns kvar i systemet. Detta kan bekräftas om hjulen vrids rakt fram och motorn stängs av. Om vätskenivån i behållaren höjs finns luft kvar i systemet,

vilken måste luftas ut; upprepa ovanstående procedur vid behov.
**11** När all luft har drivits ut från styrservons hydraulsystem skall motorn stannas och systemet få svalna. Slutligen, kontrollera att vätskenivån är vid maxnivåmärket på behållaren, fyll på om det behövs.

## 19 Styrväxel - demontering och montering

### Demontering

**1** Se närmare beskrivning i avsnitt 18 och tappa av hydraulvätskan från styrservosystemet. Låt vätskereturslangen vara lossad från servovätskebehållaren.
**2** Lossa batteriets negativa kabel och placera den på avstånd från anslutningen.
**3** Lossa fästskruven och flytta röret för oljepåfyllning/oljestickan åt sidan för att lättare kunna komma åt styrväxeln.
**4** Vid servopumpen, rengör ytan kring matarslanganslutningen. Lossa slanganslutningen från pumpen, plugga igen den öppna inloppsöppningen och slangen för att undvika att smuts tränger in.
**5** Se närmare beskrivning i kapitel 11, demontera ljudisoleringspanelen under instrumentbrädan vid fotrummet på förarsidan.
**6** Vik undan mattan för att komma åt gummidamasken vid den undre delen av rattstångens mellanliggande axel. Vik undan damasken och demontera den undre klämskruven från universalknuten. Lossa den undre klämskruven från universalknuten vid den punkt där den mellanliggande axeln är ansluten till övre delen av rattstången. Ta bort den mellanliggande axeln från instrumentbrädan.
**7** Vid den punkt där kuggstångens drevaxel skjuter ut genom torpedväggen, demontera fästskruvarna från den kupade metallplattan och lyft ut den. Ta reda på packning, tätning och gummibussning. Granska packningen beträffande tecken på slitage eller skada - byt ut den vid behov.
**8** Demontera navkapslarna och lossa hjulbultarna. Hissa upp framdelen på bilen, stöd den på pallbockar och demontera framhjulen; se närmare beskrivning i avsnittet *'Lyftning, bogsering och hjulbyte'* i början av boken.
**9** Se närmare beskrivning i kapitel 11 och demontera bakre delen av höger innerskärm.
**10** Se närmare beskrivning i avsnitt 22 och lossa styrlederna från styrarmarna.
**11** I förekommande fall, lossa fästskruven mellan monteringsramen och hjulhusets stödstag.
**12** Arbeta under bilen och demontera båda fästskruvarna till kuggstången. Det blir nödvändigt att hålla motsvarande muttrar stilla med skruvnyckel (eller hylsa och skiftnyckel) som förs ned mellan torpedväggen och mon-

**19.12a Kuggstångens vänstra fästmutter (vid pilen)**

**19.12b Kuggstångens högra fästmutter (vid pilen)**

teringsramen in i motorrummet **(se bilder)**. Ta reda på brickor och bussningar, och notera monteringsföljden.

**13** I förekommande fall, demontera den undre fästskruven mellan monteringsramen och hjulhusets stödstag.

**14** Dra ner de lösa ändarna till de tidigare lossade hydraulslangarna, lyft upp kuggstången från sina monteringspunkter och dra bort den genom höger hjulhus. Flytta kablaget åt sidan så att det inte trasslar in sig i kuggstången.

## Montering

**15** Styrväxeln monteras i omvänd ordning mot demonteringen, med speciell uppmärksamhet på följande punkter:

a) Vid montering av kuggstångens skruvar på 1987 års modell med chassinummer **H 1003410 eller lägre,** skall en vanlig 2 mm bricka monteras på den vänstra skruven mellan kuggstången och monteringsramen.

b) Kontrollera att kuggstångens fästskruvar är åtdragna enligt angivet åtdragningsmoment.

c) Vid montering av nya styrleder, kontrollera att de är justerade till samma längd som de existerande styrstagen, enligt mått som togs när de demonterades. **Observera:** Låt låsmuttrarna vara lösa tills toe-inställningen har kontrollerats.

d) Se närmare beskrivning i avsnitt 22 och anslut styrlederna på styrarmarna, observera angivet åtdragningsmoment.

e) Dra åt klämskruvarna vid universalknutarna på rattstångens mellanliggande axel enligt angivet åtdragningsmoment.

f) Se beskrivning i avsnitt 18, fyll på och lufta hydraulsystemet. Använd vätska av rekommenderad typ och kvantitet.

g) Anslut batteriets negativa kabel och starta motorn. Kontrollera hur styrsystemet fungerar.

h) Se beskrivning i avsnitt 23 och kontrollera toe-inställningen, justera den vid behov. Avslutningsvis, dra åt låsmuttrarna till angivet åtdragningsmoment.

i) Gör en slutlig kontroll av alla anslutningar och slangar som har rörts, kontrollera nivån i vätskebehållaren på nytt.

## 20 Styrservopump - demontering och montering

### Demontering

⚠️ **Varning: Undvik att använda alltför hård kraft på servopumpens axel vid demontering/montering eftersom det kan skada axellagren.**

**1** Se närmare beskrivning i avsnitt 18 och tappa av hydraulvätskan från servosystemet.

**2** Lossa batteriets negativa kabel och placera den på avstånd från anslutningen.

**3** På årsmodeller före 1994 där oljepåfyllningsröret är monterat på sidan av motorrummet, skall fästskruvarna tas bort och röret flyttas för att servopumpen skall bli bättre åtkomlig.

**4** Se närmare beskrivning i kapitel 2A och demontera motorns övre monteringsarm.

**5** Rengör noggrant ytan kring servopumpens inloppsslang; det är slangen med större diameter som är ansluten mellan hydraulvätskebehållaren och servopumpen. Plugga igen slangens och pumpinloppets öppna ändar.

**6** Demontera skruven, lyft upp hydraulvätskebehållaren och placera den i riktning mot motorrummets främre del, för att bättre komma åt servopumpen.

**7** Se närmare beskrivning i kapitel 1 och avlasta drivremmen. Demontera remmen från servopumpens remskiva.

**8** Rengör noggrant ytan kring servopumpens matarslanganslutning för att undvika att hydraulsystemet förorenas. Lossa matarslangen vid anslutningen, plugga igen slangens och pumpinloppets öppningar. I förekommande fall, lossa transmissionens kickdownvajer (endast modeller med automatväxellåda).

**9** Demontera skruvarna mellan sevopump och motorblock; den tredje skruven är åtkomlig genom remskivans hål.

**10** Lyft ut servopumpen från motorrummet.

### Montering

**11** Montera servopumpen i omvänd ordning mot demontering.

**12** Avslutningsvis, se närmare beskrivning i kapitel 1 och spänn drivremmen korrekt.

**13** Anslut batteriets negativa kabel. Se anvisningar i avsnitt 18 i detta kapitel, fyll på och lufta styrservons hydraulsystem.

## 21 Kuggstångsdamasker - byte

**1** Se närmare beskrivning i avsnitt 22 och demontera styrlederna från styrstagen.

**2** Lossa låsmuttrarna från styrstagen.

**3** Klipp genom de större invändiga metallklämmorna som håller gummidamaskerna på plats, använd en kraftig avbitartång. De utvändiga klämmorna kan utvidgas genom att metalltungorna trycks ihop så att de kan dras bort.

**4** Dra bort damaskerna från styrstagens ändar.

**5** Om damaskerna är skadade och skall bytas, skall konditionen hos de underliggande styrstagen och kullederna kontrolleras. Torka bort alla spår av smuts och smörj in kullederna med smörjfett.

**6** Montera de nya damaskerna över styrstagen och fäst dem på plats med nya klämmor.

**7** Montera låsmuttrarna på styrstagets ändar.

**8** Se beskrivning i avsnitt 22, montera och justera styrlederna.

## 22 Styrleder - demontering och montering

### Demontering

**1** Parkera bilen på plant underlag, dra åt handbromsen och placera klossar vid bakhjulen. Demontera navkapslarna och lossa hjulbultarna.

**2** Hissa upp framdelen på bilen, stöd den på pallbockar och demontera hjulen; se närmare

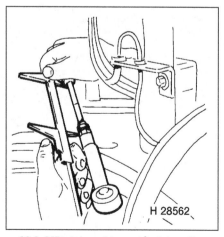

**22.3 Mät det *exakta* avståndet mellan styrleden och det frästa spåret i styrstagets invändiga del**

22.5a Lossa muttern som fäster styrleden på styrarmen

22.5b Sära på kulleden med en lämplig avdragare

beskrivning i *'Lyftning, bogsering och hjulbyte'* i början av boken.

**3** Vid varje styrstag, mät och anteckna det *exakta* avståndet mellan låsmuttern och det frästa spåret i styrstagets inre del **(se bild)**.

**4** Lossa låsmuttrarna.

**5** Lossa muttern som fäster styrleden vid styrarmen, skruva loss den till slutet på gängorna; detta skyddar gängan och hindrar styrleden från att snabbt skjutas ut när leden säras. Använd ett lämpligt verktyg för att separera leden, ta bort muttern **(se bilder)**.

**6** Skruva loss styrlederna från styrstaget.

**7** Ta tillfället i akt att granska kuggstångsdamaskerna; se närmare beskrivning i avsnitt 21, byt dem vid behov.

## Montering

**8** Smörj lätt in gängorna i styrstaget och skruva fast de nya styrlederna så att avstånden mellan ändarna och de frästa spåren i styrstagen är exakt samma som måtten som togs innan demonteringen.

**9** Montera den utvändiga leden i styrarmen, skruva fast och dra åt fästmuttern, observera avgivet åtdragningsmoment.

**10** Montera hjulen och sänk ner bilen på marken. Dra åt hjulmuttrarna enligt angivet åtdragningsmoment.

**11** Se närmare beskrivning i avsnitt 23 och kontrollera toe-inställningen. Avslutningsvis skall låsmuttrarna dras åt enligt angivet åtdragningsmoment.

## 23 Hjulinställning och styrvinklar - allmän beskrivning

### Definitioner

**1** Ett fordons styrnings- och fjädringsgeometri definieras med hjälp av fyra inställningar - alla vinklar uttryckta i grader (toeinställning uttrycks också som ett mått); styraxeln definieras som en tänkt linje dragen genom fjäderbenets axel, utdragen tills den når marken om det behövs **(se bild)**.

**2 Camber** är vinkeln mellan varje hjul och en vertikal linje dragen genom dess mitt och däckets kontaktyta, sett framifrån.

**3 Caster** är vinkeln mellan styraxeln och en vertikal linje dragen genom hjulets mitt och däckets kontaktyta, sett från sidan.

**4 Spindelbultlutning** är vinkeln mellan styraxeln och en vertikal linje dragen genom hjulets mitt och däckets kontaktyta, sett framifrån eller bakifrån.

**5** Dessa vinklar är inte justerbara och är givna endast som referens.

**6 Toe** är skillnaden, sett uppifrån, mellan linjer dragna genom hjulens mittpunkter och bilens mittlinje. "Toe-in" är när hjulen framtill pekar inåt, mot varandra, medan "toe-ut" är när de pekar utåt, från varandra.

**7** Framhjulens toe-inställning är justerbar om man skruvar kullederna in eller ut från styrstagen, för att ändra styrstagens effektiva längd.

**8** Bakhjulens toe-inställning är inte justerbar och är endast angiven som referens.

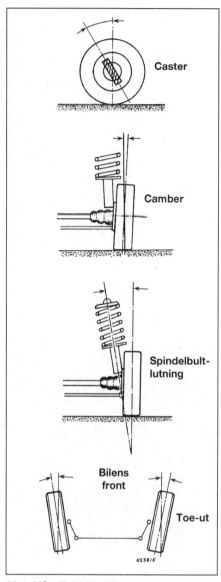

23.1 Mått för hjulinställning och styrvinklar

### Kontroll - allmänt

**9** För att kontrollera hjulinställning krävs speciell utrustning och kunskap. Vi rekommenderar därför att justering överlåts åt en Saabverkstad eller annan expert.

**Anteckningar**

# Kapitel 11
# Kaross och detaljer

## Innehåll

## Svårighetsgrader

| Enkelt, passar novisen med lite erfarenhet | Ganska enkelt, passar nybörjaren med viss erfarenhet | Ganska svårt, passar kompetent hemmamekaniker | Svårt, passar hemmamekaniker med erfarenhet | Mycket svårt, för professionell mekaniker |
|---|---|---|---|---|
|  |  |  |  |  |

## Specifikationer

### Åtdragningsmoment

|  | Nm |
|---|---|
| Fästskruvar till airbag i ratten | 6 |
| Undre panelskruvar till airbag på passagerarsidan | 4 |
| Fästskruvar till airbag på passagerarsidan | 4 |

### 1  Allmän beskrivning

Karossen är tillverkad av överlappande sektioner av pressad stålplåt. Dessa är antingen punkt- eller sömsvetsade, beroende på skarvens placering och förväntad belastning, såväl i normalt bruk som vid eventuella kollisioner. Karossens styvhet förstärks av inbyggda förstärkningsbalkar i karossens paneler, stålflänsar i fönster- och dörrkarmar och förekomsten av bindemedel i fasta glasrutor.

Motor, framfjädring, växellåda och styrväxel är monterade på en monteringsram framtill. Bakfjädringen är monterad direkt på golvbalkarna och dörrarna är monterade på de bärande 'A'- och 'B'-stolparna. De främre flyglarna är monterade genom fastskruvning istället för svetsning, vilket underlättar skadereparationer.

Fordonets undersida är belagd med polyestertätning och ett rostskyddsmedel. Denna behandling är skyddande och fungerar även som ett effektivt ljudisoleringslager. För att ytterligare dämpa ljudet är bilens insida, bagageutrymme och motorrum fodrade med bituminös filt och andra ljudisolerande material.

Samtliga modeller är utrustade med elfönsterhissar fram och bak. Fönsterrutorna höjs och sänks med en elmotor, via kabel till fönsterreglagen. Huvudreglagepanelen är placerad på mittkonsolen, varifrån samtliga fönster kan höjas, sänkas och låsas. Dessutom finns separata kontroller på bakdörrarna.

Centrallås finns på samtliga modeller och det aktiveras från låset på förardörren. Härifrån styrs låsen på alla fyra dörrarna, bakluckan och bränsletanklocket. Passagerardörr och baklucka kan öppnas separat och vid strömavbrott kan även låsen på förarens dörr, främre passagerardörren och bakluckan öppnas manuellt med nyckeln. Bränsletanklocket kan dessutom öppnas manuellt inifrån vid bagageutrymmet. Låsmekanismerna aktiveras av servomotorerna vilka kan separeras från låsen och bytas var för sig; se närmare beskrivning i avsnitt 17. Systemet styrs av en elektronisk styrenhet (ECU), monterad under instrumentbrädan på förarsidan.

Från och med årsmodell 1988 har bilarna kunnat utrustas med airbag i rattnavet på förarplatsen, som extrautrustning. Med 1993 års modeller blev detta standard. Airbag på passagerarplatsen kunde byggas in i instrumentbrädan som extrautrustning fr o m 1994, vilket även gällde bältessträckare för förare och passagerare. Dessa delar utgör komponenter i det kompletterande skyddssystemet (SRS), vilket aktiveras centralt av en elektronisk styrenhet (ECU). Inbyggda givare i ECU-huset och motorrummets främre del aktiveras vid en frontalkrock och signalerar till ECU att aktivera airbag/airbags och bältessträckare för att hindra att passagerarna i framsätet kastas mot ratt, vindruta eller rattstång.

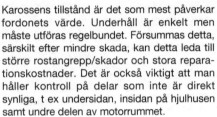

**Varning: I avsnitt 28 finns en detaljerad beskrivning över de speciella försiktighetsåtgärder som måste observeras vid hantering av fordon som är försett med airbag/SRS.**

## 2 Underhåll -
kaross och underrede

Karossens tillstånd är det som mest påverkar fordonets värde. Underhåll är enkelt men måste utföras regelbundet. Försummas detta, särskilt efter mindre skada, kan detta leda till större rostangrepp/skador och stora reparationskostnader. Det är också viktigt att man håller kontroll på delar som inte är direkt synliga, t ex undersidan, insidan på hjulhusen samt undre delen av motorrummet.

Grundläggande underhåll för kaross är tvättning, företrädesvis med mycket vatten från en slang. Det är viktigt att smuts spolas bort så att inte partiklar skadar lacken. Hjulhus och underrede kräver tvättning på samma sätt för att ta bort smutsansamlingar, vilka kan hålla kvar fukt och utgöra risk för rostangrepp. Paradoxalt nog är det bäst att tvätta underrede och hjulhus då de redan är våta och leran fortfarande är genomblöt och mjuk. Vid mycket våt väderlek rengörs ofta underredet automatiskt och detta är ett bra tillfälle för kontroll.

Det är också lämpligt att periodiskt, utom på fordon med vaxbaserat rostskydd, rengöra underredet med ånga, inklusive motorrum. Detta underlättar kontroll beträffande skador. Ångtvätt kan fås på många ställen och tvättar effektivt bort oljeansamlingar o dyl. Om ångtvätt inte är tillgänglig finns en del utmärkta avfettningsmedel, som kan läggas på med borste, på marknaden. Smutsen kan sedan helt enkelt spolas av. Notera att dessa metoder inte skall användas på bilar med vaxbaserat rostskydd eftersom detta då löses upp. Sådana fordon skall inspekteras årligen, helst just före vintern, då underredet bör tvättas rent och all ev skada på rostskyddet bättras på. Helst skall ett helt nytt lager läggas på och vaxbaserade produkter för hålrum bör övervägas som extra säkerhet mot rostangrepp, om sådant skydd inte ombesörjes av tillverkaren.

Då lacken har tvättats, torka den torr med sämskskinn för bästa finish. Ett lager vax ger ökat skydd mot kemiska föroreningar. Om glansen har mattats eller oxiderats, använd rengörings/polermedel i kombination, för att återställa glansen. Detta kräver lite arbete, men den matta ytan är ofta resultatet av försummad tvättning. Särskild omsorg bör ägnas åt metallack, eftersom polermedel utan slipmedel måste användas. Kontrollera att alla ventilationshål i dörrar och på andra ställen är öppna så att ev vatten kan rinna ut (se foton). Blanka detaljer bör behandlas på samma sätt som lacken. Vind- och andra rutor kan hållas

rena från beläggning genom användning av ett speciellt glasrengöringsmedel. Använd aldrig vax eller annat polermedel för lack eller kromglans på glas.

## 3 Underhåll -
klädsel och mattor

Mattorna bör borstas eller dammsugas regelbundet för att hållas fria från smuts. Är de mycket fläckiga, ta bort dem från bilen för rengöring och se till att de är torra innan de läggs tillbaka.

Säten och klädsel kan hållas rena genom att man torkar med fuktig trasa eller använder speciellt rengöringsmedel. Blir de fläckiga (vilket ofta händer på ljusa färger), använd lite rengöringsmedel och mjuk nagelborste. Glöm inte att hålla taket rent på samma sätt som klädseln. Då rengöringsmedel används inuti bilen, använd inte för mycket. Överskott kan gå in i sömmar och stoppade detaljer och då orsaka fläckar, lukt eller till och med röta.

**HAYNES TiPS**
*Blir bilen av någon anledning rejält blöt invändigt, kan det vara värt att torka ur den ordentligt, särskilt mattorna. Lämna inte kvar elektriska värmare i fordonet för detta ändamål.*

## 4 Mindre reparationer på kaross

### Reparation av mindre repor i lacken

Om repan är ytlig och inte tränger ner till metallen, är reparationen enkel. Gnugga området med vax som innehåller färg, eller en mycket fin polerpasta, för att ta bort lös färg från repan. Rengör kringliggande partier från vax och skölj sedan området med rent vatten.

Lägg på bättringsfärg eller lackfilm med en fin borste; fortsätt att lägga på tunna lager färg tills repan är utfylld. Låt färgen torka minst två veckor, jämna sedan ut den mot kringliggande partier med hjälp av vax innehållande färg eller mycket fint polermedel, s k rubbing. Vaxa till sist ytan.

Om repan gått igenom färgskiktet i plåten och orsakat rost, krävs annan teknik. Ta bort lös rost från botten av repan med en pennkniv, lägg sedan på rostförebyggande färg för att förhindra att rost bildas igen. Använd en gummi- eller nylonspackel för att fylla ut repan med lämplig produkt. Vid behov kan denna förtunnas enligt tillverkarens anvisningar. Innan spacklet härdas, linda en bit mjuk bomullstrasa runt fingertoppen, doppa fingret i selulosathinner och stryk snabbt över repan; detta bör att toppen på spacklet blir något urholkat. Repan kan sedan

målas över enligt beskrivning tidigare i detta avsnitt.

### Reparation av bucklor i karossen

Då en djup buckla uppstår i karossen, är den första uppgiften att trycka ut den, så att karossformen blir nästan den ursprungliga. Metallen är skadad och området har sträckt sig, det är därför omöjligt att återställa karossen helt till sin ursprungliga form. Räta ut plåten tills den är ca 3 mm lägre än omgivande partier. Om bucklan är mycket grund från början, lönar det sig inte alls att försöka trycka ut den.

Om undersidan på bucklan är åtkomlig, kan den hamras ut försiktigt från baksidan med hjälp av en plast- eller träklubba. Håll samtidigt ett lämpligt trästycke på utsidan som mothåll så att inte en större del av karossen trycks utåt.

Är bucklan på ett ställe där plåten är dubbel, eller den av annan anledning inte är åtkomlig bakifrån, måste man förfara på annat sätt. Borra flera små hål genom plåten inom det skadade området, speciellt i den djupare delen. Skruva sedan i långa självgängande skruvar så att de får gott grepp i plåten. Nu kan bucklar rätas ut genom att man drar i skruvarna med en tång.

Nästa steg är att ta bort färgen från det skadade området och några cm runt omkring. Detta görs bäst med hjälp av en stålborste eller slipskiva i en borrmaskin, även om det också kan göras för hand med hjälp av slippapper. Förbered ytan för spackling genom att repa den med en skruvmejsel eller liknande. Man kan också borra små hål i området, vilket ger gott fäste för spacklet.

Se vidare avsnitt om spackling och sprutning.

### Reparationer av rost- och andra hål i karossen

Ta bort all färg från det berörda området och några cm runt omkring med hjälp av slippapper eller en stålborste i en borrmaskin. Några slippapper och en slipkloss gör annars jobbet lika effektivt. När färgen är borttagen kan man bedöma skadans omfattning och avgöra om en ny detalj behövs (om det är möjligt) eller om den gamla kan repareras. Nya karossdetaljer är inte så dyra som man många gånger tror och det går oftast snabbare och bättre att sätta på en ny detalj än att försöka laga stora områden med rostskador.

Ta bort alla detaljer i det skadade området, utom sådana som behövs för att återställa ursprunglig form på den skadade detaljen (strålkastare, sarg etc). Klipp eller såga sedan bort lös eller kraftigt korroderad metall. Knacka in hålkanten lite för att åstadkomma en fördjupning för spacklet. Stålborsta den berörda ytan för att ta bort rostrester från ytan runt omkring. Måla sedan med rostskyddande färg; om baksidan av det angripna området är åtkomlig, behandla även den.

Innan utfyllnad kan göras måste stöd läggas i hålet på något sätt. Detta kan göras med hjälp av aluminium- eller plastnät, eller aluminiumtejp.

Aluminium- eller plastnät, eller glasfibermatta, är förmodligen det bästa materialet för stora hål. Klipp ut en bit som täcker hålet, placera den sedan så att kanterna är under den omgivande karossplåtens nivå. Den kan hållas på plats med flera klickar spackel.

Aluminiumtejp kan användas för mycket små och smala hål. Forma en bit till ungefär samma storlek och form som hålet, dra loss skyddspapperet (om sådant finns) och placera tejpen över hålet; flera lager kan användas om inte ett är tillräckligt. Tryck till kanten på tejpen med skruvmejsel eller liknande, så att den fäster ordentligt.

## Karossreparationer - spackling och sprutning

Innan detta avsnitt används, se tidigare anvisningar beträffande reparation av bucklor, repor, rost- och andra hål.

Många typer av spackel förekommer, men generellt fungerar de reparationssatser som består av grundmassa och en tub härdare bäst. En bred, flexibel spackel av plast eller nylon är ovärderlig för att forma spacklet efter karossens konturer.

Blanda lite spackel på en skiva - mät härdaren noggrant (följ tillverkarens anvisningar), annars kommer spacklet att härda för snabbt. Det finns också en-komponentsprodukter, men för dessa krävs dagsljus för härdning.

Stryk på spacklet; dra spackelspaden över ytan så att spacklet antar samma kontur som den ursprungliga. Så snart formen någorlunda överensstämmer med den tänkta, avbryt bearbetningen - arbetar man för länge blir massan kletig och fastnar på spackelspaden. Stryk på tunna lager med 20 min mellanrum tills området har byggts upp så att det är något för högt.

Så snart spacklet har härdat kan överskottet tas bort med en fil eller annan lämpligt verktyg. Sedan skall allt finare slippapper användas. Starta med nr 40 och sluta med nr 400 våtslippapper. Använd alltid någon form av slipkloss, annars blir ytan inte plan. Under det avslutande skedet skall våtslippapperet då och då sköljas i vatten. Detta garanterar en mycket jämn yta.

Området kring bucklan bör nu bestå av ren metall, som i sin tur skall omgivas av den uttunnade lackeringen. Skölj ytan med rent vatten tills allt damm från slipningen har försvunnit.

Spruta hela området med ett tunt lager grundfärg, så att eventuella ojämnheter i ytan framträder. Åtgärda dessa ojämnheter med filler eller finspackel och jämna på nytt ut ytan med slippapper. Upprepa sprutnings- och spacklings-proceduren tills du är nöjd med ytan och utjämningen runt om skadan. Rengör området med rent vatten och låt det torka helt.

 **Om finspackel används kan det blandas med förtunning, så att man får en riktigt tunn massa, perfekt för att fylla små hål.**

Området är nu klart för slutbehandling. Sprutning av färgskikt måste ske i en varm, torr, drag- och dammfri omgivning. Dessa villkor kan uppfyllas om man har en stor arbetslokal, men om man tvingas arbeta utomhus måste man välja en tidpunkt omsorgsfullt. Arbetar man inomhus kan man binda dammet genom att hälla vatten på golvet. Om den reparerade ytan begränsar sig till en panel, maskera omkringliggande partier; detta hjälper till att begränsa effekten av nyansskillnad. Detaljer som kromlister, dörrhandtag etc. måste också maskeras. Använd riktig maskeringstejp och flera lager tidningspapper.

Innan sprutningen påbörjas, skaka flaskan omsorgsfullt, gör sedan ett sprutprov (t ex på en gammal konservburk) tills du behärskar tekniken. Täck området med grundfärg; lagret skall byggas upp av flera tunna lager, inte av ett tjockt. Slipa ytan med nr 400 våtslippapper tills den är helt slät. Under slipningen skall området sköljas över med vatten och papperet emellanåt sköljas i vatten. Låt ytan torka helt innan den sprutas igen. Spruta på färglagret, bygg på nytt upp tjockleken med flera tunna lager.

Börja spruta mitt i området, arbeta sedan utåt genom att röra burken från sida till sida. Fortsätt arbeta utåt tills hela området och ca 50 mm utanför har täckts. Ta bort maskeringen 10 till 15 min efter sprutning.

Låt det nya färgskiktet torka minst två veckor, bearbeta sedan ytan med vax innehållande färg eller mycket fin polerpasta, s k rubbing. Jämna ytorna mot den gamla lackeringen. Vaxa slutligen bilen.

### Plastdetaljer

Allt fler detaljer av plast används vid tillverkningen (t ex stötfångare, spoiler och i vissa fall hela karossdetaljer). Reparation av omfattande skada på sådana detaljer har inneburit att man antingen överlåter arbetet till en specialist eller byter detaljerna. Sådana reparationer är i regel inte lönsamma att göra själv, då utrustning och material är dyra. Den grundläggande tekniken innebär att man gör ett spår längs sprickan i plastdetaljen med hjälp av en roterande fil i borrmaskinen. Den skadade detaljen svetsas sedan samman med hjälp av en varmluftspistol som värmer och smälter ihop plasten, eventuellt med tillsatsmaterial i spåret. Överskottsplast kan sedan tas bort och området poleras till en jämn yta. Det är mycket viktigt att man använder tillsatsmaterial av rätt plast, eftersom dessa detaljer kan tillverkas av olika material (som polykarbonat, ABS, polypropylen).

Mindre omfattande skador (skavning, mindre sprickor etc.) kan repareras genom att

man använder en två-komponents epoxyprodukt, eller en motsvarande enkomponentsprodukt. Dessa produkter används efter blandning, eller i vissa fall direkt från tuben, på samma sätt som spackel. Produkten härdar inom 20-30 min och är då redo för slipning och målning.

Om man byter en hel detalj, eller har reparerat med epoxy, återstår problemet att hitta en lämplig färg som kan användas på den plast det är fråga om. Tidigare var det omöjligt att använda en och samma färg till alla detaljer p g a skillnaden i materialets egenskaper. Standardfärg binder inte tillfredsställande till plast eller gummi, men specialprodukter kan fås från återförsäljaren. Nu är det också möjligt att köpa en speciell färgsats, bestående av förbehandling, en grundfärg och färg, och normalt medföljer kompletta instruktioner. Metoden går i korthet ut på att man först lägger på förbehandlingen, låter den torka i 30 min innan grundfärgen läggs på. Denna får torka i drygt 1 timme innan till sist färglagret läggs på. Resultatet blir en korrekt finish där färgen överensstämmer och skikten kan böja sig med plast- eller gummidetaljer. Detta klarar normalt inte en standardfärg.

## 5 Större reparationer på kaross

Där större skador har inträffat, eller stora partier måste bytas p g a dåligt underhåll, måste hela paneler bäst svetsas fast. Detta är ett arbete som bäst överlåts åt fackmannen.

Om skadan beror på en kollision, måste man också kontrollera att kaross och chassi inte har blivit skeva, och detta kan endast göras av en auktoriserad Saabverkstad med speciella jiggar. Om karossen inte riktas upp, kan det vara farligt att köra bilen, eftersom den inte uppför sig riktigt. Det kan också orsaka ojämn belastning på styrning, motor och växellåda, vilket kan leda till onormalt slitage eller haveri, även onormalt slitage på däcken.

## 6 Främre stötfångare - demontering och montering

### Demontering

1 Parkera bilen på ett jämnt underlag, dra åt handbromsen och placera klossar vid bakhjulen. Hissa upp främre delen på bilen och stöd den på pallbockar; se beskrivning i avsnittet 'Lyftning, Bogsering och Hjulbyte' i början av boken.

2 Vid behov, lossa fästskruvarna, sänk sedan ned stänkplåten och bromskylningskanalerna från bilen; observera att stänkplåtens främre del är fastsatt på bakre kanten av stötfångaren.

**3** Skruva loss fästskruvarna och ta bort de kringliggande skärmarna från stötfångaren. Där sådana är monterade, koppla bort ledningarna till strålkastare/dimljus samt tempgivaren för ytterluft.

**4** Lossa båda genomgående skruvarna som fäster stötfångaren på monteringsramen.

**5** Lossa stötfångarens ändar från de kringliggande skärmarna, dra sedan loss stötfångaren från bilen.

**6** Stötfångarens yttre skärm kan därefter skiljas från den inre metallkärnan genom att fästskruvarna tas bort.

## Montering

**7** Montering sker i omvänd ordning; se till att rörändarna som sticker ut från främre stänkskärmen sätts fast i motsvarande försänkning i stötfångarens ändar.

---

### 7 Bakre stötfångare - demontering och montering

## Demontering

**1** Parkera bilen på ett jämnt underlag och dra åt handbromsen.

**2** Arbeta precis bakom bakskärmarna och skruva bort de två skruvarna som fäster undre kanten på stötfångarens sidoskärmar.

**3** Öppna bakluckan, lyft upp panelen över reservhjulsutrymmet och stötta upp den. Bänd bort gummilisten från kanten av förvaringsutrymmet så att kanten på mattan blir synlig.

**4** Dra bort mattan från utrymmet bakom bakljusenheten, för bagageremsöglan genom öppningen i mattan.

**5** Stötfångaren sitter fast med fyra skruvar, två på varje sida omedelbart under bakljusenheten. De övre skruvarna fungerar också som monteringspunkter för bagageremsöglorna. De undre skruvarna är dolda bakom plastpanelerna i bagageutrymmets golv, vilket kan bändas bort så att fästmuttrarna blir synliga. Ta bort alla fyra muttrarna och håll fast stötfångaren när den sista muttern tas bort.

**6** Dra stötfångaren rakt framåt från karossen och ta vara på gummibrickorna.

**8.7 Grillens inre underkant har plastfästen på varje sida**

---

## Montering

**7** Montering av stötfångaren sker i motsatt ordning, dra åt fästmuttrarna ordentligt.

---

### 8 Motorhuv och kylargrill - demontering och montering

## Motorhuv

> ⚠ **Varning: Det är viktigt att en medhjälpare finns till hands vid detta arbetsmoment.**

## Demontering

**1** Öppna motorhuven och stöd den i öppet läge.

**2** Lossa vindrutespolarledningen vid T-stycket.

**3** Bänd ut stiften från gångjärnen på var sida om motorhuven; håll fast huven när stiften tas bort så att den inte vinklas framåt.

**4** Använd skruvmejsel för att bända bort klämmorna från skarven överst på varje fjäderben, sära på skarven och ta vara på brickorna. Låt fjäderbenen vridas framåt för att vila på skärmarna.

**5** Ta medarbetaren till hjälp, lyft av motorhuven och sätt ner den på kant, skydda lackeringen med ett tygstycke.

## Montering

**6** Montering av motorhuven sker i omvänd ordning.

## Kylargrill

**7** Skruva bort de fyra skruvarna som fäster kylargrillen vid den främre tvärbalken. Skruvarna kan nås framifrån genom kylargrillen, nära strålkastarna längs övre kanten på kylargrillen. Observera att grillens inre underkant har plastfästen på varje sida, vilka griper i låspinnar som är placerade nära strålkastarna **(se bild)**.

---

### 9 Motorhuvkabel - demontering och montering

## Demontering

**1** Se beskrivning i avsnitt 8 och demontera grillen.

**2** Se beskrivning i kapitel 12 och demontera högra blinkersenheten.

**3** Arbeta under huvlåset och lossa låsnipplarna från kablarna vid varje lås.

**4** Skruva loss kabelklämman över höger strålkastarlampa.

**5** Ta bort klämmorna som håller förlängningskabeln vid främre tvärbalkens undersida.

**6** Från bilens insida, ta bort tröskelplåten vid förardörren och klädseln runt handtaget till huvlåset. Ta bort fästena som håller ljudisoleringspanelen och sänk ner den, bort från underdelen av rattstång och instrumentbräda.

---

**7** Bänd bort klämman och ta bort kabelhöljet från stoppet. Dra kabeln mot handtaget och frigör innernippeln från kabeln.

**8** Dra hela kabeln in i bilen. Om kabeln visar sig vara svår att ta bort kan man få bättre åtkomlighet genom att hissa upp bilen med domkraft, ta bort höger framhjul (se 'Lyftning, bogsering och hjulbyte') och ta bort innerskärmen, se avsnitt 22.

## Montering

**9** Montera kabeln i motsatt ordning. Justera båda kabelstoppen vid huvlåsen för att kontrollera att låsen kan öppnas med handtaget. Kontrollera också att huven hålls säkert på plats i låst läge av låsen på *båda* sidor när handtaget inte används. Dra hårt i huven på varje sida. Justera vid behov spärrstiftslängderna enligt beskrivning i avsnitt 10.

---

### 10 Motorhuvlås - demontering och montering

## Demontering

**1** Öppna huven och skruva bort de fyra skruvarna som håller kylargrillen på plats.

**2** Med hänvisning till tillämpliga delar av avsnitt 9, frigör huvkabeln från huvlåsens manövreringsarmar.

**3** Ta bort båda fästskruvarna på var sida om låset och dra bort det från tvärbalken.

## Montering

**4** Montera låsen i omvänd ordning. Vid montering av huvkabeln, justera kabelstoppen vid huvlåsen för att kontrollera att låsen kan öppnas med handtaget. Kontrollera också att huven hålls säkert på plats i låst läge av låsen på *båda* sidor när handtaget inte används. Dra hårt i huven på varje sida. Justera vid behov spärrstiftslängderna enligt nedanstående beskrivning.

## Justering av spärrstiften

**5** Om spärrstiftet är feljusterat, exempelvis för långt, kan huven sitta löst och skramla när den är stängd. Det kan också innebära en risk för att huven öppnas oavsiktligt. Om spärrstiftet är för kort kan huven vara svår att stänga, vilket innebär risk för skada på låset eller att den inte stängs helt.

**6** Spärrstiftet justeras genom att låsmuttern lossas och stiftet vrids (medurs för att förkorta, moturs för att förlänga) med en skruvmejsel som placeras i den spårförsedda änden. När önskad längd är uppnådd, dra åt låsmuttern och kontrollera igen att huven sitter säkert på plats.

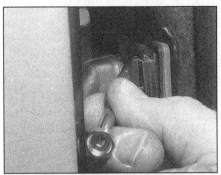

**11.2a  Bänd loss låskolven från anslutningsdonet med en liten skruvmejsel . . .**

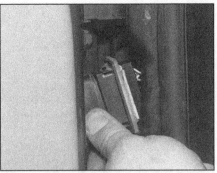

**11.2b  . . . vilket gör att låsmekanismen kan tryckas ihop och lossas ur öppningen**

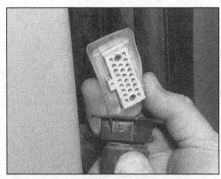

**11.3  Ta bort kontaktdonet från öppningen tillsammans med gummitätningen, sära på de två delarna**

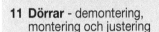 

## 11 Dörrar - demontering, montering och justering

### *Framdörrar*

#### Demontering

**1** Lossa batteriets negativa kabel och placera den på avstånd från anslutningen.
**2** Öppna dörren för att komma åt kontaktdonet till kablaget. Bänd ut låskolven från anslutningsdonet med en liten skruvmejsel. Detta trycker ihop låsmekanismen och frigör den från karossöppningen **(se bilder)**.
**3** Dra ut kontaktdonet från öppningen,

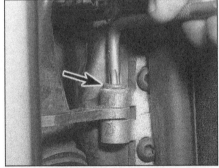

**11.4  Lossa skruven och frigör dörrstoppen från dess fäste på karossen**

**11.5  På senare årsmodeller, lossa skruvstiften från de övre och undre gångjärnen**

tillsammans med gummitätningen. Sära på halvorna **(se bild)**.

**Observera:** *På äldre modeller kan det bli nödvändigt att ta bort dörrklädseln (se avsnitt 12) och dra kablaget genom genomföringen i dörrkanten, efter det att vart och ett av elkontaktdonen kopplats bort.*

**4** Skruva bort skruven och frigör dörrstoppen från sitt fäste på karossen **(se bild)**.
**Observera:** *På äldre modeller kan det bli nödvändigt att knacka den cylindriska pinnen ur dörrstoppen med hammare; använd i så fall en ny cylindrisk pinne vid monteringen.*
**5** På senare modeller, ta bort skruvstiften från de övre och undre gångjärnen **(se bild)**.
**6** Öppna dörren på vid gavel så att passning uppstår mellan skåra och tapp på vardera sidan om gångjärnet.
**7** Lyft dörren rakt av gångjärnet och ställ den på ett tygstycke för att skydda kanterna.

#### Montering

**8** Montera dörren i omvänd ordning.

### *Bakdörrar*

#### Demontering

**9** Se beskrivning i avsnitt 12 och ta bort klädseln på innerdörren.
**10** Koppla bort kontaktdonen till centrallåsmotor, fönsterhissmotor samt 'öppen

**12.2a  Lossa skruven från den tvåfärgade dörrkantsbelysningen**

dörr'-sensor (där sådan förekommer). Märk dem för att underlätta vid senare montering. Dra ut kablaget genom hålet i dörrkanten.
**11** Härifrån demonteras bakdörren på samma sätt som framdörren.

#### Montering

**12** Montering sker i omvänd ordning mot demontering.

## 12 Dörrklädsel - demontering och montering

### *Framdörr*

#### Demontering

**1** Lossa batteriets negativa kabel och placera den på avstånd från anslutningen.
**2** Skruva loss skruven från den tvåfärgade belysningen i dörrkanten. Lyft bort linsen, lossa framkanten i bakre delen av förvaringsfickan **(se bilder)**.
**3** Skruva loss fästskruven till dörrbelysningskåpan **(se bild)**.
**4** Om klädseln på förardörren ska tas bort, bänd ut öppningsreglaget till bakluckan med en skruvmejsel med platt blad. Koppla bort kontaktdonet och märk kablarna på kablagesidan för att underlätta montering **(se bilder)**.

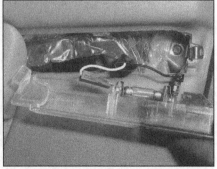

**12.2b  Lyft bort linsen och lossa främre kanten bak i förvaringsfickan**

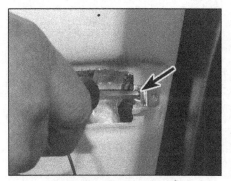

**12.3 Lossa fästskruven från belysningskåpan**

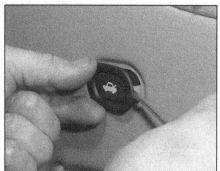

**12.4a Bänd loss öppningsreglaget till bakluckan med en spårmejsel . . .**

**12.4b . . . och lossa kontaktdonet**

5 Bänd ut plastpanelen under inre dörr-handtaget. På förardörren innehåller panelen strömställare till de elstyrda backspeglarna, på bakdörrarna innehåller den strömställare för fönsterhissarna (en tom panel är monterad på främre passagerardörren). Där så behövs, koppla bort kontaktdonen och märk kablarna på kablagesidan för att underlätta vid senare montering **(se bilder)**.
6 Skruva loss skruven under panelen och lyft bort infattningen till dörrhandtaget **(se bild)**.
7 Bänd bort plastpluggarna från över- och underdelen av dörrens griphandtag och ta bort fästskruvarna. Lyft bort handtaget **(se bild)**. Notera att på senare modeller sitter griphandtaget fast i dörrklädseln, men

fästskruvarna måste fortfarande demonteras.
8 Ta bort plastpluggarna från förvarings-fickans båda sidor, lossa och ta bort fäst-skruvarna **(se bild)**. Observera att dessa skruvar fäster klädseln på dörren; själva förvaringsfickan är fastsatt på klädseln.
9 Använd ett verktyg med platt blad, t ex palettkniv eller spackelkniv med PVC-beläggning, för att lossa tryckstiften runt dörrpanelen. För in verktyget på sidan om fästpunkterna, mellan klädseln och dörren, och bänd försiktigt klädseln utåt tills tryckstiftet släpper. (Vid montering av klädseln kan stiften helt enkelt passas in i respektive hål och tryckas fast.)
10 Lyft bort klädseln från dörren, bänd ut klädselremsan från fönsteröppningen och för

låsknappen genom hålet i panelens överdel **(se bild)**.
11 På äldre modeller täcker ett lager plast-folie dörrpanelen. Börja vid ett hörn och skala bort plastfolien från dörren. Håll plasten sträckt så att den inte fastnar på sig själv eller på andra detaljer. Häng upp plasten på ett lämpligt ställe tills den ska sättas tillbaka.
12 På senare modeller är dörren fodrad med en kombination av skumplast och en stoppning av ljudisoleringsmaterial. Båda hålls på plats med fjäderklämmor. Demontera dessa försiktigt för att undvika repor i lackeringen.

## Montering

13 Montering sker i omvänd ordning.

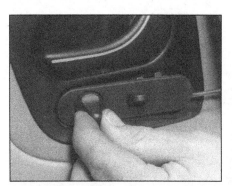

**12.5a Bänd ut plastpanelen under det inre dörrhandtaget . . .**

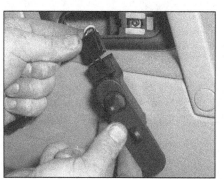

**12.5b . . . och lossa kontaktdonet. Märk ledningarna för att underlätta montering**

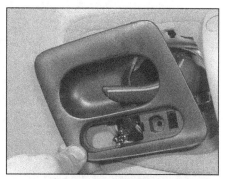

**12.6 Ta loss skruven under panelen och lyft bort infattningen till dörrhandtaget**

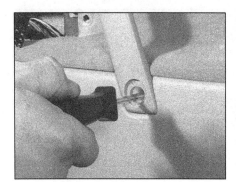

**12.7 Skruva loss griphandtagets fästskruvar**

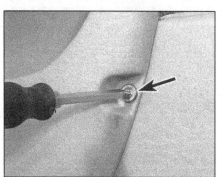

**12.8 Lossa och ta bort skruvarna på båda sidorna på förvaringsfickan**

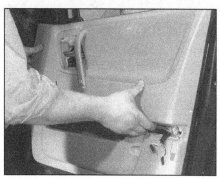

**12.10 Lyft bort klädselpanelen från dörren**

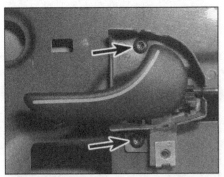

**13.4 Demontera handtagets fästskruvar**

**13.5 Frigör länkstaget från plastklämman baktill på handtaget**

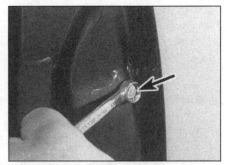

**13.9a Demontera båda fästskruvarna, en på dörrens bakre kant, nära yttre låsmekanismen . . .**

## Bakdörr

**14** Klädseln i bakdörren demonteras i huvudsak på samma sätt som framdörrarna. Senare modeller är dock försedda med en eldriven defrosterfläkt som är monterad på insidan av panelen. Kom ihåg att ta bort kablaget från kontaktdonet vid demontering av klädselpanelen.

## 13 Dörrhandtag och låskomponenter - demontering och montering

## Inre handtag

**Observera:** *Arbetet går till på samma sätt för fram- och bakdörrar.*

### Demontering

**1** Fönsterrutan skall vara helt stängd.
**2** Lossa batteriets negativa kabel och placera den på avstånd från anslutningen.
**3** Se avsnitt 12 och ta bort dörrens klädselpanel.
**4** Ta bort båda fästskruvarna **(se bild)** och lyft bort handtagsenheten från dörren.
**5** Frigör länkstaget från plastklämman baktill på innerhandtaget. Vid behov, frigör först länkstaget från styrklämman i mitten **(se bild)**.

### Montering

**6** Montering sker i omvänd ordning mot demontering.

## Yttre handtag

**Observera:** *Arbetet går till på samma sätt för fram- och bakdörrar. Hänvisningar till låscylindern gäller dock endast framdörrarna.*

### Demontering

**7** Fönsterrutan ska vara helt stängd. Lossa batteriets negativa kabel och placera den på avstånd från anslutningen.
**8** Se avsnitt 12 och ta bort dörrens klädsel.
**9** Ta bort båda fästskruvarna till handtaget; en är placerad på dörrens bakre kant nära yttre låsmekanismen, den andra strax bakom handtagsenheten, åtkomlig genom tomrummet i dörren **(se bilder)**.
**10** Ta bort fönsterrutans styrkanal genom att lossa fästskruvarna från dörrkanten. Dra bort centrallåsströmställarens kabel från styrkanalen och koppla loss den från kablaget vid kontaktdonet **(se bilder)**.
**11** Ta bort handtaget och gummitätningen från dörren. Lirka ut delarna försiktigt för att undvika repor i lackeringen.
**12** Ett länkstag ansluter låscylindern till den inre låsmekanismen genom kulleder i plast. Arbeta inifrån det tomma utrymmet i dörren och använd skruvmejsel för att skilja kulleden från låscylindern **(se bild)**.

### Montering

**13** Kontrollera att gummitätningen sitter på plats och för upp handtaget till hålet i dörren.
**14** Tryck fast länkstagets kulled på låscylindern. Kontrollera att den utskjutande

**13.9b . . . och en strax bakom handtaget, åtkomlig genom tomrummet i dörren**

fliken på handtagets baksida passar in i hävarmen till den inre låsmekanismen.
**15** Montera fästskruvarna till handtaget. Kontrollera att dörrhandtaget kan öppna och stänga korrekt innan arbetet fortsätter.
**16** Tryck ner låsvajern i klämman överst på styrkanalen till fönsterrutan, håll vajern spänd och skruva ner remsan på plats inuti dörren. Tryck ner resten av vajern i klämmorna på styrkanalen, och anslut därefter kablaget till kontaktdonet.
**17** Se avsnitt 12 och montera dörrens klädselpanel.
**18** Sätt tillbaka batteriets negativa kabel och kontrollera fönsterhissarnas funktion. Om fönsterrutan fastnar eller rör sig för långsamt, lossa skruvarna till styrkanalen vid dörrkanten för att placera den i rätt läge i förhållande till rutan, dra sen åt skruvarna igen.

**13.10a Demontera fönsterrutans styrkanal**

**13.10b Koppla loss centrallåskontaktens kabel från kablaget vid kontaktdonet**

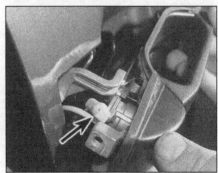

**13.12 Ta loss kulleden från låscylindern**

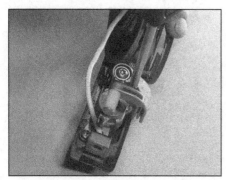

13.20a Demontera låscylinderns fästskruvar . . .

## Låscylindrar

19 Ta bort ytterhandtaget på framdörren enligt tidigare beskrivning.
20 Låscylindern är monterad på handtaget med två skruvar; ta bort skruvarna och dra ut cylindern. Ta vara på tätningsbrickan om den är lös **(se bilder)**.
21 Vid montering av cylindern, se till att tätningsbrickan är i sitt rätta läge innan fästskruvarna dras åt.

## Låsmekanism

**Observera:** *Arbetet går till på samma sätt för fram- och bakdörrar. Hänvisningar till låscylindern gäller dock endast framdörrarna.*

### Demontering

22 Dörrlåsmekanismen består av två delar. En del är fastskruvad på dörrens yttersida och utgörs av låskomponenterna, den andra delen är fastskruvad inuti dörren och utgörs av centrallåsmotorn och låsmekanismen.
23 Vid demontering av den yttre delen, öppna dörren och ta bort de tre skruvarna som fäster låset på dörren **(se bild)**. Observera de två styrstiften.
24 Fönsterrutan ska vara stängd. Lossa batteriets negativa kabel och placera den på avstånd från anslutningen.
25 Se avsnitt 12 och ta bort dörrens klädselpanel.
26 Dra ur kablarna till centrallåsmotorn och 'dörröppnings'-kontakten vid kontaktdonet; märk delarna för att underlätta senare montering **(se bild)**.

13.20b . . . och ta ut cylindern – ta reda på brickan om den är lös

27 Ta bort fönsterrutans styrkanal och lossa centrallåsvajern, dra ut styrkanalen från dörrens insida (se bild 13.10).
28 Låsmekanismen aktiverar låscylindern genom ett länkstag, som är fäst vid varje ände med plastkulleder. Använd skruvmejsel för att skilja kulleden från låsmekanismen (se bild 13.12).
29 Vid spärrarmen på låsmekanismen, haka av länkstaget som löper till handtaget på insidan.
30 Ta bort båda skruvarna till låsmekanismen; den ena är placerad på dörrens bakre kant, den andra på dörrens nederkant nära centrallåsmotorn **(se bilder)**.
31 Dra ut låset från dörren tillsammans med länkstaget som är anslutet till den inre låsknappen.

### Montering

32 Placera låsmekanismen på plats inuti dörren och skruva i fästskruvarna. Kontrollera i detta läge att låsmekanismens hävarm passar in i fliken som skjuter ut från baksidan av yttre dörrhandtaget.
33 Montera fast det inre dörrhandtagets länkstag på låsmekanismens hävarm.
34 Tryck låscylinderns kulled på plats vid låsarmen.
35 Montera styrkanalen till fönsterrutan, för in centrallåsvajern genom klämmorna allt efter som kanalen installeras. Sätt i och dra åt fästskruvarna.
36 Koppla ihop kontaktdonen till kablarna till centrallåsmotorn och 'dörröppnings'-kontakten.

13.23 Demontering av den yttre delen av låsmekanismen

37 Tryck ner handtaget några gånger för att testa yttre dörrlåsets funktion innan arbetet fortsätter.
38 Installera den yttre låsmekanismen och passa in styrstiften i respektive hål. Sätt i och dra åt de tre fästskruvarna.
39 Se avsnitt 12 och montera dörrens klädselpanel.
40 Sätt tillbaka batteriets negativa kabel och kontrollera fönsterhissarnas funktion. Om fönsterrutan fastnar eller rör sig alldeles för långsamt, lossa skruvarna till styrkanalen vid dörrkanten för att placera den i rätt läge i förhållande till rutan, dra sedan åt skruvarna igen.

## Spärrbygel

41 Spärrbygeln är fastskruvad i B- och C-stolparna. Använd en skiftnyckel på sexkant-skallarna vid basen för att demontera den.

## 14 Dörruta och regulator - demontering och montering

⚠️ **Varning:** *Om en glasruta ska bytas ut på grund av att den har gått sönder, se till att alla glas-skärvor avlägsnas innan rutan tas bort. Skydda ögon och händer med skyddsglasögon och handskar, kasta glas-resterna på lämpligt ställe och märk emballaget för att varna andra om inne-hållet. Kom ihåg att avlägsna glasskärvor som har hamnat innanför dörrpanelen.*

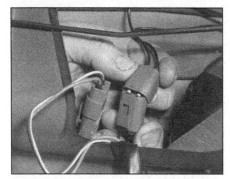

13.26 Dra ur kablarna till centrallåsmotorn och 'dörröppnings'-kontakten vid kontaktdonet

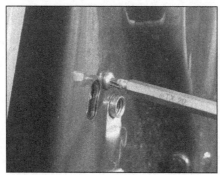

13.30a Demontera skruvarna till den inre låsmekanismen, en på dörrens bakre kant . . .

13.30b . . . och en på dörrens nedre kant, nära centrallåsmotorn

**14.4 Bänd försiktigt loss gummitätningslisten från ytterkanten på fönsteröppningen**

**14.6 Ta bort de båda flänsskruvarna som håller rutan på plats**

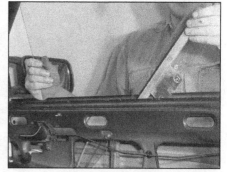

**14.7 Tryck upp rutan genom dörren och lyft ut den från bilen**

## Främre dörruta

### Demontering

**1** Hissa ner rutan så att den är öppen till tre fjärdedelar.
**2** Lossa batteriets negativa kabel och placera den på avstånd från anslutningen.
**3** Se avsnitt 12 och ta bort dörrens klädselpanel.
**4** Bänd försiktigt bort gummitätningslisten från ytterkanten på fönsteröppningen **(se bild)**. Om ett verktyg ska tjänstgöra som hävarm, välj då ett som inte repar lackeringen. Gummitätningslisten är placerad i en monteringskanal som innehåller en böjlig metallkärna; undvik att utvidga kanalens sidor vid demonteringen eftersom det kan försvåra att få en tät passning vid monteringen.
**5** Arbeta inifrån dörren vid rutans nederkant, markera med penna förhållandet mellan fönstrets regulatorfäste och rutans stödram.
**6** Ta bort båda flänsskruvarna som håller rutan på plats; stötta upp rutan när den sista skruven avlägsnas så att den inte faller ner i dörren **(se bild)**.

> **HAYNES TiPS** *Rulla ihop ett tygstycke och placera det inuti dörren nedanför rutans nederkant. Detta utgör ett stöd för rutan när den frigörs och skydd om den trots allt skulle tappas.*

**7** Tryck upp rutan genom dörren och lyft ut den från bilen **(se bild)**. Placera rutan på ett mjukt underlag så att den inte blir kantstött.

### Montering

**8** Sänk ner rutan i dörren och passa in fönsterramens monteringshål med hålen på fönstrets regulatorfäste. Installera flänsfästskruvarna enligt markeringarna som gjordes vid demonteringen innan skruvarna dras åt; detta för att undvika att inpassningen måste upprepas efter det att rutan har monterats.
**9** Tryck tillbaka gummitätningslisten längs fönsterkanten, kontrollera att den är jämn och tät.
**10** Sätt tillbaka batteriets negativa kabel och kontrollera fönsterhissarnas funktion. Om rutan inte är korrekt inpassad i fönster-

öppningen, speciellt i stängt läge, lossa skruvarna till regulatorfästet och manövrera rutan manuellt tills önskat läge uppnås, dra därefter åt skruvarna. Dessutom, om fönsterrutan fastnar eller rör sig alldeles för långsamt, lossa skruvarna till styrkanalen vid dörrkanten för att placera den i rätt läge i förhållande till rutan, dra åt skruvarna igen.
**11** Se avsnitt 12 och montera dörrens klädselpanel.

## Bakre dörruta

### Demontering

**12** Hissa ner rutan så att den är öppen till tre fjärdedelar.
**13** Lossa batteriets negativa kabel och placera den på avstånd från anslutningen.
**14** Se avsnitt 12 och ta bort dörrens klädselpanel.
**15** Bänd försiktigt bort gummitätningslisten från fönsteröppningen; om ett verktyg ska tjänstgöra som hävarm, välj då ett som inte repar lackeringen. Gummitätningslisten är placerad i en monteringskanal som innehåller en böjlig metallkärna; undvik att utvidga kanalens sidor vid demonteringen eftersom det kan försvåra att få en tät passning vid monteringen.
**16** Bänd försiktigt bort plastpanelen från den yttre nederkanten av fönsteröppningen.
**17** Dra loss gummitätningslisten rakt upp från fönsterkanalen.
**18** Frigör fönsterkanalen rakt upp från dörrkarmen genom att ta bort fästskruven från dörrpanelens inre kant **(se bild)**.
**19** Inifrån dörren vid rutans nederkant, markera med penna förhållandet mellan fönstrets regulatorfäste och rutans stödram.
**20** Ta bort båda flänsskruvarna som håller rutan på plats; stötta upp rutan när den sista skruven avlägsnas så att rutan inte faller ner i dörren. **Observera:** *Se Tips tidigare i detta avsnitt.*
**21** Tryck upp rutan genom dörren och lyft ut den från bilen. Placera rutan på ett mjukt underlag så att den inte blir kantstött.

### Montering

**22** Sänk ner rutan i dörren och passa in fönsterramens monteringshål med hålen på

fönstrets regulatorfäste. Sätt i flänsfästskruvarna enligt markeringarna som gjordes vid demonteringen innan skruvarna dras åt; detta för att undvika att inpassningen måste upprepas efter det att rutan har monterats
**23** Installera fönsterkanalen vertikalt på plats, sätt i och dra åt fästskruven. Tryck ned gummitätningslisten i kanalen.
**24** Tryck tillbaka gummitätningslisten längs inre nederkanten av fönsteröppningen, kontrollera att den är jämn och tät.
**25** Tryck plastpanelen på plats på fönsteröppningens yttre underkant.
**26** Sätt tillbaka batteriets negativa anslutning och kontrollera elhissens funktion. Om rutan inte är korrekt inpassad i fönsteröppningen, speciellt i stängt läge, lossa skruvarna till regulatorfästet och manövrera rutan manuellt tills önskat läge uppnås, dra därefter åt skruvarna. Dessutom, om fönsterrutan fastnar eller rör sig alldeles för långsamt, lossa skruvarna till styrkanalen vid dörrkanten för att placera den i rätt läge i förhållande till rutan, dra åt skruvarna igen.
**27** Se avsnitt 12 och montera dörrens klädselpanel.

## Fönsterregulator

**Observera:** *Arbetet går till på samma sätt för fram- och bakdörrar. Monteringsställena kan dock variera för vissa komponenter på fram- och bakdörrarna.*

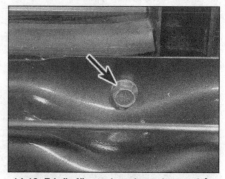

**14.18 Frigör fönsterkanalen rakt upp från dörrkarmen genom att lossa fästskruven från dörrpanelens inre kant**

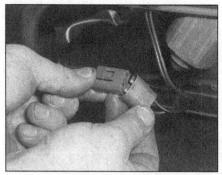

14.29 Koppla loss regulatormotorns kontaktdon från kablaget

14.30a Skruva loss de tre muttrarna från motorns fästskruvar (vid pilarna) . . .

14.30b . . . och ta sedan bort de tre fästskruvarna från regulatorn; två i dörrens nedre kant . . .

## Demontering

**28** Se ovanstående avsnitt och separera dörrutan från fönsterregulatorns fäste. I detta läge kan rutan antingen tas bort helt och hållet, sänkas ner för att vila på dörrens botten, eller temporärt hängas från dörr-karmens överdel med hjälp av emballagetejp. Vid det sistnämnda alternativet bör övre delen av dörrkarmen täckas med papper så att lackeringen inte skadas av tejpen.

**29** Koppla loss kontaktdonet till regulator-motorn från kablaget **(se bild)**.

**30** Ta bort de tre muttrarna från motorns fästskruvar, ta sedan bort de tre fästskruvarna från regulatorenheten **(se bilder)**.

**31** Lyft ut motor- och regulatorenheten genom dörröppningen som en komplett enhet; observera att motorn fortfarande är ansluten till regulatorenheten med hisskabeln **(se bild)**.

## Montering

**32** Montering av regulatorenheten sker i omvänd ordning; se anvisningar i ovan-stående avsnitt om montering av dörruta.

### Lampa i bakdörren

**33** Demontera dörrutan i bakdörren enligt tidigare beskrivning i detta avsnitt.

**34** Fatta tag i lamppanelen, skjut den längs dörrkanten och lyft bort den från dörramen.

**35** Vid montering av panelen, kontrollera att den är fast intryckt i dörramen innan fönster-kanalen skruvas fast på plats.

## 15 Baklucka och stödfjädrar - demontering, montering och justering

### Baklucka
#### Demontering

⚠️ **Varning: Ta hjälp av en medarbetare vid detta arbetsmoment.**

**1** Lossa batteriets negativa anslutning och placera det på avstånd från terminalen.

**2** Demontera bakluckans klädselpanel enligt beskrivning i avsnitt 25.

**3** Lossa kablaget till centrallåsmotor, dörrens 'öppna'-kontakt, dimljus, backljus nummer-skyltbelysning samt bakrutans torkare vid kontaktdonen. Märk varje kontaktdon för att underlätta vid senare montering.

**4** Där så behövs, se kapitel 12 och demontera höljet från det höga bromsljuset. Ta bort kablaget vid kontaktdonet och koppla bort slangen från bakrutespolarmunstycket. Om befintlig baklucka ska monteras på nytt, knyt fast snören på kabeländarna för att underlätta när de ska dras på plats vid senare montering.

**5** Placera ett tygstycke på bakre kanten av taket. Bänd ut gummihylsorna och dra bort kablar och spolarslang från bakluckan, placera dem på tygstycket för att undvika repor i lackeringen.

**6** Använd ett rejält stöd med lämplig längd för

att stötta upp bakluckan. Bänd bort fäst-klämmorna, ta därefter bort stödfjädrarnas övre del från tapparna på bakluckan.

**7** Vid varje gångjärn, lossa och ta bort båda skruvarna, ta därefter bort huvudfästskruvarna och separera gångjärnets båda halvor. Stötta upp bakluckan ordentligt så att den inte lutar.

**8** Ta hjälp av en medarbetare för att lyfta av bakluckan och sänka ner den till marken, placera bakluckan på ett tygstycke för att skydda kanterna. Om den befintliga bak-luckan ska monteras igen, låt de knutna snörena vara kvar med tillräcklig längd för att dra fram kablaget.

### Montering

**9** Montering av bakluckan sker i omvänd ordning. Om bakluckan ska bytas ut ska alla användbara delar överföras från den gamla till den nya luckan innan den monteras. Stäng luckan och kontrollera att lås/spärr-mekanismen fungerar; om man behöver använda stor kraft för att aktivera den eller om haken tycks vara lös när bakluckan är stängd, se avsnitt 16 och justera spärrbygeln.

### Stödfjädrar
#### Demontering

**10** Använd ett rejält stöd med lämplig längd för att stötta upp bakluckan.

**11** Bänd loss fästklämmorna från kullederna vid övre delen av stödfjädrarna, ta därefter försiktigt av kulleden från bakluckans tapp **(se bild)**. På tidigare modeller är lederna till

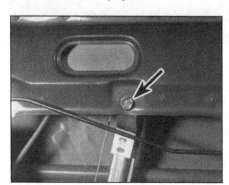

14.30c . . . och en vid den övre kanten

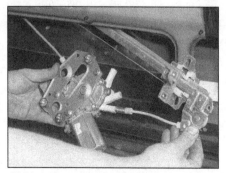

14.31 Lyft ut motor- och regulatorenheten som en komplett enhet; notera att motorn är ansluten till regulatorn via fönsterhisskabeln

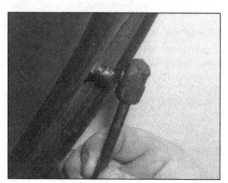

15.11 Bänd försiktigt loss kulleden från tappen på bakluckan

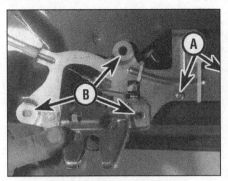

**16.3 Bakluckans spärrenhet**

A Motorns fästskruvar
B Spärrenhetens fästskruvar

**16.4 Koppla loss kablaget vid flervägsdonet**

**16.5 Ta bort länkkabeln från låscylindern genom att vrida ut metallkroken vid änden på kabeln från manöverarmen**

stödfjädrarna säkrade på plats med stål-fjäderklämmor vilka kan bändas loss med en skruvmejsel.

**12** Upprepa detta förfarande vid stöd-fjädrarnas nedre del, ta sedan bort dem från bilen.

 *Varning: Kontrollera att stöd-fjädrarna är utsträckta genom att hålla luckan stöttad i öppet läge, annars kan de plötsligt fjädra ut när de lossas från sina fästen.*

### Montering

**13** Montering av stödfjädrarna sker i omvänd ordning.

## 16 Bakluckans lås -
demontering och montering

### Spärr

#### Demontering

**1** Lossa batteriets negativa kabel och placera den på avstånd från anslutningen.
**2** Demontera klädseln på bakluckan enligt beskrivning i avsnitt 25.
**3** Lossa och ta bort de tre fästskruvarna till spärrenheten **(se bild)**.
**4** Koppla loss kablaget vid flervägsdonet **(se bild)**.

**5** Ta bort länkkabeln från låscylindern genom att vrida ut metallkroken vid kabelslutet från manöverarmen **(se bild)**. Lyft bort spärr-enheten från bakluckan.

### Montering

**6** Montera spärrenheten i omvänd ordning. Stäng luckan och kontrollera att spärren fungerar; om man behöver använda stor kraft för att aktivera spärren eller om haken tycks vara lös när bakluckan är stängd, se följande avsnitt och justera spärrbygeln

### Spärrbygel

#### Demontering

**7** Ta bort fästskruvarna och lyft bort tröskel-plåten.
**8** Lossa och ta bort båda fästskruvarna **(se bild)**, ta därefter bort spärrbygeln.

#### Montering

**9** Montering sker i omvänd ordning, justera spärrbygeln enligt nedan.

#### Justering

**10** Monteringshålen till spärrbygelns skruvar är ovala för att möjliggöra viss justering. Lossa skruvarna något och flytta spärrbygeln efter behov; skjut bygeln nedåt för att dra åt haken, eller uppåt för att lossa den. Dra därefter åt skruvarna, stäng bakluckan och kontrollera att haken sitter säkert.

### Låscylinder

#### Demontering

**11** Demontera klädseln på bakluckan enligt beskrivning i avsnitt 25. Ta bort båda fäst-skruvarna från låscylinderenheten **(se bild)**. Vrid cylindern så att den kan dras genom hålet i bakluckan.
**12** Haka av länkkabelnippeln från skivan och ta bort cylindern **(se bild)**.

#### Montering

**13** Montering av låscylindern sker i omvänd ordning.

## 17 Centrallåsmotor -
demontering och montering

### Dörrlåsmotor

**Observera:** *Följande moment utförs på samma sätt för fram- och bakdörrar.*

#### Demontering

**1** Lossa batteriets negativa kabel och placera den på avstånd från anslutningen.
**2** Se avsnitt 12 och demontera dörrens klädselpanel.
**3** Lossa låsmotorns kablage från kablaget vid kontaktdonet (se bild 13.26).

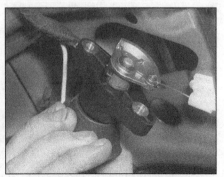

**16.8 Spärrbygelns fästskruvar (vid pilarna)**

**16.11 Demontera båda fästskruvarna (vid pilarna) från låscylinderenheten**

**16.12 Haka av länkkabelnippeln från remskivan och ta bort cylindern**

**4** Ta bort motorns båda fästskruvar **(se bild)**.
**5** Haka av medbringaren från låsmekanismen och lyft ut motorn.

### Montering

**6** Montering sker i omvänd ordning.

## Låsmotor till baklucka

### Demontering

**7** Lossa batteriets negativa kabel och placera den på avstånd från anslutningen.
**8** Demontera klädseln på bakluckan enligt beskrivning i avsnitt 12.
**9** Lossa kablaget till låsmotorn vid kontaktdonet.
**10** Ta bort låsmotorns båda fästskruvar **(se bild 16.3)**.
**11** Haka av medbringaren från låsmekanismen och lyft ut motorn.

### Montering

**12** Montering sker i omvänd ordning.

## Låsmotor till bränsletanklock

### Demontering

**13** Lossa batteriets negativa kabel och placera den på avstånd från anslutningen.
**14** Demontera panelerna i lastutrymmet enligt avsnitt 25.
**15** Lossa kablaget till låsmotorn vid kontaktdonet.
**16** Motorn sitter på ett metallfäste vilket är fastskruvat på insidan av skärmen. Demontera de tre fästskruvarna för att lossa fästet, ta sedan loss motorn genom att lossa de två skruvarna.
**17** Haka av medbringaren från låsmekanismen och lyft ut motorn.

### Montering

**18** Montering sker i omvänd ordning. Kontrollera att den manuella spärrkabeln finns i lastutrymmet vid montering av sidopanelerna.

## 18 Fönsterhisskomponenter - demontering och montering

### Regulatorer och motorer

**1** Elhissmotor och -regulator utgör en kom-

**17.4 Ta bort motorns båda fästskruvar (vid pilarna)**

plett enhet och de kan inte bytas ut separat; se beskrivning i avsnitt 14 för demontering och montering.

## Strömställare

**2** Se beskrivning av demontering och montering av strömställare i kapitel 12.

## 19 Utvändiga backspeglar - demontering och montering

### Spegelglas

⚠️ **Varning: Om spegelglaset ska bytas ut på grund av att det har gått sönder, se till att alla glasskärvor avlägsnas innan spegelglaset tas bort. Skydda ögon och händer med skyddsglasögon och handskar, kasta glasresterna på lämpligt ställe och märk emballaget för att varna andra om innehållet.**

### Byte

**1** Med hjälp av spegelns justering, luta spegelglaset uppåt så långt det går.
**2** Sätt en skruvmejsel med platt blad i hålet under spegelhuset. Placera bladet i plasthjulet med skåror **(se bild)**.
**3** Vrid hjulet två snäpp åt höger tills den tredje skåren är i linje med mitten av hålet i spegelhuset.

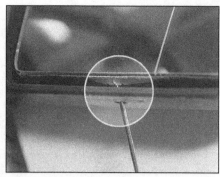

**19.2 Sätt en skruvmejsel med platt blad i hålet under spegelhuset, placera bladet i plasthjulet med skåror**

**4** Lyft bort spegelglaset.
**5** Om spegelglaset ska bytas ut på grund av att det är trasigt, kom ihåg att borsta bort alla spegelskärvor ur spegelhuset och kontrollera att ingen skärva finns kvar i justeringsmekanismen.
**6** Vid montering av spegelglas, kontrollera att det skårade plasthjulet är placerat så att plasttapparna på spegelns baksida passar in i skårorna på hjulets innersida **(se bild)**. Montera spegelglaset i spegelhuset och vrid, med hjälp av en skruvmejsel i hålet under spegeln, hjulet två snäpp till vänster så att spegelglaset hålls på plats. Kontrollera slutligen att spegelns elinställningsfunktion och defroster fungerar.

### Spegel

### Demontering

**7** Lossa batteriets negativa kabel och placera den på avstånd från anslutningen.
**8** Demontera dörrklädseln enligt beskrivning i avsnitt 12.
**9** Lossa spegelns kabelbunt från klämman på dörrpanelen, koppla sedan bort den från kablaget vid kontaktdonen - en för spegelns värmeelement och den andra för inställningsmotorn **(se bild)**.
**10** Ta bort spegelglaset enligt föregående beskrivning.
**11** Lossa plastpanelen inuti dörren så att spegelns fästskruvar blir synliga **(se bild)**.
**12** Lossa och ta bort de tre fästskruvarna och

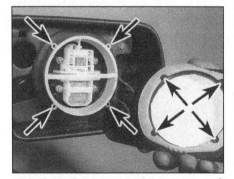

**19.6 Kontrollera att plasthjulet placeras så att plasttapparna på spegelns baksida passar in i skårorna i hjulets insida**

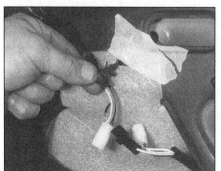

**19.9 Lossa spegelns kabelbunt från klämman på dörrpanelen, koppla sedan bort den från kablaget vid kontaktdonen**

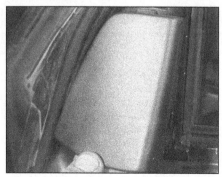

**19.11 Lossa plastpanelen inuti dörren så att spegelns fästskruvar blir synliga**

19.12 Skruva loss de tre fästskruvarna och ta vara på metallplattan från de nedre fästena

19.13 Lyft bort spegelenheten från dörren, för försiktigt ut kablar och kontaktdon

ta vara på metallplattan från de nedre fästena **(se bild)**.
13 Lyft bort spegelenheten från dörren, för försiktigt ut kablar och kontaktdon **(se bild)**. Ta vara på gummidamasken från spegeln och kontrollera om den är sliten eller skadad; byt ut den vid behov.

## Montering

14 Montering av spegelenheten sker i omvänd ordning. Se föregående beskrivning för montering av spegelglas.

## 20 Vindruta och fasta rutor - allmän beskrivning

Med undantag för de fasta sidorutorna i bakdörrarna (se avsnitt 14), är denna typ av rutor fixerade med speciellt tätningsmedel. Att byta dessa rutor är en komplicerad, smutsig och tidskrävande uppgift, som ligger utanför hemmamekanikerns möjligheter. Utan långvarig erfarenhet är det svårt att erhålla en säker och vattenfast passning. Dessutom medför arbetet en ökad risk för att rutan går sönder - speciellt vid laminerade vindrutor. Eftersom riskerna är stora råder vi ägaren att kontakta en Saabverkstad eller en specialist på vindrutearbeten.

**Observera:** *Bilar som är utrustade med airbag/SRS har vindrutor som är limmade på annat sätt än på standardbilar; detta som skydd vid ev airbagutlösning. Informera den specialist som anlitas om detta.*

## 21 Soltak - demontering och montering

## Allmän beskrivning

1 Soltakets lutnings-/glidmekanism är komplicerad och expertkunskaper krävs för att reparera, byta ut eller justera komponenter i soltaket. Vid demontering av soltaket måste först takklädseln avlägsnas, vilket är ett tidskrävande och svårt arbete som inte ska underskattas (se avsnitt 25). Detta avsnitt tar

därför endast upp en beskrivning av demontering och montering av motorenheten. Vi rekommenderar att kontakt tas med Saabverkstad vid alla övriga problem beträffande soltaket.

## Motorenhet

### Demontering

2 Om motorn och dess delar antas vara orsaken till felet, börja med att kontrollera säkringen; se beskrivning i kapitel 12.
3 Öppna soltaket så att bakre kanten tippas upp; använd den manuella veven som är placerad bakom panelen i takkonsolen om motorn inte är i funktion.
4 Vrid tändningslåset till OFF-läge, lossa batteriets negativa kabel och placera den på avstånd från anslutningen.
5 Se beskrivning i kapitel 12, avsnitt 6, ta bort fästskruven och sänk ner takbelysningskonsolen.
6 Lossa kablarna vid kontaktdonen och märk dem för att underlätta vid senare montering.
7 Lossa och ta bort de tre fästskruvarna, sänk ner motorenheten från sitt fäste **(se bild)**.

### Montering

8 Montering av motorenheten sker i omvänd ordning, observera att passmärket på det stora drevet ska befinna sig mitt emot märket

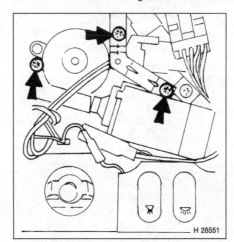

21.7 Lossa och ta bort motorenhetens tre fästskruvar (vid pilarna)

på det mindre drevet **(se bild)**; detta är motsvarigheten till att soltakspanelen befinner sig i lutningsläge. Om drevet inte befinner sig i detta läge, ta tillfälligt bort batteriets negativa anslutning, anslut motorkablaget och använd soltakströmbrytaren, låt motorn gå tills markeringarna är korrekt inpassade.

## 22 Utvändiga detaljer - demontering och montering

## Dekaler och paneler

### Demontering

1 Sidopaneler, stripes, dekaler på motorhuv och baklucka är alla fastsatta med en kombination av tryckknappar och självhäftande tejp.
2 För att avlägsna detaljer från karossen, använd ett redskap som inte kan skada lackeringen såsom spatel eller spackelkniv täckt med PVC-tejp.
3 Sätt i redskapet mellan detaljens överkant och karossen och bänd försiktigt för att lossa tryckknapparna; om mer än en knapp har använts, börja vid ena sidan av detaljen ifråga och arbeta loss knapparna en efter en.
4 Fatta tag i nederkanten av detaljen och dra långsamt ut den så att tejpen släpper.
5 Rengör ytan från alla spår av smuts och klister.

### Montering

6 Dra bort skyddsytan från den nya detaljen. Placera detaljen i monteringsläge med överdelen först och tryck in knapparna i hålen. Tryck nederdelen av detaljen på plats, och tryck hårt för att den självhäftande ytan skall fastna längs hela ytan.

### Hjulhuslist

7 Vid demontering, lossa flänsmuttrarna från stiften i hjulhuset. Dra bort listen från hjulhuset och för stifttrådarna genom hålen.

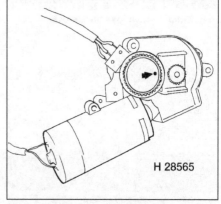

H 28565

21.8 Passmärket på det stora drevet skall befinna sig mitt emot märket på det mindre drevet; detta motsvarar att soltaket befinner sig i lutningsläge

**22.9 Den högra främre sektionen har en avtagbar gummiplatta som kan bändas loss för att remskivorna ska bli åtkomliga**

**22.11 Demontering av den främre delen av höger innerskärm**

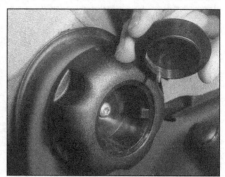

**23.3a Bänd ut plasthatten från inställningsknoppen**

8 Rengör ytan i hjulhuset innan listen monteras, borsta bort smutsen runt hålen i hjulhuset.

## Innerskärm

9 De främre innerskärmarna består av två formade plastpaneler som utgör de främre och bakre delarna. Båda är infästa med flänsskruvar och muttrar i karossen. Den högra främre sektionen har en avtagbar gummiplatta som kan bändas loss för åtkomlighet av remskivorna **(se bild)**.
10 Demontera genom att först lossa listen enligt ovan.
11 Såväl den främre som den bakre delen av innerskärmen kan demonteras om man lossar

deras fästskruvar; observera att på senare årsmodeller måste bromskylkanalerna demonteras innan frontsektionen kan tas bort **(se bild)**.

## 23 Säten - demontering och montering

### Framsäten

#### Demontering

1 Lossa batteriets negativa kabel och placera den på avstånd från anslutningen.

2 Där inställningsreglage för stolarnas höjdinställning finns skall det vara i det lägsta läget.
3 Sätt en liten skruvmejsel i skåran och bänd ut plasthatten från inställningsknoppen. Ta bort fästskruven och lyft bort knoppen **(se bilder)**.
4 Bänd ut plastpluggarna från sidoklädseln och ta bort fästskruvarna under dem **(se bild)**.
5 Skruva loss ankarfästet till säkerhetsbältet från styrskenan **(se bild)**.
6 Skruva loss och ta bort de fyra skruvarna som fäster styrskenorna vid golvet **(se bilder)**.
7 Tippa stolen bakåt och luta den mot baksätet, undvik att sträcka de underliggande kablarna. Lossa anslutningen till värme-

**23.3b Skruva loss fästskruven . . .**

**23.3c . . . och ta bort knoppen**

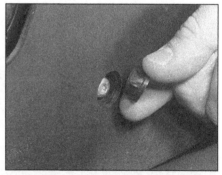

**23.4 Bänd loss plastpluggarna från sidoklädseln och ta loss skruvarna under dem**

**23.5 Skruva loss säkerhetsbältets ankarfäste från styrskenan**

**23.6a Demontering av styrskenans skruv framtill . . .**

**23.6b . . . och baktill**

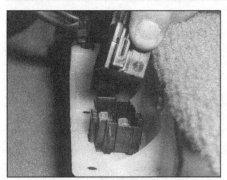

**23.7 Lossa anslutningen till värmeslingorna, placerad på det golvmonterade fästet**

**23.12a Skruva loss ryggstödets fäste från golvet . . .**

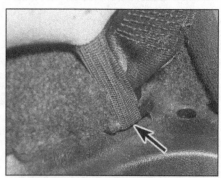

**23.12b . . . och haka av klädselns nederkant från säkerhetsbältets ankarfäste (vid pilen)**

slingorna som är placerad på det golvmonterade fästet **(se bild)**.
8 Om passagerarstolen ska demonteras, haka av kontakten på ledningen till stolsdynan, lägg märke till anslutningspunkten.
9 Lyft stolen ur bilen.

### Montering

10 Montering av stolen sker i omvänd ordning, följande punkter bör uppmärksammas:
a) Kontrollera att alla elkablar är korrekt monterade. Om passagerarstolen ska monteras, se till att tryckkontakten har hakats fast på undersidan av stolsdynan i samma läge som innan den demonterades.
b) Vid montering av ankarfästet till säkerhetsbältet, placera tungan i skåran på stolsfästet. Saab har inte specificerat något åtdragningsmoment, men kontrollera att fästmuttern är ordentligt åtdragen. Om självlåsande muttrar är monterade skall dessa helst bytas ut när de en gång har demonterats.

### Baksätets ryggstöd

#### Demontering

11 Dra i handtagen för att höja stolsdynan och tippa den framåt.
12 Baksätets ryggstöd är monterade på fästen som är nedskruvade i golvet i tre punkter. För att demontera båda ryggstöden på samma gång, skruva loss fästena från golvet, haka av klädselns nederkant från säkerhetsbältets ankarfäste och lyft ut ryggstödet **(se bilder)**.
13 Ryggstöden separeras genom att fästskruven lossas från gångjärnet vid kanterna **(se bild)**.

#### Montering

14 Montering av ryggstöden sker i omvänd ordning.

### Baksätets dyna

#### Demontering

15 Dra i handtagen för att höja stolsdynan och tippa den framåt.

16 Lossa skruvarna som fäster metallplattan vid gångjärnsstången, lyft sedan ut dynan.

#### Montering

17 Montera baksätesdynan i omvänd ordning; kontrollera att dynan ligger slätt mot gångjärnsstången innan skruvarna dras åt.

### 24 Säkerhetsbälten - demontering och montering

### Allmän beskrivning

1 Säkerhetsbältena fram är av trepunktstyp. Bältenas fasta ändar är infästa på stolsramen, liksom spänntampen. Höjden på bältet som är monterat på B-stolpen är justerbart för att kunna anpassas till olika körställningar.
2 De yttre platserna i baksätet är också utrustade med trepunktsbälten, medan mittenplatsen är utrustad med höftbälte.
3 Alla modeller som är utrustade med Kompletterande Skyddssystem (SRS) är även utrustade med bältessträckare; se avsnitt 28 innan arbete påbörjas på delar som är anslutna till denna utrustning.
4 Saab anger att säkerhetsbältena är klassade som delar vilka måste bytas ut efter en olycka, oavsett bilens synliga skick. Kontakta en Saab-återförsäljare om det råder tveksamhet om tillvägagångssättet under dessa omständigheter.

### Främre säkerhetsbältets spänne

#### Demontering

5 Se beskrivning i avsnitt 23. Skruva loss aktuellt framsäte, skjut det bakåt för att komma åt spännet.
6 Frigör kabeln till kontakten för 'säkerhetsbältet fastgjort' från sätesfästet, för sedan in handen under stolen och lossa kontaktdonet.
7 Lossa och ta bort fästmuttern, ta vara på brickan och lyft av spänntampen.

#### Montering

8 Montering av spännet sker i omvänd ordning. Trots att Saab inte specificerar något åtdragningsmoment för spänntampens skruv, kontrollera att den är åtdragen ordentligt. Om självlåsande muttrar är monterade skall dessa helst bytas ut när de har demonterats

### Ankarfästen till främre säkerhetsbälten

9 Se beskrivning i avsnitt 23 (demontering av framsäte) för demontering och montering.

### Höjdinställning av främre säkerhetsbälten

#### Demontering

**Observera:** *Det är inte absolut nödvändigt, men tillgängligheten ökar om aktuellt framsäte demonteras, vilket även underlättar hela arbetsmomentet.*
10 Använd en skruvmejsel med platt blad och bänd försiktigt ut plastpanelerna från

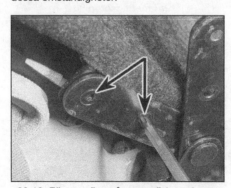

**23.13 För att sära på ryggstöden, skruva loss fästskruvarna från gångjärnet på kanterna**

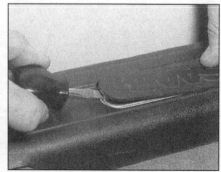

**24.10a Använd en skruvmejsel med platt blad, bänd ut plastpanelerna från tröskelplåtarna**

24.10b Lossa fästskruvarna . . .

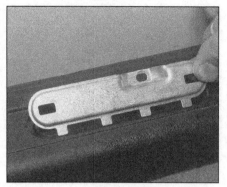

24.10c . . . och ta bort metallplattorna

24.11 Skruva loss skruvarna längst ner på B-stolpens klädselpanel

såväl fram- som bakdörrens tröskelplåt. Lossa fästskruvarna, lyft av metallplattorna och ta bort tröskelplåtarna (se bilder).

**11** Lossa och ta bort skruvarna längst ner på B-stolpens klädselpanel (se bild).

**12** Lossa klämmorna bakom höjdjusterings-knappen och lyft bort den (se bild).

**13** Ta bort fästskruven och lyft av fästet till justerknappen, remskivan och bussningen; notera delarnas placering och monterings-ordning (se bild).

**14** Från golvet och uppåt, lossa försiktigt tryckknapparna under klädselpanelen en efter en, medan panelen lyfts bort från B-stolpen. På bilar som är utrustade med Komplet-terande Skyddssystem (SRS), var noga med

att inte beröra de delar i bältessträckar-systemet som finns ovanför rullen.

**15** Ta bort de övre och nedre fästskruvarna och lyft bort justeringsenheten från B-stolpen (se bild).

**Montering**

**16** Montering av höjdinställningsdelarna utförs i omvänd ordning.

**Främre rullbältesenhet (fordon med SRS)**

**17** På bilar som är utrustade med bältes-sträckare bör demontering av sträckarenheten överlåtas till Saabverkstad; se beskrivning i avsnitt 28.

## Främre rullbältesenhet (fordon utan SRS)

**18** Följ beskrivningen i punkt 10 till 12.

**19** Ta bort skruven som fäster rullen vid B-stolpens bas och ta vara på brickan (se bild). Lyft bort rullenheten tillsammans med säker-hetsbältet.

## Bakre ankarfästen och spännen

**20** Säkerhetsbältena i baksätet är monterade på fjädrande fästen som är infästa direkt på golvet, vilket även gäller ankarfästet för tvåpunktsbältet i mitten (se bild).

**21** Bältesrullarna för de yttre bältena är placerade i utrymmet bakom sidoklädseln i lastutrymmet. För att komma åt dem, se avsnitt 25 och demontera klädseln.

**25 Klädsel -** demontering och montering

## A-stolpens klädsel

**1** Öppna aktuell framdörr och bänd bort gummilisten från dörröppningen vid A-stolpen.

**2** Arbeta uppifrån och ned, fatta tag i panelen och lossa den från stolpen undan för undan, tryckknapparna lossnar därvid en efter en (se bild).

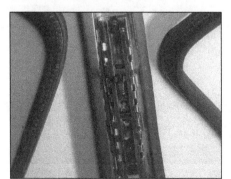

24.12 Lossa klämmorna bakom höjdjusteringsknappen och lyft bort den

24.13 Ta bort fästskruven och lyft bort justerknappens fäste, remskivan och bussningen; notera delarnas placering och monteringsordning

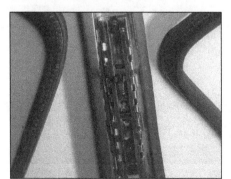

24.15 Säkerhetsbältets höjdjusteringsskena

24.19 Ta bort skruven som fäster rullen vid B-stolpens bas, ta vara på brickan

24.20 Fäste för bakre säkerhetsbältet och tvåpunktsbältet i mitten

25.2 Demontering av A-stolpens panel

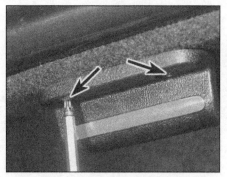

25.12 Ta bort fästskruvarna och lyft bort det inre handtaget

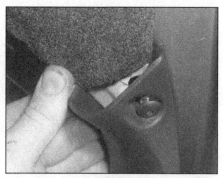

25.13 Skruva loss ändfästena på de hårda plastpanelerna

**3** Vid montering, placera panelen i monteringsläge och tryck hårt på varje tryckknapp tills den fäster. Tryck fast tätningslisten runt dörröppningen.

### B-stolpens klädsel

**4** Klädseln på B-stolpen utgör höljet för säkerhetsbältesrullarna; se beskrivning i avsnitt 24 beträffande demontering.

### C-stolpens klädsel

**5** Öppna aktuell bakdörr och bänd bort gummilisten från dörröppningen vid C-stolpen.
**6** Ta bort läslampan, se detaljerad beskrivning i kapitel 12.
**7** Arbeta runt ytterkanten, lossa panelen från

C-stolpen undan för undan, tryckknapparna lossnar därvid en efter en.
**8** Vid montering, placera panelen i monteringsläge och tryck hårt på varje tryckknapp tills den fäster. Tryck fast tätningslisten runt dörröppningen, montera läslampan.

### Takklädsel

**9** Takklädseln är fäst mot takpanelen och kan bara demonteras efter det att detaljer som handtag, solskydd, soltak (där sådant förekommer), pelarklädsel och lampor har demonterats. Listerna vid dörrar, och eventuellt vid baklucka och soltak, måste också bändas bort från karossen.
**10** Observera att demontering av takklädseln

kräver åtskillig kunskap. Detta arbete bör överlämnas åt en specialist.

### Bakluckans klädsel

**11** Öppna bakluckan och avlägsna den inre klädselpanelen genom att ta bort de inre fästnitarna, vrid var och en ett kvarts varv moturs.
**12** Ta bort fästskuvarna och lyft bort det inre handtaget **(se bild)**.
**13** Vid bakrutans inre nederkant, skruva loss fästena från ändarna på de hårda plastpanelerna **(se bild)**. Sänk försiktigt ner klädselpanelen från bakluckan.
**14** Montering sker i omvänd ordning.

### Reservhjulsskyddet

**15** Lossa de tre nitarna och lyft av tröskelplåten från lasttröskeln, tillsammans med mattpanelen **(se bilder)**.
**16** Tippa baksätet framåt, lossa därefter skruvarna och lyft av tröskelplåten vid lastutrymmets främre del **(se bild)**.
**17** Tre skruvar, nära den ledade delen, fäster reservhjulsskyddet vid golvet; ta bort dessa och lyft ut skyddet.
**18** Montering sker i omvänd ordning.

### Bagageutrymmesklädsel

**19** Demontera reservhjulsskyddet enligt ovanstående beskrivning.
**20** Ta bort plasthattarna från nitarna som fäster klädseln vid lastutrymmets bakre del. Bänd sedan loss gummitätningslisten från kanten kring bakluckans öppning **(se bilder)**.

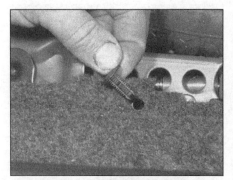

25.15a Lossa de tre nitarna . . .

25.15.b . . . demontera sedan fästskruvarna och lyft av tröskelplåten från lasttröskeln, tillsammans med mattpanelen

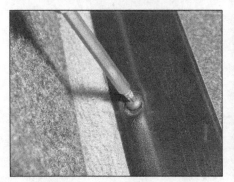

25.16 Lossa skruvarna och lyft av tröskelplåten i lastutrymmets främre del

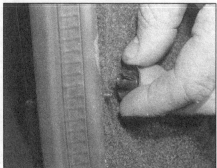

25.20a Ta bort plasthattarna från nitarna som fäster klädseln vid lastutrymmets bakre del . . .

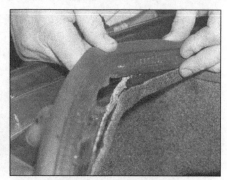

25.20b . . . och bänd loss gummitätningslisten från kanten kring bakluckans öppning

**25.21 Dra försiktigt bort panelen från last-utrymmets sida. Vid nedre delen av stödet till pakethyllan/högtalarfästet, använd en skruvmejsel för att lossa plasttungorna från utskärningarna i klädseln**

**21** Arbeta från bakluckans öppning, dra försiktigt bort panelen från lastutrymmets sida. Vid nedre delen av stödet till pakethyllan/högtalarfästet, använd en skruvmejsel för att lossa plasttungorna från utskärningarna i klädselpanelen **(se bild)**.

**22** Skruva loss sprinten som låser ryggstödet, fram på hjulhusets utstick, och lyft bort metallplattan **(se bild)**.

**23** Lossa fästskruvarna på tröskelplåten vid bakluckans öppning för att frigöra hörnet på klädselpanelen.

**24** Lossa försiktigt återstoden av klädselpanelen från karossen och lyft ut den.

**25.22 Skruva loss sprinten som låser ryggstödet, fram på hjulhusets utstick, och lyft bort metallplattan**

## 26 Mittkonsol - demontering och montering

### Demontering

**1** Lossa batteriets negativa kabel och placera den på avstånd från anslutningen.

**2** Bänd bort växelspakens damask så att den underliggande monteringsramen blir synlig. Ta bort fästskruven och lyft bort ramen **(se bilder)**.

**3** Lossa fönsterhissens kontaktpanel genom att föra in handen genom öppningen för

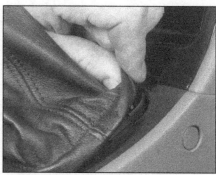

**26.2a Lossa växelspakens damask så att den underliggande ramen blir synlig**

växelspaken och trycka panelen uppåt. Märk anslutningsdon och kablage för att underlätta monteringen. Dra därefter bort anslutningsdonet och ta bort panelen **(se bilder)**.

**4** Bänd ut plastpluggarna och avlägsna båda fästskruvarna från sidorna på växelspakskonsolen **(se bild)**.

**5** Dra ut fästskruven och ta loss handbromsspakens borsttätning **(se bild)**.

**6** Skjut båda framstolarna framåt så långt det går, vik därefter bort mattan för att frilägga de bakre fästskruvarna till mittkonsolen Ta bort skruvarna och lyft ut hela mittkonsolen **(se bilder)**. Där så behövs, dra ut kabeln till cigarettändare/askkoppsbelysning för baksätet.

**26.2b Skruva loss fästskruven och lyft bort ramen**

**26.3a Lossa fönsterhissens kontaktpanel genom att föra in handen genom öppningen för växelspaken och trycka panelen uppåt**

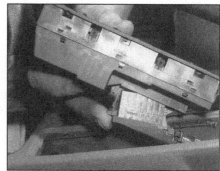

**26.3b Märk anslutningar och kablage för att underlätta monteringen. Dra sen bort anslutningsdonet och ta bort panelen**

**26.4 Bänd ut plastpluggarna och ta bort båda fästskruvarna på sidorna på växelspakskonsolen**

**26.5 Dra ut fästskruven och ta loss handbromsspakens borsttätning**

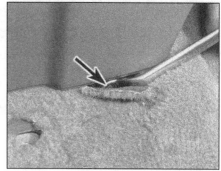

**26.6a Skjut framstolarna framåt så långt det går, vik bort mattan för att frilägga de bakre fästskruvarna till mittkonsolen**

**26.6b Ta bort skruvarna och lyft ut hela konsolen**

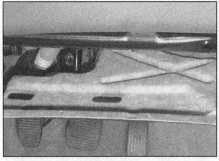

**27.4 Sänk ner ljudisoleringspanelerna från instrumentbrädan och dra bort dem från metallfästena vid torpedväggen**

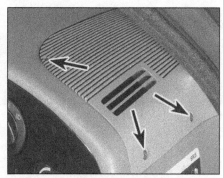

**27.6a Demontera de tre skruvarna (vid pilarna) . . .**

**7** Lossa fästena och ta bort klädselpanelen från båda sidorna på mittkonsolens främre del. Klädseln är fäst med tryckknappar. Dessa kan avlägsnas med hjälp av en gaffel som försiktigt förs in under knappen. Avlägsna aldrig tryckknapparna genom att försöka att dra bort dem med klädseln; de kan göra hål i klädselpanelen eller brytas av.

## Montering

**8** Montering sker i omvänd ordning.

## 27 Instrumentbräda - demontering och montering

## Demontering

**1** Lossa batteriets negativa kabel och placera den på avstånd från anslutningen.

 *Varning: På fordon som är utrustade med airbag, vänta i 20 minuter efter det att batteriets negativa anslutning har lossats innan arbete på delar i airbagsystemet påbörjas; se beskrivning i avsnitt 28.*

**2** Se beskrivning i avsnitt 26 och demontera mittkonsolen.
**3** Demontera de mattbelagda panelerna från sidorna i golvutrymmet vid förar- och passagerarplatserna. De är fästa med stjärnskruvar och tryckknappar.
**4** Bänd ut tryckknapparna från ljudisolerings-panelernas framkant under instrumentbrädan

på förar- och passagerarsidorna. **Observera:** *Tryckknapparna är tvådelade och kan tas bort enligt följande: använd en skruvmejsel med smalt blad, tryck på stiftet i mitten på knappen, så långt det går. För in en gaffel under knapphuvudet och bänd ut knappen från panelen.* Sänk försiktigt ner panelerna från instrumentbrädan och dra bort dem från metallfästena vid torpedväggen **(se bild)**.
**5** Bänd ut gummilisterna vid dörröppningarna vid förar- och passagerarplatserna tillräckligt för att göra klädselpanelerna vid A-stolpen åtkomliga. Fatta tag i panelen, dra ut den uppifrån och ner från A-stolpen för att få tryckknapparna att släppa. Se också avsnitt 25.
**6** Ta bort de tre skruvarna, lyft ut högtalar-/ventilationsgallret och ta vara på gummi-distanserna **(se bilder)**.

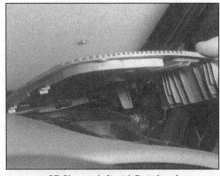

**27.6b . . . lyft ut högtalar-/ventilationsgallret . . .**

**7** Skruva loss fästena för att lossa övre delen av instrumentbrädan; tre på instrument-brädans båda kortsidor, under högtalar-/ventilationsgrill, en i handskfacket, vilken blir åtkomlig när luckan öppnas och gummihatten bänds bort, samt en vid instrumentbrädans framkant, strax ovanför hastighetsmätaren.
**8** Dra åt handbromsen, höj upp kanten till instrumentbrädans överdel, lossa låskabeln till A-stolpen från monteringsklämmorna. Där sådan förekommer, lossa kablaget från so-lsensorn vid kontaktdonet. Lyft ut panelen **(se bild)**.
**9** Lossa fästskruvarna och lyft bort hela handskfacksenheten; lossa kablaget till kon-takten och lampan när kontaktdonet blir synligt **(se bilder)**. **Observera:** *För fordon med airbag på passagerarplatsen, se demonterings-beskrivning i avsnitt 28.*

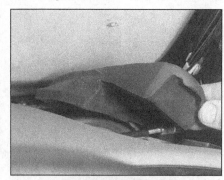

**27.6c . . . och ta reda på gummidistanserna**

**27.8 Lyft upp instrumentbrädans överpanel**

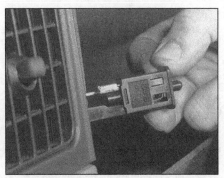

**27.9a När kontaktdonet blir synligt, lossa kablaget till handskfackets kontakt . . .**

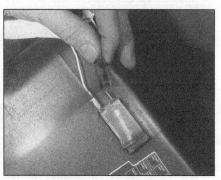

**27.9b . . . och lampa**

27.10a För handen genom handskfacksöppningen och tryck ut ACC-enheten från instrumentbrädan

27.10b Märk kontaktdonen för att underlätta montering

27.12 Med handen bakom instrumentbrädan, tryck ut förvaringsbehållaren under askkoppen

**10** För fordon med automatisk klimatkontroll (ACC), för handen genom handskfacks-öppningen och tryck ut ACC-enheten genom instrumentbrädans front. Lossa samtliga kontaktdon och märk dem för att underlätta vid senare montering **(se bilder)**.

**11** För fordon med luftkonditionering och/eller konventionellt värmesystem, för handen genom handskfacksöppningen, tryck ihop de fyra spärrarna och tryck ut värmereglagepanelen genom instrumentbrädans front. Separera länkstagets kulled i luftfördelningsventilen, ta loss kåpan till temperaturventilen (se kapitel 3). Lossa elkontaktdonen och märk dem för att underlätta montering.

**12** Sätt handen bakom instrumentbrädan och tryck ut förvaringsbehållaren strax under askkoppen **(se bild)**.

**13** Dra ut askkoppslådan från dess kåpa. Lossa monteringsklämmorna från kåpan med en liten skruvmejsel och lyft ut den. Lossa kabeln till cigarettändaren när kontaktdonet blir synligt **(se bilder)**.

**14** Ta bort radion/kasettbandspelaren från instrumentbrädan med den specialnyckel som medföljer bilen **(se bild)**. Lossa kontaktdonen, märk dem och trä tillbaka dem genom öppningen efter instrumentbrädan.

**15** Ta bort de två skruvarna och lyft bort den nedre plastkåpan från rattstången.

**16** För fordon med airbag på förarplatsen, se demonteringsbeskrivning i avsnitt 28 och demontera airbagen.

**17** Se beskrivning i kapitel 10 och demontera ratten.

**18** För fordon med airbag på förarplatsen, se

demonteringsbeskrivning i avsnitt 28 och demontera den roterande kontaktenheten. För att förhindra förorening av kontaktenheten, kontrollera att brytaren på indikatorstammen är i neutral/off-läge.

**19** Ta bort båda skruvarna och lyft bort den övre plastkåpan från rattstången.

**20** Se kapitel 12, lossa och ta bort de tre fästskruvarna, lyft därefter bort enheten som innehåller strömställaren till rattstången. Lossa flervägskontaktdonen från enheten; märk dem noggrant och notera deras monterings-lägen - de har mycket lika utseenden **(se bilder)**.

**21** Lossa instrumentbrädans front genom att skruva loss fästena på följande ställen: två i öppningen till askkoppen och två bakom de klämfästade plastkåporna på var sida om

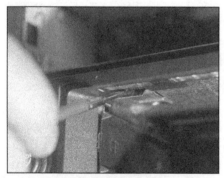

27.13a Lossa klämmorna med en liten skruvmejsel . . .

27.13b . . . och lyft ut kåpan

27.14 Använd den nyckel som medföljer bilen och dra ut radio/kasettbandspelare

27.21a Frontpanelens fästen: två i öppningen för askkoppen . . .

27.21b . . . två bakom de klämfästade plastkåporna intill brytarpanelerna, på höger . . .

27.21c . . . och vänster sida om rattstången . . .

**27.21d ... och ett som även fungerar som fästskruv till växelspaksdamaskens monteringsram**

**27.30 Demontera skruvarna som håller främre delen av säkrings/relädosan till instrumentbrädan**

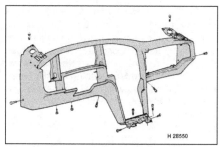

**27.31 Placering av ramverkets fästskruvar**

rattstången, nära strömställarpanelerna. Observera att det femte fästet även fungerar som fästskruv till ramen på vilken växelspakens damask är infäst **(se bilder)**.

**22** För fordon med automatisk klimatkontroll (ACC), bänd bort plastkåpan från innertempgivaren. För handen bakom instrumentpanelens front och lossa givaren. Till skillnad från alla andra komponenter som är monterade på instrumentbrädan, dras givaren ut bakifrån. Se eventuellt kapitel 3.

**23** Se kapitel 12 och ta bort kontakten till varningsblinkerslampan, stolvärmereostaterna, reostaten till instrumentpanelbelysningen, strålkastarinställningsreglaget, strömställare till främre och bakre dimljus samt strålkastarströmställarna. Märk kontaktdonen för att underlätta montering.

**24** Se kapitel 12, demontera klockan/färddatormodulen från instrumentbrädan. Ta loss kontaktdonet och märk kablarna för att underlätta montering.

**25** Dra försiktigt instrumentbrädans front från ramverket. Kontrollera att ingenting fortfarande är anslutet och lyft sedan ut instrumentbrädan ur bilen.

**26** Ta bort de fyra skruvarna som håller instrumentpanelen på plats. Observera att skruvhuvudena är placerade mot torpedväggen och måste tas bort inifrån instrumentbrädan. Ta vara på gummibussningarna. Lyft ut instrumentpanelen genom instrumentbrädans överdel och ta vara på gummifötterna.

**27** Ta bort skruvarna som fäster sidorutans defrosterkanaler vid högtalarfästena.

**28** Lossa kablarna från högtalarterminalerna.

**29** På instrumentbrädans högre, nedre sida, under rattstången, ta bort skruvarna som fäster farthållarens styrenhet på instrumentbrädan. Se vidare beskrivning i kapitel 4A.

**30** Ta bort skruvarna som håller främre delen av säkrings-/relädosan till instrumentbrädan; låt den hänga på det bakre fästet **(se bild)**.

**31** Ta bort alla återstående fästen runt ramverket till instrumentbrädan **(se bild)**.

**32** Ta loss ramverket från styrknoppen som sitter på rattstångsfästet och dra bort den från torpedväggen. Lossa ventilationskanalerna från gallren på instrumentbrädan och värmeenhetens hölje. Kontrollera att ingenting fortfarande är anslutet och lyft ut ramverket ur bilen.

## Montering

**33** Montering av instrumentbrädan sker i omvänd ordning. Observera punkterna nedan.

**34** Vid montering av ramverket till instrumentbrädan, kontrollera att alla ventilationskanaler är korrekt placerade på portarna på värmeenhetens hölje och gallren i instrumentbrädan innan fästskruvarna sätts i. Kontrollera också att ramverket griper i styrknoppen på rattstångsfästet där det är placerat över rattstången **(se bild)**.

**35** Vid montering av instrumentpanelen, kontrollera att gummifötterna är placerade i

fördjupningarna på metallfästena. Se kapitel 12 vid behov.

**36** Se avsnitt 28 vid montering av den roterande kontaktenheten till airbagen; följ anvisningarna noggrant. Om denna enhet monteras felaktigt kan det leda till att airbagen inte fungerar.

**37** Anslut samtliga elanslutningar enligt de markeringar som gjordes vid demonteringen.

**38** Vid montering av instrumentbrädans front, kontrollera att samtliga ventilationskanaler är korrekt placerade på gallren innan fästskruvarna till instrumentbrädan sätts på plats.

**39** Vid montering av värmereglagepanelen på fordon som är utrustade med luftkonditionering och/eller konventionellt värmesystem (ej ACC), ställ in klaffventilen till värmeenheten i motorrummet på 'kallt' (från torpedväggen), anslut därefter växelhuset till temperaturventilen och ställ in reglaget på 'kallt'. Montera luftfördelningsreglaget och ställ in det på '0' med mekanismen till fördelningsdrevet vridet så långt det går moturs.

**40** Vid montering av instrumentbrädans panel, kontrollera att låskabeln till A-stolpen är säkert fastklamrad på dess undersida och att den inte är ihoptrasslad med andra delar eller kablage.

**41** Montera de tvådelade tryckknapparna vid ljudisoleringspanelens framkant under instrumentbrädan. Dra ut stiftet i knappens mitt så långt det går, sätt knappen i panelen och lås den på plats genom att trycka ner stiftet tills det är i nivå med knapphuvudet. Använd en smal skruvmejsel **(se bilder)**.

**27.34 Vid montering av ramverket, kontrollera att det griper i styrknoppen på rattstångsfästet**

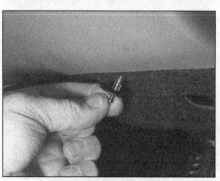

**27.41a Vid montering av ljudisoleringspanelen, sätt in knappen i panelen ...**

**27.41b ... och lås den genom att trycka in stiftet i mitten med en skruvmejsel, tills det är i höjd med knapphuvudet**

**42** Slutligen, anslut batteriets negativa kabel och kontrollera att samtliga reglage, mätare och instrument (inklusive ventilationssystemet), som berörts av demonteringen fungerar. På fordon utrustade med kompletterande skyddsutrustning (SRS), kontrollera att varningslampan på instrumentpanelen släcks efter det att den automatiska självkontrollen är utförd; se beskrivning i avsnitt 28.

## 28 Kompletterande skyddssystem (SRS) - demontering och montering

### Allmän beskrivning

SRS-systemet hanteras av en elektronisk styrenhet (ECU). När tändningslåset vrids till lägena "Start" eller "Drive" utför ECU en kontroll av systemkomponenterna. Ett upptäckt fel registreras i ECU-minnet. Varningslampan på instrumentpanelen blinkar därefter en sekvens, beroende på vad som upptäckts under kontrollen, på följande sätt:

*Årsmodeller 1988-1991:* Vid starten blinkar SRS-varningslampan i ca sex sekunder, för att ndikera att glödlampan fungerar, sedan släcks den. Om upptäckta fel har lagrats i minnet av ECU, eller om fel upptäcktes vid starttillfället, blinkar SRS-varningslampan i ca 10 sekunder och fortsätter sedan att lysa med ett fast sken. Om fordonet har varit med om en krock, och SRS aktiverades, blinkar SRS-varningslampan i ca fem sekunder och lyser sedan med ett fast sken.

*Årsmodeller efter 1991:* Som en extra säkerhetsåtgärd lyser SRS-varningslampan med två separat säkrade glödlampor. Om inga fel upptäcktes vid starten lyser båda glödlamporna upp varningslampan i ca fem sekunder varefter de slocknar. Om ECU har tidigare lagrat in fel i minnet, eller om fel upptäcktes vid starttillfället, kommer glödlampa nr 2 att lysa med ett fast sken medan glödlampa nr 1 blinkar i ca fem minuter och därefter övergår till att lysa med fast sken. Om fordonet har varit med om en krock och SRS aktiverades, kommer båda glödlamporna att lysa upp SRS-varningslampan med ett fast sken.

Om ett fel har bekräftats enligt ovan finns *endast en åtgärd,* vilket innebär att uppsöka en Saabverkstad. Specialutrustning är nödvändig för att kontrollera ECU-minnet, först för att bestämma typ och förekomst av felet och därefter för att radera felregistreringen när felet är åtgärdat.

Av säkerhetsskäl avråder vi bestämt bilägare att diagnosticera problem i SRS-systemet med vanliga verkstadsredskap. Därför inskränker sig uppgifterna i detta avsnitt till de delar i SRS-systemet som måste demonteras för att andra delar ska bli åtkomliga.

> ⚠️ **Varning: Extra säkerhetsåtgärder måste observeras vid arbete på fordon som är utrustade med airbag/SRS:**

a) *Lossa batteriets negativa kabel och vänta **minst tjugo minuter** innan elkablar till SRS-komponenter tas bort. ECUs interna utlösningsmekanism behöver denna tid för att ladda ur och man undviker därmed oavsiktlig detonation.*

b) *Försök aldrig skarva elkablar i SRS-kablaget då det kan påverka SRS-funktionen.*

c) *Undvika att hamra eller åstadkomma starka vibrationer vid fordonets främre del, speciellt motorrummet, eftersom krockensorerna kan utlösas och SRS då aktiveras.*

d) *Använd inte ohmmeter eller annan utrustning som kan verka strömförande på någon av delarna i SRS-systemet, då detta kan aktivera systemet.*

e) *Innan arbete på styrsystemet påbörjas, lås rattstången i rakt framåtriktat läge innan den demonteras från kuggstången. Felaktig inriktning vid montering av rattstång och kuggstång kan skada rattens kontaktenhet.*

f) *Airbag (och bältessträckare) är klassade som pyrotekniska (explosiva) anordningar och skall förvaras och hanteras i enlighet med gällande lagar. Generellt gäller att sådana komponenter inte bör lämnas oanslutna från de elektriska anslutningarna längre än absolut nödvändigt; de blir instabila i sådant tillstånd och det finns risk för oavsiktlig detonation. Förvara demonterad airbag med metallfästet nedåt, långt ifrån brandfarliga material, och ha alltid airbagen under uppsikt.*

### Airbag på förarplatsen

#### Demontering

**1** Lossa batteriets negativa kabel och vänta **minst tjugo minuter** innan arbetet kan fortsätta; läs varningstexten i föregående underavsnitt.
**2** Ta bort airbagens båda fästskruvar som är åtkomliga bakom ratten, bakom ekrarna.

**28.4 Dra loss kabeln från kontaktdonet på airbagens baksida**

**3** Bänd försiktigt bort airbagen från ratten för att komma åt det bakomliggande kablaget.
**4** Dra loss kabeln från kontaktdonet på airbagens baksida **(se bild)**.

#### Montering

**5** Montering av airbagen sker i omvänd ordning; observera angivet åtdragningsmoment för airbagens fästskruvar.
**6** Anslut batteriets negativa anslutning och vrid tändningslåset till "Drive-" eller "Start"-läge. Kontrollera systemets tillstånd genom att observera SRS varningslampan; se avsnittet *Allmän beskrivning* för att tolka resultatet.

### Airbag på passagerarplatsen

#### Demontering

**7** Airbagen är monterad i instrumentbrädan med fyra fästskruvar och ett antal klips **(se bild)**.
**8** Lossa batteriets negativa anslutning och vänta minst tjugo minuter innan arbetet fortsätts; läs varningstexten i avsnittet *Allmän beskrivning*.
**9** Bänd ut plastpluggarna från fästskruvarna på nedre främre panelen och ta loss skruvarna.
**10** Dra loss nedre panelen på instrumentbrädan och lossa klämmorna en efter en.
**11** Ta loss airbagens kablar från kontaktdonet.
**12** Ta bort de fyra fästskruvarna till airbagen, för in handen i instrumentbrädan och fatta tag i enheten bakifrån. Dra försiktigt ut den och frigör klämmorna undan för undan.

#### Montering

**13** Montering av airbagen sker i omvänd ordning; observera angivet åtdragningsmoment vid dragning av airbagens och panelens fästskruvar.
**14** Anslut batteriets negativa kabel och vrid

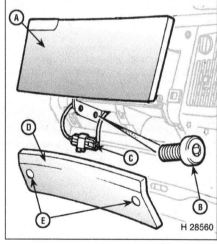

**28.7 Airbag på passagerarsidan**

A *Airbagmodul*
B *Modulens fästskruvar*
C *Kablagets kontaktdon*
D *Täckpanel*
E *Placering för täckpanelens fästskruvar*

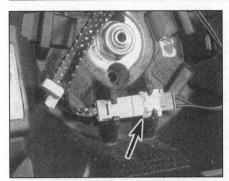
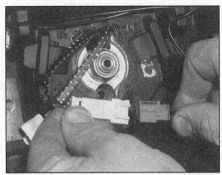
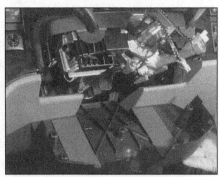

**28.17a Bänd ut signalhornets kontaktdon (vid pilen) från fästet i rattnavet . . .**

**28.17b . . . och koppla loss det; märk kabeln för att underlätta montering**

**28.19 Demontering av den nedre kåpan från rattstången**

tändningslåset till 'Drive' eller 'Start'-läge. Kontrollera systemets tillstånd genom att observera SRS varningslampan; se avsnittet *Allmän beskrivning* för att tolka resultatet.

## Rattens roterande kontaktenhet

### Demontering

**15** Lossa batteriets negativa anslutning och vänta **minst tjugo minuter** innan arbetet fortsätter; läs varningstexten i avsnittet *Allmän beskrivning*.
**16** Demontera airbagen enligt ovanstående beskrivning.
**17** Bänd ut signalhornets kontaktdon från fästet i rattens nav och koppla loss kabeln. Märk den för att underlätta montering **(se bild)**.
**18** Ställ in ratten i läge rakt fram, se därefter beskrivning i kapitel 10 och demontera ratten; för kontaktdonen genom hålet i rattnavet.
**19** Lossa fästskruvarna och lyft bort övre och nedre kåpan från rattstången **(se bild)**.
**20** Skär av kabelhållaren och lösgör kablarna från tändningslåset. Lossa därefter kontaktenheten och signalhornskablarna vid kontaktdonen, märk den för att underlätta montering **(se bild)**.
**21** Lossa och ta bort fästskruvarna, lyft bort kontaktenheten från rattstången **(se bild)**. Se till att kontaktenhetens båda halvor inte roterar medan de är demonterade från rattstången.

### Montering

**22** Placera kontaktenheten på rattstången, sätt i fästskruvarna och dra åt dem.
**23** Koppla samman kontaktdonen till signalhornet och kontaktenheten, fäst dem på tändningslåset med en kabelhållare.

**24** Montera övre och nedre rattstångskåpan och dra åt fästskruvarna.
**25** Rikta in kontaktenheten med ratten på följande sätt. Kontrollera att framhjulen fortfarande är riktade rakt fram. Rotera kontaktenhetens övre del *så långt det går moturs,* till det känns att den har nått ändläget. **Observera**: *Kontrollera att körriktningsindikatorn är i "off"-läge, annars kan återställningsmekanismen påverka riktningsprecisionen.*

⚠ **Varning: Kontaktenheten innehåller delar som är mycket ömtåliga. Arbeta mycket försiktig vid detta moment. Rotera nu kontaktenheten medurs samma antal varv som finns angivet på etiketten (antingen 2,5 eller 3,5 varv) - kontrollera att enheten behåller denna inställning tills ratten är monterad.**
**26** Placera ratten på rattstången och för kontaktdonen genom hålet i rattnavet. Tappen som skjuter ut från kontaktenheten skall gripa i riktningshålet i rattnavet - kontrollera att ratten monteras exakt i läge rakt fram; kontaktenheten kan vid behov roteras något för att få riktningstappen att gripa i.
**27** Montera en ny centrummutter på ratten och dra åt den enligt angivet åtdragningsmoment, se beskrivning i kapitel 10.
**28** Anslut signalhornskabeln i kontaktdonet och tryck in kontaktdonskåpan i fästet i rattens nav.
**29** Montera airbagen enligt tidigare beskrivning i detta avsnitt.
**30** Anslut batteriets negativa anslutning och vrid tändningslåset till "Drive-" eller "Start"-läge. Kontrollera systemets tillstånd genom att observera SRS varningslampan; se avsnittet *Allmän beskrivning* för att tolka resultatet.

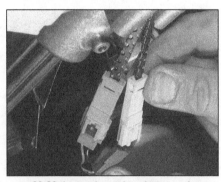

**28.20 Lossa kontaktenheten och signalhornskablarna vid kontaktdonen, efter att ha skurit av kabelhållaren som fäster dem till tändningslåset**

**28.21 Lossa och ta bort fästskruvarna, lyft bort kontaktenheten från rattstången**

**Anteckningar**

# Kapitel 12
# Karossens elsystem

## Innehåll

## Svårighetsgrader

| | | | | |
|---|---|---|---|---|
| **Enkelt,** passar novisen med lite erfarenhet  | **Ganska enkelt,** passar nybörjaren med viss erfarenhet  | **Ganska svårt,** passar kompetent hemmamekaniker  | **Svårt,** passar hemmamekaniker med erfarenhet  | **Mycket svårt,** för professionell mekaniker  |

## Specifikationer

**Glödlampor, effekt**

| | Watt | |
|---|---|---|
| Innerbelysning | 5 | |
| Blinkers, bak | 21 | |
| Blinkers, fram/parkeringsljus | 21/5 | |
| Blinkers, sida | 5 | |
| Dörrbelysning/varningslampor | 5 | |
| Motorrumsbelysning | 15 | |
| Instrumentbelysning | 5 | |
| Dimbakljus/bakljus | 21/4 | |
| Handsfacksbelysning | 5 | |
| Strålkastare, H4-sockel (enkel reflektor) | 60/55 | |
| Strålkastare, H1-sockel (dubbel reflektor) | 55 | |

| | Inre par | Yttre par |
|---|---|---|
| Höga bromsljus | 3 | 5 |
| Bagageutrymmesbelysning | 10 | |
| Läslampa | 5 | |
| Nummerskyltsbelysning | 5 | |
| Parkeringsljus | 4 | |
| Backljus | 21 | |
| Varningslampa, säkerhetsbälte | 5 | |
| Stoppljus | 21 | |
| Bakljus | 4 | |

### 1 Allmän beskrivning

Detta kapitel behandlar de elsystem som inte är direkt knutna till bilens kraftöverföring. Start-, laddnings- och tändningssystemen är beskrivna i kapitel 5, del A och B.

Läs säkerhetsanvisningarna i avsnittet "Säkerheten främst!" i början av boken innan något av arbetena i detta kapitel påbörjas.

⚠️ **Varning:**
**Elektroniska styrenheter (ECU) innehåller detaljer som är känsliga för den nivå av statisk elektricitet som genereras av människor i normal aktivitet. När anslutningsdonet har kopplas bort kan de exponerade ECU-anslutningsstiften leda statisk elektricitet till dessa komponenter, vilket kan skada och även förstöra dem - skadan är inte synlig och ger sig inte till känna omedelbart. Dyra reparationer kan**

undvikas om grundläggande regler för hantering följs:

a) *Håll en demonterad ECU endast i kåpan; vidrör inte stiften med fingrar eller verktyg.*

b) *Om man bär på en ECU bör man "jorda" sig själv då och då genom att beröra något metallobjekt, exempelvis ett omålat vattenrör. Då urladdas eventuell statisk laddning som kan ha ackumulerats.*

c) *Lämna inte en ECU oansluten längre än nödvändigt.*

## 2 Felsökning i elsystemet - allmän beskrivning

**Observera:** *Läs säkerhetsanvisningarna i avsnittet "Säkerheten främst!" samt i avsnitt 1 i detta kapital innan arbetet påbörjas. Följande tester avser de större elsystemen, och bör inte användas för tester av ömtåliga elkretsar (exempelvis låsningsfria bromsar), speciellt där elektroniska styrenheter (ECU) är involverade.*

### Allmänt

**1** En typisk elkrets består av en elektrisk komponent, strömställare, relän, motorer, säkringar, huvudsäkringar eller kretsbrytare i anslutning till komponenten i fråga, samt ledningar och anslutningsdon som länkar komponenten till såväl batteriet som chassit. Som hjälp till att upptäcka fel i ett elektriskt system återfinns elektriska kopplingsscheman i slutet av boken.

**2** Innan felsökningen påbörjas bör man studera ett kopplingsschema över kretsen ifråga för att skaffa sig mer ingående kunskap om de komponenter som omfattas av den aktuella kretsen. Antalet möjliga felkällor kan reduceras om man kontrollerar om andra komponenter i samma krets fungerar ordentligt. Om flera komponenter eller kretsar slutar att fungera samtidigt, är problemet sannolikt relaterat till en gemensam säkring eller jordanslutning.

**3** Elektriska problem har ofta enkla anledningar, som lösa eller korroderade anslutningar, defekt jordanslutning, en trasig säkring, eller defekt relä (se beskrivning i avsnitt 3 beträffande relän). Gör en visuell granskning av samtliga säkringar, kablar och anslutningar i problemkretsen innan komponenterna testas. Följ kopplingsschemat för att fastställa vilka anslutningar som skall kontrolleras för att felkällan skall kunna upptäckas.

**4** Följande verktyg behövs för felsökning i elsystemet: kretstestare eller voltmeter (en 12 volts glödlampa med testkablar kan också användas för vissa tester), testlampa (ibland kallad kontinuitetstestare), ohmmeter (för att mäta resistans), ett batteri och en uppsättning testkablar, och en kortslutningskabel, helst med inbyggd kretsbrytare eller säkringar, som kan användas till att förbikoppla misstänkta kablar eller elkomponenter. Innan man börjar att lokalisera problemet med testinstrument bör man studera kopplingsschemat för att se var anslutningarna skall göras.

**5** När källan till ett intermittent ledningsfel skall lokaliseras (ofta beroende på dåliga eller smutsiga anslutningar, eller skadad kabelisolering), kan en integritetstest utföras på ledningarna. Detta innebär att ledningarna flyttas för hand för att man ska se om felet uppstår när ledningarna flyttas. Det bör vara möjligt att begränsa felorsaken till en speciell ledningssektion. Denna testmetod kan användas i samband med andra tester som beskrivs i följande avsnitt.

**6** Förutom problem som orsakas av dåliga anslutningar kan två grundfel uppstå i en elektrisk krets - kretsbrott eller kortslutning.

**7** Problem med kretsbrott orsakas av ett brott någonstans i kretsen vilket hindrar att strömmen flödar. Ett kretsbrott hindrar komponenter från att fungera, men resulterar inte i en trasig säkring.

**8** Kortslutning någonstans i en krets ger strömmen i kretsen möjlighet att försvinna någon annanstans, oftast till jord. Kortslutningsfel orsakas vanligen av ett fel i kabelisoleringen, så att en matarkabel kan vidröra en annan kabel, eller en jordad komponent, exempelvis karossen. Ett kortslutningsfel resulterar normalt i att den relevanta säkringen går sönder. **Observera:** *Kortslutning som uppstår i ledningar mellan kretsens batteritillförsel och dess säkring, resulterar inte i att den aktuella säkringen går sönder. Den delen av kretsen är oskyddad, vilket bör beaktas när felsökning utförs på bilens elsystem.*

### Att hitta ett kretsbrott

**9** Vid felsökning av kretsbrott skall en av kablarna till en kretstestare, eller voltmeter, anslutas till antingen batteriets negativa anslutning eller till en god jordanslutning.

**10** Anslut den andra kabeln till ett anslutningsdon i den testade kretsen, helst skall det vara nära batteriet eller en säkring.

**11** Slå på kretsen; kom ihåg att vissa kretsar endast är strömförande när tändningsnyckeln förs till ett speciellt läge.

**12** Om spänning föreligger (indikeras av att testlampan tänds eller av en voltmeteravläsning), betyder det att den delen av kretsen, mellan det aktuella kontaktdonet och batteriet, är felfri.

**13** Fortsätt att kontrollera återstoden av kretsen på samma sätt.

**14** När man kommer till en punkt där spänning inte föreligger, måste felet ligga mellan den punkten och föregående strömbärande testpunkt. De flesta problem kan spåras till en trasig, korroderad eller lös anslutning.

### Att hitta en kortslutning

**15** Vid felsökning av kortslutning skall alla eltillbehör som drar ström stängas av först (t ex glödlampor, motorer, värmare).

**16** Demontera den aktuella säkringen och anslut en kretstestare eller voltmeter till säkringsanslutningarna.

**17** Slå på kretsen; kom ihåg att vissa kretsar endast är strömförande när tändningsnyckeln förs till ett speciellt läge.

**18** Om spänning föreligger (indikeras av att testlampan tänds eller av en voltmeteravläsning), betyder det att kortslutning föreligger.

**19** Om spänning inte föreligger men säkringen ändå går sönder vid belastning, tyder det på att felet finns i eltillbehören.

### Att hitta ett jordningsfel

**20** Batteriets negativa anslutning är anslutet till "jord" - metallen i motorn/transmissionen och karossen - och de flesta system är kopplade så att de endast tar emot positiv strömtillförsel och strömmen återvänder via metallen i bilens kaross. Detta betyder att komponentens infästning och karossen utgör delar av elkretsen. Lösa eller korroderade fästen kan därför orsaka en mängd elfel, från totalhaveri i en krets till förbryllande småfel. Speciellt kan ljus lysa svagt (speciellt om en annan krets som delar samma jordningspunkt är i funktion), motorer (t ex torkarmotor eller kylfläktens motor) kan gå långsamt, och en krets funktion kan ha en uppenbarligen orelaterad inverkan på en annan krets. Observera att på många fordon används jordningsremmar mellan vissa komponenter, såsom motorn/transmissionen och karossen, vanligen där det inte finns någon metall-till-metallanslutning mellan komponenterna beroende på böjliga gummi-fästen etc.

**21** Kontrollera om en komponent är ordentligt jordad genom att lossa batteriet och ansluta en kabel från en ohmmeter till en bekräftat god jordanslutning. Anslut den andra kabeln till ledningen eller jordanslutningen som skall testas. Resistansvärdet bör vara noll; annars bör anslutningen kontrolleras på följande sätt:

**22** Om en jordanslutning misstänks vara defekt skall anslutningen tas isär, och höljet och kabelanslutningen rengöras tills endast bar metall återstår, eller anliggningsytan till komponentens jordanslutning. Se till att alla spår av smuts och korrosion avlägsnas, använd därefter en kniv för att skrapa bort all lackering, så att en ren anslutning metall-till-metall kan göras. Vid monteringen skall anslutningarna dras åt ordentligt; om en kabelanslutning monteras skall räfflade brickor användas mellan anslutning och hölje för att garantera en ren och säker anslutning. När anslutningen är utförd skall framtida korrosion förhindras med ett lager vaselin eller silikonbaserat fett. Alternativt kan man regelbundet spraya med tändningstätning eller ett vattenlösligt smörjmedel.

## 3 Säkringar och relän - allmän beskrivning

### Säkringar

**1** För att skydda komponenter och ledningar som kan förstöras av för hög strömstyrka, är säkringar avsedda att bryta en elkrets när ett förinställt gränsvärde nås. All strömstyrka som är för hög orsakas av fel i kretsen, vanligen kortslutning (se avsnitt 2).

**2** Huvudsäkringarna är placerade i en säkringsdosa som är monterad bakom en borttagbar panel inuti handskfacket. Säkringsdosan fungerar även som strömfördelarpanel för olika delar av bilens kablage.

**3** Öppna handskfacket för att komma åt säkringsdosan. Tryck på och släpp upp dosans överdel för att öppna den.

3.4 Reservsäkringsdosa

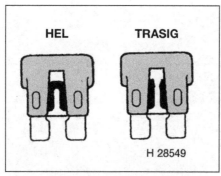

HEL    TRASIG

H 28549

3.7 En trasig säkring känns igen på den smälta eller trasiga tråden

3.12 Demontering av huvudsäkringsdosan för att komma åt huvudreläpanelen

**4** Reservsäkringar är placerade i en annan säkringsdosa, monterad i motorrummet framför batteriet **(se bild)**. På vissa modeller finns säkringar speciellt till ABS- och TCS-systemen (låsningsfria bromsar och anti-spinnsystem) i en särskild säkringsdosa, monterad i motorrummet vid torpedväggen, bredvid bromsvätskebehållaren.
**5** När en säkring skall demonteras, se till att den aktuella kretsen är frånslagen. Lossa batteriets negativa kabel för att vara säker.
**6** Dra bort säkringen från urtaget med plastverktyget i säkringsdosan.
**7** Granska säkringen från sidan genom den transparenta plastkroppen - en trasig säkring känns igen på den smälta eller trasiga tråden **(se bild)**.
**8** Reservsäkringar finns i de omärkta anslutningsplatserna i säkringsdosan.
**9** Innan en trasig säkring byts ut skall orsaken spåras och åtgärdas. Använd alltid en säkring med korrekt effekttal; ersätt aldrig en säkring med en av högre effekt. Utför aldrig tillfälliga reparationer med tråd eller aluminiumfolie - det kan orsaka allvarlig skada eller t o m brand.
**10** Observera att säkringar är färgkodade enligt beskrivning nedan - se kopplings-schema för ytterligare information om säk-ringarnas effekt och respektive skyddad krets.

| Färg | Effekt |
| --- | --- |
| Orange | 5A |
| Röd | 10A |
| Blå | 15A |
| Gul | 20A |
| Transparent eller vit | 25A |
| Grön | 30A |

## Relän

**11** Relän är elektriskt styrda mekaniska strömställare, som används av följande skäl:
a)  Ett relä kan koppla hög ström på lång avstånd och avlasta strömställare; detta medger mindre kabelareor och enklare strömställare.
b)  Till skillnad från en mekanisk strömställare kan ett relä kan ta emot mer än en signal.
c)  Relän finns med tidsinställnings-komponenter för att ge en fördröjnings-funktion - exempelvis relän för vindrute-torkare och blinkers.

**12** Huvudreläerna är monterade på en panel bakom huvudsäkringsdosan. För att komma åt den måste handskfacket demonteras; se beskrivning i kapitel 11, avsnitt 27, demontera därefter fästskruvarna och lyft ut säkrings-dosan från torpedväggens fästen **(se bild)**.
**13** Extra relän finns i en säkringsdosa som är monterad framför batteriplåten i motorrummet (se bild 3.4).
**14** Relän som hör till ABS- och TCS-systemen är placerade i en särskild säkringsdosa, monterad bredvid broms-vätskebehållaren på torpedväggen i motor-rummet.
**15** Om en krets eller ett system som styrs av ett relä utvecklar ett fel och reläets funktion är tvivelaktig, skall systemet i fråga slås av. *Generellt* gäller att om reläet fungerar kan man höra ett "klick" när det strömförs. Om så är fallet är det möjligt att felet ligger i någon av systemkomponenterna eller ledningarna. Om det inte hörs någonting när reläet strömförs, får antingen reläet ingen ström, eller det är defekt i sig själv. Reläet kan testas genom att det byts ut mot ett som har bekräftad god funktion, men var försiktig - vissa relän är identiska till utseende och funktion, medan andra ser likadana ut men har olika funktioner - kontrollera att ersättningsreläet är av exakt samma typ.
**16** Vid demontering av ett relä, kontrollera först att den aktuella kretsen är frånslagen. Reläet kan därefter helt enkelt dras ut från urtaget, och tryckas tillbaka på plats.

Observera att vissa av de mer robusta reläerna behöver monteras med en fästskruv.

## 4 Strömställare och reglage - demontering och montering

⚠ *Varning: Innan något av följande arbeten påbörjas ska batteriets negativa kabel lossas och pla-ceras på avstånd från anslut-ningen. Detta för att undanröja risken att orsaka kortslutningar.*

### Tändningslås/rattlås
**1** Se beskrivning i kapitel 10.

### Strömställare på rattstång

#### Demontering
**Observera:** *Det är möjligt att ta bort ström-ställare utan att demontera ratten - det räcker med att ta bort rattstångskåporna. Vi demont-erade ratten för att bilderna skulle bli tydligare.*
**2** Se beskrivning i kapitel 10 och demontera ratten.
**3** Demontera de tre fästskruvarna och ta bort strömställarna från rattstången **(se bild)**.
**4** Sätt etiketter på ledningarna till ström-ställarna för att underlätta senare montering, lossa därefter anslutningsdonen.
**5** Demontera båda skruvarna vid basen av varje strömställare och skilj dem från fästet **(se bilder)**.

4.3 Lossa de tre fästskruvarna och lyft bort strömställarna från rattstången

4.5a Lossa de två skruvarna (vid pilarna) nederst på varje strömställare . . .

**4.5b** ... och separera dem från fästet

## Montering

6 Montera strömställarna i omvänd ordning.

### Strömställare för strålkastarnas höjdjustering, reglage för instrumentbelysning och stolvärme

#### Demontering

7 Dessa strömställare är alla inbyggda i moduler av standardstorlek och demonteras på liknande sätt.

8 Placera ett litet plattbladigt verktyg (exempelvis en urmakarskruvmejsel) på varje sida om strömställaren och bänd ut den från instrumentbrädan. Skydda instrumentbrädans yta med isoleringstejp eller en bit kartong. För

**4.13** Demontering av strålkastar-strömställare (strömställaren under är borttagen för att ge bättre åtkomlighet)

**4.16** Demontering av strömställaren för varningsblinkers; observera kartongbiten som skyddar instrumentpanelen

**4.8** Demontera skyddslocket från instrumentbrädans fästskruv för att komma åt strömställarens sida

att lättare komma åt sidan på strömställaren, demontera skyddslocket från instrumentbrädans fästskruv **(se bild)**.

9 Lossa anslutningsdonet på strömställarens baksida; märk kabeln om fler än en strömställare demonteras **(se bild)**. Observera: *På tidigare modeller måste strömställarknappen demonteras innan hela reglaget kan dras ut.*

#### Montering

10 Anslut anslutningsdonet ordentligt och tryck in strömställaren i öppningen på instrumentbrädan, tills låstapparna griper i.

### Strömställare för yttre belysning

#### Strömställare för dimljus/extraljus

11 Proceduren för demontering och montering är densamma som för strålkastarnas höjdjusteringsreglage; se ovanstående beskrivning.

#### Strålkastarströmställare

12 Demontera strömställaren som sitter direkt under strålkastarens roterande reglage.

13 Använd samma metod som beskrivits ovan och bänd loss strömställaren från instrumentbrädan. Reglaget kan lossas lättare om man trycker ut det från baksidan, genom öppningen nedanför **(se bild)**.

14 Lossa anslutningsdonet på strömställarens baksida.

15 Montera strömställaren i omvänd ordningsföljd.

**4.9** Lossa anslutningsdonet från strömställarens baksida (på bilden, stolvärmarens strömställare på förarsidan)

### Strömställare för varningsblinkers

16 Använd samma metod som beskrivits ovan och bänd loss strömställaren från instrumentbrädan, lägg en kartongbit under skruvmejseln för att skydda ytan **(se bild)**.

### Strömställare för värmefläkt (bilar utan automatisk klimatkontroll)

17 Fläktmotorströmställaren är sammanbyggd med panelen för värme- och luftdistribution; se beskrivning i kapitel 3 beträffande demontering.

### Panel för automatisk klimatkontroll (ACC)

18 Proceduren för demontering/montering är beskriven i kapitel 11, som en del av demontering av instrumentbrädan.

### Strömställare för säkerhetsbältesvarning

19 Strömställare i bältesspännena aktiverar varningslampan "Fasten seat belts" när bilen startas, om bältena inte är fastspända. Dessa strömställare kan inte repareras och kan endast bytas som del av den kompletta enheten för spännet som är infäst på golvet.

### Strömställare för elektrisk backspegel

20 Strömställaren för den elektriska backspegeln är placerad i den inre panelen på

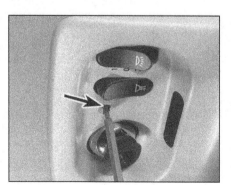

**4.21a** Lossa fästskruven ...

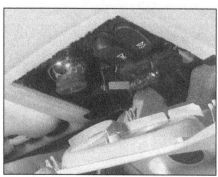

**4.21b** ... och ta bort takkonsolen från takklädseln

4.22 Bänd loss strömställaren från sockeln med en plattbladig skruvmejsel

5.2a Lossa och ta loss de tre skruvarna . .

5.2b . . . och demontera läslampans lins

förarens dörr. Kapitel 11 beskriver demontering av strömställare som del av demontering av dörrpanelen.

## Strömställare till takkonsol

21 Demontera fästskruven och ta bort konsolen från takklädseln (se bilder).
22 Bänd bort strömställaren från sockeln med en plattbladig skruvmejsel (se bild).
23 Lossa anslutningsdonet från strömställarens baksida.
24 Montera strömställaren i omvänd ordningsföljd.

## Sensorer för öppen/stängd dörr

25 Se beskrivning i kapitel 11, demontera den invändiga låsmekanismen från insidan av dörrpanelen.
26 Lossa dörrsensorn från låsmekanismens fäste.
27 Lossa sensorns ledningar från anslutningsdonet.
28 Montera sensorn i omvänd ordningsföljd.

## Strömställare för dörrkantsbelysning

29 Strömställarna som tänder dörrkantsbelysningen är placerade på dörrens främre kant, nära gångjärnen.
30 Öppna den aktuella dörren och bänd loss gummidamasken från strömställaren.
31 Demontera skruven och dra loss strömställaren från dörrstolpen. Lossa anslutningsdonet när det blir åtkomligt.

HAYNES TiPS Tejpa fast ledningarna på dörren så att de inte försvinner in i dörrstolpen. Alternativt kan ett snöre knytas fast på ledningarna så att de lättare kan dras fram.

32 Montering sker i omvänd ordningsföljd; kontrollera att gummidamasken sitter ordentligt på strömställaren för att undvika att fukt tränger in.

## Strömställare till handskfacksbelysning

33 Strömställaren är placerad i det nedre vänstra hörnet av handskfacksöppningen.
34 Öppna luckan och bänd loss ström-

ställaren från sitt infästningshål med en plattbladig skruvmejsel.
35 Lossa anslutningsdonen från baksidan av strömställaren.
36 Montera i omvänd ordningsföljd.

## Strömställare på mittkonsolen (fönsterhissar och soltak)

Observera: Demontering av mittkonsolen och dess strömställare beskrivs i kapitel 11.
37 Lossa damasken till handbromsspaken från mittkonsolen.
38 Lossa försiktigt strömställarpanelen från mittkonsolen med en plattbladig skruvmejsel. För samtidigt ner handen genom handbromsspakens öppning och tryck på panelen underifrån för att lossa den (se bild 26.3a).
39 Lossa klämman och ta loss anslutningsdonet/-donen (se bild 26.3b).
40 Montera strömställarpanelen i omvänd ordning.

## 5 Glödlampor till innerbelysning - demontering och montering

⚠ Varning: Innan något av följande arbeten påbörjas skall batteriets negativa kabel lossas och placeras på avstånd från anslutningen.

### Främre innerbelysning

**Läslampa**
1 Demontera fästskruven och sänk ner skyddspanelen från takkonsolen.

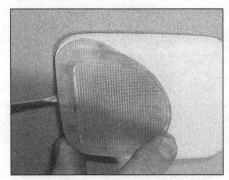

5.8 Linsen till takbelysningen lossas

5.5 Använd en plattbladig skruvmejsel och bänd loss plastlinsen så att glödlampan blir synlig

2 Lossa och ta bort de tre skruvarna, demontera linsen till läslampan (se bilder).
3 Glödlampan har bajonettfattning.
4 Montering sker i omvänd ordningsföljd.

### Instrumentbrädans belysning

5 Använd en plattbladig skruvmejsel och bänd ut plastlinsen från belysningsenheten så att glödlampan blir synlig (se bild).
6 Lossa glödlampan från fjädersockeln.
7 Montering sker i omvänd ordningsföljd.

### Taklampa

8 Bänd plastlinsen från taklampan med en plattbladig skruvmejsel så att glödlampan blir synlig (se bild).
9 Lossa glödlampan från fjädersockeln (se bild).
10 Montering sker i omvänd ordningsföljd.

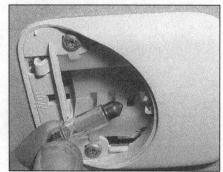

5.9 Glödlampan lossas från fjädersockeln

5.12 Demontera glödlampan till varningslampan "Fasten seat belts"

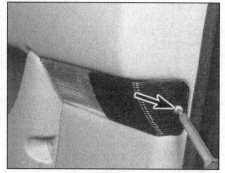

5.14 Skruven lossas från lampans bakre del

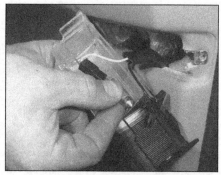

5.16 Glödlampan lossas från fjädersockeln

## Varningslampa "Fasten seat belts"

11 Lossa fästskruven och sänk ner skyddspanelen från takkonsolen.
12 Lossa glödlampan från fjädersockeln (se bild).
13 Montering sker i omvänd ordningsföljd.

## Dörrkantsbelysning

14 Öppna den aktuella dörren och lossa skruven från bakre delen av lampenheten (se bild).
15 Skjut enheten bakåt så att den går fri från förvaringsfacket, vänd på enheten så att lamphållaren blir synlig.
16 Lossa glödlampan från fjädersockeln (se bild).
17 Montering sker i omvänd ordningsföljd.

## Bakre innerbelysning

18 Den bakre innerbelysningen är placerad på C-stolpens klädsel.
19 Bänd loss lampan från öppningen i stolpklädseln med en plattbladig skruvmejsel (se bild).
20 Glödlampan har bajonettfattning (se bild).
21 Montering sker i omvänd ordningsföljd.

## Handskfacksbelysning

22 Se beskrivning i kapitel 11, avsnitt 27 och demontera handskfacket för att komma åt lampenheten.
23 Bänd loss enheten från öppningen i handskfackets överdel och lossa glödlampan från fjädersockeln.
24 Montering sker i omvänd ordningsföljd.

## Bagageutrymmesbelysning

25 Demontera de två skruvarna som fäster lampenheten på klädseln, på sidan av last-utrymmet.
26 Lyft ut lampenheten och lossa glödlampan från fjädersockeln (se bild).
27 Montering sker i omvänd ordningsföljd.

## Cigarettändarbelysning

28 Demontera askkoppen enligt beskrivning i kapitel 11, avsnitt 27.
29 Lossa anslutningsdonet och ta ut glödlampan från huset (se bild).
30 Glödlampan monteras i omvänd ordningsföljd.

## Instrumentpanelens belysning

31 Demontera instrumentpanelen enligt beskrivning i avsnitt 9 av detta kapitel.
32 Flera glödlampor med bajonettfattning, installerade i instrumentpanelens bakre del, belyser de analoga mätarna (se bild).
33 För att demontera en lampa, vrid den ett kvarts varv tills den lossnar (se bild).
34 Montera glödlampan på liknande sätt, genom att vrida in den i hållaren. Kontrollera att den tryckta kretsen inte skrynklas när glödlampan monteras.
35 Placera instrumentpanelen med utsidan ner på arbetsbänken för komma åt seg-mentglödlampor och glödlampor till varnings-lamporna. Demontera skruvarna på baksidan av de båda tryckta kretskorten. Lyft upp

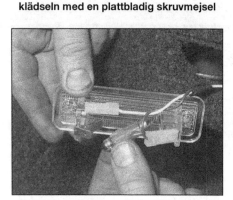

5.19 Bänd loss lampan från öppningen i klädseln med en plattbladig skruvmejsel

5.20 Glödlampa med bajonettfattning

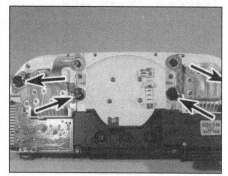

5.32 Instrumentbelysningens glödlampor (vid pilarna)

5.26 Lossa skruvarna, lyft ut lampan och lossa glödlampan från fjädersockeln

5.29 Lossa anslutningsdonet och dra ut glödlampan från huset

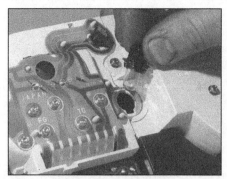

5.33 Vrid glödlampan ett kvarts varv tills den lossnar från tapparna

6.3 Lossa anslutningsdonet från lampenheten

6.4a Lossa muttrarna från de fyra fästskruvarna (vid pilarna) . . .

kretskorten från instrumentpanelen och dra bort glödlamporna från sina socklar.

## Belysning till värmereglagepanelen

**36** Demontera knapparna på värmereglagepanelen, ta bort de två skruvarna som sitter under och demontera reglagepanelen.
**37** Glödlampan är monterad i den bakre panelen i en intryckningssockel.
**38** Montering sker i omvänd ordningsföljd.

## Belysning till panel för automatisk klimatkontroll (ACC)

**39** Demontera panelen enligt beskrivning i kapitel 11, avsnitt 27.
**40** Demontera den bajonettfattade glödlampan från urtaget på panelens bakre del med hjälp av en plattbladig skruvmejsel.
**41** Montering sker i omvänd ordningsföljd.

## Belysning för instrumentströmställare

**42 Observera:** På tidigare årsmodeller har strömställare installerats innehållande glödlampor som inte kan bytas ut. När en glödlampa går sönder måste hela strömställarenheten bytas, se beskrivning i avsnitt 4.
**43** Demontera strömställarenheten från instrumentpanelen, se beskrivning i avsnitt 4.
**44** Tryck ihop klipsen nederst på glödlampan och dra ut den från strömställaren.
**45** Glödlampan monteras genom att linsen

trycks in i strömställaren tills klipsen snäpper på plats.

## 6 Ytterbelysning - demontering och montering

> ⚠️ **Varning: Innan arbetet påbörjas, lossa batteriets negativa kabel och placera den på avstånd från anslutningen för att undvika kortslutning.**

## Bakljusenhet

### Demontering

**1** Se beskrivning i kapitel 11, demontera lastutrymmets klädselpaneler för att komma åt bakdelen på lampenheten.
**2** Se beskrivning i avsnitt 7 och demontera lamppanelen.
**3** Lossa anslutningsdonet från bakljusenhetens ledningar **(se bild)**.
**4** Demontera muttrarna från skruvarna och dra bort bakljusenheten från bilen **(se bilder)**.

### Montering

**5** Rikta in skruvarna mot hålen och tryck bakljusenheten på plats. Kontrollera att gummitätningarna sitter tätt.
**6** Montera fästmuttrarna och dra åt dem hårt.
**7** Koppla anslutningsdonet till bakljusenhetens ledningar och kontrollera att fästklipsen griper fast.

**8** Montera lastutrymmets klädselpanel, se beskrivning i kapitel 11.

## Främre blinkers (senare årsmodeller)

**9** Öppna motorhuven.
**10** Främre delen av blinkersen är infäst med en fjäderklämma. Haka loss klämman från kanten under tvärbalken, i främre delen av motorrummet bredvid strålkastaren **(se bild)**.
**11** Sväng ut ljusenheten och lossa tappen vid enhetens bakre del från hålet i skärmen **(se bild)**.
**12** Koppla loss lamphållaren och ta bort enheten **(se bild)**.
**13** Montering sker i omvänd ordningsföljd.

## Framljusenhet (tidigare årsmodeller)

**14** Lossa anslutningsdonen från baksidan av framljusenheten och märk dem för att underlätta monteringen.
**15** Lossa fästskruven vid tvärbalkens övre del i främre delen av motorrummet, bredvid strålkastarfästet.
**16** Ta ut enheten och lossa den bakre infästningen från de gummibussningsförsedda hålen.
**17** Montering sker i omvänd ordningsföljd.

## Blinkers, sidoljus

**18** För sidolampan mot bilens bakdel och lossa den främre delen från infästningen på

6.4b . . . och dra loss lampenheten från bilen

6.10 Blinkersens framkant hålls på plats med en fjäderklämma (vid pilen)

6.12 Lossa lamphållaren och ta bort lampenheten

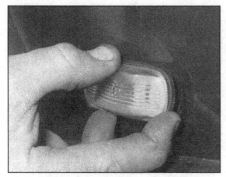

**6.18 För lampenheten mot bilens bakdel, lossa framkanten från öppningen i skärmen och lyft ut enheten**

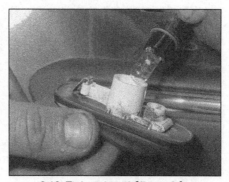

**6.19 Ta bort lamphållaren från lampenheten**

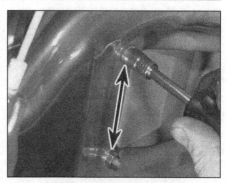

**6.23 Lossa fästmuttrarna till reflektorpanelen (vid pil)**

skärmen, lyft ut sidolampan **(se bild)**. Ta reda på gummitätningen.
19 Ta bort lamphållaren från lampan **(se bild)**.
20 Montering sker i omvänd ordningsföljd, kontrollera att gummitätningen sitter korrekt.

## Backljus / dimbakljus / reflektorpanel (endast senare årsmodeller)

21 På senare årsmodeller är dimbakljus och backljus sammanbyggda med den bakre reflektorpanelen, vilken är monterad mellan bakljusenheterna. De måste bytas ut som en komplett enhet.
22 Se beskrivning i kapitel 11. Demontera klädselpanelen i bakluckan för att komma åt muttrarna till reflektorpanelen.

23 Lossa muttrarna och lyft upp reflektorpanelen **(se bild)**.
24 Montering sker i omvänd ordningsföljd.

## Strålkastare

### Demontering

25 Öppna motorhuven. Se beskrivning i kapitel 11 och demontera frontgrillen.

### Tidigare årsmodeller

26 Där så behövs, lossa spolarslangen vid anslutningen till torkararmen.
27 Lossa ledningen till torkarmotorn vid trevägsanslutningen.
28 Se beskrivning i avsnitt 14, demontera muttern och lossa torkararmen från drivspindeln.

29 Lossa fästskruven och separera torkarmotorn från strålkastarenheten.
30 Skruva loss det vattentäta skyddet från baksidan av strålkastaren och lossa ledningen till glödlampan vid anslutningsdonet.
31 Se tillämpligt underavsnitt och demontera den intilliggande framljusenheten.
32 Lossa fästskruvarna från strålkastaren; en på den nedre kanten bakom stötfångaren, och två längs den övre kanten.
33 Lyft upp strålkastaren ur bilen.

### Senare årsmodeller

34 Lossa ledningen till glödlampan från strålkastaren vid anslutningsdonet **(se bild)**. **Observera:** *Dra ut den röda låsstången från anslutningsdonets handel för att lossa den från hondelen.*
35 Lossa fästskruvarna från strålkastaren - en på varje sida och två längs överkanten **(se bilder)**.
36 Där så behövs, lossa ledningen till strålkastarens inställningsmotor vid anslutningsdonet **(se bild)**.
37 Lyft ut strålkastaren från bilen **(se bild)**.

### Isärtagning

38 Se beskrivning i avsnitt 7 om demontering av glödlampor.
39 Demontera linsen genom att försiktigt bända loss metallklipsen; använd en skruvmejsel som hävarm, men se till att den endast bänder mot lampans plastvägg och inte på

**6.34 Lossa ledningen till glödlampan vid anslutningsdonet (vid pilen)**

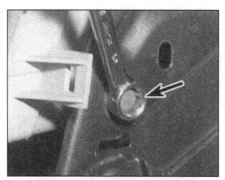

**6.35a Lossa fästskruvarna från strålkastaren – en på vänster sida . . .**

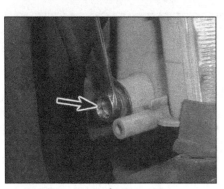

**6.35b . . . en på höger sida . . .**

**6.35c . . . och två längs överkanten (en skruv visad)**

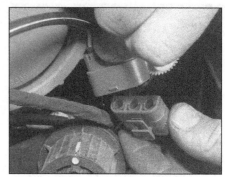

**6.36 Lossa strålkastarinställningens motorkabel vid anslutningsdonet**

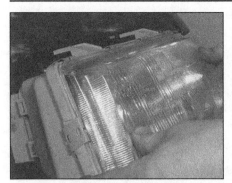

**6.37 Lyft ut strålkastaren från bilen**

**6.39a Bänd försiktigt loss metallklipsen för att demontera linsen**

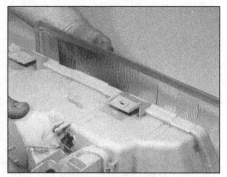

**6.39b Linsen tas bort**

själva glaslinsen. Ta vara på gummitätningen när linsen lossnar **(se bilder)**.

**40** För att demontera strålkastarinställnings-motorn (där så är aktuellt), för in handen i öppningen baktill och lossa servomotoraxelns ände från den invändiga reflektorn. Vrid servomotorn tills den lossnar vid låstappen och lyft ut den **(se bild)**.

**41** För att demontera strålkastartorkarmotorn på senare årsmodeller, börja med att lossa ledningen vid trevägsanslutningen. Lossa därefter spolarvätskeslangen, demontera de två fästskruvarna och lyft upp hela enheten från bilen **(se bilder)**.

## Montering

**42** Montering av strålkastarenheten sker i omvänd ordning.

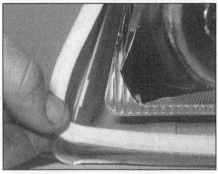

**6.39c Ta reda på gummitätningen**

b) *Om en glödlampa vidrörs med handen, kan det förkorta dess livslängd. Undvik därför att vidröra glaslinsen med fingrarna, håll lampan i metallflänsen.*
c) *Använd endast nya glödlampor med korrekt styrka (se Specifikationer).*
d) *Undersök kontakterna i lamphållaren innan den nya glödlampan monteras. Korrosion eller smuts kan ge dålig anslutning och får därför inte förekomma.*
e) *Systemet för glödlampsövervakning använder ett balansrelä till att känna av när en glödlampa går sönder. Det rekommenderas att alla glödlampr (utom strålkastarna) byts ut i par, annars kan övervakningssystemet känna av obalansen i strömförbrukning och indikera att en lampa är trasig.*

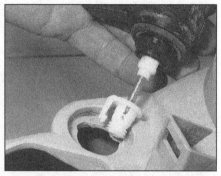

**6.40 Strålkastarinställningsmotorn demonteras**

## *Strålkastarglödlampa*

### Allmänt

**2** På tidigare årsmodeller innehöll glödlampan både hel- och halvljus.

**3** Senare årsmodeller är utrustade med dubbelreflekterande strålkastare med separata glödlampor för hel- och halvljus.

### Modeller med en strålkastarglödlampa

**4** Öppna huven och (från motorrummet) dra loss locket från strålkastarens bakre del.

**5** Lossa anslutningsdonet, haka av fäst-klämman och sväng ut den för att lossa glöd-lampan.

**6** Montera en ny glödlampa och kontrollera att de tre styrtapparna på lampans metallfläns griper i sockeln. Tryck fästklämman på plats.

## 7 Ytterbelysning - byte av glödlampor

## *Allmänt*

**1** Notera följande punkter vid byte av glödlampor:
a) *För att undanröja risken att orsaka kortslutningar skall batteriets negativa kabel lossas och placeras på avstånd från anslutningen.*

**6.41a För att demontera strålkastartorkarmotorn på bilar av senare årsmodell, lossa först matarkabeln vid trevägsanslutningen . . .**

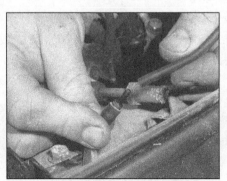

**6.41b . . . lossa spolarvätskeslangen . . .**

**6.41c . . . och lossa de två fästskruvarna (vid pilarna)**

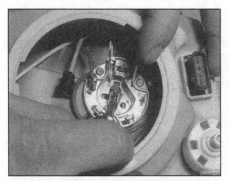

7.8 Demontering av glödlampa för halvljus

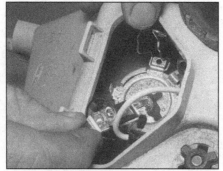

7.11 Demontering av glödlampa för helljus

7.22 Demontering av glödlampa till blinkers

## Modeller med två strålkastarglödlampor

### Halvljus

7 Öppna huven och (från motorrummet) skruva loss det runda locket från strålkastarens bakre del.

8 Halvljuslampan är placerad i reflektorns mitt. Dra loss anslutningsdonet, haka av metallklämman och lyft ut glödlampan **(se bild)**.

9 Montering sker i omvänd ordningsföljd.

### Helljus

10 Öppna huven och lossa plastskyddet från strålkastarens bakre del.

11 Dra loss anslutningsdonet, haka av metallklämman och lyft ut lampan **(se bild)**.

12 Montering sker i omvänd ordningsföljd.

7.24 På senare årsmodeller, bänd loss panelen i bagageutrymmets klädsel för att komma åt bakljusenheten

## Parkeringsljus

### Allmänt

13 På tidigare årsmodeller utgör parkeringsljuset en del av framljusenheten, som är placerad under blinkersen.

14 På senare årsmodeller är parkeringsljuset sammanbyggt med strålkastarenheten och delar reflektor med halvljuset.

### Modeller med en strålkastarglödlampa

15 Lossa anslutningsdonet vid strålkastarens bakre del, vrid lamphållaren ett kvarts varv och dra ut den ur strålkastaren. Glödlampan kan dras ut från hållaren.

16 Montering sker i omvänd ordningsföljd.

### Modeller med två strålkastarglödlampor

17 Öppna huven och skruva loss det runda locket från strålkastarens bakre del.

18 Parkeringsglödlampan är placerad vid ena sidan av reflektorn. Dra loss anslutningsdonet och lyft ut lamphållaren, glödlampan kan därefter tas ut från hållaren.

19 Montering sker i omvänd ordningsföljd.

## Blinkers (inklusive sidolampor)

### Tidigare årsmodeller

20 Följ beskrivningen för byte av glödlampa till parkeringsljusen.

### Senare årsmodeller

21 Demontera blinkersenheten enligt beskrivning i avsnitt 6.

22 Tryck ihop plastflikarna på lamphållarens sidor och vrid den moturs ett kvarts varv. Dra ut lamphållaren från sidolampan och dra ut glödlampan från hållaren **(se bild)**.

23 Montering sker i omvänd ordningsföljd.

## Bakljusenhet

24 Öppna bakluckan för att komma åt baksidan av ljusenheterna. På senare årsmodeller, bänd loss den infattade panelen i bagageutrymmets klädsel **(se bild)**.

25 Tryck ihop plastflikarna för att lossa lamphållaren. Glödlamporna har bajonettfattning **(se bild)**.

26 Montering sker i omvänd ordningsföljd.

## Dimbakljus

27 På tidigare årsmodeller är dimbakljuset sammanbyggt med bakljusenheten. Se ovanstående beskrivning beträffande byte.

28 På senare årsmodeller, öppna bakluckan, lossa plastpanelen från bakdelen av bakljusenheten och dra fram glödlampshållaren; glödlampan är av bajonettyp **(se bilder)**.

29 Montering sker i omvänd ordningsföljd.

## Backljus

30 På tidigare årsmodeller är backljuset sammanbyggt med bakljusenheten. Se ovanstående beskrivning beträffande byte.

31 På senare årsmodeller, följ beskrivningen beträffande byte av dimbakljus.

32 Montering sker i omvänd ordningsföljd.

7.25 Glödlampa med bajonettfattning

7.28a Lossa plastpanelen från bakljusenhetens baksida

7.28b Demontering av dimbakljusets glödlampa

## Högt monterat bromsljus

**33** Demontera de två skruvarna och separera lins och hölje från glödlampsenheten **(se bild)**.
**34** Glödlamporna är av den typ som trycks in i hållaren **(se bild)**.
**35** Montering sker i omvänd ordningsföljd.

## Bakre nummerskyltbelysning

**36** Demontera de två skruvarna från linsen och sänk ner enheten från chassit **(se bild)**.
**37** Lossa glödlampan från fjädersockeln.
**38** Montering sker i omvänd ordningsföljd.

## 8 Strålkastarinställning - allmän beskrivning

Exakt strålkastarinställning kan endast utföras med optisk utrustning och bör därför överlåtas till en Saabverkstad eller annan specialist med lämplig utrustning.

Vissa modeller är utrustade med en funktion för justering av strålkastarnas riktning för att kompensera variationer i bilens last. Riktningen justeras med ett reglage som är placerat på instrumentbrädan, vilket styr motorerna i strålkastarnas bakre del. Reglaget skall ställas in på följande sätt beroende på bilens last:

| Reglage läge | Bilens last |
|---|---|
| 0 | Max 3 passagerare (max 1 passagerare i baksätet), inget bagage. |
| 1 | Max 3 passagerare i baksätet, max 30 kg bagage. |
| 2 | Max 3 passagerare i baksätet, max 90 kg bagage. |
| 3 | Max 3 passagerare i baksätet, fullastat bagageutrymme - **ELLER** max 5 passagerare, fullastat bagageutrymme, bogsering av husvagn/trailer. |

## 9 Instrumentpanel - demontering och montering

### Allmänt

**1** Instrumentpanelen består av ett enda stycke och innehåller hastighetsmätare, varvmätare, mätare och varningslampor samt EDU- display (visar yttertemperatur, bränsleförbrukning etc).
**2** För att komma åt instrumenten, demontera brädans övre del (hela instrumentbrädan behöver alltså inte demonteras).

### Demontering

**3** Lossa batteriets negativa kabel och placera den på avstånd från anslutningen.
**4** Se beskrivning i kapitel 11, avsnitt 27 och demontera instrumentbrädans övre panel.
**5** Se beskrivning i kapitel 3 och demontera luftkanalerna ovanför instrumentpanelen.

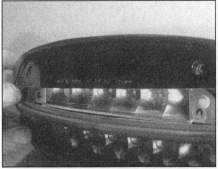

**7.33 Lossa skruvarna och separera lins och hölje från glödlampshållaren**

**6** Lossa alla anslutningsdon från instrumentpanelens baksida och märk dem för att underlätta monteringen.
**7** Där så är aktuellt, lossa hastighetsmätarvajern från instrumentpanelens baksida.
**8** På bilar utrustade med turbo, lossa laddningsmätarslangen från instrumentpanelens baksida.
**9** Demontera de två fästskruvarna från instrumentpanelens övre hörn. Observera att skruvhuvudena är monterade mot torpedväggen och måste därför tas bort inifrån instrumentpanelen, med en skruvmejsel med kort skaft. Ta reda på gummibussningarna.
**10** Lyft upp instrumentpanelen och ta reda på monteringsfötterna av gummi.
**11** Se beskrivning i avsnitt 5 beträffande byte av instrumentbelysning och glödlampor till varningslamporna.
**12** Instrumentpanelen är moduluppbyggd och det är möjligt att byta individuella mätare genom att skruva loss fästskruvarna och lyfta ut den aktuella mätaren.

### Montering

**13** Montering av instrumentpanelen sker i omvänd ordningsföljd. Observera följande punkter:
a) *När instrumentpanelen sänks tillbaka på plats, kontrollera att monteringsfötterna av gummi placeras i fördjupningarna på metallfästena **(se bild)**.*
b) *Kontrollera att anslutningsdonen monteras enligt de noteringar som gjordes vid demonteringen, och att de är korrekt anslutna.*
c) *Se beskrivning i kapitel 11, avsnitt 27 beträffande montering av instrumentbrädans överdel; kontrollera att alla fästskruvar är korrekt monterade.*

## 10 Klocka/färddatormodul - demontering och montering

### Allmänt

**1** Modulen för klocka/färddator varierar i funktion och utseende enligt bilens specifikation, men huset (och därmed demonteringssättet) är alltid detsamma.

**7.34 Glödlamporna trycks in i hållaren**

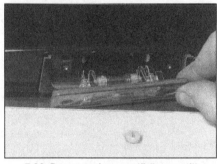

**7.36 Demontering av glödlampa till nummerskyltbelysning**

**2** Det räcker med att demontera instrumentbrädans överdel för att komma åt modulen.
**3** EDU-displayen är sammanbyggd med instrumentpanelen, se demonteringsbeskrivning i avsnitt 9.

### Demontering

**4** Lossa batteriets negativa kabel och placera den på avstånd från anslutningen.
**5** Se beskrivning i kapitel 11, avsnitt 27 och demontera den övre delen av instrumentbrädan.
**6** Se beskrivning i kapitel 3, demontera luftkanalerna ovanför instrumentpanelen.
**7** Tryck lätt på modulens baksida för att lossa den från instrumentbrädan.

**9.13 När instrumentpanelen sänks ner på plats, kontrollera att gummifötterna är placerade i metallfästenas fördjupningar (vid pilarna)**

**8** Lossa anslutningsdonet från modulens baksida och märk dem för att underlätta senare montering.

### Montering

**9** Montera modulen för klocka/färddator i omvänd ordningsföljd. Kontrollera att anslutningsdonen monteras enligt noteringarna som gjordes vid demonteringen, och att de är ordentligt anslutna.

## 11 Cigarettändare - demontering och montering

### Demontering

**1** Lossa batteriets negativa kabel och placera den på avstånd från anslutningen.
**2** Se beskrivning i kapitel 11, avsnitt 27 och demontera askkoppen från instrumentbrädan.
**3** Lossa anslutningsdonen från cigarett-tändarens baksida och märk dem för att underlätta vid senare montering.
**4** Bänd loss metallklämman med en platt-bladig skruvmejsel och ta bort cigarett-tändaren från askkoppen.

### Montering

**5** Montera cigarettändaren i omvänd ordningsföljd.

## 12 Hastighetsmätarvajer - byte

### Allmänt

**1** Två typer av hastighetsmätare har använts. Årsmodeller före 1987 har en konventionell hastighetsmätarvajer som fjärrstyr hastighets-mätaren med hjälp av en vajer med en roterande, böjlig inneraxel.
**2** En ojämn och ostadig hastighetsmätare med en fladdrande eller ryckig visare, kan härröra från slitage i hastighetsmätarvajern.
**3** Årsmodeller efter 1987 är utrustade med en elektronisk omvandlare istället för drivväxel.

Denna anordning mäter rotationshastigheten hos transmissionens slutväxel och omvandlar uppgifterna till en elektronisk signal, vilken sänds till hastighetsmätaren i instrument-panelen. Signalen används även som infor-mation till motorns styrenhet, ECU (och där sådana förekommer, farthållarens ECU, färddatorn och antispinnsystemets ECU).

### Demontering

**4** Se beskrivning i kapitel 11, avsnitt 27 och demontera överdelen av instrumentbrädan.
**5** Se beskrivning i kapitel 3 och demontera luftkanalerna ovanför instrumentpanelen.
**6** Lossa drivvajern från hastighetsmätarens baksida.
**7** Lossa vajern från klämmorna som fäster den på instrumentbrädans insida och dra in vajerns lösa ände i motorrummet genom torpedväggen, notera vajerdragningen. Undvik att dra hårt i vajern eftersom gummigenomföringen i torpedväggen kan skadas.
**8** Vid växellådan, skruva loss den räfflade muttern där hastighetsmätarvajern går in i differentialkåpan. Dra bort innervajern från drivväxeln.
**9** Demontera hastighetsmätarvajern från bilen.

### Montering

**10** Montera hastighetsmätarvajern i omvänd ordningsföljd. Följ samma vajerdragning bakom instrumentpanelen som originalvajern, och undvik alla rörliga detaljer. Tvinga inte vajern runt trånga kurvor eftersom det kan hämma rotationen hos innervajern.

## 13 Signalhorn - demontering och montering

### Hornets aktiveringsknappar

**1** Lossa batteriets negativa kabel och placera den på avstånd från anslutningen.
**2** Bänd loss knappen från ratten med en tunn plastspatel och lyft upp den övre elektriska kontakten (se bild).

**3** Lossa fästskruven och lyft upp den undre elektriska kontakten (se bild).
**4** Granska såväl den undre som den övre kontakten beträffande tecken på slitage och korrosion. Byt ut dem vid behov.
**5** Montering sker i omvänd ordningsföljd.

### Signalhorn

**Observera:** *På tidigare årsmodeller är det andra hornet monterat i motorrummet, innanför det vänstra hjulhuset.*
**6** Lossa batteriets negativa kabel och placera den på avstånd från anslutningen.
**7** Se beskrivning i kapitel 11, avsnitt 8 och demontera frontgrillen.
**8** Lossa anslutningsdonet från signalhornet.
**9** Lossa och ta bort fästmuttern under signalhornsfästet. Lyft upp signalhornen (se bild).

## 14 Torkararmar till vindruta, bakruta och strålkastare - demontering och montering

### Vindrutans torkararmar

**1** Notera torkararmarnas viloläge på vindrutan när bilen är parkerad. Märk ut detta läge med en tejpbit på vindrutan.
**2** Vik upp plastskyddet vid torkararmens infästning så att fästmuttern blir synlig.
**3** Lossa och ta bort muttern, lyft av torkararmen.
**4** Vid montering, kontrollera att drivaxeln griper i torkararmens monteringshål så att bladet vilar i samma läge på vindrutan som tidigare, enligt tejpmarkeringen. Dra åt fästmuttern och vik ned plastskyddet.

### Bakrutans torkararm

**5** Följ samma beskrivning som för vindrutans torkararm (se bild).

### Strålkastarens torkararm

**6** Notera torkararmens viloläge på strål-kastarglaset när bilen är parkerad. Märk ut detta läge med en tejpbit på strålkastarglaset.

13.2 Bänd loss signalhornsknappen från ratten (airbagen är demonterad för tydlighetens skull)

13.3 Lossa fästskruven och lyft upp den undre elkontakten (airbagen är demonterad för tydlighetens skull )

13.9 Lossa och ta bort fästmuttern (vid pilen) vid signalhornsfästets undersida

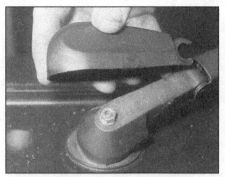

14.5 Vik upp plastskyddet vid nedre delen av bakrutans torkararm för att göra fästmuttern synlig

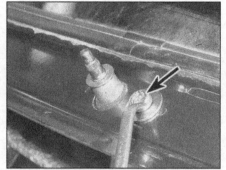

15.6 Lossa och ta bort axelförlängningens muttrar med en polygonnyckel

15.8a Separera länkstaget från den vänstra förlängningsaxeln vid kulleden

7 Vik upp plastskyddet vid torkararmens infästning så att fästmuttern blir synlig.
8 Håll drivaxeln stilla med en griptång, lossa och ta bort fästmuttern, lyft av torkararmen.
9 Vid montering, kontrollera att drivaxeln griper i torkararmens monteringshål så att bladet vilar i samma läge på strålkastarglaset som tidigare, enligt tejpmarkeringen. Dra åt fästmuttern och vik ner plastskyddet.

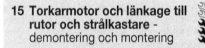

## 15 Torkarmotor och länkage till rutor och strålkastare - demontering och montering

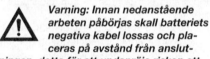

**Varning: Innan nedanstående arbeten påbörjas skall batteriets negativa kabel lossas och placeras på avstånd från anslutningen, detta för att undanröja risken att orsaka kortslutningar.**

### Vindrutans torkarmotor och länkage

#### Demontering

1 Se beskrivning i avsnitt 14 och demontera båda torkararmarna.
2 Lyft bort gummigenomföringarna och plastskydden, där sådana förekommer, från axeln.
3 På senare årsmodeller, demontera plastlisten från vindrutans underkant genom att

lossa tryckknappsfästena, och därefter lyfta av ändskydden till motorhuvens gångjärn på båda sidorna. Lyft försiktigt upp underkanten på vindrutans tätningslist och för ut plastlisten.
4 Torkarmotor och länkage blir lättare att komma åt om värmeplåten demonteras från motorrummet. Gör detta genom att demontera de två fästskruvarna på varje sida och lyfta ut värmeplåten; se beskrivning i kapitel 2B, avsnitt 4.
5 Lossa torkarmotorns kablar vid anslutningsdonen - märk dem för att under-lätta senare montering.
6 Lossa och ta bort torkarens axelmuttrar med en polygonnyckel. Observera att på senare årsmodeller är torkarens axeldrivning försedd med en förlängningsaxel, vilken är infäst på karossen med separata fästskruvar (se bild).
7 Demontera de fyra fästskruvarna till torkarmotorn.
8 Använd en skruvmejsel som hävarm och separera länkstaget från torkarens vänstra förlängningsaxel vid kulleden. Sära den andra änden av länkstaget från torkarmotorn vid drivarmens kulled (se bild).
9 Lyft ut torkarmotor och vänster torkarlänkstag. Notera drivarmens position i "parkerat" läge för att underlätta vid senare montering.
10 Den högra torkarens länkstag kan demonteras på samma sätt som den vänstra.

Observera att på senare årsmodeller, som är utrustade med axelförlängare, är en stagstång monterad mellan båda axelförlängarna. Denna måste demonteras, genom att den genomgående skruven lossas, innan axelförlängarna kan skruvas loss.

#### Montering

11 Montera torkarmotor och länkage i omvänd ordningsföljd; kontrollera att torkarmotorns drivarm fortfarande är i "parkerat" läge innan länkstagen ansluts.

### Bakrutans torkarmotor

#### Demontering

12 Se beskrivning i avsnitt 14 och demontera bakrutans torkararm.
13 Skruva loss axelmuttern och lyft upp gummigenomföringen (se bilder).
14 Öppna bakluckan och demontera klädseln från luckans insida, se beskrivning i kapitel 11.
15 Lossa torkarmotorns vajer vid anslutningsdonet.
16 Lossa fästskruvarna och sänk ner torkarmotorn från bakluckan, för drivaxeln genom öppningen i bakluckan (se bild).

#### Montering

17 Montera torkarmotorn i omvänd ordningsföljd. Kontrollera att gummibussningarna är korrekt placerade innan fästskruvarna dras åt.

15.8b Separera länkstagets andra ände från torkarmotorn vid kulleden

15.13a Lossa bakrutans torkaraxel-mutter . . .

15.13b . . . och lyft upp gummigenomföringen

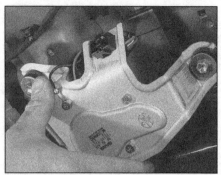

**15.16 Lossa fästskruvarna och sänk ner torkarmotorn från bakluckan**

**16.9 Lossa slangen från spolarmunstyckets undersida**

**16.13 För ut spolarmunstycket från huset i glödlampshållaren**

## Strålkastarnas torkarmotor

### Allmänt

**18** På tidigare årsmodeller, som är utrustade med strålkastare med en reflektor, är torkarmotorn infäst på undersidan av strålkastarenheten.

**19** På senare årsmodeller, som är utrustade med dubbla reflektorer, är torkarmotorn infäst i karossen strax under strålkastarenheten.

**20** Demontering av torkarmotorn är beskriven i avsnitt 6, tillsammans med demontering av strålkastaren.

## 16 Vindrute-, bakrute- och strålkastarspolare, detaljer - demontering och montering

### Allmänt

**1** Vindrute-, bakrute- och strålkastarspolarna drivs alla av en elektrisk pump, ansluten till spolarvätskebehållaren.

**2** Spolarvätskebehållarens monteringspunkt beror på bilens ålder. På tidigare årsmodeller är behållaren infäst på vänster innerflygel framför batteriet. På senare årsmodeller är behållaren infäst innanför den högra flygeln framför hjulhuset.

### Spolarpump

#### Demontering

**3** Lossa batteriets negativa kabel och placera den på avstånd från anslutningen.

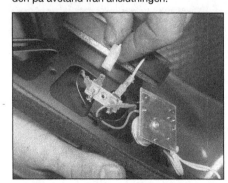

**18.7 Lossa högtalarkablarna och märk dem för att underlätta monteringen**

**4** På senare årsmodeller, se beskrivning i kapitel 11, avsnitt 22 och demontera höger innerskärm.

**5** Lossa spolarvätskeslangen från inloppet på pumphuset. Var beredd på spill när slangen lossas.

**6** Lossa motorns kablage vid anslutningsdonet.

**7** Demontera pumpen genom att avlägsna den något från behållaren och därefter dra upp den ur gummitätningen. Om vätskenivån i behållaren är högre än tätningshylsan bör man placera ett kärl under behållaren för att samla upp spilld vätska.

#### Montering

**8** Montera spolarpumpen i omvänd ordningsföljd.

### Vindrutespolarmunstycken

**9** Öppna huven och lossa slangen från spolarmunstyckets undersida **(se bild)**.

**10** Bänd loss munstycket från öppningen i motorhuven; använd en plastspatel eller en plattbladig skruvmejsel inlindad med isoleringstejp för att skydda lacken.

**11** Montering sker i omvänd ordningsföljd.

### Bakrutespolarmunstycken

**12** Se beskrivning i avsnitt 7 och separera det högt monterade bromsljusets lins och kåpa från glödlampshållaren.

**13** För ut spolarmunstycket från huset i lamphållaren **(se bild)**.

**14** Montering sker i omvänd ordningsföljd.

### Strålkastarspolarmunstycken

**15** Strålkastarspolarnas munstycken är sammanbyggda med torkararmarna; se beskrivning i avsnitt 14 beträffande demontering av torkararmen.

## 17 Radio/kassett/CD-spelare - allmän information

Märke och typ av radio/kassett/CD-spelare som är installerad i bilen beror på bilens ålder och utförande, och det gör även demonteringsmetoden. Se tillverkarens anvisningar som levererades med bilen beträffande

demontering av apparaterna, eller fråga en Saabverkstad om råd.

## 18 Högtalare - demontering och montering

### Främre högtalare

#### Demontering

**1** Kontrollera att radio/kassett/CD-spelare är avstängda.

**2** Se beskrivning i kapitel 11, avsnitt 27 och demontera instrumentbrädans övre del. Lyft upp grillen och ta reda på gummidistansen nedanför.

**3** Lossa skruvarna och lyft ut högtalarna, lossa ledningarna och märk dem för att underlätta kommande montering.

#### Montering

**4** Montering sker i omvänd ordningsföljd.

### Bakre högtalare

#### Demontering

**5** Följ beskrivningen i kapitel 11 och demontera panelen på lastutrymmets sida.

**6** Lossa fästmuttrarna och sänk ner högtalaren från stödet till pakethyllan.

**7** Lossa ledningarna och märk dem för att underlätta senare montering **(se bild)**.

#### Montering

**8** Montering av högtalaren sker i omvänd ordningsföljd.

## 19 Antenn (elektrisk) - demontering och montering

### Demontering

**1** Stäng av radion och kontrollera att antennen dras in fullständigt. Lossa batteriets negativa kabel och placera den på avstånd från anslutningen.

**2** Se beskrivning i kapitel 11 och demontera klädseln från bagageutrymmets vänstra sida.

**3** Lossa låsmuttern från antennens övre del

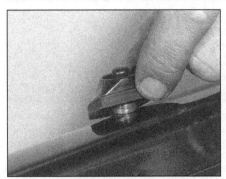

**19.3  Lossa låsmuttern från antennens överdel, lyft upp genomföringen**

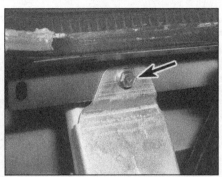

**19.4a  Lossa de övre . . .**

**19.4b  . . .och undre fästskruvarna till antennen**

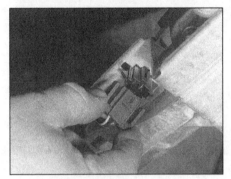

**19.5a  Lossa strömkabel . . .**

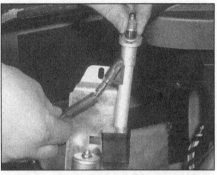

**19.5b  . . . och koaxialkabel från antennen**

med en skruvnyckel, lyft bort genomföringen **(se bild)**.
**4** Lossa de övre och undre fästskruvarna och lyft ut antennen **(se bilder)**.
**5** Lossa ström- och koaxialkablar från antennen **(se bilder)**.

## Montering

**6** Montering av antennen sker i omvänd ordningsföljd.

## 20 Stöldskyddslarm - allmän beskrivning

När denna bok skrivs finns mycket få uppgifter tillgängliga om stöldskyddslarmet. Vi rekommenderar att en Saabverkstad eller återförsäljare kontaktas beträffande problem eller frågor om detta system.

## 21 Stolvärme, detaljer - allmän beskrivning

Alla modeller är utrustade med termostat-kontrollerad stolvärme i framsätet. Separata reglage finns för varje säte. De kan ställas in på tre olika värmenivåer, eller stängas av.
    Två värmeelement är monterade i varje säte - en i ryggstödet och en i sittdynan. För att komma åt värmeelementen måste klädseln demonteras - vilket är ett arbete som bör överlåtas till en Saabverkstad.

## 22 Dragkrok - allmän information

Alla modeller har ett kontaktdon i bagage-utrymmet, som är uppkopplat för en dragkrok. För mer information om denna komponent, kontakta din Saabåterförsäljare.

# Anteckningar

## Säkringar för 1985 års modeller

| Säkring | Effekt | Krets |
|---|---|---|
| 1 | 10A | Automatisk klimatkontroll (ACC) |
| 2 | 10A | Farthållare, elspeglar |
| 3 | 10A | Varningslampa och låsbelysning för säkerhetsbälten samt läslampa |
| 4 | 30A | Luftkonditionering |
| 5 | 10A | Automatisk prestandastyrning (APC) |
| 6 | 30A | Värmefläkt |
| 7 | 10A | Strålkastartorkare och signalhorn |
| 8 | 15A | Spolare/torkare |
| 9 | 25A | Cigarettändare och backljus |
| 10 | 15A | Stolvärme |
| 11 | 30A | Elfönsterhissar och soltak |
| 12 | 15A | Blinkers |
| 13 | 10A | Instrument, voltmeter etc |
| 14 | 20A | Bränslepump |
| 15 | ----- | Reserv |
| 16 | 10A | Centrallås och fördröjning innerbelysning |
| 17 | 10A | Voltmeter etc, ACC, klocka |
| 18 | 20A | Eluppvärmd bakruta |
| 19 | 15A | Radio |
| 20 | 30A | Kylarfläkt |
| 21 | 10A | Innerbelysning |
| 22 | 15A | Varningsblinkers |
| 23 | 25A | Signalhorn |
| 24 | 15A | Stoppljus |
| 25 | 15A | Strålkastare, halvljus |
| 26 | 15A | Strålkastare, halvljus |
| 27 | 15A | Strålkastare, helljus |
| 28 | 15A | Strålkastare, helljus |
| 29 | 10A | Sidoljus |
| 30 | 10A | Sidoljus och instrumentbelysning |
| 31 | 15A | Extraljus |
| 32 | 15A | Dimbakljus |

## Säkringar för 1986 års modeller

| Säkring | Effekt | Krets |
|---|---|---|
| 1 | 10A | Automatisk klimatkontroll (ACC) |
| 2 | 10A | Farthållare, elspeglar |
| 3 | 10A | Varningslampa och låsbelysning för säkerhetsbälten samt läslampa |
| 4 | 30A | Luftkonditionering |
| 5 | 10A | Automatisk prestandastyrning (APC) |
| 6 | 30A | Värmefläkt |
| 7 | 10A | Strålkastartorkare och signalhorn |
| 8 | 15A | Spolare/torkare |
| 9 | 25A | Cigarettändare, backljus, elfönsterhissar bak och soltak |
| 10 | 15A | Stolvärme |
| 11 | 30A | Elfönsterhissar och soltak |
| 12 | 15A | Blinkers |
| 13 | 10A | Instrument, voltmeter etc |
| 14 | 20A | Bränslepump |
| 15 | 10A | Extra dimljus |
| 16 | 10A | Centrallås, fördröjning innerbelysning |
| 17 | 10A | Voltmeter etc, ACC, klocka |
| 18 | 30A | Eluppvärmd bakruta |
| 19 | 15A | Radio |
| 20 | 30A | Kylarfläkt |
| 21 | 10A | Signalhorn |
| 22 | 15A | Varningsblinkers |
| 23 | 25A | Motorns kylfläkt |
| 24 | 15A | Stoppljus |
| 25 | 15A | Strålkastare, halvljus höger |
| 26 | 15A | Strålkastare, halvljus vänster |
| 27 | 15A | Strålkastare, helljus höger |
| 28 | 15A | Strålkastare, helljus vänster |
| 29 | 10A | Sidoljus |
| 30 | 10A | Sidoljus och instrumentbelysning |
| 31 | 15A | Extraljus |
| 32 | 15A | Dimbakljus |

## Säkringar för senare modeller – typexempel

| Säkring | Effekt | Krets |
|---|---|---|
| 1 | 5A | Automatisk klimatkontroll (ACC) |
| 2 | 10A | Farthållare, elspeglar |
| 3 | 10A | Varningslampa och låsbelysning för säkerhetsbälten samt läslampa |
| 4 | 5A | Airbag |
| 5 | 10A | Automatisk prestandastyrning (APC) |
| 6 | 30A | Värmefläkt |
| 7 | 10A | Strålkastartorkare och signalhorn |
| 8 | 20A | Spolare/torkare |
| 9 | 25A | Cigarettändare, backljus, elfönsterhissar bak och soltak |
| 10 | 25A | Stolvärme |
| 11 | 25A | Elfönsterhissar och soltak |
| 12 | 15A | Blinkers |
| 13 | 10A | Instrument, voltmeter etc |
| 14 | 20A | Bränslepump |
| 15 | 5A | Elektronisk gasspjällmanövrering |
| 16 | 15A | Centrallås och fördröjning innerbelysning |
| 17 | 10A | Voltmeter etc, ACC, klocka |
| 18 | 30A | Eluppvärmd bakruta |
| 19 | 15A | Radio |
| 20 | 30A | Kylarfläkt |
| 21 | 25A | Elektronisk gasspjällmanövrering och signalhorn |
| 22 | 15A | Varningsblinkers |
| 23 | 5A | Datalänkanslutningar, motor- och bilelektronik |
| 24 | 15A | Stoppljus |
| 25 | 30A | Elmanövrerad stol, vänster |
| 26 | 30A | Elmanövrerad stol, höger |
| 27 | 10A | Radio, skiftlås |
| 28 | 10A | Uppvärmd lambdasond |
| 29 | 15A | Sidoljus |
| 30 | 10A | Sidoljus och instrumentbelysning |
| 31 | 15A | Extraljus |
| 32 | 15A | Dimbakljus |

## Tändningslås, funktion

| Anslutning mellan.... | Låst läge | Parkerings-läge | Tändnings-läge | Testläge | Startläge |
|---|---|---|---|---|---|
| 30-50 | | | | | O |
| 30-54 | | O—O | | | |
| 30-15 | | | O—O—O | | |
| 30-X | | | O—O | | |
| 30-B | O—O | | O—O—O | | |
| C-C1 | | | | O | |

## Symboler

| | | | |
|---|---|---|---|
| Strömställare | | In-line anslutning | ─O |
| Säkring | F13 | Avslutande anslutning | O─ |
| Komponent nr | 7 | Anslutande kablar | |
| Pump/motor | M | Glödlampa | ⊗ |
| Jord | | Anslutning till annan krets (t ex schema 3/placering B2). Pilens riktning anger strömflödesriktning | 3/B2 |
| Motstånd | | Solenoidmanövrering | |
| Variabelt motstånd | | Batterikabel, positiv spänning (dubbel linje) | |
| Diod | | Batterikabel, negativ spänning (tjock linje) | |
| | | Förbindelseledning (tunn linje) | |

H29104
T.M.MARKE

Säkringar, tändningslåsets funktion och symboler

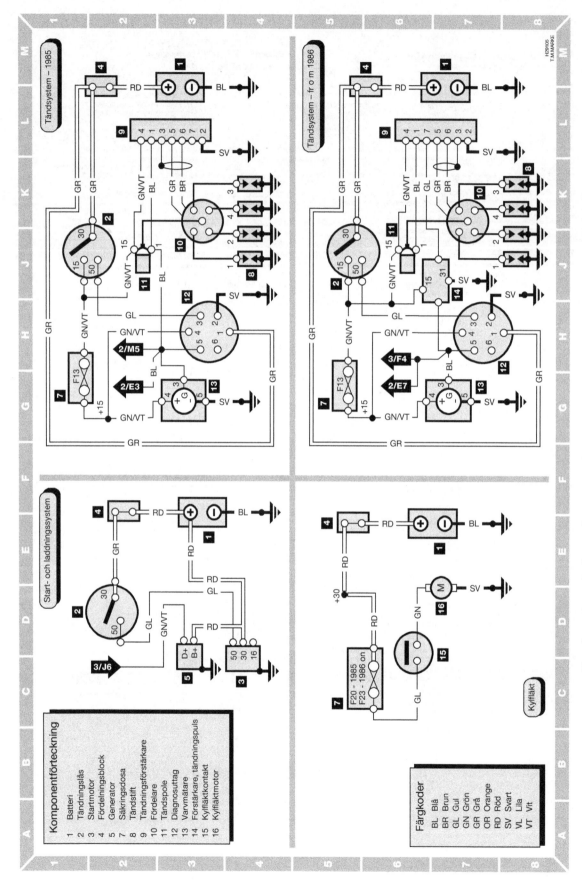

Kopplingsschema 1: System för start, laddning, motorns kylfläkt samt tändning (typexempel)

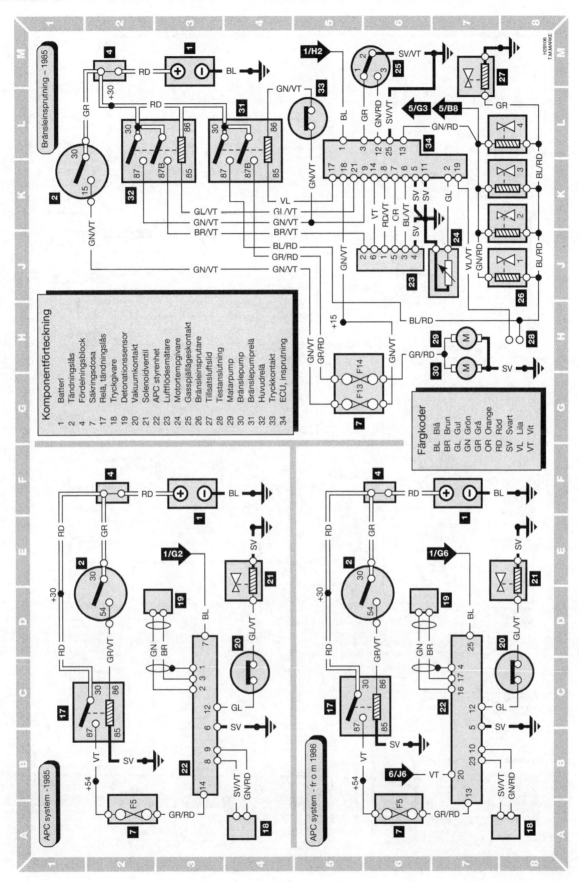

Kopplingsschema 2: APC-system (Automatisk prestandastyrning) och LH-Jetronic bränsleinsprutning (1985)

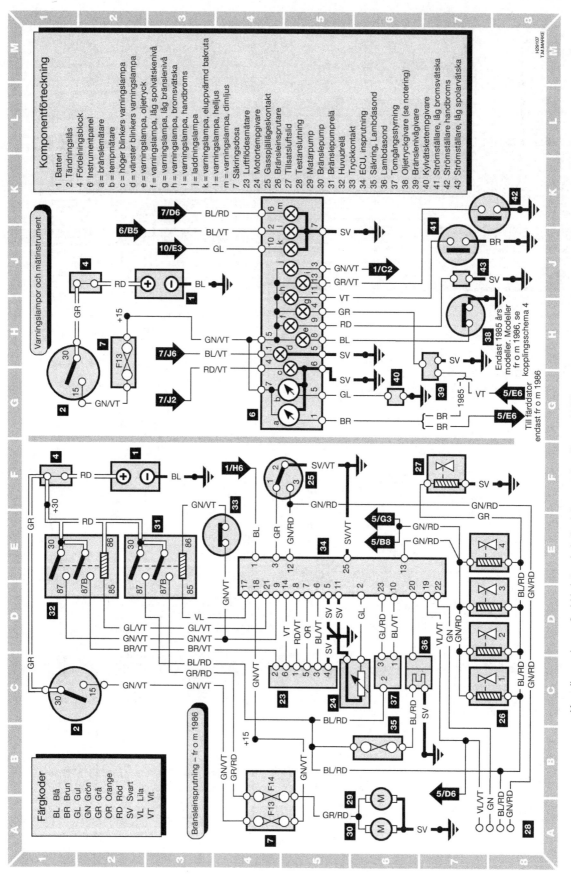

Kopplingsschema 3: LH-Jetronic bränsleinsprutning (fr o m 1986), varningslampor och mätinstrument (typexempel)

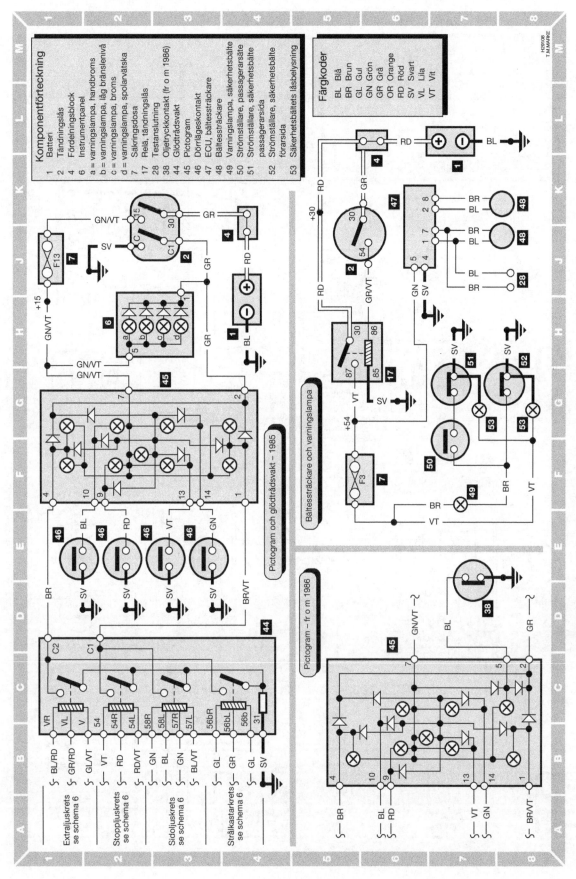

Kopplingsschema 4: Pictogram (glödtrådsvakt), bältessträckare och varningslampa (typexempel)

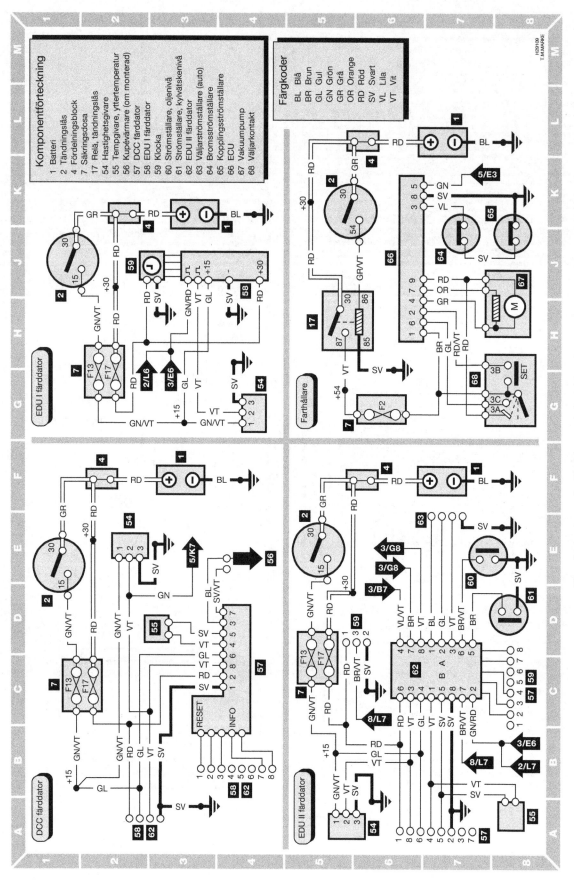

**Komponentförteckning**

1 Batteri
2 Tändningslås
4 Fördelningsblock
7 Säkringsdosa
17 Relä, tändningslås
54 Hastighetsgivare
55 Tempgivare, yttertemperatur
56 Kupévärmare (om monterad)
57 DCC färddator
58 EDU I färddator
59 Klocka
60 Strömställare, oljenivå
61 Strömställare, kylvätskenivå
62 EDU II färddator
63 Väljarströmställare (auto)
64 Bromsströmställare
65 Kopplingsströmställare
66 ECU
67 Vakuumpump
68 Väljarkontakt

**Färgkoder**

BL Blå
BR Brun
GL Gul
GN Grön
GR Grå
OR Orange
RD Röd
SV Svart
VL Lila
VT Vit

Kopplingsschema 5: Färddator och farthållare (typexempel)

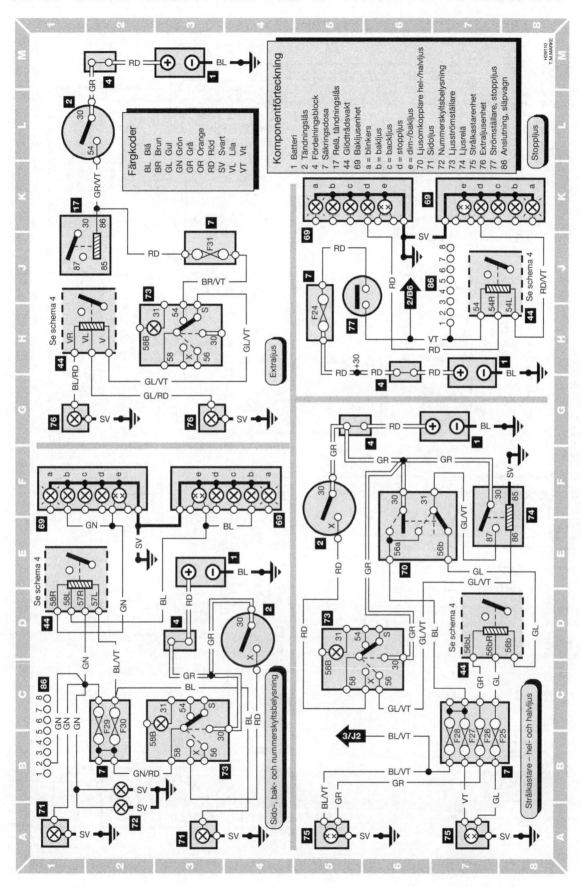

Kopplingsschema 6: Ytterbelysning (typexempel)

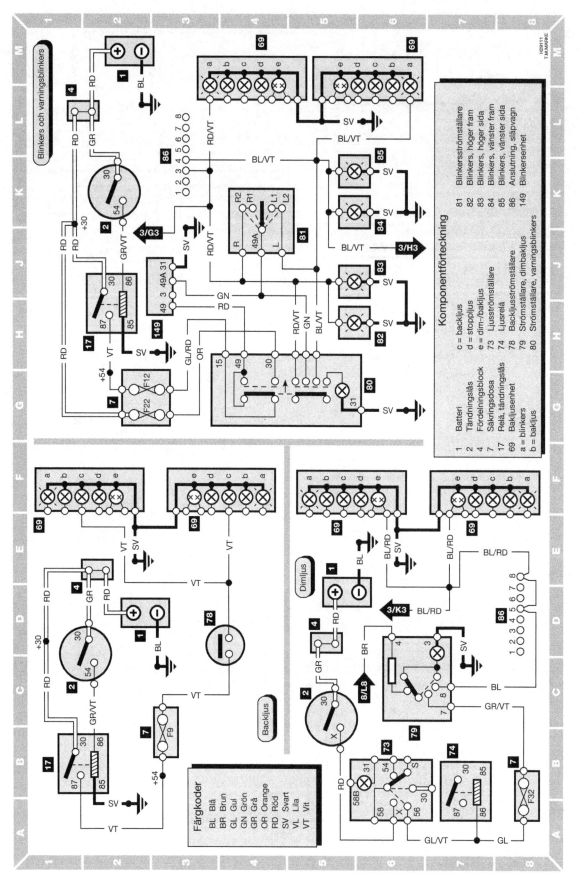

Kopplingsschema 7: Ytterbelysning (forts)

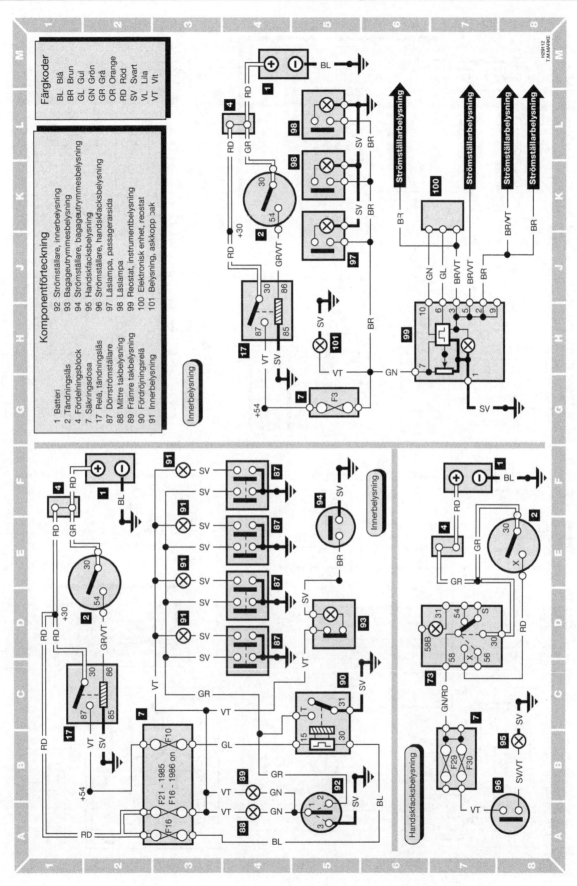

Kopplingsschema 8: Innerbelysning (typexempel)

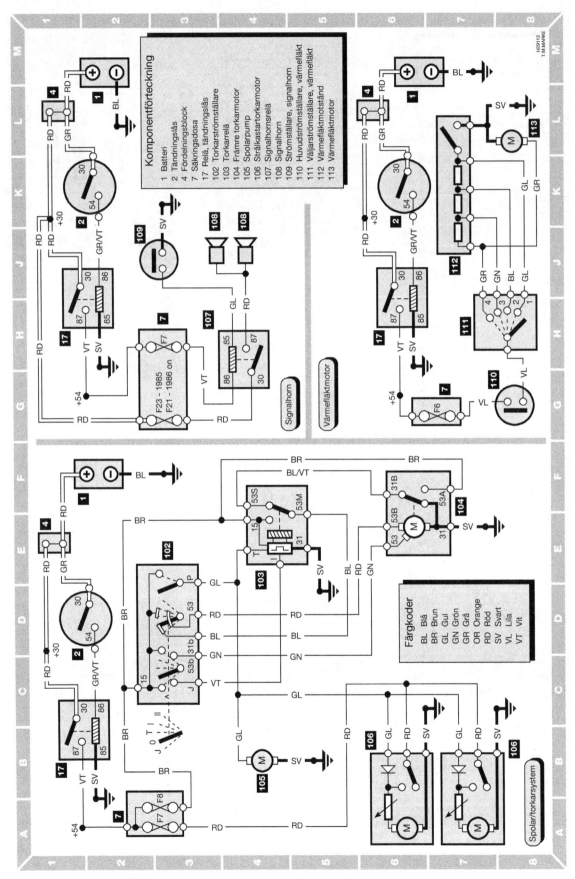

**Komponentförteckning**

1 Batteri
2 Tändningslås
4 Fördelningsblock
7 Säkringsdosa
17 Relä, tändningslås
102 Torkarströmställare
103 Torkarrelä
104 Främre torkarmotor
105 Spolarpump
106 Strålkastartorkarmotor
107 Signalhornsrelä
108 Signalhorn
109 Strömställare, signalhorn
110 Huvudströmställare, värmefläkt
111 Väljarströmställare, värmefläkt
112 Värmefläktmotstånd
113 Värmefläktmotor

Signalhorn

Värmefläktmotor

**Färgkoder**

BL Blå
BR Brun
GL Gul
GN Grön
GR Grå
OR Orange
RD Röd
SV Svart
VL Lila
VT Vit

Spolar/torkarsystem

Kopplingsschema 9: Spolare/torkare, signalhorn och värmefläkt (typexempel)

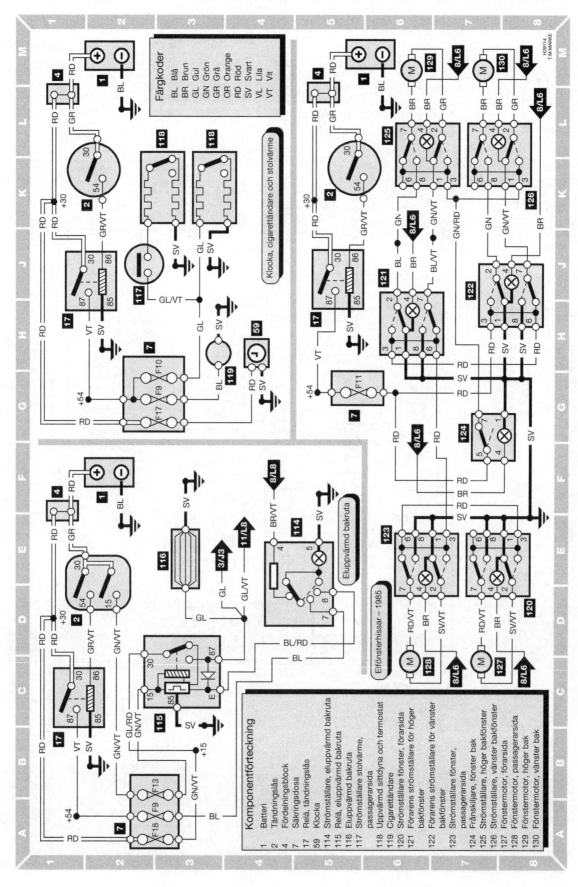

Kopplingsschema 10:  Stolvärme, eluppvärmd bakruta, klocka, cigarettändare och elfönsterhissar (1985) (typexempel)

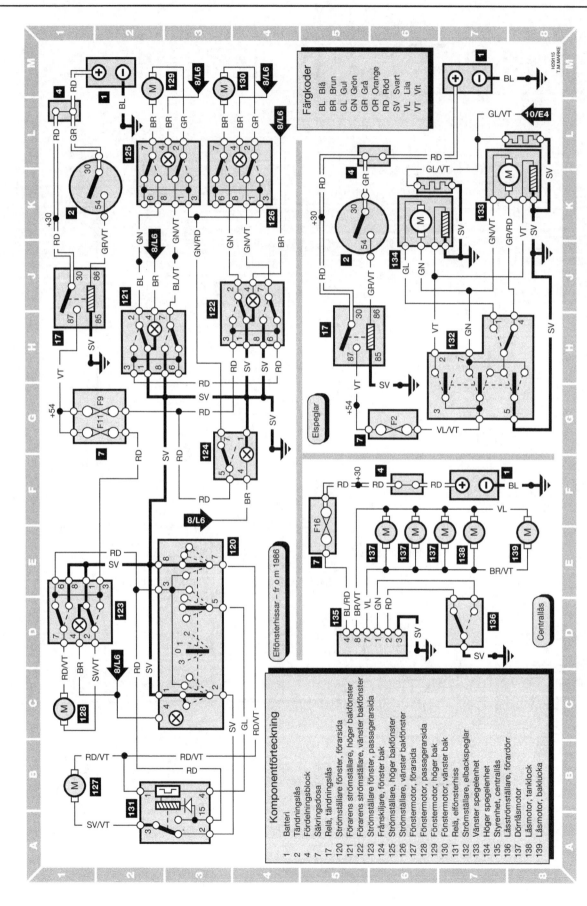

Kopplingsschema 11: Elfönsterhissar (fr o m 1986), centrallås och elbackspeglar (typexempel)

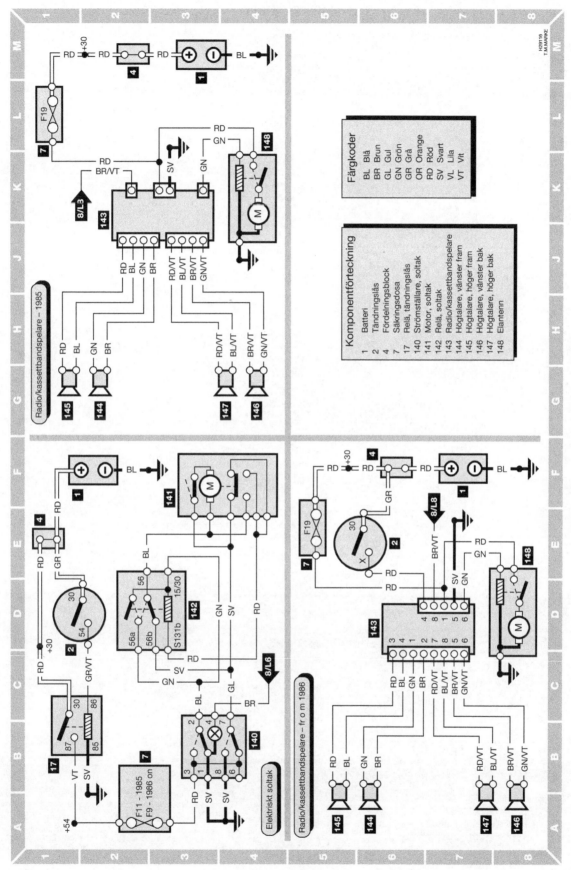

Kopplingsschema 12: Soltak och radio/kassettbandspelare (typexempel)

**Anteckningar**

## Inledning

Ett urval av bra verktyg är ett grundläggande behov för den som överväger underhålls- och reparationsarbeten på ett fordon. För den som saknar sådana, kommer inköp av dessa att bli en betydande utgift, som dock uppvägs till en del av vinsten med eget arbete. Om verktygen som anskaffas uppfyller grundläggande säkerhets- och kvalitetskrav, kommer dessa att hålla i många år och visa sig vara en värdefull investering.

För att hjälpa bilägaren att välja de verktyg som krävs för att utföra de olika arbetena i denna handbok, har vi sammanställt tre sortiment under följande rubriker: *Underhålls- och mindre reparationsarbeten, Reparation och renovering*, samt *Special*. Nybörjaren bör starta med det första sortimentet och begränsa sig till mindre arbeten på fordonet. Allt eftersom erfarenhet och självförtroende växer, kan man sedan prova svårare uppgifter och köpa fler verktyg när och om det behövs. På detta sätt kan ett sortiment för underhålls- och mindre reparationsarbeten byggas upp till en reparations- och renoveringssats under en längre tidsperiod utan några större kontantutlägg. Den erfarne gör-det-självaren har redan en verktygssats lämplig för de flesta reparationer och kommer att välja verktyg från specialkategorin när han känner att utgiften är berättigad för den användning verktyget kan ha.

## Underhålls- och mindre reparationsarbeten

Verktygen i den här listan kan anses vara ett minimum av vad som behövs för att utföra rutinmässigt underhåll, service- och mindre reparationsarbeten. Vi rekommenderar att man köper U-ringnycklar (ena änden öppen, den andra sluten), även om de är dyrare än enbart öppna nycklar, eftersom man får båda sorternas fördelar.

- [ ] *U-ringnycklar – 8, 9, 10, 11, 12, 13, 14, 15, 17 och 19 mm*
- [ ] *Skiftnyckel – 35 mm gap (ca)*
- [ ] *Tändstiftsnyckel (med gummiinlägg)*
- [ ] *Verktyg för justering av tändstiftens elektrodavstånd*
- [ ] *En sats bladmått*
- [ ] *Nyckel för bromsluftningsnipplar*
- [ ] *Skruvmejslar:*
  *Spårmejsel – ca 100 mm lång x 6 mm dia*
  *Stjärnmejsel – ca 100 mm lång x 6 mm dia*
- [ ] *Kombinationstång*
- [ ] *Bågfil (liten)*
- [ ] *Däckpump*
- [ ] *Däcktrycksmätare*
- [ ] *Oljekanna*
- [ ] *Verktyg för demontering av oljefilter*
- [ ] *Fin slipduk*
- [ ] *Stålborste (liten)*
- [ ] *Tratt (medelstor)*

## Reparation och renovering

Dessa verktyg är ovärderliga för alla som tar itu med något större reparationsarbete på motorfordon och tillkommer till de verktyg som angivits i listan för *Underhålls- och mindre reparationsarbeten*. Denna lista inkluderar en grundläggande sats hylsor. Dessa kan vara dyra, men de kan också visa sig vara ovärderliga eftersom de är så användbara – särskilt om olika drivenheter inkluderas i satsen. Vi rekommenderar hylsor för halvtums fyrkant eftersom dessa kan användas med de flesta momentnycklar. Om du inte tycker att du har råd med en hylssats, även om de inköps i omgångar, så kan de billigare ringnycklarna användas.

Verktygen i denna lista kan ibland behöva kompletteras med verktyg från listan för Specialverktyg.

- [ ] *Hylsor (eller ringnycklar), dimensioner enligt föregående lista (inklusive Torx hylsor)*
- [ ] *Spärrskaft (för användning med hylsor)* **(se bild)**
- [ ] *Förlängning, 250 mm (för användning med hylsor)*
- [ ] *Universalknut (för användning med hylsor)*
- [ ] *Momentnyckel (för användning med hylsor)*
- [ ] *Självlåsande tång*
- [ ] *Kulhammare*
- [ ] *Klubba med mjukt anslag (plast eller gummi)*
- [ ] *Skruvmejslar:*
  *Spårmejsel – en lång och kraftig, en kort (knubbig), och en smal (elektrikermejsel)*
  *Stjärnmejsel – en lång och kraftig, en kort (knubbig)*
- [ ] *Tänger:*
  *Spetsnostång/plattång*
  *Sidavbitare (elektrikertyp)*
  *Låsringstång (in- och utvändig)*
- [ ] *Huggmejsel – 25 mm*
- [ ] *Ritspets*
- [ ] *Skrapa*
- [ ] *Körnare*
- [ ] *Purr*
- [ ] *Bågfil*

- [ ] *Bromsslangklamma*
- [ ] *Luftningsutrustning för broms-/kopplingssystem*
- [ ] *Ett urval av spiralborrar*
- [ ] *Stålskala/linjal*
- [ ] *Insexnycklar (inkl nycklar av Torxtyp/med splines)* **(se bild)**
- [ ] *Diverse filar*
- [ ] *Stålborste*
- [ ] *Pallbockar*
- [ ] *Domkraft (garagedomkraft eller stabil pelarmodell)*
- [ ] *Lampa med förlängningssladd*

## Specialverktyg

Verktygen i denna lista är sådana som inte används regelbundet, är dyra i inköp, eller vilka måste användas enligt tillverkarens anvisningar. Inköp av dessa verktyg är inte ekonomiskt försvarbart om inte svårare mekaniska arbeten utförs med viss regelbundenhet. Du kan också överväga att gå samman med någon vän (eller gå med i en motorklubb) och göra ett gemensamt inköp, hyra eller låna verktyg om så är möjligt.

Listan upptar endast verktyg och mätinstrument som är allmänt tillgängliga och inte sådana som tillverkas av bilfabrikanterna speciellt för auktoriserade återförsäljare. Ibland nämns dock sådana verktyg i texten. I allmänhet anges en alternativ metod att utföra arbetet utan tillverkarens specialverktyg. Ibland finns emellertid inget alternativ annat än att använda dem. När så är fallet, då verktyget inte kan köpas eller lånas, har du inget annat val än att lämna bilen till en auktoriserad verkstad.

- [ ] *Ventilfjäderkompressor* **(se bild)**
- [ ] *Ventilinslipningsverktyg*
- [ ] *Kolvringskompressor* **(se bild)**
- [ ] *Verktyg för demontering och montering av kolvringar* **(se bild)**
- [ ] *Cylinderslipare* **(se bild)**
- [ ] *Kulledsavdragare*
- [ ] *Spiralfjäderkompressor (där så behövs)*
- [ ] *Två/trebent lageravdragare* **(se bild)**

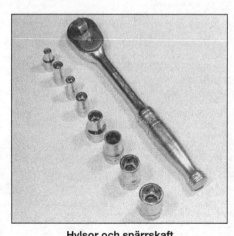

**Hylsor och spärrskaft**

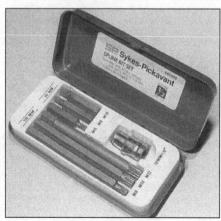

**Insexbitar med splines**

# Verktyg och arbetsutrymmen

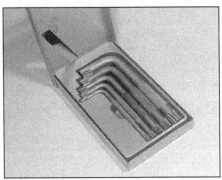

Insexnycklar med splines

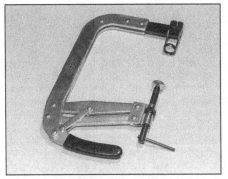

Ventilfjäderkompressor

Kolvringskompressor

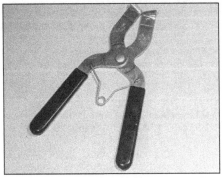

Verktyg för demontering/montering av
kolvringar

Cylinderslipare

Trebent lageravdragare

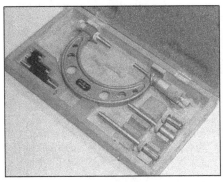

Mikrometer

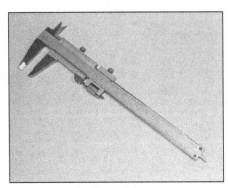

Skjutmått

Indikatorklocka

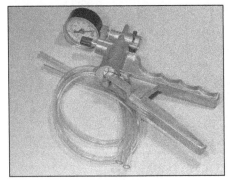

Vakuumpump och mätare

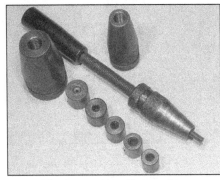

Riktningsverktyg för koppling

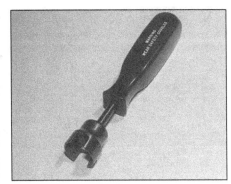

Verktyg för demontering av
bromsbackarnas fjäderskålar

- ☐ *Slagskruvmejsel*
- ☐ *Mikrometer och/eller skjutmått* **(se bild)**
- ☐ *Indikatorklocka* **(se bild)**
- ☐ *Stroboskoplampa*
- ☐ *Varvräknare*
- ☐ *Multimeter*
- ☐ *Kompressionsprovare*
- ☐ *Vakuumpump och mätare* **(se bild)**
- ☐ *Riktningsverktyg för koppling* **(se bild)**
- ☐ *Verktyg för demontering av bromsbackarnas fjäderskålar* **(se bild)**
- ☐ *Sats för demontering och montering av lager och bussningar* **(se bild)**
- ☐ *Pinnskruvutdragare* **(se bild)**
- ☐ *Verktyg för nya gängsnitt* **(se bild)**
- ☐ *Lyftblock*
- ☐ *Garagedomkraft*

## Inköp av verktyg

När det gäller inköp av verktyg är det i regel bättre att vända sig till en specialist som har ett större sortiment än t ex tillbehörsaffärer och bensinmackar. Emellertid kan tillbehörsaffärer och andra försäljningsställen erbjuda utmärkta verktyg till låga priser, så det kan löna sig att söka.

Det finns gott om bra verktyg till låga priser, men se till att verktygen uppfyller elementära krav på funktion och säkerhet. Fråga gärna någon kunnig person om råd före inköpet.

## Vård och underhåll av verktyg

Då du skaffat ett antal verktyg är det nödvändigt att hålla dessa rena och i fullgott skick. Efter användning, torka alltid bort smuts, fett och metallpartiklar med en ren, torr trasa innan verktygen läggs undan. Låt dem inte ligga framme sedan de använts. En enkel upphängningsanordning på väggen för t ex skruvmejslar och tänger är en god idé. Förvara alla skruvnycklar och hylsor i en metallåda. Mätinstrument av alla slag måste förvaras väl skyddade mot skador och rostangrepp.

Lägg ner lite omsorg på de verktyg som används. Anslag på hammare kommer att få märken och skruvmejslar slits i spetsen efter någon tids användning. En slipduk eller en fil kan då återställa verktygen till fullt användbart skick.

## Arbetsutrymmen

När man diskuterar verktyg får man inte glömma själva arbetsplatsen. Skall någonting annat än rent rutinmässigt underhåll utföras måste man skaffa en lämplig arbetsplats.

Ibland händer det att man är tvungen att lyfta ur en motor eller andra större detaljer, utan tillgång till garage eller verkstad. När så är fallet skall alla reparationer på enheten utföras under tak.

När så är möjligt skall all isärtagning ske på en ren, plan arbetsyta, t ex en arbetsbänk med lämplig arbetshöjd.

En riktig arbetsbänk behöver ett skruvstycke: ett kraftigt skruvstycke med en öppning på 100 mm är lämpligt för de flesta arbeten. Som tidigare påpekats är torra förvaringsutrymmen för verktyg, smörjmedel, rengöringsmedel och bättringsfärg (som också måste förvaras frostfritt) nödvändiga.

Ett annat verktyg som kan behövas och som har mycket stort användningsområde är en elektrisk borrmaskin med en kapacitet på minst 8 mm. En borrmaskin och ett bra sortiment spiralborrar är oumbärliga vid montering av tillbehör som speglar och backljus.

Sist men inte minst, se till att du har tillgång till gamla tidningar och rena, luddfria trasor, och försök hålla arbetsplatsen så ren som möjligt.

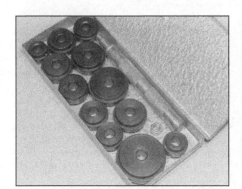

Sats för demontering/montering av bussningar och lager

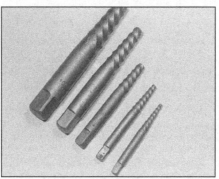

Pinnskruvutdragare

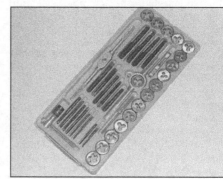

Verktyg för nya gängsnitt

När service-, reparationsarbeten eller renovering av detaljer utförs, är det viktigt att observera följande instruktioner. Detta för att reparationen ska utföras så effektivt och fackmannamässigt som möjligt.

## Tätningsytor och packningar

När en packning används mellan två ytor, se till att den byts vid ihopsättning. Montera den torrt om inte annat anges. Se till att ytorna är rena och torra och att gammal packning är helt borttagen. Vid rengöring av en tätningsyta, använd ett verktyg som inte skadar ytan och ta bort grader och ojämnheter med bryne eller en fin fil.

Se till att gängade hål rengörs med borste och håll dem fria från tätningsmedel då sådant används, om inte annat anges.

Se till att alla öppningar, kanaler och rör är fria och blås igenom dem, helst med tryckluft.

## Oljetätningar

När en oljetätning demonteras, antingen för sig eller som en del av en enhet, bör den bytas.

Den mycket fina tätningsläppen skadas lätt och kan inte täta om ytan den vidrör inte är helt ren och fri från grader, spår och gropar. Om tätningsytan inte kan återställas bör komponenten bytas. Skydda tätningsläppen från ytor och kanter som kan skada den under montering. Använd tejp eller en konisk hylsa, om möjligt. Smörj tätningsläppen med olja före montering och för dubbla tätningsläppar, fyll utrymmet mellan läpparna med fett.

Om inte annat anges måste tätningarna monteras med tätningsläppen mot smörjmedlet.

Använd en rörformad dorn eller ett trästycke av lämplig storlek för att montera tätningen. Om hållaren är försedd med skuldra, driv tätningen mot den. Om hållaren saknar skuldra bör tätningen monteras så att den går jäms med hållarens yta.

## Skruvgängor och infästningar

Kärvande muttrar och skruvar är ett vanligt problem om en komponent har utsatts för rost. Detta kan ofta avhjälpas om komponenten får ligga i lösgörande vätska/olja ett tag innan den tas isär. En slagskruvmejsel kan också vara till hjälp om den används med passande mejselbit eller hylsa.

Pinnskruvar demonteras oftast genom att två muttrar skruvas på den gängade delen, därefter skruvas pinnskruven ut med en nyckel på den undre muttern. Pinnskruvar eller skruvar som har gått av under ytan på den detalj de är infästa i kan ibland demonteras med en pinnskruvutdragare.

Se alltid till att gängade bottenhål är helt fria från olja, fett, vatten och andra vätskor innan skruven eller pinnskruven monteras. I annat fall kan huset spricka p g a den hydrauleffekt som uppstår när skruven skruvas i.

När en kronmutter monteras, dra den till angivet moment när sådant finns, dra sedan vidare tills nästa urtag för saxpinnen passar för hålet. Lossa aldrig en mutter för passning av saxpinne om inte detta anges. Vid kontroll av åtdragningsmoment för en mutter eller skruv, lossa den ett kvarts varv och dra sedan åt den till angivet moment. Detta skall emellertid inte göras när skruven/muttern vinkeldragits.

För vissa infästningar, i synnerhet topplocksskruvar och -muttrar, specificeras inte längre åtdragningsmoment för de senare stegen, där anges snarare vinkeldragning. Vanligtvis dras skruven/muttern åt till ett relativt lågt åtdragningsmoment, följt av ett eller flera steg av åtdragning i specificerade vinklar.

## Låsmuttrar, låsbleck och brickor

Alla fästelement som roterar mot en komponent eller ett hus under åtdragningen skall alltid ha en bricka mellan sig och komponenten.

Fjäder- och låsbrickor bör alltid bytas när de används på kritiska komponenter såsom lageröverfall. Låsbleck som viks över mutter eller bult ska alltid bytas.

Självlåsande muttrar kan återanvändas vid mindre viktiga detaljer, under förutsättning att ett motstånd känns då låsdelen går över skruvgängan. Självlåsande muttrar tenderar dock att förlora sin effekt efter långvarig användning och de bör då bytas rutinmässigt.

Saxpinnar måste alltid bytas och rätt storlek i förhållande till hålet användas.

## Specialverktyg

Vissa arbeten i denna handbok förutsätter användning av specialverktyg, som en press,

två- eller trebent avdragare, fjäderkompressor etc. När så är möjligt beskrivs och visas lämpliga lättåtkomliga alternativ till tillverkarens specialverktyg. I vissa fall är inga alternativ möjliga, och det har varit nödvändigt att använda tillverkarens verktyg. Detta har gjorts med tanke på säkerhet såväl som på resultatet av reparationen. Om du inte är mycket skicklig och har stora kunskaper om det moment som beskrivs, försök aldrig använda annat än specialverktyg när sådant anges i anvisningarna. Det föreligger inte bara risk för kroppsskada, utan kostbara skador kan också uppstå på komponenterna.

## Bränsleinsprutningssystem

Renlighet är väsentligt för att bränsleinsprutningssystemets detaljer ska fungera tillfredsställande och hålla länge. Torka alltid rent runt bränslesystemets anslutningar innan de kopplas loss, och plugga öppna anslutningar för att undvika smuts och fukt. Avklippta fingrar från gummihandskar, fästa med gummiband, är idealiska för detta. Undvik att använda tryckluft i närheten av öppna anslutningar till bränslesystemet, då smuts lätt kan komma in i systemet.

## Hänsyn till omgivningen och miljön

När du gör dig av med använd motorolja, bromsvätska, frostskyddsvätska osv, vidta nödvändiga åtgärder för att skydda miljön. Häll tex inte någon av ovan nämnda vätskor i det vanliga avloppssystemet, eller helt enkelt på marken. Om du inte kan göra dig av med avfallet hos någon soptipp eller verkstad med speciell hantering för dessa typer av vätskor, kontakta berörd myndighet i din kommun.

Det stiftas ständigt nya, strängare lagar gällande utsläpp av miljöfarliga ämnen från motorfordon. De mest nytillverkade bilarna har justersäkringar monterade över de mest avgörande justeringspunkterna för bränslesystemet. Dessa är monterade främst för att undvika att okvalificerade personer justerar bränsle/luftblandningen och därmed riskerar en ökning av giftiga utsläpp. Om sådana justersäkringar påträffas under reparationsarbete ska de, där så är möjligt, sättas tillbaka eller förnyas enligt tillverkarens anvisningar eller aktuell lagstiftning.

Det här avsnittet är till för att hjälpa dig att klara bilbesiktningen. Det är naturligtvis inte möjligt att undersöka ditt fordon lika grundligt som en professionell besiktare, men genom att göra följande kontroller kan du identifiera problemområden och ha en möjlighet att korrigera eventuella fel innan du lämnar bilen till besiktning. Om bilen underhålls och servas regelbundet borde besiktningen inte innebära några större problem.

I besiktningsprogrammet ingår kontroll av nio huvudsystem – stommen, hjulsystemet, drivsystemet, bromssystemet, styrsystemet, karosseriet, kommunikationssystemet, instrumentering och slutligen övriga anordningar (släpvagnskoppling etc).

Kontrollerna som här beskrivs har baserats på Svensk Bilprovnings krav aktuella vid tiden för tryckning. Kraven ändras dock kontinuerligt och särskilt miljöbestämmelserna blir allt strängare.

**Kontrollerna har delats in under följande fem rubriker:**

*1 Kontroller som utförs från förarsätet*
*2 Kontroller som utförs med bilen på marken*
*3 Kontroller som utförs med bilen upphissad och med fria hjul*
*4 Kontroller på bilens avgassystem*
*5 Körtest*

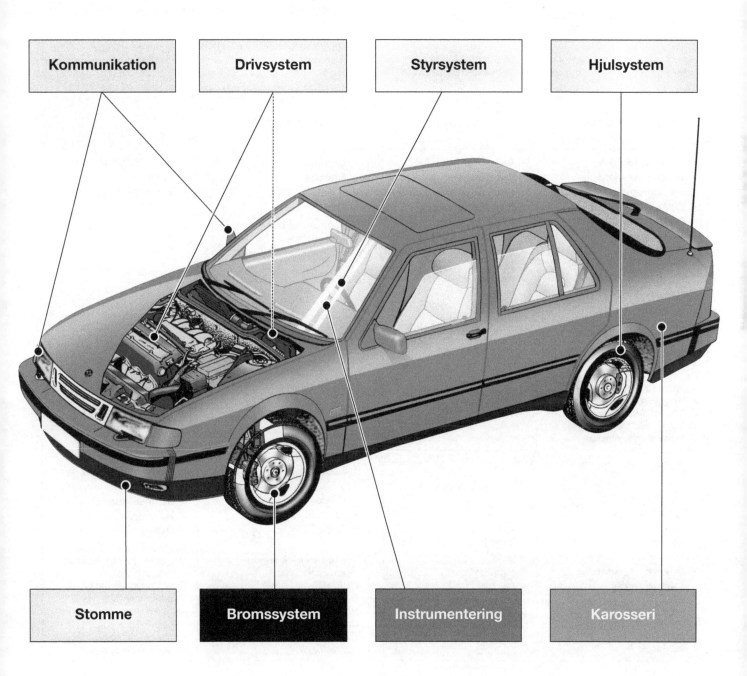

# Besiktningsprogrammet

Vanliga personbilar kontrollbesiktigas första gången efter tre år, andra gången två år senare och därefter varje år. Åldern på bilen räknas från det att den tas i bruk, oberoende av årsmodell, och den måste genomgå besiktning inom fem månader.

Tiden på året då fordonet kallas till besiktning bestäms av sista siffran i registreringsnumret, enligt tabellen nedan.

| Slutsiffra | Besiktningsperiod |
|---|---|
| 1 | november t.o.m. mars |
| 2 | december t.o.m. april |
| 3 | januari t.o.m. maj |
| 4 | februari t.o.m. juni |
| 5 | mars t.o.m. juli |
| 6 | juni t.o.m. oktober |
| 7 | juli t.o.m. november |
| 8 | augusti t.o.m. december |
| 9 | september t.o.m. januari |
| 0 | oktober t.o.m. februari |

Om fordonet har ändrats, byggts om eller om särskild utrustning har monterats eller demonterats, måste du som fordonsägare göra en registreringsbesiktning inom en månad. I vissa fall räcker det med en begränsad registreringsbesiktning, t.ex. för draganordning, taklucka, taxiutrustning etc.

### Efter besiktningen

Nedan visas de system och komponenter som kontrolleras och bedöms av besiktaren på Svensk Bilprovning. Efter besiktningen erhåller du ett protokoll där eventuella anmärkningar noterats.

Har du fått en 2x i protokollet (man kan ha max 3 st 2x) behöver du inte ombesiktiga bilen, men är skyldig att själv åtgärda felet snarast möjligt. Om du inte åtgärdar felen utan återkommer till Svensk Bilprovning året därpå med samma fel, blir dessa automatiskt 2:or som då måste ombesiktigas. Har du en eller flera 2x som ej är åtgärdade och du blir intagen i en flygande besiktning av polisen blir dessa automatiskt 2:or som måste ombesiktigas. I detta läge får du även böta.

Om du har fått en tvåa i protokollet är fordonet alltså inte godkänt. Felet ska åtgärdas och bilen ombesiktigas inom en månad.

En trea innebär att fordonet har så stora brister att det anses mycket trafikfarligt. Körförbud inträder omedelbart.

## Kommunikation

- Vindrutetorkare
- Vindrutespolare
- Backspegel
- Strålkastarinställning
- Strålkastare
- Signalhorn
- Sidoblinkers
- Parkeringsljus fram bak
- Blinkers
- Bromsljus
- Reflex
- Nummerplåtsbelysning
- Övrigt

*Vanliga anmärkningar:*
*Felaktig ljusbild*
*Skadad strålkastare*
*Ej fungerande parkeringsljus*
*Ej fungerande bromsljus*

## Drivsystem

- Avgasrening, EGR-system
- Avgasrening
- Bränslesystem
- Avgassystem
- Avgaser (CO, HC)
- Kraftöverföring
- Drivknut
- Elförsörjning
- Batteri
- Övrigt

*Vanliga anmärkningar:*
*Höga halter av CO*
*Höga halter av HC*
*Läckage i avgassystemet*
*Ej fungerande EGR-ventil*
*Skadade drivknutsdamasker*

## Styrsystem

- Styrled
- Styrväxel
- Hjälpstyrarm
- Övrigt

*Vanliga anmärkningar:*
*Glapp i styrleder*
*Skadade styrväxeldamasker*

## Instrumentering

- Hastighetsmätare
- Taxameter
- Varningslampor
- Övrigt

## Hjulsystem

- Däck
- Stötdämpare
- Hjullager
- Spindelleder
- Länkarm fram bak
- Fjäder
- Fjädersäte
- Övrigt

*Vanliga anmärkningar:*
*Glapp i spindelleder*
*Utslitna däck*
*Dåliga stötdämpare*
*Rostskadade fjädersäten*
*Brustna fjädrar*
*Rostskadade länkarmsinfästningar*

## Bromssystem

- Fotbroms fram bak rörelseres.
- Bromsrör
- Bromsslang
- Handbroms
- Övrigt

*Vanliga anmärkningar:*
*Otillräcklig bromsverkan på handbromsen*
*Ojämn bromsverkan på fotbromsen*
*Anliggande bromsar på fotbromsen*
*Rostskadade bromsrör*
*Skadade bromsslangar*

## Karosseri

- Dörr
- Skärm
- Vindruta
- Säkerhetsbälten
- Lastutrymme
- Övrigt

*Vanliga anmärkningar:*
*Skadad vindruta*
*Vassa kanter*

## Stomme

- Sidobalk
- Tvärbalk
- Golv
- Hjulhus
- Övrigt

*Vanliga anmärkningar:*
*Rostskador i sidobalkar, golv och hjulhus*

## 1 Kontroller som utförs från förarsätet

### Handbroms

☐ Kontrollera att handbromsen fungerar ordentligt utan för stort spel i spaken. För stort spel tyder på att bromsen eller broms-vajern är felaktigt justerad.

☐ Kontrollera att handbromsen inte kan läggas ur genom att spaken förs åt sidan. Kontrollera även att handbromsspaken är ordentligt monterad.

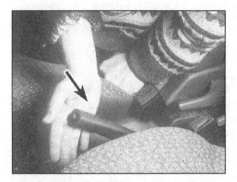

### Fotbroms

☐ Tryck ner bromspedalen och kontrollera att den inte sjunker ner mot golvet, vilket tyder på fel på huvudcylindern. Släpp pedalen, vänta ett par sekunder och tryck sedan ner den igen. Om pedalen tar långt ner är det nödvändigt att justera eller reparera broms-arna. Om pedalen känns "svampig" finns det luft i bromssystemet som då måste luftas.

☐ Kontrollera att bromspedalen sitter fast ordentligt och att den är i bra skick. Kontroll-era även om det finns tecken på oljeläckage på bromspedalen, golvet eller mattan efter-som det kan betyda att packningen i huvud-cylindern är trasig.

☐ Om bilen har bromsservo kontrolleras denna genom att man upprepade gånger trycker ner bromspedalen och sedan startar motorn med pedalen nertryckt. När motorn startar skall pedalen sjunka något. Om inte kan vakuumslangen eller själva servoenheten vara trasig.

### Ratt och rattstång

☐ Känn efter att ratten sitter fast. Undersök om det finns några sprickor i ratten eller om några delar på den sitter löst.

☐ Rör på ratten uppåt, neråt och i sidled. Fortsätt att röra på ratten samtidigt som du vrider lite på den från vänster till höger.

☐ Kontrollera att ratten sitter fast ordentligt på rattstången vilket annars kan tyda på slitage eller att fästmuttern sitter löst. Om ratten går att röra onaturligt kan det tyda på att rattstångens bärlager eller kopplingar är slitna.

### Rutor och backspeglar

☐ Vindrutan måste vara fri från sprickor och andra skador som kan vara irriterande eller hindra sikten i förarens synfält. Sikten får inte heller hindras av t.ex. ett färgat eller reflek-terande skikt. Samma regler gäller även för de främre sidorutorna.

☐ Backspeglarna måste sitta fast ordentligt och vara hela och ställbara.

### Säkerhetsbälten och säten

**Observera:** *Kom ihåg att alla säkerhetsbälten måste kontrolleras - både fram och bak.*

☐ Kontrollera att säkerhetsbältena inte är slitna, fransiga eller trasiga i väven och att alla låsmekanismer och rullmekanismer fungerar obehindrat. Se även till att alla infästningar till säkerhetsbältena sitter säkert.

☐ Framsätena måste vara ordentligt fastsatta och om de är fällbara måste de vara låsbara i uppfällt läge.

### Dörrar

☐ Framdörrarna måste gå att öppna och stänga från både ut- och insidan och de måste gå ordentligt i lås när de är stängda. Gångjärnen ska sitta säkert och inte glappa eller kärva onormalt.

## 2 Kontroller som utförs med bilen på marken

### Registreringsskyltar

☐ Registreringsskyltarna måste vara väl syn-liga och lätta att läsa av, d v s om bilen är mycket smutsig kan det ge en anmärkning.

### Elektrisk utrustning

☐ Slå på tändningen och kontrollera att signalhornet fungerar och att det avger en jämn ton.

☐ Kontrollera vindrutetorkarna och vindrute-spolningen. Svephastigheten får inte vara extremt låg, svepytan får inte vara för liten och torkarnas viloläge ska inte vara inom förarens synfält. Byt ut gamla och skadade torkarblad.

☐ Kontrollera att strålkastarna fungerar och att de är rätt inställda. Reflektorerna får inte vara skadade, lampglasen måste vara hela och lamporna måste vara ordentligt fastsatta. Kontrollera även att bromsljusen fungerar och att det inte krävs högt pedaltryck för att tända dem. (Om du inte har någon medhjälpare kan du kontrollera bromsljusen genom att backa upp bilen mot en garageport, vägg eller liknande reflekterande yta.)

☐ Kontrollera att blinkers och varnings-blinkers fungerar och att de blinkar i normal hastighet. Parkeringsljus och bromsljus får inte påverkas av blinkers. Om de påverkas beror detta oftast på jordfel. Se också till att alla övriga lampor på bilen är hela och fungerar som de ska och att t.ex. extraljus inte är placerade så att de skymmer föreskriven belysning.

☐ Se även till att batteri, elledningar, reläer och liknande sitter fast ordentligt och att det inte föreligger någon risk för kortslutning

### Fotbroms

☐ Undersök huvudbromscylindern, broms-rören och servoenheten. Leta efter läckage, rost och andra skador.

# Kontroller inför bilbesiktningen

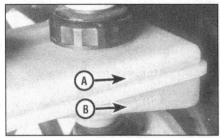

☐ Bromsvätskebehållaren måste sitta fast ordentligt och vätskenivån skall vara mellan max- (A) och min- (B) markeringarna.

☐ Undersök båda främre bromsslangarna efter sprickor och förslitningar. Vrid på ratten till fullt rattutslag och se till att bromsslangarna inte tar i någon del av styrningen eller upphängningen. Tryck sedan ner bromspedalen och se till att det inte finns några läckor eller blåsor på slangarna under tryck.

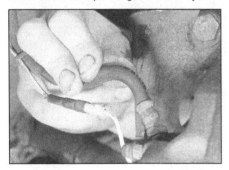

## Styrning

☐ Be någon vrida på ratten så att hjulen vrids något. Kontrollera att det inte är för stort spel mellan rattutslaget och styrväxeln vilket kan tyda på att rattstångslederna, kopplingen mellan rattstången och styrväxeln eller själva styrväxeln är sliten eller glappar.

☐ Vrid sedan ratten kraftfullt åt båda hållen så att hjulen vrids något. Undersök då alla damasker, styrleder, länksystem, rörkopplingar och anslutningar/fästen. Byt ut alla delar som verkar utslitna eller skadade. På bilar med servostyrning skall servopumpen, drivremmen och slangarna kontrolleras.

## Stötdämpare

☐ Tryck ned hörnen på bilen i tur och ordning och släpp upp. Bilen skall gunga upp och sedan gå tillbaka till ursprungsläget. Om bilen

fortsätter att gunga är stötdämparna dåliga. Stötdämpare som kärvar påtagligt gör också att bilen inte klarar besiktningen. (Observera att stötdämpare kan saknas på vissa fjädersystem.)

☐ Kontrollera också att bilen står rakt och ungefär i rätt höjd.

## Avgassystem

☐ Starta motorn medan någon håller en trasa över avgasröret och kontrollera sedan att avgassystemet inte läcker. Reparera eller byt ut de delar som läcker.

## Kaross

☐ Skador eller korrosion/rost som utgörs av vassa eller i övrigt farliga kanter med risk för personskada medför vanligtvis att bilen måste repareras och ombesiktas. Det får inte heller finnas delar som sitter påtagligt löst.

☐ Det är inte tillåtet att ha utskjutande detaljer och anordningar med olämplig utformning eller placering (prydnadsföremål, antennfästen, viltfångare och liknande).

☐ Kontrollera att huvlås och säkerhetsspärr fungerar och att gångjärnen inte sitter löst eller på något vis är skadade.

☐ Se också till att stänkskydden täcker däckens slitbana i sidled.

---

## 3  Kontroller som utförs med bilen upphissad och med fria hjul

*Lyft upp både fram- och bakvagnen och ställ bilen på pallbockar. Placera pallbockarna så att de inte tar i fjäderupphängningen. Se till att hjulen inte tar i marken och att de går att vrida till fullt rattutslag. Om du har begränsad utrustning går det naturligtvis bra att lyfta upp en ände i taget.*

## Styrsystem

☐ Be någon vrida på ratten till fullt rattutslag. Kontrollera att alla delar i styrningen går mjukt och att ingen del av styrsystemet tar i någonstans.

☐ Undersök kuggstångsdamaskerna så att de inte är skadade eller att metallklämmorna glappar. Om bilen är utrustad med servostyrning ska slangar, rör och kopplingar kontrolleras så att de inte är skadade eller

läcker. Kontrollera också att styrningen inte är onormalt trög eller kärvar. Undersök länkarmar, krängningshämmare, styrstag och styrleder och leta efter glapp och rost.

☐ Se även till att ingen saxpinne eller liknande låsmekanism saknas och att det inte finns gravrost i närheten av någon av styrmekanismens fästpunkter.

## Upphängning och hjullager

☐ Börja vid höger framhjul. Ta tag på sidorna av hjulet och skaka det kraftigt. Se till att det inte glappar vid hjullager, spindelleder eller vid upphängningens infästningar och leder.

☐ Ta nu tag upptill och nedtill på hjulet och upprepa ovanstående. Snurra på hjulet och undersök hjullagret angående missljud och glapp.

☐ Om du misstänker att det är för stort spel vid en komponents led kan man kontrollera detta genom att använda en stor skruvmejsel eller liknande och bända mellan infästningen och komponentens fäste. Detta visar om det är bussningen, fästskruven eller själva infästningen som är sliten (bulthålen kan ofta bli uttänjda).

☐ Kontrollera alla fyra hjulen.

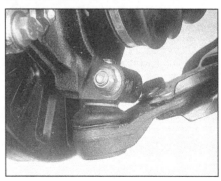

## Fjädrar och stötdämpare

☐ Undersök fjäderbenen (där så är tillämpligt) angående större läckor, korrosion eller skador i godset. Kontrollera också att fästena sitter säkert.

☐ Om bilen har spiralfjädrar, kontrollera att dessa sitter korrekt i fjädersätena och att de inte är utmattade, rostiga, spruckna eller av.

☐ Om bilen har bladfjädrar, kontrollera att alla bladen är hela, att axeln är ordentligt fastsatt mot fjädrarna och att fjäderöglorna, bussningarna och upphängningarna inte är slitna.

☐ Liknande kontroll utförs på bilar som har annan typ av upphängning såsom torsionfjädrar, hydraulisk fjädring etc. Se till att alla infästningar och anslutningar är säkra och inte utslitna, rostiga eller skadade och att den hydrauliska fjädringen inte läcker olja eller på annat sätt är skadad.

☐ Kontrollera att stötdämparna inte läcker och att de är hela och oskadade i övrigt samt se till att bussningar och fästen inte är utslitna.

## Drivning

☐ Snurra på varje hjul i tur och ordning. Kontrollera att driv-/kardanknutar inte är lösa, glappa, spruckna eller skadade. Kontrollera också att skyddsbälgarna är intakta och att driv-/kardanaxlar är ordentligt fastsatta, raka och oskadade. Se även till att inga andra detaljer i kraftöverföringen är glappa, lösa, skadade eller slitna.

## Bromssystem

☐ Om det är möjligt utan isärtagning, kontrollera hur bromsklossar och bromsskivor ser ut. Se till att friktionsmaterialet på bromsbeläggen (A) inte är slitet under 2 mm och att broms-skivorna (B) inte är spruckna, gropiga, repiga eller utslitna.

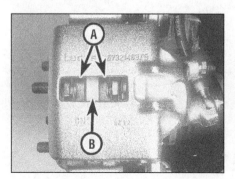

☐ Undersök alla bromsrör under bilen och bromsslangarna bak. Leta efter rost, skavning och övriga skador på ledningarna och efter tecken på blåsor under tryck, skavning, sprickor och förslitning på slangarna. (Det kan vara enklare att upptäcka eventuella sprickor på en slang om den böjs något.)

☐ Leta efter tecken på läckage vid bromsoken och på bromssköldarna. Reparera eller byt ut delar som läcker.

☐ Snurra sakta på varje hjul medan någon trycker ned och släpper upp bromspedalen. Se till att bromsen fungerar och inte ligger an när pedalen inte är nedtryckt.

☐ Undersök handbromsmekanismen och kontrollera att vajern inte har fransat sig, är av eller väldigt rostig eller att länksystemet är utslitet eller glappar. Se till att handbromsen fungerar på båda hjulen och inte ligger an när den läggs ur.

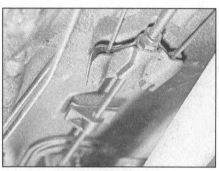

☐ Det är inte möjligt att prova bromsverkan utan specialutrustning, men man kan göra ett kortest och prova att bilen inte drar åt något håll vid en kraftig inbromsning.

## Bränsle- och avgassystem

☐ Undersök bränsletanken (inklusive tanklock och påfyllningshals), fastsättning, bränsleledningar, slangar och anslutningar. Alla delar måste sitta fast ordentligt och får inte läcka.

☐ Granska avgassystemet i hela dess längd beträffande skadade, avbrutna eller saknade upphängningar. Kontrollera systemets skick beträffande rost och se till att rörklämmorna är säkert monterade. Svarta sotavlagringar på avgassystemet tyder på ett annalkande läckage.

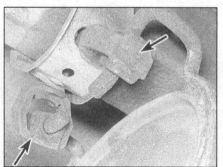

## Hjul och däck

☐ Undersök i tur och ordning däcksidorna och slitbanorna på alla däcken. Kontrollera att det inte finns några skärskador, revor eller bulor och att korden inte syns p g a utslitning eller skador. Kontrollera att däcket är korrekt monterat på fälgen och att hjulet inte är deformerat eller skadat.

☐ Se till att det är rätt storlek på däcken för bilen, att det är samma storlek och däcktyp på samma axel och att det är rätt lufttryck i däcken. Se också till att inte dubbade däck och odubbade däck blandat. (Dubbade däck får användas under vinterhalvåret, från 1 oktober till första måndagen efter påsk.)

☐ Kontrollera mönsterdjupet på däcken – minsta tillåtna mönsterdjup är 1,6 mm. Onormalt däckslitage kan tyda på felaktig framhjulsinställning.

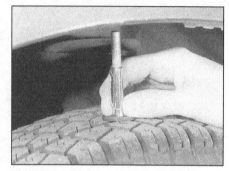

## Korrosion

☐ Undersök alla bilens bärande delar efter rost. (Bärande delar innefattar underrede, tröskellådor, tvärbalkar, stolpar och all upphängning, styrsystemet, bromssystemet samt bältesinfästningarna.) Rost som avsevärt har reducerat tjockleken på en bärande yta medför troligtvis en tvåa i besiktningsprotokollet. Sådana skador kan ofta vara svåra att reparera själv.

☐ Var extra noga med att kontrollera att inte rost har gjort det möjligt för avgaser att tränga in i kupén. Om så är fallet kommer fordonet ovillkorligen inte att klara besiktningen och dessutom utgör det en stor trafik- och hälsofara för dig och dina passagerare.

### 4  Kontroller som utförs på bilens avgassystem

## Bensindrivna modeller

☐ Starta motorn och låt den bli varm. Se till att tändningen är rätt inställd, att luftfiltret är rent och att motorn går bra i övrigt.

☐ Varva först upp motorn till ca 2500 varv/min och håll den där i ca 20 sekunder. Låt den sedan gå ner till tomgång och iaktta avgasutsläppen från avgasröret. Om tomgången är onaturligt hög eller om tät blå eller klart synlig svart rök kommer ut med avgaserna i mer än 5 sekunder så kommer bilen antagligen inte att klara besiktningen. I regel tyder blå rök på att motorn är sliten och förbränner olja medan svart rök tyder på att motorn inte förbränner bränslet ordentligt (smutsigt luftfilter eller annat förgasar- eller bränslesystemfel).

☐ Vad som då behövs är ett instrument som kan mäta koloxid (CO) och kolväten (HC). Om du inte har möjlighet att låna eller hyra ett dylikt instrument kan du få hjälp med det på en verkstad för en mindre kostnad.

### CO- och HC-utsläpp

☐ För närvarande är högsta tillåtna gränsvärde för CO- och HC-utsläpp för bilar av årsmodell 1989 och senare (d v s bilar med katalysator enligt lag) 0,5% CO och 100 ppm HC.

På tidigare årsmodeller testas endast CO-halten och följande gränsvärden gäller:

| | |
|---|---|
| årsmodell 1985-88 | 3,5% CO |
| årsmodell 1971-84 | 4,5% CO |
| årsmodell -1970 | 5,5% CO. |

Bilar av årsmodell 1987-88 med frivilligt monterad katalysator bedöms enligt 1989 års komponentkrav men 1985 års utsläppskrav.

☐ Om CO-halten inte kan reduceras tillräckligt för att klara besiktningen (och bränsle- och tändningssystemet är i bra skick i övrigt) ligger problemet antagligen hos förgasaren/bränsleinsprutningssystemet eller katalysatorn (om monterad).

☐ Höga halter av HC kan orsakas av att motorn förbränner olja men troligare är att motorn inte förbränner bränslet ordentligt.

### Dieseldrivna modeller

☐ Det enda testet för avgasutsläpp på dieseldrivna bilar är att man mäter röktätheten. Testet innebär att man varvar motorn kraftigt upprepade gånger.

**Observera:** *Det är oerhört viktigt att motorn är rätt inställd innan provet genomförs.*

☐ Mycket rök kan orsakas av ett smutsigt luftfilter. Om luftfiltret inte är smutsigt men bilen ändå avger mycket rök kan det vara nödvändigt att söka experthjälp för att hitta orsaken.

### 5  Körtest

☐ Slutligen, provkör bilen. Var extra uppmärksam på eventuella missljud, vibrationer och liknande.

☐ Om bilen har automatväxellåda, kontrollera att den endast går att starta i lägena P och N. Om bilen går att starta i andra växellägen måste växelväljarmekanismen justeras.

☐ Kontrollera också att hastighetsmätaren fungerar och inte är missvisande.

☐ Se till att ingen extrautrustning i kupén, t ex biltelefon och liknande, är placerad så att den vid en eventuell kollision innebär ökad risk för personskada.

☐ Gör en hastig inbromsning och kontrollera att bilen inte drar åt något håll. Om kraftiga vibrationer känns vid inbromsning kan det tyda på att bromsskivorna är skeva och bör bytas eller fräsas om. (Inte att förväxlas med de låsningsfria bromsarnas karakteristiska vibrationer.)

☐ Om vibrationer känns vid acceleration, hastighetsminskning, vid vissa hastigheter eller hela tiden, kan det tyda på att drivknutar eller drivaxlar är slitna eller defekta, att hjulen eller däcken är felaktiga eller skadade, att hjulen är obalanserade eller att styrleder, upphängningens leder, bussningar eller andra komponenter är slitna.

## Motor   1

☐ Motorn drar inte runt vid startförsök
☐ Startmotorn drar runt motorn för sakta
☐ Motorn går runt men startar inte
☐ Motorn är svårstartad när den är kall
☐ Motorn är svårstartad när den är varm
☐ Startmotorn ger ifrån sig oljud eller är ojämn
☐ Motorn startar men stannar omedelbart
☐ Ojämn tomgång
☐ Motorn misständer vid tomgång
☐ Motorn misständer i alla växellägen
☐ Motorn stannar plötsligt
☐ Motorn tvekar vid acceleration
☐ Motorn saknar kraft
☐ Motorn baktänder
☐ Varningslampan för oljetryck tänds när motorn är igång
☐ Motorn fortsätter att gå när tändningen är frånslagen
☐ Missljud från motorn

## Kylsystem   2

☐ Överhettning
☐ Motorn är för kall
☐ Externt kylvätskeläckage
☐ Internt kylvätskeläckage
☐ Korrosion

## Bränsle- och avgassystem   3

☐ Hög bränsleförbrukning
☐ Bränsleläckage och/eller bränslelukt
☐ Oljud eller ångor från avgassystemet

## Koppling   4

☐ Pedalen går ner till golvet – inget tryck eller föga motstånd
☐ Koppling kan inte läggas i (växel kan ej väljas)
☐ Kopplingen slirar (varvtalet ökar utan att körhastigheten ökar)
☐ Vibration när kopplingen läggs i
☐ Oljud när pedalen trycks ner eller släpps upp

## Manuell växellåda   5

☐ Svårt att lägga i växel
☐ Växel hoppar ut
☐ Vibration
☐ Missljud i neutralläge med motorn igång
☐ Missljud i någon växel
☐ Oljeläckage

## Automatväxellåda   6

☐ Oljeläckage
☐ Automatväxeloljan är brun eller luktar bränt
☐ Generella problem vid växling
☐ Växellådan växlar inte ner (kickdown) när gaspedelen är fullt nedtryckt
☐ Motorn startar inte i någon växel, eller startar i andra lägen än 'Parkering' och 'Neutral'
☐ Automatväxeln slirar, växlar ojämnt, ger ifrån sig oljud eller har ingen effekt i framåt- eller backväxlar

## Drivaxlar   7

☐ Klickande eller knackande ljud vid kurvtagning (vid låg hastighet och och fullt rattutslag)
☐ Vibration vid acceleration eller inbromsning

## Bromssystem   8

☐ Bilen drar åt ett håll vid inbromsning
☐ Oljud (rivljud eller skarpt gnissel) vid inbromsning
☐ Pedalen känns svampig
☐ För stort spel i pedalen
☐ Stort pedaltryck krävs för att få stopp på bilen
☐ Vibration i ratt eller pedal vid inbromsning
☐ Bromsarna kärvar
☐ Bakhjulen låser sig vid normal inbromsning

## Fjädring och styrning   9

☐ Bilen drar åt ett visst håll
☐ Hjulen vobblar eller vibrerar
☐ Bilen är svår att styra vid kurvtagning eller inbromsning
☐ Bilen vandrar på vägen, är allmänt instabil
☐ Styrningen går tungt
☐ Stort spel i ratten
☐ Dålig servoassistans
☐ Onormalt däckslitage

## Elsystem   10

☐ Batteriet laddar ur efter några dagar
☐ Varningslampa för tändning/laddning förblir tänd när motorn är igång
☐ Varningslampa för tändning/laddning tänds inte alls
☐ Belysningen tänds inte
☐ Instrument ger felaktiga eller oregelbundna utslag
☐ Signalhornet fungerar dåligt eller inte alls
☐ Vindrute-/bakrutetorkare fungerar dåligt eller inte alls
☐ Vindrute-/bakrutespolare fungerar dåligt eller inte alls
☐ Elfönsterhiss fungerar dåligt eller inte alls
☐ Centrallåset fungerar dåligt eller inte alls

# Inledning

Den bilägare som underhåller sin bil enligt rekommendationerna bör inte behöva använda det här avsnittet i boken särskilt ofta. Modern komponentkvalitet är hög och förutsatt att detaljer som är speciellt utsatta för slitage kontrolleras och byts vid angivna tidpunkter, uppstår plötsliga fel mycket sällan. Fel inträffar sällan plötsligt, utan uppstår under en tidsperiod. Större mekaniska fel i synnerhet, föregås i regel av typiska varningar under hundratals eller t o m tusentals kilometer. De komponenter som ibland går sönder utan varning är oftast små och lätta att ha med sig i fordonet.

All felsökning inleds med att man bestämmer var man skall börja. Ibland är det helt självklart, men vid andra tillfällen kan det krävas lite detektivarbete. Den bilägare som gör ett antal justeringar och utbyten av detaljer på måfå, kan mycket väl ha lagat felet (eller tagit bort symptomen), men om felet återkommer är han inte klokare och kan ha använt mer tid och pengar än nödvändigt. Att lugnt och logiskt ta sig an problemet kommer att visa sig vara långt mer tillfredsställande i längden. Var uppmärksam på alla varningssignaler och allt onormalt som kan ha noterats innan felet uppstod – kraftförlust, höga eller låga mätarvisningar, ovanliga ljud eller lukter, etc – och kom ihåg att trasiga säkringar eller defekta tändstift kan vara symptom på något annat fel.

Följande sidor är tänkta som hjälp vid de tillfällen då bilen inte startar, eller går sönder på vägen. Problemen, och möjliga orsaker, är ordnade under rubriker avseende olika komponenter eller system, exempelvis Motor, Kylsystem, etc. Det kapitel och/eller avsnitt som redogör för problemet anges även inom parentes. Oavsett felets art gäller vissa grundprinciper. Dessa är följande:

*Definiera felet.* Här rör det sig helt enkelt om att vara säker på att man vet vad symptomen är innan man börjar arbeta. Detta är speciellt viktigt om man undersöker ett fel för någon annans räkning och om denne kanske inte beskrivit felet tillräckligt väl.

*Förbise inte det självklara.* Om bilen t ex inte vill starta, finns det bränsle i tanken? (Lita inte på någons ord i detta speciella fall och lita inte heller på bränslemätaren!) Om felet är elektriskt, kontrollera lösa eller trasiga ledningar innan du tar fram testutrustningen.

*Eliminera felet, inte symptomet.* Att byta ett urladdat batteri mot ett fulladdat kan lösa problemen för stunden, men om någonting annat egentligen utgör problemet kommer samma sak att hända med det nya batteriet. På samma sätt hjälper det att byta ut oljiga tändstift mot en omgång nya, men kom ihåg att orsaken (om det helt enkelt inte berodde på felaktiga tändstift) måste fastställas och åtgärdas.

*Ta ingenting för givet.* Tänk speciellt på att även en ny detalj kan vara felaktig (speciellt om den har legat i bagageutrymmet i månader) och bortse inte från att kontrollera detaljer bara för att de är nya eller har bytts ut nyligen. När man till slut hittar ett besvärligt fel inser man ofta att alla indikationer fanns där från början.

# 1 Motor

## Motorn drar inte runt vid startförsök

- ☐ Batterianslutningarna lösa eller oxiderade (kapitel 1).
- ☐ Batteriet urladdat eller defekt (kapitel 5A).
- ☐ Kablar till startmotorn lösa eller skadade (kapitel 5A).
- ☐ Fel på startmotorsolenoid eller brytare (kapitel 5A).
- ☐ Defekt startmotor (kapitel 5A).
- ☐ Startmotordrev eller startkrans på svänghjul/medbringarskiva lösa eller defekta (kapitel 2A eller 5A).
- ☐ Motorns jordkabel lös eller defekt (kapitel 5A).

## Startmotorn drar runt motorn för sakta

- ☐ Dålig batterikapacitet (ladda, använd startkablar, eller starta genom bogsering) (kapitel 5A).
- ☐ Batteriets anslutningar lösa eller oxiderade (kapitel 1).
- ☐ Batteriets jordkabel till karossen är defekt (kapitel 5A).
- ☐ Motorns jordkabel är lös (kapitel 5A).
- ☐ Kablar till startmotor (eller solenoid) lösa (kapitel 5A).
- ☐ Fel på startmotor (kapitel 5A).

## Motorn går runt men startar inte

- ☐ Inget bränsle i tanken.
- ☐ Batteriet urladdat (motorn går runt långsamt) (kapitel 5A).
- ☐ Batterianslutningarna lösa eller oxiderade (kapitel 1).
- ☐ Tändningens komponenter fuktiga eller smutsiga (kapitel 1 och 5B).
- ☐ Trasiga, lösa eller felaktigt anslutna ledningar i tändsystemet (kapitel 1 och 5B).
- ☐ Slitna eller defekta tändstift, eller felaktigt elektrodavstånd (kapitel 1).
- ☐ Fel i bränsleinsprutningssystemet (kapitel 4A).
- ☐ Större mekaniskt fel (t ex brusten kamkedja) (kapitel 2A).

## Motorn är svårstartad när den är kall

- ☐ Batteriet urladdat (kapitel 5A).
- ☐ Batterianslutningarna lösa eller oxiderade (kapitel 1).
- ☐ Slitna eller defekta tändstift, eller felaktigt elektrodavstånd (kapitel 1).
- ☐ Fel i bränsleinsprutningssystemet (kapitel 4A).
- ☐ Annat fel i tändsystemet (kapitel 1 och 5B).
- ☐ Låg kompression (kapitel 2A).

## Motorn är svårstartad när den är varm

- ☐ Smutsigt eller igensatt luftfilter (kapitel 1).
- ☐ Fel i bränsleinsprutningssystemet (kapitel 4A).
- ☐ Låg kompression (kapitel 2A).

## Startmotorn ger ifrån sig oljud eller är ojämn

- ☐ Startmotordrev eller startkrans på svänghjul/medbringarskiva lösa eller defekta (kapitel 2A eller 5A).
- ☐ Startmotorns upphängningsskruvar lösa eller defekta (kapitel 5A).
- ☐ Startmotorns komponenter slitna eller skadade (kapitel 5A).

## Motorn startar men stannar omedelbart

- ☐ Lösa eller defekta elektriska komponenter i tändsystemet (kapitel 1 och 5B).
- ☐ Vakuumläckage vid spjällhus eller insugningsgrenrör (kapitel 4A).
- ☐ Fel i bränsleinsprutningssystemet (kapitel 4A).

## Ojämn tomgång

- ☐ Felinställt tomgångsvarvtal (kapitel 4A).
- ☐ Luftfiltret igensatt (kapitel 1).
- ☐ Vakuumläckage vid spjällhus, insugningsgrenrör eller tillhörande slangar (kapitel 4A eller 4B).
- ☐ Slitna eller defekta tändstift, eller felaktigt elektrodavstånd (kapitel 1).
- ☐ Ojämn eller låg kompression (kapitel 2A).
- ☐ Kamaxelns nockar utslitna (kapitel 2A).
- ☐ Fel i bränsleinsprutningssystemet (kapitel 4A).

## Motorn misständer vid tomgång

- ☐ Slitna eller defekta tändstift, eller felaktigt elektrodavstånd (kapitel 1).
- ☐ Defekta tändkablar eller DI-kassett (kapitel 1).
- ☐ Vakuumläckage vid spjällhus, insugningsgrenrör eller tillhörande slangar (kapitel 4A eller 4B).
- ☐ Fel i bränsleinsprutningssystemet (kapitel 4A).
- ☐ Sprucket strömfördelarlock eller inre spårbildning (kapitel 1).
- ☐ Ojämn eller låg kompression (kapitel 2A).
- ☐ Lösa, läckande eller trasiga slangar i vevhusventilationen (kapitel 4B).

## Motorn misständer i alla växellägen

- ☐ Igensatt bränslefilter (kapitel 1).
- ☐ Defekt bränslepump eller lågt bränsletryck (kapitel 4A).
- ☐ Tankventilation igensatt, eller fel på bränsleledningar (kapitel 4A).
- ☐ Vakuumläckage vid spjällhus, insugningsgrenrör eller tillhörande slangar (kapitel 4A).
- ☐ Slitna eller defekta tändstift, eller felaktigt elektrodavstånd (kapitel 1).
- ☐ Defekta tändkablar eller DI-kassett (kapitel 1).
- ☐ Sprucket strömfördelarlock eller inre spårbildning (kapitel 1).
- ☐ Defekt tändspole (kapitel 5B).
- ☐ Ojämn eller låg kompression (kapitel 2A).
- ☐ Fel i bränsleinsprutningssystemet (kapitel 4A).

## Motorn stannar plötsligt

- ☐ Vakuumläckage vid spjällhus, insugningsgrenrör eller tillhörande slangar (kapitel 4A eller 4B).
- ☐ Igensatt bränslefilter (kapitel 1).
- ☐ Defekt bränslepump eller lågt bränsletryck (kapitel 4A).
- ☐ Blockering i tankventilation eller bränsleledningar (kapitel 4A).
- ☐ Fel i bränsleinsprutningssystemet (kapitel 4A).

## Motorn tvekar vid acceleration

☐ Slitna eller defekta tändstift, eller felaktigt elektrodavstånd (kapitel 1).
☐ Vakuumläckage vid spjällhus, insugningsgrenrör eller tillhörande slangar (kapitel 4A eller 4B).
☐ Fel i bränsleinsprutningssystemet (kapitel 4A).

## Motorn saknar kraft

☐ Igensatt bränslefilter (kapitel 1).
☐ Defekt bränslepump eller lågt bränsletryck (kapitel 4A).
☐ Ojämn eller låg kompression (kapitel 2A).
☐ Slitna eller defekta tändstift, eller felaktigt elektrodavstånd (kapitel 1).
☐ Vakuumläckage vid spjällhus, insugningsgrenrör eller tillhörande slangar (kapitel 4A eller 4B).
☐ Fel i bränsleinsprutningssystemet (kapitel 4A).
☐ Defekt turbo, där sådan är monterad (kapitel 4A).
☐ Bromsarna ligger an (kapitel 1 och 9).
☐ Kopplingen slirar (kapitel 6).

## Motorn baktänder

☐ Vakuumläckage vid spjällhus, insugningsgrenrör eller tillhörande slangar (kapitel 4A eller 4B).
☐ Fel i bränsleinsprutningssystemet (kapitel 4A).

## Varningslampan för oljetryck tänds när motorn är igång

☐ Låg oljenivå eller felaktig oljekvalitet (kapitel 1).
☐ Defekt oljetryckgivare (kapitel 2A).
☐ Slitna lager i motorn och/eller sliten oljepump (kapitel 2A eller 2B).
☐ För hög drifttemperatur i motorn (kapitel 3).
☐ Defekt övertrycksventil (kapitel 2A).
☐ Oljesilen igensatt (kapitel 2A).
**Observera:** *Lågt oljetryck vid tomgång hos en motor som gått långt är inte nödvändigtvis anledning till oro. Plötslig förlust av oljetryck under körning är betydligt värre. Varningslampans givare skall under alla omständigheter kontrolleras innan motorn döms ut.*

# 2 Kylsystem

## Överhettning

☐ Drivrem skadad eller remspänning felaktig (kapitel 1).
☐ Otillräcklig kylvätskemängd (kapitel 1).
☐ Termostat ur funktion (kapitel 3).
☐ Kylaren igensatt eller grillen blockerad (kapitel 3).
☐ Defekt kylarfläkt eller termoströmställare (kapitel 3).
☐ Lock på expansionskärlet felaktigt (kapitel 3).
☐ Felaktig tändtidpunkt, eller defekt tändsystem (kapitel 1 och 5B).
☐ Defekt temperaturgivarenhet (kapitel 3).
☐ Luft i kylsystemet (kapitel 1).

## Motorn är för kall

☐ Termostat ur funktion (kapitel 3).
☐ Felaktig temperaturgivarenhet (kapitel 3).

# 3 Bränsle- och avgassystem

## Hög bränsleförbrukning

☐ Igensatt luftfilter (kapitel 1).
☐ Fel i bränsleinsprutningssystemet (kapitel 4A).
☐ Felaktigt tändläge eller defekt tändsystem (kapitel 1 och 5B).
☐ Bromsarna ligger an (kapitel 9).
☐ För lågt lufttryck i däcken (kapitel 1).

## Motorn fortsätter att gå när tändningen är frånslagen

☐ Sotavlagringar i förbränningsrum (kapitel 2A eller 2B).
☐ För hög drifttemperatur i motorn (kapitel 3).

## Missljud från motorn

### För tidig tändning (spikning) vid acceleration eller vid belastning

☐ Felaktig tändtidpunkt/defekt tändsystem (kapitel 1 och 5B).
☐ Fel tändstiftstyp (kapitel 1).
☐ Felaktig bränslekvalitet (kapitel 1).
☐ Vakuumläckage vid spjällhus, insugningsgrenrör eller tillhörande slangar (kapitel 4A eller 4B).
☐ Sotavlagringar i förbränningsrum (kapitel 2A eller 2B).
☐ Fel i bränsleinsprutningssystemet (kapitel 4A).

### Visslande eller väsande ljud

☐ Läckande packning i insugningsgrenrör el. gasspjällhus (kapitel 4A).
☐ Läckande avgasgrenrörspackning (kapitel 4A).
☐ Läckande vakuumslang (kapitel 4A, 4B och 9).
☐ Läckage vid topplockspackning (kapitel 2A).

### Lätt knackning eller skrammel

☐ Sliten ventilstyrning, kamkedja, kamaxel eller hydrauliska tryckare (kapitel 2A).
☐ Defekt hjälpaggregat (vattenpump, generator etc) (kapitel 3, 5A, etc).

### Knackning eller slag

☐ Slitna vevlager (regelbunden kraftig knackning, eventuellt mindre under belastning) (kapitel 2B).
☐ Slitna ramlager (dovt malande eller knackande, möjligen tilltagande under belastning) (kapitel 2B).
☐ Kolvslammer (mest vid kall motor) (kapitel 2B).
☐ Defekt hjälpaggregat (vattenpump, generator etc) (kapitel 3, 5A, etc).

## Externt kylvätskeläckage

☐ Slitna eller skadade slangar eller slangklämmor (kapitel 1).
☐ Kylaren eller värmepaketet läcker (kapitel 3).
☐ Lock på expansionskärlet defekt (kapitel 3).
☐ Läckage i vattenpumpens interna tätning (kapitel 3).
☐ Läckage vid O-ring mellan vattenpump och motorblock, eller packning i pumphuset (kapitel 3).
☐ Kylvätskan kokar beroende på överhettning (kapitel 3).
☐ Läckage vid kylpluggen (kapitel 2B).

## Internt kylvätskeläckage

☐ Läckage vid topplockspackningen (kapitel 2A).
☐ Sprucket topplock eller motorblock (kapitel 2A eller 2B).

## Korrosion

☐ Otillräcklig avtappning och rengöring (kapitel 1).
☐ Felaktig kylvätskeblandning eller -typ (kapitel 1).

## Bränsleläckage och/eller bränslelukt

☐ Läckage från bränsletank, ledningar/anslutningar (kapitel 1 och 4A).

## Oljud eller ångor från avgassystemet

☐ Läckande avgassystem eller grenrörsskarvar (kapitel 1 och 4A).
☐ Läckage/rost/skada på ljuddämpare eller avgasrör (kapitel 1 och 4A).
☐ Trasiga fästen orsakar beröring med underrede eller fjädring (kapitel 4A).

# 4 Koppling

## Pedalen går ner till golvet - inget tryck eller föga motstånd

☐ Läckage i kopplingens hydraulsystem (kapitel 6).
☐ Defekt huvud- eller slavcylinder (kapitel 6).
☐ Trasigt urtrampningslager eller gaffel (kapitel 6).
☐ Trasig solfjäder i tryckplattan (kapitel 6).

## Kopplingen kan inte läggas i (växel kan ej väljas)

☐ Läckage i kopplingens hydraulsystem (kapitel 6).
☐ Defekt huvud- eller slavcylinder (kapitel 6).
☐ Lamellcentrum fastnar på växellådans ingående axels splines (kapitel 6).
☐ Lamellcentrum fastnar på svänghjulet eller tryckplattan (kapitel 6).
☐ Defekt tryckplatta (kapitel 6).
☐ Urtrampningsmekanismen är sliten eller felaktigt ihopmonterad (kapitel 6).

## Kopplingen slirar (varvtalet ökar utan att körhastigheten ökar)

☐ Kopplingsbeläggen är slitna (kapitel 6).
☐ Kopplingsbeläggen har oljebeläggning (kapitel 6).
☐ Tryckplattan defekt eller försvagad solfjäder (kapitel 6).

## Vibration när kopplingen läggs i

☐ Kopplingsbeläggen är slitna (kapitel 6).
☐ Kopplingsbeläggen har oljebeläggning (kapitel 6).
☐ Tryckplatta eller solfjäder sliten eller defekt (kapitel 6).
☐ Motor- eller växellådsfästen slitna eller lösa (kapitel 2A eller 2B).
☐ Slitna splines på växellådans ingående axel eller slitet nav i lamellcentrum (kapitel 6).

## Oljud när pedalen trycks ner eller släpps upp

☐ Slitet urtrampningslager (kapitel 6).
☐ Pedalledens bussningar slitna eller behöver smörjas (kapitel 6).
☐ Tryckplattenheten är defekt (kapitel 6).
☐ Tryckplattans solfjäder defekt (kapitel 6).
☐ Lamellcentrumets fjädrar trasiga (kapitel 6).

# 5 Manuell växellåda

## Svårt att lägga i växel

☐ Defekt koppling (kapitel 6).
☐ Slitet eller skadat växlingslänkage (kapitel 7A).
☐ Felinställt växlingslänkage (kapitel 7A).
☐ Synkroniseringsdetaljer slitna (kapitel 7A).*

## Växel hoppar ur

☐ Slitet eller skadat växlingslänkage (kapitel 7A).
☐ Felinställt växlingslänkage (kapitel 7A).
☐ Synkroniseringsdetaljer slitna (kapitel 7A).*
☐ Slitna växelförargafflar (kapitel 7A).*

## Vibration

☐ Oljebrist (kapitel 1).
☐ Slitna lager (kapitel 7A).*

## Missljud i neutralläge med motorn igång

☐ Lager till ingående axel slitna (ljudet hörs mest när kopplingspedalen inte är nedtryckt) (kapitel 7A).*
☐ Urtrampningslager slitet (ljudet hörs mest när kopplingspedalen är nedtryckt, ev inte lika mycket när den släpps upp) (kapitel 6).

## Missljud i någon växel

☐ Kuggar slitna eller skadade (kapitel 7A).*

## Oljeläckage

☐ Läckande oljetätning (kapitel 7A).
☐ Läckage vid husskarvar (kapitel 7A).*
*Utan speciell testutrustning kan amatörmekanikern inte åtgärda dessa symptom. Sådana åtgärder skall överlåtas till en verkstad. Det är dock viktigt att ovanstående information förmedlas till yrkesmekanikern.

# 6 Automatväxellåda

**Observera:** På grund av en automatväxellådas komplexa uppbyggnad och kravet på fullständig renhet och specialverktyg, bör underhåll och reparationer begränsas till dem som beskrivs nedan.

## Oljeläckage

☐ Automatväxelolja är vanligtvis mörkröd. Läckande automatväxelolja skall inte förväxlas med motorolja, vilken lätt kan stänka på växellådan.
☐ Innan läckagekällan kan fastställas skall all smuts avlägsnas från växellådan och angränsande ytor, med fettlösande medel eller ångtvätt. Kör fordonet med låg hastighet så att luftströmmen inte blåser bort läckaget från källan. Lyft fordonet och palla upp det för att kunna se var läckaget kommer ifrån. Vid följande områden är det vanligt att läckage förekommer.
a)  Vätskebehållaren (växellådans oljetråg).
b)  Mätstickans rör (kapitel 1).
c)  Rör/anslutningar mellan växellåda och oljekylare (kapitel 7B).

## Automatväxeloljan är brun eller luktar bränt

☐ Låg oljenivå, eller oljan behöver bytas (kapitel 1).

## Generella problem vid växling

☐ Den vanligaste orsaken till växlingsproblem är en defekt eller felinställd växelväljarmekanism. Nedanstående problem förekommer ofta när växelväljarmekanismen är defekt.
a)  Motorn startar i andra växellägen än Parkering eller Neutral.
b)  Växelväljarspaken indikerar annan växel än den som är aktiv.
c)  Fordonet rör sig i Parkerings- eller Neutralläge.
d)  Växlar dåligt eller oregelbundet.
☐ Alla fel skall överlåtas till Saabverkstad eller annan specialist på automatväxellådor.

## Växellådan växlar inte ner (kickdown) när gaspedalen är fullt nedtryckt

☐ Låg oljenivå (kapitel 1).
☐ Växelväljarkabeln är felaktigt justerad (kapitel 7B).

## Motorn startar inte i någon växel, eller startar i andra lägen än Parkering och Neutral

☐ Startspärrkontakt felaktigt inställd, om sådan förekommer (kapitel 7B).
☐ Växelväljarkabeln är felaktigt justerad (kapitel 7B).

## Automatväxeln slirar, växlar ojämnt, ger ifrån sig oljud eller har ingen effekt i framåt- eller backväxlar

☐ Det kan finnas åtskilliga orsaker till ovanstående problem, men amatörmekanikern skall endast bekymra sig om en enda – nivån på automatväxeloljan. Innan bilen ställs in på verkstad, kontrollera oljans nivå och kvalitet, se kapitel 1. Fyll på automatväxelolja, eller byt olja och oljefilter vid behov. Uppsök en auktoriserad verkstad om felet kvarstår.

# 7 Drivaxlar

## Klickande eller knackande ljud vid kurvtagning (vid låg hastighet och fullt rattutslag)

☐ Brist på smörjfett i drivknutar, eventuellt orsakat av skadad damask (kapitel 8).
☐ Slitage i den yttre drivknuten (kapitel 8).

## Vibration vid acceleration eller inbromsning

☐ Slitage i den inre drivknuten (kapitel 8).
☐ Böjd eller skev drivaxel (kapitel 8).

# 8 Bromssystem

**Observera:** Innan det konstateras att ett bromsfel föreligger, kontrollera att däcken är i gott skick har rätt tryck, att framhjulen är rätt inställda, och att fordonet inte är ojämnt lastat. Kontrollera att rör- och slanganslutningar är i gott skick men låt för övrigt en auktoriserad Saabverkstad ställa diagnos på fel som uppstår i ABS-systemet.

## Bilen drar åt ett håll vid inbromsning

☐ Slitna, defekta, skadade eller smutsiga främre eller bakre bromsbelägg på ena sidan (kapitel 1 och 9).
☐ Helt eller delvis kärvande främre eller bakre kolvar i oket (kapitel 9).
☐ Olika typer av bromsbelägg är monterade (kapitel 9).
☐ Bromsokets fästskruvar är lösa (kapitel 9).
☐ Slitna eller skadade komponenter i styr- eller fjädringssystemet (kapitel 1 och 10).

## Oljud (rivljud eller skarpt gnissel) vid inbromsning

☐ Bromsklossar slitna till metallbotten (kapitel 1 och 9).
☐ Rost på skivorna – kan förekomma när bilen har stått stilla under en längre tid (kapitel 1 och 9).

## Pedalen känns svampig

☐ Luft i hydraulsystemet (kapitel 9).
☐ Dåliga bromsslangar (kapitel 1 och 9).
☐ Lösa fästen till huvudcylindern (kapitel 9).
☐ Defekt huvudcylinder (kapitel 9).

## För stort spel i pedalen

☐ Defekt huvudcylinder (kapitel 9).
☐ Luft i hydraulsystemet (kapitel 9).
☐ Defekt vakuumservo (kapitel 9).

## Stort pedaltryck krävs för att få stopp på bilen

☐ Defekt vakuumservo (kapitel 9).
☐ Servoslangen är frånkopplad, skadad eller lös (kapitel 1 och 9).
☐ Fel i primära eller sekundära hydraulkretsen (kapitel 9).
☐ Kolv kärvar i oket (kapitel 9).
☐ Bromsklossarna är felaktigt monterade (kapitel 9).
☐ Bromsklossarna är av felaktig typ (kapitel 9).
☐ Beläggen är smutsiga (kapitel 9).

## Vibrationer i ratt eller pedal vid inbromsning

☐ För stort axialkast eller skadad skiva (-or) (kapitel 9).
☐ Beläggen slitna (kapitel 1 och 9).
☐ Bromsokets fästskruvar är lösa (kapitel 9).
☐ Slitna eller skadade komponenter i styr- eller fjädringssystemet (kapitel 1 och 10).

## Bromsarna kärvar

☐ Kolv (-ar) kärvar i oket (kapitel 9).
☐ Felaktig justering av handbroms (kapitel 9).
☐ Defekt huvudcylinder (kapitel 9).

## Bakhjulen låser sig under normal inbromsning

☐ Kolv (-ar) kärvar i oket (kapitel 9).
☐ Defekt bromstryckregulator (kapitel 9).

# 9 Fjädring och styrning

**Observera:** Innan fel i fjädrings- eller styrsystemet konstateras, kontrollera om problemet är orsakat av felaktigt tryck i däcken, olika däcktyper eller kärvande bromsar.

## Bilen drar åt ett visst håll

☐ Defekt däck (kapitel 1).
☐ Slitna fjädrings- eller styrningskomponenter (kapitel 1 och 10).
☐ Felaktig framhjulsinställning (kapitel 10).
☐ Felaktig symmetri på grund av krockskada (kapitel 1 och 10).

## Hjulen vobblar eller vibrerar

☐ Framhjulen är obalanserade (vibrationen känns mest genom ratten) (kapitel 10).
☐ Bakhjulen är obalanserade (vibrationen känns i hela bilen) (kapitel 10).
☐ Skeva eller skadade hjul (kapitel 10).
☐ Felaktigt eller skadat däck (kapitel 1).
☐ Slitna styrleder, fjädringsleder, bussningar eller andra komponenter (kapitel 1 och 10).
☐ Lösa hjulbultar (kapitel 10).

## Bilen är svår att styra vid kurvtagning eller inbromsning

☐ Defekta stötdämpare (kapitel 1 och 10).
☐ Trasig eller försvagad spiralfjäder och/eller fjädringskomponent (kapitel 1 och 10).
☐ Slitet eller skadat krängningshämmarstag eller fästen (kapitel 10).

## Bilen vandrar på vägen, är allmänt instabil

☐ Felaktig framhjulsinställning (kapitel 10).
☐ Slitna styrleder, fjädringsleder, bussningar eller andra komponenter (kapitel 1 och 10).
☐ Obalans i hjulen (kapitel 10).
☐ Felaktigt eller skadat däck (kapitel 1).
☐ Lösa hjulbultar (kapitel 10).
☐ Defekta stötdämpare (kapitel 1 och 10).

## Styrningen går tungt

☐ Styrväxeln bristfälligt smord (kapitel 10).
☐ Kärvande styrled eller spindelled (kapitel 1 och 10).
☐ Drivremmen är avsliten eller felaktigt justerad (kapitel 1).
☐ Felaktig framhjulsinställning (kapitel 10).
☐ Kuggstång eller rattstång böjd eller skadad (kapitel 10).

## Stort spel i ratten

☐ Sliten universalknut i rattstången (kapitel 10).
☐ Slitna styrleder (kapitel 1 och 10).
☐ Sliten styrväxel (kapitel 10).
☐ Slitna styrleder, fjädringsleder, bussningar eller andra komponenter (kapitel 1 och 10).

## Dålig servoassistans

☐ Drivremmen dåligt spänd eller avsliten (kapitel 1).
☐ Låg vätskenivå (kapitel 1).
☐ Igensatta servoslangar (kapitel 1).
☐ Defekt servopump (kapitel 10).
☐ Defekt styrväxel (kapitel 10).

## Onormalt däckslitage

### Däcken slits på inner- eller ytterkanten

☐ För lågt däcktryck (slitage på båda kanterna) (kapitel 1).
☐ Felaktig camber- eller castervinkel (slitage på en kant) (kapitel 10).
☐ Slitna styrleder, fjädringsleder, bussningar eller andra komponenter (kapitel 1 och 10).
☐ För hård kurvtagning.
☐ Skada efter krock.

### Däckmönstret är fransat

☐ Felaktig toe-in inställning (kapitel 10).

### Slitage på däckets mitt

☐ För högt lufttryck i däcken (kapitel 1).

### Slitage på däckets inner- och yttersidor

☐ För lågt lufttryck i däcken (kapitel 1).
☐ Slitna stötdämpare (kapitel 1 och 10).

### Ojämnt däckslitage

☐ Obalans (kapitel 1).
☐ Däck eller hjul skevt (kapitel 1).
☐ Slitna stötdämpare (kapitel 1 och 10).
☐ Defekt däck (kapitel 1).

# 10 Elsystem

**Observera:** *Beträffande fel i startsystemet, se rubriken Motor tidigare i detta avsnitt.*

## Batteriet laddar ur efter några dagar

☐ Inre fel i batteriet (kapitel 5A).
☐ Låg elektrolytnivå (kapitel 1).
☐ Batterianslutningarna lösa eller korroderade (kapitel 1).
☐ Generatorremmen är sliten eller feljusterad (kapitel 1).
☐ Generatorn laddar inte (kapitel 5A).
☐ Fel i generator eller spänningsregulator (kapitel 5A).
☐ Kortslutning (kontinuerlig belastning på batteriet) (kapitel 5A och 12).

## Varningslampa för tändning/laddning förblir tänd när motorn är igång

☐ Generatorremmen är sliten eller feljusterad (kapitel 1).
☐ Generatorns kol är slitna, smutsiga eller kärvar (kapitel 5A).
☐ Generatorns kolfjädrar är svaga eller trasiga (kapitel 5A).
☐ Inre fel i generator eller spänningsregulator (kapitel 5A).
☐ Lösa anslutningar eller kabelbrott på ledningar i laddningskretsen (kapitel 5A).

## Varningslampa för tändning/laddning tänds inte alls

☐ Trasig glödlampa (kapitel 12).
☐ Lösa anslutningar eller kabelbrott på ledningar i varningslampans krets (kapitel 12).
☐ Defekt generator (kapitel 5A).

## Belysningen tänds inte

☐ Trasig glödlampa (kapitel 12).
☐ Korrosion på glödlampa eller på kontakter i glödlampsfäste (kapitel 12).

☐ Trasig säkring (kapitel 12).
☐ Defekt relä (kapitel 12).
☐ Lösa anslutningar eller kabelbrott (kapitel 12).
☐ Ljuskontakt defekt (kapitel 12).

## Instrument ger felaktiga eller oregelbundna utslag

### Instrumentutslag ökar med motorns varvtal

☐ Defekt spänningsregulator (kapitel 12).

### Bränsle- eller temperaturmätare ger inget utslag

☐ Defekt givare (kapitel 3 och 4).
☐ Brott på ledning (kapitel 12).
☐ Defekt instrument (kapitel 12).

### Bränsle- eller temperaturmätare ger max utslag hela tiden

☐ Defekt givare (kapitel 3 och 4).
☐ Brott på ledning (kapitel 12).
☐ Defekt instrument (kapitel 12).

## Signalhornet fungerar dåligt eller inte alls

### Signalhornet ljuder hela tiden

☐ Signalhornskontakter eller -knapp har fastnat (kapitel 12).

### Signalhornet fungerar inte

☐ Trasig säkring (kapitel 12).
☐ Lösa anslutningar eller kabelbrott (kapitel 12).
☐ Defekt signalhorn (kapitel 12).

### Signalhornet ljuder stötvis eller ger otillfredsställande ljud

☐ Lösa anslutningar (kapitel 12).
☐ Signalhornets fästen är lösa (kapitel 12).
☐ Defekt signalhorn (kapitel 12).

## *Vindrute-/bakrutetorkarna fungerar dåligt eller inte alls*

### Torkarna fungerar inte alls, eller endast långsamt
☐ Torkarbladen fastnar på rutan, eller länkaget kärvar (kapitel 1 och 12).
☐ Trasig säkring (kapitel 12).
☐ Lösa anslutningar eller kabelbrott (kapitel 12).
☐ Defekt relä (kapitel 12).
☐ Motorn defekt (kapitel 12).

### Torkarbladen rengör för stor eller för liten yta på rutan
☐ Armarna är felaktigt monterade (kapitel 1).
☐ Slitet torkarlänkage (kapitel 12).
☐ Motor- eller länkagefästen lösa eller dåligt monterade (kapitel 12).

### Torkarbladen rengör inte rutan tillfredsställande
☐ Slitna torkarblad (kapitel 1).
☐ Trasig spännfjäder till torkararm, eller kärvande axeltapp (kapitel 12).
☐ Otillräcklig mängd rengöringsmedel i spolarvätskan (kapitel 1).

## *Vindrute-/bakrutespolare fungerar dåligt eller inte alls*

### Ett eller flera spolarmunstycken fungerar inte
☐ Igensatt munstycke (kapitel 1).
☐ Vätskeslangen lös, veckad eller strypt (kapitel 12).
☐ För lite spolarvätska i behållaren (kapitel 1).

### Spolarpumpen fungerar inte
☐ Lösa anslutningar eller kabelbrott (kapitel 12).
☐ Trasig säkring (kapitel 12).
☐ Defekt spolarkontakt (kapitel 12).
☐ Defekt spolarpump (kapitel 12).

### Spolarpumpen måste gå ett tag innan spolarvätskan kommer fram
☐ Defekt backventil i slangen (kapitel 12).

## *Elfönsterhiss fungerar dåligt eller inte alls*

### Rutan rör sig endast i en riktning
☐ Defekt kontakt (kapitel 12).

### Rutan rör sig långsamt
☐ Skadad eller kärvande regulator, behöver ev smörjas (kapitel 11).
☐ Regulatorn hindras av komponenter i dörren (kapitel 11).
☐ Defekt motor (kapitel 11).

### Rutan rör sig inte
☐ Trasig säkring (kapitel 12).
☐ Defekt relä (kapitel 12).
☐ Lösa anslutningar eller kabelbrott (kapitel 12).
☐ Defekt motor (kapitel 11).

## *Centrallåset fungerar dåligt eller inte alls*

### Systemet fungerar inte alls
☐ Trasig säkring (kapitel 12).
☐ Defekt relä (kapitel 12).
☐ Lösa anslutningar eller kabelbrott (kapitel 12).

### Låskolven går i lås men kan inte öppnas, eller tvärtom
☐ Defekt kontakt (kapitel 12).
☐ Trasiga eller lösa länkstänger eller spakar (kapitel 11).
☐ Defekt relä (kapitel 12).

### Solenoid/motor fungerar inte
☐ Lösa anslutningar eller kabelbrott (kapitel 12).
☐ Defekt solenoid/motor (kapitel 11).
☐ Trasiga, kärvande eller lösa länkstänger eller spakar (kapitel 11).
☐ Defekt låskolv (kapitel 11).

# REF•18 Teknisk ordlista

## A

**ABS (Anti-lock brake system)** Låsningsfria bromsar. Ett system, vanligen elektroniskt styrt, som känner av påbörjande låsning av hjul vid inbromsning och lättar på hydraultrycket på hjul som ska till att låsa.

**Air bag (krockkudde)** En uppblåsbar kudde dold i ratten (på förarsidan) eller instrumentbrädan eller handskfacket (på passagerarsidan) Vid kollision blåses kuddarna upp vilket hindrar att förare och framsätespassagerare kastas in i ratt eller vindruta.

**Ampere (A)** En måttenhet för elektrisk ström. 1 A är den ström som produceras av 1 volt gående genom ett motstånd om 1 ohm.

**Anaerobisk tätning** En massa som används som gänglås. Anaerobisk innebär att den inte kräver syre för att fungera.

**Antikärvningsmedel** En pasta som minskar risk för kärvning i infästningar som utsätts för höga temperaturer, som t.ex. skruvar och muttrar till avgasrenrör. Kallas även gängskydd.

*Antikärvningsmedel*

**Asbest** Ett naturligt fibröst material med stor värmetolerans som vanligen används i bromsbelägg. Asbest är en hälsorisk och damm som alstras i bromsar ska aldrig inandas eller sväljas.

**Avgasgrenrör** En del med flera passager genom vilka avgaserna lämnar förbränningskamrarna och går in i avgasröret.

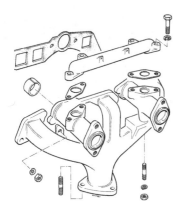
*Avgasgrenrör*

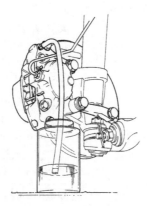
*Avluftning av bromsarna*

**Avluftning av bromsar** Avlägsnande av luft från hydrauliskt bromssystem.

**Avluftningsnippel** En ventil på ett bromsok, hydraulcylinder eller annan hydraulisk del som öppnas för att tappa ur luften i systemet.

**Axel** En stång som ett hjul roterar på, eller som roterar inuti ett hjul. Även en massiv balk som håller samman två hjul i bilens ena ände. En axel som även överför kraft till hjul kallas drivaxel.

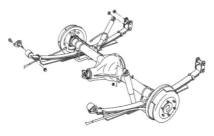
*Axel*

**Axialspel** Rörelse i längdled mellan två delar. För vevaxeln är det den distans den kan röra sig framåt och bakåt i motorblocket.

## B

**Belastningskänslig fördelningsventil** En styrventil i bromshydrauliken som fördelar bromseffekten, med hänsyn till bakaxelbelastningen.

**Bladmått** Ett tunt blad av härdat stål, slipat till exakt tjocklek, som används till att mäta spel mellan delar.

*Bladmått*

**Bromsback** Halvmåneformad hållare med fastsatt bromsbelägg som tvingar ut beläggen i kontakt med den roterande bromstrumman under inbromsning.

**Bromsbelägg** Det friktionsmaterial som kommer i kontakt med bromsskiva eller bromstrumma för att minska bilens hastighet. Beläggen är limmade eller nitade på bromsklossar eller bromsbackar.

**Bromsklossar** Utbytbara friktionsklossar som nyper i bromsskivan när pedalen trycks ned. Bromsklossar består av bromsbelägg som limmats eller nitats på en styv bottenplatta.

**Bromsok** Den icke roterande delen av en skivbromsanordning. Det grenslar skivan och håller bromsklossarna. Oket innehåller även de hydrauliska delar som tvingar klossarna att nypa skivan när pedalen trycks ned.

**Bromsskiva** Den del i en skivbromsanordning som roterar med hjulet.

**Bromstrumma** Den del i en trumbromsanordning som roterar med hjulet.

## C

**Caster** I samband med hjulinställning, lutningen framåt eller bakåt av styrningens axialled. Caster är positiv när styrningens axialled lutar bakåt i överkanten.

**CV-knut** En typ av universalknut som upphäver vibrationer orsakade av att drivkraft förmedlas genom en vinkel.

## D

**Diagnostikkod** Kodsiffror som kan tas fram genom att gå till diagnosläget i motorstyrningens centralenhet. Koden kan användas till att bestämma i vilken del av systemet en felfunktion kan förekomma.

**Draghammare** Ett speciellt verktyg som skruvas in i eller på annat sätt fästs vid en del som ska dras ut, exempelvis en axel. Ett tungt glidande handtag dras utmed verktygsaxeln mot ett stopp i änden vilket rycker avsedd del fri.

**Drivaxel** En roterande axel på endera sidan differentialen som ger kraft från slutväxeln till drivhjulen. Även varje axel som används att överföra rörelse.

*Drivaxel*

**Drivrem(mar)** Rem(mar) som används till att driva tillbehörsutrustning som generator, vattenpump, servostyrning, luftkonditioneringskompressor mm, från vevaxelns remskiva.

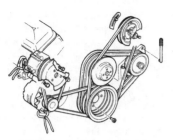

*Drivremmar till extrautrustning*

**Dubbla överliggande kamaxlar (DOHC)** En motor försedd med två överliggande kamaxlar, vanligen en för insugsventilerna och en för avgasventilerna.

# E

**EGR-ventil** Avgasåtercirkulationsventil. En ventil som för in avgaser i insugsluften.

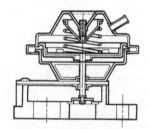

*Ventil för avgasåtercirkulation (EGR)*

**Elektrodavstånd** Den distans en gnista har att överbrygga från centrumelektroden till sidoelektroden i ett tändstift.

*Justering av elektrodavståndet*

**Elektronisk bränsleinsprutning (EFI)** Ett datorstyrt system som fördelar bränsle till förbränningskamrarna via insprutare i varje insugsport i motorn.
**Elektronisk styrenhet** En dator som exempelvis styr tändning, bränsleinsprutning eller låsningsfria bromsar.

# F

**Finjustering** En process där noggranna justeringar och byten av delar optimerar en motors prestanda.

**Fjäderben** Se MacPherson-ben.
**Fläktkoppling** En viskös drivkoppling som medger variabel kylarfläkthastighet i förhållande till motorhastigheten.
**Frostplugg** En skiv- eller koppformad metallbricka som monterats i ett hål i en gjutning där kärnan avlägsnats.
**Frostskydd** Ett ämne, vanligen etylenglykol, som blandas med vatten och fylls i bilens kylsystem för att förhindra att kylvätskan fryser vintertid. Frostskyddet innehåller även kemikalier som förhindrar korrosion och rost och andra avlagringar som skulle kunna blockera kylare och kylkanaler och därmed minska effektiviteten.
**Fördelningsventil** En hydraulisk styrventil som begränsar trycket till bakbromsarna vid panikbromsning så att hjulen inte låser sig.
**Förgasare** En enhet som blandar bränsle med luft till korrekta proportioner för önskad effekt från en gnistantänd förbränningsmotor.

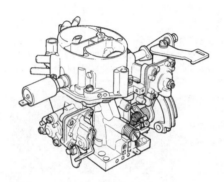

*Förgasare*

# G

**Generator** En del i det elektriska systemet som förvandlar mekanisk energi från drivremmen till elektrisk energi som laddar batteriet, som i sin tur driver startsystem, tändning och elektrisk utrustning.

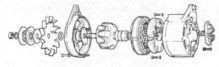

*Generator (genomskärning)*

**Glidlager** Den krökta ytan på en axel eller i ett lopp, eller den del monterad i endera, som medger rörelse mellan dem med ett minimum av slitage och friktion.
**Gängskydd** Ett täckmedel som minskar risken för gängskärning i bultförband som utsätts för stor hetta, exempelvis grenrörets bultar och muttrar. Kallas även antikärvningsmedel.

# H

**Handbroms** Ett bromssystem som är oberoende av huvudbromsarnas hydraulikkrets. Kan användas till att stoppa bilen om huvudbromsarna slås ut, eller till att hålla bilen stilla utan att bromspedalen trycks ned. Den består vanligen av en spak som aktiverar främre eller bakre bromsar mekaniskt via vajrar och länkar. Kallas även parkeringsbroms.
**Harmonibalanserare** En enhet avsedd att minska fjädring eller vridande vibrationer i vevaxeln. Kan vara integrerad i vevaxelns remskiva. Även kallad vibrationsdämpare.
**Hjälpstart** Start av motorn på en bil med urladdat eller svagt batteri genom koppling av startkablar mellan det svaga batteriet och ett laddat hjälpbatteri.
**Honare** Ett slipverktyg för korrigering av smärre ojämnheter eller diameterskillnader i ett cylinderlopp.
**Hydraulisk ventiltryckare** En mekanism som använder hydrauliskt tryck från motorns smörjsystem till att upprätthålla noll ventilspel (konstant kontakt med både kamlob och ventilskaft). Justeras automatiskt för variation i ventilskaftslängder. Minskar även ventilljudet.

# I

**Insexnyckel** En sexkantig nyckel som passar i ett försänkt sexkantigt hål.
**Insugsrör** Rör eller kåpa med kanaler genom vilka bränsle/luftblandningen leds till insugsportarna.

# K

**Kamaxel** En roterande axel på vilken en serie lober trycker ned ventilerna. En kamaxel kan drivas med drev, kedja eller tandrem med kugghjul.
**Kamkedja** En kedja som driver kamaxeln.
**Kamrem** En tandrem som driver kamaxeln. Allvarliga motorskador kan uppstå om kamremmen brister vid körning.
**Kanister** En behållare i avdunstningsbegränsningen, innehåller aktivt kol för att fånga upp bensinångor från bränslesystemet.

*Kanister*

**Kardanaxel** Ett långt rör med universalknutar i bägge ändar som överför kraft från växellådan till differentialen på bilar med motorn fram och drivande bakhjul.

**Kast** Hur mycket ett hjul eller drev slår i sidled vid rotering. Det spel en axel roterar med. Orundhet i en roterande del.

**Katalysator** En ljuddämparliknande enhet i avgassystemet som omvandlar vissa föroreningar till mindre hälsovådliga substanser.

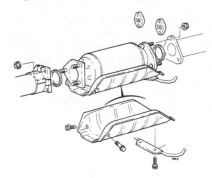

*Katalysator*

**Kompression** Minskning i volym och ökning av tryck och värme hos en gas, orsakas av att den kläms in i ett mindre utrymme.

**Kompressionsförhållande** Skillnaden i cylinderns volymer mellan kolvens ändlägen.

**Kopplingsschema** En ritning över komponenter och ledningar i ett fordons elsystem som använder standardiserade symboler.

**Krockkudde (Airbag)** En uppblåsbar kudde dold i ratten (på förarsidan) eller instrumentbrädan eller handskfacket (på passagerarsidan) Vid kollision blåses kuddarna upp vilket hindrar att förare och framsätespassagerare kastas in i ratt eller vindruta.

**Krokodilklämma** Ett långkäftat fjäderbelastat clips med ingreppande tänder som används till tillfälliga elektriska kopplingar.

**Kronmutter** En mutter som vagt liknar kreneleringen på en slottsmur. Används tillsammans med saxsprint för att låsa bultförband extra väl.

*Kronmutter*

**Krysskruv** Se Phillips-skruv

**Kugghjul** Ett hjul med tänder eller utskott på omkretsen, formade för att greppa in i en kedja eller rem.

**Kuggstångsstyrning** Ett styrsystem där en pinjong i rattstångens ände går i ingrepp med en kuggstång. När ratten vrids, vrids även pinjongen vilket flyttar kuggstången till höger eller vänster. Denna rörelse överförs via styrstagen till hjulets styrleder.

**Kullager** Ett friktionsmotverkande lager som består av härdade inner- och ytterbanor och har härdade stålkulor mellan banorna.

**Kylare** En värmeväxlare som använder flytande kylmedium, kylt av fartvinden/fläkten till att minska temperaturen på kylvätskan i en förbränningsmotors kylsystem.

**Kylmedia** Varje substans som används till värmeöverföring i en anläggning för luftkonditionering. R-12 har länge varit det huvudsakliga kylmediet men tillverkare har nyligen börjat använda R-134a, en CFC-fri substans som anses vara mindre skadlig för ozonet i den övre atmosfären.

# L

**Lager** Den böjda ytan på en axel eller i ett lopp, eller den del som monterad i någon av dessa tillåter rörelse mellan dem med minimal slitage och friktion.

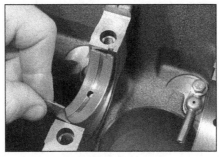

*Lager*

**Lambdasond** En enhet i motorns grenrör som känner av syrehalten i avgaserna och omvandlar denna information till elektricitet som bär information till styrelektroniken. Även kallad syresensor.

**Luftfilter** Filtret i luftrenaren, vanligen tillverkat av veckat papper. Kräver byte med regelbundna intervaller.

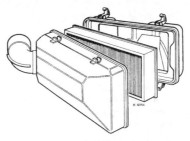

*Luftfilter*

**Luftrenare** En kåpa av plast eller metall, innehållande ett filter som tar undan damm och smuts från luft som sugs in i motorn.

**Låsbricka** En typ av bricka konstruerad för att förhindra att en ansluten mutter lossnar.

**Låsmutter** En mutter som låser en justermutter, eller annan gängad del, på plats. Exempelvis används låsmutter till att hålla justermuttern på vipparmen i läge.

**Låsring** Ett ringformat clips som förhindrar längsgående rörelser av cylindriska delar och axlar. En invändig låsring monteras i en skåra i ett hölje, en yttre låsring monteras i en utvändig skåra på en cylindrisk del som exempelvis en axel eller tapp.

# M

**MacPherson-ben** Ett system för framhjulsfjädring uppfunnet av Earle MacPherson vid Ford i England. I sin ursprungliga version skapas den nedre bärarmen av en enkel lateral länk till krängningshämmaren. Ett fjäderben - en integrerad spiralfjäder och stötdämpare - finns monterad mellan karossen och styrknogen. Många moderna MacPherson-ben använder en vanlig nedre A-arm och inte krängningshämmaren som nedre fäste.

**Markör** En remsa med en andra färg i en ledningsisolering för att skilja ledningar åt.

**Motor med överliggande kamaxel (OHC)** En motor där kamaxeln finns i topplocket.

**Motorstyrning** Ett datorstyrt system som integrerat styr bränsle och tändning.

**Multimätare** Ett elektriskt testinstrument som mäter spänning, strömstyrka och motstånd. Även kallad multimeter.

**Mätare** En instrumentpanelvisare som används till att ange motortillstånd. En mätare med en rörlig pekare på en tavla eller skala är analog. En mätare som visar siffror är digital.

# N

**NOx** Kväveoxider. En vanlig giftig förorening utsläppt av förbränningsmotorer vid högre temperaturer.

# O

**O-ring** En typ av tätningsring gjord av ett speciellt gummiliknande material. O-ringen fungerar så att den trycks ihop i en skåra och därmed utgör tätningen.

*O-ring*

**Ohm** Enhet för elektriskt motstånd. 1 volt genom ett motstånd av 1 ohm ger en strömstyrka om 1 ampere.

**Ohmmätare** Ett instrument för uppmätning av elektriskt motstånd.

# P

**Packning** Mjukt material - vanligen kork, papp, asbest eller mjuk metall - som monteras mellan två metallytor för att erhålla god tätning. Exempelvis tätar topplockspackningen fogen mellan motorblocket och topplocket.

*Packning*

**Phillips-skruv** En typ av skruv med ett korsspår istället för ett rakt, för motsvarande skruvmejsel. Vanligen kallad krysskruv.

**Plastigage** En tunn plasttråd, tillgänglig i olika storlekar, som används till att mäta toleranser. Exempelvis så läggs en remsa Plastigage tvärs över en lagertapp. Delarna sätts ihop och tas isär. Bredden på den klämda remsan anger spelrummet mellan lager och tapp.

*Plastigage*

# R

**Rotor** I en fördelare, den roterande enhet inuti fördelardosan som kopplar samman mittelektroden med de yttre kontakterna vartefter den roterar, så att högspänningen från tändspolens sekundärlindning leds till rätt tändstift. Även den del av generatorn som roterar inuti statorn. Även de roterande delarna av ett turboaggregat, inkluderande kompressorhjulet, axeln och turbinhjulet.

# S

**Sealed-beam strålkastare** En äldre typ av strålkastare som integrerar reflektor, lins och glödtrådar till en hermetiskt försluten enhet. När glödtråden går av eller linsen spricker byts hela enheten.

**Shims** Tunn distansbricka, vanligen använd till

att justera inbördes lägen mellan två delar. Exempelvis sticks shims in i eller under ventiltryckarhylsor för att justera ventilspelet. Spelet justeras genom byte till shims av annan tjocklek.

**Skivbroms** En bromskonstruktion med en roterande skiva som kläms mellan bromsklossar. Den friktion som uppstår omvandlar bilens rörelseenergi till värme.

**Skjutmått** Ett precisionsmätinstrument som mäter inre och yttre dimensioner. Inte riktigt lika exakt som en mikrometer men lättare att använda.

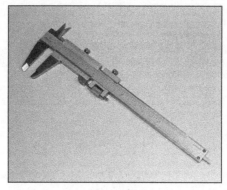
*Skjutmått*

**Smältsäkring** Ett kretsskydd som består av en ledare omgiven av värmetålig isolering. Ledaren är tunnare än den ledning den skyddar och är därmed den svagaste länken i kretsen. Till skillnad från en bränd säkring måste vanligen en smältsäkring skäras bort från ledningen vid byte.

**Spel** Den sträcka en del färdas innan något inträffar. "Luften" i ett länksystem eller ett montage mellan första ansatsen av kraft och verklig rörelse. Exempelvis den sträcka bromspedalen färdas innan kolvarna i huvudcylindern rör på sig. Även utrymmet mellan två delar, till exempel kolv och cylinderlopp.

**Spiralfjäder** En spiral av elastiskt stål som förekommer i olika storlekar på många platser i en bil, bland annat i fjädringen och ventilerna i topplocket.

**Startspärr** På bilar med automatväxellåda förhindrar denna kontakt att motorn startas annat än om växelväljaren är i N eller P.

**Storändslager** Lagret i den ände av vevstaken som är kopplad till vevaxeln.

**Svetsning** Olika processer som används för att sammanfoga metallföremål genom att hetta upp dem till smältning och sammanföra dem.

**Svänghjul** Ett tungt roterande hjul vars energi tas upp och sparas via moment. På bilar finns svänghjulet monterat på vevaxeln för att utjämna kraftpulserna från arbetstakterna.

**Syresensor** En enhet i motorns grenrör som känner av syrehalten i avgaserna och omvandlar denna information till elektricitet som bär information till styrelektroniken. Även kalla Lambdasond.

**Säkring** En elektrisk enhet som skyddar en krets mot överbelastning. En typisk säkring

innehåller en mjuk metallbit kalibrerad att smälta vid en förbestämd strömstyrka, angiven i ampere, och därmed bryta kretsen.

# T

**Termostat** En värmestyrd ventil som reglerar kylvätskans flöde mellan blocket och kylaren vilket håller motorn vid optimal arbetstemperatur. En termostat används även i vissa luftrenare där temperaturen är reglerad.

**Toe-in** Den distans som framhjulens framkanter är närmare varandra än bakkanterna. På bakhjulsdrivna bilar specificeras vanligen ett litet toe-in för att hålla framhjulen parallella på vägen, genom att motverka de krafter som annars tenderar att vilja dra isär framhjulen.

**Toe-ut** Den distans som framhjulens bakkanter är närmare varandra än framkanterna. På bilar med framhjulsdrift specificeras vanligen ett litet toe-ut.

**Toppventilsmotor (OHV)** En motortyp där ventilerna finns i topplocket medan kamaxeln finns i motorblocket.

**Torpedplåten** Den isolerade avbalkningen mellan motorn och passagerarutrymmet.

**Trumbroms** En bromsanordning där en trumformad metallcylinder monteras inuti ett hjul. När bromspedalen trycks ned pressas böjda bromsbackar försedda med bromsbelägg mot trummans insida så att bilen saktar in eller stannar.

*Trumbroms, montage*

**Turboaggregat** En roterande enhet, driven av avgastrycket, som komprimerar insugsluften. Används vanligen till att öka motoreffekten från en given cylindervolym, men kan även primäranvändas till att minska avgasutsläpp.

**Tändföljd** Turordning i vilken cylindrarnas arbetstakter sker, börjar med nr 1.

**Tändläge** Det ögonblick då tändstiftet ger gnista. Anges vanligen som antalet vevaxelgrader för kolvens övre dödpunkt.

**Tätningsmassa** Vätska eller pasta som används att täta fogar. Används ibland tillsammans med en packning.

# Teknisk ordlista

## U

**Universalknut** En koppling med dubbla piváer som överför kraft från en drivande till en driven axel genom en vinkel. En universalknut består av två Y-formade ok och en korsformig del kallad spindeln.

**Urtrampningslager** Det lager i kopplingen som flyttas inåt till frigöringsarmen när kopplingspedalen trycks ned för frikoppling.

## V

**Ventil** En enhet som startar, stoppar eller styr ett flöde av vätska, gas, vakuum eller löst material via en rörlig del som öppnas, stängs eller delvis maskerar en eller flera portar eller kanaler. En ventil är även den rörliga delen av en sådan anordning.

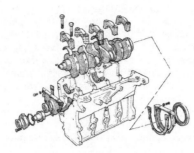

*Vevaxel, montage*

**Ventilspel** Spelet mellan ventilskaftets övre ände och ventiltryckaren. Spelet mäts med stängd ventil.

**Ventiltryckare** En cylindrisk del som överför rörelsen från kammen till ventilskaftet, antingen direkt eller via stötstång och vipparm. Även kallad kamsläpa eller kamföljare.

**Vevaxel** Den roterande axel som går längs med vevhuset och är försedd med utstickande vevtappar på vilka vevstakarna är monterade.

**Vevhus** Den nedre delen av ett motorblock där vevaxeln roterar.

**Vibrationsdämpare** En enhet som är avsedd att minska fjädring eller vridande vibrationer i vevaxeln. Enheten kan vara integrerad i vevaxelns remskiva. Kallas även harmonibalanserare.

**Vipparm** En arm som gungar på en axel eller tapp. I en toppventilsmotor överför vipparmen stötstångens uppåtgående rörelse till en nedåtgående rörelse som öppnar ventilen.

**Viskositet** Tjockleken av en vätska eller dess flödesmotstånd.

**Volt** Enhet för elektrisk spänning i en krets 1 volt genom ett motstånd av 1 ohm ger en strömstyrka om 1 ampere.